盗犯捜査全書

――理論と実務の詳解――

城 祐一郎 著

立花書房

本書は時々・情勢の必要に応じ，内容を変更・追加する場合があります。

はしがき

　本書は，盗犯捜査に携わる方々にとって，実践的，実務的に役立つものを作成しようとの意図から生み出されたものである。

　盗犯捜査に関しては，これまでに増井清彦著『新版・窃盗犯罪の捜査実務101問〔法令編〕（補訂）』及び『新版・窃盗犯罪の捜査実務101問〔捜査編〕』があり，今でも立派に実務に役立つものであるが，所々時代的に古くなっている部分や，新しい形態の盗犯への対処に関する問題もあり，そのため，同書を参考にした上で，新しい盗犯捜査の書物を作ることにも意味があるのではないかと考えた。そのため，本書の項目立ては，基本的には同書の項目立てを参考にしているし，内容に関しても同書からの引用は多くなっている。

　そして，本書は，その特徴として，盗犯捜査に関して疑問が生じた際，本書をひも解いていただいた時にワン・ストップで解決できるようにしたいと考え，判例の内容はできるだけ事案についても細かく紹介することにしている。

　これまで多くの書物では，判例の結論は数多く記載してあるものの，どのような事案であるがゆえにそのような判断がなされたのかについては，書物の頁数の問題にも鑑みて省略してあるものが多かったと思われる。必要があれば，そこに記載してある出典を参考にして，オリジナルの判決を読んでくださいというスタンスであったように感じられる。しかしながら，そのような方式では，身柄拘束の時間制限などに追われて時間に余裕がない捜査官にとっては，更に別の書物を探し出した上，判例を検索することになり，これは相当に困難を強いることになる。また，判例の結論だけを覚えていて，それが実際の担当事件とは事案が異なるにも関わらず，その判例の結論に照らして問題はないと誤解していた捜査官も決して少なくはなかったように思われる。

　そのため，本書では，そのような問題を生じさせないため，極力，事案の概要も盛り込んで判例の説明をするように試みている。それゆえ，この判例は，このような事案であったから，このような判断が出されたのであるという経過を，本書の中で完結して理解できるようにしたつもりである。

したがって，この判例の事案がそうであるなら，実際の自分の事案は，これこれが違うが，本筋が一緒であるから，同様に判断してよいはずであるなどとの判断ができるように，つまり，ワン・ストップで問題解決ができるようにしようと試みたところである。

　また，本書では，盗犯捜査に関して，できるだけ現時点での新規の問題を解決できるようにしたいと考えており，判例も極力新しいものを選び，また，問題解決に役立つような実践的な見解を紹介しようと試みている。実際に捜査に携わっていると，現場で起きる問題の多くについて，納得のいく十分な解答を与えてくれる書物は決して多くはなかったように思われる。本書がそのような視点から捜査の現場で役立つものとなるかどうかは必ずしも保証の限りではないが，そのような問題意識を踏まえた上で，微力ながらでも解決の糸口をもたらすことができればとの意欲に基づいて作成されたものであることを理解していただければと思っている次第である。

　いずれにせよ，本書が盗犯捜査の現場で働く方々の問題解決の一助になれば，望外の喜びである。

　最後に，本書の作成に当たっては，立花書房出版部の馬場野武部長，金山洋史氏の献身的な努力がなければ完成に至ることはなかったものである。両氏には心から謝意を表したい。

平成27年12月

　　　　　　　　　　　　　　　　　　　　　　　　　　　城　祐一郎

凡　例

【判例集・雑誌等略語】

刑　録	大審院刑事判決録
刑　集	大審院刑事判例集，最高裁判所刑事判例集
民　集	大審院民事判例集，最高裁判所民事判例集
裁判集刑	最高裁判所裁判集刑事
高刑集	高等裁判所刑事判例集
高検速報（集）	高等裁判所刑事裁判速報（各高等検察庁）
東高時報	東京高等裁判所刑事判決時報
判決特報	高等裁判所刑事判決特報
裁判特報	高等裁判所刑事裁判特報
下刑集	下級裁判所刑事裁判例集
刑裁月報	刑事裁判月報
新　聞	法律新聞
判　時	判例時報
判　タ	判例タイムズ
刑　資	刑事裁判資料
警　学	警察学論集
警　公	警察公論
刑　雑	刑法雑誌
曹　時	法曹時報
法　教	法学教室
ジュリ	ジュリスト
刑ジャ	刑事法ジャーナル
捜　研	捜査研究

【文献略語】

池田＝前田・刑訴	池田修・前田雅英著　刑事訴訟法講義〔第5版〕平成26年・2014年　東京大学出版会
大塚・刑法（総論）	大塚仁著　刑法概説総論［第4版］　平成20年・2008年　有斐閣
大塚・刑法（各論）	大塚仁著　刑法概説各論［第3版増補版］　平成17年・2005年　有斐閣
大谷・刑法（各論）	大谷實著　刑法講義各論［新版第4版補訂版］　平成27年・2015年　成文堂
加藤・マスター刑訴	加藤康榮著　マスター刑事訴訟法〔改訂版〕　平成24年・2012年　立花書房
刑事事実認定50選	小林充＝植村立郎編　刑事事実認定重要判決50選［第2版］（上）（下）　平成25年・2013年　立花書房
佐伯・考え方	佐伯仁志著　刑法総論の考え方・楽しみ方　平成25年・2013年　有斐閣
佐々木・捜査実務	佐々木正輝編著　Q＆A実例　窃盗・強盗・恐喝犯罪の捜査実務　平成19年・2007年　立花書房
新刑事手続	三井誠＝馬場義宣＝佐藤博史＝植村立郎編　新刑事手続（Ⅰ）～（Ⅲ）　平成14年・2002年　悠々社
新実例刑訴	平野龍一＝松尾浩也編　新実例刑事訴訟法(1)～(3)　平成10年・1998年　青林書院
大コメ刑法［第2版］	大塚仁＝河上和雄＝佐藤文哉＝古田佑紀編　大コンメンタール刑法［第2版］(1)～(13)　平成11年～16年・1999年～2004年　青林書院
大コメ刑法［第3版］	大塚仁＝河上和雄＝佐藤文哉＝古田佑紀編　大コンメンタール［第3版］(1), (3), (4), (7), (8), (9), (11)　平成25年～27年・2013～2015年　青林書院
注釈特別刑法	伊藤榮樹＝小野慶二＝荘子邦雄編　注釈特別刑法　(1)～(4), (5)ⅠⅡ, (6)ⅠⅡ, (7)～(8)　昭和57年～平成6年・1982年～1994年　立花書房

大コメ刑訴	河上和雄＝中山善房＝古田佑紀＝原田國男＝河村博＝渡辺咲子編　大コンメンタール刑事訴訟法［第2版］(1)～(10)　平成22年～25年・2010年～2013年　青林書院
注釈刑訴	伊藤榮樹＝亀山継夫＝小林充＝香城敏麿＝佐々木史朗＝増井清彦ほか著　注釈　刑事訴訟法［新版］(1)～(7)　平成8年～10年・1996年～1998年，平成12年・2000年　立花書房
団藤・刑法（各論）	団藤重光著　刑法綱要各論［第3版］　平成2年・1990年　創文社
判例解説（刑）	最高裁判所調査官室編　最高裁判所判例解説刑事篇（昭和29年度～）昭和30年・1955年～　法曹会
平野・刑訴	平野龍一著　刑事訴訟法（法律学全集）昭和33年・1958年　有斐閣
西田・刑法（各論）	西田典之著　刑法各論［第6版］　平成24年・2012年　弘文堂
前田・刑法（各論）	前田雅英著　刑法各論講義［第6版］　平成27年・2015年　東京大学出版会
増井・法令	増井清彦著　新版・窃盗犯罪の捜査実務101問〔法令編〕（補訂）　平成16年・2004年　立花書房
増井・捜査	増井清彦著　新版・窃盗犯罪の捜査実務101問〔捜査編〕　平成12年・2000年　立花書房
松尾・刑訴（上）	松尾浩也著　刑事訴訟法　上［新版］　平成11年・1999年　弘文堂
松尾・刑訴（下）	松尾浩也著　刑事訴訟法　下［新版補正第2版］　平成11年・1999年　弘文堂
山口・刑法（各論）	山口厚著　刑法各論［第2版］　平成22年・2010年　有斐閣

目　次

はしがき
凡　例

第1編　我が国における盗犯の実情

第1章　盗犯事件の現状 …………………………………………… 3
（盗犯の認知件数減少の理由（12）／万引きの認知件数が高止まりしている理由（13）／万引事犯に臨む際の留意事項（16）等。）

第2章　来日外国人による盗犯事件の現状と対策 ………………… 20
（来日外国人犯罪は深刻化していないのか（24）／来日外国人の取調べに当たっての留意事項（27）／通訳の正確性に関する問題（29）／ヤード問題への対策（35）等。）

第2編　盗犯捜査実体法

第1章　盗犯序論 …………………………………………………… 39
（盗犯の体系（39）／盗犯の保護法益（42）／心神喪失の被害者に占有は認められるか（44）等。）

第2章　刑法上の占有 ……………………………………………… 46
（「占有」についての判例上の考え方（46）／支配の意思と支配の事実の相関関係（57）／遺留品に対する占有の有無（58）／放置自転車に対する占有の有無（65）等。）

第3章　占有のための支配・管理状況 …………………………… 73
（河川や海浜における砂利等に対する占有の有無（74）等。）

第4章　様々な形態の占有 ………………………………………… 78
（飼主の元へ帰る習性のある犬の占有（80）／旅館に落とした財布の占有（81）／列車内に忘れた携帯電話の占有（82）／旅館で提供された浴衣の占有（83）／店員による商品の占有（83）／共同事業者の占有（85）／委託物の占有（85）等。）

第5章　預貯金の占有 ……………………………………………… 88
（預金口座の金員の占有者は誰か（89）／他人のキャッシュカードを用いての現金引出しの擬律（90）／買い受けた他人名義の預金口座からの現金引出しの擬律（91）／自己名義の預金口座からの現金引出しの擬律（96）等。）

第6章　死者の占有 ………………………………………………… 99
（死者についての占有の有無（101）／強盗殺人における殺害後の財物奪取（101）／殺人における殺害後の財物奪取（102）／殺害後の財物奪取に関与した者の刑責（113）／相続人による被相続人殺害の場合における二項強盗殺人罪の成否（115）等。）

第7章　窃取の意義及びその態様等 ……………………………… 124
（「窃取」とは（125）／その占有の移転先の問題（126）／間接正犯による場合（127）等。）

第8章　体感機を用いての窃盗 …………………………………………… 131
（古典的な手口は（132）／裏ロムの場合（133）／体感機についての下級審の判断（135）／同最高裁の判断（138）／体感機使用における共犯関係についての問題（139）等。）

第9章　故意及び不法領得の意思 …………………………………………… 145
（窃盗の「故意」はどのようなものか（146）／不法領得の意思とは何か（149）／不法領得の意思という概念は必要か（148）／告発を目的とした窃取行為に不法領得の意思は認められるのか（150）／刑務所入所を目的とする場合でも不法領得の意思はあるのか（154）／自動車や自転車の一時使用の場合に不法領得の意思はあるのか（157）等。）

第10章　財　　　物 …………………………………………………………… 165
（財物とは何か（166）／有体物説と管理可能性説はどちらが妥当か（166）／冷気や熱気は財物か（168）／財物といえるための経済的価値の程度は（169）／預金通帳は財物か（171）／はずれ馬券は財物か（174）／覚せい剤は財物か（176）／盗品は財物か（177）／自己の物であっても他人の財物とされる場合は（179）等。）

第11章　情 報 窃 盗 …………………………………………………………… 181
（情報は財物か（182）／情報は刑法上保護されないのか（182）／実際上どのようにして情報は保護されてきたのか（183）／不正アクセス行為禁止法及び不正競争防止法はどのようにして情報を保護しているのか（191）等。）

第12章　実行の着手 …………………………………………………………… 199
（窃盗罪における「実行の着手」とは（200）／通常の居宅への住居侵入窃盗の場合の実行の着手はいつか（200）／倉庫や土蔵の場合はどうか（201）／車上ねらいの場合はどうか（202）／すりの場合はどうか（203）／銀行のATMの場合はどうか（204）／キャッシュカードの暗証番号を知っている場合と知らない場合とで違いはあるか（207）等。）

第13章　既　　遂 …………………………………………… 217
　（窃盗罪における既遂時期はいつか（218）／住居侵入窃盗の場合はどうか（218）／その建物の構造や管理の状況によって違いはあるのか（224）／万引きの場合はどうか（227）／スーパーマーケットの場合はどうか（230）／すりの場合はどうか（232）／置引きの場合はどうか（234）／不能犯となる場合はあるのか（233）等。）

第14章　責 任 能 力 …………………………………………… 235
　（責任とは（235）／責任能力とは（236）／窃盗罪で責任能力が問題となったものにはどのようなものがあるか（236）／クレプトマニアとは何か（246）／このクレプトマニアというのは責任能力にどのような影響を与えるのか（248）等。）

第15章　共　　犯 …………………………………………… 263
　（共犯とは（264）／共同正犯とは（264）／共同正犯の成立要件は（265）／共謀共同正犯の成立要件は（271）／共犯関係からの離脱が認められるのはどのような場合か（274）／見張りは共同正犯か従犯か（281）／被教唆者が教唆した内容と異なる実行行為に及んだ場合の教唆者の刑責は（285）等。）

第16章　親族相盗例 …………………………………………… 288
　（親族相盗例とは（288）／なぜこのような制度が認められているのか（288）／この場合窃盗罪は成立しないのか（289）／親族相盗例の対象となる親族は（290）／告訴を必要とする場合の留意事項は（294）／祖母が後見人となって被後見人の財産を横領した場合に親族相盗例は適用されるのか（296）等。）

第17章　不動産侵奪 …………………………………………… 299
　（この規定が設けられた理由は（299）／不動産侵奪罪の構成要件は（301）／「侵奪」とはどのような行為を指すのか（304）／賃貸借契約が結ばれている場合に本罪は成立するか（313）／この罪の着手時期・既遂時期はいつか（318）等。）

第18章　森林窃盗 ……………………………………………… 324
（森林窃盗はなぜ刑法上の窃盗より法定刑が軽いのか（325）／森林窃盗の構成要件は（325）／森林窃盗に対しては刑法の規定は適用されるのか（332）／森林窃盗を送致する際の留意事項は（335）等。）

第19章　盗犯等の防止及び処分に関する法律違反 …………………… 337
（本法の各規定の構成要件は（340）／常習特殊窃盗における「常習として」はどのようなものを指すのか（341）／「2人以上現場ニ於テ共同シテ犯シタ」とはどのような場合か（347）／暴力行為等処罰ニ関スル法律に類似の規定があるが、その関係は（347）／常習累犯窃盗の成立要件は（355）／常習累犯窃盗罪において確定判決前の余罪についてはどのように考えるべきか（376）／常習累犯窃盗罪における「一罪一逮捕一勾留の原則」はどのように考えるべきか（379）／盗犯法1条1項の正当防衛の特則はどのようなものか（382）等。）

第20章　特殊開錠用具の所持等 ……………………………………… 393
（特殊開錠用具とは何か（394）／指定侵入工具とは何か（395）／どうしてそれらの所持や携帯が禁じられるのか（393）／それらの構成要件はどのようなものか（394）／指定侵入工具を携帯してよい場合はあるのか（396）／護身用という理由では常に携帯は許容されないのか（403）等。）

第21章　資源ごみとなる古紙等の持ち去り ……………………………… 407
（世田谷区条例違反事件はどのような点が問題となったのか（408）／それに対する第一審、控訴審及び最高裁はそれぞれどのような判断をしたのか（410）／路上に置かれた資源ごみを勝手に持ち去ったら窃盗罪が成立するのか（414）等。）

第22章　窃盗罪と他罪との分水嶺 ……………………………………… 415
（ひったくりにおける窃盗罪と強盗罪の区別（417）／財物交付の際の窃盗罪と詐欺罪の区別（419）／財物交付の際の窃盗罪と恐喝罪の区別（423）／財物を見落とした場合の窃盗罪と占有離脱物横領罪の区別（423）等。）

第23章　窃盗罪の罪数及び他罪との関係 ………………………… 425

(ルームシェアをしていた場合,窃盗罪はそれぞれの部屋ごとに成立するのか（428）／特殊開錠用具所持罪と住居侵入罪や窃盗罪との関係は（431）／被害届漏れが裁判終了後になって分かった場合どうなるのか（435）／強盗と窃盗がミックスされるような事案ではどのように考えるべきか（439）／不可罰的事後行為とは（441）／これはどのような場合に認められ,また認められないのはどのような場合か（442）等。)

第3編　盗犯捜査手続法

第1章　盗犯事件捜査の開始から起訴に至るまでの捜査手順 …………… 447
(捜査の端緒にはどのようなものがあるのか（448）／事件発生から起訴までになすべき捜査にはどのようなものがあるのか（452）／その際の捜査手順はどのようなものか（452）／身柄送致の制限時間を守ることができなかった場合にはどうすればよいのか（456）等。)

第2章　捜査の端緒となる被害届や目撃者の供述調書等 ……………… 459
(被害届とは何か（460）／その法的性質は（460）／告訴状との違いは（461）／被害者供述調書との違いは（461）／それら書面の証拠能力は（467）／被害届の受理等に当たっての留意事項は（463）／目撃者の供述調書作成に当たっての留意事項は（465）等。)

第3章　犯行現場の観察等及び実況見分 ……………………………………… 469
(現場観察が重要である理由は（470）／その際の留意事項は（470）／土地鑑・敷鑑とは何か（472）／実況見分調書作成の目的・法的根拠・証拠能力は（474）／立会人の指示説明についての留意事項は（475）等。)

第4章　証　拠　物 ……………………………………………………………… 477
(現場に遺留された証拠物を領置できる根拠は（480）／その際の留意事項は（480）／証拠物の還付の際の留意事項は（481）／証拠物の証拠能力は（484）等。)

第5章　遺留品捜査 ……………………………………………………………… 488
(遺留品捜査が必要とされる理由は（489）／その法的根拠は（489）／被疑者が捨てたごみ袋の中身を勝手に領置することは許されるか（490）等。)

第6章 遺留指紋 …………………………………………………… 494
(指紋とは何か（495）／その特性は（495）／素手で何かに触れれば必ず指紋は残るのか（498）／指紋鑑定の原理はどのようなものか（499）／別の機会に付着した指紋であるとの主張についてはどのように対処すべきか（501）／犯行現場から被疑者の指紋が検出されなかったということは何を意味するのか（504）等。)

第7章 DNA型鑑定 ………………………………………………… 510
(DNAとは何か（511）／DNA型鑑定の原理は（512）／現在行われているDNA型鑑定の検査方法は（513）／どうしてDNA型鑑定で個人識別ができるのか（514）／DNA型鑑定は人権侵害ではないのか（515）／STR型検査法の原理は（516）／その他にどのような検査法があるのか（518）等。)

第8章 足跡鑑定 …………………………………………………… 522
(足跡とは何か（523）／足跡から何が分かるのか（523）／足跡鑑定における異同識別の方法は（524）／足跡鑑定は公判での立証に役立っているのか（525）等。)

第9章 声紋鑑定 …………………………………………………… 529
(声紋とは何か（530）／声紋鑑定の方法は（532）／声紋鑑定は公判での立証に役立つのか（533）等。)

第10章 防犯カメラ及び顔貌鑑定 ………………………………… 535
(防犯カメラの設置は違法ではないのか（536）／個人のプライバシー権を侵害するものではないのか（539）／これを捜査に用いることは適法なのか（541）／その映像の証拠能力は（541）／防犯カメラに関する捜査上の留意事項は（542）／顔貌鑑定とは（544）／この鑑定は公判での立証上どのように使われているのか（545）等。)

第11章　デジタル・フォレンジック ……………………………………… 550
（デジタル・フォレンジックとは何か（551）／これは捜査上どのような場面で用いられるのか（551）／削除されたファイルを復元して読むことは可能か（552）／パソコン等の押収の際の留意事項は（552）／パソコン等のデータを押収しようとするとき，その中身をいちいち確認しなければならないのか（553）／「保全」とはどのような作業か（557）／押収した携帯電話を使ってメールサーバにアクセスしてよいか（560）／メールサーバが海外にあった場合はどうか（563）等。）

第12章　写 真 撮 影 ……………………………………………………… 565
（相手方の同意なしに写真撮影をすることは違法か（566）／どのような場合にこれが許容されるのか（567）／その場合の要件は（567）／ビデオ撮影の場合には違いがあるのか（573）／その際他人が写ってしまうことはよいのか（579）／盗犯捜査においてもこれらは許容されるのか（579）／このように撮影された写真やビデオテープの証拠能力は（580）等。）

第13章　尾 行 捜 査 ……………………………………………………… 582
（尾行とは（583）／これが許される法的根拠は（583）／相手に気付かれた後の尾行も適法か（584）／GPS発信器を用いての位置追跡は適法か（588）／許容されるなら，その際の要件及び留意事項は（590）／GPS発信器の取付けが公判では問題となったことはあるのか（592）等。）

第14章　おとり捜査・よう撃捜査 ……………………………………… 599
（おとり捜査とは（600）／おとり捜査は違法か（601）／おとり捜査について判例上はどう考えられているのか（602）／おとり捜査が許容されるならその要件は（603）／盗犯捜査でおとり捜査は認められるのか（605）／よう撃捜査とは（606）／これはおとり捜査とどう違うのか（606）等。）

第15章　面割り捜査 …………………………………………… 611
(面割り捜査とは（612）／この捜査手法において留意しておかなければならない最も重要なことは何か（612）／目撃した人物が既知の人物であった場合の留意事項は（614）／目撃者等が年少者であった場合の留意事項は（616）／その他の面割りにおける留意事項は（617）／似顔絵の活用上の問題点は（621）等。)

第16章　手口捜査・手口立証 …………………………………… 622
(手口捜査とは（623）／被疑者の犯罪の立証のために，その前科を用いることは許されるか（624）／どのような場合にこれが許されるか（624）／これについての最高裁の考え方は（628）等。)

第17章　近接所持の法理 ………………………………………… 638
(近接所持の法理とは（640）／この法理において時間的場所的近接性はどの程度必要か（641）／弁解の不合理性はどのように判断されるのか（645）／この法理の適用に当たっての留意事項は（648）等。)

第18章　任意捜査の限界 ………………………………………… 650
(任意捜査と強制捜査の違いは（651）／職質の際に相手が拒否した場合は何もしてはいけないのか（653）／職質で立ち去ろうとする相手を制止してよいか（654）／職質のためにどの程度の時間留め置けるのか（657）／相手方の承諾のない所持品検査は違法か（667）／所持品検査が違法だとされたら当該押収品の証拠能力は（683）等。)

第19章　強　制　捜　査 ………………………………………… 695
(身柄拘束に関する強制捜査にはどのようなものがあるか（696）／それ以外の強制捜査にはどのようなものがあるか（705）／二重逮捕・勾留の適否は（702）／別件逮捕・勾留の適否は（704）／エックス線を用いて配達中の荷物の中身を見ることは適法か（706）等。)

第20章　被疑者，被告人及び共犯者の取調べ……………………………… 707
（取調べとは何か（708）／なぜ取調べが必要なのか（708）／被疑者の取調べの本質は何か（709）／余罪についても取調べはできるのか（710）／被告人の取調べはできるのか（714）／共犯者の取調べの留意事項は（715）／司法取引は我が国に導入されるのか（718）等。）

第21章　被疑者の供述調書 ……………………………………………… 721
（なぜ被疑者の供述調書を作成するのか（722）／その供述調書作成に当たっての留意事項は（722）／その記載内容についての留意事項は（724）／弾劾証拠とは（726）／またその使用範囲は（727）等。）

第22章　自白(1)――自白の必要性等――………………………………… 728
（自白とは何か（729）／自白の強要が禁じられる理由は（729）／なぜ自白の獲得が必要なのか（730）／どのようにしたら被疑者から自白を得られるのか（732）／自白が得られた後の留意事項は（736）／自白に補強証拠が必要とされる理由は（736）等。）

第23章　自白(2)――自白の任意性――…………………………………… 739
（自白の任意性の意味は（740）／自白の任意性をめぐってはどのような主張がなされるのか（742）／任意性が否定されたり肯定されたりした裁判例にはどのようなものがあるのか（743）／黙秘権の不告知は自白の任意性に影響を与えるのか（748）／弁護人選任権の不告知はどうか（749）／任意性確保のための方策は（750）等。）

第24章　自白(3)――自白の信用性及び秘密の暴露――………………… 752
（自白の信用性に関する法律上の規定は（753）／どのような場合にこれが認められ，どのような場合に否定されるのか（753）／信用性のない自白が起きる原因は（754）／自白の信用性が争われた場合どのような点が問題とされるのか（756）／秘密の暴露とは何か（759）等。）

第25章　アリバイ捜査 ……………………………………… 763
（アリバイとは何か（763）／アリバイが理由で無罪となるものにはどのようなものが多いのか（764）／盗犯におけるアリバイ捜査の留意点（765）／虚偽のアリバイ主張は被告人の犯人性推定の間接事実となるか（766）等。）

第26章　公判手続⑴——公判手続の流れ，特に裁判員裁判について—— …… 769
（第一審の公判手続の流れは（770）／被告人の立場は被疑者の立場からどのように変化するのか（772）／裁判員裁判はどのような制度なのか（773）／裁判員裁判になってから量刑事情に変化はあったのか（778）等。）

第27章　公判手続⑵——被害者の保護—— ……………………………… 785
（被疑者に自分の名前等を知られたくないという被害者を守る方法はあるのか（786）／目撃者ではどうか（788）／起訴状において被害者の名前を隠すことはできるのか（789）等。）

第28章　公判手続⑶——伝聞法則及びその例外—— ………………………… 794
（伝聞証拠とは何か（794）／伝聞法則とは何か（795）／どうしてこの法則が我が国の裁判で採用されているのか（796）／この例外は（797）／検面調書や警察官面前調書に証拠能力が付与されるには，どのような要件を満たす必要があるのか（799）等。）

第29章　公判手続⑷——証拠開示—— ………………………………… 804
（証拠開示の手続の流れは（806）／捜査報告書は開示の対象となるのか（809）／取調べメモや備忘録はどうか（810）／共犯者の判決書謄本はどうか（820）／不起訴裁定書はどうか（823）／Nシステムのデータはどうか（824）等。）

第30章　公判手続⑸——証人出廷—— ………………………………… 828
（証人出廷に当たって準備しておくことは（829）／証人尋問はどのようなルールに則って実施されるのか（830）／法廷で尋問を受ける際の留意事項は（831）等。）

第31章　公判手続(6)——公判停止—— ……………………………… 838
（訴訟能力とは何か（839）／責任能力とどう違うのか（839）／どのような場合に訴訟能力があり，また，ないと判断されるのか（840）／公判停止になって長期間経過した場合，裁判所はその手続を打ち切ることができるのか（845）等。）

事項索引 ……………………………………………………………… 849
判例索引 ……………………………………………………………… 855
著者紹介 ……………………………………………………………… 867

第1編

我が国における盗犯の実情

第 1 章　盗犯事件の現状

例　題　現在，盗犯全般の犯罪情勢はどのようなものであるのか。また，どのような手口によるものが問題となっているのか。その手口の中で万引き事犯にはどのような特徴と問題があるのか。

問題の所在

　図 1 のとおり，刑法犯の認知件数は，平成 8 年から毎年戦後最多を更新し，同 14 年には，369 万 3,928 件にまで達したが，同 15 年に減少に転じて以降，年々減少し，同 25 年には，191 万 7,929 件となり，昭和 56 年以来 32 年ぶりに 200 万件を下回った。このような認知件数の減少は，図 2 のとおり，例年，刑法犯の過半数を占める窃盗の認知件数が，平成 15 年から毎年減少していることが大きな要因となっている。

　そして，平成 25 年の窃盗の認知件数は 98 万 1,233 件であり，昭和 49 年以降初めて 100 万件を下回るに至った。

　このような窃盗の認知件数の減少はどのような理由によるものであるのか，また，そのような減少傾向の中で，増加若しくは高止まりしている手口はないのか，さらに，今後の窃盗事犯への対策はどのように考えるべきか。

図1　刑法犯 認知件数・検挙人員・検挙率の推移

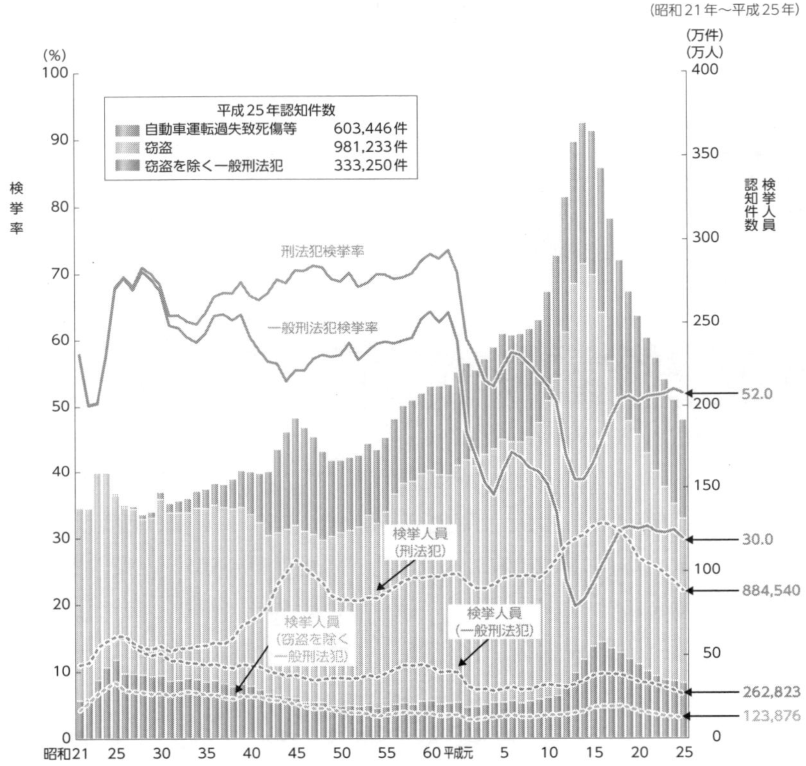

（昭和21年～平成25年）

「平成26年版犯罪白書（法務総合研究所）3頁の1-1-1-1図」による。

図2　窃盗 認知件数・検挙件数・検挙率の推移

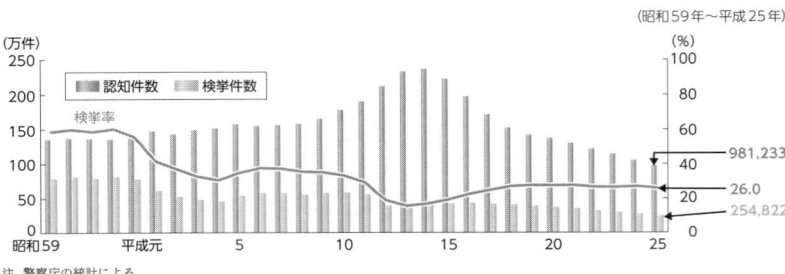

（昭和59年～平成25年）

「平成26年版犯罪白書（法務総合研究所）8頁の1-1-2-1図」による。

事　例

【想定事例】

　被疑者甲野は，万引きの常習者であったが，これまで店側に見つかったことはあったものの，警察に突き出されたことはなかった。ある時，書店で万引きをした際，店側が警察に連絡したことから，所轄刑事課の乙野巡査部長が現場に赴いた。
　甲野は，乙野巡査部長に対し，「生まれて初めて万引きをしたんです。もうしませんから，これで許してください。」などと懇願した。乙野巡査部長としては，どのように対応すべきか。

設問と解答

問1　平成25年の刑法犯における認知件数の罪名別構成比において，窃盗はどのような地位を占めているのか。

【解　答】

　図3のとおり，刑法犯の認知件数の総数のうち，約半分が窃盗である。また，この刑法犯全体から自動車運転過失致死傷等を除いた一般刑法犯の認知件数の中での比率については，その約7割を窃盗が占めている。

問2　そのように刑法犯全体の中で窃盗事犯の占める比率が大きいということは，窃盗事犯の増減が我が国の犯罪情勢に大きな影響を及ぼす結果になるものと考えられるが，上述した平成14年をピークとするような犯罪情勢の悪化は，どこに原因があったのか。

【解　答】

　いわゆるバブル経済崩壊後の長引く経済不況がその原因となっていたと考えられるほか，社会における規範意識の低下や地域社会における連帯機能の低下等といっ

第1章　盗犯事件の現状　5

た社会環境の変化，家族的結合の希薄化や教育機能の低下等といった様々な事情が複雑にからみあっているものと考えられる。

ただ，窃盗事犯は，金品の取得を直接的な目的とする利欲犯であることから，雇用情勢の変化が窃盗事犯の増減に与える影響は少なくないと思われる。

そこで，我が国の雇用情勢に関する経済指標である完全失業率を見てみると，完全失業率は，平成4年から上昇し続け，同14年には最悪となる5.4パーセントを記録しているところ，同年までの10年間で2倍以上に上昇し，その後，同15年以降は概ね低下していくという推移に照らせば，この雇用情勢の悪化の動きと犯罪情勢の悪化はリンクしているものと見ることができると思われる。

特に，侵入窃盗，自動車盗，車上ねらい及びひったくりの各手口は，検挙人員中，無職者の占める割合が高いので，このような雇用情勢の悪化が窃盗事犯の犯罪情勢の悪化に影響を及ぼしていることは明らかであると考えられる（平成26年版犯罪白書220～221頁参照）。

問3 平成25年の窃盗の認知件数の手口別構成比はどのようなものであるのか。

【解　答】

図4のとおりであるが，自転車盗が30.9パーセントであり，それに続いて万引きが12.9パーセントなどとなっている。

問4 では，そのような手口別の認知件数の全体的な推移はどのようになっているのか。

【解　答】

図5のうちの②の手口別の図のとおりであるが，自動販売機ねらいは，平成11年（認知件数約22万件，窃盗総数に占める構成比11.6パーセント）をピークに，車上ねらいは，同14年（認知件数約44万件，窃盗総数に占める構成比18.6パーセント）をピークにそれぞれ大きく減少している。万引きは，平成16年まで増加傾向にあり，その後は概ね横ばいで推移し，平成22年からやや減少しているが，他の手口と比

較すれば，高止まりしている傾向があるといえよう。

図3 刑法犯 認知件数の罪名別構成比

（平成25年）

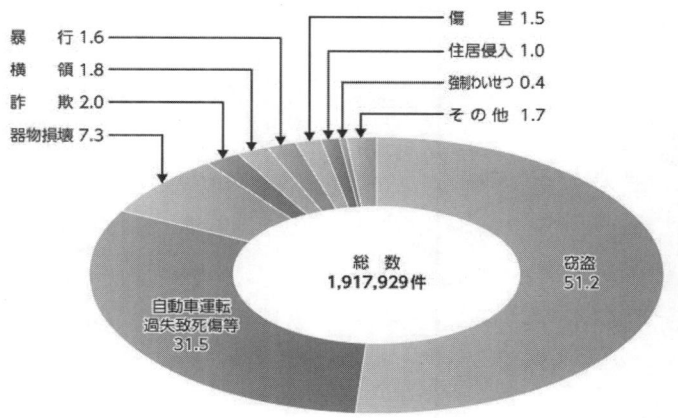

注 1 警察庁の統計による。
　 2 「横領」は，遺失物等横領を含む。

「平成26年版犯罪白書（法務総合研究所）5頁の1-1-1-3図」による。

図4 窃盗 認知件数の手口別構成比

（平成25年）

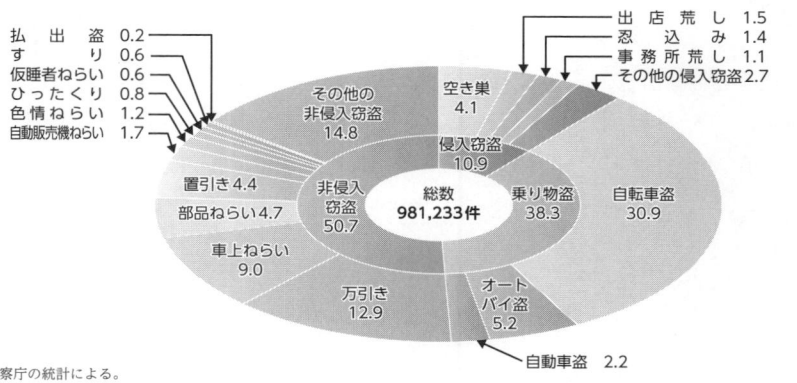

注　警察庁の統計による。

「平成26年版犯罪白書（法務総合研究所）8頁の1-1-2-2図」による。

図5 窃盗 認知件数の推移（手口別）

(平成6年～25年)

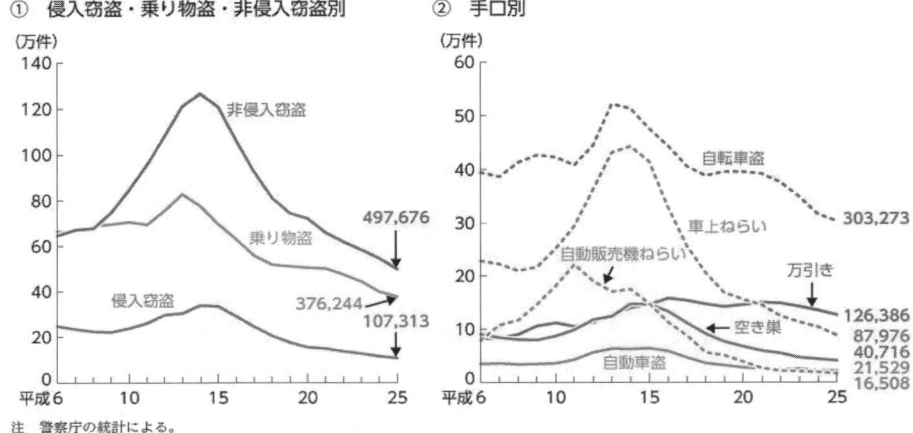

注 警察庁の統計による。

「平成26年版犯罪白書（法務総合研究所）9頁の1-1-2-3図」による。

問5 窃盗の検挙率はどのように推移しているのか。

【解　答】

　この検挙率は，平成13年に戦後最低の15.7パーセントを記録した後，上昇に転じ，同18年からは26～27パーセント台で推移しており，同25年は，26.0パーセント（前年比1.1ポイント低下）であった（同白書209頁）。

図6　窃盗 認知件数・検挙件数・検挙率の推移（主な手口別）

（平成6年～25年）

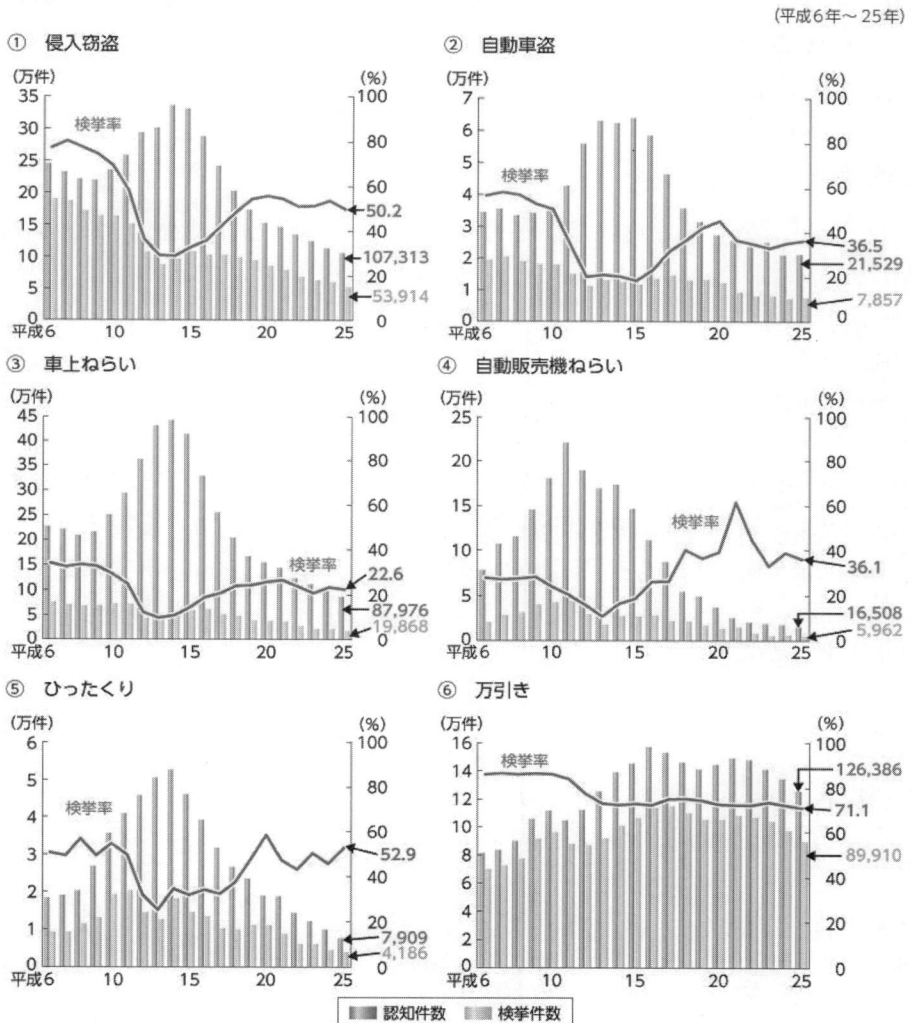

注　警察庁の統計による。
「平成26年版犯罪白書（法務総合研究所）212頁の6-2-1-5図」による。

問6 主な手口(侵入窃盗,自動車盗,車上ねらい,自動販売機ねらい,ひったくり,万引き)についての手口別の認知件数,検挙件数及び検挙率に関して,まず,侵入窃盗については,どのような推移が見られるのか。

【解 答】

　図6のうちの①侵入窃盗の図のとおりであるが,侵入窃盗の認知件数は,平成10年から同14年にかけて大幅に増加したものの,同15年からは一貫して減少している。平成25年の認知件数は,10万7,313件で,同14年(33万8,294件)の3分の1以下となっている。

　侵入窃盗の中では,例年,空き巣の認知件数が最も高い割合を占めている。空き巣の認知件数は,平成9年から同14年(14万7,500件)までの間に,約1.8倍に増加したが,その後は大きく減少して,同23年には,同14年の3分の1以下となっており,空き巣の認知件数の増減が侵入窃盗の認知件数の増減に大きく影響している。

　侵入窃盗の検挙件数は,平成16年から減少し続けており,同24年には,同6年(19万2,510件)の3分の1以下となった。検挙率は,同14年(29.1パーセント)を底に翌年から上昇傾向となり,同19年以降は,5割台で推移している(同白書213頁)。

問7 手口別の認知件数,検挙件数及び検挙率に関して,自動車盗については,どのような推移が見られるのか。

【解 答】

　図6のうちの②自動車盗の図のとおりであるが,自動車盗の認知件数は,平成9年から増加傾向となり,同15年(6万4,223件)をピークとして,その後は大きく減少し,同20年以降は,2万件台で推移している。

　検挙件数は,平成20年から減少傾向にあり,同25年は,同6年(1万9,717件)の約4割であった。検挙率は,平成15年(18.6パーセント)を底に翌年から上昇し,同21年以降は,3割台で推移している(同白書213頁)。

問8 手口別の認知件数，検挙件数及び検挙率に関して，車上ねらいについては，どのような推移が見られるのか。

【解　答】

　図6のうちの③車上ねらいの図のとおりであるが，車上ねらいの認知件数は，上記自動車盗と同様の傾向が見られ，平成9年から同14年まで増加し続けていたが，同15年からは一貫して減少しており，同25年は，同14年（44万3,298件）の約5分の1となった。

　検挙件数は，平成17年から減少傾向にあり，同25年は，同6年（7万7,921件）の約4分の1であった。検挙率は，平成13年（10.0パーセント）を底に翌年から穏やかに上昇し，同17年以降は，2割台で推移している（同白書213頁）。

問9 手口別の認知件数，検挙件数及び検挙率に関して，自動販売機ねらいについては，どのような推移が見られるのか。

【解　答】

　図6のうちの④自動販売機ねらいの図のとおりであるが，自動販売機ねらいの認知件数は，平成3年から同11年にかけて大幅に増加し，同年までの10年間で約7倍の22万2,328件まで増加したが，同15年からは一貫して減少し，同24年には昭和55年以来32年ぶりに，2万件を下回った。

　検挙件数は，平成11年（4万5,754件）をピークに減少傾向にあり，同25年は同11年の7分の1以下になった。検挙率は，平成13年（11.1パーセント）を底に，翌年から上昇傾向となり，同21年に急激に，6割台にまで上昇したものの，翌年から低下し，同23年以降は3割台で推移している（同白書213頁）。

問10 手口別の認知件数，検挙件数及び検挙率に関して，ひったくりについては，どのような推移が見られるのか。

第1章　盗犯事件の現状　11

【解　答】

　図6のうちの⑤ひったくりの図のとおりであるが，ひったくりの認知件数は，平成3年から同14年にかけて大幅に増加したが，同15年からは一貫して減少傾向にあり，同25年は平成に入って初めて1万件を下回った。

　検挙件数は，平成11年に2万件を上回って最初のピークを迎え，その後同14年に次のピークを迎えたが，同15年からは減少傾向となり，同25年は同11年（2万597件）の約5分の1となった。検挙率は，平成13年（25.4パーセント）を底に，翌年以降3割台から5割台で推移し，同25年は52.9パーセントであった（同白書213頁）。

|問11| 上記の5つの手口（侵入盗，自動車盗，車上ねらい，自動販売機ねらい，ひったくり）の認知件数については，いずれも平成14年頃をピークにして，その後は減少傾向が見られる。同14年頃における犯罪情勢の悪化の原因については，問2で述べたとおりであるものの，その後，減少傾向をもたらした要因は何か。

【解　答】

　問2で述べた雇用情勢の改善などもその要因の一つであるが，その他に，犯罪抑止に向けた各種施策もその減少をもたらした要因として挙げられる。具体的には，平成15年1月から，警察庁において「街頭犯罪・侵入犯罪抑止総合対策」を推進し，犯罪の多発する地域や時間帯における警戒活動や取締活動が強化されたことなどから，上記5つの手口による窃盗事犯の抑止効果がもたらされたものと認められる。

　特に，少年や若年者によって行われることの多いひったくりの減少は，警察による街頭での警戒活動等の強化や防犯ボランティア団体による自主防犯活動の推進もその大きな要因となっているものと考えられる（同白書224頁）。

|問12| 手口別の認知件数，検挙件数及び検挙率に関して，万引きについては，どのような推移が見られるのか。

【解　答】

　図6のうちの⑥万引きの図のとおりであるが，万引きの認知件数は，上記5つの手口の傾向とは相当に異なっている。

　万引きの認知件数は，平成元年から同8年までは，10万件を下回っていたが，同9年からは10万件を超え，同16年（15万8,020件）をピークに，同14年から同23年までは毎年14万件を超える状況が続いた。同24年におよそ10年ぶりに14万件を下回り，同25年には12万6,386件（前年比6.5パーセント減）となったが，平成元年以降最も少なかった同4年（6万6,852件）と比べると，依然として約2倍の件数となっている。

　検挙件数は，平成17年まで増加傾向にあったが，その後は横ばいで推移し，同24年からは10万件を下回っている。検挙率は，平成11年までは8割台で推移し，同12年以降は7割台で推移している（同白書214頁）。

問13　侵入窃盗等の他の5つの手口についての認知件数が大きく減少する中で，どうして万引きは高止まりが続いてしまっているのか。

【解　答】

　客自身が商品を手にしてレジに運んで購入する，いわゆるセルフ式の販売形態をとる大規模小売店が増加していることなどを背景に，万引きが依然として容易になし得る犯罪であることや，従来は，少年による犯行が主流であったところ，高齢者の万引き検挙人員が増加していることなどもあって，高止まりが続いているものと思われる。

問14　万引きの被害に関して留意しておくべきことは何か。

【解　答】

　かつては少年による万引きなどは大目に見るような風潮もあったと思われるが，被害を受ける小売店側にとっては，万引きによる商品ロスの売上高に占める割合は

少なくなく，とりわけ利益率の低い書店業界においては，万引き被害の増加が経営を相当に圧迫していると指摘されている。実際に，万引き被害が原因で廃業に追い込まれたという書店があるとの報道もなされている。

また，スーパーの食品などが万引きされた場合，犯人が現行犯逮捕されたとしても，当該被害品は，再度売り場に戻されることはない。一旦，万引きされて犯人の手に渡った商品を改めて他の客に販売するようなことはしないからである。したがって，このような場合，犯人の手から商品を取り上げても被害回復がなされたことにはならないので，その点は留意しておく必要がある。

図7　窃盗 検挙人員の年齢層別構成比の推移（主な手口別，総数・女子）

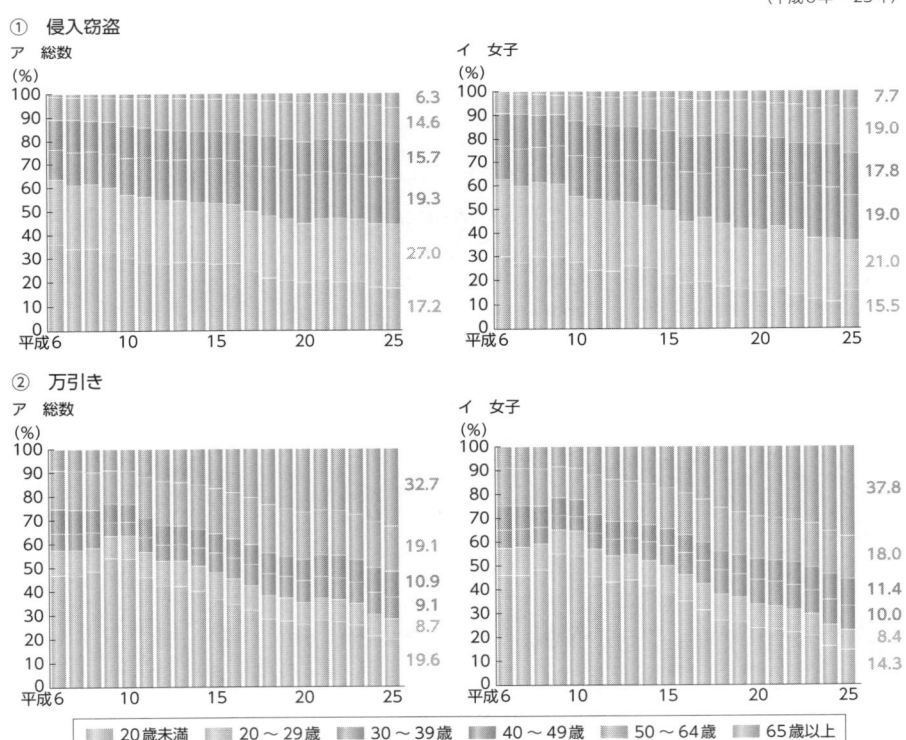

(平成6年～25年)

① 侵入窃盗

ア　総数

年齢層	構成比(%)
20歳未満	6.3
20～29歳	14.6
30～39歳	15.7
40～49歳	19.3
50～64歳	27.0
65歳以上	17.2

イ　女子

年齢層	構成比(%)
20歳未満	7.7
20～29歳	19.0
30～39歳	17.8
40～49歳	19.0
50～64歳	21.0
65歳以上	15.5

② 万引き

ア　総数

年齢層	構成比(%)
20歳未満	32.7
20～29歳	19.1
30～39歳	10.9
40～49歳	9.1
50～64歳	8.7
65歳以上	19.6

イ　女子

年齢層	構成比(%)
20歳未満	37.8
20～29歳	18.0
30～39歳	11.4
40～49歳	10.0
50～64歳	8.4
65歳以上	14.3

注　1　警察庁の統計による。
　　2　犯行時の年齢による。

「平成26年版犯罪白書（法務総合研究所）215頁の6-2-1-7図」による。

万引きの被害は重大なものであるとの認識の下，上述したような事実関係については，被害者の供述調書において，正確かつ詳細に録取しておく必要がある。具体的には，販売している商品の利益率が低く，万引きによるロスは経営を圧迫する重大なものであることや，一旦，万引きされた商品については，もはや販売できない状態になり，そのまま損害となるというような事実については，裁判官が認識していないおそれも十分にあるので，必ず被害者の供述調書で明らかにしておかなければならない。

問15 万引き事犯者の高齢化問題としては，どのような特徴があるのか。

【解　答】

　万引きの検挙人員は，男女の合計である総数と女子だけのいずれの人員数においても，図7の②万引きの図のとおり，高齢化が進んでいる。
　総数では，平成14年までは検挙人員の4割台から5割台を少年が占めていたが，同17年からは検挙人員の4割台から5割台を50歳以上の者が占めており，同25年においては，同6年の約3.7倍にも上っている。
　特に，女子の万引きにおいては，その高齢化が顕著であり，平成23年以降は，50歳以上の者が過半数を占め，高齢者の割合は，過去20年間で約4倍に上昇している。
　女子高齢者の一般刑法犯の検挙人員に占める万引きの割合は，図8のとおり，83.5パーセントであり，男子高齢者のそれが48.2パーセントであるのと比較しても顕著に高い。

第1章　盗犯事件の現状　15

図8　一般刑法犯 高齢者の検挙人員の罪名別構成比（男女別）

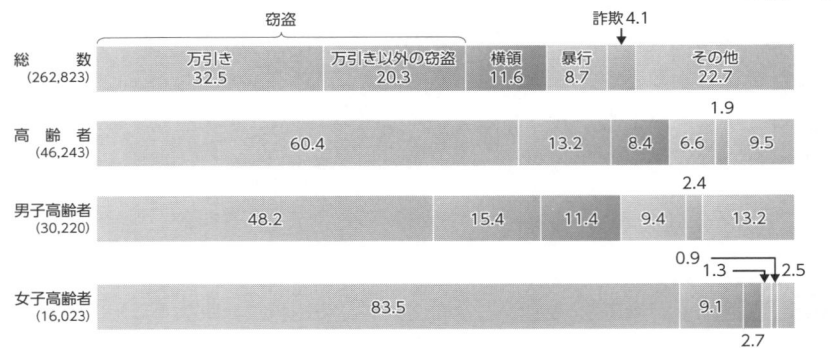

(平成25年)

	窃盗				詐欺4.1	
	万引き	万引き以外の窃盗	横領	暴行		その他
総　数 (262,823)	32.5	20.3	11.6	8.7		22.7
高 齢 者 (46,243)	60.4		13.2	8.4	6.6	1.9／9.5
男子高齢者 (30,220)	48.2	15.4	11.4	9.4	2.4／	13.2
女子高齢者 (16,023)	83.5		9.1	2.7／0.9／1.3／2.5		

注　1　警察庁の統計及び警察庁交通局の資料による。
　　2　犯行時の年齢による。
　　3　「横領」は，遺失物等横領を含む。
　　4　（　）内は，実人員である。

「平成26年版犯罪白書（法務総合研究所）185頁の4-5-1-3図」による。

問16　万引きの検挙率について留意すべきことは何か。

【解　答】

　万引きは，上述したように，他の5つの手口に比べて検挙率は高い。しかしながら，万引きの場合は，犯行現場の目撃がないと検挙するのが困難であるのが実情であり，万引き被害の実態には，相当な暗数があるものと推察されることに留意しておく必要がある。また，万引きの被害者の中には，実際に万引きの被害に遭っても，その届出に伴う時間的な負担を嫌うあまり届出をしない者も少なくない。

　被害者関係の捜査書類の合理化を図るなどして，被害申告を容易にするなどの方策も進められており，更なる暗数の低減に努めていく必要があろう。

問17　万引き事犯に対しては，どのような姿勢で臨むべきであるのか。

【解　答】

　万引きも窃盗罪の一類型として，悪質な犯罪であるとの認識に基づいて，被害に

遭った場合の積極的な届出の推進等を進める一方，万引き事犯者は，微罪処分や起訴猶予処分を何度も受けたりした結果，何ら反省することなく，安易に同様の犯行を繰り返してしまうこととなって，結局のところ高齢者になってもまた同様の犯行に及ぶこととなる者も決して少なくない。

そのような事態を避けるためにも，早い段階で本人の改善更生が図られるように，その常習性等を捜査で明らかにして，適正な処分がなされるように努めるべきである。

問18 想定事例についてはどのように考えるべきか。

【解　答】

被疑者甲野の常習性は相当に強固なものであるおそれがあるので，同被疑者の再犯防止のためにも，厳正な刑事処分が必要であると考えるべきである。それゆえ，このような事案が微罪処分にふさわしいなどとは考えないことである。

ちなみに，平成25年における窃盗の検挙人員のうち微罪処分により処理された者の手口別構成比を示したものが図9であるが，総数4万9,381人のうち，74.2パーセントが万引きである。

また，窃盗の検挙人員のうち微罪処分により処理された人員及び微罪処分率（検挙人員に占める微罪処分により処理された人員の比率）の推移は，図10のとおりであるが，万引きの微罪処分率は，平成11年以降は4割台で推移している。

図9　窃盗 微罪処分人員の手口別構成比

(平成25年)

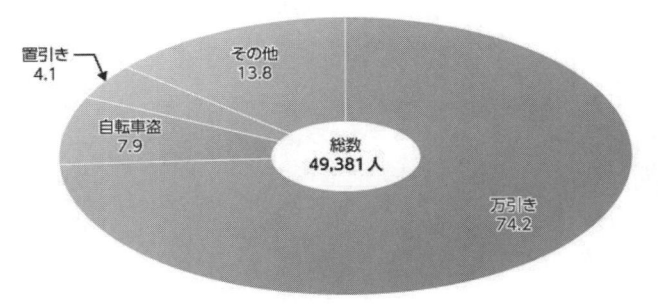

- その他 13.8
- 置引き 4.1
- 自転車盗 7.9
- 万引き 74.2
- 総数 49,381人

注　警察庁の統計による。
「平成26年版犯罪白書（法務総合研究所）218頁の6-2-1-10図」による。

図10　窃盗 微罪処分人員・微罪処分率の推移

(平成6年～25年)

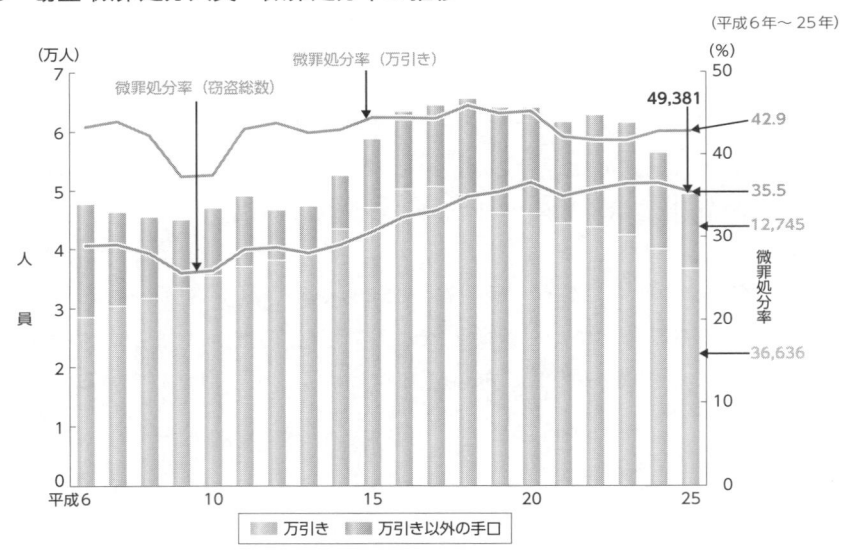

微罪処分率（窃盗総数）
微罪処分率（万引き）

49,381
42.9
35.5
12,745
36,636

■ 万引き　■ 万引き以外の手口

注　1　警察庁の統計による。
　　2　「微罪処分率」は，検挙人員に占める微罪処分により処理された人員の比率をいう。

「平成26年版犯罪白書（法務総合研究所）218頁の6-2-1-11図」による。

この章のおわりに

　これまで述べてきたように，万引きを除けば全体的に盗犯は減少傾向にある。
　しかしながら，「警察庁で25年12月から26年1月にかけて行った，警察捜査に関する意識調査では，国民が被害に遭うことに関して不安を感じる犯罪については，『空き巣などの住宅へ侵入して物を盗む犯罪』（45.0％）が，『殺人・強盗などの凶悪犯罪』（39.2％）を抑えて，最も多くなっています。」したがって，「重要窃盗犯は重要凶悪事件に発展するおそれがあることからも，その高いレベルでの検挙は，わが国の良好な治安の根幹をなすものと言えます。」（警察庁捜査第一課長　田中俊恵「重要窃盗犯の検挙向上を目指して」警公2015年12月号4〜5頁）とされているように，体感治安に直結する窃盗事件の検挙は，国民生活全体に非常に大きな影響を与えることになるものであることを心すべきであろう。
　そのため，この種事件の捜査に関与する者は，盗犯捜査に関する技量の修得に努めるべきであり，より効果的で効率的な盗犯捜査を目指すことが求められる。
　「『捜査の基本は盗犯捜査』と言われます。盗犯捜査は扱う件数が多いだけでなく，被害発生時の被害者からの事情聴取，現場の見分，指掌紋をはじめとする客観的資料の収集，聞き込み，手口分析，被疑者の割り出し，尾行・張り込み，逮捕，取調べ，各種裏付け捜査，余罪も含めた事件送致に至るまでを，少ない人数で行うため，一人の捜査員が，他の類型の事件捜査にも生かせる様々な種類の捜査に従事する機会があります。そうしたこともあって，警察署の盗犯部門は従来，刑事任用の入口とされてきた」（同上田中6頁）ことに思いを至らせ，日々の研鑽に真摯に励む必要があろう。

第2章　来日外国人による盗犯事件の現状と対策

> **例　題**　来日外国人による盗犯の実情はどうか。どのような事案に留意する必要があるのか。日本人の場合と捜査をする上で異なることは何か。特に，その取調べに当たって留意すべきことは何か。

問題の所在

　新規入国による来日外国人数は，政府の方針として，観光大国をめざし，外国人観光客の誘致に力を入れるなどした結果，近時，著しい増加傾向を迎え，平成25年（2013年）には，1,000万人を超えるまでに至った[1]。同26年（2014年）は，更にそれを上回る外国人が来日しており，この傾向は今後も続くものと思われる。

　もちろん観光の面だけでなく，今後も様々な面での国際化が進むことは当然に予想されるところであり，国際交流が盛んになるにつれ，その負の側面である来日外国人による犯罪の問題がより深刻化することも懸念されるところである。

　そこで，まず，現時点における来日外国人犯罪の実情を把握しなければならず，その上で，どのような手口等による盗犯が問題となっているのか，その際の捜査上の留意事項は何かなどについて理解しておく必要がある。

事　例

【想定事例】

> 　A署は，その管轄区域に工場地帯や歓楽街を有しており，来日外国人による犯罪が多発していた。特に，それら来日外国人の周辺者の中には，自動車の修理工場の看板を掲げて修理業を営む者などもあり，周囲を高い塀で囲った敷地の中には，ナンバープレートを外した自動車やトラックが多数放置されていたが，それ

らが盗品であるという証拠は何もなかった。
　Ａ署の盗犯担当の甲野巡査部長は，上記修理業者が盗品の故買をしているのではないかと疑っていたが，その対処の方策として，これといって何か名案が浮かぶわけではなかった。
　甲野巡査部長としては，何をすべきか。

設問と解答

問１ 来日外国人犯罪全般についての現状はどのようになっているのか。

【解　答】

　まず，全体的に来日外国人犯罪の現状を俯瞰するに当たり，検挙件数及び検挙人員から見られる概況としては，次のとおりである。
　来日外国人による一般刑法犯の検挙件数は，昭和55年以降，概ね右肩上がりに増加しており，平成元年以降，その伸びは急になって，同17年にピークを迎え，３万3037件を記録するに至っている（平成18年版犯罪白書94頁）。ただ，その後減少し，平成25年には，１万674件（前年比4.2パーセント減）となっている。
　一方，来日外国人による一般刑法犯の検挙人員をみると，平成16年に8,898人となって過去最多となった後，減少傾向にあったが，平成25年は増加に転じ，5,620人（前年比3.6パーセント増）となっている（それらのグラフについては，図11のとおり。平成26年版犯罪白書161頁）。
　また，特別法犯についても，概ね同様の傾向が見られ，平成25年は，送致件数で，4,745件，送致人員で4,264人となっている（このグラフについては，図12のとおり。）。したがって，平成25年の総検挙人員としては，9,884人となる。

図11　外国人による一般刑法犯　検挙件数・検挙人員の推移

（平成元年～25年）

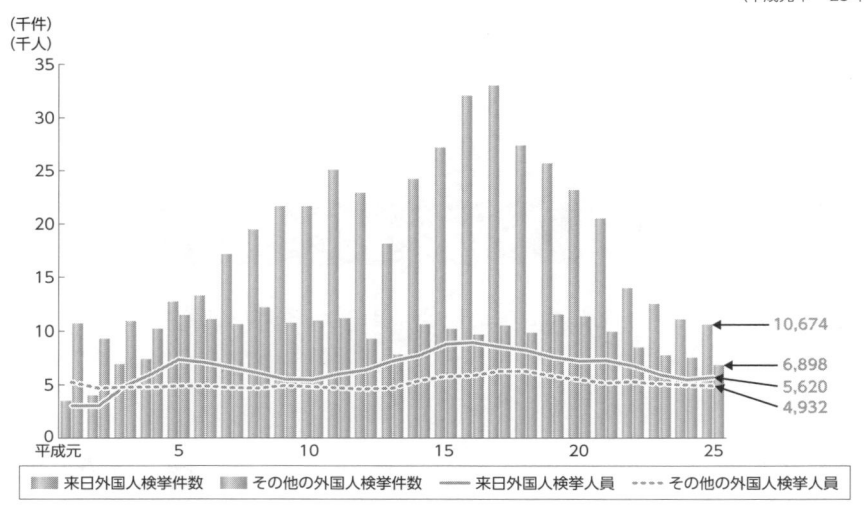

来日外国人検挙件数：10,674
その他の外国人検挙件数：6,898
来日外国人検挙人員：5,620
その他の外国人検挙人員：4,932

注　警察庁の統計による。

「平成26年版犯罪白書（法務総合研究所）161頁の4-2-2-1図」による。

図12　外国人による特別刑法犯　送致件数・送致人員の推移

（平成元年～25年）

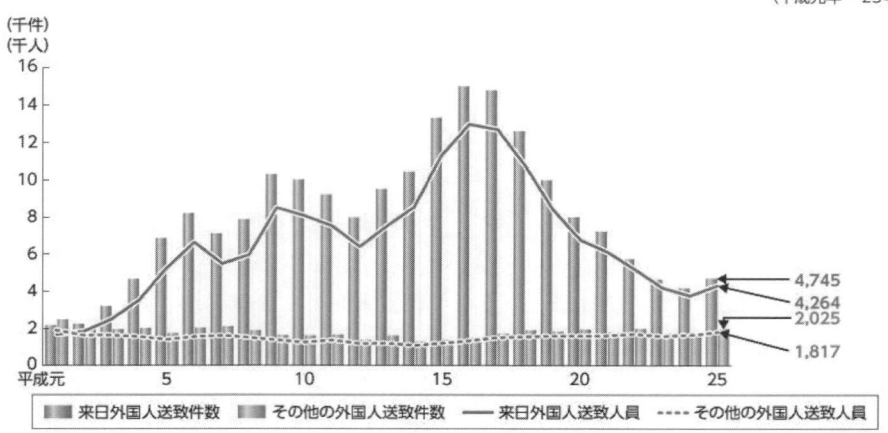

来日外国人送致件数：4,745
その他の外国人送致件数：4,264
来日外国人送致人員：2,025
その他の外国人送致人員：1,817

注　1　警察庁の統計による。
　　2　平成15年までは交通関係4法令違反を除き，16年以降は交通法令違反を除く。

「平成26年版犯罪白書（法務総合研究所）163頁の4-2-2-5図」による。

問2 盗犯についての来日外国人犯罪の現状はどのようになっているのか。

【解　答】

　盗犯に関しても，上述したように減少傾向にあることは同様である。窃盗の検挙件数は，平成17年に過去最多を記録し，その数は2万8,525件に上っている。ただ，その後は減少し，平成25年には7,744件にまで下がってきている。

　しかしながら，そのような減少傾向の中でも，平成25年は，同18年以降続いた減少傾向の中で，最も減少幅が小さい前年比2.8パーセント減というものであり，検挙人員に至っては，2,812人と前年より3.3パーセント増加している。

　手口別では，非侵入窃盗においても，侵入窃盗においても，いずれの手口によるものも減少しているが，その一方で，乗り物盗は，平成24年以降，わずかではあるが増加傾向にある（そのグラフについては，図13のとおり。）

　また，検挙件数の手口別構成比を見ると，万引きの構成比が28.3パーセントと最も高いが，それに次いで，空き巣，自動車盗，車上ねらい，忍込みの順になっている（そのグラフについては，図14のとおり。）。

図13　来日外国人による窃盗　検挙件数の推移

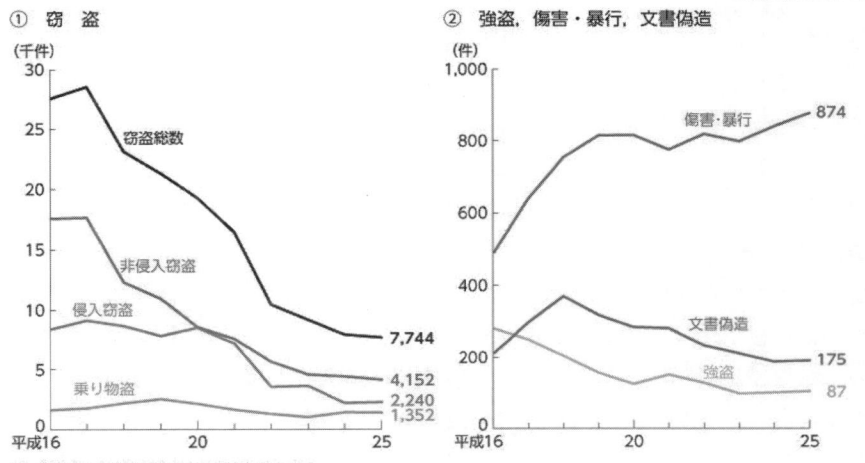

（平成16年〜25年）

①　窃　盗

②　強盗，傷害・暴行，文書偽造

注　警察庁の統計及び警察庁刑事局の資料による。

「平成26年版犯罪白書（法務総合研究所）162頁の4-2-2-3図」による。

図14　来日外国人による窃盗　検挙件数の手口別構成比

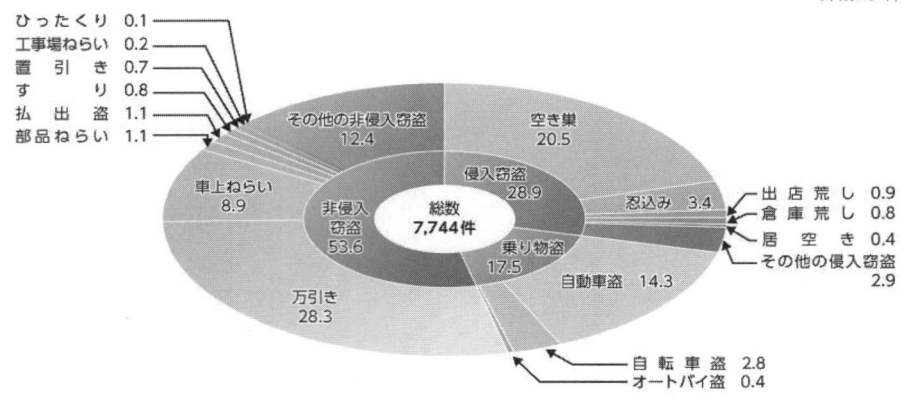

(平成25年)

ひったくり　0.1
工事場ねらい　0.2
置引き　0.7
すり　0.8
払出盗　1.1
部品ねらい　1.1
車上ねらい　8.9
その他の非侵入窃盗　12.4
非侵入窃盗　53.6
万引き　28.3
総数　7,744件
侵入窃盗　28.9
空き巣　20.5
忍込み　3.4
出店荒し　0.9
倉庫荒し　0.8
居空き　0.4
その他の侵入窃盗　2.9
乗り物盗　17.5
自動車盗　14.3
自転車盗　2.8
オートバイ盗　0.4

注　警察庁刑事局の資料による。
「平成26年版犯罪白書（法務総合研究所）162頁の4-2-2-4図」による。

問3　そのような現状からすれば、来日外国人犯罪の問題は深刻なものではなくなってきていると考えてよいのか。

【解　答】

　そのようなことはない。特に、これらの数字の減少傾向は、あくまで検挙件数や検挙人員であって、いずれも実際に検挙に至った段階での数字であって、実際に発生した事件数を表すものとして使われている認知件数の減少ではないことに留意する必要がある。
　つまり、認知件数の減少傾向は、治安の回復傾向を示すものであるといえるが、検挙件数及び検挙人員の減少は、これとは意味合いが異なるからである。すなわち、窃盗等の事件が発生し、被害届が出されることによって警察等に認知され、ここで認知件数としてカウントされるが、その後の捜査により、それが来日外国人によるものであることが判明し、最終的に当該外国人を検挙した場合に初めて検挙件数及び検挙人員としてカウントされるという経過をたどる。
　ところが、そのような検挙件数や検挙人員が減少したとしても、その前提として、実際に発生していた窃盗等の事件のうち、どれだけが来日外国人によって遂行され

ていたのかは不明であり，また，仮に来日外国人による犯行であると分かっても，帰国されてしまったり，所在不明であったりした場合には未検挙ということになって，結局，検挙件数及び検挙人員には上がって来ないということになる。

したがって，この検挙件数及び検挙人員の減少傾向は，直ちには，来日外国人による犯罪が減ったということにはつながらないものであることに留意しなければならない。

問4 では，来日外国人犯罪における国籍別の検挙状況はどうか。

【解　答】

平成25年の刑法犯及び特別法犯を合わせた総検挙件数や総検挙人員の状況を国籍・地域別に見ると，中国，ブラジル，ベトナム，韓国，フィリピンの5か国で，全体の約4分の3を占めることが分かる（警察庁刑事局組織犯罪対策部・国際捜査管理官「来日外国人犯罪の検挙状況（平成25年）」2頁）。

まず，総検挙件数についてであるが，先に述べた同年の一般刑法犯の検挙件数1万674件及び特別法犯の検挙件数4,745件の合計1万5,419件うち，①中国が5,876件（構成比38.1パーセント），②ブラジルが2,425件（同15.7パーセント），③ベトナムが1,540件（同10.0パーセント），④韓国が1,019件（同6.6パーセント），⑤フィリピンが988件（同6.4パーセント）となっており，それらの比率の合計は，76.8パーセントに上っていることが判明する。

次に，総検挙人員についてであるが，先に述べた同年の一般刑法犯の検挙人員5,620人及び特別法犯の検挙人員4,264人の合計9,884人うち，①中国が4,047人（同40.9パーセント），②ベトナム1,118人（同11.3パーセント），③韓国936人（同9.5パーセント），④フィリピン760人（同7.7パーセント），⑤ブラジル519人（同5.3パーセント）となっており，それらの比率の合計は，74.7パーセントになることが判明する。

問5 では，窃盗に関しての来日外国人犯罪における国籍別の検挙状況はどうか。特に，手口ごとによる国籍別検挙状況に特徴はあるのか。

【解　答】

　まず，平成25年の窃盗全体の検挙件数でいえば，①中国（同33.2パーセント），②ブラジル（同26.2パーセント），③ベトナム（同13.1パーセント），④フィリピン（同5.5パーセント）となっているところ，手口別の最も高い構成比を持つ国籍別の検挙状況をみると，侵入盗では，中国が66.2パーセントを占め，また，自動車盗では，ブラジルが74.6パーセントを，さらに，車上ねらいでも，ブラジルが87.8パーセントを占めるなど顕著な特徴を示している。

　一方，万引きについては，ベトナムが37.2パーセントを占め，中国が30.7パーセントとこれに続く形となっている。

　このような数字から，侵入盗関係では中国が，自動車盗関係ではブラジルが，万引き関係ではベトナムがそれぞれ問題を抱えているといえるであろう。

問6　上述したように，平成25年の総検挙人員が9,884人であったところ，そのうち不法滞在者は1,757人で全体の17.8パーセントであった。この比率は，10年前の平成15年と比較すると大きな違いがあり，当時の総検挙人員に占める不法滞在者の割合は53.7パーセントにも上っていたのに対し，これが17.8パーセントまでに減ったという違いがある（比留間一弥「来日外国人犯罪の現状―統計からみる平成25年中の来日外国人犯罪検挙状況―」警公2014年7月号23頁）ことから，これを見て，正規滞在者による犯罪が増加していると判断することは正しいか。

【解　答】

　もちろんそのような数字の変化から，そのように評価することは間違っていない。しかしながら，それだけでは，必ずしも全てを正しく見ているわけではないと思われる。

　というのは，平成15年当時の総検挙人員は，20,007人であったところ（前出比留間19頁），そのうちの53.7パーセントに当たる不法滞在者1万743人を除いた残りの正規滞在者の検挙人員は9,264人であった。そして，平成25年の総検挙人員のうちの正規滞在者の検挙人員は全体の82.2パーセントで8,127人と判明する。その差は約1,100人余りである。

そこで，不法残留者数の推移を見ると，平成15年1月1日は，22万552人であったところ，同25年1月1日は，6万2,009人にまで減少している（警察庁刑事局組織犯罪対策部・国際捜査管理官「来日外国人犯罪の検挙状況（平成25年）」70頁）。一方，正規滞在者となる外国人登録者数について，平成15年は，191万5,030人であったところ，同24年は，203万3,656人であって（同上71頁），5パーセント程度しか増加しておらず，あまり変化がないことが判明する。
　これらの数字から判明することとして，正規滞在者の中の一定割合は，従来から今日まで犯罪に及んでしまう者がいるのに対し，全体の検挙人員の増減に大きな影響を与えるのは不法滞在者による犯罪であることが明らかに分かるところである。
　つまり，平成25年における正規滞在者と不法滞在者の比率の問題は，不法残留者の減少に向けた警察や入国管理局の検挙等が今日の来日外国人犯罪の減少をもらしたものというべきであろう。それゆえ，来日外国人犯罪の減少傾向を維持するためには，引き続き不法滞在者の増加を阻止し，更なる減少を目指す努力を怠ってはならないと思われるところである。
　したがって，正規滞在者の検挙人員の比率が増加していることは，むしろ不法残留者の減少により，不法滞在者に係る検挙人員が増加しなくなったということに大きな原因があるものと考えられる。
　しかしながら，そうはいっても，「来日外国人犯罪を助長し，又は容易にさせる犯罪インフラ事犯（地下銀行，偽装結婚，偽装認知など）には，日本人や永住者等の定着居住者も深く関与して，相互に利用し合う構図もみられるなど，来日外国人犯罪は日本社会に深く浸透しつつ，新たな形態へと変容していると言える。」（前出比留間26頁）ことからしても，正規滞在者等による犯罪への関与にも十分対処できるような取組みが進められるべきであろう。

問7　来日外国人の取調べに当たっては，通訳を介することなどもあって，否認される場合も多いように思われるが，そのような相手に対する取調べに当たっては，どのようなことに心がければよいのか。

【解　答】

　たしかに来日外国人犯罪者の中には，捜査当局に対して真実を述べれば不利であ

ると確信していると思われるような者や，様々な思惑から否認することで自己に有利な結果を導き出そうとしている者，更には，法廷以外の場での供述に全く意味を認めない者などもおり，そういった者らの供述態度からして，来日外国人犯罪者は，なかなか自白しないものだと思っている捜査官も多いと思われる。

　しかしながら，来日外国人犯罪者が裁判で有罪となり，日本で服役するに当たって，自己の犯罪をどのように考えているのか，また，日本で受けた取調べについてどのように感じたかなどについて，法務総合研究所などが調査したところ，必ずしも彼らは自白しないものであると考える必要はないのではないかと思われる結果が出されている。

　すなわち，来日外国人犯罪者らの服役に当たっての贖罪意識調査においては，70パーセント以上の者が刑務所に入れられても当然であると思っていたことが判明しているし，自己の犯罪行為について，後悔していると回答した者は，男性では約84パーセント，女性では約80パーセントに上っていた。

　こうした一連の調査結果に照らせば，来日外国人犯罪者の意識傾向も日本人のそれと変わるところはないといえるのではないかと思われる。そうであるなら，来日外国人を取り調べる際にも，特に難しい相手などと思って構えることなく，自然体で臨むというのが求められる心構えであるといえよう。

問8　来日外国人犯罪においては，通訳の問題が必ずついてまわることとなるが，通訳を介して取調べをする際には，どのようなことに留意する必要があるのか。

【解　答】

　来日外国人であっても，日本国内での犯罪である以上，刑法などの国内刑事法が適用され，来日外国人だからといって特有の問題はない。しかしながら，日本語を母国語としないため，通訳が必要となる。警察官の中から語学の訓練を受けた者が，捜査において通訳に関する業務を行っている場合には，その能力や刑事法についての理解も十分であろうから，特段の問題はないと思われるが，時には民間の通訳人に依頼しなければならない場合もあり，このような場合に通訳を介しての取調べをするに際しては，次のような点に留意しておかなければならない。

　まずは，通訳人の力量を正確に把握しておくことである。率直に，通訳人として，

どの程度の経験があり，どのような事件で通訳をしてきたかを聞いておくほうがよい。これによって，取調べの際に，通訳人がどの程度の負担を感じているか把握しやすくなるからである。

次に，刑事手続や刑事実体法についてどの程度の理解をしているかも知っておいたほうがよいであろう。誤解して通訳をされても検証のしようがないだけに，この点について十分な知識がないと推測されるような通訳人であれば，より簡単な言葉での取調べが必要となるからである。

そして，実際に取り調べるに当たっては，できるだけ単文になるように聞き，それも短い問が好ましい。容易に通訳のできる言葉であるほうが，被疑者に対し意思が通じやすいし，誤訳が生じる危険も減らすことになるからである。

その上で，供述調書を作成するに際しても，できるだけ一文を短くし，分かり易く，二義を許さないような表現に努める必要がある。

問9 通訳の正確性が問題となったケースにおいては，実際のところ，どのような点が問題とされたのか。

【解　答】

捜査の際の通訳の正確性等が問題とされた事件として参考になると思われる裁判例をいくつか紹介する。

1　平成4年5月28日札幌高裁判決（高検速報（平4）119頁）の事案

この事案では，警察官が英語で，被告人から被害品などの任意提出を求める際に，被告人の任意によるものであるのかどうかなどが，警察官の用いた英語の正確性なども含めて問題とされたものである。

(1)　その事案の概要は次のとおりである。

ア　これは，外国人の被告人が，帰宅しようとしてマンションに入ろうとした被害者Ｖに背後から抱きつき，2回くらい「ギブ・ミー・マネー」などと言いながら，被害者が手にしていた財布を奪い取って逃走したという事案である（なお，右財布には，現金約1万7,494円（内訳は，5千円札1枚，千円札12

枚くらい，その他各種硬貨），キャッシュカード2枚，テレホンカード1枚等が在中していた。）。

イ　事件発生後，1時間半ほど経過した同日の午前5時35分頃，交番勤務のK1巡査とK2巡査は，道路向いの歩道上を小走りに北進中の被告人を認めたところ，その服装がメモしていたV申告にかかる犯人のそれと酷似した外国人であったことが判明した。

　　そこで，職務質問するためその後を追い掛けて被告人を呼び止めた。

　　そして，英検3級の資格を持つK1巡査が，英語で，自分たちが警察官であることなどを被告人に告げた上，英語で「日本語を話せるか」と確認すると，被告人（当時，日本人を相手に英語を教えるなどしていた。）が「少し分かります」と答えた。

　　そこで，K2巡査が日本語で「近くで女性が泥棒に遭って金を取られた」などと，また，K1巡査が「ユア・ウェア・ルックス・ライク・ドロボウ」などと説明して，A交番への同行を求めると，被告人は，笑顔でこれを承諾し，「オーケー，オーケー」と答えてこれを承諾した。

　　そして，被告人は，同行に応じて午前5時40分頃，同交番に到着したので，K1巡査らは被告人を3階の交番所長室兼応接室（以下「所長室」という。）に案内した。

ウ　K1巡査は，同交番3階の所長室において，日本語で身振りなどを交えながら，所持品を見せるよう求めると，被告人は「オーケー，オーケー」と言いながら，ポケットから財布，運転免許証などを出して応接セットのテーブルの上に置いた。

　　K1巡査は，更に，英語で被告人の了解を得た上，外側から被告人の着衣を触っていくと，シャツの胸ポケットにガサガサする物があり，それを出すよう求めると，被告人は，これにすぐ応じ，そこから四つ折りの千円札10枚を取り出してテーブルの上に置いた。なお，K1巡査は，更に前記財布の中を改め，その中に5千円札1枚，テレホンカード，硬貨，メモ紙様のものが入っているのを確認した。

エ　K3巡査長が所長室へ行き，被告人が脱いで傍らに置いていたジャケットを確認すると，パウダーなど化粧品の付着した染みを認めたので，被告人に向かって染みのある箇所を示しながら「これはなんだ」などと日本語で声高

に問いただした。

　すると，それまでＫ１巡査の指示に素直に従っていた被告人が，急に立ち上がり，興奮して大声でわめき始めたが，その中に「ギブ・ミー・ア・ロイヤー」と何回か繰り返していることが聞き取れた。

　そこで，Ｋ１巡査は，被告人を強く制止して椅子に掛けさせたが，自分の英語力ではそれ以上の事情聴取は無理と感じ，Ｋ４係長の指示を仰いで被告人を中央署へ同行することにした。

　そして，被告人に英語で了解を求めたところ，「オーケー」と述べ同意したので，警察車両に被告人を乗せて中央署に向かい，同日午前６時３０分頃，同署に到着した。なお，被告人のジャケットは家庭ごみ用のビニール袋に入れ，テーブル上に置かれていた被告人の所持品は一括して警察用の紙袋に入れて，ほぼ同じ頃，Ｋ３巡査長が別の車両で中央署へ運び，直ちに，被告人のいる同署刑事課の２号取調室に持ち込んで被告人との前の机に置いた。

オ　その後，Ｋ４係長の指示により，同署刑事第一課盗犯第一係のＫ５巡査部長が，被告人から所持品の任意提出を受けるため，同日午前９時１５分頃，通訳のＫ６巡査を伴って前記取調室に入った。

　Ｋ６巡査は，被告人に対し，本件窃盗事件の被害の模様などを説明し，その事件との関連で，被告人のジャケット，日本紙幣及びテレホンカードを調べさせて欲しいこと，預かった後，必要がなくなったら被告人にそれらを返すことを英語で説明した。

　これに対し，被告人はそうすることはかまわないと言い，次いで，Ｋ６巡査が日本語で印刷された任意提出書用紙に所要事項を記載するよう求めたが，被告人は，日本語が分からない，英語で書いてくれと言った。

　そのため，Ｋ６巡査は，書き方の要領を示すため，任意提出書用紙の提出物件欄（品名，数量及び提出者処分意見の各欄）に被告人の紙幣（５千円札１枚と千円札１０枚）について英語で書き込んだ上，口頭でも説明すると，「分かります」と言い，ジャケットとテレホンカードについて別の任意提出書用紙２枚の各提出物件欄，及び以上の合計３枚の各作成者欄（年月日，住居，氏名及び年齢の各欄）に自ら英語で書き込んだ。

　そして，書き終わると，被告人は，Ｋ５巡査部長に対し，今書いたばかりのその任意提出書を自分にくれないかと言うので，Ｋ５巡査部長は直ぐにそ

れら3枚の青焼きコピーを作成して被告人に手渡したが，所持品自体の返還を被告人が求めたことはなかった。この手続には30分くらいかかったが，この間，被告人はおとなしい態度で応対していた。

(2) 上記のような事実関係の下，本件札幌高裁は次のように判示した。
　　すなわち，「本件の任意提出手続に違法があるかどうかについて考察すると，Ｋ5巡査部長及びＫ6巡査は，右手続に十分な時間をかけ，被告人の意思確認に慎重を期している状況がうかがわれること，Ｋ6巡査がした英語の説明は，個々の文章ごとに取り上げると英語としての正確性に疑いがあるけれども，それだからといって，被告人がＫ6巡査が伝えようとした内容と異なる趣旨に理解した形跡などは全くないこと，そのことは，任意提出書の提出者処分意見欄にＫ6巡査が記載した文章を見て，被告人も自らの表現で（修正して）同趣旨の内容の記載をしていることによっても裏付けられていること，Ｋ6巡査は，曲がりなりにも，警察が所持品を預かる必要があることについて被告人に説明し，被告人はそれを了解した趣旨のことを述べていること，任意提出書作成後，被告人はその書面の保有には関心を示したが，コピーをもらって満足し，所持品自体の返還を求めていないこと，右手続は全体として円満に運ばれ，格別のトラブルは生じていないことが認められ，これらによれば，被告人は，その趣旨を理解した上，任意の意思に基づいて，前記の紙幣，ジャケット等を捜査目的で一時的に警察の保管に委ねることを承諾し，これらをＫ5巡査部長に提出したものと認めることができる。したがって，本件各証拠物の任意提出手続に所論主張のような違法はないというべきである。」と判断した。

　　ただ，この任意提出の適法性については，原判決である**平成3年11月25日札幌地裁判決（判タ787号285頁）**は，「被告人が，任意提出に関する手続の意味を理解し，その所持品を警察官に任意提出したとは認めることができない」と判示していた。

　　そこで，本件札幌高裁判決では，この札幌地裁の判決に対して，「是認することができない。」とした上で，「被告人は，Ａ交番に同行を求められて以来，警察官らが，自己に対し本件窃盗事件の容疑が向けられていることを知り，その置かれていた立場を認識していたというべきところ，警察官から事件に関連する供述を求められると，激しく拒み，弁護人の選任ないし立会いを求める言

動をとっているが，それ以外の点，特に，本件各証拠物を含め所持品を提出すること自体については，Ａ交番で警察官に求められるまま任意に所持品検査に応じたのをはじめ（なお，この所持品中には，盗まれた被害者のキャッシュカード，国民健康保険証，診察券など外見上直ちに本件窃盗と結び付くと見られる物は含まれていなかった。），終始これに応じる態度に出ており，中央署においても，警察官らが，捜査目的で，本件各証拠物及びテレホンカード１枚について提出を求めていること及びその趣旨を理解した上，前記のとおり任意これに応じたものということができ，したがって，右提出手続に違法があったことを前提とする所論もその前提を欠くものである。

　原判決は，Ｋ１巡査が，Ａ交番の所長室で，被告人が求めに応じて机の上に出した財布の中身を確認した行為，及び，Ｋ３巡査長が，本件各証拠物などを袋に入れ中央署まで運んだ行為について，いずれも被告人の承諾がないから違法である旨をも説示しているが，警察官が，これら行為につき被告人から明示の承諾を得る手順を踏まなかったのは相当でないとしても，被告人自身が着衣から取り出して目の前に置いた財布であり，あるいはまた，中央署への移動やその後同署においても本件各証拠物等の提出について承諾していたなど，より基本的な行為についての被告人の意思が明らかであった前認定の状況にかんがみると，Ｋ１ら警察官が一つ一つ確認の労を取っていたなら，被告人がそれらをあえて拒否したとは思われず，したがって，明示の承諾がない点をとらえて直ちに右行為を違法視するのは相当でない。」と本件任意提出を受けた行為の適法性を認めなかった原判決を批判しているところである。

　本件における全体的な流れからみても，被告人がその所持品を任意提出していたことは，たとえ担当警察官の英語に少々難があったとしても，十分に意思の疎通は図られていたのであり，問題のない事案であると考えるべきであろう。

２　平成22年10月22日大阪高裁判決（高検速報（平22）115頁）の事案

　この事案では，覚せい剤の密輸入事件の公判廷において，不合理な弁解を繰り返していた来日外国人被告人の供述に関する通訳について，その正確性が問題にされたものである。そして，本件判決では，次のように判示した。

　すなわち，「そもそも法廷通訳は，通訳人により原供述が記憶，記銘され，通訳人がその意味合いを把握した上で別の言語でそれを即時誤りなく表現するとい

う性質のものであるから，長く複雑な構文による質問や答え，あいまいで趣旨の分かりにくい質問や答えなどを含め，すべてを事後的に見て一言一句誤りのないといえるように正確に通訳することには困難が伴うことは避けられない。特に，本件においては，一審の被告人質問の結果をみれば明らかなように，被告人の弁解には不自然・不合理な部分が多くあり，その趣旨が分かりにくい上，問われたことに対し正面から答えずに言い逃れをしようとしていると見られる部分もあると認められることから，通訳人において，その趣旨を正確に把握することには相当の困難が伴うものであったことは容易にうかがえる。

そうすると，前記のような法廷通訳の性質を踏まえて考えた場合に，特に，本件のような事案において，弁護人が主張するように，通訳人の通訳が，その細部においても言いよどむことなく，事後的に見て一言一句正確に直訳されていなければならないのだとすれば，事実上通訳人に不可能を強いることになりかねないのであって適当とはいい難い。この意味でも，弁護人の主張には賛同できない。」として，通訳が言いよどんだりしても無理のない面があるとして，法廷通訳の正確性に問題がなかったことを明らかにした上，否認事件における法廷通訳の難しさに一定の理解を示したものである。

3　平成3年11月19日大阪高裁判決（判時1436号143頁）の事案

来日外国人3名による強盗致死等事件において，捜査段階の通訳人が第一審公判においても通訳人を努めたことなどが問題とされたものである。

すなわち，同判決では，「原審の通訳人が捜査段階からの通訳人Fであったことは記録上明らかである。ところで，被告人や共犯者Cは，中国語の中でも広東語を使用するものである。これに対し，共犯者Bは広東語も理解できるが，主に北京語を使用している。広東語と北京語の両方に通じた通訳人を確保することは，中国と比較的関係の深い神戸地区においてさえ容易なことではないとみられるのであって，この現実は直視せざるを得ない。捜査段階の通訳人が法廷の通訳人に選任されることは，決して望ましいことではないが，それ自体直ちに不当又は違法であるとまではいえない。」としながらも，「しかし，本件ではその通訳の正確性や公平さに疑問が投げかけられているのである。」として，捜査段階の通訳人が公判においても通訳人を務めることに理解を示しながらも，最終的には，当該通訳の正確性等色々な問題があったことから，原判決が破棄されて差し戻された

ものである。

　もっとも近時においては，捜査段階の通訳人と公判段階の通訳人は必ず別の者になっている上，警察での取調べの通訳人と検察での取調べの通訳人をも別の者にしているのが実情であることから，この判決での問題は既に解消されているといってよいであろう。

問10　想定事例についてはどのように考えたらよいのか。

【解　答】

　これはいわゆるヤード問題である。このヤードは，周囲が鉄壁等で囲まれた作業所等であって，海外への輸出等を目的として，自動車等の保管・解体，コンテナ詰め等の作業のために使用しているとみられる施設を指すものである。しかしながら，盗難自動車の解体や不正輸出のための拠点等として利用されていることから，その摘発,検挙及び起訴が重要な問題となっている（前出「来日外国人犯罪の検挙状況（平成25年）」14頁）。

　上述したように，平成24年以降は，自動車盗は増加傾向に転じていることも留意しておく必要がある。

　そして，このようなヤードは，平成25年12月末現在で，全国に約2,100か所あるものと把握されており，自動車盗などに深く加担するものとして，その壊滅が強く望まれているものである。

　想定事例では，直ちに強制捜査に及ぶことができるような証拠関係にはないものの，運び込まれる自動車等は盗難車である可能性が高いのであるから，その入り口付近等を張り込むなどして，盗難車等と疑われるような車両が運び込まれる時に，職務質問をし，当該自動車等の入手先等について明らかにさせるなどすべきであろう。

　また，その他に当該ヤードの営業活動や廃棄物の処理等に関して，行政法規違反等がないかも検討すべきである。

　さらに，ヤードは使っていない空き地を地主から借りていることも多く，当該地主が違法な用途に使われている可能性を認識していた場合には，幇助犯が成立する可能性もあることから，地主に対する捜査を実施する必要がある場合も存在しよ

う。

　実際に摘発されたヤードに関する事件では、以前から盗難車両が保管、解体されている蓋然性が高いとして内偵捜査をしていたところ、盗難車両が保管されているとの情報を基に立ち入ったところ、稼働するナイジェリア人らと複数の盗難車両等を発見することができたという事案もある。

　これは千葉地検により盗品等保管の罪名で処理されたもので、平成26年8月8日千葉地裁判決（公刊物未登載）の事案である。

　ちなみに、同判決で認定された罪となるべき事実は、次のとおりである。

　被告人両名は、共謀の上、

(1) 平成25年11月7日午後零時1分頃、千葉県○○市内のAコーポレーション有限会社において、氏名不詳者が窃取したものであることを知りながら、V1管理の普通貨物自動車1台（時価約80万円相当）を預かり、その頃から同月8日午後零時37分頃までの間、同所において同車を解体して蔵置し、もって盗品を保管し

(2) 同月8日午前零時33分頃、前記Aコーポレーション有限会社において、氏名不詳者が窃取したものであることを知りながら株式会社K電設所有の中型貨物自動車1台（時価約200万円相当）を預かり、その頃から同日午後零時37分頃までの間、同所において同車を解体して蔵置し、もって盗品を保管したものである。

参考事項

　身柄を拘束されている来日外国人被疑者については、同被疑者の要請があれば、同被疑者の国籍国の領事館にその旨を通報することが条約上義務付けられており（領事関係に関するウィーン条約36条1項）、一部の国とは、二国間条約によって、被疑者の要請がなくても領事館への通報が必要とされている（例えば英国など）ことを忘れてはならない。

---

1) 法務省入国管理局の資料によれば、平成25年における外国人新規入国者数は、955万4,415人とされ、1,000万人には届いていないが、同数字は、日本政府観光局が、上記資料を基に、一時上陸客等を加えるなどして集計したものである。

第2編

盗犯捜査実体法

第1章　盗犯序論

> **例題**　盗犯に関する法体系，構成要件，保護法益はどのようなものか。

問題の所在

盗犯に関する基礎的な事項について理解しておくことは，捜査上，法的判断が求められる場面において，その解釈等に当たって有効に機能することとなる。捜査官として正確な理解が求められる場面であることから，その理解をおろそかにしてはならない。

事例

【想定事例】

　被疑者甲野は，○○病院に入院していたところ，隣の病室にいる乙野次子ががんの末期患者で既に意識を失っている状態であることを知ったことから，同女が薬指にはめている指輪を窃取しようと決意した。
　そして，ある夜，看護師らの見回りの隙をついて，同女の病室に入り，意識を失っていた同女の指から指輪を抜き取った。
　被疑者甲野の刑責如何。

設問と解答

問1　財産に対する罪の体系における窃盗罪の位置づけはどのようなものか。

【解　答】

　まず，憲法29条1項は，

　　　財産権は，これを侵してはならない。

と規定して，個人の財産権が憲法上保障される人権であることを明らかにしている。それゆえ，個人の財産の保護は，刑法上も重要な地位を占め，財産に対する罪として，

第36章　窃盗及び強盗の罪（第235条——第245条）
第37章　詐欺及び恐喝の罪（第246条——第251条）
第38章　横領の罪（第252条——第255条）
第39章　盗品等に関する罪（第256条・第257条）
第40章　毀棄及び隠匿の罪（第258条——第264条）

がそれぞれ規定されている。

　そのうち，窃盗は，最初に掲げられており，財産に対する罪のうちでも最も基本的な犯罪として捉えられていることが分かる。

　これらの財産に対する罪は，まず，その客体が財物かそれ以外の利益かによって，財物罪か利得罪かによって分けられる。具体的には，財物罪には，窃盗（235条），不動産侵奪（235条の2），一項強盗（236条1項），一項詐欺（246条1項），一項恐喝（249条1項），横領（252条），盗品譲受け等（256条），公用文書等毀棄（258条）等であり，これに対して，利得罪には，二項強盗（236条2項），二項詐欺（246条2項），二項恐喝（249条2項），電子計算機使用詐欺（246条の2），背任（247条）等がある。

　次に，その客体に対する侵害行為の態様によって分けられ，まず，領得罪か毀棄罪に分けられ，上記の犯罪のほとんどが領得罪，つまり，他人に帰属している財物を，自己又は第三者に帰属させようとする罪であるのに対し，上記の公用文書等毀棄を始めとする第40章に掲げられた罪は毀棄罪，つまり，財物自体を滅失又は減少させる罪である。

　そして，領得罪については，その侵害行為の態様が，客体の占有を奪取するか否かによっても分けられ，領得罪のほとんどは奪取罪であるが，横領は非奪取罪である。

さらに，奪取罪は，その侵害行為の態様としての領得行為が，被害者の意思に反して行われる盗取であるか否かによっても分けられ，窃盗や強盗等はこの盗取罪に含まれるが，瑕疵ある意思表示によって財物の交付等が行われる詐欺，恐喝については，非盗取罪である。
　なお，235条の窃盗と235条の2の不動産侵奪の関係は，いずれも他人の財物を窃取するものであるが，窃盗は，その対象が動産であるのに対し，不動産侵奪は，その対象が不動産であるという違いを有するものである。

問2　窃盗罪の構成要件はどのようなものであるのか。

【解　答】

　刑法235条は，
　　他人の財物を窃取した者は，窃盗の罪とし，10年以下の懲役又は50万円以下の罰金に処する。
と規定している。この罪の構成要件についての詳細は，別に述べることとするが（第2編第2章ないし第13章），ここでは，その全体像を摑むために，その概要を説明することとする。

1　まず，客観的構成要件として，その行為態様は，基本的には，①他人が占有する，②他人所有の財物を，③窃取することである。
　具体的には，①は，条文の「他人の」という文言を，「他人の占有する」と読むわけであるが，自己の占有する他人の財物であれば，その場合は，横領罪が成立することになるので，ここでの「他人の」という文言は，「他人の占有する」と理解する必要がある。
　次に，②であるが，問1で述べたように，窃盗罪が個人の財産権を保障するために設けられたものであることに照らし，「他人の財物」という文言を「他人の所有する財物」と読むことになるのである。ただ，その例外として，刑法242条では，
　　自己の財物であっても，他人が占有し，又は公務所の命令により他人が看守するものであるときは，この章の罪については，他人の財物とみなす。

としている（なお，この規定の説明については，第2編第10章問14・179頁参照）ので，この場合には，自己の物であっても，「他人の財物」として窃盗罪が成立することとなる。

　さらに，③として，「窃取」することが行為態様としての構成要件とされている。ここで使われている「窃取」についての言葉としての意味は，「ひそかにぬすみ取ること」（広辞苑）とされている。通常は，すり，空き巣，万引きなどのように，相手に気付かれないように「ひそかにぬすみ取る」のであろうが，ひったくりのように公然と行われたとしても，それは「窃取」に含まれる。

　要は，強盗などのように暴行，脅迫によることなく，①及び②の要件を満たすものを，その人の意思に反して，その占有を自己又は第三者に移すことが，この「窃取」であると考えられていることから，それがひそかに行われなければならないということではないのである。

2　次に，主観的構成要件として，上記の客観的構成要件を満たす行為に及んでいるという窃盗の故意のほかに，不法領得の意思というものが必要であると考えられている（不法領得の意思については，第2編第9章問2・148頁以下参照。）。

　このような主観的構成要件が必要とされるのは，いわゆる使用窃盗などの一時使用の場合を窃盗罪の対象から外し，また，毀棄・隠匿罪との区別をするためなどと説明されている。

問3　窃盗罪における保護法益は何か。

【解　答】

　従来，窃盗罪の保護法益は，所有権その他の本権であるという本権説と，財物の占有それ自体であるという占有説との対立があった。古くは本権説が通説であったが，現在では，最高裁は，物の所持という事実上の状態そのものが窃盗罪等の保護法益である旨判示しており（**平成元年7月7日最高裁決定・刑集43巻7号607頁**[1]），判例上は，占有説が主流であるとみられている。

　現在の経済社会においては，財物についての権利関係も複雑化・多様化しており，その占有の原因となる権利関係を明らかにすることが容易でない場合もある。その

ため最終的な権利関係の確定については民事法に委ねるにしても，刑事法的には，まず，財物の占有それ自体を保護することにより財産的法秩序を図る必要性が高まっていることなどから，占有それ自体が保護法益であると考えるべきであり（大塚・刑法（各論）181～182頁等），占有説的思考が今後も判例上維持されていくと思われる。

問4 「占有」が窃盗罪の保護法益であるにしても，刑法上，「占有」に関する犯罪はどのように規定されているのか。また，それは民事法の「占有」とはどのように異なっているのか。

【解　答】

　窃盗罪は，**問1**で述べたように，奪取罪の一つであって，他人の占有する財物を窃取することにより成立するものであるが，この「他人の占有」を侵害するものであるという点で，「自己の占有」する他人の物を領得する横領罪（刑法252条）や，誰の占有をも侵害することなく，「占有を離れた」他人の物を領得する占有離脱物横領罪（刑法254条）とは異なることとなる。

　そして，この場合の刑法上の「占有」は，民法上の「占有」とは異なっており，他人のために物を所持する者は，民法上は占有者ではないが（民法180条），刑法上は占有者であると考えられ，また，民法上の占有権は代理人によって取得することができるが（民法181条），刑法上は代理人自身が占有していることとなり，一般的には本人の占有は認められない。さらに，民法上は，相続により占有の承継が認められると考えられているが，刑法上それを観念するのは無理であろう。

　一方，民法上の占有は，「自己のためにする意思」（民法180条）が必要とされるが，刑法上は，そのような意思は不要であるものの，財物を支配する意思を必要とする。

問5 結局のところ，刑法上の占有とは，どのようなものと考えられるのか。

【解　答】

　刑法上の占有は，支配意思をもって財物を支配することにより，これを事実上支配することをいうとされている（増井・法令26頁）。

第1章　盗犯序論　43

まず，ここでいう支配意思は，財物を実力的に管理・支配しようとする意思であるが，これは時間的にも対象的にも包括的なもので足りる（大塚・刑法（各論）185頁，増井・法令25頁）。それゆえ，この意思は，自己の支配領域内に存在する財物，例えば，着衣内の財物，所持している鞄内の財物，さらには，自宅内や自己の経営する会社の事務所内に存在する財物等に対しては，一般的にこの意思があるものと考えられる。

　ただ，この意思は，意思能力や責任能力の有無とは無関係であり，心神喪失で責任能力を欠く者であっても，この支配意思を欠くことにはならず，したがって，心神喪失の程度に至るほどの酩酊状態にあっても，その所持を侵害する行為は窃盗罪を構成する（**昭和31年3月5日名古屋高裁判決・裁判特報3巻6号252頁**[2]）。

　次に，事実上の支配という概念であるが，これは直接的に所持していればもちろん認められるが，現実に財物を握持又は監視していなくても，この支配関係が否定されるわけではない。

　これが認められるか否かは，結局のところ，当該財物の客観的，実力的な支配状況を基にして，社会通念に従って，事実上支配している状況と認められるかどうかという判断になるが，この趣旨を明確に判示したものとして，**昭和32年11月8日最高裁判決（刑集11巻12号3061頁）**が参考になる。

　この判決では，「刑法上の占有は人が物を実力的に支配する関係であって，その支配の態様は物の形状その他の具体的事情によって一様ではないが，必ずしも物の現実の所持又は監視を必要とするものではなく，物が占有者の支配力の及ぶ場所に存在するを以て足りると解すべきである。しかして，その物がなお占有者の支配内にあるというを得るか否かは通常人ならば何人も首肯するであろうところの社会通念によって決するの外はない。」としている。

　ただ，このように財物が被害者の支配内にあるかどうかの判断基準について，「何人も首肯するであろうところの社会通念」といっても，甚だ抽象的であることから，具体的にどのような状況下にあれば，事実上の支配関係があると認定できるかは，更に検討しなければならない（詳細は，第2編第2章「刑法上の占有」46頁以下参照）。

|問6| 想定事例では，被害者は意識を喪失しているが，そこに被害者の「占有」を認めることはできるのか。

【解　答】

　上記**問5**で述べたように，被害者が心神喪失の状態にあったとしても，そこに被害者の「占有」を認めることができ，その「占有」を侵害するものである以上，被疑者甲野には，窃盗罪が成立する。

1)　この最高裁の事案は，貸金業を営んでいた被告人が，借主との間に買戻約款付自動車売買契約を結び，借主が買戻権を喪失した直後，借主の支配下にあった自動車合計31台を無断で引き揚げたという事案で，それが窃盗罪に問われたものである。そして，この事案において，被告人は権利の行使として行ったものであるから，窃盗罪の刑責を負うのは不当であると主張したが，最高裁は，「被告人が自動車を引き揚げた時点においては，自動車は借主の事実上の支配内にあったことが明らかであるから，かりに被告人にその所有権があったとしても，被告人の引揚行為は，刑法242条にいう他人の占有に属する物を窃取したものとして窃盗罪を構成するというべきであり，かつ，その行為は，社会通念上借主に受忍を求める限度を超えた違法なものというほかはない。」として，窃盗罪の成立を認めたものである。

2)　この判決では，「窃盗罪の法益たる所持は責任能力の有無とは関係のないものであって心神喪失者にして刑法上の責任能力を欠く者であっても所持をなし得るものであるから仮令（たとえ），被害者が心神喪失の程度に酩酊していたとしてもその所持を侵害せば窃盗罪を構成するものと言うべきである。」旨判示している。

第2章　刑法上の占有

> **例　題**　刑法上の占有についてはどのように理解すべきか。

問題の所在

　刑法上「占有」があるといえるためには，どのような要件を満たす必要があるのか。この「占有」が認められるためには，実際に被害品を握持したり，監視したりしていなければならないのか。

事　例

【想定事例】

> 　被疑者甲野は，駅構内でベンチに鞄を置いたまま，乗車しようとした客を見たことから，その鞄を窃取しようと考えた。当該客が歩き出して5メートルほど離れた時，その鞄を手に取って逃げた場合，甲野には何罪が成立するか。
> 　また，その客がそのまま電車に乗って行ってしまった後の場合であったらどうか。

設問と解答

問1　刑法上の占有に関する判例の考え方をどのように理解すべきか。

【解　答】

1　刑法上の占有は，それに対する侵害の形態によって，窃盗罪や詐欺罪が成立する場合と，横領罪が成立する場合とに分けられ，更には，その有無によって，占

有離脱物横領罪が成立する場合とに分けられるなど，構成要件上非常に重要な役割を果たしている。

そこで，この刑法上の占有をどのようなものとして考えるかについては，前章で述べたように，従来から，刑法上の占有とは，財物に対する事実上の支配を意味するとされ，客観的要素としての財物に対する支配という事実と，主観的要素としての支配の意思を要するとされている（団藤・刑法（各論）568頁，大塚・刑法（各論）182～186頁等多数）。

しかしながら，この事実上の支配という概念についても，一般的には，社会通念によるとされるものの（**昭和32年11月8日最高裁判決・刑集11巻12号3061頁**），その社会通念なるものの内容は甚だ抽象的である上，客観的な支配の事実や，主観的な支配の意思というものについても，具体的に，どのような内容，程度のものが存在すれば，そこに刑法上の占有があったとされるのかは，必ずしも明確ではない。

そこで，これまでの判例の流れの中から，支配の事実や支配の意思について，その内容や程度がどのようなものであれば，事実上の支配があったとされ，刑法上の占有があったとされているのか検討する。

2 この問題について最初に検討すべき判例としては，上記昭和32年の最高裁判決が挙げられる。

この最高裁判決の事案は，カメラの置引き事案であり，被害者がバスを待つ間にカメラを身辺約30センチメートルの箇所に置き，行列の移動につれて改札口の方に進んだが，改札口の手前約3.66メートルの所に来た時，カメラを置き忘れたことに気付き直ちに引き返したところ，既にその場から持ち去られていたもので，<u>行列が動き始めてからその場所に引き返すまでの時間は約5分間，カメラを置いた場所と引き返した地点との距離は約19.58メートル</u>であった。

このような事実関係を下に，この判決では，まず，刑法上の占有の概念について判断し，「刑法上の占有は人が物を実力的に支配する関係であって，その支配の態様は物の形状その他の具体的事情によって一様ではないが，必ずしも物の現実の所持又は監視を必要とするものではなく，物が占有者の支配力の及ぶ場所に存在するを以て足りると解すべきである。しかして，その物がなお占有者の支配内にあるというを得るか否かは通常人ならば何人も首肯するであろうところの社

会通念によって決するの外はない。」としている。

そして，同判決は，さらに「客観的に考察すれば，原判決が右写真機はなお被害者の実力的支配のうちにあったもので，未だ同人の占有を離脱したものとは認められないと判断したことは正当である。（中略）また，原判決が，当時右写真機は，バス乗客中の何人かが一時その場所においた所持品であることは何人にも明らかに認識しうる状況にあったものと認め，被告人がこれを遺失物と思ったという弁解を措信し難いとした点も，正当であ」るとしている。

この事案では，時間的，場所的近接性として，時間的には約5分間，距離的には約20メートルというものであることから，そこに客観的な支配の事実が残されていると認められる上，捨てられたような物ではなく，一時的に置かれた物であることが誰の目にも明らかな状況であったことなどから，未だ被害者による主観的な支配の意思をもうかがえるのであって，結局のところ，被害者による事実上の支配関係は失われておらず，被害者の占有が認められるとしたものである。

つまり，この事案では，客観的な支配の事実が依然として残されている状況であると認定するとともに，当該カメラが一時的に置かれたものであって，そこには客観的にうかがわれる所有者による支配の意思が認定できるとしているものである。このように，置き忘れてその場所から離れることにより，時の経過と場所的隔離に伴って，支配の事実が弱まっていくにしても，「右写真機は，バス乗客中の何人かが一時その場所においた所持品であることは何人にも明らかに認識しうる状況にあった」という客観的な状況から，強い支配の意思が客観的に認められたことにより，事実上の支配が残され，刑法上の占有が認められるとしたのである。

3　次に，検討の対象とすべきものとして，**平成16年8月25日最高裁決定（刑集58巻6号515頁）**が挙げられる。同決定では，被害者がポシェットを置き忘れたことに気付くまでの時間は，2分間程で，ポシェットから約27メートル離れた時点においても，未だその占有は認められるとしている。

(1) この事案は，
① 被害者は，本件当日午後3時30分ころから，大阪府内の私鉄駅近くの公園において，ベンチに座り，傍らに自身のポシェット（以下「本件ポシェット」

という。）を置いて，友人と話をするなどしていた。
② 被告人は，同日午後5時40分ころ，上記公園のベンチに座った際に，隣のベンチで被害者らが本件ポシェットをベンチ上に置いたまま話し込んでいるのを見掛け，もし置き忘れたら持ち去ろうと考えて，本を読むふりをしながら様子をうかがっていた。
③ 被害者は，同日午後6時20分ころ，本件ポシェットをベンチ上に置き忘れたまま，駅に向かって友人と共にその場を離れた。被告人は，被害者らがもう少し離れたら本件ポシェットを取ろうと思って注視していたところ，被害者らは，置き忘れに全く気付かないまま，駅の方向に向かって歩いて行った。
④ 被告人は，被害者らが公園出口にある横断歩道橋を上り，上記ベンチから約27メートルの距離にあるその階段踊り場まで行ったのを見たとき，自身の周りに人もいなかったことから，今だと思って本件ポシェットを取り上げ，それを持ってその場を離れ，公園内の公衆トイレ内に入り，本件ポシェットを開けて中から現金を抜き取った。
⑤ 他方，被害者は，上記歩道橋を渡り，約200メートル離れた私鉄駅の改札口付近まで2分ほど歩いたところで，本件ポシェットを置き忘れたことに気付き，上記ベンチの所まで走って戻ったものの，既に本件ポシェットは無くなっていた。
⑥ 同日午後6時24分ころ，被害者の跡を追って公園に戻ってきた友人が，機転を利かせて自身の携帯電話で，本件ポシェットの中にあるはずの被害者の携帯電話に電話を掛けたところ，トイレ内で携帯電話が鳴り始めたため，これに驚いた被告人は，慌ててトイレから出た。そして，それを見た被害者は，被告人を問い詰めたところ，被告人は犯行を認め，通報により駆けつけた警察官に引き渡された。
というものであった。

(2) このような事案において，本件最高裁決定では，「被告人が本件ポシェットを領得したのは，被害者がこれを置き忘れてベンチから約27メートルしか離れていない場所まで歩いて行った時点であったことなど本件の事実関係の下では，その時点において，被害者が本件ポシェットのことを一時的に失念したま

ま現場から立ち去りつつあったことを考慮しても，被害者の本件ポシェットに対する占有はなお失われておらず，被告人の本件領得行為は窃盗罪に当たるというべきである」とした。

　この決定では，被告人の犯行の際，被害者が被害品から約27メートルしか離れていなかったという距離的な近接性を特に挙げていることからしても，客観的な支配の事実が強く存在するものとして，事実上の支配を認めたものと思われる。

(3)　また，その原判決である**平成16年3月11日大阪高裁判決（刑集58巻6号519頁）**でも，同様に被害者の占有を認めているが，その支配の状況については，より細かく認定されている。

　すなわち，同判決は，「被害者は，本件ポシェットを，公園のベンチ上に置き忘れたものではあるが，被害者が本件ポシェットの現実的握持から離れた距離及び時間は，極めて短かった上，この間，公園内はそれほど人通りがなく，被害者において，置き忘れた場所を明確に認識していたばかりでなく，持ち去った者についての心当たりを有していたものである上，実際にも，すぐさま携帯電話を使ってその所在を探り出す工夫をするなどして，まもなく本件ポシェットを被告人から取り戻すことができているのであって，これらの事実関係に徴すると，被告人が本件ポシェットを不法に領得した際，被害者の本件ポシェットに対する実力支配は失われておらず，その占有を保持し続けていたと認めることができる。」としたものである。

　この判断によれば，被害者と被害品の時間的，場所的近接性が短ければ短いほどよく，また，第三者に窃取される蓋然性が低ければ低いほどよく，さらに，被害者が被害品を取り戻せる可能性が高ければ高いほど，被害者の客観的，実力的支配が認められることから，そこに支配の事実を認めることができると考えられよう。

　そのような前提に基づいて，本件の占有の有無を検討するに，実行に着手された時点で約27メートルしか離れておらず，また，被害者が気付いて引き返すまで時間的に約2分間，距離として約200メートルと，いずれも時間的，距離的に近接していた上，被害品の探索も十分に可能な状況が存在したことなどから，強い支配の事実が認められ，被害者の占有の継続が認定されたものと

考えられる。

　なお，この事案では，上記いずれの判決においても，被害者による支配の意思について特に論及されていないが，ベンチの上に置かれたポシェットであるから，それが捨てられたようなものではなく，一時的に置き忘れられたもので，被害者がそれを取り戻しに来ることも予想される状況であることから，そこには客観的に一応の支配の意思を認めることができるものと考えられるものの，一方で，失念して置き忘れられたものであることも明らかであることから，客観的に強い支配の意思をうかがわせることにはならないであろう。

4　上記各判決のような判断に対し，**平成3年4月1日東京高裁判決（判時1400号128頁）**は，置き忘れた札入れについて，被害者の占有を否定している。

(1)　この事案は，
　①　被害者は，本件事件当日，地上7階・地下1階建のスーパーマーケットに来て，6階エスカレーター脇の通路に置かれたベンチで休憩した後，同日午後3時50分ころ，その場を立ち去ろうとした。その際，被害者は，他の手荷物などは持ったものの，約3万8,000円在中の本件革製札入れ（縦約10センチメートル，横約23センチメートル）を同ベンチの上に置き忘れて立ち去ってしまった。
　②　被害者は，6階からエスカレーターに乗り，約2分20秒の時間をかけて地下1階の食料品売場に行った。そして，売場の様子などを見渡してから買物をするため，札入れを取り出そうとした際，これがないことに気付いた。被害者は，すぐに本件札入れを上記6階のベンチに置き忘れてきたことを思い出し，直ちに6階の同ベンチまで引返したが，その時には既に被告人が本件札入れを持ち去ってしまっており，本件札入れは見当たらなかった。
　③　被告人は，同日午後4時前ころ，上記ベンチ付近を通り掛かった際，誰もいないベンチの上に，手荷物らしき物もなく，本件札入れだけがあるのを目にとめた。被告人は，付近に人が居なかったことから，誰かが置き忘れたなどと思い，持ち主が戻って来ないうちにこれを領得しようと考えて右ベンチに近づいた。すると，その斜め前方数メートル離れた先の別のベンチに，第三者であるA子が本件札入れを注視して座っているのに気が付いた。

④　そこで，被告人は，本件札入れのあった右ベンチに座って暫く様子を窺っていたが，なおもＡ子が被告人を監視するようにして見ていたことから，Ａ子に本件札入れが右ベンチにある事情を尋ねた。すると，誰かが置き忘れていったものであることが分かったので，これを落とし物として警備員に届けるふりを装うこととし，被告人は，同日午後４時ころ，Ａ子に対し，「財布を警備員室に届けてやる。」旨伝え，本件札入れを持ってその場を離れた。

⑤　その後被告人は，３階のトイレで本件札入れの中身を確認した上，これを持って店外へ出た。

というものであった。

(2)　以上の事実関係を前提に，本件東京高裁判決は，「被害者は，開店中であって公衆が客などとして自由に立ち入ることのできるスーパーマーケットの６階のベンチの上に本件札入れを置き忘れたままその場を立ち去って，同一の建物内であったとはいえ，エスカレーターを利用しても片道で約２分20秒を要する地下１階まで移動してしまい，約10分余り経過した後に本件札入れを置き忘れたことに気付き引返して来たが，その間に被告人が右ベンチの上にあった本件札入れを不法に領得したというのである。

　このような本件における具体的な状況，とくに，被害者が公衆の自由に出入りできる開店中のスーパーマーケットの６階のベンチの上に本件札入れを置き忘れたままその場を立ち去って地下１階に移動してしまい，付近には手荷物らしき物もなく，本件札入れだけが約10分間も右ベンチ上に放置された状態にあったことなどにかんがみると，被害者が本件札入れを置き忘れた場所を明確に記憶していたことや，右ベンチの近くに居あわせたＡ子が本件札入れの存在に気付いており，持ち主が取りに戻るのを予期してこれを注視していたことなどを考慮しても，社会通念上，被告人が本件札入れを不法に領得した時点において，客観的にみて，被害者の本件札入れに対する支配力が及んでいたとはたやすく断じ得ないものといわざるを得ない。

　そうすると，被告人が本件札入れを不法に領得した時点では，本件札入れは被害者の占有下にあったものとは認め難」いとして，窃盗罪の成立を認めず，占有離脱物横領罪に該当すると認定し，この事案で被害者の占有を認め，被告人に対して窃盗罪の成立を認定した第一審判決を破棄したものである。

(3) ここでは，距離的にみてもスーパーマーケットの6階から地下1階までが相当に離れてしまっており，それが時間的に2分20秒もかかるものであることや，それが放置された時間が約10分間であったことを主たる理由として，被害者の占有はもはや及んでいないと判断したものである。

ただ，この判決も指摘するように，被害者は本件札入れを同所に置き忘れたことを記憶しており，第三者たるA子がそれを監視していた状況が認められることや，大規模スーパーマーケットといえども同じ建物内に被害者は残っていたものであることなどをも併せ考えると，依然として被害者による支配の事実が残っていたものとして，本件の第一審判決が認定したように，被害者の占有を認めてもよい事案ではなかったかと思われる。もっとも，第三者が監視していたという事実があるにしても，当該第三者が当該札入れの持ち去りを阻止するために働くという関係がない以上（本件でもそうであるが），支配の事実を認定するために強く働く間接事実とはならないであろう。

また，先の最高裁判決と比べた場合，被害品が放置されていた時間が約10分間と長いことも，支配の事実が弱いものとして，被害者の占有を否定する方向に強く働いたのではないかと考えられるところである。

なお，支配の意思についていえば，先のポシェットの場合と同様であろう。

5 これに対し，約10分間放置された物であっても，それに対する被害者の占有を認め，窃盗罪の成立を認定した事案も存在する。

昭和30年3月31日東京高裁判決（判決特報2巻7号242頁）の事案は，被害者が，駅構内において他の乗客と列を作って列車を待っていた際，その列の中に自己の所持するボストンバッグ及び手提げ鞄各1個を置いたまま，電報を打つために，約10分間その場所を離れていたところ，その間に被告人がそれらを窃取したというものである。

この事案において，本件東京高裁判決は，「右ボストンバッグ及び手提鞄は，当時被害者において一時現実に握持又は監視していなかったとしても，未だ同人の事実上の支配を脱していなかったものというべ」きであるとして，窃盗罪の成立を認めた。

この事案では，被害者が上記ボストンバッグ等を離れた距離等は明らかではなく，時間的に約10分間放置されていたとはいうものの，これまでの事案のよう

に被害者が置き忘れたというものではなく、また乗客の列に戻ることを意図して置いておいたことが客観的に明らかな事案であると考えられることから、被害者による支配の意思が強度に認められるものであろう。

そのため、この事案では、10分間程度の握持や監視がないことにより支配の事実において弱い面があるにしても、依然として被害品は被害者の事実上の支配内にあるものと認められ、占有が継続しているとみられることとされたものと考えられる。

6 また、昭和30年2月7日大阪高裁判決（判決特報2巻4号64頁）も同様の考え方に基づいて、被害者の占有を認めたものと思われる。

この事案は、被害者が大阪市内のＴ市場において、塩さば等の食品類を購入して竹籠に入れ、上から風呂敷をかぶせ、これを近鉄Ｔ駅東口ガード下附近の道路端に置き、他の店に預けてあった品物を取りに行っていたところ、被害者が引き返して来るまでの間に、被告人がその竹籠及び在中物を窃取したというものである。

この事案では、被害者が当該竹籠等から離れていた時間や距離等が明らかになっていないが、本件大阪高裁判決は、「人がその所有物を道路上に置いて一時その場所を去った場合において、所有者がその存在を認識しており、かつこれを放棄する意思でなかったときは、その物は所有者の支配内を離脱したものでないから、他人がこれを不法にその支配内に移したときには、その行為は窃盗罪に該当する」と判示した上で、「被害者は、右物品の存在を認識し、とくにその場に置いて一時そこを立ち去ったに過ぎないから、同人は右の物に対する所持を失っていないと言うべ」きであるとし、また、その風呂敷を被せられた竹籠の状況に照らし、「被告人もその現場の状況から見て所有者の支配内を離脱したものと考えたとは認められないのである」とした。

本件では、被害品について、単なる一時的な放置であって、強固な支配の意思の下で、これを取りに戻ってくることが客観的に確実なものとしてうかがわれる状況にあり、その状況を被告人も十分に認識することができた状況であることなどから、被害者の事実上の支配が継続しているものと認定し、その占有を認めたものである。

7 それら判決の事案に対して、被害品を置いた場所を失念しているような場合に

は，もはや被害者にその占有を認めることは困難である。

　昭和36年8月8日東京高裁判決（判時281号31頁）では，被害者は，酩酊のため自己の自転車をどこに放置したか失念しており，被告人がそれを窃取するまでに4時間ほどの時間があったという事案において，被害者の占有を認めることはできないとしている。

　この場合には，放置した場所を失念していることから，そこに支配の事実を認めることはできないし，また，当該自転車の置かれた状況が明白ではないものの，酩酊のために放置したという状況からして，その客観的状況が支配の意思をうかがわせるようなものでもなかったと思われる。そうであるなら，この事案においては，支配の事実も，支配の意思も弱いものであったといわざるを得ず，被害者に当該自転車についての事実上の支配を認めることは困難であろう。

8　そして，支配の事実という要素に関して，被害品を放置している時間的，場所的近接性に関していえば，上述した約10分間という時間より短い時間である場合には，被害者の占有が認められている事案がいくつかある。

(1)　まず，昭和37年3月16日最高裁判決（裁判集刑141号511頁）では，被害品から約7メートル離れ，約5分後に戻ったという事案において，被害者の占有を認めている。

　これは，被害者が歩道の端にあったゴミ箱の上に，中古のショルダーバッグを置いたまま，約7メートル離れた店舗内に入って，そこで約5分間漫然と過ごしていた間に，被告人がこのバッグを持ち去ったという事案であるが，この事案において，最高裁は，窃盗罪の成立を認めて原判決を是認して上告を棄却している。

　この事案では，被害者と上記バッグとの距離的，時間的間隔が短いことから，支配の事実が継続しているものと考えられる上，意図して当該ゴミ箱の上に置いていたものであるとうかがわれる客観的状況であれば，そこに強い支配の意思をも認めることができるであろう。そうであるなら，被害者に事実上の支配を認め得るものと考えられる。

(2)　次に，昭和54年4月12日東京高裁判決（判時938号133頁）では，被害

第2章　刑法上の占有　55

者が被害品から約15〜6メートル離れ，約1，2分後に戻ったという事案において，被害者の占有を認めている。

この事案は，被害者が，国鉄東京駅構内八重州新幹線中央乗換出札所の4番カウンターにおいて，本件財布を取り出し，そこから1万円札を抜き出し特急券を買い，すぐその足で13番カウンターに行き乗車券を買って，その際にもらった釣銭を財布に入れようとした際，4番カウンターに財布を置き忘れたことに気付いたものである。そこで，被害者は，慌てて同カウンターに戻ったところ，既に財布は被告人によって持ち去られていた。被害者が4番カウンターで特急券を購入してから13番カウンターで財布を置き忘れたのに気付いたのは，約1，2分後で4番カウンターから13カウンターまでの距離は，約15〜6メートルに過ぎなかった。

この事案において，本件東京高裁判決では，「被害者は4番カウンターから離れた直後に本件財布を置いて来たことに気付いており，しかも13番カウンターに至った時点においても4番カウンター上の本件財布に対し，被害者の目が届き，その支配力を推し及ぼすについて相当な場所的区域内にあったものと認められるから，かかる時間的，場所的状況下にあった本財布は，依然として被害者の実力的支配のうちにあったと認めるのが相当であり，未だもって被害者の占有を離脱した状況にあつたものとは認められない。」とした。

このように極めて短時間で，しかも距離的にも近い事案であることに鑑みれば，被害者の被害品に対する支配の事実は継続しているものと認められ，しかも，当該財布が置き忘れられた場所がカウンター上であって，すぐにその所有者がこれを取りに戻ることが予想されるという客観的状況にあることから，そこに支配の意思も認めることができるもので，結局のところ，この事案では，被害者による事実上の支配は継続しており，占有も認められるとされたものである。

(3) さらに，**昭和35年7月15日東京高裁判決（下刑集2巻7・8号989頁）** においても，ほぼ同様の判断が示されている。

この事案は，被害者が，事件当日午前8時頃，国電渋谷駅の出札口で切符を買った際，所持していたハンドバッグとカメラを，出札口の台の上に置き，切符を受け取って直ちにハンドバッグだけを持って同所を離れ，友人と話しなが

ら10メートルほど歩いた時，カメラを台の上に置いて来たことを思い出し，すぐ引き返したものの，その時点で，既にカメラは被告人により窃取されていたというものである。この事案では，被害者がカメラの紛失に気付くまでに5分を超えてはいなかった事実が認められている。

この事案において，本件東京高裁判決は，「被害者が，駅の出札口の台の上にカメラを置き，切符を買ったのち，<u>カメラを置いたままそこを離れ，5分を超えない短時間内に，10メートル位行った所で気がつき</u>，すぐ引き返したという場合には，社会通念上，右カメラの占有は，なお，被害者にあ」ると判示し，前記昭和32年最高裁判決を踏まえて，「本件と類似した状況にあるのであり，同判例がいっているように（中略），その物がなお占有者の支配内にあるかどうかは，通常人ならば何人も首肯するであろうところの社会通念によって決すべきであるが，本件における事実関係においては，社会通念上，本件カメラの占有は，なお被害者にあるものと判断すべきであり，所論のように，本件の場所が東京都内でも最も乗降客の多い渋谷駅出札口付近であり，時間も最も混雑する頃で，人が相当混雑していたと思われること及び5分間も経っていたことを理由として，被害者の占有が失われ，本件カメラは，占有離脱物であるとすることは，当らないものといわなければならない。」と判示した。

この事案は，上記(2)とほぼ同様に考えられるものであり，出札口の台にカメラを置いたという事実が，上記(2)のカウンター上に財布を置いたという事実とパラレルに考えられ，この事案においても時間的，場所的近接性が高いことなどから，被害者の事実上の支配が認められたものであると考えられよう。

問2 上記判例から判明する支配の事実と支配の意思との相互の関係をどのように考えるべきか。

【解　答】

1 支配の意思と支配の事実の相関関係

上記判例を分析，検討すると，ある財物に対する占有が認められるかどうかは，支配の意思と支配の事実との相関関係の強弱によって決せられると考えるべきであることが判明する。

第2章　刑法上の占有　57

つまり、支配の意思が強度であれば、支配の事実がそれほど強度でなくても、そこに占有を認める根拠たる事実上の支配が存在すると認定されるし、支配の意思が弱くなれば、支配の事実が強度なものでなければ占有が認められないという傾向があるものと思われる。なお、その場合の支配の意思は、それ自体は主観的な要件であるものの、当該財物の置かれた状況などから、第三者にとっても認識可能な客観的なものでなければならない。

また、その支配の事実に関しては、対象となる財物の形状にも影響され、小さくなればなるほど、その支配は失われやすく、逆に、大きくなればなるほど、その支配は失われにくくなるという傾向があろう[1]。

2 各判例の分析

つまり、**問**1の2、3、4、7、8(2)及び(3)の各事例は、いずれも被害品となる財物を置き忘れて放置しているものであり、当該財物について、直接的に支配しようとする意識が欠けている状況である。それゆえ、そこに残された支配の意思は観念的なもので弱いといわざるを得ず、にもかかわらず、そこに占有が認められるためには、客観的、実力的な強い支配の事実が残されている必要がある。そのため、当該財物が直接的な支配から離脱してから短時間、短距離である必要があり、他の者に奪取される可能性の低い状況でなければ、そこに支配の事実が認められず、事実上の支配が存在することにはならないという関係に立つ。

これに対し、**問**1の5や6、8(1)では、いずれも当該財物の存在や位置を強く認識しており、同所を一時的に離れるも、短時間で戻ることを予定しており、また、その財物の置かれた状況も第三者からその支配の意思が十分にうかがい知れるようなもので、そこに強い支配の意思を認めることができる。したがって、このような場合には、客観的、実力的支配状況が、**問**1の2、3ほどに強度なものと認められなくても、そこには事実上の支配を認めることができるとして、占有が存在すると認定されたものと考えられる。

そして、その際の財物の形状等についても、**問**1の2がカメラであり、**問**1の3がポシェットといった小さなものであるのに対し、**問**1の5はボストンバッグ及び手提げ鞄であり、**問**1の6は竹籠であって、その大きさにも違いがあることから、その点も事実上の支配を考える上での違いとして現れたのではないかと思われる。もっとも、**問**1の7のように自転車といった大きなものであっても、そ

の所在すらも把握できていないのでは，そこには支配の意思も支配の事実も認めることはできず，もはや財物の形状等は問題とならないであろう。

ところで，上記の理解が他の事案にも適用できるであろうか。そこで，以下に問を設けて検討することとしたい。

> **問3** 自転車を買ってきて自宅の中に置いておいた。特に鍵などはかけていない状態であったが，この状態で何者かが自宅に侵入して当該自転車を窃取されたとしたら，窃盗罪は成立するか。

【解　答】

1　本問における支配の事実と支配の意思の関係

これは当該自転車に対する自己の占有が侵害されたものであり，窃盗罪が成立することは当然である。では，当該自転車に対する自己の占有が認められる根拠はどこにあるのであろうか。

すなわち，自宅という家屋内において，財物を保管，管理しているという事実は，その家屋内に存在する財物に対して，客観的に強力な支配を及ぼしているという関係が認められ，そこに占有を認めることができるからである。これは，当該家屋内の財物に対する客観的な支配の事実が強固に認められることによるものであるから，その支配内の財物に対する支配の意思は弱いものであっても差し支えない。

すなわち，自宅内にあるものの，その存在すら忘れている財物については，当該財物に対する支配の意思は決して強いものとは思われないが，そのような場合であっても，自己が管理する物体内という客観的な支配の事実が強固なものであれば，そこに占有は認められる。実際にも，自宅内から窃取された被害品のうち，被疑者の自白によって初めて当該被害品が盗まれていたことに気付くということもしばしば見られるところである。このような場合，当該被害品に対する支配の意思は弱いものと考えられるが，支配の事実が強いという相関関係により，そこに占有を認めることができるといえるのである。

2 本問における支配の意思

　もっとも，支配の意思については，その財物の置かれた客観的状況から判断すべきであるから，この点からいえば，自己の家屋内にある財物については，たとえその存在を失念していても，支配の意思は当然に認められることとなろう。

　もちろん買ってきた自転車について，その存在を忘れているということは通常考えられないので，そこに支配の意思も十分に認めることはできるのであるし，そもそも自己の家屋内に存在する状態から，客観的に支配の意思も認められることから，そこには支配の意思も支配の事実も当然に存在することとなり，鍵を掛けたかどうかなどにかかわらず，占有が認められることに問題はない。

問4　では，次に，買ってきた自転車を自宅の庭に置いておいた。特に鍵などは掛けていない状態であったが，この状態で何者かに窃取されたとしたら，窃盗罪は成立するか。

【解　答】

1　この場合，自宅の庭という場所的な状況が，自己の実力的支配下にあると認められるかどうか問題となる。そこに柵などがあって，道路や隣家と仕切られていれば，そこへの侵入は建造物侵入罪を構成するように，そこにある財物に対しては疑いなく占有は認められる。このような場合には，その庭に置かれた自転車には，たとえ鍵などがしていなくても，自宅内に支配している場合と同様に，客観的な支配力が及んでおり，そこに支配の事実が認められるというべきであろう。

　ただ，庭といっても柵などで仕切られて明白に当該家屋に付随する敷地であることがわかるものもあれば，米国などで見られるように，道路との境もなく，また，隣家の庭との境もないような庭などもあり得るであろう。この場合は，先と異なり，当該庭の部分に誰かが立ち入っても建造物侵入罪は成立しない。そのような場合でも，同様に考えられるであろうか。

　たしかに，誰でもが立ち入ることができる状況で，しかも，当該自転車に鍵が掛けられておらず，誰でもこれを持ち去ることが容易にできる状態であれば，そこに強力な支配の事実を認めることは困難である。

　しかしながら，この場合でも，窃盗罪の成立を肯定してよいものと思われる。

というのは，庭という場所が，特定の家屋に付随する敷地であることは誰の目にも明らかな事柄であるから，その中にある限り，家屋の占有者の支配の事実も一応は存在するといえるであろうし，それと共に支配の意思が強く及んでいるのであり，また，その支配の意思は，誰においても了解可能であって，第三者から十分に認識し得るものであるからである。

このような場合は，支配の事実が弱くても，支配の意思が強度にうかがわれる場合であることから，そこに事実上の支配を認めることができると考えるべきであろう。

2　この点，庭の中ではないものの，類似した事案として，**昭和30年4月25日福岡高裁判決（高刑集8巻3号418頁）**が参考になる。

この判決の事案は，被害者である写真材料店店主が所有する自転車について，その雇人が慌てて同店の戸締をしたため，当該自転車を屋内に取り入れることを失念し，これを同店方に属する物件の置場所と認められる同店北側角より1.55メートルの地点にある同店隣家前の公道上の看板柱のそばに立掛けて置いていたところ，夜間に被告人が当該自転車を持ち去ったというものであった。

このような事実関係において，同判決では，「凡そ人が其の所有物を屋内に取入れることを失念し，夜間これを公道に置いたとしても，所有者において其の所在を意識し，且つ客観的に見て該物件が其の所有者を推知できる場所に存するときは，其の物件は常に所有者の占有に属するものと認められるから，これを窃取した所為は窃盗罪を構成すると解するを相当とする。」と判示している。

この判決では，所有者においてその所在を意識していること，また，その物件が客観的に見て所有者を推知できることに照らして，所有者の占有を認めているが，これは言い方を換えれば，被害者の占有の意思が認められることと，それが第三者からも判明するようなものであることを述べているのであって，上述したように，所有の意思が強度なものであり，それが第三者からもうかがい知ることができるものであることから，その占有が認められるということと同様のことを述べているものと思われる。それゆえ，屋外の公道上という場所で，支配の事実が弱いものであっても占有が認められたものであると考えられる。

問5 さらに，買ってきた自転車を自宅の庭に隣接した畑の中に置いておいた。畑から家屋までの距離は30メートル位であった。特に鍵などは掛けていない状態であったが，この状態で何者かに窃取されたとしたら，窃盗罪は成立するか。

【解 答】

1 いくら畑が庭に隣接していたとしても，30メートルも離れた畑にまで家屋からの事実上の支配が及んでいるかは問題となろう。**問4**の場合よりも支配の事実としては弱いといわざるを得ない。しかしながら，それでも，自宅付近の自己の畑であるから，支配の事実が全く認められないとまではいえないと思われる。社会通念上，自己の敷地内には，たとえ柵などがなくても，一定の支配力は存在するものと考えられよう。ただ，それでも，実際には，誰でもが立ち入って，そこにある財物を簡単に持ち去ることができる状況下にある以上，その支配の事実が強いものであるとはいえない。

では，この場合は，窃盗罪の成立は認められないのか。この点については，支配の事実が弱いことと対比して，当該自転車についての所有者による支配の意思の強度によって決せられるものと思われる。そして，その支配の意思の強さがどの程度のものであり，それが第三者にどのように認識され得るかどうかにより，占有が認められるかどうか判断されるものと考えるべきではないだろうか。

つまり，たとえ畑の中に自転車が存在したとして，それが古びたもので，倒れて一部が土に埋まっているような状態であれば，それを見た第三者は，その自転車が誰かに占有されているものと認識しなくても不合理ではない。このような場合には，いくら所有者が買ってきた中古自転車を同所に置いておいたと思って主観的には強い支配の意思を有していても，そこに客観的な支配の意思を見いだすことが困難であるところ，客観的に実力的支配状況が十分に見られず，強い支配の事実が認定できないのであれば，もはや占有を離れたものと考えるべきであろう。

これに対し，畑の中であるとはいえ，当該自転車が新品であり，しかもきちんと立てた状態で停めてあるなどした場合はどうであろうか。

このような場合には，たとえ鍵が掛けられていなかったとしても，当該自転車

が誰かの所有に属するもので放棄されたものではないことが客観的にうかがわれ，第三者においても，そこに所有者の支配の意思を見ることができよう。そうであるなら，この場合において，支配の事実が弱くとも，支配の意思との相関関係から，事実上の支配が認められる場合もあると思われる。

2 　これと類似した事案として，**昭和36年6月21日東京高裁判決（高検速報（昭36）930頁）**が参考になる。

これは水田のあぜ道に置かれた農耕用一輪車を持ち去った行為が窃盗罪に当たるかどうか問題となった事案である。この事案において，農耕用一輪車の置いてあった場所は，「被害者の居宅から，その東方約145メートル余を隔てた，同人らが所有する水田に取り囲まれた，幅員約2メートルのあぜ道内であったところ，同判決では，その場所が被害者方から見通しの利く場所であることや，この一輪車は農家において日常使用する農耕用のものであることや，一輪車が置かれていた場所が水田に取り囲まれたあぜ道であることなどから，<u>客観的にみて，この一輪車は，右水田を耕作している農家の者が使用の便宜上，その支配力の及ぶ場所たる右あぜ道に放置しているものか，それとも，その場に一時置き忘れたものであるかのいずれかであることが察知できる</u>のであって，一輪車をその場所に置いた者又は置き忘れた者が，その場所も忘れてしまったため，一輪車が長らく放置されたままになっていたというような状況は，記録上これを認め難く，他にかかる状況を窺うに足りる確証はないのである。してみれば，右一輪車は依然被害者の占有下にあったものと認められ」るとしたものである。

この判決においても，下線の部分において，被害者の占有の意思が客観的に強くうかがわれることをもって，占有を認めているものと考えられる。

問6 　上記の自転車に関する事案は，いずれも当該自転車に鍵が掛けられていないというものであった。ここで自転車に鍵を掛けるということが，その占有の有無の判断にどのような影響を与えるものなのか。

【解　答】

上述したように，支配の事実を考えるに当たって，当該財物の形状等にも影響さ

第2章　刑法上の占有　63

れることとなるが，自転車のようなある程度の大きさのある財物については，そこに鍵が掛けられれば容易には移動させることができないという特性が認められよう。そうであるなら，そこに鍵を掛けるということは，鍵を持っている所有者しか当該自転車を移動させることができないということを意味し，そこに支配の事実を認めることができるであろう。

　上記の各事案においても，施錠の事実が加わるのであれば，支配の事実をより強く認めることができることから，その占有はより認められやすくなるものと思われる。

　なお，**問4**の2の事案では，当該自転車が施錠されていたかどうかについて判決文上は不明であるが，仮に施錠されていなくても，強い支配の意思を認めることができる事案であることから，施錠の有無は占有の有無についての判断に影響は与えてないものと考えられる。もっとも施錠されていれば，より強度に支配の意思をうかがわせるのであり，支配の事実とも相俟って占有が認められる方向に働くことになるのは当然である。

|問7| では，駅前などにある公共的な自転車置き場に自転車を停めておいた場合はどのように考えるべきか。

【解　答】

　この場合において，まず自転車に鍵を掛けて停めているという場合には，上述したように，簡単には移動できない状況下にあることに照らし，支配の事実が認められるし，また，そこに強い占有の意思も認められるであろう。

　では，鍵を掛けずに同自転車置き場に停めておいた場合はどうであろうか。

　この場合には，誰でもが簡単に当該自転車を持ち去ることが可能であり，自宅の庭などのように自己の支配が及ぶ範囲内にもないのであるから，そこに強い支配の事実を認めることは困難であろう。しかしながら，自転車置き場に停めておくという外形的事実から，当該自転車の所有者が当該自転車に対して強い占有の意思を有していることをうかがい知ることができるものと思われる。そうであるなら，支配の事実が弱いものであっても，強い支配の意思との相関関係によって，そこに事実上の支配が認められ，占有が認められると考えてよいと思われる。

もっとも，いくら公共的な自転車置き場であるとはいえ，長期間にわたって放置されており，その自転車の外形的な状況から，支配の意思をうかがうことができないような状態であったのなら，もはや事実上の支配はなくなっているとみるべきであろう。

問8　当該自転車を停めておいた場所が自転車置き場ではなく，通常の道路上であった場合はどうであろうか。この場合でも，当該場所が道路上とはいえ，事実上自転車置き場として使われているような場合と，そのような場所ではなく，単なる路上に停めてある場合とで異なるのであろうか。

【解　答】

1　前者の場合のように，道路上とはいえ事実上自転車置き場として使われているような場合であり，その場所に鍵を掛けて停めていたのであれば，**問7**と同様の結論となろうが，鍵を掛けていない場合，**問7**と同様に考えることができるのであろうか。
　この問題について参考となるのは，人の通行専用の橋の上に無施錠のまま約14時間放置していた自転車に対して，窃盗罪の成立を認めた**昭和58年2月28日福岡高裁判決（判時1083号156頁）**である。
　この判決では，当該被害自転車が置かれた場所は，橋の上で，「人道専用橋であるものの，事実上T市場にくる客の自転車置場ともなっており，終夜自転車を置いたままにしておくことも度々見受けられ，現に被告人が本件自転車を持ち去ったとき，同所には右自転車のほか1台の自転車が置かれており，しかも，本件自転車は購入後いまだ1年くらいしか経ていない新しい品物で，後輪泥よけ部分には青色のペンキで『甲野』と鮮明に記入されており，その前輪上のかごのなかには折りたたみ傘1本とタオルが入れられて，通行の邪魔にならないように同橋の東端近く欄干寄りに欄干に沿って置かれていたのであり，被害者は，同橋上がそのような場所であることを認識し，後で取りにくる積りで本件自転車をそのまま同所に置いて一旦帰宅したものであるから，かかる事実関係の下では，右自転車が以後約14時間を経過して夜半を過ぎて午前3時半ころに及び，しかも無施錠でそのまま置かれていたこと等を考慮しても，社会通念上，被告人が本件自

第2章　刑法上の占有　65

転車を持ち去った時点においても，本件自転車は被害者の占有下にあったものと認定するのが相当である。」とした。

　この判決においても，「社会通念上」という概念により，被害者の占有が認められるとしているが，その根拠としては，事実上自転車置き場として使われている場所において，無施錠とはいえ，客観的に支配の意思が十分にうかがえる間接事実であるとして，①本件自転車は購入後いまだ1年くらいしか経ていない新しい品物であること，②後輪泥よけ部分には青色のペンキで『甲野』と鮮明に記入されていること，③その前輪上のかごのなかには折りたたみ傘1本とタオルが入れられていること，④通行の邪魔にならないように同橋の東端近く欄干寄りに欄干に沿って置かれていたことといった各間接事実により，被害者の強い支配の意思が認められ，それが被告人にも認識できる状況にあることから，長時間にわたる放置があり，支配の事実としては弱いものであったとしても，依然として被害者に事実上の占有が認められるとしたものである。

2　では，そのような自転車置き場として使われている場所ではなく，公道上に停められた場合はどうであろうか。この場合は，上記1に比較すれば，占有の意思を認めるのが困難になり難くはなるものの，上記1の①ないし④のような間接事実が認められる場合には，やはり第三者からも占有の意思がうかがわれることから，占有を認めてよいものと思われる。

(1)　そこで，参考となる事案として，**問4**の2とも類似するが，歩道上の置かれていた自転車について，占有を認めた**昭和37年10月27日高松高裁判決（高検速報（昭37）227頁）**がある。

　　この事案では，被害者が勤務するパチンコ店に自転車で通勤し，同自転車は，その店の前の歩道上に置いていたところ，勤務終了後，午後10時ころに帰宅しようとした際，雨が降っていたので，同店の家人に上記自転車を同店内にしまうよう依頼して帰ったものの，家人がそれを入れ忘れたため，歩道上に置かれたままになっていた。そのため，翌日午前零時ころ，被告人がこれを見つけて持ち去ったというものであるところ，同判決は，「占有とは財物を事実上支配し，管理することであって，必ずしも現実に握持し，又は監視する必要はないのであって，右に認定した事実関係から判断すると，被害者は被告人が右自

転車を持ち去るまではこれを事実上支配していたと認めるのを相当」と判示した上,「右各関係証拠によると,被告人は他人の占有にかかる財物であることを認識しながら」これを窃取したものと認められることから窃盗罪の成立が認められるとしたものである。

　この事案では,被害自転車に鍵が掛けられていたかどうかは判明しないが,いずれにせよ,このように公道上に停められた自転車であって,簡単に持ち去ることができるような状況にあっても,そこは自己の勤務先店舗の前の路上であって,支配の事実がないとまではいえない位置関係にある上,それが放棄されたものであることが明らかであるような外観は認められず,そこに強い占有の意思をうかがうことができる。したがって,現実的な支配の事実としては弱いものの,法的には事実上の支配が認められるものと考えるべきであり,そのような点から上記判決も窃盗罪の成立を認めたものと考えられる。

(2)　また,同様に類似の事案として,**昭和31年3月5日名古屋高裁判決(裁判特報3巻6号252頁)**がある。

　この事案では,被害者が居酒屋で飲酒した後,自己の自転車を引っ張って約80メートル進んだ際,同居酒屋に手袋等を忘れたことに気付いたので,同自転車に施錠もせず,自転車を路上に立て置いたまま,同居酒屋に行き,直ぐ元の場所に戻って来たところ,既に同自転車が被告人によって持ち去られたという事案において,「右自転車を置いた地点の状況は両側に人家軒を連ね,殆ど各家に門燈のあること,右自転車は割合に新しく,その後部に被害者の住所氏名がペンキで明記してあったことが認められるから,右事実から判断すると右自転車は被害者の事実上の支配内にあったものと認めるを相当とする。」とされた。

　この事案においても,80メートルほど自転車から離れていることから,強い支配の事実を認めることは困難であるが,周囲の状況や当該自転車の状況からして,そこに被害者の強い支配の意思を客観的に認めることができることにより,事実上の支配が認められるとされたものであろう。

(3)　ただ,公道上ではなく,空き地とされた場所に停められていた自転車について,事実上の支配が認められないとされた裁判例も存在する。

それは，平成24年10月17日東京高裁判決（高検速報（平24）143頁）であるが，有料駐輪場前の空き地に無施錠で停めていた自転車（時価約6,000円相当で，防犯登録シールは貼られていたが，上記有料駐輪場の利用登録はしていなかった。）につき，被害者が遠方まで出かけて4日間ほどの期間にわたって放置していた場合には，その占有を認めることができないとされたものである。

この判決では，「被告人が本件自転車を持ち去った時点において，被害者は，本件空き地から遠く離れて，相当長時間にわたって，本件自転車を管理することが可能な範囲内にいなかった上，本件自転車に施錠がされていたとか，置いた場所が一般に駐輪場として利用されている場所であるなどといった，本件自転車に対する所有者等の支配意思をうかがわせる状況もなかったと認められるから，被告人が本件自転車を持ち去った時点においては，被害者はもはや本件自転車を占有していたとは認められない。（中略）

無施錠のまま路上等に置かれた自転車について，その所有者等の占有が一般に認められるのは，無施錠であることと相まって，当該自転車が一時的に置かれたもので，所有者等がその付近で活動するなどしており，必要に応じて容易に自ら当該自転車を現実に管理することが可能な状況にあることが想定されるからであって，本件のように，所有者等が，無施錠のまま，長時間にわたり，自ら当該自転車を管理することが不可能な遠方まで出掛けている場合には，占有を認める前提となるべき上記のような客観的事情が存在しない上，その場合の駐輪状況は，第三者に窃取された自転車が遺棄されている状況と何ら異なるところはないのであるから，無施錠の自転車は他人においてこれを容易に持ち去ることができることをも併せ考えると，そのような場合にまで，無施錠のまま路上等に置かれた自転車に対する所有者等の占有を認めることはできない。」と判示された。

この事案では，被害者は，上記場所に自転車を停めた後，施錠することなく，鉄道に乗って高校や親戚方に赴くなどして，遠く離れた場所におり，しかも，4日間経過した後に，上記場所に戻って当該自転車が盗まれたことに気付いたものであることに照らせば，強い支配の事実があったとは認め難いものがある。しかしながら，支配の意思については，本件判決で取り上げられているように「本件自転車は，前輪側を建物に向け，後輪側を通路に向けて駐輪されており，自転車の使用者によって意識的に駐輪され，占有の意思が留保されていること

が外形上明らかであったから，本件自転車に対する被害者の占有は失われていなかったと認めるべきである」とする検察官の主張には，確かに支配の意思をうかがわせる状況が存在するが，この間接事実だけでは，客観的に認められるべき支配の意思としては，やはり十分なものとはいえないであろう。

この事案では，支配の事実も客観的にうかがわれる支配の意思もいずれも弱いものであるといわざるを得ず，事実上の支配を認めるのは困難であり，被害者の占有がなかったとの認定はやむを得ないものと思われる。

なお，この事案における支配の意思につき，「本判決があくまでも支配意思を推認させる客観的事情の存否を検討し，客観的に推認される限りで被害者の主観を問題にして，裸で支配意思の存否そのものは議論しなかったのは妥当であろう。」(山内由光「刑事判例研究(446)」警学66巻9号183～184頁)との見解があるが，これも，支配の意思を客観的にうかがわれる状況から判断すべきであるとの同様の立場にあるものと思われる。

問9　上記のような理解は，その他の多くの占有概念が問題とされた事案においてどのように現れているか。

【解　答】

1　例えば，山の中の鍵の掛かっていないお堂に安置された仏像は，その客観的状況からみる限り，現実的，直接的には誰かが支配しているとはいえず，強い支配の事実があるとはいえないであろう(寺の関係者が付近にいるわけでもないし，誰かがその仏像の状況を監視していることもないのであるから。)。

しかしながら，この場合でも，当該仏像の占有は，当該お堂を設置した主催者にあるものと考えられ，これを奪取する行為は窃盗罪を構成する。すなわち，この場合，寺が当該仏像を保有，管理しようとしていることは誰の目にも明らかであり，当該仏像に対する寺の主催者の強い支配意思が客観的にも認められるからである。

したがって，このような場合は，客観的な支配の事実が弱くても，強い支配の意思が存在し，その意思が客観的に十分にうかがわれることに照らして，事実上の支配が認められ，そこに占有が認定されることとなる。

このような事案について，大審院の判決ではあるが，「人の所有物が何人の占有にも属せざる堂宇其他の場所に存在する場合と雖も所有者が之を遺棄し又は遺失したるにあらずして其存在を意識し特に之を其場所に置きたるものなるときは其物は常に所有者の占有に属するものと認め得べきを以て」(**大正3年10月21日大審院判決・大審院刑事判決抄録59巻7531頁**)としており，看守者のいないお堂に安置された仏像も，意識してそこに置いた以上，占有が失われることはないと判示している。これは，そこに強い占有の意思が認められる場合には，客観的，実力的支配状況が弱くても，設置者の占有を認めていると評し得るものといえよう。

2 また，海中に定置網を張っておき，その中に魚を呼び込んで採捕するという漁法を採っている者が，自己の張った定置網の中に入った魚の占有を取得しているかという問題がある。

この場合は，魚が一旦当該定置網の中に入っても，①水揚するまでには相当数逃げ去る可能性があることから，当該魚に対する支配の事実が認められるか問題となる上，②たとえその習性上逃げることはないと考えられても，網の中に入ったからといって，当該魚について，その網を設置した者が当然に，当該魚を実力的に支配していることになるかは問題がないわけではない。というのは，網の中に魚がいるという状態は，単に，魚が網から出られないというにすぎず，網自体，海中に設置されているだけで，設置者が所持したり監視したりしているわけではないことから，誰かがその網から魚を取り出して領得しようしても，それを阻止しようとする者は，通常はいない状況下にあるからである(もちろん，監視しているようなケースもあるであろうが，そのような場合は除いての議論である。)。

このような事案について，**昭和34年4月14日札幌高裁判決(高刑集12巻3号249頁)**は，「北海道におけるさけの定置網は，その大部分が，いわゆる落網(おとしあみ)と称せられるものであって，落網は，大別して垣網(かきあみ)，囲網(かこいあみ)，昇網(のぼりあみ)，ふくろ網(ため網ともいう)と称せられる部分からなっており，さけはその習性に従って，垣網を伝い，囲網，昇網を経て，ふくろ網に入る仕掛けになっているのであるが，さけの習性と，その習性を利用してつくられた網の構造上，いったん，ふくろ網に入ったさけが自力によって，網の外に逃げ去ることは，容易でなく，従って，落網の建込中，時化に襲われる等特

別の事情のない限り，そのさけの水揚の確率は，極めて高率なものであることが認められる。してみると，漁業権にもとづいて，さけを採捕すべく，落網を建込中のものは，ふくろ網の中で遊泳しているさけに対しても，事実上これを支配，管理しているものというべく，従って，これ等のさけは，水揚するまでもなく，窃盗罪の客体となることは明らかである。」として，上記①の問題については，定置網の中に入ったさけの占有を認めている。

ここでは，網の中に入った魚が逃げ出せるかどうかに主眼を置いており，定置網それ自体を監視等していないことに関する上記②の問題については特に論及されていない。定置網については，それ自体に相当な重量も大きさもあり，容易にその占有を移転できるようなものではないことから，そのようなものを設置して，その中に魚を呼び込んで漁をする行為は，自己の支配下にその魚を置くものと考えてよいとしているからであろう。

ただそれだけでなく，このような行為に，その中に入った魚を取得，確保しようという強い占有の意思を認めることもできるのであるから，支配の事実の面からみても，支配の意思の面からみても，事実上の支配を認めることができ，占有はあるものと考えたのではないかと思料されるところである。

問10 では，想定事例については，被疑者甲野について，窃盗罪は認められるか。

【解　答】

被害者が電車に乗る前であれば，移動した距離からみても，短時間のことであろうから，依然として被害者による事実上の支配関係は残されており，占有が継続しているものと考えるべきである。そうであれば，被疑者甲野に対しては窃盗罪が成立する。

しかしながら，被害者が電車に乗ってしまって，それが発車した後であれば，もはや被害者が当該被害品に対して支配を及ぼすことはできないことから，支配の事実はなくなり，その占有は失われたものと見ざるを得ず，窃盗罪は成立しない。この場合は，占有離脱物横領罪が成立することとなろう。

この章のおわりに

　このように，支配の事実と支配の意思の相関関係において，その強弱の程度に鑑み，当該財物についての事実上の支配を判定することで，そこに刑法上の占有があるかどうか，比較的簡単に判断することができるのではないだろうか。

　犯行現場で即時に判断がせまられることの多い自転車窃盗等についても，被害者の占有の有無に迷うことは少なくないものと思われる。そのため，それら捜査に関わる方々の一助になるのではないかとの思いから，判例等の分析を試みたものであって，このように考えることで刑法上の占有というものが理解しやすいのではないかと提案する次第である。

1) 前田雅英教授も，「事実上の支配」に関して，「占有の有無についての実質的判断基準は，①財物自体の特性，②占有者の支配の意思の強弱，③距離などによる客観的・物理的な支配関係の強弱である。」（前田・刑法（各論）164 頁）と述べられておられる他，大塚教授は，「財物に対する場所的離隔などから，事実的な支配が希薄な場合には，その占有は，とくに積極的な占有の意思と相俟ってのみ，基礎づけられるであろう。」（前出 186 頁）と述べられておられることも同趣旨と考えてよいと思われる。

　ただ，西田教授は，「窃盗罪における占有は，客観的に他人がその財物を事実上支配している状態または支配を推認せしめる客観的状況があって，かつ，主観的な占有の意思がある場合に認められるべきであろう。ただし，占有の意思はあくまでも事実的支配を補充するにすぎないものと解すべきである。」（西田・刑法（各論）143 頁）と述べられ，占有の意思についての位置づけは異なるものと考えておられるようである。

　なお，これらの点についての上記の見解はほんの一例で，その他にも極めて多数に上る論考がある。

第3章　占有のための支配・管理状況

例題　占有といえるためにはどのような支配管理状況があればよいのか

問題の所在

　占有が認められるか否かは，前章で述べたように，支配の意思と支配の事実の相関関係により決せられるが，実際のところ，どの程度の支配管理状況があれば，事実上の支配状況があったと認められるのか。特に河川などにおける砂利などについてはどのように考えたらよいのか。

事　例

【想定事例】

> 　被疑者甲野は，河川敷にある砂利を採取して，それを売って儲けようと考えた。そこで利根川の流域にある支流の河川敷で勝手に砂利を採取して持ち去った。
> 　被疑者甲野の刑責如何。

設問と解答

問1　そもそも河川敷にある砂利は，「財物」であるのか。

【解　答】

　財物といえるためには，何らかの財産的価値を有する有体物であればよいが（詳しくは第2編第10章問1・166頁参照），それは個人の財産権を保護するための刑法上の概念である以上，そこには保護されるべき個人（自然人のみならず法人も含む。）

が必要である。誰の所有にも属さない動産であれば，それは無主物であり，領得した者の所有に帰属するのであるから（民法239条1項），それは刑法上の財物とはならない。

そこで，河川敷にある砂利が誰かの所有下にあるのかどうかであるが，まず，一般的には，河川敷は無主の不動産であるから，これは国の所有に属することとなり（民法239条2項），その河川敷に存在する砂利や岩などは，当該河川敷を構成するもので，不動産としての河川敷と一体となるものであるから，付加一体物として，国の所有権はその砂利や岩などに及ぶ。

したがって，河川敷にある砂利や岩は，国の所有権が及んでいると考えられる。

問2　では，河川敷にある砂利や岩が財物であるとしても，国や地方自治体がそれらを占有しているといえるのか。

【解　答】

河川については，国土交通大臣が管理する一級河川と，都道府県知事が管理する二級河川があるが（河川法9条1項及び10条1項，なお，国土交通大臣は一級河川の一部の管理を都道府県知事に委託することができる（同法9条2項）），河川の管理をすることにより，そこにある砂利等をも占有しているといえるのかということが問題となる。

1　この点について判断したものとして，まず，**昭和32年10月15日最高裁判決（刑集11巻10号2597頁）**が挙げられる。

この判決の事案は，「被告人は，昭和26年3月7日，大阪府知事より大阪府泉北郡内の大津川川床内の砂利，砂，栗石合計10坪の払下許可を受けた上，所轄大阪府土木出張所において所定の手続を経て採取鑑札の下附を受けて，採取期間を昭和26年3月17日より同月28日までと指定されたところ，右指定の採取期前には採取することができないのにかかわらず，砂利採取人夫頭Aに指示して，右期間前の3月8日頃より同月16日頃までの間に，砂利，砂，栗石合計約3坪9合を採取し，右採取期間経過後さらに許可を受けないで，同年3月29日頃より同年4月28日頃までの間に，砂利，砂，栗石等約10坪3合を採取したという」

ものであったところ，これに対し，同判決では，「河川法の適用または準用ある河川は，地方行政庁が河川法6条，5条，河川法準用令等によってこれを管理するのであるが，これらの法令による管理は，公共の利害に重大な関係がある河川を保全するための行政措置であって，河川またはその敷地もしくは流水の効用を保護助長することを目的とするものにほかならない。そして，地方行政庁の河川管理は，おのずから河川敷地内に堆積している砂利，砂，栗石（以下単に砂利等という）にも及ぶことは当然であるが，その採取を地方行政庁の許可にかからしめているのは，採取行為が河川法19条にいう流水または敷地の現状等に影響を及ぼす恐れのある行為であるからであって，地方行政庁が河川を管理するという一事によって，河川敷地内に存し移動の可能性ある砂利等を当然に管理占有することによるものではない。もとより，地方行政庁の職員が河川敷地内に堆積している砂利等を随時見廻り管理しているという事実のあることは，あながち否定できないけれども，それは河川の管理に附随してなされているものであるから，その管理は公共の利用を確保するため等の行政的措置にほかならないのみでなく，これらの砂利等は，流水の変化に伴ない移動を免かれないので，その占有を保持するため他に特段の事実上の支配がなされない限り，右の事実だけでは刑法の窃盗罪の規定によって保護されるべき管理占有が地方行政庁によってなされているものと認めることはできない。」とした上で，「所轄地方行政庁が本件砂利等の管理占有につき，特段の措置を講じて事実上の支配を保持した事実は，これを窺うことができない。それゆえ，本件砂利等については，刑法の窃盗罪の規定によって保護されるべき管理占有に該当する事実は認められない」として窃盗罪の成立を否定した。

確かに，河川の砂利等に対して，特段の措置を講じて事実上の支配をした状況がうかがわれないのであれば，その砂利等に対して，占有しているとはいい難いであろう。

2 また，海浜の砂利を採取した事案についてもほぼ類似の判断が出されている。
　それは，**昭和29年9月30日広島高裁判決（判時38号27頁）**の事案で，同判決では，「私人の所有管理に属しない海浜の砂利については，国家又は地方公共団体の所有に属するものと考えられないこともなく，一応その管理に服すべきものと認むべきである。しかしながらその管理は公共の利用を確保するため等の

行政的管理に過ぎず，その侵害に対し刑法の窃盗罪の規定によって保護することを必要とする程度の管理占有とは認められない。

これを本件について見るに，本件砂利の採取区域については，山口県国有産物採取規定（中略）が適用されて，その砂利の採取については，山口県知事の許可を要する旨の制限があるけれども，刑法の窃盗罪の規定によって保護されるべき所持に該当する管理が実施されていることを認めることができない。」として，窃盗罪の成立を認めなかったものである。

3 もっとも，上記各判決に対し，事実上の支配状況がうかがわれるとして，窃盗罪の成立を認めた下級審判例も存在する。

それは，**昭和50年1月22日高知地裁判決（刑裁月報7巻1号58頁）**であるが，この事案は，被告人が，数名の共犯者とともに，昭和49年3月27日午後7時ごろから同日午後9時前ごろまでの間にわたり，高知県吾川郡内の高知県知事が管理する一級河川仁淀川第一支流において，同知事の管理する川石7個（重量約21.5トン）を窃取したというものであった。

この事案において，同判決では，先の最高裁判決の判断に照らし，「本件類似の先例につき『地方行政庁の管理する河川の敷地内に堆積している砂利，砂，栗石は，その占有を保持するため特段の事実上の支配がなされない限り，これを地方行政庁の許可なく採取しても，窃盗罪を構成しない』旨を判示した最高裁判所の判例（昭和32年10月15日第三小法廷判決）が存するので，それによれば，本件も窃盗罪を構成しないのではないかとの疑問がないでもない。」としながらも，本件における特殊性として，「しかしながら，前掲各証拠によれば，①高知県知事の管理する判示河川において被告人らが無許可で採取した本件川石（輝緑凝灰石，いわゆる青石として一般的に高値を呼んでいるもの）は，右判例の砂利等とは異なり，その1個あたりの重量も小は約2トンから大は約5トンに及ぶものであって，通常の自然状態のもとでは，容易に変改移動することのない性状のものであること，②また本件川石については，周辺の同様川石とともに，いわゆる盗石を防止する一手段として，それが県知事の管理下にあることを公示する目的のもとに，所轄の土木事務所により，赤ペンキで一目瞭然に一連の番号が付されていたこと，③更に右土木事務所は，本件河川を含む管内管理河川における盗石等防止のため，非常勤ながら巡視員4名をも雇入れ，平生より該河川の見まわり監視に

あたらせていたこと等の事実が認められる。」とした管理に関する事実関係を指摘した上で、「これらの事実によれば、本件川石は流動性のある砂利等とは異なり、河川管理者によるその事実上の支配（占有管理）も充分可能で、現にこれについては、前記判例のいう占有保持のための特段の事実上の支配もなされていたものというべく、その支配はもとより刑法上の保護にも値するものであるから、該川石を無許可採取した被告人の本件所為を、検察官主張のとおり、窃盗罪に問擬した次第である。」と判示したものである。

この事案における高知県土木事務所の職員らによる管理状況に鑑みれば、川石に対する窃盗を防止するために、十分な監視、管理が行われていることが明らかであり、それは占有保持のための事実上の支配として十分なものと考えられることから、窃盗罪の成立が認められたものであった。

問3 想定事例についてはどのように考えるべきか。

【解　答】

当該河川敷の管理状況がどのようなものであったかによることとなろう。上記高知地裁判決の事案のように、その窃取行為に対して厳しく取り締まる姿勢が見られるか、また、そのために巡回するなど、その支配、管理のためにどの程度の手立てを講じていたかなどによって窃盗罪の成否が決せられることとなる。

第4章　様々な形態の占有

> **例題**　財物の形態やその占有の仕方にも様々なものがある。第2編第2章問2・57頁で述べたような支配の意思と支配の事実の相関関係により，どのような場合には，被害者による財物の占有を認定することができ，どのような場合には，それが認められないのか。

問題の所在

これまでの窃盗事件では，様々な形態での占有に対する侵害行為について，それを色々な角度から検討，評価して，窃盗罪が成立するのか否かを検討してきたものである。ここでは，その様々な占有形態について，財物の形態とも関連付けて，個々的にどのように考えるべきかを検討することとしたい。

事　例

【想定事例】
1　甲野太郎は，ペットとして飼っていた犬Aの首輪に鎖をつなぐのを忘れたため，犬Aは首輪をしたまま勝手に外に出て行ってしまった。甲野は，そのようなことは今までもしばしばあり，それでもいつの間にか戻ってきていたことから，どうせそのうちに帰ってくるだろうと思ってそのまま放置していた。
　ところが，その付近をたまたま通りかかった乙野太郎は，自らペットショップを経営していたことから，犬Aを商品として売ろうと思い，抱きかかえて同店に持ち帰った。
　乙野太郎の刑責如何。

2　甲野一郎は，社員旅行で箱根の温泉に行き，丙野三郎が経営する旅館に宿泊した。その際，同旅館のトイレに財布を落としてしまったが，財布を落としたことに気付かず，帰京してしまった。

　一方，乙野二郎も同旅館に宿泊していたところ，同旅館のトイレに財布が落ちていたのを見つけ，これはラッキーだと思って，それを拾い上げて自己のズボンのポケットに入れて領得した。当該財布は甲野一郎が落とした財布であった。

　乙野二郎の刑責如何。

3　上記2において，甲野一郎は，帰りの列車の中で，携帯電話を列車の座席に置いたまま書籍を読み，夢中になったため，携帯電話を列車の座席に置いたことを忘れて降車し，そのまま帰宅してしまった。

　一方，乙野三郎は，たまたま列車内の通路を歩いていたら，甲野が置き忘れた携帯電話を発見し，この電話を使って無料の通話をしようと考え，それを手に取り，ポケットに入れて領得した。

　乙野三郎の刑責如何。

4　上記2において，甲野一郎は，旅館で提供された浴衣を着用していたが，その浴衣がサイズもぴったりで気に入ったので，これを領得することにし，それを脱いで自分の鞄に入れて，そのまま帰京した。

　甲野一郎の刑責如何。

5　甲野次郎は，Ａ貴金属店で店長として勤務している。ある日，Ａ貴金属店が泥棒に入られ指輪などが盗まれたことから，甲野次郎は警察に通報し，警察の求めに応じて，被害届を出した。甲野次郎が店長として，当該商品を保管管理しているからということで当該被害届を書いたものであった。

　その後，甲野次郎は同店の経営者である乙野四郎と折り合いが悪くなったことから，自らが販売しているダイヤの指輪を持ち出して，それを他の店で現金にしようと考えた。そこで，甲野は，ショーケースの中から時価100万円のダイヤの指輪を取りだして，それを店外に持ち出した。

　甲野次郎の刑責如何。

6　甲野三郎は，乙野五郎と一緒に飲食店経営を行うこととし，そのため同額を出資して店舗を借り，出し合った資金で厨房用品や，米などの食料を買い入れた。しかしながら，甲野は乙野と共同して事業を経営していくことに不安を感じ，この事業から自分だけ撤退しようと考え，それら厨房用品や米などの食料を持ち出して，丙野四郎に売却してしまった。
　　甲野三郎の刑責如何。

7　甲野四郎は，自己の勤務先の会社で行われた経営陣の不正について，将来何かの役に立つのではないかと思い，それを書面に書き留めた。一方で，甲野四郎は，それを公表するかどうか迷っており，その書面を鍵の掛かる鉄製の箱に入れ，鍵は手元に残したまま，同じ会社の同僚である乙野六郎に預けた。
　　しかしながら，乙野は上記不正に関わっている者であり，甲野がそれを告発するかもしれないことも知っていたことから，預かった上記箱を勝手に経営陣に提出することにした。経営陣に渡せば，経営陣は鍵を壊して箱を開け，甲野が何を書いたかを読んだ上で，その書面は処分されることは分かっていた。そして，乙野は，その箱のまま経営陣に渡した。
　　乙野六郎の刑責如何。この場合，乙野が箱の鍵を壊して，中の書面だけを経営陣に渡した場合とで刑責は異なるのか。

設問と解答

問1　想定事例1については，どのように考えたらよいのか。

【解　答】

　この場合の犬Aについて，甲野の占有が認められるかどうか問題となる。長年飼育訓練されるなどして，飼い主の下に戻ってくる習性を持つ場合には，一時的に飼い主の支配領域外に出て徘徊している場合でもなお，その飼い主に占有があるといわれている（増井・法令34頁）。
　昭和32年7月16日最高裁判決（刑集11巻7号1892頁）では，猟犬が徘徊した事案について，「判示猟犬は，所有者Cによって8年間も飼育訓練され，毎日運

動のため放してやると，夕方には同家の庭に帰って来ていたことが認められ（中略），このように，養い馴らされた犬が，時に所有者の事実上の支配を及ぼし得べき地域外に出遊することがあっても，その習性として飼育者の許に帰来するのを常としているものは，特段の事情の生じないかぎり，直ちに飼育者の所持を離れたものであると認めることはできない。」として，被害者の占有から離れるものではないとしている。

　また，**大正5年5月1日大審院判決（刑録22輯672頁）**では，春日神社の地域外に出遊した同神社所有の牡鹿を領得した事案につき，飼い主の下に復帰する慣習を失わなければ，所有者の支配内にあるものとして，その占有を認めている。

　このような判例の考え方に従えば，本事例においても，犬Aに対する甲野の占有は認められることとなろう。この場合には，犬Aは自力で帰ることができることから，甲野の事実上の支配が強力に及んでいる場合であると見ることができよう。

問2　想定事例2については，どのように考えたらよいのか。

【解　答】

　この場合，甲野は自己の財布を落としたことにつき，全く気付いておらず，そのまま帰京してしまっていることから，このような状況下にある甲野については，当該財布に対する事実上の支配も支配の意思も認めることはできず，甲野の占有は喪失したと言わざるを得ない。

　では，乙野の行為は，占有離脱物横領罪にしか該当しないものであるのか。

　しかしながら，この場合，旅館全体については，丙野が管理支配しており，その中に存在するものは，丙野の支配下にあると評価することができる。

　そうであるなら，甲野が落として忘れていった財布であっても，当該財布については，旅館の中にある限り，旅館内の物品を管理している丙野の占有に移ると考えるべきではないかと思料する。

　昭和62年4月10日最高裁決定（刑集41巻3号221頁）では，「被告人らが本件各ゴルフ場内にある人工池の底から領得したゴルフボールは，いずれも，ゴルファーが誤って同所に打ち込み放置したいわゆるロストボールであるが，ゴルフ場側においては，早晩その回収，再利用を予定していたというのである。右事実関係

第4章　様々な形態の占有　81

のもとにおいては，本件ゴルフボールは，無主物先占によるか権利の承継的な取得によるかは別として，いずれにせよゴルフ場側の所有に帰していたのであって無主物ではなく，かつ，ゴルフ場の管理者においてこれを占有していたものというべきであるから，これが窃盗罪の客体になるとした原判断は，正当である。」と判示した。

この事案においても，元々はプレーをしていたゴルファーの所有物であったゴルフボールにつき，人工池に落ちてしまって，これを諦めたことから，その占有を喪失したものの，ゴルフ場管理者の占有に移行したものであると考えられ，被告人らはその占有を侵害したものと評価されよう。

問3 想定事例3については，どのように考えたらよいのか。

【解　答】

これも問2と同様に，置き忘れて帰宅してしまったことで被害者甲野の占有は失われたと見られるケースであろう。その上で，本件列車内が，問2のように特定の者が管理している場所として，本件被害品が当該特定の者の支配下に移転すると見られるかどうか問題となる。具体的には，列車の中に存在する物については，列車乗務員の占有下にあるといえるかどうかという問題である。

しかしながら，列車内に置き忘れた物などについては，それが直ちに列車乗務員の支配下に入るというのは，列車内が不特定多数の乗客の往来する場所であることに鑑みて，少々無理があろう。この点は，特定の客や従業員しか出入りしない旅館内とは異なるといえよう。また，例えば，駅構内で財布を落としたとしても，それが直ちに同駅管理者の支配下に入ると見ることが困難であるように，列車内であっても，その点は同様に判断されることになると思われる。

大審院での判断ではあるが，乗客が遺留した毛布1枚を領得したという事案において，列車乗務員は，乗客が遺留した携帯品の保管のために，その交付を受ける権能を有するにとどまり，その物に関して占有者となるわけではないとの理由により，窃盗罪の成立を認めず，占有離脱物横領罪を構成するものと判断した判決が存在する（大正15年11月2日大審院判決・刑集5巻491頁）。

問4 想定事例4については，どのように考えたらよいのか。

【解　答】

　旅館において浴衣が提供され，それを一時的に着用するなどして客が占有することがあっても，そのことによって，旅館の経営者たる丙野の当該浴衣に対する占有が失われることにはならないであろう。このことは，旅館で提供される布団など室内の備品について，客が自由に利用し得ても，だからといって，それらを提供している旅館側の支配が失われるわけではないのと同様であって，客の利用による一時的な支配によって，旅館経営者による占有は失われないと考えられる。

　したがって，本事例における甲野の行為が浴衣に対する窃盗を構成することは疑いを容れない。また，この理は，犯人が浴衣を着たままの状態で逃走した場合であっても同様である。

　昭和31年1月19日最高裁決定（刑集10巻1号67頁）では，「本件のように被告人が旅館に宿泊し，普通に旅館が旅客に提供するその所有の丹前，浴衣を着，帯をしめ，下駄をはいたままの状態で外出しても，その丹前等の所持は所有者である旅館に存するものと解するを相当とする」旨判示している。

問5 想定事例5については，どのように考えたらよいのか。

【解　答】

1　甲野と泥棒との関係

　甲野次郎が店長として貴金属類を保管，管理していることから，この店に泥棒が入って商品を盗まれたりした場合，甲野がその管理者として，被害届を提出することは通常見られるところである。この場合は，上記泥棒との関係においては，甲野が当該商品を支配下において占有していることになるからである。

2　甲野が商品を持ち出す場合

　では，甲野自身が，当該商品を換金目的で持ち出す場合には，何罪となるのであろうか。自己が占有する他人の物ということなれば，それは横領罪の対象とな

り，この場合であれば，業務上横領となるのであろうか。

　しかしながら，この場合も，経営者である乙野との関係においては，乙野が当該商品の所有権を有し，自己の店舗において，甲野を雇用して販売等をさせているのであるから，そこに強度の占有の意思を認めることができ，それら商品に対しても甲野を補助者として支配しているものと認めることができるので，当該商品に対する占有は乙野が有しているものと考えられる。

　この場合の甲野の占有は，**問4**で述べた浴衣を着たまま逃走した場合と同様で，当該浴衣が犯人の身につけられており，犯人に占有があるかのように見えても，依然として旅館の経営者の占有が及んでいるのと同様に，本事例で経営者である乙野の占有は，店舗内の商品の全てに及んでおり，甲野がそれらを販売等のために手に取っていたとしても，乙野の占有下でなされていることと考えるべきであろう。

3　昭和27年2月11日東京高裁判決（判決特報29号31頁）

　この点について判断を示したものとして，昭和27年2月11日東京高裁判決では，「案ずるに，物に対する事実上の支配が，上下主従の関係を有するに過ぎない場合においては，物の従たる支配者が主たる支配を排して，物に対する独占的支配をするに至った時は窃盗罪を構成するものと解するのが相当である。而して，原判決の挙示する証拠によれば，被告人は，占領軍に自動車運転手として雇われ，占領軍所有の自動車を使用して，夜間勤務者の配置輸送，又は，物資の輸送等に従事していた者で，これに要するガソリンも，毎日出発に際して，その必要量を占領軍から受け取って出発し，帰った際は，通行許可証により，出発当時と帰って来た時のマイル数を計算して，その日のガソリン消費量を書面によって報告していたことが認められるのであるから，被告人が，自己の運転中の自動車内にあるガソリンに対して，事実上の支配を有していたことは明らかであるが，しかし，それは，ただ，占領軍の指揮監督の下に有していた従属的支配であって，そのガソリンに対しては，同時に，指揮監督者である占領軍の主たる事実上の支配があったものといわなければならない。してみれば，被告人が不正領得の意思で，自分の運転する占領軍所有自動車のガソリンタンク内から，ガソリン5ガロン位を他の容器に移し取った行為は，即ち，そのガソリンに対する占領軍の主たる事実上の支配を排して，これを自己の独占支配内に置いたものと認むべく，そ

の所為が，窃盗罪を構成すべきことは前示説明によって明らかである」とした。

問6 想定事例6については，どのように考えたらよいのか。

【解　答】

　財物の共同占有者の一人が，他の共同占有者の同意を得ないで，その物の占有を自己の単独支配下に移した場合，何罪が成立するかという問題である。
　この場合においては，被害品となる厨房用品等については，甲野と乙野は共に支配しているものであるから，それは共同して占有しているものと考えられる。したがって，どちらか一方がそれを単独の占有に移したのであれば，それはその段階で，他方の占有を侵害したこととなり，その占有侵害を窃盗と評価することになろう。
　本事例でも，甲野がそれらを持ち出した時点で窃盗罪の成立を認めてよいものと考えられる。
　昭和25年6月6日最高裁判決（刑集4巻6号928頁）は，「共同占有の場合，共同占有者の占有を奪って自己単独の占有に移す行為は窃盗を以て目すべきこと大審院以来判例の認める処で其解釈は正当である。」と判示している。

問7 想定事例7については，どのように考えたらよいのか。

【解　答】

1　委託物の占有についての判例の立場等

　財物を包装し又は容器に入れて，これに封印，施錠するなどし，容易に開けられない状態にして，他人に保管等を委託した場合，その財物の占有が誰にあるのかという問題である。
　この問題については，学説上も定説を見ず，また，判例の立場も必ずしも明確ではない。その委託された物全体を領得した場合は横領罪で，中身を取り出して領得した場合は窃盗罪という見解も存在する。預けられた物全体については，受託者が占有しているが，それが封印等されていれば，その中身については未だ委

託者の占有が及んでおり，受託者は占有していないからという理由である。判例はこのような立場に立っていると見られている（増井・法令54～55頁）。

　しかしながら，この見解は妥当性を欠くであろう。全体を領得した場合には，その中身に対しても権利侵害がなされているにもかかわらず，窃盗罪より軽い横領罪でしか処罰されず，これに対し，中身だけに対して権利侵害をした場合には，より重い窃盗罪で処罰されるというのは，およそ合理性のない結論だからである。

2　乙野の刑責

　このような場合は，当該物品について委託を受けたといっても，受託者は，その中身の財物には全く関与することがない状態なのであり，その中身こそが財物としての価値を有するものである以上，その中身の占有は依然として委託者に残されており，受託者は単にその補助者として支配するに過ぎないのであって，ひいては，その全体の封緘した物品自体の支配についても，委託者の補助者として行っているに過ぎないものと考えるべきである。したがって，依然として委託者の占有は失われていないと考えられる。

　それゆえ，本事例では，その箱をそのまま経営陣に渡しても，鍵を壊して中身だけについて同様にしても，いずれにしても窃盗罪が成立すると考えるべきである。

　ただ，この場合，経営陣は，いずれは当該書面を破棄するであろうから，乙野の行為は，窃盗ではなく，器物毀棄ではないかと考える余地もある。しかしながら，経営陣がその書面の内容を把握するなどした上で対抗方針を検討することもあるのであるから，簡単に破棄するわけでないなどの事情もあることに照らせば，当該書面の財物としての価値を利用する場面が想定されることに鑑み，器物毀棄罪ではなく，窃盗罪が成立すると思料する。

3　宅配便業者の刑責

　なお，宅配便のように，委託者が自己以外の第三者の占有に移すことを目的とし，自己の占有を喪失する意図で，当該封緘物を受託者である宅配便業者に渡すことがあるが，このような場合には，当該封緘物の占有は，完全に受託者に移るものと考えられる。したがって，この場合，当該宅配便業者が勝手に当該封緘物を領得したのであれば，業務上横領罪が成立するのであり，それは中身だけを抜

き取ったとしても同様である。
　ただ，宅配便業者の従業員が勝手にそれを領得した場合には，それは委託された宅配便業者の占有を侵害しているので，**問5**と同様に窃盗罪となる。

第5章　預貯金の占有

> **例　題**　金融機関における預貯金口座に預けられている金員を占有しているのは誰か。

問題の所在

　金融機関に預貯金（ゆうちょ銀行や農協等の金融機関に預けている場合は「貯金」であり，それ以外の銀行等に預けている場合は「預金」と呼ばれるが，以下は簡略にするため，全て「預金」で統一することとする。）をしている者は，自らの預金口座に入っている金員に対する占有を有しているといえるか。金融機関自身はどうか。窃取したキャッシュカードでの他人名義の預金口座からの現金引出しについて，窃盗罪は成立するのか。他人名義の預金口座を買い受けて，そこに振り込ませた金員について，キャッシュカードで引き出すことは，窃盗罪に当たるか。さらに，自己名義の預金口座からのキャッシュカードでの現金引出しが窃盗罪になることはないか。

事　例

【想定事例】

> 　振り込め詐欺グループに所属する被疑者甲野は，その上位者から○○銀行発行のキャッシュカードを渡されて，その名義人の預金口座から現金を引き出してくるよう指示された。その預金口座は，同グループに属さない第三者の名義で，当該預金口座を買い受けて被害金の振込先として使用していたものであった。この預金口座からの現金の引出しは，何か犯罪を構成するか。
> 　また，被疑者乙野は，振り込め詐欺グループから頼まれて，自己の預金口座に振り込め詐欺の被害者からの振込金を受け入れることとした。乙野がこの預金口

座から現金を引き出したが，この現金の引出しは，何か犯罪を構成するか。

設問と解答

問1 預金口座に預け入れられている金員は，誰が占有しているのか。

【解　答】

　金融機関が現金を受け入れるためには，当該金融機関とこれを利用しようとする者との間で，預金の預入れを内容とする契約，即ち，預金契約を締結する必要がある。

　この契約は，法律上は，民法666条の消費寄託契約となる。そして，同条は，「第5節（消費貸借）の規定は，受寄者が契約により寄託物を消費することができる場合について準用する。」と規定しており，要するに，預金者が預けた現金については，金融機関側が自由に消費することができることとなっている。その上で，そこで準用される消費貸借の規定である民法587条において，「消費貸借は，当事者の一方が種類，品質及び数量の同じ物をもって返還をすることを約して相手方から金銭その他の物を受け取ることによって，その効力を生ずる。」としているように，「種類，品質及び数量の同じ物をもって返還をする」ことになっていることから，金融機関側は，同額の現金を預金の引出しという形で返還することとしているのである。

　したがって，これらの規定から明らかなように，預金口座に預け入れられている金員は，その金額を預金者に返還するということを金融機関側が表示しているに過ぎず，預金者が預け入れた現金は，金融機関側が既に消費してしまっているのであるから，これについて預金者が占有しているということはあり得ないこととなる。ただ預金者はその預金残高に相当する金員の返還請求権を有するだけである。

　もっとも，その預金口座の残高に相当する金員については，当然に，当該金融機関が保有している資金の一部として占有しているので，金融機関としての当該金員に対する占有は認められる。

問2 では，預金者は，預け入れた預金に対し，それと同額の金員の返還を求める請求権を有しているに過ぎない以上，当該預金口座の金員を占有していることにはならないのか。

【解　答】

　民事法的には，当該金員の占有をしていることにはならない。ただ，民事法上の占有と刑事法上の占有の違いについては，別に第2編第1章問4・43頁で述べたとおりであるが，ここでも，刑事法的には，預金者の占有を観念することも可能であると考える。

　例えば，振り込め詐欺により，被害者を騙して被疑者らが管理している第三者名義の預金口座に金員を振り込ませるような場合，詐欺罪として処理するに際し，多くは，適用する罰条を刑法246条1項として起訴される。つまり，「財物を交付させた」ものと認定していることから，一項詐欺の既遂として起訴するものである。すなわち，当該振込金である被害金員という財物の占有を取得して既遂となったと考えていることによるものと考えられる。

　これは先に述べた民事法的な考え方とは異なり，実際上，預金口座に振り込まれた金員については，それを引き出す権限を有する者にとっては，いつでも自由に引き出せるのであるから，いわば自分の財布の中に入ったも同然であり，その時点で当該金員の占有を取得したものと考えることもできるからである。このようにして観念的な占有というものを，当該預金口座の残高となる金員に対して有しているとみるわけである。

　ただ，そのように考えた場合であっても，預金者以外に，金融機関側も当該金員について現実的に占有していることはもちろんである。この場合には，当該金員について預金者による観念的な占有と金融機関による現実的な占有が同時に存在していることになる。

問3 では，他人のキャッシュカードを窃取し，その暗証番号をたまたま何かの理由で知っていたことにより，同カードを使用してＡＴＭから現金を引き出した時も，同カードを有していることにより，当該預金口座の占有を取得したことになるのか。そうであるなら，自己が占有する物を引き出しただけであるから，この場合，窃盗罪は成立しないのか。

【解　答】

　この場合は，当該預金口座名義人の意思に反して，預金口座からの引出手段であるキャッシュカードが奪われただけであるから，預金口座の金員自体については，依然として当該名義人に観念的な占有が残されているものと考えられる。ただ，この場合には，ATM内に現金を保管・管理している金融機関の現実的な占有を侵害したものとして，金融機関を被害者とする窃盗罪が成立すると考えられる。

　したがって，本事例では，キャッシュカードに対する窃盗罪とATM内現金に対する窃盗罪が共に成立する。この点につき，昭和55年3月3日東京高裁判決（刑裁月報12巻3号67頁）では，「窃盗犯人が贓物たるカードを用いて第三者たる右管理者の管理する現金を窃取した場合には，贓物についての事実上の処分行為をしたにとどまる場合と異なり，第三者たる右管理者に対する関係において，新たな法益侵害を伴うものであるから，カードの窃盗罪のほかに，カード利用による現金の窃盗罪が別個に成立するものというべきであ」るとして，キャッシュカードに対する窃取行為とATM内の現金に対する窃取行為は別罪を構成することを明らかにしている。

　問4　では，振り込め詐欺グループは，第三者名義の預金口座を買い受けて，自己に帰属するものとして管理しているのであるから，この預金口座は振り込め詐欺グループのものであり，したがって，そこに振り込ませた段階で，被疑者甲野らは，当該被害金の占有を取得したといえるのか。

【解　答】

　そのとおりである。この場合，振り込め詐欺グループは，当該預金口座を自己のものとして使用，管理している以上，そこに振り込まれた金員は，同グループの支配下に入ったものと考えられ，同グループはその観念的な占有を取得したものと認められる。被疑者甲野も当該振り込め詐欺に深く関与していて共同正犯と認められるのであれば，当該預金口座に振り込まれた段階で，その占有を取得し，振り込め詐欺の被疑者に対する一項詐欺の既遂の共犯となる。

第5章　預貯金の占有　91

問5 そうであるなら，その後に，当該預金口座から現金を引き出した被疑者甲野の行為は，自分たちに帰属する金員を現金化しただけのことであるから，不可罰的事後行為となるのか。

【解　答】

　そうとはならない。なぜなら，この場合，被疑者甲野の行為は，当該金融機関の占有を侵害することになるからである。というのは，金融機関は，普通預金規定等において，第三者への預金口座の譲渡などは固く禁じている。したがって，振り込め詐欺グループによる当該預金口座の取得は，銀行等の金融機関の承諾なしに行われたものであることに間違いなく，その承諾なく行われた預金口座の譲渡等は法律上当該金融機関に対抗することはできない。それゆえ，そのような当事者間での預金者の地位の移転が許容されない以上，預金取引契約の当事者である名義人以外の者は，当該銀行等の金融機関に対し，当該預金口座を利用する預金者たる地位を取得することはあり得ないこととなる。

　ただ，これはあくまで金融機関に対抗できないという意味で，預金者たる地位を取得しないというにとどまり，当該預金口座を事実上管理し，それを占有しているという事実関係がある以上，振り込め詐欺の被害者に対する関係では，当該振込金を占有しているとされるものである。

　いずれにせよ，金融機関に預金者として対抗できず，預金者たる地位を有しない者が，さもその正当な権利があるかのように装って現金の引出しを求めることは，窓口の係員に対するものであれば詐欺罪が，キャッシュカードによる引出しであれば当該金融機関に対する窃盗罪が成立することとなる。

　もっとも，このような考え方に対し，金融機関は単に金員を預かっているに過ぎないのであるから，たとえ預金口座の売買があったとしても，そこに振り込まれた金員については，金融機関としては，いずれは誰かに返還するものである以上，金融機関にとって新たな法益侵害などないのではないかとの批判があり得よう。

　しかしながら，現在，金融機関にとって誰が預金者であるかは，反社会的勢力との関係遮断や，マネー・ローンダリング防止などの観点から，極めて重要な事項となっているのであり，そのため約款等においても口座の譲渡を厳しく禁じている実情に鑑みれば，違法に口座を譲り受けた者は，正当な払戻権限を有しておらず，金融機関としても無権限者の払戻請求に応ずることはできないのであるから，その情

を秘して現金の引出しをするのは，窃盗罪なり詐欺罪なりの成立を招くものと考えるべきであろう。

問6 では，この場合，被疑者甲野は，振り込め詐欺の被害者に対しては一項詐欺罪が，金融機関にしては窃盗罪が成立することとなるのか。また，そうなると同一の金員について，二重に処罰することになりはしないか。

【解　答】

　理論的には，両罪とも成立する。この場合，被害者がそれぞれ異なり，実行行為も別々なのであるから，一つの金員についての被害が二重に評価されることは不当でもなんでもない。ただ，実務上，甲野太郎が，振り込め詐欺の共同正犯であるような場合には，現金引出行為までも担当する詐欺グループの一員として詐欺罪のみで処理されており，被疑者甲野が，金融機関に対する窃盗罪で処理されるのは，振り込め詐欺の共同正犯とならないような場合であろうと思われる。

問7 上記のような考え方は，判例上も認められているのか。

【解　答】

　この問題に関しては，いくつか参考になる判例が出されている。まず，この場合の被疑者甲野について，窃盗罪を肯定した最初の判決として，**平成17年8月1日東京地裁判決（公刊物未登載）**があるので，この判決を紹介しておく。

1　この事案は，被告人が，他人であるA名義の預金口座に入金された預金について，詐欺や恐喝などの犯罪行為によって入金されたものであろうことを知りながら，その預金口座のキャッシュカードを用いて提携先の現金自動預払機から現金を引き出そうと企て，共犯者と共謀の上，平成16年8月16日午後2時23分ころから同日午後2時25分ころまでの間，東京都江戸川区内のコンビニエンスストア店内に設置された現金自動預払機に，被害者が脅迫されたことにより振り込んだ50万円が存在するA名義（X銀行Y支店発行）の普通預金口座に係る不正に入手したキャッシュカードを挿入して同機を作動させ，甲銀行支店長乙管理に係

る現金50万円を払い出させてこれを窃取したという事案である。

　このような事案に対し，上記東京地裁判決は，後述するような詳細な理由を述べて窃盗罪を認めたところ，その控訴審である**平成17年12月15日東京高裁判決（高検速報（平17）235頁）**もその判断を支持し，さらに，その上告審である最高裁も被告人の上告を棄却して，これを肯定している。

2　上記東京地裁判決が窃盗罪を認定したのは，次のような理由による。

　まず，預金口座との関係や被告人の認識等について，「被告人らに引き出しを依頼した知人や氏名不詳者らの恐喝グループは，本件各口座の開設当時の預金者ではなく，これらの口座に係るキャッシュカードは全て同グループの者が口座売買等により入手し，これを自己の計算において管理していたものであり，かつ，被告人はそのことを知った上で本件各犯行に関与したものと認められる。」とした上で，「預金口座の譲渡は，法的には預金契約の当事者たる地位の譲渡であり，預金契約の当事者である金融機関の承諾なしに行っても法律上その金融機関に対抗できず，預金取引は授信取引が中心になるとはいえ，金融機関にとって取引の相手方の信用調査をする必要性は否定できず，その前提となる預金者の特定も重要であって，その預金取引の当事者以外の者が口座を自由に利用することは到底認めることはできないはずである。また，預金口座を利用した不正取引の防止等のため，口座開設の際には金融機関に本人確認が義務付けられており，譲渡性預金等の金融取引商品は別として，口座の譲渡や第三者による利用が自由に認められれば，本人確認の制度は無意味になりかねない。さらに，金融機関においても，誰が預金者でない，誰に対して預金の払戻しを行い得るかは，過誤払いを防止する上でも重大な関心事である。そして，一般的にも，各金融機関は，預金取引に関する約款において，口座の譲渡，質入れ等は厳に禁じており，それを預金契約の解約あるいは取引停止事由の一つとして規定している。したがって，金融機関が関与することなく，当事者間で預金者たる地位を移転することは，営業譲渡などの特殊な場合を除き，金融機関として許容できないことであって，本件のように，預金者との関係も明らかでない氏名不詳の第三者が預金口座を譲り受けて犯罪に悪用することを金融機関が承諾するはずもない。（中略）したがって，口座やキャッシュカードの譲受人である振り込め恐喝の犯人らは，金融機関に対し本件各預金口座の預金者の地位を取得することはない。また，それらの者は，金融

機関が口座の利用やキャッシュカード使用による払い戻しをすることを許容することが推認されるような，預金者との特殊な関係がある者（例えば，親子，夫婦等）にも当たらないから，同人らが預金を払い戻す正当な権限を取得することはないのであって，当然のことながら，その者からさらに引き出しを依頼された者も預金払戻しの権限を有するいわれはない。被告人らは，現金の引出しを依頼してきた氏名不詳者らが他人名義の預金口座を犯罪にかかる金員の入手先として使用していることを認識し，依頼をした者らが正当な預金者でなく，現金払戻しの権限を有していないことを知った上で，現金を引き出したものであるから，結局，被告人らの行為は，預金者の取引先である金融機関と提携しているATMの管理者の意に反して現金の占有を侵害したことに帰するのであって，窃盗罪が成立するというべきである。」とした。

3 そして，その控訴審である上記東京高裁判決では，「払出行為が窃盗罪に該当するかどうかは占有者である銀行の意思に反するかどうかにかかるというべきである。」とした上で，第一審である上記東京地裁判決の判断を引用し，「これを要するに特段の事情のない限り預金取引に関する約款に反するキャッシュカードの移転並びにこの移転を前提とする払出行為は銀行の意思に反するものと判示しているのであって，この判示は同約款の趣旨に徴して正当と解される。」として，控訴を棄却し，窃盗罪の成立を第一審判決と同様に是認した。さらに，最高裁は前述したように被告人の上告を棄却して，本件判決は確定した。

4 ここで窃盗罪の成立を認める根拠として，口座売買により取得した口座を利用したことに力点を置いている。つまり，そのような売買により当該口座を取得した犯人らについては，正当な払戻しの権限がないことを根拠としたものである。また，同様の趣旨の判決として，**平成18年10月10日東京高裁判決（東高時報57巻1～12号53頁）**もある。

そして，これらの判決が判示しているように，現在，金融機関には預金者に対する本人確認義務が課されているほか，預貯金口座の売買はそれ自体犯罪であり（犯罪収益移転防止法27条違反），金融機関の取引約款や預金規定等には，その禁止が明記され，預金口座の解約・取引停止事由とされているのであるから，金融機関としては，およそ犯罪利用目的による無断の口座売買を許容することはあり

得ないこととなる。したがって，口座の買受人を預金者と認めることはなく，それが判明すれば，預金の払戻しには応じない。それゆえ，上記各判決における恐喝や詐欺の本犯者やその依頼を受けた預金引出役は，金融機関に対して預金者の地位を主張できない以上，いずれも正当な払戻権限を有していないと評することができよう。そうである以上，第三者に勝手に譲渡された預貯金口座からの出金は，金融機関側の意思に反し，その占有を侵害するものであることは明白であることから，窃盗罪が成立することは疑いないこととなる。また，これが窓口で行われたのであれば，詐欺罪が同様に成立すると考えてしかるべきである。

問8 振り込め詐欺の被害金が振り込まれた自己名義の預金口座から，名義人自身が現金を引き出した場合，これは上記のような預金者の立場を対抗できないなどという問題がない以上，適法な行為となるのか。

【解　答】

　そのような結論にはならない。そのような場合の現金引出行為が，銀行等の金融機関に対する窃盗や詐欺に当たるかどうかについては，当該現金の管理権を有する銀行等の意思に反するかどうかを検討しなければならない。
　まず，銀行等の金融機関側は，その振込に係る原因関係が犯罪によるものであるという特段の事情を知っていれば，直ちに払戻請求に応じるのであろうか。そのような対応は通常は考え難いであろう。具体的に述べれば，振込依頼人から振込先金融機関に対し，「振り込め詐欺に遭って振込送金をしたものだから，預金の払戻しは止めてほしい。」との要請があった場合，払込み先金融機関は一時的に口座を凍結して支払停止をするであろう。そして，その上で事実関係の確認を行い，被害確認ができれば何らかの方法で当該振込金を被害者に返還するという対応がなされるはずである。したがって，金融機関としても，形式的に預金債権を取得したからといって漫然と預金払戻しに応じるわけではない。
　そうであるなら，このように振込入金された金員が犯罪によるものであるという事実は，銀行にとって，直ちに支払に応ずるか否かを決する上で重要な事柄に該当すると考えることができる。それゆえ，振り込め詐欺による振込送金であるかどうかという事情は，公的役割をも担っている金融機関にとって到底看過できない重要な事柄であり，このような場合において，振り込め詐欺の被疑者らについては，銀

行等の金融機関に対して，信義則上の告知義務があると考えてよいと思われる。

したがって，これを告げずに正当な引出権限があるかのように装って払戻請求をした場合には，詐欺罪なり窃盗罪なりが成立することになる。

問9　上記のような考え方は，判例上も認められているのか。

【解　答】

1　平成24年7月5日名古屋高裁判決（高検速報（平24）207頁）

　まず，平成24年7月5日名古屋高裁判決では，この結論を明確に認めている。

　同判決では，まず，「ATM内の現金は，銀行等のATM管理者（銀行支店長又は郵便局長）が占有するものであって，被告人口座に振替送金された金員相当額の現金についても被告人が占有するものではないことが認められるから，被告人が自己名義のキャッシュカード等を用いてATMから現金を引き出す行為は，その現金に対するATM管理者の占有を被告人の占有に移す行為である。」として，ATM内の現金という限定された物について，その占有が誰にあるかを判示している。これは，預金口座にある金員の観念的な占有が当該預金口座名義人にあるという場面とは異なり，より個別具体的な現金についての占有について述べたものである。

　そして，その上で，「そのような被告人の行為による現金の占有の移転が，ATM内の現金に対するATM管理者の占有を侵害するものであるか否か，すなわち，ATM管理者の意思に反するものであるか否かについて検討すると，（中略）被告人が自己名義のキャッシュカード等を用いてATMから引き出した現金のうち第一審が認定した窃取金額は，氏名不詳者らによる振り込め詐欺という犯罪行為によって取得され，その直後，通称Aによって，被告人口座に振替送金された金員に相当し，これを超えるものではないこと，（中略）銀行等の金融機関においては，預貯金債権を有する口座名義人が，その預貯金債権の行使として自己名義の通帳やキャッシュカードを用いて預貯金の払戻し請求をした場合，どのような場合であっても直ちに無条件にその払戻し請求に応じるわけではなく，例えば，その預貯金債権が振り込め詐欺の被害者が振り込んだ金銭によるものである場合など，預貯金口座が法令や公序良俗に反する行為に利用され，又は利用されるお

それがあると認められるときには，預貯金取引を停止する，という預貯金規定に基づき，口座を凍結して預貯金払戻し請求には応じない，という取扱いをしていること，以上の各事実を認めることができる。これらの事実に照らすと，被告人がキャッシュカード等を用いてＡＴＭ内の現金を引き出した行為は，それが自己名義の口座からの預貯金の払戻しであっても，ＡＴＭ管理者の意思に反するものというべきであるから，ＡＴＭ内の現金に対するＡＴＭ管理者の占有を侵害するものであるといわなければならない。」として窃盗罪の成立を認めている。

2　平成23年4月26日東京高裁判決（高検速報（平23）93頁）

　また，次に，平成23年4月26日東京高裁判決は，被疑者が，自己の経営する会社名義の預金口座に詐欺等の犯罪行為によって得られた犯罪収益の送金を受けたことを認識しつつも，その情を秘して，正当な事業収益であったかのように装って払戻しを受けた行為について，詐欺罪の成立を認めている。この場合，処断された罪名は詐欺であるが，これも同様の理由に基づくものであることから参考になろう。

問10　想定事例については，どのような結論となるのか。

【解　答】

　上述したように，振り込め詐欺の共犯として詐欺罪が成立する場合を除いて，いずれについても窃盗罪が成立することとなる。

第6章　死者の占有

> **例　題**　死者には占有が認められるか。

問題の所在

　強盗殺人等の事案でもよく見られるものであるが，被害者の死亡後に，その所持品等を奪取する場合，この被害者は死者であるが，当該所持品について未だ占有しているといえるのか。特に，占有の意義を，支配の意思と支配の事実からなる事実上の支配状況と考えるのであれば，死者には，もはやなんの意思も支配もないのであるから，その段階で占有が失われると考えることになるのであろうか，それとも生前の占有が依然として継続していると考えるべきであろうか。

事　例

【想定事例】

1　被疑者甲野は，金銭に窮したため，通行人を襲って殺した上で現金を奪うこととし，深夜，通行人の頭部を背後からいきなり殴りつけたところ，その通行人は，即死した。甲野は，その通行人が死亡したことから，予定どおり，現金を奪うこととし，背広の内ポケットにあった財布から現金10万円を抜き出してこれを領得した。
　　被疑者甲野の刑責如何。

2　被疑者乙野は，以前から知人のAに恨みを抱いており，仕返しをしようと計画していた。それで，深夜，Aを待ち伏せ，帰宅途中のAの背後からいきなり殴りつけたところ，Aは，打ち所が悪く，即死してしまった。乙野は，Aが死亡したことは分かったものの，せっかくだから，Aの持っている現金をもらっ

ておこうと思い，その所持していた現金10万円を領得した。
　　被疑者乙野の刑責如何。

3　被疑者丙野は，帰宅途中，他人の交通事故に遭遇し，自動車にはねられたBが即死するのを目撃した。丙野は，Bに近寄ったところ，死亡していることは明らかであったが，はねた自動車は逃げ去ってしまった。よく見るとBの背広の内側から財布が覗いていたので，丙野は，Bの持っている現金をもらっておこうと思い，その財布から現金10万円を抜き出してこれを領得した。
　　被疑者丙野の刑責如何。

4　上記2の事案において，乙野がAを殴りつけた直後，乙野の友人である被疑者戊野が現場を通りかかり，戊野が「何をしているんや。」と乙野に声をかけたところ，乙野はちょうどいいところに戊野が来たと思い，「これから財布取るから，おまえも手伝ってくれ。」と戊野に言った。戊野は，あまり気は進まなかったが，友人の乙野の依頼であったことから，一緒になってAの背広やズボンの中に手を入れ，背広の内ポケットにあった財布を取り出して，乙野に渡した。財布の中には10万円の現金が入っていた。
　　被疑者戊野の刑責如何。

5　被疑者A野次郎は，一人っ子として育てられたが，金銭に窮したため，一人しか生き残っていない自分の親であるBを殺害して，その財布から現金を奪おうと考えて，深夜，Bが就寝中にその頭部を殴打して殺害し，その付近にあった同人の財布から現金10万円を抜き出してこれを領得した。
　　被疑者A野の刑責如何。

6　被疑者B野三郎は，一人っ子として育てられたが，ギャンブルに興じたあげく金銭に窮したため，一人しか生き残っていない自分の親であるCを殺害して，その財布から現金を奪うだけでなく，その不動産を相続して，それを売却してギャンブル資金を賄おうと考えて，深夜，Cが就寝中にその頭部を殴打して殺害し，その付近にあった同人の財布から現金10万円を抜き出してこれを領得した。

被疑者B野の刑責如何。この場合，被疑者B野に兄弟がいた場合には違いはあるのか。

7　被疑者C野四郎は，内妻Dを殺害して，その全財産を奪おうと考え，Dに対し，甘言を用いて，被疑者丁野に全財産を遺贈するという遺言公正証書を作成させた後，深夜，Dが就寝中にその頭部を殴打して殺害した。
　被疑者丁野の刑責如何。この場合，内妻Dに連れ子などがいた場合には違いはあるのか。

設問と解答

問1　死者には占有が認められるのか。

【解　答】

　基本的には，死者には占有は認められない。学説上は，死後も刑法上の占有は継続し，その死者の占有が侵害されるとする見解などもあるようであるが，一般的な理解としては，人は死亡と同時に財物に対する支配力を失うことから，死者が生前に所持していた財物は，占有離脱物になると考えられる。

問2　では，想定事例1のように，財物を強取するつもりで殺害した後，死者となった被害者の所持金品を領得した場合，強盗殺人罪と占有離脱物横領罪が成立することになるのか。

【解　答】

1　まず，財物を強取する意思で人を殺害した時は，財物奪取をしたかどうかに関わりなく，強盗殺人罪が成立する[1]。これは，刑法240条において，「強盗が，人を（中略）死亡させたときは死刑又は無期懲役に処する。」と規定しており，ここでいう「強盗」は，未遂，既遂を問わないと考えられているからである。そこで，その後，死者の財布を奪った行為について，財物に対する支配力を有しない

第6章　死者の占有　101

死者の財物であるとして，別に占有離脱物横領罪が成立するかどうか問題となる。

2　しかしながら，この点については別罪として成立せず，強盗殺人罪に当然に包含されていると考えられている。つまり，「被告が他人を殺害してその財物を強取せんと企図し，その目的を遂行したる場合に於いて，財物を領得したる行為が被害者の死後に在るも，右財物は所有者の意思に因らず誤ってその占有を離れたる物件に非ざるは勿論なるを以て，遺失物領得の罪を構成する理由なく，強盗殺人の一罪中に包含処罰せらるべきものとす。蓋(けだ)し，財物強取の手段たる暴行に因りて他人を死に致し，その占有に係る財物を自己に領得せる行為は，当然強盗殺人罪の観念中に属すればなり」(**大正2年10月21日大審院判決・刑録19輯982頁**)とされているように，刑法240条の強盗殺人罪が予定している構成要件的行為に殺害行為の後に行われる財物取得行為が含まれていると考えられるからである。

3　この点につき，強盗殺人罪においては，犯人は，被害者が有していた占有を，殺害，盗取の一連の行為によって侵害し，自己の占有に移すものであるから，ことさらに死者の占有を論ずる必要はないと考えられている（増井・法令57頁）。

　ただ，このように強盗犯人による殺害後の財物取得行為が，強盗殺人罪の予定する一個の構成要件的行為であるといえるためには，①財物取得行為が，殺害行為後直ちに，又はそれと同一の機会に行われたものであること，②殺害行為が被害者の財物の占有を失わせ，犯人がそれに引き続いて直接的にその財物の占有を取得した状況にあること，③一連の行為が被害者を殺害して財物を強取するという一個の意思に基づいて実行されたことといった要件が必要であると考えられている（前出増井）。

|問3|　では，想定事例2のように，被害者を死亡させた時点では，財物領得の意図はなかったものの，死亡後にこれが生じた場合は，どうなるのか。

【解　答】

このような場合，被害者の死亡により，支配の意思もそれに基づく事実上の支配

状況もなくなるのであるから，占有離脱物横領罪が成立するかのように考えられる。しかしながら，この場合，生前の占有が継続しており，窃盗罪が成立すると考えるべきであろう。というのは，自己の責任により人を死亡させた者が，犯行直後に被害者の財物を奪うことは，被害者からその財物の所持を離脱させた自己の行為の結果を利用したものであって，客観的にも主観的にも，その行為は利用意図の媒介により前後不可欠に一体のものとみるのが相当であり，このような場合には，被害者の生前の財物の所持を，死亡直後においてもなお継続的に保護すべき実質上の理由があるからである（増井・法令58頁）。

このような考え方は，判例上でも認められており，**昭和41年4月8日最高裁判決（刑集20巻4号207頁）**では，「被告人は，当初から財物を領得する意思は有していなかったが，野外において，人を殺害した後，領得の意思を生じ，右犯行直後，その現場において，被害者が身につけていた時計を奪取したのであって，このような場合には，被害者が生前有していた財物の所持はその死亡直後においてもなお継続して保護するのが法の目的にかなうものというべきである。そうすると，被害者からその財物の占有を離脱させた自己の行為を利用して右財物を奪取した一連の被告人の行為は，これを全体的に考察して，他人の財物に対する所持を侵害したものというべきであるから，右奪取行為は，占有離脱物横領ではなく，窃盗罪を構成するものと解するのが相当である。」旨判示している。

また，近時の裁判例として，**平成25年6月6日東京高裁判決（高検速報（平25）69頁）**では，「被告人が，本件現金を見つけてこれを取得したのは，被害者が死亡してから3日後であったことは，所論指摘のとおりである。しかしながら，被害者を殺害したのは被告人自身であり，その後，被告人は，死亡した被害者を乗せたまま本件車両を発進走行させ，前記駐車場に本件車両を駐車した後，車両から離れたことはあったものの，本件車両を自己の支配下に置き続けた。しかも，本件現金は，被害者の死亡から被告人がこれを取得するまでの間，本件車両の移動や時間の経過によっても，被害者による生前の管理状態が何ら変わることなく保たれていたものである。

以上のような事実関係に照らすと，被告人が本件現金を取得した当時，被害者死亡から約3日経過していたとしても，被害者が生前占有していた本件現金に対する占有はなお継続して保護するのが相当である。そうすると，被告人自身，上記のような事情を十分知った上で本件現金を取得したものであることをも考慮すれば，被

害者からその財物を離脱させた自らの行為を利用して同財物を取得した一連の被告人の行為は，これを全体として考察して，他人の財物に対する占有を侵害したものと解されるから，本件については，窃盗罪が成立するというべきである」と判示した（同判決に対する評釈として，朝火恒行「最新・判例解説—被害者の殺害から3日後，殺害場所から約20キロメートル離れた場所における現金取得について，窃盗罪が成立するとされた事例」捜研764号2頁参照）。

問4　上記最高裁判決や東京高裁判決のように考えるにしても，どのような場合に，「被害者からその財物の占有を離脱させた自己の行為を利用して右財物を奪取した一連の行為」と認めることができるのか。

【解　答】

　基本的には，先の問2で述べたのと同様の要件が必要と考えられ，①原則的には，財物取得行為が致死行為後直ちに行われ，そうでないときは，時間的場所的に近接し，かつ，行為者の占有取得の際，被害者の死後の占有状況についての客観的状況に大きな変化がなく，そこに被害者の占有の継続性が認められ，死に至らしめた行為と財物取得行為とが同一の機会になされたものと認められる場合であること，②致死行為が被害者の占有を喪失せしめ，行為者がそれに引き続いて直接的に占有を取得すること，③致死行為による占有侵害の結果を認識し，これを利用して財物を取得するという一個の意思に基づく財物取得行為を実行したことが必要であると考えられている。

　これらの点について，裁判例がどのように判断しているか紹介する。

1　具体的には，まず，①の要件のうち，時間的近接性という観点から，以下の裁判例が挙げられる。

　(1)　被害者を殺害した約3時間後に指輪を，約86時間後に腕時計や現金等を領得した事案について窃盗罪の成立を認めたもの（**昭和39年6月8日東京高裁判決・高刑集17巻5号446頁**）

　(2)　被害者を殺害した16時間後にステレオ等を，49時間後に扇風機を持ち出

した事案について窃盗罪の成立を認めたもの（**昭和43年6月14日福岡高裁判決・判時535号89頁**）

(3)　被害者を殺害した14時間30分後にテレビを持ち出した事案について窃盗罪の成立を認めたもの（**昭和44年12月25日京都地裁判決・刑裁月報1巻12号1189頁**）

(4)　被害者を殺害した4日後に定期預金通帳等在中の耐火金庫を持ち出した事案について窃盗罪の成立を認めたもの（**平成10年6月5日東京地裁判決・判タ1008号277頁**）

などがある一方，

(5)　殺害後9時間経過後に郵便貯金通帳を持ち出した事案については「既に9時間経過した場合には『死亡直後』とは言い難」いなどとして窃盗罪の成立を否定し，占有離脱物横領罪しか認めなかったもの（**昭和37年12月3日東京地裁判決・判時323号33頁**）

(6)　交通事故により重傷を負わせた被害者を遺棄しようとして搬送中，被害者が死亡し，その死亡後約4時間経過後に，被害者の現金等領得した事案について，「被害者を死に至らしめた後，直ちに被害者の居宅とか，着衣から金品を持ち去るというような，外形的に窃取行為と区別できないような形態の犯行ではな」いことなどを理由として，窃盗罪の成立を否定し，占有離脱物横領罪しか認めなかったもの（**昭和44年4月16日盛岡地裁判決・刑裁月報1巻4号434頁**）

(7)　殺害の翌日に，被害者方から現金等を持ち去ったものについては，窃盗罪を認めたものの，5日後に現金を，10日後に整理ダンス等を持ち出した事案については，「かなりの時間が経過した後に敢行されており，しかも，被告人はその間に本件居宅内で被害者の死体をばらばらに解体した上，これを持ち出して被告人方車庫内に隠匿してしまっている」ことなどの状況の変化を理由として，5日後の時点では既に被害者の占有は失われているとして，窃盗罪の成立を否定し，占有離脱物横領罪しか認めなかったもの（**昭和60年7月2日新潟地**

裁判決・判時1160号167頁)などがある。

このような裁判例からみると，殺害後4日程度までは時間的近接性として許容されている状況がうかがわれる。ただ，その場合においても，後述する場所的近接性や，被害者の占有についての客観的状況に変化がないことなどその占有の継続性についても検討して，機会の同一性に関する要件なども検討されなければならず，単に，時間の長短だけで決せられるものではない状況がうかがわれる。

2 そこで，上記の各事案において，①の要件のうち，場所的近接性や占有の継続性，更には，②及び③の要件に関して，どのような認定がなされているかという点について検討する。

(1) まず，前記1の(1)の事案では，被害者を被疑者の自宅で殺害し，本件財物も同所にあったものであるところ，「被告人の奪取した本件財物は，被害者が生前起居していた前記家屋の部屋に，被害者の占有をあらわす状態のままにおかれていて，被告人以外の者が外部的にみて，一般的に被害者の占有にあるものとみられる状況の下にあったのであるから，社会通念にてらし，被害者が生前所持した財物は，その死亡後と奪取との間に4日の時間的経過があるにしてもなお，継続して所持しているものと解し，これを保護することが，法の目的にかなうものといわなければならない。けだし，被害者から，その財物の占有を離脱させた自己の行為の結果を利用し，該財物を奪取した一連の被告人の行為は，他人たる被害者の死亡という外部的事実によって区別されることなく，客観的にも主観的にも利用意図の媒介により前後不可分の一体をなしているとみるのが相当であるから，かかる行為全体の刑法上の効果を綜合的に評価し，もって，被害者の所持を，その死亡後と奪取との間に4日の時間的経過があるにしても，なお，継続的に保護することが，本件犯罪の特殊な具体的実情に適合し，ひいては，社会通念に合致するものというべきである」旨判示され，場所的近接性及び継続性なども認められている。

(2) また，前記1の(2)の事案では，被害者方において被害者が「昭和41年9月

15日午後2時過ぎ，被告人の（中略）犯行により殺害されて死亡した後も，被告人がこれに施錠し，その鍵を自から保管し続けていたため，同月18日午後8時過ぎ，不審を抱いた管理人の通報により，警察官において破錠開扉して発見するまで，そのまま遺体として存在していたところである。そして，被告人がその間，原判示各日時に右鍵をもって開閉して搬出した原判示各財物は，生前被害者が購入愛用していた同人所有のもので，その死後も従前の状態において右室内に存置されたままになっていたものである。本件犯行の具体的事情はこのとおりであり，しかも被告人ひとりはこれを知りつくしていて，その機に乗じこれを利用し，恰かも無人の野を往くが如く，易々楽々として該財物を搬出したことが明らかである。かように被告人は自から該財物に対する占有離脱の原因となった被害者の死を惹起したのみならず，これを判然認識しつつ，これを利用して本件所為に出たのであるから，かかる被告人に対する関係においては，その具体的状況にてらし，死にいたらしめた行為との場所的同一性はもとより，その時間的近接性をも肯定し，被告人の利用意図の介在を加え，かくて全行為の一連不可分性を容認して，該財物に対する被害者の占有は，その死により忽然としてその保護を絶止せらるべきではなく，その保護を継続的に本件搬出当時まで，その死後に及ぼし，本件所為を奪取と認定しても，あながち社会通念に反し，刑法的評価に牴触し，所論のような非難に耐ええないものとは考えられない。」と判示し，窃盗罪の成立を認定した。

ここでも，時間的場所的近接性や継続性のみならず，上記②及び③の要件も充足するものとして判断がなされている。

(3) 次に，前記1の(3)の事案では，被告人が被害者をその「居室内で殺害し，強盗殺人の罪を犯してから，同室内にテレビが存在することを思い出し，新たにこれを領得する意思を生じて，右殺害後約14時間30分を経過したころ，同室内において，被害者所有のテレビ1台を領得したというものであるが，かかる所為については，窃盗罪の成立を否定し，占有離脱物横領罪を構成するものと解すべきではなかろうかとの疑問も生ずる。

しかしながら，人を殺害して死亡させた者が，その後に領得の意思を生じて，被害者の生前所持していた財物を領得した場合に，加害者において，自己の殺害行為により被害者が死亡したことを認識しながら，これを利用して領得した

ことが認められ，かつ，殺害と領得の行われた各日時および場所につき，時間的近接性と場所的同一性があって，その間における死体の存置，財物の存在の状況に著しい変化が加えられていないことが認められ，被害者の死亡後も，なお加害者以外の者からは，一方的に被害者が自己の財物を継続的に占有しているような外観を呈しているものとみられる場合には，そのような状態を目して，生前よりその財物を継続して所持しているものと解し，これを加害者の領得から保護することは，盗取罪において所持を法益として保護する法の目的に適するものというべきである。

　これを本件についてみると，判示第一の犯行が行われた被害者方は，被害者が独りで起居生活をしていた居室であり，昭和43年4月15日午前2時ごろ，被害者が被告人の犯行により殺害されて死亡した後も，被告人が同室に施錠をしていて，被告人以外の者が出入りした形跡はなく，また，判示第二，第三の犯行の際も，被告人は全然その死体に触れていないのであるから，判示第三の犯行後，その焼跡から，被害者の死体が発見されるまで，その死体は殺害されたままの状態で同室に存置されていたものということができる。他方，前記テレビは，被害者が，昭和41年2月ころ知人から購入して貰い，爾来同室内で使用していた被害者所有のものであって，被害者の死亡後も被告人がこれを領得するまでそのまま右室内に置かれてあったことが認められる。

　されば，前記のように，本件は，被告人が被害者を殺害して死亡させ，そのことを認識しながらこれを利用してテレビを領得する所為に出たものであり，かつ，その殺害した場所も，テレビを領得した場所も同じく被害者の居室であって，場所的に同一性が認められ，また，両行為の間に，約14時間30分の時間的経過が存在するとはいえ，この程度ではなお時間的に近接性があるものということができ，しかも，その間犯行現場の状況特に死体の存置，財物の存在の状況には，なんらの外見的変化が加えられていなかったのであるから，このような場合に，被告人の本件テレビを領得した行為を，被害者を殺害した行為とともに全体的に考察すると，その領得の客体であるテレビについては，被告人に対する限り，同女の死亡後においても，なお右財物の継続的な所持があるものと認めるのを相当とすべく，したがって，被告人の右領得行為を目して，他人の財物に対する所持を侵害したものと認定することは，法の目的に適し，社会通念に照らしてみても合理的であるといわなければならない。

被告人の本件所為について、占有離脱物横領罪を排し、窃盗罪の成立を認めたゆえんである。」と判示している。

ここでも、時間的場所的近接性や継続性のみならず、上記②及び③の要件も充足するものとして判断がなされている。

(4) 次に、前記1の(4)の事案では、「本件は、強盗殺人罪の犯人が被害者を殺害した約4日後に、殺害現場とは別の、被害者の生前と何ら変わるところのない平穏な管理状態が保たれた施錠されている被害者の居室において、強盗殺人罪とは別個の新たな財物取得の犯意に基づいて財物を持ち出した事案にかかるものである。

弁護人は、人を殺害した後に領得の意思を生じて被害者から財物を取得する場合に窃盗罪が成立するためには、殺害行為と財物取得行為との間に時間的、場所的接着性が認められることが必要である旨主張し、それ自体は正当な主張を含んでいるものと評価できるが、本件のように、殺害の現場とは全く別の、被害者の生前と何ら変わらない平穏な管理状態が維持され、施錠されている居室において財物を取る場合には、その外形的行為を客観的に観察する限り窃取行為と何ら区別ができないのであり、このような場合には、単に殺害の現場ないしその付近で財物を取得した場合とは異なり、場所的接着性はそれほど問題とならず、また、時間的な接着性についても相当程度緩やかに解するのが相当であり、本件程度の時間的接着性があるもとでは、窃盗罪として保護されるべき被害者の占有はなお存するものと認めるのが相当である。この点についての弁護人の主張は採用できない。」と判示し、窃盗罪の成立を認めた。

この事案においては、場所的な接着性については重視されておらず、被害者の占有状況が生前と変わらず、そこから財物を取る行為が客観的に窃盗罪における窃取行為と異ならないことなどから、被害者の占有が継続しているものと認めたものであった。

(5) さらに、**問3**の上記平成25年6月6日東京高裁判決の事案では、現金の取得行為は、殺害行為の3日後であり、時間的にはそれなりに経過しているものの、その間、被告人は、車内の死体をレジャーシートで隠した上、車両の駐車位置を変えるなどして死体が発見されないための行為を継続していたものであ

り，確かに現金の取得行為がなされたのは，殺害場所から20キロメートル離れた場所であるものの，車両内での殺害及び現金取得であるから，むしろ同一の場所，空間における領得行為であると評価できるものである。さらに，殺害後，現金取得までの間，被害者の財物管理状況は生前と全く変わっていないともいえるのであって，そのような状況を認識した上で，自己の殺害行為によって得られた状況を利用して現金取得に及んだという一連の行為をみれば，被害者が生前に有していた占有を侵害したものと解することができるものと思われる。

(6) これに対し，前記1の(5)ないし(7)の各事案では，生前の占有の継続性が否定されているわけであるが，その理由とするところは，以下のとおりである。

ア　まず，前記1の(5)の事案における東京地裁判決は，「被告人は5月28日午後11時頃，殺害した被害者の居室から現金7000円を窃取して同所を立ち去り，知人と都内のバーを廻って飲酒したり，旅館に宿泊して右金員を費消したのち，被害者が生前郵便貯金通帳を所持していたのを想起するや，預金を引き出して自己において使用しようと考え，殺害後9時間位経過した（中略）翌29日午前8時頃，再び被害者の居室へ赴いて郵便貯金通帳を持ち去っていることが明らかであるから，たとえ被告人が被害者を殺害した本人であるとしても，すでに9時間位経過した場合には死亡後『直ちに』とはいい難く，また死亡と全く別個の機会に持ち去っているのであるから，最早死亡した被害者に右通帳の占有を認めることはできないものといわなければならない。」としている。

　しかしながら，この事案における死後の占有状況などは，前記1の(1)ないし(4)の事案とそれほど大きな違いはなく，この事案においても，わずか9時間しか経過してないことや，犯行現場と同じであること，更には，その間に被害者の占有状況が変化していないことなどに照らせば，この事案においても窃盗が認められてもよかったのではないかと思われる。

イ　次に，前記1の(6)の事案における盛岡地裁判決は，「刑法上財物に対する占有の有無を論ずるにあたっては，単に財物所持者の死亡という事実のみをとらえて画一的に決定することは適当でなく，財物奪取の際における具体的事情（財物奪取者の被害者の死亡に対する責任の有無，死亡と財物奪取との場所的，

時間的接着性ならびに機会の同一位の有無等）をも考慮したうえ，なお死者において財物を占有しているものとの評価を与えることが相当な場合には，死亡後の奪取行為を窃盗行為と認めることができると解すべきである。

しかし，これには当然一定の限度があり，たとえ財物奪取者が被害者の死亡に対し責任を有する場合であっても，死亡後既に相当の時間を経過し，あるいは死亡場所とまったく別の場所で，まったく別個の機会も財物を奪取したようなときには，もはや死者の占有を犯したものとは言い得ないものと解するのが相当である。」として，基本的には，これまで本問で述べてきたことと同様の立場に立って論理を組み立てている。

その上で，この判決では，「そこでこれを本件についてみるに，関係各証拠によれば，本件免許証入れは被害者の胸ポケットに納められていたものであるが，同人の死体遺棄現場までの走行中の車内で，被告人Bが被害者の身元を知りたいと思いこれを取り出したところ，その中味を改める前に後方から来た自動車のライトで車内を照らされたので，そのまま助手席の被害者の頭の横に置いていたため，その後の同人の死体遺棄により車内に残留されたもので，右遺棄当時被告人らにおいて特に右免許証の存在を意識し，これを領得する意思はなかったこと，その後被告人らは種市方面に向い走行しているうち，被告人Bが八戸市をすぎてから右免許証入れの中味を改め，在中の現金を取り出し助手席に並べたりした後，死体を遺した現場より約35キロメートル走行した場所において（被害者の絶命後4時間ないし8時間位経過した頃と考えられる）」ガソリンを給油した際，前記のように取り出していた1万1570円位の現金の一部を，被告人Bが被告人Aの了解のもとにガソリン代の支払いにあてて費消したという事実が認められるのであって，被害者を死に至らしめた後，直ちに被害者の居室とか，着衣から金品を持ち去るというような，外形的に窃取行為と区別できないような形態の犯行ではなく，したがって，たとえ被告人Aが被害者を死亡させた責任者であるとしても，前記したような状況の認められる本件においては，被告人らが前記のガソリン代を支払った時点において，もはや死亡した被害者に本件免許証入れの占有を認めることはできないものと解すべく，結局本件窃盗の訴因はこれを認定することができないが，なお右認定のとおり被告人両名が前記免許証入れ在中の金員を費消した際，右免許証入れおよび在中金品を自己らにおいて領得

第6章　死者の占有

する意思を対外的に表示したことが明らかであり，そうだとすれば前記被告人両名の行為は占有離脱物横領罪に該当すると認められる」とした。

　この事案においても，被害者殺害後それほど時間が経過しているものではないことや，被害者の死体を遺棄するために乗せた車内での奪取行為であることなどからすれば，死後間もなくの同一の機会といってもよいように思われる。

　しかしながら，本件における被告人らの一連の犯行は金銭目当てのものではなく，その意味で強盗等を働いた者らが更に被害者から金銭等を奪ったというようなものではないのであって，当初から上記現金等を領得する意思ではなく，窃取の犯意がガソリンの給油という偶然の事情により発生したものであることなどが被害者の生前の占有の継続を認めなかった理由であろうと思われる。

ウ　次に，前記1の(7)の事案における新潟地裁判決は，被告人が被害者を殺害したのは昭和60年1月4日午後3時前頃であり，その翌日午後2時ころ同女の死体の現存する情況下で敢行された現金等の窃取については窃盗を認定したのに対し，その後の同月9日午後5時頃及び同月14日午後零時頃の各財物領得行為については，「いずれも右殺害時からかなりの日時が経過したのちに敢行されており，しかも，（中略）被告人は，その間の同月6日に本件居宅内で被害者の死体をばらばらに解体したうえ，同日及び同月8日にこれを同所から持ち出して被告人方車庫内に隠匿してしまっているのである。このような状況の変化を考慮すると」同月9日午後5時頃及び同月14日午後零時頃の各時点では，もはや被害者の本件居宅内の財物に対する占有は失われたものと認めるのが相当であるとしたものである。

　死体の損壊等による現場の状況の変化等を重視し，時間的にもかなり経過していることなどを考慮して，被害者の生前の占有の継続を認めなかったものと考えられる。

問5　想定事例3については，これまでの問で述べたような前提条件がないが，被疑者丙野に窃盗罪は成立しないのか。

【解　答】

　この事案では，被疑者丙野は，被害者が死亡する場面にたまたま遭遇しただけであって，その死に至る原因に何ら関与していない。そうであるなら，被害者の生前の占有が継続することとなる前提条件が欠けることになるので，窃盗罪は成立しない。

問6　想定事例4については，被疑者戊野は同乙野の共犯になるのか。共犯が成立するとした場合，何罪の共犯になるのか。

【解　答】

　Aの死亡については，被疑者戊野は全く関与していないことから，その点での刑責を負うことはない。しかしながら，Aからの財布の奪取については共謀が成立しており，この行為については被疑者乙野と同戊野は同様の犯罪が成立することになる。しかるに，被疑者乙野に対しては，Aの生前の占有が継続していると考えられることから窃盗罪が成立し，そのような被疑者乙野と共謀して窃取行為に及んだ同戊野についても同様に窃盗罪が成立することとなろう。

　ただ，ここで留意すべきことは，Aの生前の占有が継続しているというのは，「被害者からその財物の占有を離脱させた自己の行為を利用して右財物を奪取した一連の行為」と評価される被疑者乙野についていえることであり，同被疑者については，確かに自らの殺害行為の結果を利用して本件犯行に及んだものであることから，被疑者乙野に対して窃盗罪の成立を認めることは，これまで述べてきたように全く問題はない。

　しかしながら，被疑者戊野については，むしろ想定事例3の場合と同様に，その先行行為である殺害行為には全く関与しておらず，被疑者戊野との関係では，死者であるAの生前の占有が継続しているものとみる前提が存在しないことになる。ただ，そのような占有関係が継続していた被疑者乙野と共謀したことにより，共犯者としての責任は負うが，本質的には，被疑者戊野との関係では，Aはただの死者であり，その生前の占有を継続させなければならない関係には当たらない。

　このように考えると，被疑者乙野との関係でAの生前の占有が継続するのは，い

第6章　死者の占有　113

わば身分犯の身分と考えるべきであり[2]，被疑者乙野にそのような立場があることで，被疑者乙野には窃盗罪が成立し，ただし，被疑者戊野は，そのような立場の被疑者乙野に対し，身分なき共犯として，窃盗罪の共犯とはなるものの，その処分については，刑法65条2項において，

> 身分によって特に刑の軽重があるときは，身分のない者には通常の刑を科する。

とする規定により，窃盗犯たる身分がないものとして，占有離脱物横領の刑の範囲で処断されることになると考えるべきではないかと思料する。

問7 結局のところ，想定事例1ないし4についてはどのように考えるべきであるのか。

【解　答】

　想定事例1及び2については，上述したところから，1については強盗殺人罪だけが，2については，殺人罪と窃盗罪が成立すると考えられるものの，想定事例3については，**問3及び問4**で述べたような要件を満たすことがないため，**問5**で述べたように，原則に立ち返って，占有離脱物横領罪が成立するだけであると考えられる。

　そして，想定事例4については，被疑者戊野に対し，窃盗罪の共犯であるとして送致，起訴され，判決でも窃盗の共犯として認定されるべきであるが，ただ，その処断刑の範囲は，占有離脱物横領罪の刑のそれによることとなる。

問8 想定事例5についてはどのように考えるべきか。

【解　答】

　この場合，想定事例1との違いは，被害者が通行人であるか実親であるかの違いだけである。被害者が実親であっても，強盗殺人罪の成立に関しては，想定事例1と異なるところはない。

問9 想定事例6についてはどのように考えるべきか。

【解　答】

1　この場合において，現金10万円を領得した点について，強盗殺人罪が成立することは，想定事例5と同様である。そして，これは一項強盗による強盗殺人罪となる。

　　問題は，それに加えて，二項強盗による強盗殺人罪も成立するかという点である。つまり，相続することになる不動産などについても強盗殺人罪が成立するかという問題である。この想定事例では，被疑者B野は，現金10万円を領得していることにしているが，そのような犯行直後の財物奪取行為がなかった場合などは，この点が深刻な問題となる。

　　この場合，被疑者B野は一人っ子であり，被害者Cの財産は全て同被疑者が相続することになる。また，被疑者B野もそのことが分かっていることからこそ，Cを殺害したのであるから，被害者たる実親を殺害することでその反抗を抑圧し，相続人となることで全財産を相続するという財産上不法な利益を得たのであるから，二項強盗としても強盗殺人罪が成立すると評価してよさそうにも思われる。

2　しかしながら，この点については，これを否定する判例が存在する。

　　それは，**平成元年2月27日東京高裁判決（判タ691号158頁）**であるが，この事案は，被害者両名の一人娘であって，唯一の相続人でもあるAが，当時交際していたBと共に，Aの両親を殺害して，被害者両名が所有する土地や建物などの相続財産についてAに対する相続を開始させて財産上不法の利益を得るとともに，行きずりの第三者による犯行を装うため，現場にある現金等を強取しようと企て，Bにおいて，就寝中の両名に対し，カッターナイフで切りつけるなどして殺害しようとしたが，抵抗されたため，その目的を遂げなかったというものである。

　　このような事案に対し，第一審判決である横浜地裁川崎支部は，その裁判部は異なるものの，Aに対しても，Bに対しても，行きずりの第三者による犯行を装って現金を強取しようとしたという点については，特に問題なく，一項強盗としての強盗殺人未遂罪を認めた上，更に，いずれも，相続により得る財産について財

第6章　死者の占有　115

産上不法の利益と認めて本件の被害と捉え，この点についても二項強盗としての強盗殺人未遂罪が成立するとした（Aに対しては，**昭和63年12月14日同支部判決（判タ691号160頁）**，Bに対しては，**同年5月25日同支部判決（同上）**）。

しかしながら，これらの原判決に対し，Bが控訴したところ（Aについてはそのまま確定した。），その控訴審である本件東京高裁判決では，「刑法236条2項の強盗は，暴行，脅迫によって被害者の反抗を抑圧した上，その意に反して不法に財産上の利益を得ることを，同条1項所定の財物の強取に匹敵すると評価し，これを同様に処罰しようとするものであるから，その対象となる財産上の利益は，財物の場合と同様，反抗を抑圧されていない状態において被害者が任意に処分できるものであることを要すると解すべきところ，現行法上，相続の開始による財産の承継は，生前の意志に基づく遺贈あるいは死因贈与等とも異なり，人の死亡を唯一の原因として発生するもので，その間任意の処分の観念を容れる余地がないから，同条2項にいう財産上の利益には当たらない。それ故，相続人となるべき者が自己のため相続を開始させる意図のもとに被相続人を殺害した場合であっても，強盗殺人罪に問擬するのではなく，単純な殺人罪を持って論ずべきであり，右の意図は極めて悪質な動機として情状の上で考慮すれば足りるのである。」とした。

つまり，この判決では，①その対象となる財産上の利益は，1項との均衡上，財物の場合と同様，反抗を抑圧されていない状態において被害者が任意に処分できるものであることを要する，②相続の開始による財産の承継は，人の死亡を唯一の原因として発生するもので，その間任意の処分の観念を容れる余地がない，ということを理由として，相続の開始による財産の承継は，「財産上の利益」に当たらず，二項強盗は成立しないとしたものである。

3 しかしながら，この理由づけには疑問がないではない。

まず，①の点につき，そもそも領得罪は，その占有者の意思に反して当該財物を奪うものであることから，一項強盗に限らず，被害者が任意に処分できるものであるのが通常である。しかしながら，一項強盗にしても，それ以外の領得罪にしても，常に被害者が被害品たる財物を任意に処分できるとは限らない。

例えば，所有者から一時的に寄託された財物について，受託者が所持していたところ，その隙をついてひったくられたにせよ，ナイフを突きつけられて反抗を

抑圧されて強取されたにせよ，そのような場合に，前者であれば窃盗罪が，後者であれば一項強盗罪が成立することに異論はないであろう。しかしながら，この場合，被害者たる受託者は，当該財物について自由に処分できるわけではない。また，事案を変えて本権者たる所有者が被害者となる場合でも，当該財物に譲渡担保が設定されていたような場合，本権者であっても使用はできても任意に処分できないということはあり得よう。そのような財物は，本権者であっても任意に処分できないものであるが，この場合に，そのような本権者に対し，その反抗を抑圧して当該財物を強取した場合，一項強盗が成立することに疑いの余地はない。

したがって，本件東京高裁判決は，そもそもその前提が論理的におかしいといわざるを得ないであろう。

それゆえ，強盗罪の成否を考えるに当たっては，被害者が任意に処分できるかどうかで判断するのではなく，被害者の反抗を抑圧して，その意思に反する財物や権利関係の移転を図ることができるかどうかを考えれば足りるのではないかと思われる。そうであれば，被害者たる被相続人を殺害することにより，その反抗を完全に抑圧し，被相続人の意思に反して相続を開始させることで，相続財産に関する権利の移転が発生するということでよいのではないかと考える。

次に，②の点についても問題がある。そもそも，被害者が任意に処分できるものであっても，二項強盗の成立については，その際の被害者の処分行為は不要であり，この考え方は，判例上も確立している。

例えば，**昭和32年9月13日最高裁判決（刑集11巻9号2263頁）**は，「236条2項の罪は1項の罪と同じく処罰すべきものと規定され，1項の罪とは不法利得と財物強取とを異にする外，その構成要素に何らの差異がなく，1項の罪におけると同じく相手方の反抗を抑圧すべき暴行，脅迫の手段を用いて財産上不法利得するをもって足り，必ずしも相手方の意思による処分行為を強制することを要するものではない。」とした上で，債務の取立に対し，「犯人が債務の支払いを免れる目的をもって債権者に対しその反抗を抑圧すべき暴行，脅迫を加え，債権者をして支払の請求をしない旨を表示せしめて支払を免れた場合であると，右の手段により債権者をして事実上支払の請求をすることができない状態に陥らしめて支払を免れた場合であるとを問わず，ひとしく右236条2項の不法利得罪を構成するものと解すべきである。」としている。

この判決では，二項強盗の成立に当たって被害者の処分行為は不要であるとい

う前提に立ち，その形態として，暴行，脅迫により事実上支払請求ができない状態にした場合も同様であるとしているのであるから，反抗抑圧の究極が殺害である以上，殺害の場合にも同様に二項強盗の強盗殺人罪が成立することになる。

そうであるなら，債権者から期限の到来した債務の支払請求を免れるため，債権者から何らの請求もない段階で，しかも，債権者が襲われる状況を全く予知しないような状況下において，背後から刃物で突き刺して殺害したというような場合にも，同様に二項強盗が成立するはずである。

このような場合，殺害された時点では債権者は支払請求を行おうという意思すら持っていたかどうか定かではないことから，そこには「任意の処分の観念を容れる余地がない」といえるのではないかと思われ，この場合に債務の支払を免れるという結果を得ることは，「死亡を唯一の原因」としていることになるのではないかと思われるところである（もとより前述したように，任意の処分ができるものであることを要求すること自体に問題があるのはもちろんである。）。

したがって，このような判例上確立した被害者の処分行為が不要であるとの趣旨に鑑みれば，遺産目当ての相続人による殺害行為について二項強盗の成立を認めるに当たって，相続による財産の承継が人の死亡を唯一の原因としていることが，「任意の処分の観念を容れる余地がない」としてその成否の決め手となるほどの影響を及ぼす事項であるとは考え難いのではないかと思われる。

以上の各点からして，本件東京高裁判決の理由付けには多大の疑問があるといわざるを得ない。

また，その結果の妥当性についても，「ある一人暮らしの者を殺してその全財産を奪った者がいるとする。その者は疑いなく強盗殺人罪を犯していることになるだろう。それと全く同じことを，唯一の法定相続人がすると，単なる殺人となる，そのような扱いに合理性があるだろうか。唯一の法定相続人が，被相続人の所持する金品を強取すれば一項強盗になり，それを含む全財産を奪っても，その所持する金品を奪ったという点に限って強盗であるというような扱いのどこに合理性があるのだろうか。」（名古屋高裁判事　前原捷一郎「唯一の法定推定相続人が被相続人を殺害してその全財産を奪う場合の罪責」判タ737号34頁）と指摘されていることが正に正鵠を射ているものといえよう[3]。

4 ただ，その他にも，本件のような事案において，二項強盗による強盗殺人罪の

成立を認めることに対しては，これを批判する見解がある。

そのような見解の多くは，二項強盗の「利益の移転」には，不明瞭さがあり，その成立範囲を限定する必要があるところ，処分行為が不要であるにしても，利益の移転は現実的・具体的なものでなければならず，被相続人を殺害するだけでは，その対象は包括的・抽象的であって，未だ現実的・具体的な利益の移転があるとはいえないというものである。

しかしながら，「相続による財産の承継は，その対象が包括的，抽象的であるといっても，実際に相続人が承継するのは，被相続人の所有する不動産や預金等具体的な物や権利であり，ただ，その総体として対象が包括的，抽象的であるにすぎないことに鑑みれば，相続名下に財産を奪おうとする行為は，あたかも被害者に暴行脅迫を加え，被害者の所有する不動産を強取し，あるいは被害者の預金を強取するなど被害者の全財産についてそれぞれ強取行為を行うことを，被害者の殺害という一つの行為によって同じ効果を達するものと解することができるのであって，このように考えれば，その対象が包括的，抽象的であるとは言えないと思われる。」（上記Bに対する昭和63年5月25日横浜地裁川崎支部判決）とする見解が正当であろうと思われる。

そもそも被相続人を殺害して相続を開始させてその財産を領取しようと考えている犯人たる相続人は，必ず何か特定の相続財産を念頭に置いているはずであり（実際にどのような相続財産があるか分からないまま，それを狙って殺害するというのは通常考えられない。），最低限，その限りにおいては，その特定された財産の領得を意図しているのである。

そうであるなら，包括的には被相続人の地位の継承といっても，強取の対象として被害財産とされるものは特定することができるのであるから，それらの承継という地位を財産上不法の利益と認定することで不特定とはならないであろう。むしろ，犯人たる相続人が知らないような相続財産（休眠預金になってしまうような被相続人しか知らない預金債権など）は，そもそも通常の相続であっても実際には承継されないものもあるのであるから，それらの承継という地位は財産上不法な利益の対象外とすることに特段の不都合はないのではないかと思われる。

さらに，この場合につき，上記Aに対する判決である昭和63年12月14日横浜地裁川崎支部判決は，「本件のように被害者の相続人たる地位にある者が被害者を殺害して相続名下にその財産を奪おうとする行為について，刑法236条2

項にいう『財産上不法の利益』を得ようとしたといい得る場合があるかについては，これを否定する立場もあり得ると思われる。しかしながら，本件において被告人らが強取の対象とした財産上の利益については，被告人らにおいて被告人の両親の有する財産の全部をつぶさに把握認識していたわけではないものの，その主要な財産である前記土地建物の利用利益及び預金債権などについての十分な認識があり，これらはいずれも具体的な利益であり，しかも右土地建物は被告人が日常生活に使用していたもので，被告人の両親が死亡すれば相続により直ちに被告人の単独所有となるばかりでなく，現実的にも管理占有してその利用利益を完全に自己の手中に納め得ること，並びに預金債権についても，本件犯行前に被告人らは預金等のおおよその合計額を把握していたうえ，被告人の両親が有していた多数の預金通帳等の所在及び金融機関からの払戻しに必要な登録印鑑等が被告人方金庫内に保管されていることも了知しており，被害者らが死亡すれば相続により被告人が右通帳，印鑑等を単独所有することになるばかりでなく，現実的にも被告人が占有することとなり，被告人は自己の両親の相続人として，いつでも右預金債権の払戻しを受けられる状態となるのであり，かような本件の具体的事実関係に照らせば，被告人らが被告人の両親を殺害することにより，被害者両名のもとに帰属していた右の財産等の諸利益は，相続により被害者らの唯一の第一順位相続人たる被告人にすべて帰することになるものと認められ，しかも，かような財産上の利益の移転は，相続名下とはいえ，抽象的なものではなく，極めて現実的かつ具体的な利益の移転と評価し得るものである。そして，判示のとおり，被告人及びBは，いずれも被告人の両親を殺害して相続により前記のごとき現実性の高い財産上の利益を奪取することを企図していたものであるから，被告人及びBの本件各犯行が刑法236条2項の『財産上不法の利益』を得ようとした行為にも該当し，これが未遂にとどまったものと認定できるものである。」としていることも参考になろう。

5　したがって，以上，いずれの観点からも，唯一の法定相続人が，被相続人を殺害して，その全財産を奪ったような事案では，その死者となった被害者の占有が継続していると考えられる財物については，一項強盗罪の，そして，その余の不動産や預金などについては二項強盗罪の成立を認めるべきであると考える。

　この想定事例では，被害者の死亡直後にその所持する現金10万円を強取して

いるが，これについてはその占有が継続しているものとして一項強盗の強盗殺人罪が，そして，相続人たる地位に基づいて，その他の財産を承継することについては二項強盗の強盗殺人罪が成立し，両者を包括した236条についての強盗殺人罪が成立すると考えるべきである。

6　ただ，他に相続人がいた場合には，必ずしも簡単ではない。相続人が他にいる場合には，全相続財産を被害者が自由にできるという関係にはならないからである。特に，二項強盗による強盗殺人罪を認める理由付けとして，相続財産を単独で事実上支配できることがその理由付けの一つとなっていたことに鑑みれば尚更であろう。

　しかしながら，ここでも，被相続人を殺害することで何らかの財産を相続して強取しようと考えていたのであれば，そのような場合には，相続分に応じた持ち分だけの領得を予定するとは通常は考えられず，共同相続人の立場を利用して，特定の相続財産の全てを領得しようとするはずであろう。そうであるなら，この場合，相続という機会により与えられる地位に基づいて，被疑者が意図した相続財産の領得を図るという点において，唯一の相続人の場合と，複数の相続人がある場合とで本質的に異なるところはないのではないかと考えられる。

　そして，このようなことが被相続人の意思に反しての反抗抑圧による権利関係の移転というものになっている以上，二項強盗およびそれに基づく強盗殺人罪は認められるものと思われる。

　実際にも，このように考えないと，次のような不都合があり得ることになる。前述したように，唯一の相続人の場合には二項強盗による強盗殺人罪を認めるといっても，例えば，被疑者もその周囲の者も捜査関係者を含めた誰もが被疑者を唯一の相続人だと思っていたところ，実は，被相続人に隠し子がいて，他に相続人がいたことが後でわかった場合に，犯罪の成否がそれによって左右されるというのはいかにも不合理であろう。

　このようなことなどに照らしても，唯一の相続人であるかどうかがキーポイントになるのではなく，被害者の死亡を契機として，相続財産を自由に支配できる関係にあるかどうかに力点が置かれるべきであると考える。

　したがって，他に相続人があるにしても，相続財産に対する現実的な支配状況が十分に可能であると殺害の時点で認定できるのであれば，その支配対象となり

得る相続財産が存在する以上，その財産について承継できる地位を得たものとして，二項強盗の強盗殺人罪が成立するものと考える。

問10 想定事例7についてはどのように考えるべきか。

【解　答】

　これは，相続による場合ではないが，唯一の相続人による二項強盗の強盗殺人罪の場合と同様に考えてよいかという問題である。

　基本的には，全財産の寄贈と単独相続であれば，ほぼ同様と考えてよいと思われるので（遺留分等に関して民法上違いが生じることはあるが。），上記の想定事例6と同様に強盗殺人罪が成立すると考えてよいと思われる。

　また，被相続人の連れ子の存在など，他に相続人がいた場合についても，上記想定事例6と同様に強盗殺人罪が成立すると考えてよいと思われる。

1) 昭和32年8月1日最高裁判決（刑集11巻8号2065頁）は，人の金員を強取しかつその現場で同人を殺害しようと企て，実行に着手したが，強取の目的も殺害の目的も遂げなかったという場合には，刑法243条，240条後段の強盗殺人未遂罪の一罪として処断すべきであるとしている。

2) 「物の占有者」というのが身分犯における身分であることは，判例上確定している。**昭和27年9月19日最高裁判決（刑集6巻8号1083頁）**は，「刑法65条にいわゆる身分は，男女の性別，内外国人の別，親族の関係，公務員たるの資格のような関係のみに限らず，総て一定の犯罪行為に関する犯人の人的関係である特殊の地位又は状態を指称するものであって，刑法252条においては，横領罪の目的物に対する犯人の関係が占有という特殊の状態にあること，即ち犯人が物の占有者である特殊の地位にあることが犯罪の条件をなすものであって，刑法65条にいわゆる身分に該るものと云わなければならない。」としている。

3) 前原判事は，本件東京高裁判決に対しては，相続財産を構成する個々の財産を被相続人が任

意に処分できることは疑いを容れないし，被相続人は，自殺の時期を自由に選べるのであるから，相続の開始自体をも自由に「処分」できるなどとして，批判している。

なお，本件東京高裁により破棄されたことで，破棄差戻しされた横浜地裁は，平成2年2月15日，同高裁判決の判断に従い，被相続人を殺害し，その財産を狙った点は単なる動機に止まるものして扱い，行きずりの強盗の仕業にみせかけるために現場にある現金をも強取する旨の共謀を遂げたとして，強盗殺人未遂自体は認定した判決を言い渡した（公刊物未登載）。ただ，そのように認定を変えたことで，差戻前の刑が懲役10年であったのに対し，懲役8年の刑に下げて宣告されている。

第7章　窃取の意義及びその態様等

> **例題**　窃盗罪は，他人の財物を「窃取」することによって成立するが，この「窃取」とは，どのような行為を指すのか。

問題の所在

窃盗罪における「窃取」とは何か，その意義を正確に把握した上，窃取行為の態様には，様々なものがあることから，どのような態様のものがこれに含まれ，また，どのようなものがこれに含まれず別罪となるのか，それらの態様にはどのような違いがあるかなど，窃盗罪の客観的構成要件である「窃取」については正確に理解しておく必要がある。また，併せて間接正犯による窃取行為についても十分な理解が望まれる。

事例

【想定事例】

1　被疑者甲野は，多額の借金に苦しみ，債権者からの追及が厳しくなったことから，知人の建設業者の資材置き場に高価な鉄材等が置いてあることを利用し，これを使って返済に充てようと考えた。そこで，甲野は，債権者Aに対して，「あの資材置き場は，私が借りているもので，そこに置いてある鉄材等は私のものだから，それを渡すから借金の返済に充ててくれ。」と言ったところ，その言葉を信じた債権者Aは，その資材置き場から，鉄材等を自己の工場に運び込んだ。
　被疑者甲野の刑責如何。

2　被疑者乙野は，酒を買う金にも不自由していたことから，普段から虐待していた妻の連れ子である 12 歳のＢ女に日本酒を万引きさせてこれを飲酒しようと考えた。そこで，Ｂ女に，近くのコンビニエンスストアに連れて行き，自分が店員と話している間に，陳列棚から日本酒を万引きするよう指示した。Ｂ女は，最初は嫌がったが，乙野がにらみつけた上，普段から虐待を受けていたことから怖くなり，そのとおりに日本酒を万引きした。
　被疑者乙野の刑責如何。

設問と解答

問 1　窃盗罪における「窃取」とは，どのように定義づけられるものか。

【解　答】

　刑法 235 条にいう「窃取」とは，財物の占有者の意思に反してその占有を侵害し，これを奪取することをいう（増井・法令 60 頁）とされている。
　ただ，その占有移転につき相手方の同意や承諾がある場合には，「窃取」に該当しない。というのは，相手方が了解しているような場合であれば，それは任意の交付などに当たるものであって，およそ「窃取」という行為に該当するものではないからである。これについては，「窃取」という観念自体が，「他人の意思に反して盗る」という意味を含んでいるからであると説明されている（前出増井）。
　ここで被害者の占有を「奪取」すると述べたが，その行為は，相手方の反抗を抑圧したりするようなものや，畏怖させたりして奪ったりするようなものは含まない。そのような場合は，強盗罪や恐喝罪が成立することとなろう。また，被害者が騙されたことによって占有を渡してしまったのであれば，詐欺罪が成立することとなろう。
　しかしながら，「窃盗」という文言ではあるものの，第 2 編第 1 章で述べたように，「ひそかに」，つまり，他人に気付かれずに奪うことが構成要件として求められているわけではない。
　もちろん，通常であれば，スリなどのように，被害者に気付かれないようにして，被害者の財物の占有を奪うわけであるが，必ずしも，そのような態様でなくとも「窃

取」に含まれる。ひったくりなどがその典型例であるが、**昭和32年9月5日最高裁決定・刑集11巻9号2143頁**でも「窃盗罪は窃かに行われたると否とに拘らず成立する」と述べられている。

問2 「窃取」とは財物の占有を被害者から奪うものであるが、その移転先は、自己の占有でなければならないのか、それとも第三者に占有が移転するという場合でもよいのか。

【解　答】

　これについては、**大正15年12月24日大審院判決（法律新聞2658号12頁）**において、「窃盗罪は自己領得の意思を以て他人の支配内に在る自己以外の者の所有物を自己又は第三者の支配に移すに因りて成立す」と判示されていることなどから、一般的には、第三者に占有が移転するという場合も含まれると考えられている。

　しかしながら、第三者に占有が移転する場合を含むといっても、その第三者は、被疑者の支配下にあるなど、被疑者の占有と同視できるような場合でなければならないであろう。被疑者と全く利害関係のない第三者の占有に移すような場合であれば、それは被疑者が当該財物をどこかに投棄した場合と法的評価としては全く同じことであり、このような場合が毀棄隠匿罪に該当すると考えられていることに照らせば、全く関係のない第三者への占有移転の場合には、毀棄隠匿罪の成否が問題となるのであって、窃盗罪は成立しないと考えるべきであろう。

　ただ、この第三者へ占有が移転する場合というのも、想定事例のように間接正犯の場合を除けば、実際には、一旦、被疑者に占有が移転した後に、第三者に占有が移転するという場合がほとんどであろうと思われ（例えば、いわゆる義賊が金持ちから金品を窃取し、それを貧民に交付するという形態にしても、第三者たる貧民の占有に移転する前に、義賊自身の占有下に入ることから、この時点で窃盗は既遂となる。）、被害者から被疑者の占有を介することなく、第三者に直接に占有が移転するのは、なかなか考えにくいと思われるところである。

問3 想定事例1については，どのように考えるべきか。

【解　答】

　窃盗罪における「窃取行為」は，間接正犯の形式によっても実行できるのは当然である。

　昭和31年7月3日最高裁決定（刑集10巻7号955頁） の事案では，「被告人は原判示の如く9月11日頃，屑鉄類を取扱っているその情を知らないAに，自己に処分権がある如く装い，屑鉄として，解体運搬費等を差引いた価額，即ち，買主において解体の上これを引き取る約定で売却し，その翌日頃，Aは情を知らない古鉄回収業Bに右物件を前同様古鉄として売却し，同人において，その翌日頃から数日を要して，ガス切断等の方法により，解体の上順次搬出したものであることが明らかであるから，右解体搬出された物件につき被告人は窃盗罪の刑事責任を免れることはできない」と判示した。

　この事案では，窃取行為を実行したのは，Bであるものの，被告人は，情を知らないAを介して同じく情を知らないBを道具として利用したものと評価することができ，間接正犯として，窃盗罪の刑責を負うこととなるとしたものであった。

　想定事例1についても，この最高裁決定の事案と同様に，間接正犯として，被疑者甲野に窃盗罪の成立が認められる。

問4 想定事例2については，どのように考えるべきか。

【解　答】

　ここでは刑事未成年者など責任能力のない者を利用して窃盗を実行した場合において，その利用者が間接正犯になるかどうかが問題となる。

　そもそも間接正犯という概念は，他人を「道具」として利用して自己の犯罪を実現しようとする行為を処罰しようというものである以上，そこで利用される者は，「道具」としての性質を持つ必要がある。そうであるなら，たとえ刑事未成年者であっても，是非弁別能力のある者であれば，必ずしも利用者の思い通りに行動するとは限らず，直ちに「道具」であるとはいえないであろう。

したがって，学説の中には，是非弁別能力のある12，3歳の少年に犯罪を実行させるのは教唆犯と解すべきであり，ただ，是非弁別能力のない4，5歳の幼児や，高度の精神病者を利用する場合に限り，間接正犯が成立し得ると考える見解もある（増井・法令72頁）。

このような見解に対し，判例の考え方は，刑事未成年者を利用する場合であっても，それだけで直ちに間接正犯が認められるとは考えておらず，被利用者が利用者を畏怖するなどして，その意思が抑圧された状態で犯罪を実行した場合に間接正犯を認めるものとしている。

1 昭和58年9月21日最高裁決定（刑集37巻7号1070頁）

昭和58年9月21日最高裁決定の事案では，「被告人は，当時12歳の養女を連れて四国八十八ケ所札所等を巡礼中，日頃被告人の言動に逆らう素振りを見せる都度顔面にタバコの火を押しつけたりドライバーで顔をこすったりするなどの暴行を加えて自己の意のままに従わせていた同女に対し，本件各窃盗を命じてこれを行わせたというのであり，これによれば，被告人が，自己の日頃の言動に畏怖し意思を抑圧されている同女を利用して右各窃盗を行ったと認められるのであるから，たとえ所論のように同女が是非善悪の判断能力を有する者であったとしても，被告人については本件各窃盗の間接正犯が成立すると認めるべきである。」と判示しており，被利用者である上記養女に対し，常日頃から暴行を加えて自己の意のままに従わせていたという状況に鑑み，同女が「道具」となっているものと判断したものと考えられる。

2 平成7年11月9日大阪高裁判決（判時1569号145頁）

また，その後，平成7年11月9日大阪高裁判決の事案では，自己の言動に畏怖し意思を抑圧されている10歳の少年を利用して他人のバッグを盗ませたという事案において，そのように抑圧された状況下においては，たとえ同少年がある程度是非善悪の判断能力を有していたとしても，右利用者につき窃盗の間接正犯が成立するとした。

同判決では，まず，両者の関係について，「(1)被告人は，本件当時，原判示第一の現場近くの公園に時々やって来て，小学生がキャッチボールやサッカーをして遊んでいるのに加わったり，他から窃取してきたバイクを小学生に見せて直結

する等して運転する方法を教えたりしていたこと，(2)少年Ａ（当時10歳，小学5年生）もその小学生の一人であり，被告人に3，4回遊んでもらったことがあったが，元ヤクザでシンナーを吸うと聞いていたため被告人を怖いとは思っていたものの，反面いろいろ教えてくれる面白い人とも思っていたこと，(3)本件当日午後5時過ぎころ，同公園で被告人は，少年Ａら小学生数名と遊んでいたが，他の小学生がいなくなって被告人と少年Ａの2人だけになった午後5時50分ころ，公園の東の方から交通事故のような自動車のブレーキ等の音が聞こえてきたので，2人で走って行ったところ，150メートル位離れた原判示第一の場所付近の小川の橋の上で同判示の被害者丙野丁男（当時56歳）が血を流して倒れており，橋の付け根の道路上に同判示のメンズバッグが落ちていたこと，(4)その付近には中年の女性もいたが，被告人が救急車を呼ぶよう頼んだため，近くの公衆電話の方向に歩いて行き，その場に被告人と少年Ａだけが残されたが，被告人は，4，5メートル先に落ちている右のバッグを指さして，少年Ａに対し，『誰もおらんからそこのカバンとってこい』と命令したこと，(5)これに対し，少年Ａは，バッグをとってくるのは悪いことと思ったので，知らん顔をしていたが，被告人が少年Ａをにらみつけて，なおも，『おい，とってこい』ときつい声で命令したため，逆らったら何をされるか分からないと思って怖くなった少年Ａは，4，5メートル歩いて行ってバッグを拾い，すぐ戻って被告人にバッグを手渡したこと，(6)バッグを受け取った被告人は，『早く来い』と言って少年Ａと共に約50メートル西に戻った公園南側の駐車場まで行き，バッグの中身を確かめて，在中の現金約13万2000円のうち一万円札1枚を『もっとけ』と言って少年Ａに渡し，その後少年Ａを連れ回って窃取した現金で被告人自身のための買い物をしたあと，『今日のことは誰にも言うな』と口止めをして別れたこと，以上の各事実が認められる。」と判示した。

　このように認定された事実関係に照らして，同判決は，「以上認定の各事実によれば，少年Ａは，事理弁識能力が十分とはいえない10歳（小学5年生）の刑事未成年者であったのみならず，（中略）直ちに大きな危害が被告人から加えられるような状態ではなかったとしても，右の少年Ａの年齢からいえば，日ごろ怖いという印象を抱いていた被告人からにらみつけられ，その命令に逆らえなかったのも無理からぬものがあると思われる。そのうえ本件では，少年Ａは，被告人の目の前で4，5メートル先に落ちているバッグを拾ってくるよう命じられてお

り，命じられた内容が単純であるだけにかえってこれに抵抗して被告人の支配から逃れることが困難であったと思われ，また，少年Ａの行った窃盗行為も，被告人の命令に従ってとっさに，機械的に動いただけで，かつ，自己が利得しようという意思もなかったものであり，判断及び行為の独立性ないし自主性に乏しかったということができる。そして，そのような状況の下で，被告人は，（中略）自己が直接窃盗行為をする代わりに，少年Ａに命じて自己の窃盗目的を実現させたものである。以上のことを総合すると，たとえ少年Ａがある程度是非善悪の判断能力を有していたとしても，被告人には，自己の言動に畏怖し意思を抑圧されているわずか10歳の少年を利用して自己の犯罪行為を行ったものとして，窃盗の間接正犯が成立すると認めるのが相当である。」としたものである。

　たとえ少年Ａにある程度の是非善悪の判断能力があったとしても，被告人を畏怖し，意思が抑圧されているような立場の者であれば，そのような者を利用する行為は，間接正犯と認められるとしたものである。

　したがって，想定事例２についても，上記最高裁決定や大阪高裁判決と同様に，被疑者乙野には，Ｂ女を道具として使った窃盗罪の間接正犯が認められるというべきであろう。

第8章　体感機を用いての窃盗

> **例　題**　窃盗における犯行手口が特異なものとしてどのようなものがあるか。また、その手口による犯行については、どのような法律上の問題があるか。

問題の所在

　窃盗の手口も進化しており、全く新しい手口による窃盗事件もしばしば見られるところである。ここでは、パチスロ遊技機から不正にメダルを窃取するための道具である、いわゆる「体感機」を用いての窃盗について検討することとする。

事　例

【想定事例】

　被疑者甲野は、知り合いから絶対にパチスロで勝てる機械があるから、それを貸してやると言われ、いわゆる体感機と呼ばれる機械を身につけて、Ａパチンコ店に入った。同店では、「体感機お断り」との張り紙があったが、かまわずに席について500円で20枚程度のメダルを購入した後、体感機を使ってパチスロ遊技機のスタートボタンを押すタイミングを計り、的確に当たりを出し続けた。
　そして、1000枚ほどのメダルを得たところ、店員に体感機を使用していることが見つかり、警察に通報され現行犯逮捕された。
　この場合の被疑者甲野の刑責如何。
　また、被疑者甲野は、体感機を付けて椅子に座り、これを使わずに通常の方法でパチスロをして100枚ほどのメダルを得ていたが、その後、体感機を使う前に店員に気付かれてしまい、現行犯逮捕されてしまった。
　この場合における被疑者甲野の刑責はどうか。

設問と解答

問1 そもそも「体感機」とは何か。

【解　答】

　まず，パチンコ店に設置されているパチスロ遊技機は，回胴式遊技機と呼ばれるものであって，これは，客がメダルを投入して，スタートレバーを叩き，回転した3つのドラムについて，それぞれストップボタン（「回胴停止ボタン」ともいう。）を押して止め，あらかじめ定められた絵柄が揃うと一定枚数のメダルが払い戻されるものである。そして，一般的には，これら遊技機は一定周期の電子回路を備えており，この周期のどのタイミングでスタートレバーを叩くかによって当選となるか否かが決定される。したがって，当選になるか否かは，スタートレバーを叩いた段階で，すでに確定している。また，それだけでなく，その内蔵する電子回路の有する乱数周期が的中し，大当たりが連続して発生する場合を抽選することで，再び大当たりを出させるなどして，客に遊戯をさせる機械もある。

　そして，ここで問題とされる体感機とは，電子回路を内蔵する電子機器であって，これは，その乱数周期を上記パチスロ遊技機の乱数周期と同期させることによって，当選を確定させるためのスタートボタンを押すタイミングや，上記パチスロ遊技機の大当たりを連続して発生させる絵柄をそろえるための回胴停止ボタンを押す順序を判定することができる機能を有するもので，専らパチスロ遊戯において不正にメダルを取得する目的に使用されるものである。

問2 このような体感機が出現する以前において，パチンコ店においては，どのような手口により，パチンコ玉などが不正に取得されていたのか。

【解　答】

1　古典的手口

　まず，古典的な事案としては，**昭和29年10月12日最高裁判決（刑集8巻10号1591頁）** の事案が挙げられる。この事案では，パチンコの機械の裏側部

品に糸を結びつけて，それを引くことによってパチンコ玉が出るようにした上，その糸の端を前面の玉の出口のところに垂らすようにし，パチンコ遊戯をしているふりをしながら，これを引いてパチンコ玉を不正に領得していたものである。

また，磁石を用いた事案もあり，**昭和31年8月22日最高裁決定（刑集10巻8号1260頁）**では，パチンコの打玉が当り穴に入らず，回収穴に入ろうとする瞬間に，所携の磁石を使用し，その外れ玉をそのまま落下せしめず当り穴に誘導し，これにより勝玉を落下させてパチンコ玉をとる方法により，パチンコ玉を窃取していた。

さらに，**平成3年9月17日東京地裁判決（判タ784号264頁）**の事案は，パチスロ遊技機のメダル投入口にセルロイド様器具を挿入し，内蔵された投入メダルの枚数や真偽を判別する装置等に異常反応を起こさせてメダルを取得するというものであった。

これらの古典的な手口は，比較的単純なものであって，パチンコやパチスロの遊技機に直接に作為してパチンコ玉やメダルを出させたり，また，パチンコ玉を磁力により本来の動きとは異なる動きをさせて同様にパチンコ玉を出させる手口であって，いずれにしても，パチンコやパチスロの遊技機そのものに直接的に工作をして不正を行うものであった。

2　裏ロム

その後，いわゆる「裏ロム」と呼ばれる不正なプログラムがなされた機器をパチンコ遊技機に取り付けて，出し子と呼ばれる共犯者が通常の客を装ってパチンコ遊戯をし，当該パチンコ台から不正に多量のパチンコ玉を窃取するという手口が出現した。

平成12年9月21日福岡高裁判決（判時1731号131頁）の事案は，この裏ロムに関わるもので，パチンコ玉の窃取それ自体が訴因となっているものではないが，裏ロムを用いることで組織的にパチンコ玉の窃取を図ろうとしていたことがうかがわれるものである。

すなわち，この事案の被告人らは，「パチンコ遊技台に取り付けられた電磁的記録である通称『ロム』を被告人らの用意したロムに変換し，後刻右パチンコ遊技台を不正に操作してパチンコ玉を取得しようと企て，深夜，宮崎県延岡市内のパチンコ店内に出入口ドアの施錠を外して侵入した上，同店内において，パチン

コ遊技台15台に取り付けられた電子計算機である各主基板から，いわゆる『大当たり』を発生させるための用に供する情報が記録されたロムを取り外し，被告人らの用意した不正に作成されたロムを取り付けて交換し，『大当たり』を人為的に発生させることを可能にする虚偽の情報を各主基板に与え，」このパチンコ遊技機において，被告人の共犯者らが上記裏ロムの作用による「大当たり」により，パチンコ玉を不正に取得していたものである。

　ただ，このような手口も，前述したような物理的な作用により不正にパチンコ玉等を取得する手法に比べれば，はるかに洗練された手口ではあるが，それでもパチンコ遊技機に直接的に不正な工作を加えるものであった。

|問3| では，体感機は，上記のようなパチンコ玉等の不正取得の場合と比べて，何が異なるのか。

【解　答】

　体感機の場合は，パチンコ遊技機等に対しては，直接的には不正な工作を行わない機器を用いるものである点が大きく異なるところである。つまり，この体感機によれば，パチスロ遊技機に内蔵された電子回路と類似の周期を持つ電子回路を用い，周期を同期させて，スタートボタン等を押すタイミングを振動などで教えるものであることから，パチスロ遊技機の機能や作用等には一切影響を与えないものである。

|問4| では，そのようにパチスロ遊技機に対して何らの不正な工作等をせずに，メダルを獲得する行為は，窃盗罪における「窃取」といえるのか。単に，メダルを獲得するための手段を工夫しただけのことではないのか。

【解　答】

　窃盗罪における「窃取」の意義については，第2編第7章問1・125頁で述べたとおり，「窃取」とは，財物の占有者の意思に反して，その占有を侵害し，その物を自己又は第三者の占有に移すことであるから，本件での体感機の使用によるメダルの占有の移転が，財物の占有者の意思に反しているものであるかどうかが問題と

なる。すなわち，パチンコ店が予定し客に告知している通常の遊戯方法に照らし，その範囲を逸脱した遊戯方法として，パチンコ店の意思に反するものであるかどうかによって判断されることとなる。

そして，一般的には，どのパチンコ店も，不正なパチスロ遊戯を行うために使用される，いわゆる体感機のような特殊機器の店内への持込みを許しておらず，もとより体感機を用いた遊戯も禁止して，その旨を店内に掲示するなどして客に告知しているのが通常である。

そうであるなら，体感機を用いての遊戯によるメダルの取得は，パチンコ店のメダルに対する占有について，その意思に反して得られたものと考えられることから，「窃取」に該当すると考えられよう。

問5 体感機を用いての窃盗について，これまでの下級審では，どのような判断がなされてきたのか。

【解　答】

1　平成15年7月8日東京高裁判決（判時1843号157頁）

この判決では，次のとおり判断されている。

まず，事案の概要として，

① 原判示のパチンコ店（以下「被害店」という。）に設置された73番回胴式遊技機（以下「本件遊技機」という。）は，メダルを投入して，スタートレバーを叩き，回転した3つのドラムをストップボタンを押して止め，あらかじめ定められた絵柄が揃うとメダルが払い戻されるものであるが，スタートレバーを叩いた段階で，当選になるか否かが確定すること，すなわち，本件遊技機は一定周期の電子回路を備えており，この周期のどのタイミングでスタートレバーを叩くかによって当選となるか否かが決定されるが（中略），その周期は，2・731msが一周期で，その間に1万6384ワクがあり，確率的には，「BB」（大当たり）は，431回に1回の割合で出現するようになっている。

② 被告人が使用した電子機器（以下「本件機器」という。）は，4個のスイッチボタン（基板），コントローラ，スタートレバーを叩く機械（ソレノイド等），充電器等で構成されており，スイッチのうち，「H」スイッチでソレノイドを

動作させて、中から棒状の物を押し上げ、「S」スイッチでソレノイドを動作する時間を設定し（同スイッチを押した回数により動作する時間が長くなる。），「＋」スイッチでソレノイドを動作させるタイミングを遅らせ，「－」スイッチでソレノイドを動作させるタイミングを早めるものである。

③ 本件遊技機は，「BB」（大当たり）の周期（タイミング）が判明し，常にその周期（タイミング）で正確にスタートレバーを叩くことができれば，常に「BB」（大当たり）を発生することができるようになるところ，本件機器は，本件遊技機と同じ周期の電子回路を備えているため，一度「BB」（大当たり）のワクに当たれば，何度も当てることができる上，スイッチを操作することでワクを前後に一定の分だけずらすことで，「BB」（大当たり）のワクを探すことができるので，本件機器を使用すれば，30回くらいに1回の割合で「BB」（大当たり）が出現することになる。

④ 本件機器を使用した遊技方法は，通常予定された遊技方法の範囲を逸脱したものであって，被害店においても，電波発信機などの道具を使用した遊技は禁止されていて，その旨掲示や店内放送で客に告知しており，被告人もその旨を知っていた。

⑤ 被告人は，原判示の日，本件機器を腹部のズボンベルト部分などに隠匿・装着した上で被害店に行き，本件遊技機に本件機器を使用して，午前11時18分ころから午後零時44分ころにかけて，合計6回，大当たりを発生させ，メダル合計2615枚を取得した。

という事実関係が認められた。

そして，それらの事実関係を前提として，上記判決では，その遊技方法は，通常予定された遊技方法の範囲を逸脱したものであって，メダルの占有者である被害店の店長の意思に反していることが明らかであることから，窃盗罪における窃取行為に該当すると判断した。

2　平成16年1月9日京都地裁判決（公刊物未登載）

この判決では，次のとおり判断されている。

まず，事案の概要として，

① パチスロ機は，スタートレバーを押して，図柄の描かれた3個のドラムを回転させ，その図柄の揃い方によって，当たり外れや，「大当たり」「小当たり」

等の当たりの種類が決まり，かつ，当たりの種類に応じた数のメダルを取得することができる遊技機であり，その図柄の描かれた回転するドラムは，スタートレバーを押すことにより回転を始め，ストップボタンを押すことにより停止するところ，その図柄の抽選は一定の乱数周期に従っている。そして，当たりが出るか否かは，スタートレバーを押した時に決まり，ストップボタンを押すタイミングは基本的には関係がない。

② いわゆる体感機は，パチスロ機で遊技をする際に，当該パチスロ機の図柄抽選の乱数周期と同じ周期でスタートレバーを押すための機械であり，これを用いて当たりが出るタイミングを探り当て，当たりを連続して出すために使用することを目的とするものであるところ，本件で使用された体感機は，制御基板，スイッチ基板，「H」ボタン，「＋大」ボタン，バッテリー，ソレノイド，ワイヤー等で構成されている。制御基板の内部にはマイコンが搭載され，ソレノイドのプランジャー部が可動式になっており，「H」ボタンを押すとワイヤーが引き込まれ，そのワイヤーの先端をパチスロ機のスタートレバーである握り玉に装着しておくと，スタートレバーが押されることになる。

そして，スイッチ基板には，電源スイッチのほか，「＋小」「＋」「－大」「－小」「－」の各ボタン等が取り付けられており，これらのボタン及び前記「＋大」ボタンは，ソレノイドを動作させるタイミングを，パチスロ機の乱数値の大きい方にずらしたり，小さい方にずらしたりするためのものであり，かつ，そのずらし方を調節するものである。

③ 本件で被告人が遊技したパチスロ機「〇〇」は，通常の方法で遊技した場合，大当たりが出る確率は約300分の1である。しかし，捜査段階で本件体感機について鑑定をしたところ，上記パチスロ機の製造会社において把握している体感機の操作手順に沿って，本件体感機を使用して遊技すれば，大当たりが出る確率は約40分の1から約10分の1まで高めることができるというのである。すなわち，本件体感機を使用すれば，パチスロ機で大当たりが出る確率は著しく上昇する。

という事実関係が認められるところ，この体感機を用いることについての窃盗罪の成否について，「そうすると，体感機を使用し一定の手順に従ってパチスロ機で遊技すれば，当該パチスロ機についてパチンコ店が予定しているよりも高い確率でメダルを取得することができるのであるから，客が体感機を用いて遊技すれ

ば，パチンコ店は，予定する収益を上げることができないことは明白である。そして，このような遊技行為が，パチンコ店で予定されている遊技方法でないことはいうまでもない。現に，被告人が本件遊技行為をした判示パチンコ店でも，パチスロ台等に，体感機の使用を禁止する旨記載した張り紙をするなどの方法で，体感機を使用した遊技を禁止することを店内の各所に明示している。したがって，体感機を使用して遊技することが，パチンコ店側の意思に反することは明らかであり，体感機を用いてパチスロ機からメダルを取得することは，パチンコ店側の意思に反して，メダルの占有を取得するものであるから，窃盗罪にいう『窃取』行為に該当することは明らかである。」として，窃盗罪の成立を認めたものである。

問6 では，体感機を用いての窃盗について，最高裁はどのような判断をしているのか。

【解答】

これについては，平成19年4月13日最高裁決定（刑集61巻3号340頁）が挙げられる。

この事案では，被告人は，当初から体感機を使用してメダルを不正に取得する意図のもと被害店舗に入店し，パチスロ遊技機「甲」55番台でパチスロ遊戯を行い，本件機器を用いて大当たりを連続して発生させる絵柄をそろえることに成功するなどし，合計約1524枚のメダルを取得したというものであった。

このような被告人の行為について，同決定では，「以上の事実関係の下において，本件機器がパチスロ機に直接には不正の工作ないし影響を与えないものであるとしても，専らメダルの不正取得を目的として上記のような機能を有する本件機器を使用する意図のもと，これを身体に装着し不正取得の機会をうかがいながらパチスロ機で遊戯すること自体，通常の遊戯方法の範囲を逸脱するものであり，パチスロ機を設置している店舗がおよそそのような態様による遊戯を許容していないことは明らかである。」とし，そのような行為によるメダルの取得は，当該パチンコ店のメダル管理者の意思に反してその占有を侵害し自己の占有に移したものであるとして，窃盗罪の成立を認めている。

問7　では，体感機を装着していても，必ずしも常にその体感機を使っていたわけではなく，使わずに通常の遊戯方法でも遊戯をしたりしていたような場合，そこで得られたメダルについては，どの部分が窃取に係る被害品となるのか。体感機を使ったことにより得られたメダルだけに限定されるのか。

【解　答】

　上記最高裁決定の判示をみると，「専らメダルの不正取得を目的として上記のような機能を有する本件機器を使用する意図のもと，これを身体に装着し不正取得の機会をうかがいながらパチスロ機で遊戯すること自体，通常の遊戯方法の範囲を逸脱する」としていることから，不正にメダルを取得する意図で体感機を装着した者が遊技台の席に座って遊技を開始しメダルを取得すること自体，占有者の意思に反してメダルの占有を侵害し取得するものであることになると解され，体感機を実際に操作するしないとにかかわらず，そのような者が取得したメダルについては，その全部のメダルについて窃取したことになるものと考えられる（入江猛・判例解説（刑）平成19年度148頁）。

　本件最高裁決定でも，先に引用した判示に続いて「そうすると，被告人が本件パチスロ機『甲』55番台で取得したメダルについては，<u>それが本件機器の操作の結果取得されたものであるか否かを問わず</u>，被害店舗のメダル管理者の意思に反してその占有を侵害し自己の占有に移したものというべきである。したがって，被告人の取得したメダル約1524枚につき窃盗罪の成立を認めた原判断は，正当である。」と判示しており，体感機の操作の結果によるかどうかを問わず，その全部について窃盗罪の成立を認めているところである。

問8　では上記問6，7の判断は，共犯者のうちで，体感機などの不正な手法を用いていない者の行為によるものについても同様に考えてよいのか。

【解　答】

　これについては，別の考察が必要である。
　すなわち，**平成21年6月29日最高裁決定（刑集63巻5号461頁）**の事案では，

① 被告人Ａ及び氏名不詳者は，共謀の上，針金を使用して回胴式遊技機（通称パチスロ遊技機）からメダルを窃取する目的で，いわゆるパチスロ店に侵入し，Ａが，同店に設置された回胴式遊技機1080番台において，所携の針金を差し込んで誤動作させるなどの方法（以下「ゴト行為」という。）により，メダルを取得した。
② 他方，被告人は，専ら店内の防犯カメラや店員による監視からＡのゴト行為を隠ぺいする目的をもって，1080番台の左隣の1078番台において，通常の方法により遊戯していたものであり，被告人は，この通常の遊戯方法により，メダルを取得した。被告人は，自らが取得したメダルとＡがゴト行為により取得したメダルとを併せて換金し，Ａ及び換金役を担当する氏名不詳者と共に，３等分して分配する予定であった。
③ 被告人らの犯行が発覚した時点において，Ａの座っていた1080番台の下皿には72枚のメダルが入っており，これは，すべてＡがゴト行為により取得したものであった。他方，1078番台に座っていた被告人の太ももの上のドル箱には，414枚のメダルが入っており，これは，被告人が通常の遊戯方法により取得したメダルと，Ａがゴト行為により取得したメダルとが混在したものであった。

というものであったところ，ここでは，まず，①パチスロ店内で，パチスロ機から不正な方法によりメダルを窃取した者の共同正犯である者が，上記犯行を隠ぺいする目的をもってその隣のパチスロ機において，自ら通常の方法により遊戯していた場合，この通常の遊戯方法により取得したメダルについて窃盗罪が成立するか問題となった。

この点について，同決定では，「以上の事実関係の下においては，Ａがゴト行為により取得したメダルについて窃盗罪が成立し，被告人もその共同正犯であったということはできるものの，被告人が自ら取得したメダルについては，被害店舗が容認している通常の遊戯方法により取得したものであるから，窃盗罪が成立するとはいえない。」として，通常の遊戯方法により共犯者が取得したメダルについては，窃盗罪が成立しないとした。たとえ被告人の行為がゴト行為を行う共犯者の行為が店側に発覚しにくいようにする，いわゆる壁役であっても，被告人が1078番台で行ったのは，あくまで通常の遊戯方法であり，この行為をもってメダル管理者の意思に反する遊戯方法であるとはいい難いというところに根拠があるものと考えられ

る。

　そうであるなら，次に，②そのような窃盗罪が成立しないメダルと，共犯者であるＡがゴト行為により取得した窃盗罪が成立するメダルが混在した場合に，窃盗罪の範囲をどのように考えればよいのか問題になる。

　この点について，本件最高裁決定は，Ａが座っていた1080番台の下皿にあった72枚のメダルについては，被告人の共犯者として窃盗罪が成立するのは当然としても，「被告人が通常の遊戯方法により取得したメダルとＡがゴト行為により取得したメダルとが混在した前記ドル箱内のメダル414枚全体について窃盗罪が成立するとした原判決は，窃盗罪における占有侵害に関する法令の解釈適用を誤り，ひいては事実を誤認したものであり，本件において窃盗罪が成立する範囲は，前記下皿内のメダル72枚のほか，前記ドル箱内のメダル414枚の一部にとどまるというべきである。」と判示したのである。

問9　では，上記のような窃盗が成立するメダルと，これが成立しないメダルとが混在し，その数量の区別がつかない場合には，どのような捜査処理をすべきであるのか。

【解　答】

　このような場合，区別がつかないから，その全部について窃盗罪が成立するという考え方は，最高裁としては採らないということが明らかになったのであるから，極力，共犯者のゴト行為により得られたメダルの数量を供述等をも含めて特定するなどし，「少なくとも○○枚」とするか，本件最高裁決定で記載されているように「414枚の一部」とか，「414枚のうちの相当数」との記載による特定でも足りるのではないかと考えられている（三浦透・判例解説（刑）平成21年度163頁）。

問10　想定事例において，被疑者甲野について，窃盗罪が成立するか。

【解　答】

　これまで述べてきたように，被疑者甲野について，前段及び後段のいずれについ

ても窃盗罪が成立することは明らかであろう。

　ただ，前段の1000枚のメダルに混ざっている，500円で購入した20枚程度のメダルについても窃盗罪が成立するかどうかは若干の検討が必要である。まず，その前提として，先に**問7**で述べたように，「専らメダルの不正取得を目的として上記のような機能を有する本件機器を使用する意図のもと，これを身体に装着し不正取得の機会をうかがいながらパチスロ機で遊戯すること」自体が実行行為であることから，そのような遊戯を開始した時点で実行の着手が認められることになる。

　では，このメダルの購入行為は，実行の着手前の行為であるのか，実行の着手後の行為であるのか。前者であれば，占有を侵害された被害品には該当しないことになるし，後者であれば，いくら自分で購入したものであっても，メダルの不正取得を目的として体感機を装着した上で遊戯する行為に付随して取得したメダルであるという評価ができ，これも被害品の一部となると考えられるからである。

　被疑者が上記メダルを購入したのは，体感機を用いての不正なメダル取得を開始する上で，最初に投入しなければならないメダルを取得するためであり，その時点で，既に被疑者の不正行為は開始されているものとみるべきであろう。そうであるなら，既に実行の着手があったものと考えられ，この混在している20枚のメダルについても，占有者である店側の意思に反して被疑者の占有に移転されたことになることから，被害品の一部とみて差し支えなく，別異に扱う必要はないと考えるべきであると思われる。

　つまり，いくら自費で購入したものとはいえ，体感機を用いてのメダルの不正取得をしようとする者が，その手段とするために当該メダルを入手するのであるから，その意図を知っていたなら，パチンコ店はこれを販売するはずはないことに照らしても，そのメダルの占有の取得は，メダル管理者であるパチンコ店の意思に反しているといえよう。

　また，後段の事例では，被疑者は，通常の方法でパチスロをしていたのであるが，「体感機を装着すること自体が不正にメダルを取得する危険性をはらむ遊戯方法であり，まさに店舗側の設定した遊戯方法に関する重要な前提条件に違反する行為である以上，上記平成19年4月13日最高裁決定のように体感機の操作を問わず，同機を装着した遊戯によって取得したメダル全体について窃盗罪の成立を認めることも可能であると思われる。このような理解からは，体感機の操作を開始する前に事件が発覚した場合であっても，体感機を装着した遊戯によって取得したメダルに

ついて窃盗罪が成立することになる。」（橋爪隆「窃盗罪における『窃取』の意義について」刑雑第54巻第2号305頁）との見解が正当であり，100枚のメダルについて窃盗罪が成立すると考えられる。

|問11| 想定事例において，被疑者甲野について，当該パチンコ店に入ったことに関して建造物侵入罪は成立するか。

【解　答】

　体感機を用いてのメダルの不正取得の意図で立ち入ったのであるから，それは当該建物の管理者の意思に反していることは明らかであり，建造物侵入罪が成立する。上記最高裁の事案においても，第一審及び控訴審のいずれも建造物侵入罪の成立を認めており，最高裁決定では，これについて何らの判断もしていないことからすると，最高裁もそれら下級審の判断を是認したものと考えられよう。

|問12| 被疑者甲野はパチスロに関して不正行為を繰り返しており，店側から，甲野については入店禁止とされていた場合において，甲野が従業員の監視をかいくぐって入店し，体感機など使うことなくパチスロをしてメダルを取得したとしたら，甲野について当該メダルの窃盗罪は成立するのか。それはたとえ不正な操作は何一つしていなかったとしても結論は同じであるのか。

【解　答】

　甲野が体感機を使うなどの不正な操作をしていれば窃盗罪が成立することは当然であるが，この場合，仮に甲野が何も不正なことをしておらず，通常の客と全く同じように適正にパチスロをしていたとしても，甲野については，取得したメダルについて窃盗罪が成立すると考える余地がある。
　というのは，甲野については，一切のパチスロ遊戯をさせないとの意思を表明している店側に対し，その意思に反して（それがたとえ通常の遊戯方法であっても）メダルを取得した以上，それは占有者の意思に反して占有を奪ったとの評価が可能だからである。「店舗として重大な関心を払うべき事情について条件違反が存する場

合には，窃盗罪の成立を認める余地はあるだろう。たとえば，不正行為を繰り返しており，店側から人物を特定した上で入店禁止の対応が講じられている者が，従業員の監視をかいくぐって入店し，パチスロ遊戯に興じたような場合には，その際には不正操作を行っていなかったとしても，取得したメダルについて窃盗罪の成立を認めることは不可能ではない。」（前出橋爪）と考えるべきだからである。

|問13| 仮に被疑者甲野が警察に逮捕されることなく，その不正に取得したメダルを景品に交換した場合，新たな犯罪は成立するのか。それとも，窃盗により得たものを処分しただけであるから，不可罰的事後行為となるのか。

【解　答】

　この場合は，正当に景品を取得できる権利がないにもかかわらず，不正に取得したメダルを提出する際に，正当な権利者であるかのように装い，相手方を欺罔して景品を交付させている。そして，この際には，新たな法益侵害を生じさせていると認められることから，別に詐欺罪も成立すると考えられる。

　昭和36年2月28日東京高裁判決（下刑集3巻1・2号59頁）では，「窃取したパチンコ玉を正当に取得した玉の如く装い人を欺罔し，たばこを騙取することは，新たな法益を侵害する行為で，これを目して単なる贓物の事後処分に過ぎないものということはできない。」として窃盗罪のほかに詐欺罪の成立も認めている。

　また，昭和38年4月19日東京地裁判決（判タ146号79頁）も同様の判断を示している。

第9章　故意及び不法領得の意思

> **例　題**　窃盗における主観的要件，特に，不法領得の意思についてはどのように考えるべきなのか。

問題の所在

窃盗に限らず，故意犯であれば，そこには自らが遂行する実行行為の認識，認容である「故意」が必要であることはもちろんであるところ，窃盗の場合には，それに加えて，「不法領得の意思」が必要であると考えられている。この「不法領得の意思」とはどのようなものであるのか，どのような場合にその存在が認められ，どのような場合にこれが否定されるのか，正確に理解しておく必要がある。

事　例

【想定事例】

> 被疑者甲野は，スーパーの駐車場にエンジンをかけたまま停めてある自動車を発見し，近くの郵便局に手紙を出すために当該自動車を足代わりにしようと考え，すぐに戻ってきて返すつもりで，当該自動車に乗り込み，距離にして約500メートル離れた郵便局まで行って手紙を出し，その後，元の駐車場に戻しておいた。その時間は，合計で10分程度であった。
> この場合の被疑者甲野の刑責如何。
> では，それが自動車ではなく，鍵が掛けられずに置いてあった自転車であった場合はどうか。

設問と解答

問1 窃盗の「故意」とはどのようなものか。

【解　答】

1　窃盗の故意の概要

　この場合の故意の内容は，財物に対する他人の占有を排除して，自己又は第三者の占有に移すことについての認識，認容である（大塚・刑法（各論）196頁）。

　この故意は，確定的故意だけでなく，それが未必的故意であっても足りるのは当然である。

　そして，この場合，自己等の現実的に移す対象として，当該「財物」を認識していれば足り，その中身まで認識している必要はない。具体的には，現金が欲しくて他人の財布をすり取った際，その中に現金のみならず，多額の金券やクレジットカード等が在中していたとしても，それら全体に対する故意が存在するものとして認められることとなる。

　この点について，**昭和30年12月28日東京高裁判決（東高時報6巻12号459頁）**によれば，被告人が財布を盗んだところ，その中に小切手1枚が入っていたことは知らなかったので，これについては犯意がなく窃盗罪は成立しないとの主張に対し，「窃盗罪は他人の財物を窃取するという認識（犯意）を以て，他人の財物を窃取することによって成立する犯罪であるから，苟くも金品在中の財布であることを認識しながら，他人の財布を窃取した以上は，その財布及び在中の金品全部について窃盗罪が成立するのは当然であって，その財布の中に小切手が入っていたことに被告人が気付かなかったとしても，それは被告人が不注意で気付かなかっただけのことで，在中の金品全部について領得の意思があったものと認めるのが相当である。」と判示しており，財布に在中していた小切手に対しても故意が認められるとしているところである。

2　被害者の承諾を誤信した場合の窃盗の故意

　ただ，故意の内容として，「他人の占有を排除」するという認識，認容が必要であることから，被害者が承諾していると誤信していた場合には，「占有を排除」

するという認識，認容に欠けることとなって，故意は阻却されることとなる。端的にいえば，相手方が当該財物を持っていくことに了解していると認識していたのであれば，それは「窃取」したとは認識しないことになろうから，その場合には，窃盗の故意が存在しないことになり，その承諾があるものと誤信した場合も，同様に被疑者には「他人の占有を排除」するという認識，認容に欠けることとなることから，故意を認めることはできないこととなる[1]。

この点について，**昭和26年12月25日東京高裁判決（判決特報25号119頁）**の事案では，被告人らが被害者に販売した材木について，被害者がその代金を中々支払わず，最終的にその代金を支払わなかった場合には，当該材木を持っていってもらってよいとの趣旨に受け取られる発言がなされたことから，「被告人は，相手方が右代金の支払について，なおも猶予期間を怠った場合は，該木材の処分を許容したものと解し，（中略），依然その支払を怠り，誠意ある態度をも示さないところから，遂に昭和25年1月中旬本件木材をFに売却処分したものであることを認めることができる。従って，被告人のかかる所為は，慎重を欠くうらみがないとは言えないのであるが，少くとも，公訴事実にあるような刑法上の窃盗罪を認定するには，その犯意を肯認し難いものと言わなければならない。」として，このような場合には，故意が欠けることとなると判断しているところである。

3 無主物と誤信した場合の窃盗の故意

また，「他人の」財物に対するものでなければならないことから，無主物であると誤信してその所持を取得した場合にも，故意は認められない。

この点に関して，行政法規を誤解して，他人所有の飼い犬を無主犬と誤信してその所持を取得した場合において，**昭和26年8月17日最高裁判決（刑集5巻9号1789頁）**は，「被告人の前記供述によれば，同人は右警察規則等を誤解した結果，鑑札をつけていない犬は，たとい他人の飼犬であっても直ちに無主犬と看做されるものと誤信していたというのであるから，本件は，被告人において右錯誤の結果，判示の犬が他人所有に属する事実について認識を欠いていたものと認むべき場合であったかも知れない。されば原判決が被告人の判示の犬が他人の飼犬であることは判っていた旨の供述をもって，直ちに被告人は判示の犬が他人の所有に属することを認識しており，本件について犯意があったものと断定したことは（中略）審理不尽の違法があるものといわざるを得ない。」として，他人

所有という点について認識を欠いた場合には，故意が欠けることになることを判示している。

問2 不法領得の意思とは，条文上規定されているわけではないが，主観的構成要件であるのか。なぜこのような概念が必要とされるのか。

【解　答】

1　不法領得の意思が必要とされる理由

　窃盗罪を規定する刑法235条には，主観的構成要件に関する特段の規定はないものの，判例上，上述した故意に加えて，主観的構成要件として，「不法領得の意思」が必要であると考えられている。

　このような概念が必要とされる理由として，一時的な無断使用の場合に，刑罰をもって臨むほどの事態でもないにもかかわらず窃盗罪が成立するのは不当であるとして，その区別をさせる役割として，不法領得の意思が必要であるとするほか，他人の財物を勝手に持ち去ったものの，その後，当該財物を壊したような場合，これが窃盗罪になるのか，器物損壊罪になるのか，その区別をさせる役割としてこの概念が必要であるからとされている（増井・法令76頁）。

2　不法領得の意思を認めることの問題点

　しかしながら，このような概念が，そもそも必要であるのか疑問がないではない（同旨，大塚・刑法（各論）197～202頁）。

　まず，上記のような一時使用を不可罰とする点については，一時的とはいえ，被害者がそれを使用，利用できないなどの不自由，不都合があるのであり，あえてこの場合に犯罪不成立とする必然性があるのか甚だ疑問である。殊に，後述する自動車の一時使用については，判例上，使用窃盗ではないとするための理由付けを腐心して検討するに至っており，自縄自縛の感すらあるところである。

　もっとも，窃盗罪と器物損壊罪との区別をするためとの理由については，確かに役立つ面もあり，意味のないものではないと思われる。しかしながら，この点についても，当初，器物損壊の意図で窃取した後，それを損壊せずにそのまま保

持していたら，窃取行為の際に不法領得の意思がない以上，窃盗罪は成立せず，しかも，実際に損壊行為に着手していないことから，当該財物を利得していながら不可罰とすることになるのではないかと思われる点においても，果たして不法領得の意思なる概念が必要であるのか疑問がないではない[2]。

一方，窃盗の故意と器物損壊の故意の違いは，不法領得の意思でなくとも，故意の内容として異なると考えることもできるのであるから[3]，その点で区別は可能であると思われる。したがって，条文上特段の規定がないにもかかわらず，このような主観的構成要件を認める必要性があるのか相当に疑問であるが，この不法領得の意思という主観的構成要件は，確固たる判例として，その存在が認められている以上，これが必要であるとの前提で以下検討することとする。

問3 では，不法領得の意思とは，最高裁の判例上，どのようなものとして認められているのか。

【解 答】

昭和26年7月13日最高裁判決（刑集5巻8号1437頁）によれば，強盗傷人の犯人が，その逃走に当たって，船を窃取した事案において，当該船が対岸に着けば乗り捨てる意図であったことについて，「刑法上，窃盗罪の成立に必要な不正領得の意思とは，権利者を排除し他人の物を自己の所有物と同様にその経済的用法に従い，これを利用し処分する意思をいうのであって，永久的にその物の経済的利益を保持する意思を必要としない。」と判示し，この事案において，それが認められるとした。このように，本件最高裁判決において，不正領得の意思，つまり，不法領得の意思の内容が判例上示されたものである。

したがって，ここで示された不法領得の意思についての定義が，判例上の定義であるとして，その後，裁判実務において用いられている。

問4 では，具体的に，不法領得の意思が問題となった裁判例としては，どのようなものがあるのか。

【解　答】

概ね次のようなものが挙げられる。

1　平成23年7月12日仙台高裁判決（公刊物未登載）の事案では、「被告人両名は、外1名と共謀の上、調査捕鯨船の元船員からのいわゆる内部告発情報の入手を契機に、調査捕鯨船の船員らによる鯨肉の不正持ち帰りや市場への横流し等の疑惑についての公表を念頭に置いた調査活動の一環として、捜査機関の手に委ねることなく、自ら証拠資料を収集する目的で、被害会社の支店社屋内に侵入した上、配送途中の被害品である本件鯨肉を窃取した」という建造物侵入、窃盗被告事件において、被告人ら3名の本件行為は、捜査機関への届出行為の一環として行われたものであるから、不法領得の意思は否定されるべきである旨弁護側から主張された。

　これに対し、同判決では、「被告人ら3名は、調査捕鯨船の船員による鯨肉の不正な持ち帰りや市場への横流し疑惑についての真偽を確認の上、真実と判明した場合には、成果を公表することを念頭に置いて調査活動をする中、この調査活動の一環として、調査捕鯨船である○○丸の船員による鯨肉の不正な持ち帰りに関する証拠資料を収集する目的の下に、同船員が自宅に宛てて配達を依頼してB青森支店が一時保管中の本件鯨肉の入った本件段ボール箱の占有を取得した上で、これを開披して中身を確認し、実際に鯨肉であれば、ビデオカメラで撮影するとともに、鯨肉の一部をサンプルとして採取して保全しておくため、本件鯨肉の入った本件段ボール箱の占有取得行為に及んだものである。したがって、被告人ら3名において、当初の占有取得時には、証拠資料を収集するとの目的を達成した後には返還する意思であったにしても、公表を念頭に置いた調査活動に資するための証拠資料を収集する目的の下に、権利者を排除し、本件段ボール箱ごと本件鯨肉の支配を取得し、開披して中身を確認後に、本件鯨肉について、撮影をしたり、サンプルを採取して保全するという、所有者にして初めてなし得るといえるような方法により、本件段ボール箱ごと本件鯨肉を利用しようとする意思に基づき、本件鯨肉の入った本件段ボール箱の占有を取得したものであるから、不法領得の意思が肯定できるといわなければならない。」と判示した。

　この事案では、被告人らは、自己の主張のための証拠資料を収集するという目

的のために窃盗行為に及んだものであり，その行為は，権利者を排除して，自己の所有物と同様の利用をしようとしたものに他ならず，不法領得の意思が認められるのは当然のことであった。

2　平成18年4月3日東京高裁判決（高検速報（平18）84頁）の事案では，被害者に対する嫌がらせのため，被害者があわび漁に使用しているたまり（捕ったあわびを入れておくための収納網）を持ち去れば，被害者も困るだろうし，後で自分でも使えるなどと考えて，被害者が居住する被害者宅敷地内に侵入したものの，たまりが見つからなかったので，被害者が使用できないようにして困らせる目的で，被害者方敷地内からジャージ1着，浮き袋1個及びサイドミラーの鏡1個を持ち出し，これらを約20メートルないし約400メートル離れた他人の田畑や海中に順次投棄したというものであった。

　この事案において，不法領得の意思の有無が問題となったところ，同判決は，「この点，被告人は，当審公判において，たまりを盗んで自宅に持ち帰り，手を加えれば自分でも使えると思った旨述べる一方，サイドミラーから鏡を取り外したのは，被害者が自動車を運転するときに後ろが見えずに困るだろうと考えた旨供述し，ジャージは，小さくて自分では着られないし，浮き袋も自分で使うつもりはなかった旨供述している。被害品のうちの鏡は，自動車のサイドミラーの部品であって，単体で使用されることが想定されるというようなものではない。また，ジャージや浮き袋についてみても，被告人を含む地元の者は，あわび捕りの際にこれらを使用しないのが普通であり，それにもかかわらず被害者が使用していたことに被告人が反感を持っていたほどであるから，被告人にとっては，これを持ち帰って使用する価値など全くないものである。しかも，ジャージの両肩口から両胸元付近にかけて特徴的な模様が入っており，浮き袋は赤色で目立つ上，被告人と被害者は，近い場所であわび捕りを行っていたことなどからすると，被告人が浮き袋やジャージを使用すれば，被告人が持ち去ったことがすぐに分かってしまう。そして，これらの点は，被告人にとっても自明なことである。このような事情からすれば，被告人が，その占有を取得した時に，被害品をその経済的な用法に従って使用する意思を有していたとは考えにくい。

　被告人がたまりを盗もうとした目的についてみると，（中略）被害者に対して嫌がらせをすることが主たる目的であったと認められる。そして，その供述内容

からすると，盗んだ後に自らたまりを使用しようとする意思もあったことは認定できるが，その意思は，嫌がらせの目的に比して，従たるものであったと認められ，執拗にたまりを探し求めたり，他に使用できる物を物色したりした様子はうかがわれない。また，確かに，被告人は，被害者宅敷地を出た後に被害品を投棄しようと考えた旨述べてはいる。しかし，他方，被告人はいずれの被害品も使うつもりはなかった旨述べていること，実際に被害品を持ち去った直後にこれらを投棄していること，被告人が本件の約11か月ほど前にも同様の動機から近隣の者の自動車を損壊する犯行（中略）等に及んでいることなどの事情も認められる。これらを総合すれば，被告人が被害品を持ち去ったのは，あくまで被害者にこれらを使えないようにして困らせてやろうという意思によるものと認めるのが自然であり，被害品を投棄しようと考えた時期に関する前記供述は，被害品を長時間携帯することなく投棄してしまおうと考えたという意味に理解でき，それまでは使うつもりであったことを必ずしも意味するものではないと考えられる。

以上によれば，被告人が被害品の占有を取得した時点において，不法領得の意思を有していたと推認するには，合理的な疑いが残るといわざるを得ない。」として，これを否定したものである。

確かに，それら被害品については，被告人が使用する余地のないものであることや，直後に投棄していることや，それらを窃取直後に投棄していることなどに照らせば，不法領得の意思があったとは認め難いものといわざるを得ないであろう。

3　ただ，上記2のような報復が主な目的であっても，不法領得の意思が認められた事案も存在する。それは，**平成12年5月15日東京高裁判決（判時1741号157頁）**の事案であり，被害者に対する報復を主な目的とする強盗致傷，窃盗等の事案であったが，不法領得の意思が認められたものである。

まず，この事案での事実関係として同判決では，「被告人は，本件当時，1300万円程度の年収のある大手建設会社の中堅幹部社員であって，金に困っていたわけではなく，本件も，A子に対する報復の意図が主なものであって，金員そのものを強奪したり盗んだりするのを主目的としてはいなかった。

しかし，被告人は，平成10年12月11日の原判示第1の犯行では，A子に覆面をしその顔を隠して原判示のように殴打していたところ，A子から，同女が床

に置いていたバッグを指して,『殺さないで。これを持っていって。』と哀願され,事前から考えていた物取りの犯行と装うためもあって,現金等が入っていたそのバッグを持ち去った。

　被告人は,平成11年3月14日の原判示第3の犯行では,放火目的でA子経営の無人のスナックに侵入したものの,放火を断念した後,物取りの犯行と装うために,同店舗内から現金入りの財布,ネックレス,指輪を持ち去った。

　被告人は,第1の犯行では,現場から逃げる途中に,バッグから財布を抜き取ってそのバッグは捨て,自宅に戻った後,財布から現金10万9695円を抜き取って,金額,金種を記載して茶封筒に入れて自分の物入れに保管し,財布は他の在中品とともにゴミとして捨て,第3の犯行では,現場を立ち去ろうとした際,警備員に発見され,前記以外の現金その他の金品を現場に放置するなどして逃げ,自宅に持ち帰った財布から現金7万7920円を抜き取り,金額を書いて封筒に入れ,自宅寝室押入内の紙箱に保管し,財布は他の在中品とともにゴミとして捨て,ネックレス1本(時価1万2000円相当)と指輪1個(時価1万3000円相当)は,自宅にあったプラスチックケースに入れて自宅の庭に埋めた。」というものであったと認定した。

　そして,そのような事実関係を前提に,被告人の行為は,不法領得の意思に基づくものであったかどうかについて,「以上によれば,被告人の第1の犯行における行為は強盗罪にいう『強取』行為に,被告人の第3の犯行における行為は窃盗罪にいう『窃取』行為に,それぞれ該当する典型的な形態のものと認められる。そして,被告人は,前記のように,金員そのものを強奪したり盗んだりするのを主目的としてはいなかったとはいえ,単にこれを廃棄したり隠匿したりする意思からではなく,第1の犯行では,事前から物取りを装う意図を有していて,A子が生命を守るのと引き替えに自分のバッグを提供したのに乗じてそのバッグを奪っており,第3の犯行ではその場で物取りを装おうと考え,その意図を実現するのに相応しい前記金品を持ち出して所有者の占有を奪っているのであるから,すでに右の事実関係からして,いずれの場合も,被告人には不法領得の意思があったものというべきである。被告人は,各犯行後に,取得した金品の一部を廃棄したり,保管し続けて,費消・売却等の処分行為をしていないが,そのことで不法領得の意思が否定されることにはならない。」と判示した。

　被告人の行為は,典型的な強盗行為であり,窃取行為であることから,そこに

第9章　故意及び不法領得の意思　153

は不法領得の意思も随伴して認められるのであり，主たる目的が報復にあるにしても，不法領得の意思が不存在になることはないとしたものであり，妥当な判断というべきであろう。

問5 では，万引きするに当たって，その物が欲しいわけではなく，捕まって刑務所に行くために万引きをした場合，被疑者に不法領得の意思があったといえるのか。

【解　答】

　この場合も，不法領得の意思はあったと認定して差し支えない。この点が問題となった事案として，**平成15年10月9日神戸地裁判決（公刊物未登載）**がある。
　この判決では，「まず，そもそも，刑務所に入る目的で窃盗（万引き）をした場合でも，不法領得の意思が欠けるとすることはできないと考える。」とした上で，弁護側が，不法領得の意思があるというためには，権利者を排除して他人の物（窃取品）を自己の所有物としてその経済的用法に従って利用または処分する意思が必要であるところ，被告人は刑務所に入りたくて本件を犯したのであって，その被害品につき，権利者を排除して自己の所有物とする意思もその経済的用法に従って利用または処分する意思もなかったと主張したことに対し，「しかし，まず，ここにいう『経済的用法』とは，その物を本来予定されている用法どおりに用いることを指すものでは必ずしもなく，窃取した財物をその財物として利用する意思があれば不法領得の意思があるといわざるを得ない（投票用紙を窃取した事案にかかる最高裁判所昭和33年4月17日判決等参照）。また，財物奪取の方法がこれを永続的にしうるものであれば（換言すれば，財物を，その権利者による利用可能性を排して自己の所有物としてその経済的用法に従って実質的に利用または処分しうる可能性を設定すれば），前記利用意思には継続性は要求されないと解される。そして，窃取行為により刑務所に入ろうとする場合，行為者は，まさに窃取品を自己の所有物のごとくこれを商品などの財物として自己の支配下におき，これを検挙まで権利者を排して継続する意思を有するのであるから，その意思は不法領得の意思であると言わなければならない。弁護人の主張やその引用する裁判例の判断は，経済的用法の意味をその文言にとらわれて狭く考えすぎ，また権利者の（一時的）排除の意義についてその経済

的用法の解釈に引きずられて継続性を求めすぎている感があって，首肯できない。
　また，窃盗罪の成立に不法領得の意思が必要とされるのは，もともと，毀棄，隠匿罪やいわゆる使用窃盗との区別をするためであると解されているところ，刑務所に入る目的で窃盗行為に及ぶことは，毀棄，隠匿行為や使用窃盗行為と明らかに異なるから，刑務所に入る目的で財物窃取に及ぶ行為を窃盗と断じても，不法領得の意思がもつとされる，毀棄，隠匿や使用窃盗と（通常の）窃盗とを区別する機能があいまいになるわけでもない（先に括弧内で「換言すれば」として述べた基準はこの区別にも資するものと考える。）。
　なお，窃盗罪が毀棄，隠匿罪に比べて重く処罰される理由として，領得罪に対する誘惑に対しては毀棄，隠匿罪に比べより強い抑止的制裁を必要とするからとの考え方があるが，このことを刑務所に入る目的での窃取行為についてみても，刑務所に入る目的での窃取であれば一般の窃盗より軽い毀棄，隠匿に対するのと同様な制裁で足りるとか，制裁が不要であるなどという結論に結びつくとも思われない。
　以上のとおりであって，刑務所に入る目的で窃盗（万引き）をした場合には，不法領得の意思があるというべきである。」と判示していることが参考になろう。

|問6| 謄写目的などで，すぐに元にもどすつもりで一時的に持ち出すような場合には，不法領得の意思はあるといえるのか。

【解　答】

　この場合も不法領得の意思はあるといってよい。上記の昭和26年7月13日最高裁判決でも述べられているように，「永久的にその物の経済的利益を保持する意思を必要としない。」とされていることからも明らかである。
　そして，この点は，後に第2編第11章「情報窃盗」181頁で述べるように，情報を窃取するために，機密資料を一時的に持ち出す場合などにもよく問題となるが，そのような場合においても，不法領得の意思は認められている。
　ここで，一例を挙げておくが，**平成5年6月28日札幌地裁判決（判タ838号268頁）**の事案では，区役所内での閲覧が許されている住民基本台帳閲覧用マイクロフィルムを，正規の手続で借り出した上，区役所外に無断で短時間持ち出した行為が窃盗罪にあたるかどうか争われたもので，その際，被告人に，不法領得の意思

が存在するといえるかどうか問題となった。

　この点について，同判決では，「本件マイクロフィルムは，札幌市及び各区長が管理する住民に関する記録である。市町村が管理する住民に関する記録を他の者が管理保持することは現行法上予定されていない。したがって，本件マイクロフィルムの管理権を有する各区長が私人による所定の閲覧場所からの持出しや複写を容認しないことは明らかである。また，住民名簿は，多くの業種において顧客獲得・販路拡大に利用されるため，名簿業者が介在して取引の対象とされており，なかでも，本件マイクロフィルムのように住民基本台帳から正確に転記した上で市町村の管理するものは，その網羅性・正確性のため高い経済的価値を有するものである。

　このような本件マイクロフィルムを，複写する目的で所定の閲覧場所から持ち出すことは，まさに，権利者を排除して他人の物を自己の所有物と同様にその経済的用法に従いこれを利用もしくは処分する意思，すなわち不法領得の意思に基づくものであると認められる。そして，本件マイクロフィルムの場合，右のような不法領得を為すに要する時間は極く短時間を以て足りるのであるから，被告人らが本件マイクロフィルムを数時間後に返却するつもりであったことや，現にそのように返却したことは，被告人らの不法領得の意思の存在の認定を妨げる事情とはならない。」として，不法領得の意思があったものと明確に認定している。

問7　債権回収の目的で，債権の支払いがあれば返還する意思の下，債務者の財物を自己の支配下に置いたような場合において，不法領得の意思は認められるのか。

【解　答】

　この場合も同様に認められる。**昭和62年2月3日仙台高裁判決（高検速報（昭63）173頁）**では，債務の支払いに応じない建設業者から，その取立てを図るため，同業者が使用していた建設機械を工事現場から無断で搬出し，債権回収の実現ないし確実な保証を得るまで押さえておけば，工事現場で混乱等が生じ，同業者も上記債務を認め支払いに応ぜざるを得なくなるであろうとの意図から，油圧ブレーカー等の建設機械を自己の支配下に置いたという事案において，同判決では，「被告人は，Mが不渡りにした手形金合計135万円の支払いに応じないため，工事に必要不可

欠な油圧ブレーカーを被害者の意思を無視して，あえてその占有を侵奪したことが明らかであるばかりでなく，油圧ブレーカーを自己の支配下において右金員の支払いを督促し，債権回収の実現ないし確実な保証を得るまでの不特定期間，その物の利用できる権利を完全に排除して経済的価値の確保を意図したものであって，支払いがないときは返還請求を拒否する意図に徴し，単なる保管意思でないことはもちろん，もともと占有侵奪の維持継続は保管とはいえないことも明白であるから，自己の所有物と同様に振舞うものといえ，更に，占有侵奪の維持継続自体も，所詮不払時の権利実行を終局的目的とするものであり，被告人の右意図によれば所定の法的手続を経て自己のために売却処分をする意思を有していたものと認められ，従って，たとえ金員の支払いがあれば右ブレーカーを返還する意思があったとしても，権利者を排除し右物件の経済的価値を排他的に取得する意思を有していたことを否定し得ないのであるから，被告人には不法領得の意思があったものというほかはない」として不法領得の意思を認め，窃盗罪の成立を認めている。

　この事案のようなケースは，債務者の倒産時においてしばしば見られるものであるが，債権者といえども権利行使として許容されるようなものではないことをよく認識しておくべきである。

問8 想定事例のうち，前段の自動車の窃盗については，不法領得の意思の有無につき，どのように考えるべきか。

【解　答】

　結論として，窃盗罪が成立すると考えるべきであろう。その使用に係る距離や時間が短くとも，自動車は高価な財物であり，それを勝手に他人に使われるということは，被害者にとって耐え難いものがあると思われる。したがって，そのような財物について，所有者でなければできないようなその運行に及ぶことは，権利者を排除して他人の物を自己の所有物と同様にその経済的用法に従い，これを利用し処分する意思に基づくものといってよいであろう。

　たしかに，本件では，目的地が近くの郵便局であり，距離的にも近く，また，時間的にも約10分間と短いものであっても，不法領得の意思に基づくものとして，窃盗罪の成立が認められると考えるべきである。

第9章　故意及び不法領得の意思

このように，他人の自動車を勝手に乗り回すことについては，後で返すつもりであっても，また，後のことは考えていなかったにしても，いずれであっても不法領得の意思が認められるとするのが，確固たる判例である。

1　例えば，後日返還するつもりで自動車を乗り回した事案として，**昭和51年10月12日札幌高裁判決（判時861号129頁）**では，「刑法上，窃盗罪の成立に必要な不法領得の意思とは，権利者を排除し他人の物を自己の所有物と同様にその経済的用法に従いこれを利用し，または処分する意思をいうのであって，永久的にその物の経済的利益を保持する意思であることを必要としないものと解すべきである（最高裁判所昭和26年（れ）第347号，同26年7月13日第二小法廷判決・刑集5巻8号1437頁参照）。そして，原判決挙示の証拠によれば，被告人は，当初本件自動車を持ち出して運転するにあたり，同車を永久に自己のものにして使用するとか他に処分しようとするような意思のなかったことは認められるが，本件犯行前，被害者がわざわざ茶ダンスの抽出の中に本件自動車の扉の鍵をしまい込んだのを無断で持ち出して同車を運転していること，運転した距離や時間も，午前零時過ぎから午後4時近くまでの間に，被害者宅から江差町まで行き，同所で飲食をしたうえ同町内をあちこち乗り廻すなどかなりの長距離，長時間に及んでいること，特に被告人は，帰路運転を誤って車両を道路脇の側溝に落す事故を惹起しながら，そのまま同車を同所に放置して自宅に逃げ帰り，同車を探して被告人方へ来た被害者に対し，同車を無断で持ち出したことや右事故について謝罪をするどころか，かえって被害者から同車について尋ねられてこれを知らない旨答えていることがそれぞれ認められ，以上の各事実にかんがみれば，所論のように本件犯行が通常被害者において同車を使用しない深夜のことであり，また当初，被告人に使用後同車を返還する意思があったとしても，被告人において，一時的にせよ権利者を排除し，右自動車に対する完全な支配を取得して，その所有者が自由に行使するのと同様にその本来の使用目的である運転乗り廻しをしようとする意思があったことを認めるのに十分である。してみれば，被告人にはさきに述べた不法領得の意思があったものといわなければならない。」として不法領得の意思を認めている。

2　**昭和55年10月30日最高裁決定（刑集34巻5号357頁）**では，「被告人は，

深夜，広島市内の給油所の駐車場から，他人所有の普通乗用自動車（時価約250万円相当）を，数時間にわたって完全に自己の支配下に置く意図のもとに，所有者に無断で乗り出し，その後，4時間余りの間，同市内を乗り廻していたというのであるから，たとえ，使用後に，これを元の場所に戻しておくつもりであったとしても，被告人には右自動車に対する不正領得の意思があったというべきである。」と判示している。

3 **昭和58年12月1日広島高裁判決（高検速報（昭58）319頁）**によれば，「原審で取調べた証拠によって認められる本件窃取の態様，すなわち，深夜，原判示資材置場から前照灯をつけないで国道まで走行していることなどに徴すれば，被告人は，捜査段階で供述しているように乗り捨てる意思であったとの疑いが極めて濃厚であるが，他面，右窃取に際し，自己が乗っていた自転車を右材木置場に置いたままにしていることも認められ，右自転車の回収のために元の場所に戻るつもりであったことも全くなかったとまでは云い難い。しかし，右証拠によれば，被告人は，廿日市方面を約2時間にわたって乗り廻すつもりで，所有者に無断で前記のように右自動車を乗り出したことが認められるから，たとえ，右自動車を元の場所に戻して置く意思が多少あったとしても，右自動車に対する不法領得の意思はあったというべきである。」として，元の場所の戻すつもりがあったか疑わしいものの，仮に元の場所に戻す意思があったとしても，不法領得の意思はあったと認められるとしている。

4 さらに，金融機関強盗犯人が，現場から逃走する用に供する目的で，他人の自動車を約30分間無断使用して，それが置いてあった元の場所に返還したという事案につき，不法領得の意思があったかどうか問題となったところ，**昭和61年7月9日高松高裁判決（高検速報（昭61）293頁）**では，「(1)本件自動車は被害者の妻がパチンコ遊技の間，駐車場に一時駐車させていたもので，その者に使用の可能性のあることは明らかなことであり，にもかかわらず，被告人は金融機関に対する強盗という重大な犯罪を遂行するのに利用するという目的で，敢えて無断でこれを乗り出したのであるから，その使用時間が30分，走行距離が15キロメートル余に止まるといっても，被告人において少くともその間，被害者の権利を全く無視し，本件自動車を自己の支配下におくという強い意思を認めること

第9章 故意及び不法領得の意思 159

ができること，また，(2)被告人が本件自動車を元の駐車場に戻すことは，更に逃走に使用する自己の車を同駐車場に置いている結果に過ぎず，その返還意思というのも，返還を目的ないし強く意識して権利者のために誠実にこれをなすというものではなく，返還自体を重要視しているものでないから，本件犯行途中に不測の事態が起これば，本件自動車を放置して逃走することが十分予想され，被告人の意図どおり確実に元の場所に返還されるとは限らなかったと考えられることが明らかであって，これら(1)及び(2)掲記の諸事情を総合すると，被告人の所為は不可罰的な使用窃盗にとどまるとはとうてい認められず，一時的にもせよ，本件自動車に対する所有者の権利を排除し，あたかも自己の所有物と同様にこれを使用する意思があったものと認めるのが相当であり，被告人には不法領得の意思があったというべきである。」として，実際に被害者の自動車を元の場所に戻していても，不法領得の意思があったものと認定している。

5　平成2年6月18日東京高裁判決（高検速報（平2）100頁）では，後の処置について格別の考えもないまま，他人所有の自動車を無断で乗り出し，約3日間自己の支配下に置いたという事案において，「被告人は約3日間にわたって本件車両を所有者の支配を排除して自己の支配下に置き，自己の所有物と同様に乗り回して使用していたのであり，かつ，前記の行動経過に照らすと，当初から返還の意思があったとも認め難く，むしろ，乗り出した後の処置については格別の考えもなく，ただ仕事をやめて帰ろうというだけの気持から犯行に及んだものと認めるべきであって，乗り捨てる意図まではなかったにせよ，不法領得の意思がなかったとは見られないのである。」として不法領得の意思の存在を認めている。

6　もっとも，その自動車の一時使用が，労働争議として認められる行為の一環としてなされたような場合，不法領得の意思が否定される場合もある。

　　昭和50年10月17日大阪高裁判決（判タ335号347頁）では，「被告人らの本件自動車の乗り出し運行の所為が不法領得の意思によるものであるかどうかを判断する。およそ窃盗罪の成立に必要な不法領得の意思とは，権利者を排除し，他人の物を自己の所有物と同様にその経済的用法に従いこれを利用または処分する意思をいい，永久的にその物の経済的利益を保持する意思であることを必要としないとされ（中略），他方，単に一時使用のため他人の物を自己の所持に移

すにすぎないときは不法領得の意思を欠きいわゆる使用窃盗罪を構成しないとされている（大審院大正8年（れ）第2815号，同9年2月4日判決・刑録26輯27頁参照）ところ，使用窃盗が不可罰とされるのは，使用後返還の意思があり，かつ，その使用が一時的であって所有権ないしこれに準ずる本権の権利者を完全に排除する意思によらない場合に限り，不法領得の意思がないとされることによると解するのが相当である。そして，自動車などの乗物の使用窃盗については，一般的には短時間，短距離の使用に限って権利者を排除する意思がないとされ，長時間，長距離の使用は，権利者を排除する意思によるものとされるのであるが，その使用者が権利者に雇用されている者であり，また平常は権利者から業務を行うため乗物の占有をゆだねられている者であるなど，権利者および乗物との間に特別の関係を有する場合には，使用時間，走行距離の長短だけでなく，右のような特別の関係およびそれと当該使用との関連性などをも考慮したうえで，その使用が権利者を完全に排除する意思によるものであるかどうかを判断するのが相当である。

　このような見地に立って本件についてみるに，被告人らの意図した本件自動車の乗り出し運行は，大阪から東京までを往復しようとしたもので，その使用時間，走行距離は，決して短時間，短距離であるとはいえないのであるが，次のような諸事情，すなわち，被告人らはいずれも会社の従業員で自動車運転手などであったところ，本件当時その所属する組合はストに入っていたこと，会社側は組合のストのため大阪支店構内にあった本件自動車を含む営業用貨物自動車を運行させることは事実上できない状態にあったこと，被告人らの本件自動車の使用目的は，組合の指令により親会社に赴いて賃上げ要求をするにあたり示威のため会社の自動車を連らねて乗り付けようとしたものであること，本件自動車は平常は東京・大阪間の路線の運行の用に供せられているものであり，被告人らが運行しようとした区間は右路線内であって，その集合場所は会社の蒲田営業所，行先きは東京の親会社Y運輸本社であったこと，組合はあらかじめ会社側に対し，各支店，営業所から会社の営業用貨物自動車を乗り出してY運輸の本社に賃上げ要求に行く旨を通告していたこと，被告人らは本件自動車を乗り出して運行中，組合の指令によりその運行を中止することになったが，会社の静岡支店東作業所に乗り入れて留め置いており，その結果，間もなく会社側にその所在が確認されていることなどの事情を考慮すると，被告人らの本件自動車の乗り出し運行は，会社の

意思に反し，その本件自動車に対する占有を侵害したものではあるが，いまだ会社の所有権を完全に排除する意思によるものであったとまでは認められない。したがって，右所為は，不法領得の意思を欠くため窃盗罪を構成しないものといわなければならない。」とされた。

　この事案では，ストライキの中での自動車の運行行為であることなどの特殊な事情が認められ，長時間，長距離の運行であっても，不法領得の意思がないものと認定されたものであった。

問9　想定事例のうち，後段の自転車の窃盗については，不法領得の意思の有無につき，どのように考えるべきか。

【解　答】

　基本的には，上記自動車の場合と同様に，それが一時使用であっても，窃盗罪の成立が認められると考えるべきである。自転車一般について，それが高価なものか，安価なものかの評価は分かれるかもしれないが，やはりそれ相応の価値のある財物と考えるべきであろうし，一時使用であれば不可罰と安易に考えるのも，窃盗犯の萌芽を許容することにもなり，刑法のもつ犯罪予防効果を削ぐことにもなりかねないと考える。

　したがって，想定事例程度の使用状況であっても，基本的に，窃盗罪は成立すると考えるべきである（ただ，どのような刑事処分がふさわしいかという問題はまた別である。）。

　もっとも，自転車の窃盗が，使用窃盗として無罪とされた事案も存在し（例えば，**昭和51年12月17日京都地裁判決（判時847号112頁等）**），捜査に当たっては，それが使用窃盗に該当しないかどうかのチェックは重要な作業となる。具体的には，被疑者が一時使用の弁解をしていても，場合によっては，乗り捨てる意図などが併存していたのではないか。実際に元の場所に戻されたかどうか。その使用時間，使用距離はどの程度か，それが所有者にとっても許容できるような範囲内であるといえるのか。その使用により損耗が生じてはいないかなど，様々な角度から検討しておく必要はあろう。

1）　この点は，傷害罪における被害者の承諾の問題とは異なる。被害者が当該傷害行為を承諾した場合，例えば，ピアスのための耳たぶへの穿孔や，入れ墨などは，当該行為者は，相手方の身体を傷つけることは認識，認容していることから，故意の存在をも含めて構成要件要素の充足に欠けるところはない。したがって，この場合は，被害者の承諾が違法性を阻却するかどうかという観点での議論となるものである。ちなみに，いわゆるエンコ詰めといわれるヤクザの指を詰める行為は，いくら被害者が承諾していても，その違法性が阻却されることはない。この点につき，**昭和62年2月18日仙台地裁石巻支部判決（判時1249号145頁）**では，「右のような被害者の承諾があったとしても，被告人の行為は，公序良俗に反するとしかいいようのない指つめにかかわるものであり，その方法も医学的な知識に裏付けされた消毒等適切な措置を講じたうえで行われたものではなく，全く野蛮で無残な方法であり，このような態様の行為が社会的に相当な行為として違法性が失なわれると解することはできない。」として違法性が阻却されることはないと判示している。一方，上記のピアスや入れ墨程度であれば，その承諾は，違法性を阻却するものと考えてよいであろう。

2）　もっとも，その保持において領得の意思を有するに至った時点で，占有離脱物横領罪として処罰することが可能であるとの見解もあるが（増井・法令87頁），この処理が窃取行為に及んだ被疑者の処罰として，その実態に合うものであるか疑問である上，その法定刑の軽さ（1年以下の懲役又は10万円以下の罰金若しくは科料）に比較しても適切な反論とはなり得ないと思われる。また，そもそも一時的な隠匿であっても「毀棄」と考えられていることから，本件で問題とされているように「保持」しているだけの場合であっても，器物損壊罪は成立するという反論もあるが（佐々木・捜査実務27頁），どの段階で実行の着手を認定するのか明確でなく，窃取した段階で器物損壊の着手を認めるとなると，その後，実際に損壊行為に及んだ場合，包括一罪とすることとなるのであろうか。その理論に基づくのなら，通常の器物損壊事件においても，実際に破壊する時ではなく，当該財物の占有移転を伴う行為をした段階で着手を認めざるを得ないこととなるが，これは器物損壊における実行行為についてのこれまでの理解と相当に離れることになるのではないかとの批判が考えられるであろう。

3）　窃盗の故意としては，「他人の占有を排除」することと「自己又は第三者の占有に移す」ことの認識，認容であるが，器物損壊の意図で窃取する場合には，それを損壊や隠匿することに主眼があるのであって，「自己又は第三者の占有に移す」ことに主眼があるわけではないことから，「占有」という概念が，第2編第2章「刑法上の占有」で述べたように，支配の意思と支配の事実

第9章　故意及不法領得の意思　163

に基づく事実上の支配状況によって構成されるものである以上，器物損壊のために窃取する場合には，「支配の意思」の内容に違いが出てくることとなって，不法領得の意思という概念を用いなくても，故意の内容として，両罪には違いがあるといえるのではないかと考える。

第10章　財　　　物

> **例　題**　盗犯の客体である財物とは何か。

問題の所在

　刑法235条は，他人の「財物」を窃取する行為を禁じているのであるが，ここでいう「財物」とはどのようなものを指すのであろうか。その法的性質をも含めて，何が含まれ，何が含まれないのかを正確に理解しておく必要がある。

事　例

【想定事例】

1　被疑者甲野は，貧乏でクーラーを買うお金がなかったものの，それでも夏の暑さに弱かったことから，隣室との境の壁にこっそり穴を開けて，隣人がクーラーを使っていた時に，その穴からクーラーの冷気が出てくるのを利用して穴のそばにいて涼んでいた。
　　被疑者甲野の刑責如何。

2　被疑者甲野は，電車内ですりを敢行し，中年男性の背広のポケットに手を入れ，中にあった紙様のものを手にして引き出したところ，すり検挙のために甲野の行動を監視していた警察官に現行犯逮捕された。ただ，実際に，甲野が手にしたものは，わずか1枚の未使用のティッシュペーパーであった。
　　被疑者甲野の刑責如何。

3 被疑者甲野は、知人乙野次郎が病死した後、その親族が同人の遺骨をその墓内に納めるに当たり、同人が生前に大事にして常に身につけていた純金のネックレスをあの世でも着けられるようにと墓内に納めるのを知った。そこで、甲野は、その純金のネックレスが非常に高価なものであったことから、深夜、その墓に赴き、これを取り出して持ち去った。
　被疑者甲野の刑責如何。

設問と解答

問1 財物とは何か。

【解　答】

　刑法235条に規定される「財物」の定義について問われても、それに対して端的に述べるのはなかなか困難である。というのは、この概念を明らかにするための論点がいくつもあり、その中でどの見解を採るかによって、「財物」の定義が異なってくるからである。
　ただ、それら論点に対する見解は後に述べるとして、結論的には、財物とは、「財産的価値を持つ有体物である。」ということがいえると思われる。

問2 財物であるかどうかの検討に当たり、財物は有体物でなければならないのか。それとも管理し得る限り、有体物でなくてもよいのか。

【解　答】

1　有体物説と管理可能性説

　財物とは何かを考えるに当たり、民法85条において、

　　この法律において、「物」とは、有体物をいう。

と規定されていることから、刑法においても、「財物」が有体物でなければならないのではないかとの考え方（有体性説又は有体物説と呼ばれるが、ここでは有体物説と呼ぶこととする。）が古くから存在した一方、旧刑法時代には、他人の電気

を窃取する電気窃盗を処罰する規定がなかったところ，大審院において電気が管理可能であることなどを理由として，電気窃盗を通常の窃盗として処罰したことから，財物の概念としては，管理可能性があれば足りるとする考え方（管理可能性説）が有力に主張されるようになった。

　この両者の考え方の違いとしては，この財物が有体物に限るとする有体物説によれば，通常の動産などの固体はもちろんのこと，液体や気体も有体物であるから，ガスなどを財物に含めることに問題はないものの，電気その他のエネルギーなどは財物でないことになる。

　ところが，科学技術の進歩発展に伴い，有体物に劣らない価値・効用を有するエネルギー等の無体物が開発，利用されるに伴い，これらに対する刑法的保護を与える必要があるなどの考えから，管理可能性説が有力に唱えられるようになった。

2　両説と刑法 245 条

　この両説の対立おいて，重要なポイントとなるのは，刑法 245 条の規定をどのように理解するかである。同条は，

　　　　この章の罪については，電気は，財物とみなす。

としていることから，窃盗や強盗に関しては，電気は財物とみなされることになる（なお，詐欺，恐喝については，251 条により，この規定を準用していることから，同様に財物とみなされることになる。）。

　そして，管理可能性説によれば，管理可能性がある限り，電気以外のエネルギー等であっても財物に含まれることになることから，この 245 条の規定は注意的，確認的な意義を有するに過ぎないこととなる。

　これに対し，有体物説では，このような規定が置かれるようになった経緯は，上述したように大審院が電気を財物と認めたものの，なお反対説が有力であったことから，立法的に解決するために「みなし規定」が置かれたものであり，この「電気は，財物とみなす」という文言自体から，それは，電気が財物でないことを前提とするものといわざるを得ないと主張する（西田・刑法（各論）139 頁，山口・各論 173 頁等）。

　また，管理可能性説に対しては，そこで認められる財物の範囲があいまいに過ぎるし，また，その範囲が広くなりすぎるとの批判もなされている。つまり，管

理可能性説の中には，電気以外のエネルギーにとどまらず，サービスや更には債権，情報までも含まれると考えることも可能であり，利益窃盗を不可罰とする現行刑法の立場と矛盾するおそれがある上，そのような不都合を避けるため，一定の範囲に限定しようとする見解もあるものの，そのような限定を行う根拠が明らかでなく，またそれにより画される限界も不明瞭であると批判されている。

結局のところ，管理可能性説は，先の刑法245条の解釈自体にしても，同説において対象とされるものの範囲，限界が不明瞭であることなどに照らしても，罪刑法定主義に反するおそれがあるものといわざるを得ないと考えられる。

また，実際のところ，管理可能性説が，電気以外のエネルギーについても，刑法的保護を与える必要があると主張するものの，これまで電気以外のエネルギーが財物として法廷で争われたような事案は存在しないし，そもそもそのようなエネルギー自体をどのようにして窃取するのかも疑問である。

ただ，これまで有体物でないものでも，財物とされるべきかどうか問題となってきたものは，エネルギーの枠からもはみ出るものではあるが，それは「情報」である。これは管理可能性説によれば，財物に含まれる余地はあろうが，実際の処理は，その「情報」を紙面上にプリントアウトして持ち出す行為について，当該書類の窃盗として捉え，また，そのような形では捉えきれないものについては，不正アクセス禁止法などの特別法を立法することで対処しているのであって，管理可能性説でなければ十分な刑法的保護を与えられないという状況は見いだせないのが現実である（情報窃盗についての詳細は，第2編第11章181頁以下参照。）。

以上検討したところによれば，財物の概念としては，有体物説がよいと考えられよう。

3 冷気や熱気は財物といえるか

もっとも有体物説といっても，どこまでが有体物であるかの判断が分かれるものもある。有体物説を唱える多くの学者は，人口冷気や熱気などを有体物として財物に含まれるとしているが，果たしてそのようにいえるものであるかどうかは疑問である。というのは，冷気や熱気というのは，空気の温度をそのように変化させただけであって，それは当該空気の状態を表すだけのものであり，その本質が空気であることには何も変わらないからである（この点，ガスなどとは異なる。）。

確かに空気を圧縮してボンベに詰めたものは，水中の作業などに使われるもの

であり，それが刑法的保護に値するのは当然のことであるが，それはあくまでボンベに詰められた圧縮空気が，当該ボンベと共に財物となるのであって，自然界に存在しない圧縮空気というものそれだけが財物の対象となる場面はないのである。

そうであるなら，例えば，大型の店舗において，空調設備により温度調節をしていた場合に，その店舗の一部を破壊するなどして，冷気や熱気を外に逃がし，あるいは，ダクトを用いて別の場所に当該冷気や熱気を移動させたとしても，それが業務妨害や建造物損壊に当たるのは別にして，空気自体は自然界に無制限に存在する以上，それは財物とはならず，窃盗の対象とはならないと考えるべきであると思料する（なお，大谷實教授は，有体物説に立ちつつも，「熱気や冷気などのエネルギーは財物に含まれない」と述べている（大谷・刑法（各論）184頁））。

|問3| 放送電波は財物か否か。

【解　答】

上述したように有体物説からは，それが有体物でないことから，当然に財物にならない。もっとも管理可能性説からも，放送電波は盗視聴することにより減衰損耗することもなければ，技術的に盗視聴を防止することも不可能であって，電気等と異なり管理可能性がないことなどを理由に財物には当たらないとしている（増井・法令10頁）。

|問4| 想定事例1についてはどのように考えるべきか。

【解　答】

壁を破壊したことについては，建造物損壊罪が成立するが，冷気は，上述したように財物には該当しないと考えるので，窃盗罪は成立しない。

|問5| 財物といえるためには，どの程度の経済的価値が必要なのか。

【解　答】

　窃盗罪は，個人の財産権を保護するために設けられたものである以上，そこに財産的価値がなければならないのは当然である。では，その財産的価値というのは，どの程度の経済的価値が必要であるのか問題となる。

　通常，何らかの財産的価値があるものは，金銭的交換価値を持つであろうが，必ずしもそうとはいえない場合もある。金銭的価値のない想い出の品のような場合には，主観的価値はあるものの経済的な価値としてはほとんどない場合もないではない。しかしながら，昭和25年8月29日最高裁判決（刑集4巻9号1585頁）が「窃盗罪において奪取行為の目的となる財物とは，財産権殊に所有権の目的となり得べき物を言い，それが金銭的乃至経済的価値を有するや否やは問うところではない。」としているように，財産権の目的となり得るものであれば足りるのである。

　したがって，経済的価値を認め難いものであっても，財物性が否定されるわけではない。

問6　では，実際のところ，経済的価値の存否等が問題となったものの，財物として認められたものには，どのようなものがあるのか。

【解　答】

1　一般的に文書類は，有名人のサインなどを除けば，経済的価値がない場合が通常であろう。しかし，それらも社会生活上，権利，義務又は事実関係等を証明するために重要な役割を果たしており，所有者や所持者にとっては金銭的価値を超えた重要性を持っている場合も少なくない。

　それゆえ，各種契約書類や金銭に関わる証明書類等は，いずれも財物と認められることに疑いはない。具体的には，詐欺罪や窃盗罪の財物であるかどうか問題となったものではあるが，次のようなものが挙げられる。

(1)　昭和63年12月20日東京高裁判決（判時1302号86頁）では，米国のテクニカル・オーダー（技術指示書）の財物性が争われたが，同判決では，「本件

テクニカル・オーダーは、米空軍が現に使用する航空機や機上搭載器材等の整備、点検、補修、操作等のため必要不可欠のものであり、しかも、機密指定区分外のものとはいえ、相応の情報価値を備えているため、公用に限って使用が許されるに過ぎず、その配付も、一部の例外を除き、米国政府機関に限られ、航空基地外への持出しが禁じられるなど取扱い注意の措置がとられているものであることなどが認められるから、本件テクニカル・オーダーが窃盗罪の対象として刑法の保護に値することは明らかである。」として財物であることを認めたものである。

(2)　簡易生命保険証書について、**平成12年3月27日最高裁決定（刑集54巻3号402頁）**において、簡易生命保険契約によるその保険証書の財物性を認めている。

(3)　また、預金通帳については、**平成14年10月21日最高裁決定（刑集56巻8号670頁）**において、原判決が、「預金通帳は預金口座開設に伴い当然に交付される証明書類似の書類にすぎず、銀行との関係においては独立して財産的価値を問題にすべきものとはいえない」という理由で、その財物性を否定していたのに対し、「しかし、預金通帳は、それ自体として所有権の対象となり得るものであるにとどまらず、これを利用して預金の預入れ、払戻しを受けられるなどの財産的な価値を有するものと認められるから、他人名義で預金口座を開設し、それに伴って銀行から交付される場合であっても、刑法246条1項の財物に当たると解するのが相当である。」として、財物性を認めた。

(4)　また、**平成21年1月14日東京地裁判決（公刊物未登載）**の事案では、少年の保護事件記録が財物か否か争われた。

　この事案は、過激派構成員が、神戸市内で起きた神戸児童連続殺傷事件の犯人として少年Aが逮捕されたことは権力による謀略であるとの同派の主張に基づき、同事件の謀略性を暴露するとして、兵庫県立○○病院院長Bが、神戸家庭裁判所から少年Aの精神鑑定に用いる資料として送付を受けて保管していた同事件の保護事件記録の写し等を窃取する目的で、同病院内に侵入し、院長室において、院長Bが段ボール箱2箱に収納して保管していた同事件の保護事件

記録の写し等ファイル21冊中9冊を同室から持ち出して窃取したというものであった。

そして，この保護事件記録等の財物性について，弁護人らは，家庭裁判所や捜査機関，付添人等も本件保護事件記録等の写しと同じ内容の記録を保管あるいは閲覧していること，新聞等に捜査機関から関係者の供述調書等の内容がリークされたと考えられる記事が掲載されていたことにかんがみると，本件保護事件記録等の写しは窃盗罪にいう財物には該当しないと主張していた。

これに対し，同判決では，「しかし，家庭裁判所，捜査機関，付添人が保護事件記録等の全部又はその一部の写しを保管ないし閲覧することは，いずれも法令上の権限に基づくものであるから，このことから本件保護事件記録等の写しの財物性が否定されることのないことは明白であり，また，新聞記事等に関する弁護人の主張を前提としても，それにより本件保護事件記録等の写しの機密性が失われるわけではないことも明らかであるから，その財物性は優に認められる。」として，これが財物であることを認めた。

(5) さらに，住民基本台帳カードについては，**平成24年4月20日福岡高裁判決（高検速報（平24）233頁）**において，「住基カードは，ICチップ（半導体集積回路）に住民票に記載された氏名及び住民票コード，その他政令で定める事項を記録したカード（住民基本台帳法第30条の44第1項）であり，（中略）住基カードについては，住民票の写しの交付を受ける場合や，転出・転入の届出をする場合にはこれを提示することで，行政サービス上の便宜を受けることができる（同法第12条の4第1項，第24条の2第1項）というだけでなく，市町村長その他の市町村の執行機関は，条例の定めるところにより，住基カードを，条例の定める目的のために利用することができると定められていること（同法第30条の44第8項），その内容は，条例の定めるところによるが，単に身分の証明事項に関するものだけではなく，市町村が発行している種々の証明書等に代替するものとして利用されることが予定されており，その中には社会生活上重要な経済的価値効用を有する性質のものも含まれると考えられることからすれば，住基カードは詐欺罪の保護法益である財物に当た」ると判示している。

2 また，行政関係の文書であってもそれは同様であり，投票用紙及び投票用封筒

について，昭和36年11月9日最高裁決定（裁判集刑140号69頁）において，「本件投票用紙並びに投票用封筒は，所有権の客体となるものであるというまでもないから，刑法246条1項所定の財物に当るものと解するを相当とする。」と判示されている。

3 一方，主観的価値が存在することで財物性を認めたものとして，**昭和43年7月12日広島高裁判決（高検速報（昭43）145頁）**は，先祖の古い位牌について財物であるとした。すなわち，「刑法上，財産罪の目的となる財物は，必ずしも金銭的ないし経済的価値を有するものに限らず，財産権の目的となり得べきものであれば足りるのである。本件の位牌が被害者V方仏壇に安置され，Vはじめその家人が朝夕これを礼拝していたものであることは，証人Aの供述により明らかであり，右位牌が同人らにとって主観的価値があり，刑法上，保護すべき財物にあたることは多言を要しない。」と判示している。

4 さらに，その物が所有者，所持者にとって積極的な価値をもつものではないけれども，他人の手に渡って悪用されるおそれがある物は，それを阻止する必要があるという点において消極的価値があり，やはり財物として認められる。
　具体的には，消印済みの収入印紙や，使用済みの乗車券，無効の手形，小切手類，有効期限の切れたパスポートなどがこれに該当するであろう。

問7 では，逆に，経済的価値の存否等が問題となって，財物として認められなかったものとして，どのようなものがあるのか。

【解　答】

1　昭和43年3月4日大阪高裁判決（判時514号85頁）
　例えば，昭和43年3月4日大阪高裁判決では，すりで盗んだメモ1枚が財物とはいえないとしたものであり，ここでは財物性に関して，次のように判示されている。
　すなわち，「財産犯の客体としての『財物』といいうるためには，交換価値ないし経済価値を有するか，または少なくとも主観的価値を有することを要し，し

たがって，右いずれの価値をも有しない物が『財物』にあたらないことはもちろん，右いずれかの価値を有するとしても，その価値が極めて僅少で，いうに足りないような物も，また『財物』とはいえないものと解するのが相当である。」として「財物」といえるための基準を示した上，「そこで，被告人のすりとった本件メモが右いずれかの価値を有するか否かについて考察するに，原判決挙示の各証拠によると，被告人がすりとった本件メモは，横約21センチメートル，縦約27センチメートルの紙片であって，（中略）それ自体から交換価値ないし経済的価値のないことがうかがいうるのである。しかも右証拠に証人である警察官Aの当審における供述を併せ考えると，本件犯行直後，被告人が現場付近で捨てた右メモを拾った鉄道公安官Bがこれを被害者Vに示して被害づけをしたうえ，警察官Aにおいて被告人を現行犯人として逮捕し，右メモを差押えたのであるが，その際Vは右差押えを了承し，還付を望む意思を表示しなかったことが認められるので，右メモは，Vにとり，すでにその必要性を喪失していたものであって，すなわち，主観的価値もないか，少くとも極めて僅少でいうに足りないものであったと考えられる。そうだとすると，右メモは財産犯の客体としての『財物』には該当しないものというほかはない。」として，財物性を否定し，窃盗罪の既遂ではなく，未遂として認定したものであった。

2　昭和51年12月6日札幌簡裁判決（判時848号128頁）

　また，昭和51年12月6日札幌簡裁判決では，はずれ馬券については財物性が認められないとした。

　すなわち，被告人がすり取ったものがはずれ馬券であったところ，「ところで『はずれ馬券』は，それ自体なんらの使用価値も認められず，また，これが他人の手に渡って悪用されるというものでもない。そして通常は，レースの終了後に所持者によって投げ捨てられるところ（公知の事実）の一紙片にすぎないのであるから，社会通念上，これに客観的価値を見出すことは困難であるのみならず，《証拠略》によれば，被害者Vは当時，本件馬券を自己の右ポケットに入れていたものの，『そのうちに投げようと思ったが，第9レースのことを考えていて，つい投げるのを忘れてしまった』あるいは，『ポケットの中を調べたところ，投げ忘れていた第8レースの1－5の馬券が2枚しかはいっておらず，盗まれたことがわかった』等と供述し，本件犯行時には，これを投棄する意思を有していたこと

が認められるので、本件馬券は、Vにとってはすでに必要性がなく、主観的価値も存在しなかったものと考えられる。

してみれば、本件馬券は、もはや刑法上の保護に値する物とはいえず、窃盗罪の客体たる財物には該当しないと解すべきである。結局、被告人は、本件馬券を有効な馬券と思い、Vからすり取ったが、それが財物でない『はずれ馬券』であったため窃盗の目的を遂げなかったもので、右所為は、窃盗未遂罪を構成するにとどまると解するのが相当である。」とした。

問8 想定事例2についてはどのように考えるべきか。

【解　答】

ティッシュペーパー1枚の財産的価値をどのように考えるかによって結論が異なることとなろう。たとえそれが1枚であっても、本来的には利用価値はあるのであって、財物に該当するという考え方もないではないと思われるが、ただ、ティッシュペーパー1枚となると、その価値は、1円以下となる可能性があり、そこまで低いものであれば、財産的保護の対象になるには不十分であると考えるべきであろう。

この点について、ちり紙13枚をすり取ったという事案において、窃盗未遂罪であるとした**昭和45年4月6日東京高裁判決（判タ255号235頁）**は、「刑法第235条の窃盗罪において奪取行為の客体となる財物とは、財産権とくに所有権の目的となりうべき物であって、必ずしもそれが金銭的ないし経済的価値を有することを要しない（中略）が、それらの権利の客体として刑法上の保護に値する物をいうものと解すべきであるから、その物が社会通念にてらしなんらの主観的客観的価値を有しないか、またはその価値が極めて微小であって刑法上の保護に値しないと認められる場合には、右財物に該当しないものというべく、従って、そのような物を窃取しても、その行為は、窃盗（既遂）罪を構成しないものと解するのが相当である（中略）。

これを本件についてみると、原判決挙示の証拠によれば、被告人は、昭和44年7月22日午後4時13分ころ、東京都渋谷区内のT百貨店7階に停止中のエレベーター内において、金員窃取の目的で乗客A着用のズボン左後ポケット内に左手を差し入れ、同人所有の四つ折のちり紙13枚を抜き取った直後、警察官に発見された

ため，金員窃取の目的を遂げなかったこと，しかして，右ちり紙13枚は，縦17.5糎，横23.5糎で白色の薄い和紙（品質中等程度）を重ねて四つ折りにしたものであるが，内表側の3枚は破れてほとんど使用にたえず，その余の10枚もしわがより汚損が認められる古いものであることが認められるが，このようなちり紙の形状，品質，数量，用途および被害者がこれに対し特段の主観的使用価値を認めていたことを窺うに足りる証拠がないことに徴すれば，本件ちり紙は，その価値が微小であって，刑法上の保護に値するものとは認め難いものであるから，被告人の本件所為は，前段説示にてらし窃盗（既遂）罪を構成することなく，金員窃取の目的を遂げなかったものとして窃盗未遂罪を構成するに止まるものと解するのが相当である。」と判示したことが参考になろう。

したがって，この想定事例2の場合には，被疑者甲野には，窃盗罪の既遂ではなく，窃盗未遂罪が成立すると考える。

問9 覚せい剤や拳銃などの禁制品は，財物として認められるのか。

【解　答】

覚せい剤や拳銃などの禁制品は，一般的にその所有，所持が禁じられているところ，それに財物性を認めるかどうかが問題となるのは，これを認めると，その所持等に刑法的保護を与えることになって，法がその所持等を禁じたことと矛盾するのではないかとも考えられるからである。

しかしながら，いくら禁制品であるといっても，国がその所持等を奪うためには，法的な手続を踏む必要があることに照らしても，そのような手続によらないで私人が勝手にその所持を奪うのは，やはり違法行為を容認することになり，財産的法秩序が不法手段により乱される結果となろう。そのため，たとえ被害者に法的保護に値する利益がない場合であっても，財産権侵害の外形を有するものは，財産的法秩序維持の観点から違法とされるべきであり，それゆえ，禁制品であっても財物と認められるべきであるとされている。

判例の立場においても同様であり，この理解は確定している（増井・法令17頁）。

問10 偽造文書等犯罪により生じた物などについては、財物として認められるのか。

【解　答】

基本的には、禁制品について述べたことと同様である。

問11 盗品なども財物に含まれるのか。

【解　答】

被害者が盗まれた財物を取り戻そうとしている時などは、未だ占有が犯人側に移っているとはいえないことから、これが犯人側の財物となることはないが（盗犯等ノ防止及処分ニ関スル法律1条1号1号参照）、完全にその占有が移ってしまって、犯人がその占有を平穏に獲得した後は、これが適法に取得したものでなくても、犯人の財物として扱われる。

これは、社会の法秩序を維持する必要から、物の所持という事実上の状態を保護する必要があるからである。具体的には、**昭和29年5月24日東京高裁判決（判タ40号30頁）**において、「窃盗罪の法益たる所持（占有）は物に対する事実上の支配であって、その物に対する事実上の支配関係が認められる限りその支配が適法と否とに拘らず窃盗罪の保護法益となるものと解せられるのであるから、右のように窃盗犯人から更に贓物を窃取した場合においても窃盗罪が成立するものと解するのが相当である。」と判示されている。

問12 墓内に埋葬されている死体、遺骨、遺髪又は棺に納めてある物は、財物となるのか。

【解　答】

墳墓やその中に納めてある物に関しては、刑法189条から191条に規定されており、まず、189条は、

　　墳墓を発掘した者は、2年以下の懲役に処する。

とされ，また，190条では，

> 死体，遺骨，遺髪又は棺に納めてある物を損壊し，遺棄し，又は領得した者は，3年以下の懲役に処する。

とされ，さらに，191条では，

> 第189条の罪を犯して，死体，遺骨，遺髪又は棺に納めてある物を損壊し，遺棄し，又は領得した者は，3月以上5年以下の懲役に処する。

とされていることから，それのうち埋葬品を領得する行為と，刑法235条の他人の財物を窃取する行為との関係が問題となる。

この点については，窃盗罪との観念的競合となるという見解も存在するが，基本的には，刑法の中で，窃取行為と同様の外形的行為である「領得」行為を別に定め，その行為に対する法定刑をあえて軽くしていることや，通常，埋葬品として棺や墓の中に入れられた物については，もはや所有権は放棄されていると考えられることから，それら埋葬品は財物でなく，窃盗罪は成立しないと考えるべきであろう。

問13 想定事例3については，どのように考えるべきか。

【解　答】

基本的には，上述したように，窃盗罪は成立せず，刑法191条の墳墓発掘領得罪が成立すると考えるべきである。

ただ，本件純金のネックレスを埋葬した親族の意図が，亡くなった乙野次郎のために，一時的に墓内に蔵置したに過ぎず，時期が来ればまた取り出す意図であるような場合であれば，窃盗罪の成立を認めてもよいと思われる。

というのは，当該ネックレスの価値が高いことなどに照らしても，相続によりその所有権を取得した親族が，わざわざこれを放棄して，永遠に礼拝の対象としようとしているものとは考え難いし，そうであるなら，未だ，その占有の有無の判断における支配の意思がなくなっているとは認められず，それゆえ，当該物に対する親族の占有が残り，したがって，財物性も失われないこととなって，窃盗罪が成立する余地があるものと考えられるからである。

この場合は，191条の罪と観念的競合となるものと考えられよう。

問14 自己の物であっても，窃盗罪の対象たる「財物」としてこの罪が成立する場合はあるのか。

【解　答】

刑法242条は，

　　自己の財物であっても，他人が占有し，又は公務所の命令により他人が看守するものであるときは，この章の罪については，他人の財物とみなす。

として，「自己の財物」であっても，「他人が占有」する場合などは，「他人の財物」とみなされる。したがって，この条文の要件を満たす場合には，自己の物であっても窃盗罪は成立する。そこでこの条文の解釈上の留意点は以下のとおりである。

1　まず，ここでいう「他人の占有」という場合は，その他人が所有権などの本権に基づいて正当に対抗して占有できる場合でなければならないのか，それとも，単なる事実上の占有で足りるのかについては，見解の対立があった。

　　古い時代の大審院の判例は，「占有者が適法にその占有権を以て所有者に対抗し得る場合に限り適用」されるべきものとしており，つまり，他人が本権によって所有者に対抗できる適法な占有を有していることが必要であると解されていたが，**昭和34年8月28日最高裁判決（刑集13巻10号2906頁）**は，詐欺罪の事案であるが，譲渡禁止の国鉄公傷年金証書を担保として債権者に差し入れた後，これをだまし取ったという事案において，「原判決が，刑法246条1項の詐欺罪の規定は，必ずしも財産的損害を生ぜしめたことを問題とせず，むしろ，個々の財物に対する事実上の所持それ自体を保護の対象としているものと解すべきであるとし，本件において法令上公傷年金の受給権を担保に供することが禁止されている結果，被告人がAから金員を借受けるに際し，自己の所有にかかる国鉄公傷年金証書を担保として同人に差入れたことが無効であるとしても，同人の右証書の所持そのものは保護されなければならないのであるから，欺罔手段を用いて右証書を交付させた被告人の判示所為が刑法242条にいわゆる『他人ノ財物ト看做』された自己の財物を騙取した詐欺罪に該当するものとしたことは相当」であるとした。

　　つまり，第2編第1章問3・42頁の窃盗罪の保護法益のところで述べたように，

現在の判例は，その「占有」それ自体を窃盗罪の保護法益と考えており，その上で，その保護されるべき「占有」というものは，事実上の所持・支配であると考え，刑法242条の「他人の占有」という規定についても，個々の財物に対する事実上の所持自体を保護法益と解して，結局のところ，「他人の占有」とは，他人の事実上の支配下にあれば足りるとしているのである。

2　次に，「公務所の命令により他人が看守する」というのは，公務所の処分によって所有者の事実上の支配力を排除し，公務所の事実上の支配内に移した物を，第三者が公務所の命令を受けて自己の事実上の支配内に置くことをいう（増井・法令23頁）と解されている。

例えば，執行官が強制執行により，又は，収税官吏が滞納処分として差し押さえて第三者に保管させたような場合や，司法警察職員が押収の上，第三者に保管させた場合などがこれに該当する。

特に，後者の例としては，**昭和30年3月23日最高裁決定（裁判集刑103号717頁）**では，「原判決が本件物件は司法警察職員の正当な領置手続の過程において，その命により松戸駅長が看守していたもので，松戸駅長の占有は適法な占有であるとした判断は正当である」としている。

第11章　情報窃盗

> **例　題**　情報に対する窃盗についてはどのように考えるべきなのか。

問題の所在

　刑法235条は，「他人の財物」を窃取した行為に対して，窃盗罪として刑罰をもって臨むこととしているが，その際の対象となるものは，あくまで「財物」であって，利益，情報などは，その対象とはされていない。したがって，強盗や，詐欺，恐喝などであれば，それらの条文上2項において，財産上不法な利益の奪取や詐取等について刑罰をもって臨むことができるものの，窃盗罪ではそのような規定がないことから，利益窃盗はもちろんのこと，情報窃盗も認められない。
　しかしながら，特に，情報窃盗に関しては，近時の情報化社会において，当該「情報」は単なる財物以上の価値を有する場合も多く，これを刑法的な保護から外すことはできない状況にある。このような現下の状況下にあって，情報窃盗についてどのように考え，対処すべきであるのか。

事　例

【想定事例】

　被疑者甲野は，コンピュータのソフト開発会社であるA社に勤務していたが，独立するため，A社の開発していたソフトのデータを持ち出すこととした。そのため，社内でたまたま一人でいる時に，自らのIDとパスワードを使って，コンピュータのデータにアクセスした上，USBメモリーにそのデータを写し取り，それを持ち出した後A社を辞めた。そして，その後B社を設立し，そのデータを

使ってＢ社のソフトとして売り出した。

被疑者甲野の刑責如何。

設問と解答

問１ 「情報」は財物には含まれないのか。

【解　答】

　第２編第10章166頁の財物の定義に関して述べたように，管理可能性説の一部には，「情報」も管理可能であるとして，財物に含まれるとする考え方もないではないようであるが，これは一般的な考え方ではない。刑法上，窃盗については，強盗や詐欺等と異なり，２項を設けて財産上不法な利益を得ることを罰則の対象としていないことから，そのような利益を窃取することについては，刑法としては不可罰とする趣旨であると考えられている。

　それゆえ，そもそも有体物説によれば，「情報」は有体物でないことから，財物でないのは当然であるが，それ以外の見解によっても，これを財物と認めることは無理であるといってよい。

問２ では，情報窃盗は，刑法的な保護の対象から外しておいてよいのか。

【解　答】

　「情報」それ自体を窃取することについては処罰することができなくても，その情報が記録されている書面や電磁媒体を，複写等のために持ち出す行為に対して，窃盗罪や業務上横領罪を適用することにより，事実上情報も保護されるように図られていた。

問3 具体的には，どのような事案が，どのような形で処理されているのか。

【解　答】

次の6件が情報窃盗の事案として参考になると思われる。

1　まず，昭和55年2月14日東京地裁判決（判時957号118頁）の事案は，調査会社が機密資料として保有していた講読会員名簿について，コピーした後直ちに返還する意思で，これを持ち出し，約2時間でコピーを完了し元の場所に戻しておいたというものである。

　この事案において，同判決では，「本件講読会員名簿は，株式会社○○が会員制度により発刊する建設工事業者の業態調査，統計資料等を掲載する○○週報の購読会員名簿で，その会員の維持，獲得が同社の経営を左右することから，同社では，右講読会員名簿を機密資料として取扱っていること。同社員が講読会員名簿を社内において閲覧することは自由に許されているが，その内容を社外に漏らしたり，講読会員名簿自体を他に貸与したりすることはもちろん，これを社外に持ち出すことも堅く禁じられ，その取扱いも判示業務係員らが退社時に事務机引出内に右名簿を入れ，施錠して保管するなどしていたものであること。被告人は，同会社の業務部長の職にあって，講読会員名簿が右の如き内容の書籍であることを十分知悉していたこと。ところで，被告人は，同会社の経営者と対立したため同社を退職し，同社と営業が競争関係に立つ他会社に就職しようとし，その際本件購読会員名簿のコピーを作成し，これを転職先会社に譲り渡すことを企てるに至ったこと。そして，昭和53年3月4日（土曜日）退社時刻になり社員が帰り始めたころ，被告人は，本件購読会員名簿保管の事務机引出が少しあいていて，その引出が施錠されていない状況を目撃するや，右企てを実行すべく決意し，他の社員と共に一旦退社した後，独り同社内に戻り，同日午後0時30分ころ，右事務机引出内から本件購読会員名簿4冊を取り出し，これを携帯して同社を出，同社の近くにある東京都新宿区内の△△コピーサービスに持参して同所で右名簿の全頁のコピーを依頼し，約2時間後にコピーができたので，右購読会員名簿4冊を受取って同社内に持ち帰り，右名簿を元の保管場所に戻したことの各事実が認められる。

してみると，本件購読会員名簿の経済的価値は，それに記載された内容自体にあるものというべく，この内容をコピーし，それを自社と競争関係に立つ会社に譲り渡す手段として，本件購読会員名簿を右認定事実の如き態様により利用することの意思は，権利者を排除し，右名簿を自己の所有物と同様にその経済的用法に従い利用する意思であったものと認めるのが相当である。そして，被告人がその不法領得の意思をもって，右認定事実記載のとおりの状況下で，事務机引出内から本件購読会員名簿を取り出し，これを社外に持ち出したものであるから，まさに本件購読会員名簿の占有は被告人の占有に移ったものというべきであり，従って被告人の右行為については窃盗罪が成立することになる。しかして，右のとおり不法領得の意思が具現されて窃盗罪が成立すると解する以上，その利用後これを返還する意思でかつ返還されたとしても，それは，窃盗犯人による事後処分と評価すべきものであって，それによって窃盗罪の成立を免かれるものではない。なお，返還するまでの時間が短時間であっても，その理を異にするものでない。」として，本件名簿に経済的価値があることを認めた上，複写目的での機密資料の持出しが窃盗における窃取行為に該当し，また，そこに不法領得の意思も認められるとして，このような情報窃盗を，機密資料の占有を取得するという観点から窃取として認定したものである。

2　次に，いわゆる新薬スパイ事件と呼ばれる**昭和59年6月15日東京地裁判決（判時1126号3頁）**であるが，これは情報窃盗について詳細に判示した最初の裁判例といってよいと思われる。

　これは，製薬会社において，新薬の製造承認申請資料等を複写する目的で持ち出したという事案であるところ，弁護人は，被告人らの行為は，本件各資料に対する管理者の占有を侵害したものではなく，また，本件各資料は，秘密性を欠き経済的価値を有しないものである上，被告人らは本件各資料をコピーした後直ちに返還する意思で持ち出したものであって，被告人には不法領得の意思がなかったから，窃盗罪は成立しないと主張した。

　これに対し，同判決では，「関係各証拠によれば，本件各犯行当時，○○抗生物質製剤室長Dの執務室の戸棚に在中した新薬製造承認申請に関する資料については，同室長が前任者のBから引継ぎを受けた分も含め全てD室長の占有管理にかかるものであり，本件各資料もその一部であること，D室長は，新薬の製造承

認申請に関する資料の中には企業秘密にわたる部分もあると考えており，内部の者が研究等のために用いる場合を除き，それ以外特に外部の製薬会社関係者に対しては自己の占有管理する右資料の閲覧等を許さないという姿勢を日頃からとっていたことが認められ，これらの事情からすると，同室長も供述するとおり，被告人らの本件各資料の持出し行為は同室長の容認しないものであることは明らかである。

本件において，被告人らは，D室長の右のような態度を知っていたため，右各資料を外に持ち出すことを目的として，Aにおいて同室長が不在の時を見計らい，同室長には無断で本件各資料を戸棚から取り出し，これを自己の支配下に置いたのであるから，この時点でD室長の本件各資料に対する占有が侵害されたことは明らかである。そして，Aは，D室長の不在時を見計らって予め定められた時間に製剤室を訪れた被告人に右各資料を直接手渡し，被告人はこれをX化学本社に持ち帰ってコピーを作成した後，眼科用スルベニシリンナトリウムの資料については約16時間後の翌朝に，塩酸バカンピシリン及び塩酸セフメノキシムの各資料については約7時間後の当日夕方に，それぞれAの許に返却し，同人は右各資料をそれぞれD室長の戸棚の元の場所へ戻したことも証拠上認められるのであって，右のような資料の利用状況や返却までの時間を見れば右占有侵害が実質的な違法性を具備していることも十分に肯認できるところである。」として，被告人らの本件資料の持ち出し行為が，占有権侵害に当たる窃取行為であると認めたものである。

その上で，不法領得の意思の有無に関して，同判決は，「次に，本件各資料の秘密性ないし経済的価値についてみるに，本件各資料に含まれているデータや論文等のうち公表されているものもかなりあることは弁護人指摘のとおりであるが，例えば『日抗基以外の規格及び試験方法並びに設定理由』とか『概要』などのように公表されない部分もあり，製薬会社の中ではこれらの資料を秘文書扱いにしている例が多いこと，たとえ生のデータや論文が公表されている場合であっても，それらを網羅的に検索しその内容を仔細に検討したうえ，製造承認申請内の資料としてまとめ上げるまでには大変な労力と時間を必要とすること，特に資料中の『概要』の部分については各製薬会社ともその内容や編集方法に苦心しており，各社なりのノウハウ的な基準を有していることが証拠上認められるのであって，これらに加え，被告人自身捜査段階において，本件各資料の有用性を肯

定する詳細な供述をしており，同供述は右に述べたところや本件各資料のうち眼科用スルベニシリンナトリウムの資料については現実にX化学の開発委員会用の資料を作成する際に利用されたことなどに照らして十分合理的なものとして是認できることなどの事情を考慮すると，本件各資料は秘密性のほか有用性ないし経済的価値を十分有していたと認められる。

そして，本件各資料の経済的価値がその具現化された情報の有用性，価値性に依存するものである以上，資料の内容をコピーしその情報を獲得しようとする意思は，権利者を排除し右資料を自己の物と同様にその経済的用法に従って利用する意思にほかならないと言うべきであるから，判示犯行の動機及び態様に照らし，被告人には不法領得の意思が存在したと認めるのが相当である。そうだとすると，被告人の本件行為については窃盗罪が成立するものと言わなければならない（なお，犯行の際に利用後は資料（原本）を返還する意思を有しておりかつ現実に返還されたとしても，それは不法領得の意思の存在に影響を及ぼすものではなく，そのことによって窃盗罪の成立が否定されるものではない。）。」と判示した。

ここでも持ち出された資料に経済的価値を認め，不法領得の意思なども認定して，窃盗罪が成立するとしたものである。

3　次に，**昭和60年2月13日東京地裁判決（判時1146号23頁）**の事案では，被害会社が開発，作成した機密資料であるコンピュータ・システムの設計書，仕様書，説明書及び回路図等について，そのコピーを作成するために，社外に持ち出したことについて，被告人らがそれらを保管，管理していたものであることから，これを業務上横領としたものである。

この事案において，弁護人らは，被告人らが本件資料を持ち出したのは，単にコピーするためであって，処分する意図はなく，コピーした後に元の場所に返還しているのであるから，被告人らには不法領得の意思はなかったと主張して，業務上横領の成立を争った。

そこで，同判決では，「検討するに，他人の物を一時的に持ち出した際，使用後返還する意思があったとしても，その間，所有権者を排除し，自己の所有物と同様にその経済的用法に従ってこれを利用し又は処分をする意図がある限り，不法領得の意思を認めることができると解されるところ，前記認定のとおり，被告人らが持ち出した本件資料は，N鉄工が多大な費用と長い期間をかけて開発した

コンピューターシステムの機密資料であって，その内容自体に経済的価値があり，かつ，所有者であるN鉄工以外の者が同社の許可なしにコピーすることは許されないものであるから，判示のとおり被告人等が同社の許可を受けずほしいままに本件資料をコピーする目的をもってこれを同社外に持ち出すにあたっては，その間，所有者であるN鉄工を排除し，本件資料を自己の所有物と同様にその経済的用法に従って利用する意図があったと認められる。したがって，被告人らには不法領得の意思があったといわなければならない。」として，持ち出し行為における不法領得の意思の存在を認め，本件において業務上横領の成立を認めたものである。

4 次に，昭和62年9月30日東京地裁判決（判時1250号144頁）の事案では，複写目的で百貨店の顧客名簿が入力された磁気テープを持ち出した行為が窃盗罪に当たるとされている。

　この事案では，被告人は，昭和60年12月13日ころ，東京都新宿区西新宿所在の○○百貨店経営企画室において，同会社の顧客である○○友の会会員名簿（会員数6万5189名）が入力された同経営企画室長Aが管理する同会社所有のコンピューター用磁気テープ1巻（磁気テープ自体の時価約1000円相当）を窃取したものであった。

　この事案においては，上記事実関係について争いがなかったことから，磁気テープ1巻の窃盗罪の成立に問題はなかったものの，同判決では，量刑の理由の中で，「本件は，通例の窃盗事犯にはみられない極めて特異かつ重大な結果を及ぼした犯行である。被告人の窃取した本件磁気テープには，百貨店である被害会社にとって極めて貴重な顧客名簿という営業上の機密が入力されていたのであり，これが一旦社外に流出すればそれ自体の財産的価値が減少することはもちろん，被害会社が一般顧客や取引先との間に永年培ってきた社会的信用を大きく失墜させ，有形無形の莫大な損害を与えることは容易に察せられるのであって，このような結果をもたらした被告人との間に被害会社が示談をする意思を有しないのも当然と思われる。また，本件犯行が被害会社を信頼して『○○友の会』会員となり，自己のプライバシーにわたる情報を提供した顧客に対する間接的な侵害性を有する点も無視することができない。そして，情報化社会といわれる現代社会においては，このような重大な結果をもたらす本件類似の犯行が常に発生しうる状況が存

在しており，かつ将来ますますこれが一般化するであろうことを考えれば，本件犯行は一般予防の見地からも容易に看過しえないものと言わなければならない。」と指摘し，機密情報を窃取したという観点から，その犯情が極めて重いとして，実刑判決を言い渡したものであった。

5 さらに，**平成10年7月7日東京地裁判決（判時1683号160頁）**の事案は，大手都市銀行向けのプログラム開発業務に従事していた被告人が，業務上預かり保管中の書類資料の複製物を，銀行の顧客データと共に売却する目的で名簿業者に持ち出した行為について，業務上横領罪が成立するとされた事案であり，そこで認められた罪となるべき事実は，次のとおりである。

　被告人は，ソフトウェアの開発等を目的とする株式会社甲野の渋谷営業所のシステム第一課長として，同社が丙システムデザイン株式会社から受注した株式会社〇〇銀行向け債券償還案内等のプログラム開発業務に従事していたものであるところ，右丙システムデザイン株式会社のために業務上保管中の項目説明書等の資料4枚を，株式会社戊田図書館で複製し，その複製物を〇〇銀行の顧客データと共に売却する目的で，ほしいままに，平成9年11月5日，東京都千代田区内の右プログラム開発業務の作業実施場所の事務所から，東京都港区内の株式会社戊田図書館へ持ち出し，もって，これを横領したものである。

6 最後に，**平成21年1月14日東京地裁判決（公刊物未登載）**の事案は，第2編第10章171頁の財物のところでも紹介したが，過激派構成員が，神戸市内で起きた神戸児童連続殺傷事件に関連して，兵庫県立〇〇病院院長Bが，神戸家庭裁判所から少年Aの精神鑑定に用いる資料として送付を受けて保管していた同事件の保護事件記録の写し等を窃取する目的で，同病院内に侵入し，院長室において，院長Bが段ボール箱2箱に収納して保管していた同事件の保護事件記録の写し等ファイル21冊中9冊を同室から持ち出して窃取したというものであったところ，その犯行態様は，上記院長室から，上記保護記録の写しを持ち出し，病院内のコピー機でコピーしたというものであった。

　このような犯行態様において，これが窃取行為と認められるかについて争われたものの，同判決では，「本件保護事件記録等の写しのうちファイル9冊分のコピーをするだけでも数時間は要するものと考えられるところ，保護事件記録のよ

うに極めて機密性が高く，部外者が接することが予定されていない情報の化体された文書は，部外者が無断でコピー等を行って同一の情報内容を記録した媒体を取得するだけでその機密性は著しく損なわれ，所有者ないし占有者の排他的な利用が阻害されたと評価することができるから，○○派構成員が院長室保管資料を院長室外に持ち出して数時間にわたってコピーを行ったことは，窃盗罪にいう占有侵害と評価するに十分である。」とし，また，不法領得の意思の存否についても，「院長室に侵入した○○派構成員は，本件保護事件記録等の写しのコピーを入手してその内容を分析した上で，『神戸小学生惨殺事件の真相』等のパンフレットや機関紙の記事に反映させたり，上記のとおり報道機関にコピーを送付するなどして，同派の主張を広く社会に喧伝する手段の一つとして利用しようとする意図であったと認められる。非公開で行われる少年保護事件の記録等の閲覧謄写やそのコピーの所持は，法令上これを許容されている者のみが行い得るものであり，これらの記録に接する者はこれが他に流出することのないよう管理する職責を負うところ，そのような立場にない○○派構成員が，ほしいままにそのコピーを取るために院長室内保管資料を院長室から持ち出すことは，上記のような職責を伴う権利者の管理権能を排除することにほかならない。また，上記のような○○派の活動方針を前提にすれば，上記のような目的で院長室内保管資料のコピーを取ることも，その経済的用法に従った利用にほかならないというべきである。

　したがって，院長室内保管資料のコピーの利用を通じて直接的な経済的な利益を得ようとする意図がなくても，コピー目的でこれを院長室から持ち出した○○派構成員には，権利者を排除し，他人の物を自己の所有物と同様にその経済的用法に従って利用する意思が認められることは明らかである。」として，不法領得の意思も認め，窃盗罪の成立を認定した。

問4　上記の事案は，いずれも機密資料等をそれ自体として直接に持ち出したことを捉えて窃盗又は業務上横領としているが，機密資料等を直接に持ち出すことなく，それをコピーするなどした上，当該コピーだけを持ち出す場合はどのように考えるべきか。

【解　答】

　当該コピーした紙類や書類を財物と考え，これに対する窃盗が成立すると考えるべきである。それらは，他人の財物である「紙」や「書類」であり，それには重要な情報が複写されているのであるから，財物として認められることは当然である。

　実際にも，**平成9年12月5日東京地裁判決（判時1634号155頁）**の事案では，被告人らが，甲野信用金庫の会長D及びその家族に関する預金残高を記載した書類を窃取しようと企て，当時，同金庫高円寺支店支店長であった被告人Aにおいて，平成9年4月28日午前9時30分頃，東京都杉並区内の同支店において，同支店備付けの営業用汎用端末機を操作して，同都世田谷区内の同金庫事務センターのホストコンピュータに電磁的に記録・保存されている右D外2名の預金残高明細等をアウトプットさせて同支店備付けの用紙に印字して，同金庫が所有し同金庫理事長Eが管理する総合取引照会票2通及び取引状況調書5通を取り出した上，同日ころ，被告人Bに郵送するためこれらを同被告人あての封筒に封入して窃取したというものであった。

　この事案は，コンピュータ内のデータをアウトプットさせてそれを印字し，その印字した書類を持ち出すことを捉えて窃盗罪の成立を認めているものである。

問5　では，コンピュータ内のデータについて，自ら持参した紙類に印字したり，自ら持参した外部電子記録媒体にデータコピーした場合は，刑法上処罰はできるのか。

【解　答】

　そのような事態に対しては，刑法上は処罰できない。実際にもそのような主張がなされたことはあり，裁判所が認めることはなかったが，上記**問3**の**6**事案では，保護事件記録の写しを作成するに当たって，携帯用のコピー機を持参して，それでコピーをしたのであるから，窃盗罪は成立しないとの主張などもなされていたのである。この事案では前述したように院長室外に当該記録を持ち出して，持参した携帯用コピー機を使ってコピーしているので，当該記録を持ち出した時点で窃盗罪が成立していたことから，上記主張は意味を持たなかっただけのことである。

これまでは、「情報を化体した資料の場所的移動を伴うことなく、自己の機材を使い不正に複写してこれを外部に持ち出すような行為は、現行の財産犯に関する規定では十分に取締ることができない。情報そのものの盗用を防圧する立法その他の手だてが講じられなければならない。」（増井・法令21頁）といわれてきたところである。

問6 では、情報窃盗に対しては、刑法以外で立法措置等は採られていないのか。

【解　答】

　いくつか立法的な対策は採られている。
　まず、情報窃盗を防止するために制定された法律ではないものの、コンピュータから不正に情報を入手した場合に適用され得るものとして、不正アクセス行為の禁止等に関する法律による不正アクセス行為の禁止に係る処罰がある。
　そもそも、この法律は、同法1条にその目的が、
　　電気通信回線を通じて行われる電子計算機に係る犯罪の防止及びアクセス制御機能により実現される電気通信に関する秩序の維持を図り、もって高度情報通信社会の健全な発展に寄与することを目的とする。
とされているように、本法は、「情報の不正入手や電子計算機の無権限使用を処罰することを目的とするものではない。本法の目的は、（中略）アクセス制御機能に対する社会的信頼を確保して、犯罪の防止及び電気通信に関する秩序の維持を図り、もって高度情報通信社会の健全な発展に寄与することにあり、それ自体が保護法益となるべきものである。」（「逐条　不正アクセス行為の禁止等に関する法律（第2版）」28頁）とされている。
　それゆえ、「本法の規定により不正アクセス行為が処罰の対象となる結果、不正アクセス行為を手段として行われる情報の不正入手やコンピュータの無権限使用は、それぞれ不正アクセス行為の段階で処罰されることとなる」（同上27～28頁）が、それはあくまで付随的、副次的な効果であり、情報の不正入手を禁ずることを目的として作られたものではないとされている。

問7 本来の目的ではないにしても，不正アクセス行為による情報窃盗は，この法律によって処罰されるのであるから理解しておく必要があると思われるが，ここで禁止される不正アクセス行為の構成要件はどのようなものであるのか。

【解　答】

　同法3条は，

　　何人も，不正アクセス行為をしてはならない。

と規定し，これに反した場合は，同法11条において，3年以下の懲役又は100万円以下の罰金に処することとされている。

　そこで，何をもって，不正アクセス行為となるのかであるが，これについては，同法2条4項に規定があり，

　　この法律において「不正アクセス行為」とは，次の各号のいずれかに該当する行為をいう。

として，例えば，同項1号において，

　　アクセス制御機能を有する特定電子計算機に電気通信回線を通じて当該アクセス制御機能に係る他人の識別符号を入力して当該特定電子計算機を作動させ，当該アクセス制御機能により制限されている特定利用をし得る状態にさせる行為（中略）

とされている。

　この2条4項1号の規定によれば，ここで禁止される行為は，「特定電子計算機」に対するものでなければならないが，この「特定電子計算機」とは，同法2条1項により，「電気通信回線に接続している電子計算機」であるとされている。要するにネットワークに接続しているコンピュータを指すものである。

　そして，そのような特定電子計算機は，「アクセス制御機能を有する特定電子計算機」でなければならないところ，ここでいう「アクセス制御機能」については，2条3項において，

　　この法律において「アクセス制御機能」とは，特定電子計算機の特定利用を自動的に制御するために当該特定利用に係るアクセス管理者によって当該特定電子計算機又は当該特定電子計算機に電気通信回線を介して接続された他の特定電子計算機に付加されている機能であって，当該特定利用をしようとする者

により当該機能を有する特定電子計算機に入力された符号が当該特定利用に係る識別符号（中略）であることを確認して，当該特定利用の制限の全部又は一部を解除するものをいう。

と規定されているように，ネットワークに接続しているコンピュータの利用に当たり，ID及びパスワード等の識別符号により識別し，識別番号が入力された場合にのみ，その利用を認めることとするコンピュータの機能を指すものである。

つまり，ネットワークに接続されているコンピュータに，他人の識別符号を入力して当該コンピュータを作動させ，勝手にその利用を図ることを禁じようというものである。

したがって，そのような不正アクセス行為により，コンピュータ内の他人の情報等を入手することができることとなるが，そのような情報の窃盗に対して，不正アクセス行為をしたことについて処罰がされるということになるものである。

問8 では，コンピュータからの情報の窃盗については，この不正アクセス行為に対する処罰で全てまかなうことができるのか。

【解　答】

そのようなことにはならない。上述したように，この法律は，情報の不正入手などを防止するために制定されたものではないが，ゆえに，例えば，ネットワークに接続されていないパソコンから情報を不正に入手したような場合は含まれないし，そもそも被害を受ける会社などから適正にIDとパスワードの交付を受けている者が勝手に会社の情報を盗み出そうとする場合には，「他人の識別番号を入力」することなどにはならないから，そのような場合には，当該情報窃盗をこの法律によって処罰することはできない。

問9 では，もっと幅広く情報窃盗を処罰するための立法はなされていないのか。

【解　答】

1　幅広く情報そのものを客体とするような立法はされていないが，情報の中でも

「営業秘密」とされる領域の情報に関しては，不正競争防止法によって刑事的保護が与えられている。

　つまり，製造技術や顧客リストなどの営業秘密に対して，経済社会の情報化・ネットワーク化等の進展により，他人の営業秘密を侵害することが容易になり，我が国企業の営業秘密が国内外の競合他社に流出するような事態も多々起きるようになった。そのため，諸外国と同様に，営業秘密の刑事的保護の必要性が高まったことから，平成15年，不正競争防止法に他人の営業秘密を不正に取得，使用又は開示した者に対する刑事処罰規定を設けることとなった。

　ただ，この時点では，その対象範囲として，「営業秘密に係る『不正競争』のうち，特に違法性の高い行為類型を処罰の必要性と許容性の観点から絞り込み，平成15年改正において刑事罰の対象として新たに類型化した」（経済産業省知的財産政策室編著「逐条解説不正競争防止法（平成15年改正版）」145頁以下）とされており，それゆえ，この段階では，営業秘密が使用又は開示された場合に処罰することを原則とし，営業秘密の取得行為が処罰されるのは例外とされていた。

2　その後，平成17年改正，同21年改正といった法改正を経るなどして，より効果的な処罰が可能になるように規定が改められていったが，特に，平成21年の改正において，その処罰範囲の見直しがなされた。

　つまり，平成15年の改正法によって営業秘密侵害行為に対して罰則が設けられたものの，「営業秘密の不正な使用・開示が営業秘密侵害罪の中心的な対象行為として捉えられていたことにより，事業者の内部管理体制上の痕跡から営業秘密が不正に持ち出された事実が明らかであったとしても，その使用・開示は当該事業者の外部で秘密裏に行われるためにその立証が困難であり，被害企業は泣き寝入りを余儀なくされるなどの問題点が存在していた。このような問題点は，営業秘密の侵害が疑われる事案について，営業秘密侵害罪では立件できなかったことなどによって顕在化することとなり，営業秘密侵害罪の処罰範囲の見直しを求める要望が高まった。」（経済産業省知的財産政策室編著「逐条解説不正競争防止法（平成21年改正版）」175頁以下）のである。

3　そのため，平成21年の改正では，詐欺等行為又は管理侵害行為による営業秘密の不正な取得を，その方法如何にかかわらず刑事処罰の対象とし，また，営業

秘密の管理者が，営業秘密の管理に係る任務に背いて一定の方法により営業秘密を領得する行為についても，新たに刑事罰の対象とすることとするなどの改正が行われた。

　すなわち，この平成21年の改正により，営業秘密の領得行為自体に営業秘密の使用・開示と同等の違法性があるとの考えから，不正使用・開示が行われる前の領得行為自体を処罰することとしたのである。

　さらに，平成27年の改正で，その罰金額が1000万円から2000万円に引き上げられたほか，これまで告訴を必要とする親告罪としていたもののほとんどが非親告罪とされることとなった。

問10　そもそもここでいう「営業秘密」というのは，どのようなものを指すのか。

【解　答】

不正競争防止法2条6項は，
　　この法律において「営業秘密」とは，秘密として管理されている生産方法，販売方法その他の事業活動に有用な技術上又は営業上の情報であって，公然と知られていないものをいう
と規定していることから，この定義に従うこととなる。

問11　では，不正競争防止法において，情報窃盗となる営業秘密の領得行為については，どのような構成要件で，どのような処罰がなされることとなっているのか。

【解　答】

　同法21条1項に営業秘密侵害罪に関する規定が設けられており，それらの違反に対しては，10年以下の懲役若しくは2000万円以下の罰金に処し，又はこれを併科するとされている。

　具体的には，同項1号から7号までにその禁止される行為が規定されているところ，そのうちで基本的な規定である同項1号及び2号について説明する。

第11章　情報窃盗　195

(1) まず、同項1号では、

> 不正の利益を得る目的で、又はその保有者に損害を加える目的で、詐欺等行為（人を欺き、人に暴行を加え、又は人を脅迫する行為をいう。以下この条において同じ。）又は管理侵害行為（財物の窃取、施設への侵入、不正アクセス行為（不正アクセス行為の禁止等に関する法律（中略）第2条第4項に規定する不正アクセス行為をいう。）その他の保有者の管理を害する行為をいう。以下この条において同じ。）により、営業秘密を取得した者

と規定されている。これは、営業秘密の不正取得行為のうち、違法性が高い行為に対して刑事罰を科すことにしたものである。

この罪は目的犯であり、主観的構成要件として、「不正の利益を得る目的で、又はその保有者に損害を加える目的」が必要とされる。まず、「不正の利益を得る目的」とは、公序良俗又は信義則に反する形で不当な利益を図る目的のことをいい、自ら不正の利益を得る目的（自己図利目的）のみならず第三者に不正の利益を得させる目的（第三者図利目的）も含まれるとされている（前出逐条解説（平成21年改正版）176頁）。具体的には、第三者に対し営業秘密を不正に開示する行為が金銭を得る目的でなされる場合や、営業秘密を外国政府関係者に不正に開示する行為が外国政府を利する目的でなされる場合などがこれに該当する。

また、「その保有者に損害を加える目的」とは、営業秘密の保有者に対し、財産上の損害、信用の失墜その他の有形無形の不当な損害を加える目的のことをいい、現実に損害が生じることは要しない。具体的には、保有者に営業上の損害を加えるため又はその信用を失墜させるため、営業秘密をインターネット上の掲示板に書き込む行為に及んだ際のその目的などをいう（同上177頁）。

そして、客観的構成要件として、詐欺等行為と管理侵害行為が規定されているが、それらについては条文上も明らかなように、詐欺等行為が、人を欺き、人に暴行を加え、又は人を脅迫する行為であり、管理侵害行為が、財物の窃取、施設への侵入、不正アクセス行為その他の保有者の管理を害する行為をいうものとされている。

その管理侵害行為のうち、「財物の窃取」という行為が含まれるとされているが、まず、「財物」というのは、これまで刑法上の概念として述べてきた「財物」と同様である。そして、ここでいう「財物の窃取」は、それが「営業秘密

の取得」の手段になる場合に限られる。平成21年の改正前は,「窃取」の対象物が「書面又は記録媒体」に限定されていたが,試作品のように,その他の物件に営業秘密が化体している場合等も考えられ,そのような場合であっても営業秘密の保護の必要性は異ならないことから,営業秘密に関する財物一般に対象物の範囲が拡張されたという経緯が存する（同上178～179頁）。

そして,それらの行為により,営業秘密を「取得」した場合に本罪が成立するが,ここでいう「取得」とは,自己又は第三者が,営業秘密を知得すること（再現可能な状態で記憶すること）又は営業秘密が化体された有体物（営業秘密記録媒体等若しくは営業秘密が化体された物件）を占有することをいう。有体物の占有の取得には,営業秘密が化体された有体物の占有を取得する場合と,占有している有体物に営業秘密を記載,記録又は化体させることにより取得する場合とが考えられるとされている（同上180頁）。

(2) 次に,同項2号では,

> 詐欺等行為又は管理侵害行為により取得した営業秘密を,不正の利益を得る目的で,又はその保有者に損害を加える目的で,使用し,又は開示した者

と規定されており,これは,営業秘密を違法性の高い手段によって不正に取得した後に,その営業秘密を不正に使用又は開示するという違法性が特に高い行為に対し,刑事罰を科すものである。

この罪は,前号の実行行為により不正取得された営業秘密について,これを「使用」又は「開示」することを処罰するものであるが,「使用」とは,営業秘密の本来の使用目的に沿って行われ,当該営業秘密に基づいて行われる行為として具体的に特定できる行為を意味する（同上180頁）。具体的には,自社製品の製造や研究開発等の実施のために,他社製品の製造方法に関する技術情報である営業秘密を直接使用する行為や,事業活動等の実施のために,同業他社が行った市場調査データである営業秘密を参考にする行為等が考えられるとされている。

また,「開示」とは,営業秘密を公然と知られたものにすることや,営業秘密について非公知性を失わない状態で特定の者に通知することを意味する。具体的には,営業秘密を口頭で伝えたり,営業秘密が記載された電子データを特

定の第三者に送信したりする行為などが挙げられる（同上181頁）。

問12 想定事例についてはどのように考えるべきか。

【解　答】

　上述したように，被疑者甲野については，刑法上の窃盗罪は成立しない。
　また，自らのIDとパスワードを使っていることから，不正アクセス禁止法違反も成立しない。
　しかしながら，被疑者甲野の行為は，不正競争防止法21条1項1号の営業秘密不正取得罪及び同項2号の営業秘密不正取得後使用罪に該当すると認められる。
　ただ，平成27年の改正前は被害者からの告訴が必要であったが，現在は非親告罪となっているので告訴が要件とはならない。

第12章　実行の着手

> **例題**　窃盗における実行の着手は，どの段階で認められるのか。

問題の所在

　窃盗罪には，未遂処罰規定（刑法243条）が設けられていることから，既遂に至らずとも，未遂罪としての犯罪の成否を検討するに当たり，そこに実行の着手が認められるかどうかは重要な問題となる。この点についての正確な理解が求められるところであろう。

事例

【想定事例】

　被疑者甲野は，電車の駅に設置されている自動券売機の硬貨釣銭返却口の内部に接着剤を塗り，後続の券売機利用客が釣銭を受け取る際，この利用客に対し払い出される釣銭用の硬貨をこの接着剤に付着させ，その後，その硬貨を回収するという手口を利用して，釣銭をくすねるという犯行を繰り返していた。
　ある時，いつもと同様に上記接着剤を塗って後続の利用者を待っていたところ，後続の利用者が来る前に，不審に思った駅員が警察に通報し，現場に警察官が駆け付けて職務質問を開始した。
　被疑者甲野の刑責如何。

設問と解答

問1　そもそも一般的に「実行の着手」とは何か。

【解 答】

　「実行の着手」については，いろいろな見解があるが，構成要件の内容たる行為，すなわち，犯罪実現についての現実的危険性を含む行為を開始することである（大塚・刑法（総論）134頁）との解釈が基本的に妥当であろう。ただ，構成要件の内容たる行為といっても，それに該当する行為に極めて密接な行為に及んだ場合には，その時点で既に法益侵害の現実的危険性が生じたと考えられることから，実行の着手があったと見てよいと考えられる。

問2　では，窃盗罪において「実行の着手」はどのように考えるべきか。

【解 答】

　財物に対する他人の事実上の支配の侵害に密接な行為をしたときに認められると考えられる（増井・法令90頁）。また，判例においても，**昭和9年10月19日大審院判決（刑集13巻1473頁）**では，「窃盗の目的を以て家宅に侵入し他人の財物に対する事実上の支配を犯すに付密接なる行為を為したるときは，窃盗罪に着手したるものと謂うを得べし。」との判断が示されている。

問3　では，判例上，実際にどのような行為に及んだ時に「実行の着手」があったとされているのか。まず，通常の居宅などに対する住居侵入窃盗の場合はどうか。

【解 答】

　まず，**昭和23年4月17日最高裁判決（刑集2巻4号399頁）**では，「被告人等は，共謀の上，馬鈴薯その他食料品を窃取しようと企て，B方養蚕室に侵入し，懐中電燈を利用して，食料品等を物色中，警察官等に発見せられて，その目的を遂げなかったというのであって，被告人等は，窃盗の目的で他人の屋内に侵入し，財物を物色したというのであるから，このとき既に，窃盗の着手があったとみるのは当然である。」と判示しており，物色行為を始めた時に窃盗の実行の着手があったと

判断している。

　ただ，上記の判断は，物色行為があればその時点で既に法益侵害の現実的危険性が生じたと認められることから，「遅くとも」その行為に至れば，「実行の着手」が認められるというものであって，物色行為にまで及ばなければ「実行の着手」が認められないというものではないことに留意を要する。

　実際にも，その後，昭和40年3月9日最高裁決定（刑集19巻2号69頁）では，「被告人は，昭和38年11月27日午前零時40分頃，電気器具商たる本件被害者方店舗内において，所携の懐中電燈により真暗な店内を照らしたところ，電気器具類が積んであることが判ったが，なるべく金を盗りたいので自己の左側に認めた煙草売場の方に行きかけた際，本件被害者らが帰宅した事実が認められるというのであるから，原判決が被告人に窃盗の着手行為があったものと認め」たのは相当であると判示している。

　つまり，ここでの被告人の行為は，「煙草売場の方に行きかけた」段階であって，物色行為以前の段階にあるものと考えられるところ，その段階でも既に実行の着手があったと認定されているのである。すなわち，判例における実行の着手の有無についての判断のベースとする「他人の財物に対する事実上の支配を犯すに付密接なる行為」として，現金等が置かれている場所に向かう行為がそれに該当すると考えられたものである。

問4　では，判例上，土蔵や倉庫などに対する住居侵入窃盗の場合には，どの段階で「実行の着手」が認められるのか。

【解　答】

　土蔵や倉庫など内部に財物だけが保管されているような場所では，物色するまでもなく，侵入しようとしたときに，既に内部の財物に対する現実的危険性は生じていると認められることなどから，窃盗の実行の着手があったものと考えられる（増井・法令92頁）。

　昭和25年11月14日名古屋高裁判決（高刑集3巻4号748頁）では，「一般に窃盗の目的で，他人の住家に侵入しようとしたときは，窃盗の着手があったものと認むることはできないけれども，土蔵内の品物を窃取しようと思って，土蔵に侵入

しようとしたときは，窃盗の着手があったものと解すべきである。（中略）土蔵の場合には，通常窃取すべき財物のみがあって人が住んでいないのが通常であるから，これに侵入しようとすれば，右の財物を窃取しようと企てていることが客観的にも看取することができる。これは，たんすの中の物を取る積りで，抽斗(ひきだし)に手を掛けて開きかけた場合や，トランクの中の物を取る積りで，その錠を破壊して開きかけた場合に窃盗の着手があったものと解するのと全く同様であると解すべきである。」として，土蔵に侵入しようとした段階で，実行の着手があったとしている。

倉庫においても同様に考えることができ，**昭和28年2月25日高松高裁判決（高刑集6巻4号417頁）**では，「窃盗の着手の時期は，窃取しようとする物に対する事実上の支配を侵すについて密接な行為をしたときであると解すべきであって（最高裁判所昭和23年4月17日判決参照），各具体的事案につきその都度諸般の情況によりその判定を為すより外ないのであるが，本件のように倉庫内の硫安肥料を盗むため工場内に侵入してその倉庫に到り，その扉を開こうとして扉の開かないようにしてあるボールドに仕掛けてあった錠をスパナーで叩いてねじ切り，次にボールドに捻じ込まれてあったナットを抜き取ろうとしたが（このナットが抜けたら扉はたやすく開くところであった）右錠をねじ切る際にボールドのネジの条が潰れたため右ナットが抜けなかったうちに警備夫に発見せられてその場から逃走した事案では，その窃盗は着手の段階に達しているものと言わなければならない。」と判示している。

問5 では，判例上，車上ねらいの場合には，どの段階で「実行の着手」が認められるのか。

【解　答】

　車上ねらいは，駐車中の車両の窓ガラス等を破損させて車内の金品を盗む犯罪である。ところで，自動車内部は，外部からの侵入を拒むようにできており，そこには何らかの金銭的価値を有する財物が置かれていることも多く，いわば小さな倉庫とも見られる面があることから，その実行の着手については，上記の倉庫や土蔵の場合と同じく，車両内に侵入しようとした行為に及んだ時に，実行の着手があったものと解すべきである（増井・法令93頁）。

これに関する判例としては，まず，**昭和45年9月8日東京高裁判決（判タ259号306頁）**が挙げられ，ここでは，「被告人は，原判示自動車内から現金等を盗もうと考え，かねて用意していた原判示ドライバー2本および洋傘の骨を使い，ドライバーを三角窓の下のゴムの中に押し込み，三角窓のガラスをもち上げて，そこから洋傘の骨を曲げたものを差し込んで，三角窓内側の止金ポッチにひっかけ，洋傘の骨を動かせばすぐに開けられる状態にしていたことが明らかである。この事実から考えると，右の場合，窃盗の着手があったものと認めるに十分である。」とした。自動車のドアをすぐに開けられるようにした段階で，実行の着手を認めたものである。

　次に，**平成2年10月1日山口簡裁判決（判時1373号144頁）**でも同様のドアの解錠行為を捉えて実行の着手があったものと認定されている。ここで認定された事実は，「平成2年7月8日午後2時25分ころ，山口県吉敷郡内の空地において，同所に駐車中のA子所有の普通乗用自動車内から金員を窃取する目的で，助手席ドアのガラスの隙間に金尺を差込み解錠していたところ，Bに発見されたため，その目的を遂げなかった。」というもので，窃盗未遂として有罪判決が言い渡されている。

　さらに，**平成2年11月15日東京地裁判決（判時1373号145頁）**でも，ほぼ同様の行為について，実行の着手を認め，窃盗未遂として認定されている。そこで認定された事実は，「平成2年9月29日午後9時43分ころ，東京都文京区内の路上において，同所に駐車中のA所有の普通乗用自動車内から金員を窃取すべく，助手席側ドアの鍵穴に所携のドライバーを差し込んで開け，車内にある金員を窃取しようとしたが，その場で警察官に発見されて逮捕されたため，その目的をとげなかったものである。」というものであった。

問6 では，判例上，すりの場合には，どの段階で「実行の着手」が認められるのか。

【解　答】

　まず，すりの場合，いわゆる「あたり行為」と呼ばれる行為の段階では，未だ実行の着手があったとは考えられていない。ここでいう「あたり行為」というのは，すり犯人が，人混みの中で，あらかじめ犯行の相手方を物色するため，他人のポケッ

第12章　実行の着手　203

ト等に手を触れ，金品の存在を確かめることをいう。「あたり行為」は，すりの相手方を決めるための準備行為であり，一般的には窃盗の実行の着手とは認め難く，まだ予備段階にあるものと解される（増井・法令98頁）。

　しかしながら，外見上は「あたり行為」と同様にみられるものであっても，結果発生の現実的危険性が生じていると考えられるような場合には，実行の着手があったものと考えられる。

　例えば，**昭和29年5月6日最高裁決定（刑集8巻5号634頁）**の事案は，被告人が被害者のズボンのポケットから現金がのぞいているのに目を付け，これをすり取ろうとした事案であるが，同決定は，「被害者のズボン右ポケットから現金をすり取ろうとして，同ポケットに手を差しのべ，その外側に触れた以上，窃盗の実行に着手したものと解すべきこというまでもない。」と判示し，ポケットの外側に触れた行為をもって，実行の着手があったと認定した。そのような取りやすい状態の現金がポケットから見えている以上，その外側に触れた段階で，もはや法益侵害の現実的危険性は生じたものと認められるであろう。

　このように，すりの被害品は，容易に持ち運べる形状が小さな物である以上，それを容易に奪うことができるような行為にまで至れば，実行の着手があったと認定されて当然である。

　また，同様に，鞄の中身を窃取しようとした事案について，**昭和31年10月24日東京高裁判決（東高時報7巻10号391頁）**では，ハンドバッグの口金を開けようとして手指で口金付近を探った行為について，実行の着手に当たると認定している。

問7 では，銀行等のATMにおいて，不正に入手したキャッシュカードを用いて他人の預貯金口座から現金を引き出そうとした場合，どの段階で実行の着手を認めるべきであるのか。具体的には，現金を引き出すための操作をした段階であるのか，それ以前に残高を確認してから現金を引き出すため，その残高照会をした段階であるのか。

【解　答】

　このキャッシュカードを用いてATMから現金を窃取しようとする場合，その実

行の着手は，現金を引き出すための操作に及ぶ行為はもちろんであるが，それ以前の段階であっても，まず預金残高を確かめるために，残高照会をしようとしてキャッシュカードを ATM の挿入口に入れた場合には，その段階において実行の着手が認められるものと考える。

1　平成 13 年 9 月 17 日名古屋高裁判決（高検速報（平 13）179 頁）

　この点を明らかにしたものとして，平成 13 年 9 月 17 日名古屋高裁判決が挙げられる。

　同判決では，「窃盗罪において実行の着手があったといえるためには，原判決の指摘するとおり，財物に対する事実上の支配を侵すにつき密接な行為を開始したことが必要と解されるところ，その判断は，具体的には当該財物の性質・形状，占有の形態，窃取行為の態様・状況，犯行の日時場所等諸般の状況を勘案して社会通念により占有侵害の現実的危険が発生したと評価されるかどうかにより決すべきものであり，これを本件についてみれば，キャッシュカードを現金自動預払機ないし郵便貯金自動預払機に挿入した時点で，犯罪構成要件の実現に至る具体的ないし現実的な危険を含む行為を開始したと評価するのが相当であって（たまたま盗難が届けられていたために各キャッシュカードが機械の中に取り込まれた事実は，この判断に何ら影響を及ぼすものではない。），かかる預払機に使用方法として，先ずキャッシュカードを挿入し，残高照会をした後に入力画面から払戻しに移行する場合と，残高照会後に再度カードを入れ直して払戻しをする場合と，直接払戻しの操作に及ぶ場合とで占有侵害の具体的危険性に実質的な差異があるとは考えられない。そうすると，公訴事実第 1 及び第 2 について被告人の各所為は，窃盗の実行の着手と認められるものであって，窃盗未遂罪の成立は否定できないところである。

　この点に関し原判決は，キャッシュカードによる残高照会と払戻しという一連の行為を財物の存在を確認する行為とこの財物を窃取する行為の 2 段階に分け，前者のみでは窃盗の実行の着手とはいえないとしているが，払戻しとこれに先立つ残高照会とは，残高を確認して現金を盗もうとする窃盗犯人はもとよりのこと，一般の顧客においても密接に関連したものとして捉え，そのように利用しているのであり，この間の操作に障害となるものがないことなどに照らしても，確認行為と窃取行為の分離を強調する原判決の見解は採用できないところである。

また，原判決は，財物の保管状況が堅固な場合における財物の存否等確認の行為は窃盗の準備行為にとどまるとし，他の態様による窃取の場合と対比して検討しても，被告人の本件各行為は窃盗の実行の着手とはいえない旨説示しているが，被告人がキャッシュカードを挿入口に入れている以上，その行為は，いわば金庫の鍵穴に鍵を挿入した場合と同一視すべきものであって，原判決のように，スリの犯行における『当たり行為』の場合やいわゆる車上狙いの犯行において自動車の外側から車内の財物の存否等を確認する場合と対比して考察すること自体相当ではなく，この見解には賛成できない。」と判示している。誤った原判決を厳しく批判しており，極めて妥当な判断であるといえよう。

2　平成18年5月12日京都地裁判決（刑集62巻5号1422頁）

　また，これと同様の判断は，平成18年5月12日京都地裁判決においても示されている。

　すなわち，同判決では，「弁護人らは，C銀行D支店及びE郵便局での各ATM機の操作について，残高照会を行うことは金銭を確認するだけの準備行為にとどまり，本件では，残高照会後に引き出し手続に移行するつもりであったかどうかについては立証がなされていないことから，単なる準備行為として窃盗未遂罪は成立しない旨主張している。

　しかし，第三者が他人のキャッシュカードを使用して預金を引き出す場合，残高がどれくらいであるか認識している場合でもない限り，どの程度の金額を引き出すことができるか分からないのであるから，本件の行為者は，まず残高照会を行い，残高を確認した後に現金を引き出すのが合理的な行動であるといえ，さらに，不正に他人のキャッシュカードを使用する場合はもとより，自らのキャッシュカードを正当に使用してATM機を操作して現金を引き出す場合にも，残高照会を行い，残高を確認した上で必要な金額を引き出すということがしばしばなされているところである。本件の行為者は，C銀行D支店及びE郵便局でも甲野名義のキャッシュカードを使用して各ATM機を操作しているところ，他人のキャッシュカードを使用してATM機を操作する目的としては現金を引き出すということ，あるいはその預金引き出しの前提として残高の確認をしていること以外には想定し難い。本件の行為者は，本件直前にA信用金庫B支店において預金を引き出しているが，その際にもまず残高照会を行った上で甲野名義の口座から現金を

引き出している。この同一人物が，甲野の預金の残高照会をしているのであり，それはとりもなおさず，預金を引き出す前提で預金されている金額の確認をしていることは明らかであると認められる。そして，キャッシュカードをATM機に挿入し，残高照会を行った上で必要な金額を引き出そうとしている場合において，残高照会を預金の引き出しと全く別個の独立した行為であるととらえることは行為の実情を無視した形式的なものといわざるを得ないものであって，各行為は密接に関連した一連の行為ととらえるのが相当である。それ故，C銀行D支店及びE郵便局で甲野名義のキャッシュカードを使用して各ATM機を操作して残高照会をした行為は現金を引き出すための前提行為ととらえることができるのであって，すなわち窃盗罪の実行の着手行為として残高照会をしたものと認めることができると考える。」と判示しているのも同様の考え方に基づくものであり，参考になろう。

問8 上記問7の各事案は，いずれも犯人がキャッシュカードの暗証番号を知っていた可能性があると思われる事案であるが，犯人がキャッシュカードの暗証番号を全く知らないまま，ATMに当該キャッシュカードを挿入した場合には，実行の着手は認められるのか。

【解　答】

　そのような場合であっても，実行の着手が認められると解してよいと思われる。**平成18年1月24日名古屋高裁判決（高検速報（平18）267頁）の事案**は，被告人が，拾得した他人名義のキャッシュカードを使用して現金を盗み出そうと考え，A郵便局において，上記カードを自動預払機に挿入して適当に暗証番号を押し，残高照会をしたところ，同カードについては既に紛失処理の措置がとられていたために，同カードが自動預払機の中に取り込まれてしまい，被告人はその場で郵便局職員に事情を聞かれ，現場で逮捕されたというものであった。

　この事実において，同判決は，「未遂犯成立の要件である『実行の着手』は，既遂結果発生の現実的危険性が発生した行為をいうところ，窃盗罪の場合には，占有侵害の具体的危険性が高まった時点，すなわち，財物に対する事実上の支配を侵すにつき密接な行為を開始した時点をもって，実行の着手が肯定され，窃盗未遂の罪

が成立することになる。しかしながら，窃盗の犯罪類型は様々であり，財物の性状や保管状態，窃取行為の態様，状況，犯行場所等によって，占有侵害の危険発生の状況が異なることからして，当該状況においてそのような『財物に対する事実上の支配を侵すにつき密接な行為』が開始されたと見るべきか否かについては，上記のような諸般の状況を総合検討の上，社会通念により決すべきである。そして，このような観点から本件事案を検討するに，不正に入手した他人名義のキャッシュカードを自動預払機に挿入する行為は，4桁の暗証番号が合致さえすれば，その後は何の障害もなく，場合によっては極めて高額の現金を盗み出すことが可能となること，4桁の暗証番号による預金（財産）保護は，国民の財産を保護するシステムとして十分のものとは認識されておらず，偽造したキャッシュカードや不正に入手したキャッシュカードを使用して現金を盗み出す犯罪が多発している今日において，そのような犯罪を防止し，国民の財産権の保護を図ることが新たな立法課題となり，その結果，新たに預金者の保護等に関する法律が成立するに至った状況などにかんがみると，自動預払機にカードを挿入する行為により犯罪構成要件実現に至る具体的，現実的な危険を含む行為が開始されたものと評価するのが社会通念に合致するところである（自動預払機は，いわば，堅固な金庫と同様の機能を果たしており，それに対してキャッシュカードは，それ自体がその暗証番号と相俟って金庫の鍵やダイヤルとしての機能を有していることからすると，そのような鍵を金庫に挿入する行為やダイヤルを回す行為が行われた以上，金庫の中に保管されている現金に対する占有侵奪の危険が生じている解するのが社会通念に沿うところである。）。そしてこのことは，犯人がそのカードの暗証番号を知らず，また知りうる手がかりを有していなかったとしても，その結論には何ら影響がないものと解すべきである。したがって，本件において，キャッシュカードを自動預払機に挿入した時点をもって，窃盗の実行の着手があったと解すべきであり，被告人には窃盗の未遂罪が成立する」と判示していることが参考になろう。

問9　想定事例についてはどのように考えるべきか。窃盗罪の実行の着手があったと見ることはできるのか。

【解　答】

想定事例は，**平成 22 年 4 月 20 日東京高裁判決（判タ 1371 号 251 頁）** の事案である。

理論的な面でも示唆に富む判断が示されているので，少々長くなるが細かく分析して紹介することとする。

1　本件の事実関係

① 被告人は，平成 17 年から平成 19 年にかけて，4 回にわたり，駅に設置されている自動券売機の硬貨釣銭返却口（以下「釣銭返却口」という。）内部に接着剤を塗布した後，後続の券売機利用客に対し払い出される釣銭用の硬貨を接着剤に付着させて捕捉した上，付着している硬貨を回収して窃取するという手口（以下「本件手口」という。）で窃盗罪を繰り返し，うち 2 回は起訴され，懲役刑に処せられた経験があった。

② 被告人は，平成 21 年 6 月 17 日，また同様の手口で釣銭の窃取をしようと考え，乗客の多い JR 東日本△△駅に向かった。被告人は，△△駅に到着し，A 改札口切符売場の券売機を利用する客を見て，「これだけ人が自動券売機を利用しているなら，釣銭返却口にボンドを塗って，ひっかかった釣銭が盗める。見つかることもないだろう。」と考えた。

③ 被告人は，本件切符売場の 11 番券売機の前に立ち，左手中指の先に本件接着剤を付け，切符を買うような素振りをしながら，11 番券売機の右隣に設置されている 10 番券売機の釣銭返却口にそれを塗り付けた。

④ その後，被告人は，本件切符売場を離れ，柱の陰で同様に本件接着剤を左手中指に付け，再び 11 番券売機のところへ行き，11 番券売機の釣銭返却口に本件接着剤を塗布した。

⑤ 被告人の上記行為は，△△駅駅員 A に目撃され，同駅員は，11 番の釣銭返却口に接着剤様のものが付着しているのを確認した後，被告人を追及したところ，被告人が犯行を認めたので，窃盗未遂の現行犯人として逮捕した。

2　問題点及び検討

本件においては，原判決は，実行の着手がなく，窃盗未遂罪は無罪であるとし

たところ，本件東京高裁判決は，これを破棄し，窃盗未遂罪を認め，有罪判決を言い渡した。

そこで，このように結論が異なったポイントを明らかにした上で，それら判決の考え方を検討することとする。

(1) まず，原判決は，「窃盗罪の実行の着手は，少なくとも他人の占有する財産の占有侵害行為に直接向けられた行為であり，被告人のコントロール下にある一連の行為でなければならない。」，また，「接着剤を塗布して罠を仕掛けた後，被告人は，利用客が切符を買う行為等を待つことを余儀なくされるが，その客の行為には被告人の影響力は及ばないから，客の行為を含めて被告人のコントロール下にある一連の行為とはいえない。」とする[1]。

しかしながら，この論理は，多いに疑問である。実行の着手というのは，これまでも述べてきたとおり，法益侵害の現実的危険性が生じる行為に及んだかどうかであって，その意味では，他人の占有する財産の占有侵奪行為に直接向けられた行為である必要はあり，それは原判決のいうとおりであるが，その後の実行行為となる部分が「犯人のコントロール下にある一連行為」でなければならない必要は全くないはずである。

極めて単純な例を挙げれば，例えば，被疑者が，郵便によって被害者を恐喝し，畏怖した被害者をして自己の預貯金口座に金員を振り込ませて喝取する場合，その実行の着手としては，脅迫文書を郵便ポストに投函するだけであり，その後は，被疑者は何もしないで，自己の預貯金口座に金員が入るのを待っているだけであって，それが入った段階で既遂となる。そして，この間，すべて他人の行動によって被害が現実化していくのである。郵便の配達にせよ，預金口座への振込みにせよ，第三者の行為が関わっており，それが犯人のコントロール下にある一連の行為であるといえるのであろうか。確かに郵便配達人にしても，銀行員にしても，機械的に行動するのであるから，それは広い意味でいえば，犯人がコントロールしていると原判決の論理からは，そういえるのかもしれない（もっとも，このような論理も誤っていると思われるが。）。

では，こういう例はどうであろうか。被疑者が，無差別殺人をするつもりで，不特定多数人が通行に使っている道路に巨大な落とし穴を掘っておき，その底に有毒ガスが溜まるようにして，人が落ちれば必ず死ぬように仕掛けておいた

上，その穴が全く分からないようにして誰かが落ちて死ぬのを待っていたようなケースを考えることとしよう。

　この場合，殺人の実行の着手は，穴を掘って，それが分からないように覆いを完成させた時であろう。しかしながら，被疑者は，その後は何もしないで，結果の発生を待っているだけである。しかも，その結果の発生は，そこに誰かが通るか否かという，全く被疑者がコントロールできない事象にかかることとなる。原判決の文言に照らせば，「その通行人の行為には被告人の影響力は及ばない」ということになろう。

　このように考えれば，原判決の論理は最初の時点で既に破綻しているといわざるを得ないことが明らかである。原判決は，釣銭の取得という結果の発生が後続客の行為等に影響されるものであることに拘泥しすぎる余り，そこから逆に，コントロール下にある一連の行為でなければならないという論理を引き出したのではないかとも推測されるところである。

　この点については，本件東京高裁判決も，「被告人の行為により，財物の占有侵害の客観的危険性が高まっているにもかかわらず，被告人の意思により速やかに占有侵害行為に移行できないとの一事をもって，実行の着手を否定するのは，狭きに失する法解釈であり，賛同することはできない。」と否定しているところである。被告人の接着剤の塗布行為自体において，「財物の占有侵害の客観的危険性が高まっている」のであり，この行為をもって窃盗の実行の着手と捉えることに何ら問題がないにもかかわらず，その後の結果の発生に時間がかかる等のことで実行の着手を否定する原判決の見解は賛成できないとしたものである。

　その上で，本件東京高裁判決は，「窃盗罪における実行の着手は，構成要件該当行為自体の開始時点に限定されず，これに密接な行為であって，既遂に至る客観的危険性が発生した時点に認められると解されるところ，本件においては，本件接着剤を各券売機の釣銭返却口に塗布した時点において，実行の着手があったというべきである。すなわち，被告人の本件接着剤塗布行為は，券売機の釣銭等を取得するためには，最も重要かつ必要不可欠な行為であり，釣銭の占有取得に密接に結びついた行為である。また，被告人において，本件接着剤塗布行為に1回でも成功すれば，本件接着剤の効能，乗客の乗車券購入行為等による釣銭の出現の頻度，釣銭が接着剤に付着する確率等を踏まえると，券

売機の管理者が占有する釣銭用硬貨を十分に取得することができる状態に至った，換言すれば，硬貨の窃取に至る客観的危険性が生じたということができるというべきである。」として実行の着手を認めたものである。

(2)　このように，実行の着手は，当該被告人の行為により，法益侵害の現実的危険性が発生しているかどうか，また，占有侵害の客観的危険性が高まっているかどうかで判断すべきであるが，しかしながら，その後の経過において，その結果発生の危険性がほとんどないというような状況では，そもそも当該被告人の行為を実行の着手と評価することはできないこととなる。

　そのため，その後の結果発生に至る蓋然性が高度なものであるのか否かも検討しなければならない（ただ，上述したように，本件東京高裁判決のこの点についての結論は，「被告人において，本件接着剤塗布行為に１回でも成功すれば，本件接着剤の効能，乗客の乗車券購入行為等による釣銭の出現の頻度，釣銭が接着剤に付着する確率等を踏まえると，券売機の管理者が占有する釣銭用硬貨を十分に取得することができる状態に至った」と認定されているとおりであるが，その事実認定上の問題を含めて，その思考過程について以下に説明することとしたい。）。

　この点について，原判決では，「被告人の罠を仕掛ける行為から占有侵害行為に至る経緯には，次のような想定可能な障害があり，被告人自身もその障害を認識していたとした。すなわち，

ア　客が券売機で切符を買っても，必ずしも，釣銭が生じ，あるいは接着剤に付着するとは限らず，たとえ，釣銭が罠にかかったとしても，客自身や後続の客が気付くなどして釣銭を取ることがある。

イ　△△駅では，駅員等が不定期に１日２，３回の割合で，接着剤等の付着の有無を点検しており，気付いた場合には，券売機の使用を停止し，接着剤を除去している。

ウ　15分程度経過すると，接着剤の効力が減退するため，被告人は通常約20分毎に接着剤の上塗りをしなければならない。

との事実認定をした上で，「被告人の犯罪計画遂行上想定された障害を含む客観状況を考えれば，被告人は，客の券売機利用状況を見て釣銭が罠にかかっているか否かを観察しながら，接着剤の効果が減退すれば接着剤を塗り重ねるなどを繰り返す中で，駅員の監視の目をごまかしつつ，罠にかかり，しかも前記

の障害を通り抜けた釣銭に対する占有侵害の機会を狙っていたのであり，接着剤塗布行為は，客観的にも，被告人の主観においても，直接占有を侵害する行為でなく，そのための準備行為と評価する。」とした。

つまり，接着剤を塗布しただけでは，上記のような多くの障害があることから，必ず釣銭を取れるとは限らず，したがって，当該行為は，単なる窃盗の準備行為に過ぎないとしたものである。

(3) しかしながら，そもそも原判決の上記事実認定は，根底から誤っているものである。この点について，本件東京高裁判決は，次のとおり指摘した。

すなわち，「原判決は，既述したように，被告人が釣銭を取得するには，①乗客が券売機で切符を買っても，必ずしも釣銭が生じ，あるいは接着剤に付着するとは限らず，たとえ釣銭が罠にかかったとしても，乗客自身や後続の乗客が気づくなどして釣銭を取ることもある（以下，これらの障害をまとめて，『乗客の切符購入等に伴う障害』という。），②△△駅では，駅員等が1日2，3回接着剤等の付着の有無を点検しており，気付いた場合には，券売機の使用を停止し，接着剤を除去している（以下，この障害を『駅員等の点検による障害』という。），③15分程度経過すると，接着剤の効能が低下するため，被告人は通常約20分毎に接着剤を上塗りしなければならない（以下『接着剤の効能低下による障害』という。）という，大別すると3種類の障害があると論述しているので，これらの障害の程度について検討する。

① 乗客の切符購入等に伴う障害

(ア) △△駅助役の検察官調書（原審甲14，以下『△△駅助役の調書』という。）によると，△△駅は，一日の利用客が約51万人と首都圏で10番以内に入る利用客の多い駅であり，スイカカードのようなICカードも普及しているが，本件切符売場では，1日につき，1台の自動券売機でおおよそ6,700枚の切符が販売されているとのことであるから，自動券売機を利用する乗客の中には，紙幣や硬貨を投入して釣銭等を受け取る者が相当数存在し，日常かつ頻繁に釣銭等が出現していることは公知の事実といえる。

この点，原判決は，本件接着剤の塗布行為後，被告人が逮捕されるまでの間に，釣銭の存在がなかったことを自説の根拠として援用するが，被告人が塗布行為の後，ごく短時間で逮捕されていることからして，根拠たり

得ない。

(イ)　司法警察員作成の実験結果報告書（原審甲13）によれば，本件接着剤と同一製品を用いて，被告人供述に則った方法により，11番券売機の釣銭返却口に塗布した上，5分間に7回（1回につき，100円硬貨1枚，50円硬貨1枚，10円硬貨3枚），延べ35枚の硬貨の払戻し操作を行う実験方法1では，1回目から，接着剤塗布後4分22秒経過した6回目まで，全ての回で硬貨の付着が認められた。また，5通りの金種の組合せ（30円から730円まで）を用意した上，各組合せごとに5回ずつ，同様の方法で硬貨の付着状況を調べる実験方法2（各組合せごとに，接着剤を塗り直した。）においては，硬貨が1枚も付着しなかったのは，25回中3回のみで，いずれの金種の組合せの場合も，3回目までは必ず硬貨の付着が認められた。このように，1回の接着剤塗布行為でも，接着剤に硬貨を付着させるに十分な効能を発揮したことが認められる。

　　　この点，原判決は，『約5分後には硬貨が必ずしも接着しない傾向が見られる』とか，『実験方法1において，釣銭として想定された3個の硬貨のうち，付着するのは1，2個で，全く付着しない場合もある』というが，前者については，当審で取り調べたB株式会社C作成の捜査関係事項照会回答書（当審検5）によると，本件接着剤は，5～15分くらいで接着力が発現したというのであるから，明らかに誤った指摘であり，後者については，3個全てが付着する必要はなく，うち1，2個でも釣銭窃取の目的は達せられるのである。

(ウ)　乗客は，券売機が機械のため釣銭の計算に間違いがあるとは通常考えず，まして，釣銭の一部が釣銭返却口に塗られた接着剤に付着しているとは思いもせず，払い出された釣銭を正しい額と思い込み，数えることなく，出てきた釣銭を手に取り，立ち去る実態があることは，容易に推測できるところ，△△駅助役の調書もこの推測を経験則から裏付けている。また，司法警察員作成の硬貨返却実験結果報告書（原審甲18）によれば，付着させる硬貨と払戻しを行う硬貨の組合せを4通り用意した上，それぞれの組合せについて，1分後ないし10分後までの7回，10番券売機を用いて払戻操作を行ったところ，あらかじめ付着していた硬貨が，後続の硬貨の衝突によりはがれたものは1枚もなかったことが認められる。それによると，

214　第2編　盗犯捜査実体法

後続の乗客の釣銭等との衝突により，いったん付着した硬貨がはがれて落下することは，問題視するほど多くはないことは明らかである。
　②　駅員等の点検による障害
　　　△△駅助役の調書によれば，△△駅では，確かに駅員等の点検を行うが，その割合は1日に不定期に2，3回であり，しかも，乗客の利用していない券売機につき，確認するにすぎないのであって，他方で，被告人が，接着剤塗布後，2分から10分ぐらいで券売機に戻り，硬貨付着の有無を確かめる旨述べていることからすれば，両者のサイクルは質的に異なり，駅員等の点検は，本件手口による窃盗行為の障害にはなっていないと見るのが相当である。
　③　接着剤の効能低下による障害
　　　1回の本件接着剤塗布行為により，十分な付着力を持つことは前述のとおりであり，窃盗犯人たる被告人が，20分間隔で本件接着剤を重ね塗りするとしても，それは，できる限りの多くの硬貨を確実に得たいと考えるからであって，1回の塗布行為の効能が硬貨を得られないほど低いことを表す証左ではない。」として，基本的な事実関係における認定の誤りを指摘した。

⑷　このように，釣銭を取得できる可能性，蓋然性は極めて高いにもかかわらず，不当な事実認定によりこれを否定した原判決に対して，「原判決は，釣銭の窃取という結果発生に特段障害にならない諸点を殊更取り上げて，本件接着剤塗布行為と釣銭窃取行為との密接性や結果発生への客観的危険性を否定する独自の見解に立脚するもので，到底与することはできない。」と厳しく批判したものであった。

3　以上の検討結果に照らせば，本件想定事例において，窃盗未遂罪が成立することは当然であろう。

1)　このような原判決の見解に対し，「本件のような利用客の多い駅の場合，短い間隔で頻繁に自動券売機の利用客が現れるのが通常である。第一審は利用客による切符の購入は被告人のコン

第12章　実行の着手　215

トロール下にない行為だというが，確かに特定の人物が接着剤の塗布された自動券売機で切符を購入するか否かは偶然に左右されるものの，駅の利用客の誰かがその自動券売機を利用して切符を購入することはむしろ確実に近いといえる。第一審はこの点を看過している。」との批判もある（佐藤拓磨「窃盗罪の着手が認められた事例」法教 377 号別冊 30 頁）。

第13章　既　　遂

> **例　題**　窃盗罪の既遂時期についてはどのように考えたらよいのか。

問題の所在

　窃盗罪が既遂になるためには，その相手方の占有を奪取する必要があるが，窃盗罪には，住居侵入窃盗や，置引き，万引き，すりなど，色々な形態があることから，その形態に応じて既遂時期も異なってくる。また，被害品の大きさや形状等にも影響されることとなろう。

　それらの違いを理解し，既遂と未遂の区別が正確にできるようにしておく必要がある。

事　例

【想定事例】

　窃盗の常習者である被疑者甲野は，大型家電量販店において，テレビを窃取し，これをディスカウントストアで売却しようと考えた。そこで，Ａ家電量販店に赴き，買い物カート上のかごに液晶テレビ１台を入れ，レジで精算せずにそれを押して男性用トイレに入り，トイレ内の洗面台下部に設置された観音開きの扉がついた収納棚の中に本件テレビを隠し入れた。

　その後，甲野は，トイレを出て，同テレビを店外に持ち出すために，同テレビが入るだけの大きさのある袋を購入したところ，その際，甲野の言動に不審を持った店員の通報により警備員が駆けつけてきた。このため，甲野は同テレビを持ち出すのを諦め，警備員からの追跡から逃れて，そのまま帰宅した。

　被疑者甲野の刑責如何。

設問と解答

問1 窃盗罪における既遂時期については，一般的にどのように考えたらよいのか。

【解　答】

　そもそも窃盗とは，財物に対する他人の占有を侵害し，その財物を自己又は第三者の占有に移す行為であるから，その占有を取得した時点において既遂になると考えるべきである。したがって，単に財物に手を触れただけでは足りないが，これを自己又は第三者の事実的支配内に移せば足り，それ以上に自由に処分できるような安全な場所まで持ち去るなどの必要はない。

　判例上も，**昭和23年10月23日最高裁判決（刑集2巻11号1396頁）**は，「凡そ不法に領得する意思を以って，事実上他人の支配内に存する物体を自己の支配内に移したときは，茲に窃盗罪は既遂の域に達するものであって，必らずしも犯人が之を自由に処分し得べき安全なる位置にまで置くことを必要とするものではない。原判決摘示の証拠に依れば，被告人はA，Bと共謀の上，窃盗の意思を以て判示内務省T土木出張所自動車々庫の中から，木炭6俵を担ぎ出して之を右土木出張所の柵外に持出したことは明らかであり，此事は即ち右土木出張所管理者の右木炭に対する支配を排して被告人等の支配下に移したものと認むべきであるから，被告人等の右所為を窃盗罪の既遂を以って問擬したる原判決は正当であって論旨は理由がない。」と判示している。

問2 では具体的にどのような状態に至れば，犯人はその占有を取得し既遂となるのか。まず，住居侵入窃盗の場合はどうか。住居以外の建造物侵入窃盗の場合には違いはあるのか。

【解　答】

　住居内での窃盗については，通常は，その出入り口に鍵が掛けられるなどして財物の管理は厳重になされているはずであるから，犯人がその占有を取得するためには，原則として屋外への搬出が必要と考えられるであろう（増井・法令95頁）。

ただ，デスクトップパソコンやテレビなどといった一定の大きさのある物品などについては住居外に運び出さない限り，その本来の支配を排除することができず，自己の支配に移らないことから，一般的には先のようにいえても，容易にポケットなどに入れることができるような現金や貴金属類など，犯人が所持，携帯することでその支配関係が移転したと見ることができるような金品については，犯人が所持，携帯するに至った段階でその占有は移転し，既遂になると考えてよいと思われる。
　もちろん家人等に見つからずに外部に出ないことには被害金品に対する安全確実な支配を完成することはできないが，財物に対する占有の獲得とそれを安全に確保できることとは別であるので，犯人が所持するだけでその支配を完成させることができるようなものについては，たとえ他人の住居内であっても，その段階で既遂となるものと考えられる。
　そして，このような理解は，住居でなくても，鍵などでその管理が厳重になされている建造物内の財物についても同様であり，それが倉庫であっても，工場であっても同様である。そこにあるメルクマールとしては，管理の厳重性という観点である。管理人が置かれ，人の出入りが厳格にチェックされているような建物であれば，それが工場であれ，事務所であれ，倉庫であれ，上述した住居の場合と同様に考えて差し支えないし，一方，鍵などが掛けられておらず，人の出入りが比較的自由になされているような建造物であれば，その管理が甘く，支配性が脆弱であることから，より早い段階で既遂が認められることになろう。

問3 では，住居であれ，事務所であれ，屋外への搬出がなされない段階で，既遂が認められたものとしては，どのようなものがあるのか。

【解　答】

　代表的なものとして，以下のものが挙げられる。

1　昭和27年12月11日東京高裁判決（判タ27号60頁）では，「二者（既遂と未遂）区別の要点は，当該盗品に対する所有者の実力支配が仮令一時的にせよ失われ，犯人が排他的に該盗品を自由に処分しうべき状態に置いたか否かの点に存する。故にこの区別のためには盗品の種類，性質は勿論，住居の模様等もこれを

度外視することはできない。本件盗品は衣類であり且つこれらの物は既に被告人が予ねて用意持参した南京袋に詰め終り麻紐まで施し勝手口まで運び出された瞬間に発見せられたものであるから、これらの物は既に所有者の実力支配の域を脱し被告人の実力支配下にこれを排他的に自由処分しうべき状態に置いたものと言わざるを得ない。従って更にこれを被害者方の屋外に持ち出さなければ既遂を以て論ずることは無理であるという所論は容認できない。」として、被害品の衣類を予め用意した南京袋に入れて麻紐を掛け、勝手口まで運び出されたという段階に至れば既遂になると判示している。

　衣類などの比較的大きくない被害品を自己の袋に入れたのであるから、むしろこの段階で既遂と認めてもよいのではないかと思われる。ただ、この判決では、盗品の種類、性質だけでなく、住居の模様等をも考慮すべきとしていることから、勝手口まで運んだということも、既遂と判断する一要素としていることは間違いないであろう。

2　昭和29年7月14日広島高裁判決（裁判特報1巻1号21頁）では、「当時被告人は、家人不在中であったのに乗じ、窃盗の目的で被害者方にあった本件被害物件を手あたり次第風呂敷に包んでいるところを、たまたまA、Bが乗りCが運転していた自動三輪車が通りがかり、Aがこれを見付けて交番所へ急報する一方、Cは戸口でその行動等を監視していたところ、被告人は右風呂敷包を携えて屋内から戸口へ出て来たとたんに、予て見知りのCと眼を見合わせたので、そのまま風呂敷包を軒下に置き同人と2, 3言葉を交わしているうち、警察官等が来て捕えられるに至ったものであることが認められるが、なるほど被告人の気持としては或は窃盗の目的を達しなかったと言い得るかも知れないけれども、右の行為は刑法第235条にいわゆる窃取即ち財物に対する他人の占有を侵しその財物を犯人の支配下に移すという窃盗の構成要件はすでに充足し、窃盗既遂の域に達したものと解するのを相当とするから、同既遂の罪責を免れることはできないのである。」と判示した。

　この判決においても、風呂敷包にできる程度の大きさの被害品を抱えて戸口まで来たのであるから、上記1の判決と同様に、窃盗罪の既遂が認められたものである。

3 昭和29年2月17日東京高裁判決（東高時報5巻1号37頁）では，「被告人は，原判示日時場所において，パチンコ遊戯場内玉売場にあった煙草及びタオルを窃取しようとして玉売場の表戸の鍵を外して裏戸を開け，煙草ピース197個，同新生140個，同バット40個，タオル1本を取り出し，ピース47個は自己の洋服のポケット内に詰め込み，ピース150個，光300個，新生140個，バット40個は玉売場のカーテンを利用して2個の包みに荷造し，タオル10本も右煙草と共に荷造し，その包みの1個を遊戯場内の自転車の荷台にのせていた際警官に発見されたため，荷造した煙草，タオルの包みをその場に置き，洋服ポケット内にピース47個を詰め込んだ儘同所から逃走した事実を認めることができるのであるから，被告人は自己の洋服ポケット内に詰め込んだピース47個はもとより，同遊戯場内において荷造を了ったその余の煙草及びタオルも亦，これを同所から外部に持ち出さなかったとしても，自己の事実上の支配内に置いたものといわねばならないのである。従って被告人は右荷造した煙草及びタオルについても窃盗既遂罪の刑責を負うべきことは当然である」とした。

　この事案では，自己の着衣の中に煙草を入れていたものであり，これについては，ポケット内に詰め込んだ段階で既遂になっていたものと考えるべきであるのは当然であろう。ただ，それ以外の2個の包みについては，荷造りを終わった段階で事実上の支配内に置いたものと認定しているものである。

4 昭和28年10月22日最高裁判決（刑集7巻10号1956頁）では，「米軍用羊毛シャツ5梱包400枚をトラックの上の廃品の山をかきわけ積み込み，その上方より更に廃品を被せて隠匿し，共同被告人の1人はその間トラック運転台にあった事実は，たとい構外まで物件を搬出せざる場合においても，他人の占有するものを他人の意思に反して自己の支配内に移したものと認めるを相当とするから，窃盗の既遂に当る」とした。

　この事案においても，運搬用のトラックの荷台に乗せた段階で，たとえ米軍基地の構外に出ていなくても，当該衣類の占有は被告人らに移ったとみてよいということを示しているものである。

問4 では，逆に，上記のような場合とは逆に既遂と認められなかったものとしてはどのようなものがあるのか。

【解　答】

代表的なものとして，以下のものが挙げられる。

1　昭和24年10月22日東京高裁判決（判決特報1号147頁）では，被告人が車庫からタイヤ2本を盗み出したものの，これを構外まで搬出することなく，同車庫附近の材木を積んである所に隠しておいたという事案において，「窃盗罪が既遂の域に達するには，他人の支配内に存するものをその他人の支配を排除して自己の支配内に移すことを必要とすること所論の通りである。しかうして窃盗犯人が目的物件を屋内から取出し，未だ構外に搬出せないような場合に，構内は一般に人の自由に出入し得る場所で構内から物件を構外に搬出するに何等障礙を排除する必要のないような場合ならば，犯人が目的物を屋外に取出すと同時に目的物の占有者の支配を排除してこれを自己の支配内に移したといい得るから窃盗の既遂を以て論ずることを得るが，目的物件を屋外に取出しても，構内は一般に人の自由に出入することができず，更に墻壁，門扉鎖，鑰等があって，その障礙を排除しなければ構外に搬出することができないような場合には，目的物件を右障礙を排除して構外に搬出しない以上は，未だ占有者の支配を排除して自己の支配内に納めたということはできないから，仮令窃盗犯人が目的物件を構内の管理者に気付かれたいような場所に隠しておいたとしても窃盗の既遂を以て論ずるのは無理である。蓋し斯様な場合には構内全体に完全に管理者の支配が及んでいるからである。」旨述べ，既遂に至るためには単に屋内から出しただけでは足りず，構外に出す必要があると判示した。このケースでは，被害品がタイヤという大きな物であったため，構外に出すに至らなければそれらを支配するに至らないと認定されたものである。

2　昭和24年11月12日名古屋高裁判決（判決特報3号93頁）では，「窃取行為の既遂の時期は，犯人が目的物につき他人の所持を排斥して自己の所持を設定した時と解する。他人の所持が完全に失われない間は未だ既遂と認められない。

何時他人の所持が完全に失われたかは目的物の量や大きさ等その場所との関係から考えなければならない。今本件に於て原判決挙示の証拠によれば，被告人が氏名不詳の者と共謀し判示日時頃判示Ａ方２階の窓から，同人の保管に係る國有綿１梱約 12 貫ものを屋根廂の上まで持ち出したところを誰何されたので目的物を置いたまま逃走したことを認め得る。この程度では犯人が目的物を或程度移轉しては居るけれども，その場所は被害者方の２階の窓の直ぐ外の屋根廂に過ぎず，而も目的物は高さ３尺幅４尺位で約 12 貫の重量ある木綿１梱であるから，斯る場所的関係と目的物の容易には動き難い重量とを考え合せるときは，未だ被害者の所持が完全に失われたとはいわれない。故に本件窃取行為は未だ既遂の域には達しないとみるのが相当である。」と判示しているが，これなども被害品の大きさや，移動させた場所が未だ被害者方の屋根の上という状況であったことに照らし，未だ被害者の支配を排して自己の支配を了したとはいえないとしたものであった。

3　**昭和 28 年２月 28 日名古屋高裁金沢支部判決（判決特報 33 号 107 頁）**では，周囲を建物及び板塀で取り囲まれた邸宅内にある土蔵の軒先に置いてあったケーブル線を窃取しようとした事案において，被告人が「本件ケーブル線を前屈みとなって，住宅裏手にある家人の透視を避けながら僅に２米余の邸宅内の地上を引擦った行為は，いまだ邸宅管理者の支配を完全に離脱しない物件を自己の支配内に移しつつある犯罪実行の過程にある行為と見るべく，右行為の段階をもっては未だＡ家人の所持を排除して自己の支配を確立したものと認めるに足らないと云わなければならない。」として，窃取行為の途中経過にしか過ぎず，被害者の支配を脱するには足りないとして未遂であるとしたものである。

問5　では，住居外や建物外，更には構外にまで搬出した場合には，一般的に既遂と考えてよいのか。

【解　答】

　一般的にはそのように考えて差し支えない。その段階に至れば，被害者の支配は排除されており，犯人の支配下に移ったものとみてよいからである。

第13章　既　　遂　223

上記昭和23年10月23日最高裁判決もその趣旨で既遂を認めているものであり，その他にも，**昭和31年3月29日名古屋高裁金沢支部判決（裁判特報3巻6号286頁）**では，「原判示第1の場合に於ては，被告人は，原判示Ａ方納屋の内部に積んであった同人所有の木炭2俵を納屋外に持出し，これを表道路迄運搬すべく，2歩程歩行した際，被害者に発見され木炭を其の場に投棄した上，逃走しようと図ったが，追跡して来た数名の者に捕えられたものであり，原判示第3の場合に於ては，原判示Ｂ方倉庫の内部に積んであった同人所有の木炭2俵を倉庫外に持出し，倉庫の前にこれを置き，倉庫の戸を元通り閉鎖しようとした際，被害者に発見され，その場で捕えられ交番に連行されたものであることをそれぞれ認め得べく，以上の認定事実に依れば，被告人の叙上の各所為は，いずれも窃盗犯人が，財物に対する他人の占有を排除し，これを自己の支配の下に移したものとして，それぞれ窃盗の既遂をもって論ずべきであると考えられる。」としたものであり，いずれも納屋の外に持ち出した時点，倉庫の外に持ち出した時点において既遂を認めたものである。

問6　これまで挙げてきた事案は，家屋などの建築物内や，周囲を塀などで囲われた場所であるなど，いずれも被害者などにより管理がなされていたものであるところ，そのような管理が不十分な場所における窃盗行為については，どの段階で既遂とされているのか。

【解　答】

　この場合には，被害品の支配が容易に犯人の側に移ることから，搬出等の行為がなくても，その以前に犯人の支配下に入ったと見られる状況があれば，その段階で既遂となる。これについては，次の各事案が参考になろう。

1　**昭和63年4月21日東京高裁判決（判時1280号161頁）**では，「本件窃盗の場所である中古車駐車場は，道路に面していて，出入り口に門扉等の設備はなく，道路からの出入りが自由であったうえに，その時刻も，被害者側の監視や警戒が手薄な午前1時20分ころという深夜であったこと，被告人は右出入り口近くの道路上に，エンジンをかけたまま車を止め，共犯者のＡを見張り役として車内に待機させたうえ，その出入り口から右駐車場に入り，駐車していた普通乗

用自動車から，タイヤレンチなどを使って，次々に4本のタイヤを取り外し，まずそのうち2本を抱きかかえるようにして，Aが待ち受ける車に運び込もうと，右出入り口の方に戻りかけたところ，たまたま飼い犬の鳴き声に不審を感じ，同駐車場に隣接する自宅から見回りにやってきた被害者に発見すい何されたため，右タイヤの全部をその場に放置して逃走したことなどの各事実が明らかである。

そして，右の各事実を総合すると，被告人らは，右タイヤ4本を完全に手中に収めることができなかったとはいえ，これを被害者の支配内から自己の支配内に移していたものということができるから，本件窃盗を既遂と認めた原判決は正当である」ると判示した。

この事案では，オープンな状態の駐車場内の犯行であり，深夜でもあって監視等も手薄な状況下にあったことなどの状況に照らし，被害車両から4本のタイヤを取り外した段階で，これらに対する被告人らの支配関係を認め，窃盗罪として既遂であるとしたものであった。

2　**平成5年2月25日東京高裁判決（判タ823号254頁）**では，周囲をフェンスで囲まれた工事現場において，同所にあった自動販売機を壊して中にあった金銭を窃取したという事案であるところ，その際の状況としては，次のとおりである。

被告人は，平成4年8月23日午後8時30分ころ，窃盗の目的で，A銀行本店新築工事現場内に侵入した。右工事現場の周囲はフェンスで囲まれていたが，被告人は，西側の一部に設けられていた蛇腹フェンスの止め金具を外して内部に立ち入った。そして，被告人は，同工事現場内を物色したところ，侵入箇所と反対側の東側部分に，三面をフェンスで囲み，天井をも設けた物置小屋風の区画があり，その一角に清涼飲料用自動販売機が設置されているのを発見し，同工事現場内の詰所から持ち出した玄能とラチェットレンチを用いてその扉の錠の部分を破壊し始めた。

その後，同日午後8時40分ころ，同工事現場の警備員であるBが，東側のフェンスに設けられた3箇所のゲートのうち右自動販売機に最も近くこれを見通せる位置にある第2ゲートの鍵を開け内部を覗いたところ，自動販売機を破壊中の被告人の姿を認めたため，警察に110番通報をした後，警察官の来るのを待っていた。

被告人は，これに気付かないまま右自動販売機の錠を壊し終わって扉を開け，中から硬貨9120円在中コインホルダー（縦約18センチメートル，横約8センチメートル）を取りはずして手にしたうえ，これを傍らのベンチ上に置き，更に札入りのホルダーをはずそうとしていた同日午後8時56分ころ，前記通報によりその場に駆けつけた警察官がBと共に第2ゲートから工事現場内に入り，被告人に声をかけた。被告人が逃げることのできる方向は，警察官らが入ってきた第2ゲートに面していたため，被告人は逃走を断念し，その場で警察官に逮捕された。
　このような事案において，被告人の行為は，コインホルダーの窃取行為として既遂であるのか，未遂であるのかが争われた。
　そこで，本件東京高裁判決は，「以上の各事実を前提として所論の当否をみると，被告人は，無人の工事現場内にあった自動販売機内部に投入された金銭を窃取しようと考え，右自動販売機の錠を壊して扉を開け，中から携帯・持運びの容易なコインホルダーを取り外して自己の手中に収めたのであるから，右金銭在中のコインホルダーについて，自動販売機の管理者の占有を排して，これを自己の占有に移したとみるのが相当であり，その時点において，窃盗は既遂の段階に達したというべきである。」として，コインホルダーを自己の手中に収めた段階で既遂であることを判示した。
　その上で，本件は窃盗未遂であるとの弁護側の主張に対し，「所論は，(1)本件工事現場はフェンスに囲まれ，しかも前記Bがゲートに施錠をし被告人を監視していたこと，(2)被告人は，逮捕された時点で窃取行為を継続中で搬出行為もないことなどから，被告人は未だコインホルダーの占有を取得していないと主張する。
　しかし，(1)については，被告人の窃取行為中，東側フェンスの3箇所のゲートは施錠されていたものの，被告人が侵入した西側の蛇腹フェンスからは容易に脱出可能であるうえ（なお，内部からは第1，第2ゲート脇の扉を通っても通行可能であったと認められる。），Bは，工事現場と事務所の往復等によって，終始被告人を監視していたわけではないから，この点を重視するのは相当でない。なお，警察官がその場に駆けつけ工事現場内に立ち入った事実も，既遂後の事情に過ぎないとみるべきである。
　また，(2)については，確かに被告人は，逮捕された時点においてさらに札入りのホルダーを取り出そうとしていたことは認められるものの，このことによって右札入りのホルダーとは別個の財物であるコインホルダーに関する窃取時期が左

右されるものではないうえ，コインホルダーの形状は前述したとおりであって，比較的小型で容易にポケット等に納め得るものであるから，その占有取得のため，持運びないし構外への搬出を必要とするとは考えられない。なお，被告人は，コインホルダーから硬貨を取り出し，これのみを持ち出すつもりだったと供述しているけれども，このことによって窃盗の既遂時期が左右されるものでないことはいうまでもない。

そうすると，被告人に窃盗既遂罪の成立を認めた原判決には，所論のような事実誤認及び法令解釈適用の誤りがあるとはいえない。」としたものであった。

被害品の形状が窃取時期に影響するものであることを正面から認めており，容易にポケット等に納め得るものであれば，その手中に収めた時，つまり，犯人が握持などの所持するに至った段階で既遂となることを認めたものである。

問7 書店において書籍を万引きしたり，陳列台に陳列された商品を万引きしたり，更には，ショーケースの中の貴金属などを窃取する場合などにおいて，その既遂時期はどのように考えるべきか。

【解　答】

一般的にいって，万引きにおいて，犯人の身につけることのできるような小型の財物については，犯人がそれを自己のポケットや鞄の中に入れたり，自己の着衣の内側に隠した段階で，これを実力支配することになるから，その時点で既遂になると考えられる。

1　この点について既遂と認めたものとして，次の各裁判例が参考になろう。

(1) 昭和25年4月14日福岡高裁判決（判決特報7号142頁）では，「窃盗の既遂の時期は，他人の占有する自己以外の者に属する所有物を，自己の実力的支配内に移し，これを排他的に自由に処分することができる状態におくを以って足りるのであって，必ずしも永遠にかつ安全に，その物を自己に保持し得べき状態におくことを必要とするものでない。（中略）そして原判示事実は，被告人が原判示A方店頭で同人所有の代用毛糸一封度を窃取したものであるとい

うのであって，原判決が挙示した証拠によると，被告人が右店頭で着用していた上着を判示毛糸にかぶせてこれをその上衣に包んだ上右手で抱いて帰ろうとしていたところを店主から捕えられたというのであるから，被告人の右の所為は正しく財物をその事実上の支配内に移したものといわなければならない。従って原判決が被告人の右の所為を窃盗既遂罪に問擬したのは，まことに正当」であるとしたものである。

(2)　**昭和28年2月12日広島高裁岡山支部判決（判決特報31号65頁）** では，「不法に領得する意思を以て，事実上他人の支配内に存する他人の財物を自己の支配内に移したときは，茲に窃盗罪は既遂の域に達するのであって，必ずしも犯人が之を自由に処分し得べき安全な位置にまで置くことを要するものでないことは最高裁判所判例の示すところである。原判決挙示の証拠によると論旨第一点において説示する如く，被告人は，A方店頭において，同人の支配内にある書籍○○○○1冊を不法に領得する意志を以て，自己の着用していた上衣の下脇にはさみ込んで外部から見えないように隠し（中略），一旦店を出ようとしたというにあるから，被告人の右所為は正しく他人の支配内にある他人の財物を自己の支配内に移したもので既遂の域に達したものといわなければならない。従って其の後右物件を返還したとしても中止未遂の観念を容れるべき余地はない。」と判示している。

　書籍のような小さな物であれば，自己の上着の下脇に挟み込んで外部から見えないような状況にした段階で自己の支配下に移したものと認められ，当該書籍に対する窃盗罪は既遂になるとしたものである。

(3)　**昭和29年5月11日東京高裁判決（東高時報5巻4号158頁）** では，「窃盗が既遂となるには，財物に対する他人の占有を侵し，その財物を犯人の支配下に移すことが必要であることは所論のとおりである。原判決の挙示した証拠によれば，被告人はA方店舗内において，服地の陳列台の上にあった茄子紺ギャバジン服地1巻を，被告人の着ていたオーバーの下に潜ませ，その上から服地をかかえてその場を離れ，出口に向って1，2歩歩いたとき，制服を着て折柄同店舗前を通りかかった警察官と眼を見合わせたので，被告人は再び店内に引返したことが認められるから，その服地に対するAの占有は侵され，完全に

被告人の支配下に移転したことは明らかであって，従って窃盗は既遂となったものであることは言を俟たない。仮りに品物が大きく重かったため引返して元のところへ返したとしても，或は店員Bが監視を継続していたとしても，窃盗既遂の成立にはなんらの影響はない。従って被告人の所為を窃盗の既遂と認めた原判決には所論のような違法はない。」と判示し，オーバーの下に服地を潜ませた段階で既遂としたものである。したがって，その後，返還したとしても犯罪の成否には全く影響しないとしたものである。

(4)　昭和31年3月15日東京高裁判決（東高時報7巻3号109頁）の事案は，間口4.5メートル，奥行き13.5メートルの店舗おいて，店員6名が監視中，陳列台に陳列してあった紳士服地の中から，ウーステッド合計10.5ヤールを抜き取り，これを着用していたコートの内側，左脇に入れて隠匿した際，直ちに店員に発見されたというものであったところ，同判決では，「事実上他人の支配内に存する財物を自己の支配内に移した時に既遂となり，犯人がこれを自由に処分し得べき安全な位置に置いたときに初めて既遂となるものではないのであるから（中略）窃盗既遂に問擬するに妨げない。」と判示した。

　この事案も，上記(3)とほぼ同様のものであり，既遂と認められてしかるべきものと思われる。ただ，この判決に対しては，未だ被害者の占有は奪取されていないとして未遂とすべきであるとの見解もある（増井・法令101頁）。

2　これに対し，未だ支配が移されていないとして未遂であるとされたものとして，**昭和60年4月12日大阪高裁判決（判タ560号283頁）**がある。

　この事案は，被告人が，A店の店内において，東南側ショーウインドーを背にして立ち，店に居たB，Cの隙をうかがい，右手を後ろに伸ばしてショーウインドー内の指輪差しから，指輪一個を抜き取り，これを手中にして手前に引き寄せたが，左横にCが居たので，同人に感付かれたのではないかと思い，直ちにショーウインドー内に右指輪を落し，その場を離れ店外に出て逃走したというものであった。

　そして，同大阪高裁判決は，「窃盗罪は，不法領得の意思をもって，事実上他人の支配内に存する財物を自己の支配内に移したことによって既遂に達するところ，右に認定した事実によると，被告人は指輪差しから指輪を抜き取り一旦手中

にしたが，直ちにもとの場所近くに戻しているのであるから指輪に対する被害者の支配を侵し，これを自己の事実的支配のもとに移したことは認められず，本件は窃盗の未遂にとどまるものというべきである。」とした。

　しかしながら，この事案においても，被告人は，指輪という容易にその支配を移転させることができる小さな財物を，窃盗の意思で手中にして引き寄せたのであるから，この時点で既遂となっていると考えるべきであろう。

問8 スーパーマーケットなどで陳列されている商品について，これを買い物かごに入れて万引きした場合，既遂時期はどのように考えるべきか。

【解　答】

1　スーパーマーケットなどの店舗内の商品は，その管理の程度にもよるが，**問7**で述べたような小型の物品を除けば，一般的には，店舗外に持ち出した段階に至って初めて既遂になると考えられる。

　それゆえ，スーパーマーケットであれば，通常はレジを通る際に代金の支払いがなされることから，このレジを通らずに外部に商品を持って出た段階で既遂と認められよう。

2　平成4年10月28日東京高裁判決（判タ823号252頁）の事案は，被告人が，原判示スーパーH店内において，買物かごに入れた商品35点をレジで代金を支払うことなく持ち帰って窃取しようと考え，店員の監視の隙を見て，レジの脇のパン棚の脇から，右買物かごをレジの外側に持ち出し，これをカウンターの上に置いて，同店備付けのビニール袋に商品を移そうとしたところを，店員に取り押さえられたというものであった。

　そして，この事案において，本件東京高裁判決は，「以上の事実関係の下においては，被告人がレジで代金を支払わずに，その外側に商品を持ち出した時点で，商品の占有は被告人に帰属し，窃盗は既遂に達すると解すべきである。

　なぜなら，右のように，買物かごに商品を入れた犯人がレジを通過することなくその外側に出たときは，代金を支払ってレジの外側へ出た一般の買物客と外観

上区別がつかなくなり，犯人が最終的に商品を取得する蓋然性が飛躍的に増大すると考えられるからである。」旨判示した。

このように，レジで代金を払わず，その外側に商品を持ち出した時点で既遂とされるのが通常であるが，たとえ，店舗内であっても被害者の支配内から自己の支配内に移したと認められる場合には，窃盗罪の既遂として認められる場合もある。

3 その例として，**平成 21 年 12 月 22 日東京高裁判決（判タ 1333 号 282 頁）**が挙げられるが，この事案は次のとおりである。

まず，被告人は，本件店舗3階の家電売り場に陳列してあった本件テレビ（幅469mm, 高さ 409mm, 奥行き 167mm）を盗むために買い物カート上のかごに入れ，レジで精算せずに買い物カートを押したまま同店舗3階北東側にある男性用トイレに入り，トイレ内の洗面台下部に設置されている観音開きの扉が付いた収納棚の中に本件テレビを隠し入れた。

その後，被告人は，上記トイレから出て，本件テレビを入れて店外に持ち出すための大きな袋を購入したが，その際の被告人の言動に不審を感じた店員からの連絡で，警備員は，被告人が購入した袋を持って上記トイレに向かったのを追跡し，同警備員も被告人の後ろについてトイレに入ると，被告人が洗面台の前に立っており，次いで洗面台の前から小便の便器の方へ移動したので，上記警備員は不審に思って洗面台下部の収納棚の扉を開けて中を確認したところ，本件テレビを発見した。

上記警備員は，本件テレビが本件店舗の商品であることや，被告人が本件テレビを収納棚に入れたことについて確信が持てなかったので，店舗関係者に連絡し，店舗関係者らは本件テレビが同店舗の商品であることを確認するとともに，防犯カメラに撮影されていた映像で被告人が本件テレビを上記トイレに持ち込んだことを確認した上，同店舗1階の東口付近にいた被告人を捕捉したというものであった。

このような事案において，本件東京高裁判決は，「以上の事実関係によれば，被告人は，本件テレビをトイレの収納棚に隠し入れた時点で，被害者である本件店舗関係者が把握困難な場所に本件テレビを移動させたのであり，しかも上記のように被告人が袋を買う際に不審を抱かれなければ，これを店外に運び出すこと

が十分可能な状態に置いたのであるから、本件テレビを被害者の支配内から自己の支配内に移したということができ、本件窃盗を既遂と認めた原判決は正当であって、原判決に事実の誤認はない。」と判示した。

　その上で、弁護側の本件は窃盗未遂であるとの主張に対し、「所論は、本件店舗は7階建ての大型店舗であり、警備員が複数名配置され、監視カメラによる監視も行われていたことや本件テレビの大きさに照らせば、被告人が店の従業員らに怪しまれずに本件テレビを店外に持ち出すことは困難または不可能であるから、被告人が本件テレビを本件店舗内のトイレに設置された収納棚に隠しただけで、店外に搬出していない時点では、未だ本件店舗の占有を排除して自己の支配下に置いたとはいえない、という。

　しかし、上記認定のとおり、被告人が袋を購入する際の言動に不審を感じた店員の機転がなければ、被告人は購入した袋に本件テレビを隠し入れて店外に持ち出すことが十分可能であったといえ（なお、関係証拠によれば、本件テレビは被告人が本件犯行時に所持していた大型の袋2枚及び大型のビニールバッグに十分収納できることが明らかである。）、自己の支配内に移したといえるから、所論は採用できない。」としたものである。

　このように店舗の外に出す以前の段階でも、被害者の事実上の支配が排除されていたと見られるような状況があれば、窃盗罪として既遂になるものと考えられる。

問9　すりの場合には、その既遂時期はどのように考えるべきか。

【解　答】

　すりの被害品となる客体は、懐中物であるから、被害者の支配力は大きいものの、その一方で、その大きさは小さく、容易に持ち運べるものであることから、被害者に気付かれることなく、その着衣や鞄に手を差し入れることができれば、その被害品についての占有の移転は容易であるといってよいであろう。

　そうであるなら、犯人が被害品を手中にした段階で既遂となると考えられる。**昭和29年6月29日最高裁判決（裁判集刑96号587頁）**においても、最高裁の判例は、「不法領得の意思をもって事実上他人の支配内にある物件を自己の支配内に

移したときは，茲に窃盗罪は既遂の域に達するものであって，必ずしも犯人がそれを自由に処分し得べき安全な位置におくことを必要としない，としている。本件において原判決は，『被告人がＡのズボン右後ポケット内より判示財布を抜きとりこれを被告人の手中に収めた』と認定している。この事実は判例のいわゆる『自己の支配内に移した』ことを意味するものと認められる。従って原判決がこれを窃盗罪の既遂としたことは判例に違反するものでな」いと判示されている。

もっとも，どの段階で「手中に収めた」と認定するのかは必ずしもはっきりしないが，金銭や財布などの軽少な物品であれば，それをつかんだ段階で，「手中に収めた」ものと考え，既遂として扱ってよいと思料する。大審院の判決（大判大13.10.3）であるが，見物人のたもと内に手を入れ，在中の眼鏡一個をつかんだだけで既遂になるとしたものがある（増井・法令99頁）。

問10 すりにおいて，上記のように被害品をつかんだ段階で既遂になるにしても，そもそも被害品がそこになかった場合には，犯罪発生の余地がないのであるから，不能犯として犯罪が成立しないということはないのか。

【解　答】

行為者の主観においては犯罪実行の意思をもって一定の外形的行為はなされたものの，客観的にはその行為の性質上犯罪の結果を実現することが初めから不可能な場合があり，このような場合を不能犯と呼ぶ。

このような場合には，既遂にならないのはもちろんのこと，実行の着手があったとも見られないことになる。ただ，判例上，不能犯が認められたのは，殺人としては結果の発生があり得ない方法で毒殺を図ったケースだけであり，窃盗罪において不能犯とされた事案は存在しない。

すりが他人のポケット内に手を差し入れたが，たまたま懐中物がなかったという場合において，不能犯であるという主張がなされた事案は存在するがこれが認められたことはない。

例えば，昭和29年5月14日福岡高裁判決（判決特報26号85頁）では，「犯人が被害者着用のオーバーのポケットから金員をすり取ろうと企て，手を差し入れ金員が在中するものと考え紙片を取り出したが，それが数枚のちり紙で金員が在中

しなかったため，金員窃取の目的を遂げなかったときは，犯人において，該ちり紙については領得の意思がないので窃盗罪（既遂）が成立することなく，金員を窃取しようとして遂げなかった事実については，他人の事実上の支配を侵し窃盗行為に着手して遂げなかったのであって，通常人が外出に際し金員を所持することは一般の事例であるから，たまたま被害者が犯人の目ざした個所に金員を入れていなかったからといって，これを以て窃盗の不能犯と論ずべきではなく同罪の未遂罪を以て断ずべきである。」として不能犯とはならず，未遂であると認定している。

問11 置引きの場合は，その既遂時期についてどのように考えるべきであるのか。

【解　答】

　置引きがなされる場合は，被害者が当該被害品を置き忘れている場合であるから，被害者の支配力は弱くなっているので，犯人が被害品を握持するなど所持した段階で既遂になると考えてよいであろう。

　むしろ置引きの場合は，被害者の占有の有無が問題となり，それが窃盗罪を構成するのか，占有離脱物横領罪となるのか難しい問題が生ずることなることに留意しなければならない（この点については，第2編第2章「刑法上の占有」46頁参照。）。

問12 想定事例についてはどのように考えるべきか。

【解　答】

　問8で述べたように，甲野については本件液晶テレビ1台についての窃盗罪の既遂が成立する。

第14章 責任能力

> **例題** 盗犯という犯罪が成立するためには，構成要件該当性のほか有責性の要件をも充足する必要があるが，被疑者が有責といえるためにはどの程度の能力が必要であるのか。

問題の所在

盗犯において，有責といえるためには，責任能力が必要であるが，この責任能力とはどのようなものか。また，近時，窃盗における責任能力に関してどのようなことが問題となっているのか。特に，クレプトマニアといわれる窃盗癖については，責任能力に影響を及ぼすものであるのか。

事例

【想定事例】

> 被疑者甲野は，万引きを繰り返し，そのため何度も服役していた。そして，出所した後，間もなくのうちに，再び万引きに及び，現行犯逮捕された。その際，A警察署の乙野巡査部長が甲野の事件を担当したところ，甲野の弁護人が，甲野はクレプトマニアであって病気であるから，甲野には責任能力はなく犯罪は成立しない，したがって，直ちに釈放せよと申し入れてきた。
> 乙野巡査部長としては，どのように対応すべきか。

設問と解答

問1 刑法上，責任の要件はどのように考えるべきか。

【解　答】

　責任（有責性）とは，犯罪行為について，その行為者を非難し得ることを意味する。犯罪が成立するためには，行為者に個人的，主観的な責任が存在することが，科刑の前提としての基本的要件と考えられているからである（大塚・刑法（総論）271頁）。

　具体的には，被疑者に責任能力，つまり，非難可能性が認められる前提として，行為者が刑法の維持しようとする規範を理解し，それに応じて意味にかなった行為をなし得る能力があって，初めてその行為者を非難することができることから，犯罪の成立要件として，被疑者に責任能力が認められることが必要である。

　つまり，刑法39条は，1項において，
　　心神喪失者の行為は，罰しない。
とし，同条2項において，
　　心神耗弱者の行為は，その刑を減軽する。
と規定して，責任能力のない場合には，これを罰せず，また，その能力が低減している場合には，刑を減軽するとしているのである。

|問2|　責任能力に関する「心神喪失」や「心神耗弱」とは，どのような概念であるのか。

【解　答】

　まず，心神喪失は，精神の障害により，事物の理非善悪を弁識する能力（事理弁識能力）がなく，また，この弁識に従って行動する能力（行動制御能力）がないことを意味し，心神耗弱は，その能力を欠如するにまでは至らないものの，その能力が著しく減退している状態をいうと解されており，この解釈は，判例上確立したものとなっている（佐伯・考え方321頁）。

|問3|　窃盗事件において，窃取行為が認定されながら，責任能力がないとして無罪になったり，心神耗弱が認められて刑が減軽されたような事案はあるのか。

236　第2編　盗犯捜査実体法

【解　答】

そのような事案は多数存在する。以下のような裁判例が参考になろう。

1　平成27年4月14日東京地裁立川支部判決（判時2283号142頁）

(1)　この判決の事案は，被告人が，平成25年9月15日午後1時28分頃，東京都武蔵野市内のゲーム機等販売店（以下「本件店舗」という。）において，同店店長B管理のヘッドホン，ゲームソフト，ニッパーツメキリ各1個（販売価格合計4万5530円）を万引きしたものであった。

　この事案において，検察官は，被告人は心神喪失でないことはもとより心神耗弱でもなかったと主張していたが，弁護人は，被告人には，その責任能力に影響を与えるてんかんの一種である病気に罹患していたことから，犯行時，被告人は意識障害の状態にあり，事理弁識能力は実質を備えたものとしては有しておらず，行動制御能力は完全に失っており，心神喪失の状態にあったと主張していた。

(2)　責任能力の判断に必要な被告人の犯罪歴や病歴は，次のとおりである。
　ア　被告人は，昭和62年頃大学を卒業した後，サラリーマンや自動車運転手等として稼働していたが，平成10年頃には，うつ病の診断を受け，通院治療を継続した。
　イ　被告人は，平成21年7月，客や店員がいる営業中のラーメン店の事務室に侵入して現金や財布等を盗み取る事件を起こし，同年11月に執行猶予付きの有罪判決を受けた。
　　そして，この間の同年10月23日夜，被告人は，話し方がおかしくなったとして救急搬送され，救急外来で計4回の強直性けいれんと強直間代性けいれんを起こして，同月27日まで入院した。脳波測定では明らかな異常を認めず，原因不明であるが，症候性てんかんや解離性障害の疑いがあるとされた。
　ウ　被告人は，平成22年4月14日，再び自宅でけいれんを起こして同じ病院に救急搬送されたが，同時点でも，明らかなけいれんの原因は認められな

いとされ，抗けいれん薬を短期間服用したものの，その後はけいれんについての治療は行われなかった。
- エ　被告人は，同年6月，コンビニエンスストアで煙草60個（6カートン）を万引きする事件を起こし，同年12月に実刑の有罪判決を受け，猶予が取り消された前記の刑と合わせて服役し，平成25年1月に仮釈放された。
- オ　被告人は，本件で起訴された後の同年11月27日，収容先の拘置所内で，うつ伏せに倒れて口から泡を吹き，腕は曲がり，足が突っ張った状態でけいれんして救急搬送され，脳波検査の結果，特発性てんかんと診断された。

(3)　精神鑑定の内容

　本件で実施された精神鑑定では，脳波検査の結果，被告人には前頭葉由来の可能性が高い高度な脳波異常が認められ，てんかん性脳波異常が高頻度かつ長い持続時間で出現し，脳波異常が頭皮上の広い広がりをもっていることから，①日常的にこの脳波異常が出現していること，②臨床的には非けいれん性てんかん重積（NCSE）の症状を呈すること，③時に強直間代発作（手足を伸ばした後にガクガクと震えて意識を消失する発作）を起こすことが高い蓋然性をもって推測されるところ，このような高度な脳波異常は数年前からあったと考えて不自然ではなく，平成21年以降の被告人のけいれん発作はいずれもこの強直間代発作と認められるとされた。

　なお，NCSEとは，てんかん発作がおよそ5分から30分以上連続的に生じる状態で，けいれんを伴わないものを指し，意識障害（分別もうろう状態）が主要な臨床症状となる。分別もうろう状態では，意識の清明度は軽度に下がるのみであるが，広がりや方向性が高度に狭められ，一見まとまった行動をとっているように見えるが，それまで行っていた動作を半意識的に続けたり，理性が低下して欲求が行動化したりすることがある。分別もうろう状態が続く場合には，数時間から数日にわたり，不機嫌，興奮，衝動的，不穏な状態等を示す。意識は減損しており健忘を残すことが多いが，周囲との接触性がある程度保たれ，回復後も当時のことを覚えていることがあるとされる。

　被告人は，本件行為当時，NCSEによる意識障害の状態（分別もうろう状態）にあった可能性が高い。そして，分別もうろう状態では，通常睡眠時にしか出てこない周波の脳波が出ているため，自分では制御できない脳の活動の状態に

あるから，本件行為時の被告人は，いわば夢の中で行動しているような状況で，物事の善悪につき理解していた部分はあると思うが，葛藤や欲求を抑制していた理性がはずれ，善悪の判断に従って行動を制御する能力を失っていたと考えられると鑑定された。

(4) 責任能力についての本件判決の判断

本件判決では，本件行為時の被告人の行動をみると，被告人が5階ゲーム売場のNINTENDO3DS用ソフトコーナーに現れ，その後同コーナーに設置された防犯カメラの撮影範囲外に立ち去る前の場面において，他の客の様子を気にしたり，客が近付いてくるとクリアケースをこじ開けようとする動作を中断したりする状況が認められることから，被告人に違法性の認識が一定程度あったことは否定できないとしながらも，

① 被告人がこじ開けようとする動作を続けていた通路は客の往来がかなり多い場所であり，かつ，その動作は一見して不自然な目立つものであるところ，この場面でも，周囲に客がいながらクリアケースをこじ開けようとしている時もあること

② その後再び同コーナーに現れてからの場面では，店員や客を認識しながらもこじ開けようとする動作を継続する状況もあること

③ 被告人の行動に明らかに不審の目を向ける客もおり，現に本件行為は客の一人が店員に通報したことにより発覚しているが，このように他の客が不審がる様子があった後も，被告人はクリアケースをこじ開けようとする行為をやめていないこと

④このように，不特定多数の人が往来するゲーム売場に長時間滞在し，クリアケースを執拗にこじ開けようとした被告人の行動は異常，不自然というほかないこと

⑤ 被告人は，2階理美容売場に現れた場面では，少し移動すれば人目につかない場所があるにもかかわらず，他の客の真横でわざわざケースからニッパーツメキリを取り出し，さらに空のケースを商品棚に戻すという行動に出ていること

⑥ その後5階ゲーム売場に戻った場面では，万引きしたヘッドホンを堂々と頭に装着してうろついているのであり，これらの行動も大胆というよりは

むしろ異常，不自然というべきであること
⑦ さらに，盗品を隠匿するためのバッグ等も持参していないことからすれば，本件行為に計画性は認められず，ゲームソフトやヘッドホンを盗むためにニッパーツメキリを盗むという行動も合理的，合目的的というよりは場当たり的な行動と評価できること

などから，上記精神鑑定のとおり，被告人は，本件行為時 NCSE による意識障害の状態（分別もうろう状態）にあった可能性が高いと認められ，「周囲に不特定多数の客や店員がおり，反対動機を形成し，それに従って犯行を思いとどまる機会がいくらでもあった上，現に，被告人が他の客の存在に反応しており，明らかに被告人の行動を不審がる客もいたことからすれば，ある程度の行動制御能力を有していれば途中で犯行を思いとどまってしかるべきといえよう。そうであるにもかかわらず，本件行為を成し遂げているということは，被告人が，前記意識障害の影響により，もはや善悪の判断に基づき欲求や衝動を抑えることができない状態に陥っていたことを示しているとも考えられる。よって，被告人は，本件行為当時，事理弁識能力はある程度備わっていたと評価できなくもないが，少なくとも行動制御能力はないに等しい状態であったとの合理的な疑いが払拭できない。」として無罪としたものである。

(5) 被告人の病歴や犯行時の異常性などを総合考慮すれば，犯行時に被告人に完全責任能力が存在しなかったと疑われるとの判断はやむを得ないところがあるが，しかしながら，全く責任能力がなかったというのは問題であると思われる。被告人の中に違法性の意識が残っており，それに対応できる能力が全く失われていたとはいえない事情も窺われるのであるから，心神耗弱という程度の認定が最も適切ではなかったかと思われる。

なお，てんかんに関しては，本件以外にも，**平成 23 年 6 月 16 日札幌高裁判決（公刊物未登載）** があり，窃盗被告事件であるこの事案でも，同様に被告人の犯行時にてんかんの影響があったかどうか問題となり，そのための審理が不十分であるとして原判決が破棄され差戻しになった。

また，**平成 2 年 9 月 3 日神戸地裁尼崎支部判決（判タ 766 号 280 頁）** においても，強制わいせつ致傷，窃盗被告事件に関して，てんかんを理由として無罪判決を言い渡している。

2　平成25年8月30日京都地裁判決（判時2204号142頁）及びその控訴審である同26年8月12日大阪高裁判決（公刊物未登載）

(1)　この事案は，常習累犯窃盗罪で起訴されたもので，被告人の今回の窃取行為は，平成24年9月27日午後3時頃から同日午後3時45分頃までの間に，京都市山科区内の自動車展示場において，被害者A管理に係る普通乗用自動車（軽四）1台（販売価格29万8000円）を窃取したものであった。
　　この事案において，本件では，被告人が被害車両を盗んだことや故意の存在，本件犯行当時，被告人が精神発達遅滞の状態にあったことについては争いがなかった。

(2)　第1審の本件京都地裁判決は，被告人の本件行為の動機は一応了解可能とはいえるものの拙劣かつ不自然な面があること，本件行為の態様も一見計画性や合目的性があるように見えるものの極めて稚拙で場当たり的であること，窃取行為後の自己防御的な行動についてもあまりに稚拙で自己防御的たり得ないこと，違法性の意識についても表面的な認識にとどまり，真に理解しているとは到底いえないことが認められるのであって，これらの事情を総合的に考慮検討すると，被告人は，本件行為当時，重度精神発達遅滞の状態にあったことにより，是非弁識能力及び行動制御能力が欠けていたのではないかという疑いを払拭することができないとした。
　　そして，鑑定人B医師による鑑定書（以下「本件鑑定」という。）において，「本件犯行当時，被告人は重度精神発達遅滞の状態にあった。本件犯行当時，被告人の『悪いこと』に対する認識はきわめて表面的なものにとどまっており，理非善悪の認識能力は，著しく損なわれていた。また，本件犯行には計画性・合目的性・事後の自己防御的な言動が認められるが，いずれもきわめて稚拙であり，本件犯行当時の行動の制御能力についても，上記精神障害によって，同様に著しく損なわれていた。」と判断しているが，前記認定と同趣旨のものと解することができるとした上，過去の裁判において心神耗弱と判断されていたことは被告人を心神喪失とする前記認定の妨げとはならないとして，本件犯行当時，被告人が心神喪失の状態にあったという合理的な疑いが残ると認定し，被告人に対し無罪を言い渡した。

(3) このような原判決に対し，検察官が控訴し，その理由として，次のような事実関係を指摘し，被告人には責任能力が存したと主張した。
　① 被告人は，B医師との面接において，強制わいせつについては，それが悪い理由について「かわいそうやから」とその理由を答えているのに対し，車の窃盗がどうして悪いのかについて答えられていないが，「車を盗むことはいいことか悪いことか」と尋ねられた際，「悪いこと」と即座に答えているから，その理解の程度に差異があるとはいえ，行為の違法性を認識していたことは明らかであり，また，本件犯行当時，警察官に対し犯行を否認したり，ヘルパーに虚偽の説明をしたり，値札を取り外し，破り捨てるなどしており，自己の行為の違法性を認識した言動をとっていること，犯行後にも繰り返し，自らの犯行を隠蔽する態度を見せていることに鑑みれば，その認識の程度はともかく被告人は自己の行為が違法であることを正しく認識していたと推認されるのであって，本件犯行当時，被告人に事物の是非善悪の弁別能力が備わっていたことは明らかであること
　② 被告人は，犯行現場の展示場に行った後，従業員が事務所に入るまで，2時間以上も犯行の機会を窺っており，また，前記のとおり，自己の犯行を隠蔽する態度を見せていることなどに照らせば，被告人は，本件犯行当時，表面的とはいえ，車の窃盗が違法行為であることを理解した上で，不十分ながらも規範に直面して反対動機を形成し，それによって違法行為をしようとする動機を退ける行動ができたものと推認されるのであり，本件犯行当時，被告人に行動制御能力が備わっていたことは明らかであること
などの理由を挙げて，原判決が説示するいずれの事情も被告人の責任能力につき心神喪失の状態にあったという合理的な疑いが残る理由となるものではなく，原判決の判断は，明らかに経験則・論理則に違反して事実を誤認するものであると主張した。

(4) そこで，本件大阪高裁判決は，「被告人は，以前から犯行現場である展示場に展示されている自動車が鍵を付けたままの状態であることを知っていたところ，犯行当日午後零時過ぎ頃，自転車に乗って同所に赴き，従業員であるCに対し，『車を盗まれたんで，車を見せて下さい。』等と嘘を言って，展示してある自動車を見ることにつき了解を得，2時間以上にわたりCら従業員がいな

くなるまで展示場内を徘徊した上，同人が事務所内に入った隙を見計らって被害車両に乗り持ち去ったこと，その後，被害車両のフロントガラスに貼付されていた販売価格等が記載された値札を取り外し，破って車内に捨てたこと，被告人は被害車両を運転して帰宅する途中，展示場に自転車を置いたままにしていることを思い出し，一旦被害車両をセブンイレブンの駐車場に停めて徒歩で展示場まで戻り，自転車に乗って帰宅しているが，帰宅途中に警察官から自動車を盗んでいないかなどと質問を受けた際には，『知らん。』などと述べて否認していること，帰宅後，自宅を訪れていたヘルパーに対し，『エロ本をセブンイレブンに取りに行ってくる。』等と嘘を付いて外出し，被害車両を上記駐車場から自宅近くの別の駐車場に移動させたこと，午後11時3分頃，同所に被害車両を取りに行き，ドアの施錠を解錠しようとしたところ，張り込んでいた警察官から職務質問を受けた際，慌てて鍵をポケットにしまい込み，警察官からの質問に対し，動揺した様子で，『この車は買ったものや。俺の車や。』『この車は買ったんや。お母さんを呼んでくれ。』などと言い，更に，D警察署に任意同行した後も，警察官に対し，『俺が買った車や。10日前に買ったんや。』などと述べて，本件犯行を否認していたが，警察官から既に被害届が提出されている旨を告げられると自白に転じ，その後，警察官を展示場まで案内したこと，などが認められる。

　以上のような被告人の一連の言動等からは，被告人には被害車両を無断で展示場から乗って持ち去るという自己の行為が警察や第三者に発覚しないように隠そうとする態度が顕著に見て取れるのであって，被告人において，自己の行為が法律に反する違法なものであって社会的に許されるものではないという認識を欠いていたなどとは認められず，むしろ自己の行為の違法性について相応に認識しながら行動していたとうかがわれる。この点について，原判決は，前記のとおり，被告人は，車を盗むことに関しては違法性の意識について，表面的な認識にとどまっており，真に理解していたとは到底いえない，などと説示し，弁護人も答弁書において，被告人は，B医師から車を盗むことについて『何がどう悪いのか』と尋ねられても何ら応答しておらず，悪事を働くことの社会的意味や周囲に及ぼす影響等を抽象的・論理的に思考する能力が欠けており，被告人が問いに対し，単純に『悪いこと』と回答したからといって行為の違法性を認識する能力があったとはいえない，などと主張する。確かに，行為者に

おいて，健全な違法性の意識を備えているといえるためには，当該行為が被害者に対して与える苦痛の内容やそれが社会に及ぼす影響等までも理解していることが必要であると解されるが，行為者において自己の行為が露見すれば，警察に捕まって刑務所に入れられることになるといった程度の認識を有するに足る能力があれば，反対動機を形成し，当該行為に及ぶことを思いとどまることは十分可能であるから，前記程度にまで理解できる能力がなければ，行為の違法性を認識する能力が欠けることにはならないと解される。本件において，被告人は，本件犯行当時，精神発達遅滞の影響により，自動車を盗むことが被害会社や社会に及ぼす迷惑や影響等について理解するに足るだけの十分な能力が備わっていたとまではいえないが，発覚すれば警察に捕まって刑務所に入れられるような悪いことであるといった程度の認識はあったことが認められ，事物の是非善悪を弁別する能力が著しく減退した状態にはあったものの，いまだそれは失われていなかったと認められる。

また，被告人は，前記のとおり，犯行の機会をうかがって2時間以上もの間，従業員が展示場からいなくなるのを待っているが，仮に，反対動機を形成し，自己の行動を制御することができない状態にあれば，従業員がいるか否かにかかわらず，自動車を運転したいとの自己の欲求の赴くまま直ちに犯行に及ぶはずであり，B医師も当審公判廷において，同趣旨を述べている。

ところが被告人はそのようにはしていないのであって，自動車が目前に展示してある状況下においても，被告人において，周囲の状況を踏まえて，従業員らに発覚せずに犯行を実行することができる機会が来るまで自動車を運転したいという欲求を抑え，自己の行動を制御することができるだけの能力が備わっていたことがうかがわれる。また，前記のとおり，被告人は，犯行後，警察官やヘルパーに嘘を付いたり，値札を取り外して捨てるなど犯行が発覚しないように合目的的に行動しており，被告人なりにではあるが，犯行が発覚するのを避けるために自動車を運転したいとの自己の欲求を，ある程度制御しながら慎重に行動していることもうかがわれる。これら事情によれば，本件犯行当時，被告人は自己の行動を制御する能力が著しく減退している状態にあったものの，それがまったく失われた状態にあったとまではいえないと認められる。」として心神耗弱の認定をしたものである。

(5) もちろん，本件大阪高裁の認定及びその判断は的確であるが，被告人の本件犯行態様やその後の罪証隠滅行為等を総合的に判断すれば，十分に理非善悪を判断し，それに対応した行動をとっていることから，完全責任能力があったといっても差し支えない事案ではなかったかと思われる。

3 平成元年7月10日東京高裁判決（判タ714号256頁）

(1) この事案は，被告人が，昭和63年11月7日午前零時頃，茨城県水戸市内の運送会社営業所東側空地において，同所駐車中のA所有の普通乗用自動車1台（時価5万円相当）を窃取したというものであった。

(2) この事案において，本件東京高裁判決は，次のとおり判示した。
　すなわち，「当審弁護人は，本件犯行時の被告人の責任能力について心神耗弱の主張をしているので，当審において，犯行時における被告人の責任能力について精神鑑定を行ったところ，鑑定人である医師Bの被告人に対する精神鑑定結果（同人作成の被告人に対する精神鑑定要旨を含む）によると，現在の被告人は，精神分裂病（統合失調症）の状態にあり，『犯行時及び現在共に，事理の是非善悪を弁識し，それに従って行動する能力は喪失している。』というのである。そして，精神分裂病（統合失調症）に罹患しているとされる者の行為については，法的にも，心神喪失を理由として責任能力がないと判断されることが多いと考えられるのであるが，これを本件の証拠関係に即して検討するのに，被告人は，本件当時，盗んだ自動車のバッテリーが切れてエンジンが掛からないと見て取ると，早速他の車の運転手にバッテリーとリード線を貸してくれるように頼み，自動車を運転して走り回る途中，ガソリンスタンドでバッテリーの交換をし，ガソリンが不足すると補給し，それらの代金を異常なく支払い，長距離にわたって事故なく運転し，駐車するに当たってはそうするのにふさわしい病院の駐車場を選んで止めるなどしていたことが明らかである。また，被告人がこれらの行為を単なる動作として行っていたものではなく，行為の意味を理解しながら行っていたと見られることは，例えば，被告人が病院の駐車場で警察官から職務質問を受け，その際乗車していた自動車の入手経過を質問されたのに対して，『これは私が買ったものです』と述べ，その購入先につい

ては『忘れました』と言ってそれ以上の追及をかわそうとし，その後本署に同行されて更に購入先を追求されると，『○○○の社長に貰った』と言って，更に虚偽の弁明を試みていること（緊急逮捕手続書），すなわち，その時点での被告人には，警察官の職務質問の核心がどの点にあり，また，自動車の入手先に関する被告人の供述がどの様な意味を持っているかを理解した上で応答していると見られる事実に徴しても明らかといえる。その他，当審公判廷における被告人の供述態度や供述内容，これまでの受刑中あるいは勾留中の行状についての照会結果等を総合して考察すると，被告人は，本件犯行時，事理是非善悪を弁識し，それに従って行動する能力を完全に喪失した状態にはなく，精神分裂症（統合失調症）に罹患していたとはいえ，右の能力が著しく低い状態，すなわち，心神耗弱の状態にあったと認めるのが相当である。」としたものであった。

(3) この事案でも，鑑定人の統合失調症による心神喪失との鑑定結果によれば，責任能力が否定される方向に働くところ，被害品の入手先について虚偽の供述をしていることなどから被告人が自己の行為が犯罪に該当することを認識していたものと判断し，責任能力が完全に喪失していたとはいえないとしたものである。

問4 クレプトマニアとは何か。

【解　答】

　これは，「kleptomania」と表記されるもので，病的窃盗と訳されている。
　これは窃盗行為に及ぶ衝動抑制の障害により行動制御能力が減退するもので，「万引き行為時に，顕著な緊張感，興奮を覚え，万引き成功時に安堵感，緊張からの解放，達成感を経験するというクレプトマニアに特徴的な症状」（**平成25年7月17日東京高裁判決・高検速報（平25）94頁**）が見られることになる。
　また，「クレプトマニアは，個人的な使用や金銭的な価値などとして必要とするわけではない物を盗む衝動に抵抗することができず，典型的には，盗む行為前の不安とその後の安堵と満足が見られる。もし窃盗が復讐や精神病に関係しているのなら，クレプトマニアとは診断されるべきではない。」(Dr. ChristpherL. Heffner:

Kleptomania All Psych)といわれている。

問5 それでは，被疑者の犯行がクレプトマニアであるがゆえのものであるかどうかは，上記の特徴に合致するかどうかで判断されることになるのか。

【解　答】

　基本的にはそのとおりである。実際に，**問4**の東京高裁判決において，その原審で証拠として採用された精神科医の鑑定書では，次のように判断されている。

　すなわち，「医師B作成の鑑定書（原審甲第16号証）は，アメリカ精神医学会の精神疾患の分類基準であるDSM-IVによるクレプトマニアの診断基準の該当性を見ると，被告人がクレプトマニアであるとは考えられないとする。

　すなわち，DSM-IVによるクレプトマニアの診断基準のうち，①個人的に用いるのではなく，金銭的価値のためでもない，②万引き直前の緊張の高まり，③万引きを犯すときの快感，満足，または解放感という項目の該当性を見ると，①については，万引きの物品は，生理用ナプキン，制汗シート，乳液の3点であり，いずれも緊急性はないにせよ，被告人が使用する物であるから，該当しない。②については，被告人の供述を見ると，万引きをしてしまった中核をなす心理は，『商品を見て欲しいと思った瞬間から，もう，その商品を手に入れることしか頭にない状態になる』というものであり，これは万引きの快感を得たいというものではなく，心理の中核は物品入手にあり，それも金銭を用いることなく入手したいという合目的性も認められる心理であるから，クレプトマニアとは異なるものである。③についても，盗みという行為そのものに伴うある種の快感（満足感や達成感）を感じようとしていたものではなく，実際にも被告人は，そういった感情を感じたという事実はないと述べていることから，該当しないと判断している。」として，上述したクレプトマニアの特徴に照らして判断したもので，その結果，この事案の被告人の犯行はクレプトマニアのためではないと鑑定しているところである（ただ，後述するように，同判決では，この医師の鑑定とは異なる別の精神科医の鑑定書を採用し，上記医師Bの鑑定結果を否定している。）。

問6 では，クレプトマニアであると診断された場合，それは責任能力にどのような影響を及ぼすのか。

【解　答】

　クレプトマニアであるから心神喪失であり責任能力がないとされた事例はない。法的評価として心神耗弱であるから刑法の規定に従って刑を減軽するというのも見当たらない。しかしながら，情状酌量での刑の減軽として，クレプトマニアであること，そして，その治療を受けていることなどが理由とされて再度の執行猶予を付された例はいくつか見られる。

問7 では，量刑の場面において，クレプトマニアであると認定されたことが量刑に影響したことかをうかがわせる裁判例はあるのか。

【解　答】

　次のような裁判例が参考になろう。

1　クレプトマニアであるとしても酌量減軽の対象とされなかった事案

(1)　平成23年12月27日さいたま地裁判決（公刊物未登載）

　　これは，被告人がスーパーマーケットで食料品を万引きした事案であるが，同判決では，「弁護人は，被告人の責任能力は争わないものの，被告人に有利な情状として，被告人の窃盗癖の治療に当たっている精神科医2名作成の意見書（弁9）等に依拠して，本件犯行時において，被告人は，クレプトマニア（窃盗癖）という衝動制御の障害により行動制御能力が相当程度減退していた旨主張する。

　　そこで検討するに，被告人は，周囲に人がいないことを確認してから犯行に着手し，その後，通常の買い物客を装って，買い物かごに入れた商品だけレジで精算し，更に，精算済みの商品が入っている店のビニール袋に万引きする商品を入れれば，犯行が発覚しにくいと考え，上記ビニール袋を使って万引きを

続けており，このような犯行態様に照らすと，被告人は，本件犯行の際，被告人なりに考え，状況を判断しながら目的に沿った行動をしていたと評価できること，被告人は，平成22年4月の仮釈放後，実兄の監督を受けながら生活し，週5日程度介護ヘルパーの仕事をしていたところ，その仕事中に盗みをした証拠はないことなどに照らすと，本件犯行時において，衝動制御の障害により被告人の行動制御能力が低下していたとしても，その程度はさほど大きなものとはいえず，被告人の刑事責任を大幅に軽減しなければならないような行動制御能力の低下があったとは認められない。」として，クレプトマニアであるかどうか明確には判断していないものの，その症状が見られたとしても，その程度はさほど大きなものではなく，刑事責任を大幅に軽減しなければならないようなものではないとしている。

(2) 平成26年7月8日大阪高裁判決（裁判所ウェブサイト）

㋐ これは，万引きによって執行猶予付き懲役刑に処せられた前科が2犯ある被告人が，保護観察付き執行猶予期間経過後に，スーパーマーケットで食料品を万引きした事案である。この事案では，被告人は，買い物カートの上下に店舗備え付けの買い物カゴを置き，この2つの買い物カゴに大量の食料品を次々に入れた後に，カートを押しながらレジを通らないままその横の通路を通って商品を袋詰めする台まで行き，これらの食料品を全て持参していた4個のエコバッグに詰め込んだ上，エコバッグをカートに載せた買い物カゴに入れて店外に出るなどしており，その犯行態様は大胆であり，被害品は合計93点，販売価格は3万6135円にも及び，万引きとしては極めて多数，多額に上るものであった。

㋑ この事案においては，第1審で，被告人に対し，懲役10月の実刑判決を言い渡していたところ，弁護人は，本件控訴審において，被告人は，衝動制御障害とされているクレプトマニアと診断されており，これが本件犯行の直接の原因となっているにもかかわらず，原判決は，「本件窃盗がクレプトマニアを直接の原因とするものとは認め難く，被告人は，金を払わずに商品を手にしたいとの動機から本件犯行に及んだ」などと説示しており，被告人の精神疾患が本件犯行に及ぼした影響の有無や程度ないし犯行動機についての認定，評価を誤った結果，被告人を実刑に処したものであって，重過ぎて不

当であると主張していた。

㈦　そこで，この点について，本件大阪高裁判決は，被告人が入院治療を受けていた病院の院長である精神科医（以下「医師A」という。）は，被告人の入院及び治療経過，被告人及び家族からの聴取結果等を基に，被告人がクレプトマニアであると診断しているところ，被告人が，経済的には全く困窮していないのに，前記のとおり万引きを繰り返しており，本件も，万引きに及ばないように注意して生活する中で，代金を支払うのに十分な現金を所持していたのに，万引きに及んでいることからすると，被告人がDSM-IV-TRによる「クレプトマニア」の診断基準に該当し，本件もその影響による犯行であるとした医師Aの見解も成り立ち得ないものではない。そして，被告人が自宅で消費する目的で大量の食料品を次々と買い物カゴに入れている点も，被告人において，どの時点で窃盗の犯意が生じたのかが明らかでないことからすると，直ちに医師Aの上記見解を否定し去るものとまではいえないとした。

　しかし，被告人は，買い物に行くことを控えていたことを除けば，特段の支障なく通常の日常生活を営んでいたものである。しかも，本件犯行の際も，それぞれに被告人が必要とする商品を買い物カゴに次々と入れた上，買い物カゴを積んだカートを押しながらレジ横の通路を通ってサッカー台まで行き，既に精算が済んでいるかのように装って商品を自己が持参した4袋ものエコバッグに余すところなく入れて店外に出ている上，警備員から声を掛けられるや，代金を支払う旨申し出てその場を逃れようとするなど，商品獲得という万引きの目的実現に向けた合理的な行動を取っていることが認められる。

　したがって，医師Aの診断どおり，被告人がクレプトマニアに罹患していたとしても，それが被告人の本件犯行当時の衝動制御能力に及ぼす障害，そして，行動制御能力に及ぼす影響はごく軽微なものであったと認められるのであり，本件の犯情にさほど影響していないことは明らかであるとして，原判決が，被告人が再犯防止の手段を尽くしたとはいえないという点も考慮した上で，「犯情において被告人がクレプトマニアであったことを酌量すべき事情として考慮するのは相当ではない」と説示したこと自体に誤りはなく，弁護人の上記主張は採用できないとし，本件では，被告人がクレプトマニア

に罹患していたとしても，これを酌量すべき事情として考慮するのは相当ではないとし，結局のところ，「本件では，被告人がクレプトマニアとの診断を受けており，その影響によって本件犯行に及んだ可能性までは否定できないものの，この点は，犯情においてさほど酌むべき事情になるとはいえない。」と判示したものである。

(エ)　なお，本件判決では，被告人がクレプトマニアの治療を受けていることが酌量減軽の理由となるかについても判断しているので，その点についての判断も紹介する。

　本件大阪高裁判決では，「また，弁護人は，被告人は，本件後の平成25年1月に前記病院を受診して以来，約1年4か月にわたってクレプトマニアの専門治療を受け続けており，被告人の治療に対する意欲は高く，医師の指導にも真摯に取り組み，治療の効果も確実に現れているのであり，被告人を実刑に処することは，このような治療や自助グループへの参加などの再犯防止に向けた取り組みを全て中断させることを意味するものであると主張し，医師Aも，前記意見書において，『数年の実刑後には，治療のモチベーションが失われ，治療には復帰せず，刑務所帰りの犯罪者になってしまったという惨めな気持ちや，社会生活や家族関係の亀裂の修復が困難なことから自暴自棄になり，その状況が万引きの再犯に追いやるという悪循環になる例が多い』などと指摘している。

　そして，被告人は，本件犯行後に，病院に入院して治療を受け，退院後は，自助グループによるミーティングに参加し，原判決後も専門医に通院するなど，再犯防止に向けて真摯かつ積極的に取り組んでおり，さらに，原審公判で被告人及び夫が，今後も治療を受け続ける意向を示しているように，被告人が再犯防止に向けて真摯に取り組んでいることは，一般情状として被告人のために有利に酌むべき事情といえる。

　しかし，それにより，本件の犯情，そして被告人の責任が大きく軽減されるいわれはないし，被告人において，これまで万引きを繰り返してきたことを真摯に反省し，今後も治療に対する強い意欲を持ち続け，家族がこれを支えていくのであれば，服役により責任を果たした後においても治療を続けることは十分に可能であると考えられる。したがって，原判決も説示するとおり，弁護人及び医師Aが指摘する点は，実刑を選択することの妨げとな

ものとはいえない。」として，上記のような治療行為があったとしても，一般情状としては有利な事情とはいえても，それにより実刑を選択できなくなるような事情とはなり得ないことを明らかにしているところである。

(3) **平成26年10月21日大阪高裁判決（裁判所ウェブサイト）**
　(ｱ)　これは，ショッピングセンターにおける万引き窃盗1件の事案であるが，被告人の犯行は，中敷きカーペットなどの大型商品を買い物カートに入れてそのまま持ち出すというものであり，被害額も1万円を超えているものであって，決して軽微な万引き事案ではなく，しかも，前刑の執行猶予中の犯行であった。
　(ｲ)　そして，第1審において，被告人に対し，懲役8月の実刑判決が言い渡されていたところ，本件控訴審において，弁護人から責任能力に関する種々の主張がなされた。
　　そこで，そのうちでクレプトマニアに関するものを挙げると，「被告人の精神疾患の現状について，被告人は原判決後に複数の医師から精神疾患の診断を受けているところ，原判決後に入院したB医療機関（クレプトマニアの治療で有名であり，薬物依存症やアルコール依存症の治療を専門とする病院でもある。）のC医師らは，被告人について，摂食障害，クレプトマニア，アルコール依存症，PTSDに罹患しているとの診断をし，被告人の疾病とその影響について，本件当時，クレプトマニアによる衝動制御の障害に加え，摂食障害やアルコール依存症による精神的混乱が影響していたと判断」しているなどとして，本件犯行は，「被告人の生活歴及び精神的不安定を背景にしてなされたものであるところ，その犯行態様が，中敷きカーペットという大型商品を買物カートに入れてそのまま持ち出すという発覚しやすいものであったり，同じ雑誌を2冊窃取したりしたものであること，被告人が十分な収入を有し，本件犯行当時も窃取品を購入するのに十分な現金を所持していたこと，被告人が窃盗罪で刑執行猶予中の立場にあり，その取消しのリスクを考えると再び窃盗に及ぶのは割に合わないことなどからすると，本件犯行は異常というほかなく，行動制御に関する障害に起因しているとみるべきである。」などとして，被告人は，クレプトマニアなどの精神障害により心神耗弱の状態にあったなどと主張した。

(ウ)　これに対し，本件大阪高裁判決は，「本件犯行の態様等を子細にみると，被告人は，本件当日，自動車を運転して被害店舗を訪れ，屋上の駐車場に駐車した後，被害店舗内で本件犯行を開始し，保安員等に見とがめられることなく雑誌や菓子等を入手した上，布団売場付近において，買物カート上段の買物籠の上に上記カーペットを載せた後，きょろきょろと周囲を見渡し，商品が積載されたカートを布団売場に置いたまま，自らはレジ付近まで移動して店員等の様子をうかがい，その後，商品陳列棚の間を縫うようにして移動し，積載したカーペットの精算をすることなく店内北西側エレベータ前まで行き，そこでカーペットを買物カートの下段に移し替え，そのままエレベータに乗り込んで屋上に移動し，屋上駐車場に出た後は急に小走りで逃走したが，布団売場付近以降における行動を現認して被告人を追ってきていた保安員から『お金払ってないでしょ。』と言われると，少し驚いた様子で，黙ってうなずき，窃盗をしたことを認めた上，窃取品を確認する際には『盗みました，すみません。』と話していたという経過が認められる。また，被告人は，上記カーペット以外の窃取品については，自宅から持参したエコバッグに入れていた。このような経過に照らすと，被告人が自己の行為の内容及びその違法性を十分に認識していたことが認められるとともに，特にレジの様子を観察するなどして，店員の隙をみて窃盗行為に及んでいることからは，被告人が，店員等に発見され検挙されそうであれば窃盗行為を差し控えるという意識に基づいて行動していたこと，言い換えると，正常で合理的な理由によって盗みたいという衝動を制御していたことが認められるのであって，被告人が衝動を制御する能力を相当程度有していたことが認められるというべきである。

　この点，被告人の行動については，『見付からないようであれば窃盗行為を行う』という一連の行動を制御することが困難な状態であったとみることも可能であるが，仮にそうであるとしても，窃盗行為を決行するかどうかという，最終的で最も重要な決定について自己を制御する能力を有していたことについては，何ら否定されない。また，最終的に犯行に至っているからといって，直ちに衝動制御能力がないなどということができないことは，全ての故意犯において同様のことが認められることからして明らかである。

　また，上記カーペットは，広げれば大きいものになるとはいえ，畳んだ状

第14章　責任能力　253

態で販売されているものであって，これを万引き窃取することが直ちに異常であることをうかがわせるなどとは到底いえないし，被告人が当時十分な収入を得ていたという点を含め，そもそも，さしたる理由もないのに大型の商品を複数回万引きする者や，十分な所持金があっても窃盗行為に及ぶ者が相当数いることは周知のことといってよく，これらの者が全て著しい衝動制御障害に陥っているなどともいえないから，これらの事情は，被告人が行動制御能力を著しく低下させるほど精神的に異常であったことをうかがわせるものとはいえない。さらに，同じ雑誌を2冊窃取するなどしていることについても，所論がいうほど異常な行動であるとは思われない上，本件が，これらを手に入れてみたいという欲求に加え，後述するように，ストレス発散のために万引きをしたいという動機によって行われたと考えられることに鑑みると，目に付いたものに多少なりとも興味がわけば手当たり次第に窃取してストレスを発散しようとしたという犯行の結果として理解することが，十分に可能である。」として，その犯行態様などからして，被告人の行動制御能力を著しく低下させるほどの精神の異常性はなかったと認定している。

　また，被告人がクレプトマニアであるとしても，「それらが被告人の行動制御能力を障害していた程度は限定的であったと考えるほかない。」としている。

㈓　また，本件でも，クレプトマニアとの治療を受けていることが酌量減軽の理由となるかについても判断しているので，その点についての判断も紹介する。

　本件大阪高裁判決では，「原判決後，被告人が窃盗癖やこれと結び付いていると考えられる摂食障害の改善を図るべく専門的な治療を受けるようになっていることなどの事情を考慮しても，いまだ重すぎて不当に至っているとまではいえない。」とした上で，弁護人が，被告人に対しては刑罰よりも治療を優先させるべきであると主張していることに対し，「現在の治療が被告人にとって必要かつ有効であるとしても，そのような一般情状が本件の犯情ないし被告人の刑事責任を大きく減殺するものとはいえないのであって，治療の必要性が行為責任（ないし応報）を基本とする刑罰の必要性に優先するというような考えは採り得ず，かねて精神科医に通院し，本件犯行前に医師（控訴趣意書によると，Fクリニックの医師）に対して性的虐待のことを話

していることなどからして，本件犯行に至る前において現在のような治療を開始する時間も十分あったと認められる被告人については，なおさら，所論のいうところから前記結論が左右されるとはいえない。なお，C医師が作成した意見書（当審弁1）には，実刑判決を受けた場合には，服役後まで治療意欲を維持することは難しいなどという記載があるが，仮に被告人や親族等もそのように考えているのであれば，上記医師等との連携を図るなどしつつ，服役後の治療の確保に意を用いれば足りるのであって，治療意欲が維持できないから服役は無用であるなどというのは，刑罰法規の存在を無視した論理といわざるを得ない（なお，所論が有効性を主張する認知行動療法についても，矯正施設においてなされている例のあることが，当審弁1号証資料11において紹介されている。）。」として，矯正施設においても適切な治療等がなされること，治療を受けることが刑罰の必要性に優先することはないなどの理由を述べて，本件の実刑判決が妥当である旨を述べたものである。

2 クレプトマニアであることが酌量減軽の対象とされて，再度の執行猶予などが付された事案

(1) 平成25年6月26日福岡高裁判決（公刊物未登載）

(ア) これは，当時83歳の被告人が，前刑の執行猶予中であるにもかかわらず，スーパーマーケットにおいて，おでんの素3個（販売価格合計207円）を万引きしたという窃盗の事案である。被告人は，現金1万3000円くらいを所持していたのに，買物籠におでんの素5個を入れた際，その一部を万引きしようと決意し，人目に付きにくい陳列棚と陳列棚の間に移動した上，そのうち3個をズボンのポケットに入れて隠し，買物籠に残ったおでんの素2個等の商品についてはレジで精算して，店外に出たというものであった。

(イ) この事案において，第1審判決では，被告人に対し，懲役8月の実刑判決が言い渡されたのであるが，この控訴審において，弁護人から被告人が「被告人は，原判決後の平成24年12月28日に特定医療法人G会Aホスピタル院長の精神科医師Cの診察を受けたところ，クレプトマニア（病的窃盗）の精神障害に罹患しており，これが本件犯行の直接の原因になったと考えられ，6か月間の入院治療が必要であるとの診断を受けている。」とした。

そこで，被告人がクレプトマニアであるかどうかが争点となり，検察官は，被告人の犯行の動機について，被告人は，捜査段階では，金がもったいなくて使いたくなかったと供述していたのであるから，クレプトマニアに当たるものではないと主張した。
　しかしながら，本件福岡高裁判決は，
① 　上記C医師は，その被告人の供述を，「周囲の常識に合わせてその場で作り上げた説明であって，真実とはほど遠い」と評価した上で，被告人がクレプトマニアに罹患していると診断していたこと
② 　被告人の本件を含めたこれまでの万引きの被害品が，いずれも極めて少額であって，経済的な合理性がなく，リスクに見合わない窃盗行為であり，これはクレプトマニアに特徴的な犯行パターンであると評価されていること
③ 　被告人は，C医師の問診時や当審公判廷において，「本件犯行当時，自分ではっきりとは分かっていなかったが，犯行時には強い緊張感やスリルを楽しむような思いが，犯行後には安堵感や解放感等があり，不謹慎ではあるが，ゲーム感覚のような気持ちがあった」旨，クレプトマニアの特徴的な症状を述べていること
④ 　被告人には，自宅の土地，建物の他に600万円余りの預貯金があり，妻と合計して約50万円の年金を2か月に1度受給しているなど，経済的には決して困窮していなかったことなどの「事情に鑑みると，被告人は，本件犯行当時，金を遣いたくないとの思いがなかったわけではないとしても，C医師が指摘するように，自らが明確に認識してはいないものの，犯行時には緊張感の高まりやスリルを楽しむような思いが，犯行後には達成感，満足感，解放感等が少なくとも併存していたと解することができるというべきである。」として，検察官の主張を排斥して，被告人がクレプトマニアであると認定した。
(ウ)　その上で，被告人の治療の状況を考慮して，再度の執行猶予を付したのであるが，その理由とするところは，「被告人は，平成25年1月15日にAホスピタルに入院し，万引き・盗癖者向けの自助グループ的ミーティングに参加するなど，クレプトマニアの治療プログラムを受けており，当審公判廷において，『毎日のミーティングで皆の話を聞き，入院前は，金額が少しであれば，許してもらえるという甘い考えがあったが，今は，そういう気持ち

はなく，僅かな物でも皆のいろいろな苦労があり，私の考えが浅はかであったことに気が付いた。自分も，万引きをしないように，一生懸命に治していこうと思っている』旨供述している。さらに，被告人は，週1回の問診を受けるC医師からも，『週16回の上記ミーティングにほぼ毎回出席し，治療にも積極的であり，入院治療が順調に経過し，治療効果が確実に上がっている』との評価を得ている。また，Aホスピタルでは，被告人と家族の希望があれば，6か月間の入院期間を12か月間に延長することも可能であり，専門治療が適切に継続される限り，再犯の可能性は少ないとされているところ，被告人は，C医師と相談の上ではあるが，入院期間を延長して治療を続けたいとの意向を示している。加えて，被告人は，原判決後，更に反省を深め，被害店舗が慰謝料等を受け取らない規則になっていたので，それに代えて，犯罪被害者支援のために3万円の贖罪寄付をしたことが認められる。これらの事情に，原判決当時の被告人に有利な事情を併せ考慮すると，被告人が，今後もAホスピタルでの入院治療を継続する保証はなく，また，治療によって再犯の可能性がなくなるまでの保証はないことなど，検察官指摘の諸事情を考慮しても，本件は，刑法25条2項所定の『情状に特に酌量すべきものがあるとき』に至ったというべきであり，原判決の量刑は，現時点においては，刑の執行を再度猶予しなかった点において，重過ぎるといわざるを得ない。」として，再度の執行猶予を付したものである。

(2) **上記平成25年7月17日東京高裁判決**
(ア) これは，被告人が，前刑の執行猶予期間中に，コンビニエンスストアで，生理用ナプキン，制汗シート及び乳液の合計3点の商品を万引きしたという事案である。

この事案では，第1審の審理においても被告人がクレプトマニアであるかどうかが争点となり，そのため**問5**で示したように，被告人に対する鑑定がなされ，そこでは被告人はクレプトマニアではないと診断されたものである。

特に，検察官としては，被告人が検面調書において，スリル感を味わいたくて盗んだわけではない，満足感や達成感のようなものを感じたわけでもない，ドキドキする恐怖感のようなものを感じていたと述べていることや，本

件犯行の動機，態様，特に，本件被害品はすべて女性の必需品であること，本件被害品は精算せずに別の商品のみをレジで精算していること，被告人が，原審公判において，万引きをすることが悪いことは分かっており，後で後悔したことを述べていることを総合的に考慮すると，被告人は，本件犯行当時，自らの行動を制御する能力は十分に保たれていたと認められると考えていたものである。

　そして，第一審判決において，被告人に対し，懲役8月の実刑判決が言い渡されたものであった。

(イ)　これに対し，本件東京高裁の審理において，上記平成25年6月26日福岡高裁判決でも登場したAホスピタルのA医師により，被告人がクレプトマニアと診断されたという意見書が証拠として採用された。

　同意見書では，まず，**問5**で述べた医師Bの鑑定書で示された①ないし③の判断に対し，「上記①の点について，DSM-IVの①の項目は，盗品を多少でも個人的に使用することがあれば満たさないと理解するとすれば，明らかに病的な窃盗常習患者もこれに該当せず，クレプトマニア患者は臨床上ほとんど実在しないことになってしまうのであって，クレプトマニアが『他のどこにも分類されない衝動制御の障害』の章に分類されていることからしても，同項目は，窃盗の主たる動機がその物品の用途や経済的価値でなく，衝動制御の問題にある，という意味に広く理解すべきであり，盗品が食品や生活用品であり，個人的使用目的であるという理由だけで，クレプトマニアに相当しないというのはおかしい。また，上記②及び③の点について，クレプトマニアの患者は，毎回反省しながらもなぜ窃盗を繰り返すのか，明解に説明できず，問い詰められると，その場に合わせて返答してしまうため，患者が述べた表面的理由によらず，なぜ，生来反社会的とは思えない人物が．経済的余裕もあり，購入資金もある中で，発覚すれば失う物が大きい危険を顧みず，敢えて少額の万引きのような窃盗行為を繰り返すのか，その真の理由を探る必要があると指摘して」反論した。

　その上で，同意見書での判断として，「被告人は，万引き行為時に，著明な緊張感，興奮を覚え，万引き成功時に安堵感，緊張からの解放，達成感を経験するというクレプトマニアに特徴的な症状を有すること，被告人には，万引き行為以外に反社会的行動はなく，経済的困窮状況になく，万引き行為

時にも現金を所持していて，犯行が場当たり的であること，被告人は，摂食障害及び窃盗癖という精神障害の他に，病的な溜め込み症状があり，これが衝動制御の障害という窃盗癖の症状を重篤にしていたと考えられることを指摘し」，結局，被告人の万引き行為は，クレプトマニアという衝動制御障害に加え，摂食障害や顕著な溜め込みなどの精神症状が関連し，職場や家庭のストレスで誘発されたものであると結論づけた。

(ウ)　その上で，上記B医師の鑑定書とA医師の意見書のいずれにより信用性が認められるかとの点については，本件東京高裁判決は，「上記鑑定書及び意見書の各信用性について検討すると，関係証拠によれば，A医師は，万引き・窃盗癖患者を受け入れて治療しているAホスピタルの開院時（平成2年12月）以来の院長であり，万引き・窃盗癖症例を診療した経験が豊富である上，B医師の上記鑑定書が，捜査段階における1日の鑑定面接と一件記録のみを鑑定資料として作成されたものであるのに対し，上記意見書は，被告人が平成24年11月8日に同病院に入院し，約1か月間治療を継続した上で作成されたものであり，さらに，内容を見ても，上記のとおり，意見書は，鑑定書の内容を踏まえて具体的な根拠を示してこれに反論しているのに対し，鑑定書は，被告人の罹患している摂食障害がクレプトマニアと合併しやすい疾患として指摘されていることを考慮した形跡がなく，クレプトマニアと摂食障害を切り離してそれぞれ別個に本件犯行への影響を検討している点において，意見書に比し，その信用性が高いとは評価し難い。」として，A医師の意見書により信用性が認められるとした。

(エ)　そして，原判決に対して，本件東京高裁判決は，「このような鑑定書及び意見書の信用性判断を前提とすると，本件犯行当時，被告人の自らの行動を制御する能力は十分に保たれていたとする原判決の認定，判断は，意見書の内容を具体的に検討することなく，被告人が述べる犯行に関する心情をそのまま採用し，鑑定書に信用性を認めて，被告人がクレプトマニアである可能性は極めて低いとしている点，クレプトマニアと切り離して摂食障害の本件犯行への影響を検討した上，本件の被害品が，いずれもすぐに必要なものでなく，被告人が購入のための十分な現金を持っていたことを重視せず，すべて女性の必需品であることを重視して，これを否定している点，さらには，クレプトマニア等は衝動制御の障害の問題であって，是非弁別の問題ではな

いのに，被告人が万引きをすることが悪いことは分かっており，後で後悔したと述べていることを重視している点において，合理的とは言い難いものがある。」とした上で，被告人がＡホスピタルにおいて治療を続けていることなどを考慮し，再度の執行猶予を付したものであった。

(3)　平成25年9月19日京都地裁判決（公刊物未登載）

　　これは，被告人が，前刑の執行猶予期間中に，コンビニエンスストアで酒類を万引きした事案である。被告人は，商品を購入するだけの現金を持ちながら，所持金が減るのを嫌がって本件犯行に及んだものであり，その犯行態様も，店員や他の客もいる店内で商品を手に取り，持参した巾着袋に入れて隠し，店外に出たものであるという大胆な犯行に及んだものであった。

　　被告人は事実関係や責任能力などを争ってはおらず，もっぱら情状関係の主張がなされていたところ，示談が成立したことや，反省悔悟の情を認められることに加えて，「被告人は，本件犯行後に病的窃盗と診断され，既に約半年間にわたり精神科病院で入院治療を受けており，当公判廷において，2度と万引きをしないために治療を継続する決意を述べるなど，更生への強い意欲が認められるところ，今後も前記病院での入通院治療が予定されて」いることなどが理由とされて，再度の執行猶予が付されたものである。

(4)　平成26年3月18日大阪高裁判決（公刊物未登載）

　　これは，被告人が，前刑の執行猶予期間中に，スーパーマーケットにおいて，食料品4点を万引きしたという事案である。

　　この事案では，被告人が前頭側頭型認知症に罹患しており，その影響により自己統制力が低下したため本件犯行に及んだ可能性が否定しがたいので，これを量刑上考慮すべきとして，再度の執行猶予を付したものである。

　　ただ，被告人は，原審審理中に，クレプトマニアなどと診断され，そのため入院治療を受けていたところ，その間は，再犯がなかったことなども量刑上有利な事情として評価していたものである。

(5)　平成26年10月9日静岡地裁判決（公刊物未登載）

　　これは再度の執行猶予の事案ではなく，実刑であるものの，クレプトマニア

であることを酌量減軽上の理由としたものである。
　この事案は，スーパーマーケットでの食料品の万引きを内容とする常習累犯窃盗の事案である。そして，本件静岡地裁判決では，その量刑の理由において，「被告人は，前件の平成23年6月当時，クレプトマニアの診断を受けており，本件犯行もその精神症状による衝動制御の障害による影響がうかがわれるところ，被告人は本件を契機として，専門的治療を受ける意思を表していること」が刑の減軽事由として判示されているところである。

問8　クレプトマニアなどの病的要素が疑われる窃盗事件においては，どのようなことに留意すべきであるのか。

【解答】

　責任能力が争われるということは十分に意識して，その有無程度に関する証拠の収集に努めなければならない。軽微な窃盗事件であっても，責任能力が否定されることになれば無罪となるのであるから，この点は怠ってはならない。
　具体的にいえば，被疑者の生育歴，病歴，通院歴，婚姻歴，職歴などにおいて，精神疾患が影響していると思われるような事象の有無，内容，友人関係，会社関係，家庭内等におけるトラブル等の有無，内容，資産の有無，程度，収入の多寡，生活状況全般等について，幅広く，被疑者の精神状態に影響を与えるような間接事実を収集するように努める必要がある。

問9　想定事例についてはどのように考えるべきか。

【解答】

　釈放する必要はない。少なくとも，クレプトマニアであることが責任能力を欠如させることにはならないので，被疑者甲野に犯罪が成立することは明らかだからである。
　その上で，乙野巡査部長としては，これまで述べたような，クレプトマニアの特徴を意識した上で，その判断のために必要とされる**問8**で述べたような間接事実

第14章　責任能力　261

の収集に努めるべきであろう。

第15章 共　　犯

> **例　題**　窃盗罪における共犯関係の成否をめぐっては，どのような問題があるのか。

問題の所在

　共犯には，共同正犯，教唆犯，幇助犯があるが，それらが成立するための要件は何か。また，それらが成立する場合の違いはどこにあるのか。特に，共同正犯については，実行共同正犯と共謀共同正犯とはどのように異なるのかなど，正確に理解しておく必要がある。

事　例

【想定事例】
　被疑者甲野は，かねてより乙野が多額の現金を自宅内に保管していることを知っていたことから，常日頃面倒を見てやっている被疑者丙野にその現金を盗ませることにした。そこで，甲野は，丙野に対し，夜間，乙野方に侵入して，その家の中にある現金を取ってこいと指示した。
　丙野は，日頃から甲野に世話になっていることに恩義を感じていたことから，乙野の現金を取ることを決意し，ただ，その方法としては，乙野を脅すなどした方が確実だろうと考えた。そこで，日本刀やバールを持って，乙野方に赴いたが，その住所を正確に把握していなかったため，乙野方の隣家である戊野方に押し入ってしまった。そのため，応対に出てきた戊野を，乙野だと思い，日本刀を突きつけ，戊野から現金10万円を奪った。
　この場合の被疑者甲野の刑責如何。
　上記事例において，丙野が乙野方を正確に見つけることはできたが，外壁や出

入り口が堅牢であったことから，乙野方で現金を奪うのを諦めたものの，せっかく日本刀やバールを持ってきたので，その隣家である戊野方に侵入して現金を奪うことにして上記のとおりの犯行に及んだとしたら，この場合の被疑者甲野の刑責如何。

設問と解答

問1 刑法上，共犯とはどのようなものとして理解され，その種類としては，どのようなものがあるのか。

【解　答】

　共犯とは，広い意味では，2人以上の行為者が，協力して犯罪を実現する場合の全てをいうと考えられている。

　そして，これには任意的共犯と必要的共犯があり，前者は，法律上，単独犯として規定されている犯罪を2人以上の行為者が協力して行う場合を指すのに対し，後者は，刑法各則などの規定上，本来的に2人以上の者の共同の行為が必要とされるものをいう（例えば，重婚罪（刑法184条）など。）。

　盗犯においては，必要的共犯となるものはないので，任意的共犯だけがその対象となる。

　そして，刑法上，任意的共犯に関する規定として，刑法60条は，

　　2人以上共同して犯罪を実行した者は，すべて正犯とする。

として共同正犯について規定し，同法61条1項は，

　　人を教唆して犯罪を実行させた者には，正犯の刑を科する。

として教唆犯について規定し，同法62条1項は，

　　正犯を幇助した者は，従犯とする。

として従犯（幇助犯）について，それぞれ規定している。

　これらが盗犯の捜査，公判に当たって，共犯の概念として登場するものである。

問2 共同正犯とは何か。

【解　答】

　共同正犯とは，2人以上の者が，1個の犯罪を共同して実現する意思の連絡のもとに，各人が実行行為の一部を分担して犯罪を実行した場合をいう（大コメ刑法［第2版］第5巻99頁）。

　この共同正犯の特質としては，他人と犯罪を共同実行した者は，各自がそれぞれ惹起した結果ばかりでなく，他の共同者が惹起した結果についても責任を問われるという点にある。具体的には，甲と乙が打ち合わせて住居侵入窃盗をすることとし，ある家屋に侵入した際，甲がその家屋の1階部分を，乙がその家屋の2階部分を担当して，金品を窃取した場合，甲は，2階で乙が窃取した金品についての責任も問われ，また，乙は，1階で甲が窃取した金品についての責任も問われるということになる。

　この共同正犯の場合に，なぜ他の分担者の行為についても責任が問われるのかというと，甲のした実行行為は，甲自身の実行行為であると同時に，共同者乙の実行行為として評価されるため，乙は甲の実行行為についても責任を問われるからであるし，その逆も同様である。

　そして，そのような評価がなされるのは，それら各自が実行行為に及ぶことにつき，甲乙間に意思の連絡が存在するからである。その結果，甲の実行行為は，自己の単独の意思だけに基づいて行為するのではなく，乙の意思をも併せ実現するものにほかならないがゆえに，甲自身の実行行為であると同時に，乙の実行行為たる性質をも持つことになるからである（同上101頁）。

　つまり，共同正犯の構成要件的行為は「共同実行」することであり，この共同実行とは，客観的な実行行為の分担と主観的な共同実行の意思が必要である。

　そして，この共同実行の核心部分で，重要なのは共同実行の意思である（同上113頁）。

問3　共同正犯が成立するための主観的要件として，「共同実行の意思」が必要であるとしても，この「共同実行の意思」とは，具体的にどのようなものを指すのか。

【解　答】

1　共同実行の意思の意義

　共同実行の意思とは，2人以上共同して，ある構成要件に該当する事実を実現しようとして通じ合う意思のことである（大コメ刑法［第2版］第5巻131頁）。

　したがって，他の実行者と共同して行う意思でなければならず，つまり，ある犯罪を行うに際して，各行為者が相互に依存し，協力して犯罪を実現しようとする意思の連絡がなければならない。それゆえ，他人の行為を傍観又は認識しているだけでは，共同実行の意思があるとは認められないことになる。

2　昭和34年11月5日東京高裁判決（判夕99号27頁）

　昭和34年11月5日東京高裁判決は，原判決が「被告人は，共犯者A及びBが昭和31年9月12日頃，自動車を盗む目的で東京都渋谷区方面へ赴く際同行し，同区内の道路上において，A及びBが同所に駐車中のC所有にかかる1953年型フォード普通乗用自動車1台を窃取することを知り，その場でAから頼まれて見張をなし，かくて被告人，A及びBの3名共謀の上，右自動車を窃取したものである」旨の認定をしたことに対し，「しかしながらその挙示する証拠によると，被告人がAおよびBの両名が自動車を盗みに行くものであることの情を知りながら同人等に同行し，判示窃盗の現場でAから頼まれて見張に立った事実はこれを認めることができるが，被告人においてAおよびBと共謀して判示自動車を窃取するために前記見張をなしたものであるとの事実はこれを認めることができない。」として，他人が自動車を窃取するものであることを認識して見張りをしても，他人と共謀して自動車を窃取するために見張りをしたものでなければ，そこには「共同実行の意思」が欠けることになり，共同正犯とはならないと判示したものである（ちなみに，この判決では被告人に対し，幇助犯の認定がなされている。）。

3　昭和28年4月20日東京高裁判決（東高時報3巻4号170頁）

　この共同実行の意思は，相互的なものでなければならないが，必ずしも明示的に行われる必要はなく，黙示的になされるものであってもよく，行為者間の暗黙の連絡で足りると考えられている。

　昭和28年4月20日東京高裁判決は，共犯者間に暗黙の意思の連絡があった

と認めた事案であるところ，「共同実行の意思」における意思の連絡についても，「論旨は要するに自分達はＡの共犯ではないというのである。なるほど一件記録を精査してみても被告人らがＡと本件窃盗につき事前に明示的に共謀したという資料はない。しかし，Ａと被告人らとは本件犯行以前に知り合っていた仮睡盗仲間であって（中略），この仲間のしきたりとしてその１人が犯行を行うときは居合せた他の者が協力し稼ぎ高を分配し合うことになっており（中略），本件の場合も被告人らはＡが仮睡盗を実行しようとしているのを知ってその傍に寄り，犯行の発覚防止及び見張のため被害者の周辺に在って，いわゆるマクとなってその実行に協力したものであるし，Ａもまた被告人らが協力してくれることを知ってこれを利用しつつ財物窃取の目的を遂げた関係にあるのであるから，その間に意思の連絡もあり実行の分担があるわけであって，共同正犯であることは疑がないのである。」旨判示していることも参考になろう。

問4 共同正犯が成立するための客観的要件として，客観的行為の分担，つまり，「共同実行の事実」が必要であるが，この「共同実行の事実」とは，具体的にどのようなものを指すのか。

【解 答】

1 共同実行の事実の意義

「共同実行の事実」とは，2人以上の者が共同して実行行為を行うことをいう(同上143頁)。すなわち，各人が実行行為そのものを分担し，互いに他の共同者の行為を利用し合い，協力して特定の犯罪を実現したということである。

このように2人以上の者の行為が，相互に他の共同者の行為を利用し合い，補充し合う関係において，全体として刑法的評価の対象となるところに，共同正犯の特色が見られる。

ただ，共同実行の事実には，二つの態様があり，その一つは，実行行為，すなわち，構成要件該当事実の実行行為を分担した場合で，実行共同正犯と呼ばれるものである。具体的には，自動車盗を例にとると，甲が自動車の鍵を壊してドアを開け，乙が同車に乗り込んで運転し，それを余所に運び出すという場合，甲及び乙は，当該自動車に対する窃取行為を分担しており，実行行為を分担して共同

実行しているものといえる。

　これに対し，2人以上の者が特定の犯罪を行うため，共同意思のもとに一体となって，互いに他人の行為を利用し各自の意思を実行に移す謀議をなし，これら共謀者のうちのある者が共同の意思に基づいて実行した場合を，共謀共同正犯という。この場合，直接的には実行行為に及ばなかった者であっても，上記謀議により共同正犯の責任を負うことになるものである。

2　昭和56年10月27日東京高裁判決（高検速報（昭56）272頁）

　実行共同正犯が認定された窃盗事件において，共謀共同正犯の観点からも検討された事案として，昭和56年10月27日東京高裁判決が参考になる。

　この判決においては，「実行共同正犯の面から考察するのに，いわゆる実行共同正犯が成立するためには，主観的に共同して犯罪を実行する意思が，客観的には共同して犯罪を実行した事実がそれぞれ存することが必要であるが，共同実行の事実については，共同者のおのおのが犯罪の構成要件に該当する行為すなわち実行行為そのものか，これに密接かつ必要な行為を行うことを要し，かつ，それで足りるものと解すべきである。原判決の挙示する関係証拠によれば，本件においては，夜間，Aが横浜市中区内にある被告人のアパートを訪ね，『行こうか。』などと声を掛けて窃盗に行くことを誘い，被告人においてもAが外車を窃盗することを熟知しながら，これに加担すれば金になることが分かっていたので，同人の誘いに応じ，駐車中の外車を物色しながら横浜市内や東京都内を走行徘徊するAの運転する同人所有の普通乗用自動車に同乗したこと，Aが目的の外車を発見するや，そこから少し離れた場所に自車を停車させて同車内に被告人を待機させたうえ，自から現場に戻って外車を窃取した後これを運転し，被告人はA所有の右自動車を運転してこれを追従し，横浜市内等の隠し場所まで逃走して，窃取にかかる外車を駐車放置し，再びAが自車を運転して被告人を前記アパートまで送ったこと，以上のような手口で本件各窃盗を繰り返したことが認められるところ，右事実に徴すれば，被告人にはAとの間で本件各窃盗につき主観的な共同実行の意思の存することが明らかであるばかりでなく，前記手口の犯行形態にあっては，被告人の果した前示のような役割は右各窃盗の実行行為に密接かつ必要な行為に当たるものというべきであるから，被告人が本件各窃盗につき実行共同正犯の罪責を負わなければならないことは多言を要しない。そして，また，共謀共

同正犯の面から検討しても、前記事実に徴すれば、(中略)共謀の存在が認められるから、いずれの観点からしても、被告人が本件各窃盗につき共同正犯としての責任を負わなければならないことは明白である。」とした。

　この事案では、被告人は、直接的な窃盗の実行行為には及んでいないものの、これに密接かつ必要な行為に及んでいることから、実行共同正犯であるとし、また、共謀も存在するので、共謀共同正犯としても共犯性が認められるとしたものである。

3　平成20年7月14日高松高裁判決（高検速報（平20）339頁）

　また、上記類似の事案として、平成20年7月14日高松高裁判決では、「被告人は、以前交際していたAなる人物から、中国人2人をよこすので、それらの者を泊まらせ、車の運転をするように求められた。被告人は、以前にもAや他の中国人を車に乗せ、各地に連れて行ったことがあり、その経験などから今回も共犯者Bらが窃盗をするのではないかと思ったが、Aから家賃として月10万円、運転手代として1日1万円の報酬が約束され、Bからは1日3万円の報酬を約束されたことから、その金欲しさにこれに応じた。B及びCが、平成19年2月4日高松市に到着するや、車を運転して田舎に行ってなどと言ったことから、被告人は、やはりBらは盗みをするつもりであると分かり、同日から同月13日未明まで、北海道に旅行に行っていた同月10、11日の夜を除いて毎日、合計7日間、Bの指示などにより、B及びCを車に乗せ、四国各地や岡山県に行き、Bが住居に侵入して盗みをし、Cが見張りをする方法により、合計23件にのぼる本件各犯行を行った。Bらは窃盗した金品をいったん被告人宅に保管し、同月11日ころ、被告人方に来た関係者に引き渡した。ところで、BもCも自動車は運転できず、日本語も十分にはできず、犯行場所となった四国や岡山県の地理感覚もなかったから、盗品の保管場所も含めて住居を提供し、車を運転してくれる被告人の協力がなければ、本件各窃盗等の実行は不可能であったことが認められる。

　このように、被告人は、報酬目的で、旅行に行き不在であった日を除いては連日車を運転するなどして、Bらの侵入盗に必要不可欠な重要な行為をしたから、主体的に関与し、積極的に上記の行為に及んだもので、自分の犯罪として加担したものというべきであり、共同正犯の責任を免れない。」と判示しているところ、実行行為に及ぶに当たって必要不可欠な重要な行為の分担をしているとして共同

正犯を認めたものであるが，共謀共同正犯であるとして共同正犯が成立するとしたものであろう。

問5 実行共同正犯という概念の他に，どうして共謀共同正犯という概念が必要とされるのか。

【解　答】

1　共謀共同正犯の意義

　上述したように，共謀共同正犯は，2人以上の者がある犯罪の実行を共謀し，共謀者のうちのある者が共謀に係る犯罪を実行したときは，現実には実行行為を行わなかった他の共謀者もまた刑法60条の共同正犯として処罰されるとするものである。

　そして，そのように現実に実行行為に及ばない者についても共同正犯として刑責を負わせる必要があるのは，刑事政策的にみれば，特に集団的組織的犯罪の場合，自らは背後にあって策を弄し，謀議に主導的な役割を演じながら，実行には参加せず，他の者に実行を任せて犯罪の目的を達するという黒幕的人物もいるわけで，これらの人物を単に実行に直接参加しなかったというだけの理由で，教唆犯ないし幇助犯に止めるのは，実質的正義に反することから，ここに共謀共同正犯を認めようとする実質的理由があるわけであるとされている（大コメ刑法［第2版］第5巻260頁，佐伯・考え方398頁）。

2　「練馬事件」判決

　そして，この概念は，判例上確立したものとなっている。**昭和33年5月28日最高裁判決（刑集12巻8号1718頁・いわゆる「練馬事件」判決）**では，「共謀共同正犯が成立するには，2人以上の者が，特定の犯罪を行うため，共同意思の下に一体となって互に他人の行為を利用し，各自の意思を実行に移すことを内容とする謀議をなし，よって犯罪を実行した事実が認められなければならない。したがって右のような関係において共謀に参加した事実が認められる以上，直接実行行為に関与しない者でも，他人の行為をいわば自己の手段として犯罪を行ったという意味において，その間刑責の成立に差異を生ずると解すべき理由はない。

さればこの関係において実行行為に直接関与したかどうか，その分担または役割のいかんは右共犯の刑責じたいの成立を左右するものではないと解するを相当とする。」とし，共謀そのものについては，「数人の共謀共同正犯が成立するためには，その数人が同一場所に会し，かつその数人間に一個の共謀の成立することを必要とするものでなく，同一の犯罪について，甲と乙が共謀し，次で乙と丙が共謀するというようにして，数人の間に順次共謀が行われた場合は，これらの者のすべての間に当該犯行の共謀が行われたと解するを相当とする。本件について原判決によれば，被告人Aが昭和26年12月25日夕被告人B方を訪れ，同人に対し北部地区の党員らが協力して同月26日夜2班に分れI巡査およびHを殴打すること，および参加人員，集合場所，実行方法等について指示し共謀したというのであり，その指示を受けた右Bが順次各被告人と共謀していったというのであるから，各被告人について本件犯行の共謀共同正犯の成立することをなんら妨げるものではない。」などと判示している。

問6 共謀共同正犯の成立要件は何か。

【解　答】

　共謀共同正犯も共同正犯の一種であることから，その成立要件も基本的にはこれまで述べてきたことと同様である。ただ，共謀共同正犯の特性に合わせて，通常は，次の3つを成立要件としている。すなわち，①「2人以上の者が，ある犯罪の実現について共謀したこと」（謀議），②「その共謀者の中の一部の者がそれを実行したこと」（一部の者の実行），③「共謀者が正犯意思を持つこと」（共謀者の正犯意思）である（大コメ刑法［第2版］第5巻304頁）。

1　このうち，①の「謀議」については，上記練馬事件判決でもその内容について判示されているが，更に細かく判示したものとして，**昭和43年3月21日最高裁決定（刑集22巻3号95頁）**が挙げられる。
　　同決定では，「共謀共同正犯が成立するためには，2人以上の者が，特定の犯罪を行なうため，共同意思の下に一体となって互いに他の行為を利用し，各自の意思を実行に移すことを内容とする謀議をなし，よって犯罪の実行をしたことを

要し，右内容の謀議が成立したというためには，単に他人が犯罪を行なうことを認識しているだけでは足らず，数人が互いに他の行為を利用して各自の犯意を実行する意思が存することを要するけれども，実行者の具体的行為の内容を逐一認識することを要せず，これを公職選挙法に定める金銭供与の罪についていえば，数人の間に一定の選挙に関し一定範囲の選挙人または選挙運動者に対し，投票または投票とりまとめを依頼し，その報酬とする趣旨で金銭を供与するという謀議が成立すれば足り，その供与の相手方となるべき具体的人物，配布金額，金員調達の手段等細部の点まで協議されることを必要とするものでないことは，当裁判所の判例とするところである。」としている。

2　また，②の「一部の者の実行」であるが，誰かしらの実行行為があれば足りるということである。共謀共同正犯が認められる実質的な価値がここにあるのであるが，客観的な実行行為が謀議に参加した者のうちの誰かによりなされ，当該目的とする犯罪が実現されれば，他の者の実行行為は要しないこととなる。

3　さらに，③の「共謀者の正犯意思」であるが，これが共同正犯である以上，その主観的要件として，当該共謀者において，たとえ一部の者に実行させるにしても，それが自己の犯罪であると認識していること，すなわち，自らが正犯であるとの意思を持つことが必要である。

　この点につき参考になるものとして，**昭和57年7月16日最高裁決定（刑集36巻6号695頁）**が挙げられる。この事案では，被告人は，タイ国からの大麻密輸入を計画したAからその実行担当者になって欲しい旨頼まれるや，大麻を入手したい欲求にかられ，執行猶予中の身であることを理由にこれを断ったものの，知人のBに対し事情を明かして協力を求め，同人を自己の身代りとしてAに引き合わせるとともに，密輸入した大麻の一部をもらい受ける約束のもとに，その資金の一部（金20万円）をAに提供したというものであった。

　この事案において，同決定では，「これらの行為を通じ被告人が右A及びBらと本件大麻密輸入の謀議を遂げたと認めた原判断は，正当である。」と判断し，被告人について，共謀共同正犯であると認めた。

　そして，この決定内容に関しては，この決定に付された団藤裁判官の意見が参考になる。すなわち，同裁判官は，「おもうに，正犯とは，基本的構成要件該当

事実を実現した者である。これは，単独正犯にも共同正犯にも同じように妥当する。ただ，単独正犯の場合には，みずから実行行為（基本的構成要件に該当し当の構成要件的特徴を示す行為）そのものを行った者でなければ，この要件を満たすことはありえないが，共同正犯のばあいには，そうでなくても基本的構成要件該当事実を実現した者といえる場合がある。すなわち，本人が共同者に実行行為をさせるについて自分の思うように行動させ本人自身がその犯罪実現の主体となったものといえるような場合には，利用された共同者が実行行為者として正犯となるのはもちろんであるが，実行行為をさせた本人も，基本的構成要件該当事実の共同実現者として，共同正犯となるものというべきである。わたくしが，『基本的構成要件該当事実について支配をもった者――つまり構成要件該当事実の実現についてみずから主となった者――が正犯である』としているのは（中略），この趣旨にほかならない。以上は，刑法の理論体系の見地から考えて到達する結論であるが，それは同時に，刑法60条の運用についての実務的要求の観点からみて，ほぼ必要にして充分な限界線を画することになるものといってよいのではないかとおもう。

　これを本件についてみると，まず，被告人はかなりの大麻吸引歴をもっていたところから（記録によれば，1年ばかり前から80回くらい大麻を吸引していたというから，すでに大麻に対する依存性が生じていたのではないかと想像される。），大麻の密輸入を計画したAからその実行担当者になってほしい旨頼まれると，<u>みずから大麻を入手したい欲求にかられて，本件犯行に及んだこと，また大麻の一部をもらい受ける約束のもとにその代金に見合う資金を提供していること</u>がみとめられる。<u>これは被告人にとって本件犯罪が自分のための犯罪でもあったことを示すものというべく</u>，それだけでただちに正犯性を基礎づけるには足りないとはいえ，本人がその犯罪実現の主体となったものとみとめるための重要な指標のひとつになるものというべきである。そこで，さらに進んで，被告人が本件において果たした役割について考察するのに，被告人はAから本件大麻密輸入の計画について実行の担当を頼まれたが，自分は刑の執行猶予中の身であったので，これは断り，自分の身代わりとしてBを出したというのである。ところで，Bは被告人よりも5，6歳年少の青年で，被告人がかねてからサーフィンに連れて行くなどして面倒をみてやっていた者であるが，たまたま被告人とBは一緒にグアム島に旅行する計画を立てていたところ台風のために中止になり，Bはせっかく旅券も入手し

第15章　共　　犯　273

ていたことでもあり外国旅行を切望していた。被告人はそこに目をつけて，『旅費なしでバンコクへ行ける話がある』といってタイ国行きを二つ返事で応諾させたのであり，その際，大麻の密輸入のこともいって，自分の代わりに行くことを承知させたものと認められる。このような経過でBは本件犯行計画に参加し大麻の密輸入を実行するに至ったのであって，被告人は，単に本件犯行の共謀者の一員であるというのにとどまらず，Aとともに，本件犯行計画においてBを自分の思うように行動させてこれに実行をさせたものと認めることができる。以上のような本件の事実関係を総合して考えると，被告人は大麻密輸入罪の実現についてみずからもその主体になったものとみるべきであり，私見においても，被告人は共同正犯の責任を免れないというべきである。」としているのが，謀議者について，特に下線を引いた部分などにおいて，③の要件に関し，共謀共同正犯の成立要件を満たす場合として参考になろう。

問7 共犯関係からの離脱はどのような場合に認められるのか。

【解　答】

1　2人以上の者が犯罪を共謀したものの，共謀者のうちの一部の者が中途で犯意を放棄し，残りの共犯者だけで予定どおり犯罪を実行した場合，犯意を放棄した共謀者もその犯罪について責任を負わなければならないのか，また，どのような要件を満たせば，その責任を負わないで済むのかということが，共犯関係からの離脱の問題として論じられている。
　　これについては，実行の着手前の場合と，実行の着手後の場合とで分けて考える必要がある（佐伯・考え方264頁）。

2　まず，実行の着手前の場合であれば，それは事前の共謀関係からの離脱を意味するのであり，その段階で共謀関係が解消されていると見ることができるのであれば，もはや共犯関係がなくなっているので，その後，他の者がした行為について責任を負うことはないのが基本である。

(1)　昭和25年9月14日東京高裁判決（高刑集3巻3号407頁）の事案は，被

告人が，共犯者3名から，地下足袋を盗みに行こうと誘われてこれに同意したことから4名の間で共謀が成立した。そして，被告人の居住先から出発して，その途中のM橋の辺まで行ったところ，被告人は，自らが執行猶予中の身であることを思い出したことから犯行を思いとどまり，自発的に本件窃盗の意思を放棄し，これを他の共謀者にも明示した上，共謀者3名の了解を得て引返した。しかしながら，上記窃盗は，共謀者3名だけで遂行されたというものであった。

　この事案において，本件東京高裁判決は，「一旦他の者と犯罪の遂行を共謀した者でも，その着手前他の共謀者にもこれが実行を中止する旨を明示して他の共謀者がこれを諒承し，同人等だけの共謀に基き犯罪を実行した場合には，前の共謀は全くこれなかりしと同一に評価すべきものであって，他の共犯者の実行した犯罪の責を分担すべきものでない。」とし，被告人について，明示的に離脱の意思を示した上，共犯者がそれを了解したことを理由に共犯関係からの離脱を認めている。

(2)　しかしながら，実行の着手前であっても，その離脱を認めなかったものもある。

　昭和24年9月17日福岡高裁判決（判決特報1号127頁）は，「2人以上の者がある犯罪を行うことを通謀し，そのうち一部の者がその犯罪行為を実行した場合には，その実行行為に携はらなかった他の一部の者も，これを実行した者と同様に共同正犯の罪責を免れないとすることは大審院並びに最高裁判所の判例の趣旨とするところである。そして，その通謀者中の一部の者がその犯罪行為を実行した場合には，その実行行為に携はらなかった他の一部の者について，たといその犯罪行為を実行する以前，すでにその通謀関係から離脱する意志を包懐していたとしても，その実行行為の前に通謀者に対し，通謀関係から離脱すべき旨の表意をしてこれを解消する等の措置を講じない限り，共同正犯の罪責を免れることはできぬものといはなければならない。

　そもそも我が刑法上特別の場合を除いては，罪を犯そうとする意志を有していてもこれを実行することがなければ犯罪を構成するものでないことは敢て説明を要しないところであって，これは単独犯の場合はもとより，共同正犯の場合も亦同様である。しかし，ひるがえって考へるに，共同正犯の場合において

は，罪を犯そうとする意志は，勿論単独のそれではなく2人以上の共同意志である。そして，その犯罪行為を遂行したときは，即ち共同意志を実行したものに外ならないのである。かような場合には実行行為に携はらなかった者において，たとい実行行為の前に既にその通謀関係から離脱する意思を包懐していたとしても，その者が当初に通謀した共同意思はその遂行行為によって発現したのであるから，通謀関係から離脱する意思を包懐していたという一事によっては共同正犯の罪責を免かれることはできないのである。」旨とした。

つまり，一旦，共謀して，そこに共同して犯罪に及ぶという通謀関係が成立した以上，その通謀関係から離脱するという意思を有していただけでは，そこからの離脱をしたことにはならず，離脱の意思を表明して共犯者の了解を求めるなど，これを解消する措置を講じない限り，その後に遂行された犯罪についての共同正犯としての責任を免れないとしたものである。

3 これに対し，実行の着手後であれば，その離脱のための意思表示をし，共犯者がそれを了承した程度では共犯関係の離脱は認められず，犯罪が遂行されるおそれを消滅させなければならない。というのは，既に，犯罪の実行に着手してしまっているのであるから，それを既遂にさせないための防止措置を講じない限りは，依然として自己が加わって成立した共謀関係に基づく実行行為が遂行されていくのであって，それを放置したままでは共同正犯としての責任を免れることにはならないからである。

(1) **昭和24年12月17日最高裁判決（刑集3巻12号2028頁）**では，被告人が共犯者Aと強盗に入り，被害者の妻が900円を差し出したので，「俺も困って入ったのだから，お前の家も金がないならば，そのような金は取らん。」と言って，Aに帰ろうと話して表に出たところ，Aは，3分くらいして被告人の後から出てきて「おまえは仏心があるからいかん。」と言って900円を受取ってきたという事案において，「被告人が被害者の妻の差し出した現金900円を受取ることを断念して同人方を立ち去った事情が所論の通りであるとしても，被告人において，その共謀者たるAが判示のごとく右金員を強取することを阻止せず放任した以上，所論のように，被告人のみを中止犯として論ずることはできないのであって，被告人としても右Aによって遂行せられた本件強盗既遂の罪

責を免れることを得ないのである。」として，Aの行為を何ら止めることなく立ち去っただけでは，共犯関係からの離脱を認めなかったものである。

(2) 平成元年6月26日最高裁決定（刑集43巻6号567頁）でも，実行の着手後の共犯関係からの離脱に関しての判断が示されたが，事案は，次のとおりである。
① 被告人は，Aの舎弟分であるが，両名は，昭和61年1月23日深夜スナックで一緒に飲んでいた本件被害者のBの酒癖が悪く，再三たしなめたのに，逆に反抗的な態度を示したことに憤慨し，同人に謝らせるべく，車でA方に連行した。
② 被告人は，Aとともに，一階8畳間において，Bの態度などを難詰し，謝ることを強く促したが，同人が頑としてこれに応じないで反抗的な態度をとり続けたことに激昂し，その身体に対して暴行を加える意思をAと相通じた上，翌24日午前3時30分ころから約1時間ないし1時間半にわたり，竹刀や木刀でこもごも同人の顔面，背部等を多数回殴打するなどの暴行を加えた。
③ 被告人は，同日午前5時過ぎころ，A方を立ち去ったが，その際『おれ帰る』といっただけで，自分としてはBに対しこれ以上制裁を加えることを止めるという趣旨のことを告げず，Aに対しても，以後はBに暴行を加えることを止めるよう求めたり，あるいは同人を寝かせてやってほしいとか，病院に連れていってほしいなどと頼んだりせずに，現場をそのままにして立ち去った。
④ その後ほどなくして，Aは，Bの言動に再び激昂して，『まだシメ足りないか』と怒鳴って右8畳間においてその顔を木刀で突くなどの暴行を加えた。
⑤ Bは，そのころから同日午後1時ころまでの間に，A方において甲状軟骨左上角骨折に基づく頸部圧迫等により窒息死したが，右の死の結果が被告人が帰る前に被告人とAがこもごも加えた暴行によって生じたものか，その後のAによる前記暴行により生じたものかは断定できない。

というものであった。
この事案において，本件最高裁決定は，「右事実関係に照らすと，被告人が帰った時点では，Aにおいてなお制裁を加えるおそれが消滅していなかったのに，

被告人において格別これを防止する措置を講ずることなく，成り行きに任せて現場を去ったに過ぎないのであるから，Aとの間の当初の共犯関係が右の時点で解消したということはできず，その後のAの暴行も右の共謀に基づくものと認めるのが相当である。そうすると，原判決がこれと同旨の判断に立ち，かりにBの死の結果が被告人が帰った後にAが加えた暴行によって生じていたとしても，被告人は傷害致死の責を負うとしたのは，正当である。」と判示した。

このように実行の着手があった場合には，共謀は現実化し，一部犯行が行われたことによって，更に強化されたともいえるだけでなく，実行行為の一部があったということは，離脱者の意思とは関係なく犯罪の完遂へ向けて影響力を持つといえるから，相当のことをしなければ防止のための措置を講じたことにはならず，共犯関係からの離脱を認めることはできないといえよう。

いずれにせよ，判例上，実行の着手後においては，共犯関係からの離脱を認めることに慎重であり，結果に対する防止措置を要求しているものであるが，それは実行の着手後という結果発生の具体的危険が生じている場合には，これを解消しなければ，共謀等に参加した自己の行為との因果関係を切断できないからと考えているからに他ならないと評されている（任介辰哉・判例解説（刑）平成21年度177頁）。

4 さらに，牽連犯の関係にある犯罪の一部については実行の着手がなされ，その余の部分については未だ実行の着手がないという場合には，上記のような区分による判断を行うことは困難になる。

そのような事案として，**平成21年6月30日最高裁決定（刑集63巻5号475頁）** が参考になる。これは住居侵入強盗の事案において，住居に侵入後で，強盗に着手する前の段階における共犯関係からの離脱が問題となったものである。

まず，その事案は，
① 被告人は，本件犯行以前にも，数回にわたり，共犯者らと共に，民家に侵入して家人に暴行を加え，金品を強奪することを実行したことがあった。
② 本件犯行に誘われた被告人は，本件犯行の前夜遅く，自動車を運転して行って共犯者らと合流し，同人らと共に，被害者方及びその付近の下見をするなどした後，共犯者7名との間で，被害者方の明かりが消えたら，共犯者2名が屋

内に侵入し，内部から入口の鍵を開けて侵入口を確保した上で，被告人を含む他の共犯者らも屋内に侵入して強盗に及ぶという住居侵入・強盗の共謀を遂げた。
③　本件当日午前2時ころ，共犯者2名は，被害者方の窓から地下1階資材置場に侵入したが，住居等につながるドアが施錠されていたため，いったん戸外に出て，別の共犯者に住居等に通じた窓の施錠を外させ，その窓から侵入し，内側から上記ドアの施錠を外して他の共犯者らのための侵入口を確保した。
④　見張り役の共犯者は，屋内にいる共犯者2名が強盗に着手する前の段階において，現場付近に人が集まってきたのを見て犯行の発覚をおそれ，屋内にいる共犯者らに電話をかけ，「人が集まっている。早くやめて出てきた方がいい。」と言ったところ，「もう少し待って。」などと言われたので，「危ないから待てない。先に帰る。」と一方的に伝えただけで電話を切り，付近に止めてあった自動車に乗り込んだ。
　　その車内では，被告人と他の共犯者1名が強盗の実行行為に及ぶべく待機していたが，被告人ら3名は話し合って一緒に逃げることとし，被告人が運転する自動車で現場付近から立ち去った。
⑤　屋内にいた共犯者2名は，いったん被害者方を出て，被告人ら3名が立ち去ったことを知ったが，本件当日午前2時55分ころ，現場付近に残っていた共犯者3名と共にそのまま強盗を実行し，その際に加えた暴行によって被害者2名を負傷させた。
というものであった。
　この事案において，本件最高裁決定は，「上記事実関係によれば，被告人は，共犯者数名と住居に侵入して強盗に及ぶことを共謀したところ，共犯者の一部が家人の在宅する住居に『犯行をやめた方がよい，先に帰る』などと一方的に伝えただけで，被告人において格別それ以後の犯行を防止する措置を講ずることなく待機していた場所から見張り役らと共に離脱したにすぎず，残された共犯者らがそのまま強盗に及んだものと認められる。そうすると，被告人が離脱したのは強盗行為に着手する前であり，たとえ被告人も見張り役の上記電話内容を認識した上で離脱し，残された共犯者らが被告人の離脱をその後知るに至ったという事情があったとしても，当初の共謀関係が解消したということはできず，その後の共犯者らの強盗も当初の共謀に基づいて行われたものと認めるのが相当である。」

第15章　共　　犯　279

とした。

　本件においては，屋内にいた共犯者2名が一旦は被害者方を出たものの，残された共犯者らと一緒に再び被害者方に侵入し，それまでの状態を利用し，当初の共謀どおりの強盗等の犯行に及んだというのであり，他の共犯者らが被告人らの離脱を了承しておらず，共謀した内容を一旦中止したとか，新たな共謀を形成したという事情も認められないものであった。

　そうすると，一旦住居侵入強盗の共謀が成立し，その一部である住居侵入に着手し，それに基づく物理的・心理的効果が残存し，それが故に残余者の心理に対して影響をなお与え続けているといえる。したがって，そのような効果が継続する以上，それ以降の犯行を防止する措置を講じなければ，共犯関係から離脱することはできないということを示したものといえよう（前出任介183頁）。

|問8| 教唆犯の成立要件は何か。

【解　答】

　教唆犯が成立するためには，①他人に一定の犯罪を実行する決意を生じさせること，②被教唆者が，その決意に基づいて犯罪を実行することの2点が必要である。それゆえ，教唆犯が成立するためには，教唆と実行行為との間に因果関係が存在しなければならない。

|問9| 従犯（幇助犯）の成立要件は何か。

【解　答】

　従犯が成立するためには，①正犯を幇助する意思をもって，幇助行為を行うこと，②被幇助者である正犯が実際に実行行為に及ぶことの2点が必要である。

　まず，「幇助」とは，それ自体としては，犯罪の実行行為でない行為によって，正犯の実行行為を容易にするものでなければならない。

　幇助の方法としては，入り口ドアを破るために使うドリルやバール等を提供することや，犯行場所への往復に使用する車両を用意するなどの有形的幇助と，激励や

助言，更には被害者に関する情報などを与える無形的・精神的幇助とがある。

そして，それらの幇助行為は，正犯を幇助する意思をもって行わなければならない。すなわち，幇助行為は，正犯の行為を未必的にでも認識して，それを認容してなされることが必要である。

さらには，実際に正犯が実行行為を及ぶことが必要であるし，それらの幇助行為は，正犯の実行行為の終了前に行われなければならない。従犯（幇助犯）の犯罪性は，一般的に正犯に比較して相当低く，それゆえ，正犯の行為を待って初めて可罰性を付与されると考えられえる上，幇助行為によって正犯の実行行為が容易になったという因果関係が必要だからである。

|問10| 見張り行為は共同正犯なのか，従犯なのか。

【解　答】

1　見張り行為をどのように評価するかは，古くから争われており，今日においても常に法廷で争点になるといっても過言ではない。見張りは，犯行現場等において，直接的に実行行為を分担する者のため，外部の障害を排除して犯行の発覚を防止するなど，犯罪の実行を確保するためになされるものであって，犯行現場等で犯罪遂行に協力するという意味では. 直接的に実行行為を分担する者と共同して犯罪の実行に当たっているとの評価ができ，その意味では共同正犯と考えられる一方，見張り行為は，それだけを切り離して見ると，厳格な意味では実行行為を担当する者ではないことから，本来，共同正犯となるためには実行行為の一部を分担し，協力して特定の犯罪を実現することを要するという建前を厳格に貫けば，見張りは共同正犯ではなく，従犯に過ぎないと考えることもできるからである（増井・法令110頁）。

2　判例上の立場としては，概ね見張りを共同正犯としているものと考えてよい（問3で紹介した昭和28年4月20日東京高裁判決も見張りを共同正犯としている。）。もちろん，事案によっては従犯とされたものもあるが，多くの事案では，被告人が事前に共謀して，見張り行為を分担するような場合には，共同正犯と解している。

ただ，共同正犯として認められるには，単に，見張りをしたというだけでなく，

その際の見張り行為の役割の重要性や，共犯者に与えた安心感，更には，見張りによる窃取行為の円滑性などの効果などを詳細に検討し，見張り行為が窃取行為に匹敵する犯罪的価値のある行為であると評価されることが重要であることを忘れてはならない。

他に代表的な判例として，次のものが挙げられる。

(1) まず，**昭和23年7月20日最高裁判決（刑集2巻8号979頁）**では，「窃盗の共犯者と意思連絡のもとに見張をした場合は窃盗の共同正犯と断ずべきものであるということは，大審院数次の判例の示すところであって，今これを改めなければならない理由は認められない。原判決において証拠として挙示した被告人に対する（中略）訊問調書によれば，被告人は本件犯行についてA，Bと相談をした上で自らは見張をした事実を認め得るのであり，原判決は右事実を認定して刑法第60条を適用したものであるから」，その判断に誤りはないとした。

(2) また，**昭和33年9月29日東京高裁判決（判タ86号55頁）**では，「被告人は右両名に誘われ，犯行現場に行き，唯，見張りをしただけであったとしても，被告人は右両名が判示モーターバイクを窃取するのを知り乍ら，これに協力する意思をもって見張りをしたのであって，しかも，被告人においても，右モーターバイク窃取の意思をもち，見張りをすることによって，右両名の実行に協力し，もって右意思を実現したると見るべき事情であったことが明らかであるので，被告人の所為たるや，窃盗の従犯をもって論ずべきではなく，いわゆる共謀共同正犯としての刑責に任ずべきなのである。」と判示している。

(3) さらに，**平成15年5月13日神戸地裁判決（公刊物未登載）**でも同様の判断がなされている。この事案において，同判決により認定された罪となるべき事実は，次のとおりである。

被告人は，A，B及びCと共謀して，金品を窃取する目的で，平成13年8月21日午前2時40分ころ，神戸市内の株式会社D代表取締役Eが看守する同社事務所内において，1階玄関の施錠を開けて侵入した上，同所において，同人が管理する現金約8万円及びノートパソコン1台等3点（物品時価合計16

万5000円相当）を盗んだというものであった。

　この事案においては，被告人の行為に関して次のような事実についても認定されていた。

　すなわち，①被告人は，平成13年ころ，本件共犯者ら窃盗グループに参加して盗みに入る場所を物色・下見するなどの行動に加わるようになり，本件以前にも，三宮付近のマンションで，A，B及びCらの窃盗グループによる盗みの際に，これに加わって見張りを行い，分け前をもらったこと，②本件時においても，当初から，被告人は，本件共犯者らが窃盗に及ぶことを十分に予測しながら行動を共にし，本件共犯者らが，侵入盗に及んだ場合には，見張りを行い，分け前をもらうことにしていたこと，③そのことは，本件共犯者間の暗黙の了解とされていたこと，④本件共犯者らが侵入盗ができそうな場所を探しに行った場合，可能であれば，そのまま侵入盗に及ぶことがあることを被告人は十分に認識していたこと，そして，⑤本件時においても，A，Bが車を降りて犯行現場に向かうときから，被告人は，Cと共に車内で現場付近の様子を見張り，その後，Cが，前記2名から呼ばれて犯行現場に行った後も，引き続いて車内から現場付近を見張り，いつでも携帯電話で共犯者に連絡が取れるようにしていたこと，さらに，⑥共犯者らが金庫を破壊している際にも，共犯者から，ちゃんと見張りをしているか確認の電話がされていること，⑦本件においては，犯行現場に侵入後，金庫を破壊するまでに相当の時間を要し，また，金庫の破壊の際には相当の音が発生していることから，実行行為に及んだその他の共犯者も，被告人による見張りが必要不可欠であり，それを被告人に委ねていたことなどの事実が認められた。

　このような事実関係を前提に，弁護側から，被告人の行為は，共同正犯ではなく，幇助に過ぎないと主張された。

　それに対し，本件神戸地裁判決は，「以上の事実関係からすれば，被告人は，A，B及びCが住居ないし建造物に侵入して窃盗に及ぶことを認識しながら，見張りを行い，何か異変があれば直ちに同人らに知らせるつもりで車内において待機していたものであり，同人らも，残った被告人に見張り役を委ねて，安心して実行行為に及んでいたのであるから，被告人とA，B及びCは，それぞれ，互いにその行為を利用する意思で，本件犯行に及んだものであることが認められ，被告人の役割の重要性を考え合わせると，被告人の行為が見張りに止

まるとしても，被告人が共同正犯としての罪責を負うことにつきこれを左右するものではない。」として，被告人の行為の内容の実質に照らし，共同正犯と認められるものとしたのである。

3　もっとも**問3**で紹介した昭和34年11月5日東京高裁判決では，見張り行為を幇助としているし，**同41年6月4日東京地裁判決（判タ194号173頁）**では，見張り行為に及んだ被告人に対し，共犯者の窃取行為を認識しこれを認容したとはいっても，進んで共犯者と一体となって窃盗行為をしたり，その全体の行動の一部として積極的に見張り行為を分担するという意思の連絡があったとは認められないとして幇助としている。

　さらには，**平成22年12月8日東京高裁判決（東高時報61巻1～12号314頁）**も，同様に共犯者の住居侵入窃盗の際の見張り行為について，共同正犯を否定し，幇助犯に過ぎないとしているなど，正犯性を否定する判断がなされることもある。

　したがって，上記神戸地裁判決で示されたような，共同正犯であることを示すことができる見張り行為者との意思連絡等に関する証拠関係等の十分な収集に努める必要がある。

問11　共犯者から住居侵入窃盗の見張りを依頼され，窃盗の共犯となることを了解して，これを引き受け，実際に見張り行為をしたところ，実は，共犯者は，最初から強盗に及ぶつもりであって，実際にも家人に暴行を加えて現金を奪取したという事案において，見張り行為をした者の刑責はどうなるのか。

【解　答】

　これは共同正犯の場合における共犯者間の認識の食い違いによる錯誤の問題である。この場合，見張り行為に及んだ者には，窃盗の故意しかなく，共犯者が強盗に及んだことについては認識，認容しておらず，その共犯者の行為に対して，どの程度の刑責を負わなければならないのかという点が問題となる。

　そして，刑法38条2項は，

　　重い罪に当たるべき行為をしたのに，行為の時にその重い罪に当たることとなる事実を知らなかった者は，その重い罪によって処断することはできない

とされており，軽い甲罪を犯す意思で重い乙罪の結果を発生させた場合には，重い乙罪をもって処断することができないとしている。

つまり，この問題は，共犯者間の故意に関する事実の錯誤の問題であり，これについては，法定構成要件の範囲内において，表象と事実との符合があれば足りるとする法定的符合説にしたがって判断することになる（判例もこの立場である。）。

そして，この問題について具体的に判断を示した**昭和54年4月13日最高裁決定（刑集33巻3号179頁）**では，数名共同して敢行した殺人事件において，殺意のある者とない者がいたという事案において，「殺人罪と傷害致死罪とは，殺意の有無という主観的な面に差異があるだけで，その余の犯罪構成要件要素はいずれも同一であるから，暴行・傷害を共謀した被告人Ａら7名のうちの1人が前記○○派出所前でＢ巡査に対し未必の故意をもって殺人罪を犯した本件において，殺意のなかった被告人Ａら6名については，殺人罪の共同正犯と傷害致死罪の共同正犯の構成要件が重なり合う限度で軽い傷害致死罪の共同正犯が成立するものと解すべきである。」として，殺意のない者については，傷害致死罪の共同正犯が成立するとしている。

この考え方に従えば，錯誤があった場合には，異なった罪の構成要件が重なり合う限度で軽い罪の成立が認められるとしているのであるから，本問では，見張り行為をした者については，窃盗罪の範囲で共同正犯が成立することになろう。

問12 想定事例についてはどのように考えたらよいのか。

【解　答】

これは**昭和25年7月11日最高裁判決（刑集4巻7号1261頁）**の事案を参考にしたものである。

1　まず，前段であるが，被疑者甲野は，同丙野に対し，窃盗を教唆したにもかかわらず，丙野は強盗を実行する決意をし，しかも，乙野方と間違えて戊野方に押し入って強盗を実行した。ここでは，①窃盗の故意で教唆したにもかかわらず，被教唆者が決意した犯罪が強盗であった点と，②乙野方と戊野方を誤って侵入した上，出てきた戊野を乙野と思って強盗を敢行した点において，認識と発生した

第15章　共　犯　285

犯罪事実との間に齟齬があることが，甲野の故意を阻却しないかどうか問題となる。

この問題は，故意に関する事実の錯誤の問題であり，**問11**で述べた法定的符合説にしたがって判断することになる。

そこで，まず，①の点については，異なった構成要件間における錯誤の問題であるが，法定的符合説では，異なった構成要件間における錯誤の場合は，原則として，構成要件的故意の成立は阻却される。ただ，同質的で重なり合う構成要件間の錯誤については，その重なり合う限度で軽い罪の構成要件的故意が認められるので，本事例では，窃盗罪と強盗罪は構成要件を異にするものの，両罪は盗取という限度で重なり合うから，窃盗の限度において，教唆犯の責任を負うと考えるべきである。

本件最高裁判決においても，同判決の事案は，被告人は，Cに対してE方に侵入して金品を盗取することを教唆したものであって，F商会に侵入して窃盗をすることを教唆したものでなく，しかも，Cは，G等三名と共謀してF商会に侵入して強盗をしたものであるという事案であったところ，「犯罪の故意ありとなすには，必ずしも犯人が認識した事実と，現に発生した事実とが，具体的に一致（符合）することを要するものではなく，右両者が犯罪の類型（定型）として規定している範囲において一致（符合）することを以て足るものと解すべきものであるから，いやしくも右Cの判示住居侵入強盗の所為が，被告人の教唆に基いてなされたものと認められる限り，被告人は住居侵入窃盗の範囲において，右Cの強盗の所為について教唆犯としての責任を負うべきは当然であ」るとしている。

次に，②の点については，同一構成要件内における錯誤で，典型的な客体の錯誤の場合である。この場合，法定的符合説によれば，故意が阻却されないのは当然であるとされている。

したがって，想定事例の前段については，甲野は，窃盗の限度において，教唆犯としての責任を負うことになる。

2 次に後段であるが，この場合は，教唆行為と被教唆者の実行行為との間に因果関係が存在するといえるかどうか問題となる。

乙野方への侵入が困難であり，同人方において強盗を働くことが無理であると判断した際に，甲野からの教唆の影響が完全になくなったかどうかが，その判断

のポイントとなる。実際にこの段階で乙野方から現金を奪えないと分かり，一旦は，完全に犯罪を止めるつもりになったとしたら，その段階で甲野の教唆行為の影響は消滅することになろう。そして，その後，新たに，自己の所持する凶器等を見て，別の犯意を生じさせたのであれば，これは甲野の教唆行為による犯行ではないことになり，甲野にその責任を負わせるのは困難であると思われる。

　しかしながら，通常であれば，一旦，窃盗なり強盗なりの犯意が生じたところ，たまたまその当初予定した相手方からの財物奪取が困難であるという事情が生じても，元々発生した犯意を継続させて別の犯行に及ぶということも考えられ，本件でも，甲野の教唆により生じた犯意は，そのまま継続していると見たほうが適切ではないかと思われる。

　すなわち，丙野の心理状態を全体としてみると，丙野が甲野に恩義を感じていたことから乙野方への襲撃を決意したことについても，甲野の教唆により強盗に及ぶ犯意を発生させたのであり，その後，たまたま乙野方への襲撃が無理であったので，隣家を襲うことにしただけであって，その間の犯意はずっと存続していると考えられるからである。少なくとも，乙野方の厳重な警戒が丙野の犯意を完全に消沈させたとまでみられるような状況にはないことから，犯意の継続があったとの認定のほうが合理的であると考えられよう。

　もっとも本件最高裁判決の事案では，被告人は，一旦犯行を諦めかけたものの，一緒にいた共犯者からの強硬な主張に動かされ，決意を新たにして犯行に及んだ可能性もあるとして，教唆行為との因果関係に問題があると指摘しているところである。

　したがって，想定事例の後段では，丙野は，乙野方への襲撃を断念し戊野に対し強盗を実行したが，それは甲野による窃盗の教唆行為と相当因果関係を有するので，甲野は戊野に対し窃盗の限度において教唆犯としての責任を負う。

第16章　親族相盗例

> **例題**　窃盗罪における親族相盗例は，刑法上なぜ認められているのか。その適用に当たってはどのような問題があるのか。

問題の所在

　刑法244条1項は，親族相盗例と呼ばれ，
　　配偶者，直系血族又は同居の親族との間で第235条の罪，第235条の2の罪又はこれらの罪の未遂罪を犯した者は，その刑を免除する。
と規定されており，配偶者などの親族間の窃盗などについては，その刑が免除されることとなっている。
　なぜこのような規定が刑法上設けられたのか，その理由とするところは，「法律は家庭に入らない。」とする刑事政策的思想に基づくものであり，家庭内での窃盗などの一定の財産犯罪については，国の刑罰権の行使を差し控え，家庭内の自律に委ねようというものである。
　そこで，そのような思想に基づくこの規定の適用に当たっては，どのようなことに留意しておく必要があるのか。その要件などについても正確に理解しておく必要がある。

事　例

【想定事例】

　被疑者甲野は，知人の乙野次子が高価な宝石を多数所有していることを知っており，それらを何とか手に入れたいと思っていた。そして，乙野が独身であったことから，結婚を申し込み，同居するに至れば，それらを簡単に手に入れること

> ができると考えた。そこで，その意図を隠して，乙野に結婚を申し込んだところ，乙野はこれを了解し，両名が婚姻する旨の婚姻届が提出され，受理された。
> 　その後，乙野とアパートで同居することとなった甲野は，宝石を奪い取る機会をうかがっていたところ，乙野がたまたま外出した時があったので，その隙を狙って乙野が金庫にしまっていたそれら宝石を取り出し，貴金属店に持ち込んで現金化した。甲野は目的を達したため，乙野と同居していたアパートを飛び出して，別の女性である丙野三子と同居するに至った。
> 　乙野は，甲野に上記宝石を盗まれたと気付き，直ちに警察に届け出て，警察が甲野の所在を捜査したところ，上記丙野と同居していた甲野を発見し，甲野を窃盗の容疑で逮捕した。
> 　しかし，甲野は，自らの行為は，刑法244条1項の親族相盗例に該当するので不当逮捕であると主張した。この主張は認められるか。

設問と解答

問1 この親族相盗例が認められる場合には，そもそも窃盗罪などの犯罪は成立しないと考えられているのか。

【解　答】

　そのようなことはない。この親族相盗例が適用される根拠は，人的処罰阻却事由と考えられており，行為者について犯罪は成立しているものの，ただその刑罰を阻却するというに過ぎないものである。

問2 では，親族相盗例が適用される場面において，当該窃盗によって得られた財物は，贓物となるのか。

【解　答】

　それは贓物となる。親族相盗例が適用されても，当該被疑者が処罰されないだけで，そこに窃盗罪は成立しているからである。

第16章　親族相盗例　289

昭和25年12月12日最高裁判決（刑集4巻12号2543頁）では、「刑法244条は、同条所定の者の間において行われた窃盗罪及びその未遂罪に関し、このまま、その犯人の処罰につき特例を設けたに過ぎないのであって、その犯罪の成立を否定したものではないから、右窃盗罪によって奪取された物は贓物たる性質を失わない。」としており、贓物関係の犯罪が成立することを明らかにしている。

問3 刑法244条1項の親族相盗例が認められる要件として、まず、「配偶者」が挙げられているが、この「配偶者」には、内縁関係にある者は含まれるのか。

【解 答】

そのような者は含まれない。平成18年8月30日最高裁決定（刑集60巻6号479頁）では、「刑法244条1項は、刑の必要的免除を定めるものであって、免除を受ける者の範囲は明確に定める必要があることなどからして、内縁の配偶者に適用又は類推適用されることはないと解するのが相当である。」としており、内縁の配偶者には適用されない。

問4 次に、同項では、「直系血族」を挙げているが、これはどのような者を指すのか。

【解 答】

直系の関係にある血族であるが、具体的には、自分の祖父母、両親、子、孫を指す。これには法定血族といわれる養子、養親も含まれる。ただ、養親子関係は、当該養子縁組をした当事者の間だけに成立するものであるから、養親の父親との間で血族関係が発生するわけではない。したがって、養親の父親は、親族相盗例の対象となる「直系血族」には含まれない。

問5 次に、同項では、「同居の親族」を挙げているが、これはどのような者を指すのか。

【解　答】

1　まず，ここでいう「親族」とは，民法725条の規定により，①6親等内の血族，②配偶者及び③3親等内の姻族を指すことになる。ただ，刑法244条1項においては，既に，配偶者と直系血族を挙げていることから，ここで対象とされる「親族」は，6親等内の傍系血族及び3親等内の姻族を指すことになる。

　そして，それらの「親族」のうち，「同居」している者が親族相盗例の対象となる。ここでいう「同居」とは，盗品等譲受け等に関して同様の趣旨で設けられている刑法257条の解釈に関して述べられたものではあるが，**昭和34年3月7日東京高裁判決（判タ90号34頁）**において，「同居とは，同一家計の下に居を定めて日常生活を共にしている場合を指称する」ものと解されている。

　もっとも，**昭和26年10月3日東京高裁判決（高刑集4巻12号1590頁）**において，「右被害者Aは所論のように被告人と従兄弟の関係にあたる親族ではあるが，当時山梨県南都留郡所在の被告人方の一室を，間代1ケ月金200円にて借受け，特に被告人方と区画を為し，諸物資の受配，炊事，起居等全く別個に生活をしていたことを明認することができるから，右が同一家屋内において居住していたからというて，これをもって刑法第244条第1項前段に該当する所謂同居の親族と為すことはできない。」と示されたように，同一家屋内で居住していたとしても，生計を全く別にしている場合には「同居の親族」には当たらない。

2　また，一時的に当該住まいを離れていたとしても，それだけで「同居の親族」の関係が解消されたことにはならない。

　昭和54年4月27日札幌高裁判決（判時935号134頁）では，「刑法244条1項前段にいわゆる同居の親族とは，犯人と事実上居を同じくして日常生活をしている親族をいうのであるが，右認定のごとく，親族とそれまで同居関係を続けていた被告人が，逮捕を免れるために，同居者に無断で同居場所を出て僅僅3日間，住居を定めず転々と身を隠していたのち，右場所に立戻り，同居者不在の間に被告人の所有物品を持ち出した際，その親族の金品を窃取した場合，たとえ被告人において，右同居場所に立ち戻ったとき，右同居場所から確定的に退去する意思を抱いたとしても，右窃取の時点においては，被害者においても被告人が早晩右同居場所に立ち戻り，同居関係を継続するであろうと期待し，その際には

第16章　親族相盗例　291

これを迎え入れてやろうと考えていた以上，本件窃盗罪発生の段階においては，いまだその親族との同居関係が解消されていないと解するのが相当である」と判断している。

　もっとも，一時宿泊したに過ぎないような親族については，**昭和 28 年 8 月 24 日札幌高裁判決（判時 14 号 25 頁）**において，「刑法第 244 条にいわゆる同居の親族とは，事実上居を同じくして日常生活している親族をいうのであって，一時宿泊したに過ぎない親族は同居の親族ということはできない」として，6日間滞在したに過ぎない親族はこれに該当しないとした。

問6　親族相盗例が適用されるためには，窃盗犯人と被害品の所有者との間に上記のような関係があればよいのか，被害品の占有者との間に上記のような関係があればよいのか，それともその両者との間に上記のような関係が必要であるのか。

【解　答】

　窃盗犯人が所有者以外の者の占有する財物を窃取した場合において，刑法 244 条 1 項が適用されるためには，同項所定の親族関係が，窃盗犯人と，財物の所有者及び占有者とのいずれとの間においても存することを要すると考えられている。

　この点，**平成 6 年 7 月 19 日最高裁決定（刑集 48 巻 5 号 190 頁）**では，「本件は，被告人が，A株式会社（代表取締役B）の所有し，被告人と 6 親等の血族の関係にあるCの保管する現金を窃取したという事案であるところ，窃盗犯人が所有者以外の者の占有する財物を窃取した場合において，刑法 244 条 1 項が適用されるためには，同条 1 項所定の親族関係は，窃盗犯人と財物の占有者との間のみならず，所有者との間にも存することを要するものと解するのが相当であるから，これと同旨の見解に立ち，被告人と財物の所有者との間に右の親族関係が認められない本件には，同条 1 項後段は適用されないとした原判断は，正当である。」と判示し，被害品の所有者及び占有者のいずれについても刑法 244 条 1 項所定の親族関係が必要であるとしている。

　そもそもこの制度の由来が，「法は家庭に入らない。」というものである以上，被害品の所有者と占有者の両方につき親族関係がなければ，国家が干渉を控えるべき

家庭内の犯罪とはいえないことになることから，上記最高裁の判断は当然のことといえるであろう。

問7 刑法244条1項の要件を満たした場合，窃盗犯人に対しては「刑を免除」されることになるが，ここでいう「刑の免除」とは何か。

【解　答】

「刑の免除」は，刑を言い渡してその執行を免除する「刑の執行の免除」（刑法5条但書，同法31条）とは異なり，刑の言渡しそのものを免除するものであり，判決でその旨の言渡しがされることになる（刑訴法334条）。もっとも刑の免除事由があることが分かっていたなら，通常は起訴されることはない。

判決によって刑の免除がなされる場合には，その主文において，「被告人に対し刑を免除する。」との言い渡しがなされるが，これは有罪判決であり，ただ，刑の言渡しを免除するものである。したがって，同判決においては，被告人の犯行内容を示す「罪となるべき事実」なども示されることになる。

また，この判決は実体判決であるから，判決が確定したときには，認定された犯罪事実と公訴事実の同一性が認められる範囲の事実については，一事不再理の効力が生じることとなる。

問8 刑法244条2項は，
　　　前項に規定する親族以外の親族との間で犯した同項に規定する罪は，告訴がなければ公訴を提起することができない。
　と規定するが，ここでいう「前項に規定する親族以外の親族」とは，結局誰を指すことになるのか。

【解　答】

同条1項では，「配偶者，直系血族又は同居の親族」が規定されていることから，これら以外の親族となると，同居していない6親等内の傍系血族及び3親等内の姻族がその対象となる。

第16章　親族相盗例　293

問9 それら「前項に規定する親族以外の親族」のする告訴について留意すべきことは何か。

【解　答】

1　それらの身分関係を正確に確認しておくことの他に，告訴期間の経過に留意すべきである。すなわち，刑訴法235条1項は，

　　　親告罪の告訴は，犯人を知った日から6箇月を経過したときは，これをすることができない。

とされていることから，それら親族がこの期間を徒過させていないかどうか問題となることがあるのである。

　ここでいう「犯人を知った」とは，告訴権者がその意思を決定し得る程度に犯人を知ることをいい，被害を受けた時点では全く犯人を知らなかったものの，目撃者等から伝え聞いて犯人を特定できたような場合には，その時点から，上記6か月の経過が始まることになる。

　平成2年12月18日広島高裁判決（判時1394号161頁）では，刑法251条により詐欺罪について刑法244条が準用された事案であるが，親族相盗例が準用される場合において，親告罪となる親族間の詐欺罪について，その告訴期間は，被害者が詐欺の被害に遭ったことを確定的に知った時から起算すべきものとされた。

2　また，その他に被害品の所有者が誰であって，誰に告訴権があるのかについても正しく判断されなければならない。具体的には，いくら夫婦であるといっても，夫婦のそれぞれが自己の財産を占有しているのであるから，妻の財産については妻が，夫の財産については夫が，それぞれ被害者として告訴権を有することを忘れてはならない。

　前記**問5**の昭和28年8月24日札幌高裁判決の事案では，一時宿泊した親族が窃盗を行ったものであるところ，妻の被害品について夫が告訴していた点につき，「新憲法第24条は夫婦平等の原則を定め，新民法はこの夫婦平等主義の下に法定財産制としては完全なる別産制を採用し，夫の妻の財産に対する管理，使用収益権を廃し，各自それぞれその財産を管理，使用収益等の権利を有することと

したのであって，妻の財産に対しては，特別の事情のない限り妻が自ら占有しているもので夫に独立の占有はなく，従って刑法第244条第1項後段の親族相盗の場合に妻の財産に関しては夫に告訴権はない。」と判示しているところである。

|問10| 行為者が被害者との間に親族関係がないのに，これがあるものと誤信して被害品を窃取した場合，親族相盗例は適用されるのか。

【解　答】

　全く適用されない。これまで述べたように，この親族相盗例が適用される場合においても，犯罪は成立しているのであり，ただ，刑法244条1項の条件を満たす場合においては人的処罰阻却事由としただけのことであるから，親族関係についての存否についての錯誤は，窃盗の成否に何らの影響も与えないからである。

　この点が問題となった事案として，**昭和28年11月18日大阪高裁判決（高刑集6巻11号1603頁）**では，「故意は罪となるべき事実の認識をいうのであるから，事実の錯誤が故意を阻却する可能性のあるのは，その錯誤が罪となるべき事実について存する場合に限るのであり，刑法第38条第2項もまた右の場合に限って適用されるに止るのである。しかして，窃取した財物が別居の親族の所有である場合においては，告訴を待ってその罪を論ずるだけのことであって，進んで窃盗罪の成立を阻却するものでないことは，刑法第244条第1項が『第235条ノ罪及ヒ其未遂罪ヲ犯シタル者』と規定していることからしても明かであるから，窃盗罪の客体としてはその財物が他人の所有であるを以て足り，その他人が刑法第244条第1項所定の親族であるや否やは窃盗罪の成否に影響を及ぼすものではない。従って，財物の所有者たる他人が別居の親族であるとの錯誤は窃盗罪の故意の成立を阻却するものではなく，この点については刑法第38条第2項もまた適用の余地がないのである。ただAの財物をBの財物であると誤信した点において罪となるべき事実に関する具体的の錯誤が存するけれども，他人の物を他人の物と信じたことには相違がなく，その認識とその発生せしめた事実との間には法定的事実の範囲内において符合が存するから，右の錯誤を以て窃盗の故意を阻却するものということができず，この点についても刑法第38条第2項を適用することができない。被告人の本件所為に対し刑法第235条を適用した原審の措置は結局相当であっ」たとした。

問11 この親族相盗例の規定をめぐって近時問題となっているのは，どのような事案についてであるのか。

【解　答】

　①未成年者の後見人として，その祖母が後見人となった場合や，②養父が成年後見人となった場合などにおいて，それらの者が被後見人の財産をほしいままに横領するなどした場合，刑法244条1項を準用する刑法255条によって，それら後見人に対しても刑が免除されるかどうかということが問題となった。

　まず，①の事案は，**平成20年2月18日最高裁決定（刑集62巻2号37頁）**の事案であるが，これは，家庭裁判所から選任された未成年後見人である被告人が，共犯者2名と共謀の上，後見の事務として業務上預かり保管中の未成年被後見人の貯金を引き出して横領したという業務上横領の事案であった。

　そして，この裁判において，弁護側は，被告人は，未成年被後見人の祖母であるから，刑法255条が準用する同法244条1項により刑を免除すべきであると主張した。

　そのような主張に対し，本件最高裁決定は，「しかしながら，刑法255条が準用する同法244条1項は，親族間の一定の財産犯罪については，国家が刑罰権の行使を差し控え，親族間の自律にゆだねる方が望ましいという政策的な考慮に基づき，その犯人の処罰につき特例を設けたにすぎず，その犯罪の成立を否定したものではない（**昭和25年12月12日最高裁判決・刑集4巻12号2543頁**参照）。

　一方，家庭裁判所から選任された未成年後見人は，未成年被後見人の財産を管理し，その財産に関する法律行為について未成年被後見人を代表するが（民法859条1項），その権限の行使に当たっては，未成年被後見人と親族関係にあるか否かを問わず，善良な管理者の注意をもって事務を処理する義務を負い（同法869条，644条），家庭裁判所の監督を受ける（同法863条）。また，家庭裁判所は，未成年後見人に不正な行為等後見の任務に適しない事由があるときは，職権でもこれを解任することができる（同法846条）。このように，民法上，未成年後見人は，未成年被後見人と親族関係にあるか否かの区別なく，等しく未成年被後見人のためにその財産を誠実に管理すべき法律上の義務を負っていることは明らかである。

　そうすると，未成年後見人の後見の事務は公的性格を有するものであって，家庭

裁判所から選任された未成年後見人が，業務上占有する未成年被後見人所有の財物を横領した場合に，上記のような趣旨で定められた刑法244条1項を準用して刑法上の処罰を免れるものと解する余地はないというべきである。したがって，本件に同条項の準用はなく，被告人の刑は免除されないとした原判決の結論は，正当として是認することができる。」と判示し，未成年後見人の後見の事務が公的性格を有するものである以上，一定の財産犯罪については親族間の自律に委ねる方が望ましいとした刑法244条の趣旨に鑑みて，この場合に同条項を準用する余地はないと解したものであった。

　また，②の事案は，**平成24年10月9日最高裁決定（刑集66巻10号981頁）**の事案であるが，これは，家庭裁判所から選任された成年後見人であり，かつ，成年被後見人の養父である被告人が，後見の事務として業務上預かり保管中の成年後見人の預貯金を引き出して横領したという業務上横領の事案であった。

　ここでも本件最高裁決定は，「家庭裁判所から選任された成年後見人の後見の事務は公的性格を有するものであって，成年被後見人のためにその財産を誠実に管理すべき法律上の義務を負っているのであるから，成年後見人が業務上占有する成年被後見人所有の財物を横領した場合，成年後見人と成年被後見人との間に刑法244条1項所定の親族関係があっても，同条項を準用して刑法上の処罰を免除することができないことはもとより，その量刑に当たりこの関係を酌むべき事情として考慮するのも相当ではないというべきである。」としたものである。

|問12| 想定事例についてはどのように考えたらよいのか。

【解　答】

　この場合，刑法244条1項の規定の適用はないと考えられる。すなわち，被疑者甲野には，乙野との間で継続的に夫婦生活を営む意思がなく，宝石を窃取する手段として婚姻届を出したに過ぎず，また，相手方である乙野にしても，甲野の真意を知ったなら，甲野と婚姻する意思はなかったと認められるから，たとえ戸籍簿の外観上婚姻関係が存在するように見えても，そのような場合の婚姻は無効であることから，親族相盗例の適用はないと考えるべきだからである。

　この想定事例は，**昭和49年6月27日東京高裁判決（判タ320号305頁）**の事案を参考にしたものである。同事案では，金員を詐取する手段として婚姻届を提出

したものであるが，それを窃盗に置き換えても同様であろう。

同判決では，「被告人は，真実Ａ子，Ｂ子と結婚して継続的に夫婦生活を営む意思はなく，同女らとの婚姻届を所轄区役所に提出しても，いずれ時期を見はからって離婚離籍の手続をする意思であり，婚姻届を提出するというのは，専ら同女らをして，被告人と正式な婚姻関係にあり継続的に夫婦生活を営むことができるものと信用させ，その信用関係に乗じ，同女らを欺罔して金員を騙取するための手段としてなされたものであることが認定できるのである。

そして，Ａ子との間には，所轄区役所において，昭和47年6月17日婚姻届をし，同年7月1日離婚届をしたこと，Ｂ子との間には，所轄区役所において，同年10月6日婚姻届をし，同年11月8日迄戸籍薄上夫婦として記載されていたことは，関係証拠上明らかであるが，右両女との婚姻届はいずれも被告人が前記の意図のもとに，財物騙取の手段としてしたものであり，戸籍上の婚姻関係を作為したに過ぎないものであるから，被告人において，右両女と婚姻の意思のなかったことはもとより，同女らにおいても被告人の真意を知ったならば被告人といずれも婚姻する意思はなかったもので，婚姻はいずれも無効というべきであり，たとえ，その婚姻の無効が訴により明確にされない場合であっても，前記の如く財物騙取の手段として戸籍上の婚姻関係を作為したに過ぎない場合においては，戸籍簿の外観上婚姻関係が認められるとしても，その戸籍薄上の婚姻関係の存続する間に被告人がＡ子，Ｂ子から金員を騙取した原判示第一，同第二の（二）の各事実について，刑法251条，244条前段の規定を適用し刑の免除をするということは，もともと夫婦間の財物の得喪に法が立ち入らないとした前記法条の趣旨にも反するものというべく，これと同旨に出た原判決には，記録上所論の如き事実誤認のかどの認められないのはもとより，刑法251条，244条の解釈適用を誤った違法はない。」と判示しているところである。

第17章 不動産侵奪

例題 不動産侵奪罪が窃盗罪と別に制定されることとなった理由は何か。不動産侵奪罪の構成要件はどのように規定されているのか。さらに、不動産侵奪罪の成否に当たって検討すべきことは何か。

問題の所在

　昭和27年末、裁判所が冬休みに入り、仮処分手続による救済を求めることができなくなるのを狙って、一夜のうちに当時の国鉄大阪駅前の他人の所有する一等地に店舗14戸1棟を不法に建築して敷地占拠を永続化しようとする悪質、巧妙な事件が発生し、これに対し、権限者が対抗して自力でその建物を取り壊すという、いわゆる梅田村事件が発生した。

　権限者は、建造物損壊罪で起訴されて一審では有罪とされたが、控訴審で正当防衛が認められて無罪判決が確定した[1]。

　このような戦後の社会的混乱に加えて、土地不足と土地価格の高騰により、主として商業地域において土地の不法占拠が横行し、恒常化する傾向が続いたため、不動産窃盗を処罰する社会的必要性が強くなり、昭和35年、不動産侵奪罪が刑法235条の2として、

　　　他人の不動産を侵奪した者は、10年以下の懲役に処する。
と規定された（増井・捜査12頁）。

　このような制定の背景を持つ不動産侵奪罪であるが、その構成要件は、「他人の不動産を侵奪」するというものであるところ、その「侵奪」とは何かなど、同罪の成立を判断するのは必ずしも容易ではない。

　そこで、これまでの裁判例等を検討して、どのような場合に、「侵奪」と認められるのかなどについて正確に理解する必要がある。

事　例

【想定事例】

　被疑者甲野は、大阪市城東区に乙野から土地を借りて住んでいたが、その土地に隣接して乙野所有の土地（以下「本件土地という。」）があり、そこは空き地のままになっていた。甲野は、地主の乙野から本件土地を家庭菜園などで一時的に使用することを黙認してもらっており、また、第三者から、本件土地を買いたいとか売りたいとかの問い合わせがあった時は、地主の乙野に通知してほしいと依頼されていた。しかし、甲野には、本件土地について何ら売却、貸与の権限は与えられていなかった。

　このような状況の下、昭和38年11月上旬頃、自動車修理業を営む丙野から本件土地を材料置場と自転車置場として使用させてほしいとの申入れが甲野にあった。丙野によると、本件土地に雨露をしのぐ程度の小屋を建てるとのことであり、それは本件土地をトタン板の塀で囲み、その一部に柱を建て屋根をトタン板で覆うというものであった。甲野はこの程度であればとこれを承諾し、同月中旬頃丙野より右承諾に対する謝礼の名目で現金8万円を受領した。

　ところが、丙野は、自動車修理工場を建設しなければならない緊急の必要性が生じたため、本件土地に、木造亜鉛鋼板葺鉄骨2階建居宅付自動車修理工場一棟を建て始めた。その上で、丙野は、地主から請求があればすぐ撤去するから黙認して欲しいと甲野に懇願した。甲野は、丙野が建築に着手した直後に、承諾の範囲を超えて工場の建築を始めた事実を知ったのであるが、謝礼金を受け取っていたこともあって、丙野の行為を容認した。そのため、甲野は、遅滞なく丙野の行為を地主乙野に通知などその行為を阻止する措置をとらなかった。そして、自動車修理工場は昭和39年2月中旬に完成した。

　丙野が、乙野から貸与についての権限が甲野に与えられていたと信じていた場合、被疑者甲野はどのような刑責を負うか。

　逆に、丙野が甲野に何ら貸与の権限がないと知っていた場合はどうか。また、その際、甲野が丙野に自動車修理工場の建設に一旦は抗議していた場合はどうか。

設問と解答

問1 不動産侵奪罪が制定された経緯は前記のようなものであるにしても，そもそも解釈として，刑法235条の窃盗の客体である財物に不動産が含まれると解釈することはできないのか。

【解　答】

　そのように解釈するのは困難であろうと考えられてきた。というのは，刑法235条の解釈として，窃盗というためには，被害財物の場所的移転を必要とすると解すべきであり，動産は一旦奪取されると，その所在を探し出すことは不可能に近いのに対し，不動産はその占有を奪取されても，その所在は一般には判然としており，民事訴訟で被害を回復することがほぼ可能であることなどの違いから，不動産を窃盗の客体として認めることに対しては消極的な意見が多数であった（増井・捜査13頁）からである。

　そのため上述したように，立法的に解決したのである。

問2 不動産侵奪罪の構成要件のうち，「他人の」不動産とは，どのようなものを指すのか。

【解　答】

1　ここでいう「他人」とは，不動産を所有，占有し得る自己以外の主体をいう。その「他人」が占有していることが前提である。
　そして，それは自然人であると，法人であるとを問わないが，刑法242条の，
　　　自己の財物であっても，他人が占有し，又は公務所の命令により他人が看守するものであるときは，この章の罪については，他人の財物とみなす。
　との規定の対象となることから，他人が占有している自己の不動産などは，この罪の客体となる。

2　ただ，ここでいう「他人」の占有は，法律上正当な権限に基づくものであるか

どうかまでは問わないものの，少なくとも法的保護に値すると評価されるものであることを要するとされている（増井・法令148頁）。

そこで，ここにいう「他人」の占有というものの中には，仮処分による執行官の占有も含まれる。たしかに執行官の占有は，その裏付けとなる本権はないものの，**昭和46年9月9日東京高裁判決（判タ272号301頁）**では，この点について，「刑法における財物奪取罪の規定は，財物に対する事実上の占有ないし所持それ自体を保護の対象とするものであって，必ずしも本権がそれに併存しなければならないものではなく，そして，この点は，不動産侵奪罪の場合においてもまた異るところはないものと解せられる。本件は，東京地方裁判所の裁判官による原判示のような趣旨の仮処分決定に基づき同裁判所執行官が，原判示建物の各室（中略）に対する債務者（居住者）らの占有を解いて同執行官の保管に移すとともに，AおよびBその他の債務者に限って，それぞれの室の使用を許し，その旨の公示書を各室に貼付してその執行を完了し，爾来それらの各室は，いずれも右執行官がこれを保管していたものであって，なるほど同執行官の右処分そのものは，国の執行機関としての独自の権限と責任においてこれを行なうものであって，債権者の委任によりその代理人としてするものではないから，この意味において，同執行官の保管は，所有権，賃借権ないし質権等のいわゆる本権に基づくものでないことは，所論のとおりである。しかし，もともと本件のような仮処分命令による執行官の不動産占有は，原判決もくわしく述べているとおり，当該不動産の明渡請求をめぐって個人間に財産権上の紛争がある場合に，将来におけるその請求権の実現を確実，かつ，容易ならしめるために，これが本訴において確定されるまで一応暫定的に当該不動産の占有状態を凍結，維持するために行なわれるのであって，この占有状態を侵害，かく乱することは，すなわち，債権者による本権の実現を困難ならしめる結果を招来することになるのであるから，その権利関係が現在なお未確定な状態にあるとはいえ，本件執行官による不動産占有は，決して個人の財産権と無関係なものではなく，まさに原判決の指摘しているとおり，その背後には個人の財産権がその実質的な基礎として，控えているものといわなければならない。したがって前記のように執行官が裁判所の仮処分決定に基づき本件建物の各室を自己の保管に移し，その旨の公示書を貼付することによって適法にその執行を終了したものである以上，これによる同執行官の右建物占有は，それ自体，刑法上の保護を受けなければならないことは当然であり（中

略），これに対する侵害行為は，やはり不動産侵奪罪を構成するものといわなければならない。」として，執行官の占有に対しても不動産侵奪罪が成立するものと判断している。

問3 不動産侵奪罪の構成要件のうち，「不動産」とは，どのようなものを指すのか。

【解　答】

1　「不動産」とは，民法86条1項によれば，
　　　　土地及びその定着物は，不動産とする。
とされているところ，土地及び建物が含まれることに問題はないが，立木については，民法上は，「定着物」として不動産に含まれるものの，刑法上は，不動産には当たらず，窃盗罪の客体となる（なお，稲苗ではあるが，これを抜き取って窃取した行為について窃盗罪の成立が認められている（**昭和25年4月13日最高裁判決・刑集4巻4号544頁**））。

2　土地に関しては，地面だけでなく，空間及び地下も含む。実際にも，被告人が居住占有している家屋の2階部分を，無断で隣接地上に突出させて増築した事案において，**昭和43年11月15日大阪地裁判決（判夕235号280頁）**では，不動産侵奪罪を認めた。
　具体的には，「被告人はN電気鉄道株式会社所有にかかる大阪市西成区内の軌道用地の東側に隣接する同区内所在木造2階建店舗1棟に居住占有していたが，これを増築するに際し，昭和39年5月7日頃までの間にわたり，情を知らない大工等をして新築の同店舗2階部分を幅約2.5米長さ約0.45米にわたって右軌道用地上に突出して建築させ，もって前記軌道用地を侵奪したものである。」という罪となるべき事実が認定されたのであるが，その理由とするところは，「前記2階部分は本件家屋と一体をなしているが，他人の土地の占有を妨げるのは部分的でも可能であるから，前記軌道敷地との境界を超えて出張っている本件新築2階部分は少なくとも右土地の占有を妨げているものといわなければならない。そして，被告人等は昭和39年5月7日頃からは明らかにその事実を知りながら前記のとおり工事を完成させたものであるから，実質的にも右軌道敷地の占有を

妨げているものといわなければならない。右妨害は所有権行使に対する侵害ともなり適法に処理されるべきものであるから法律上当然に規制の対象となるもので社会的可罰性も存するものといわなければならない。」旨判示したものである。

このように土地上の空間だけを侵害した場合であっても，不動産侵奪罪は成立する。

3 また，公有水面である国有溜池なども，ここでいう「不動産」に該当する。すなわち，**昭和46年8月17日高松地裁判決（刑裁月報3巻8号1115頁）**は，公有水面である香川県知事管理に係る国有溜池「K池」の東側堤防沿いの部分に土砂を投棄して埋立工事を行い，宅地約7000平方メートルを造成したという行為に対して，不動産侵奪罪の成立を認めている。

問4 不動産侵奪罪の構成要件のうち，「侵奪」とは，どのような行為を指すと解釈されるのか。

【解　答】

1 そもそも同罪にいう「侵奪」とは，**平成12年12月15日最高裁判決（刑集54巻9号923頁）**において，「刑法235条の2の不動産侵奪罪にいう『侵奪』とは，不法領得の意思をもって，不動産に対する他人の占有を排除し，これを自己又は第三者の占有に移すことをいうものである。そして，当該行為が侵奪行為に当たるかどうかは，具体的事案に応じて，不動産の種類，占有侵害の方法，態様，占有期間の長短，原状回復の難易，占有排除及び占有設定の意思の強弱，相手方に与えた損害の有無などを総合的に判断し，社会通念に従って決定すべきものである」と判示されている。

このように判例上，不法領得の意思をもって他人の占有を排除する必要があることから，空屋で一夜を過ごしたり，空き地にテントを張って野宿するなどの行為は，それが権限者の占有を排除する行為といえるかどうかも問題であるが，そもそも不法領得の意思に欠けるものであることは明らかであるから，不動産侵奪罪は成立しない。

2　ただ，その前提として，他人が占有していることが必要であり，これが欠けている場合には，不動産侵奪罪が成立するか問題となる場合がある。

　平成11年12月9日最高裁決定（刑集53巻9号1117頁）では，本件土地の所有者が行方をくらまして事実上廃業状態となり，同土地を現実に支配管理することが困難な状態になったことにより，その占有が失われたのではないか問題とされた。しかしながら，同最高裁決定では，「土地を現実に支配管理することが困難な状態になったけれども，本件土地に対する占有を喪失していたとはいえず」と判断し，夜逃げをした所有者の占有は未だ失われていないとして不動産侵奪罪の成立を認めた。

　この点について，「不動産については，現実の管理や看守がなくても，権利者に占有の意思がある限り，占有を認めるべきであるとする見解が有力であり，本決定に異論はあるまい。」との見解も出されており（増井・法令153頁），妥当な判断であろう。

3　なお，その侵奪行為は，事実上の占有に対する侵害をいうのであって，法律上の占有への侵害を意味するものではない。つまり，他人所有の未登記の建物について，何らの権限もないのに，勝手に自己名義で所有権保存登記をして，登記簿上，自己が真実の所有者であるかのような外観を作り出すことは，公正証書原本不実記載罪（刑法157条1項）等が成立するのはともかく，不動産侵奪罪は成立しない。

問5　他人が所有する空き地に，木造ビニールシート葺平屋建簡易建物（建築面積約37平方メートル）及び同建物の西端に接続して同様の簡易建物（建築面積約27.3平方メートル）を勝手に建設する行為は，他人の不動産を「侵奪」する行為に該当するか。

【解　答】

　これは東京都葛飾区内における公園予定地の一部に上記のような建物を建設した行為が，不動産侵奪罪に該当するかどうか問題となった事案に係るものである。

1 まず，この事案の事実関係は，次のとおりである。

　本件土地は，東京都立M公園の予定地の一部であったところ，被告人は，何ら権限がないのに，平成8年10月ころから，本件土地上に中古電器製品等を置いてリサイクルショップを営み，さらに，同年12月中旬ころ，材料として廃材を調達して本件簡易建物の建築に着手し，その後，これを完成させた。そして，同建物の性状は，次のようなものであった。

① 被本件簡易建物は，建築面積約64.3平方メートルで，本件土地の中央部を占め，その内部は，木製ドア及びシートによって，東側部分（約37平方メートル）と西側部分（約27.3平方メートル）に区分けされていた。

② 本件簡易建物は，土台として角材がそのまま地面の上に置かれ，その隅及び要所に長さ約3メートルの角材が柱として立てられ，屋根部分のけた及びもやに接合されていた。土台，柱，屋根部分等の組立てには，ほぞをほぞ穴に差し込んで固定する方法は採られておらず，土台の角材同士，土台の角材と柱，柱と柱を，平板等を当ててくぎ付けするなどしてつないでいた。屋根部分は，多数の角材等をけた，もやとし，その上にビニールシートを掛け，さらに，その上に平板を当てて柱等に固定するなどしていた。周囲は，ビニールシート，廃材の戸板，アコーディオンカーテン等で覆い，要所に板を当ててくぎ打ちしていた。また，公園の金網フェンスに接する部分は，針金，電器コード等で右フェンスに結び付けられていた。

③ 本件簡易建物の内部には，居住設備はなく，中古の家庭電器製品等が山積みされ，区道を隔てて向かい側にある建物から電線を引いて蛍光灯が設置されていた。

2 そして，このような事案について，第一審の**平成11年3月30日東京地裁判決（判タ1023号278頁）**は不動産侵奪罪の成立を認め，有罪としたものの，**平成12年2月18日東京高裁判決（判時1704号174頁）**は，①本件簡易建物は，本格建築とはほど遠く，解体も容易なものであったから，占有侵害の態様は必ずしも高度のものとはいえないこと，②東京都の本件土地の管理状況は比較的緩やかなものであり，その職員らは，平成8年10月ころ被告人らが本件土地を不法占有するようになって以降，時折警告を与えていたが，その内容は，本件簡易建物建築の前後を通じて，本件土地を明け渡すようにとの趣旨にとどまり，不動産

侵奪をいうものではなかったこと，③また，本件簡易建物は居住目的のものでなかったから，占有排除及び占有設定の意思，相手方に与えた損害，原状回復の困難性も，さほど大きいものとはいえないことなどの理由から，不動産侵奪罪にいう侵奪行為があったとするには，重大な疑問が残るとして無罪とした。

3 そのような東京高裁の判断に対し，**問4**で示した**平成12年12月15日最高裁判決（刑集54巻9号923頁）**は，「捜査段階において検証が行われた平成9年8月1日当時の本件土地の状況について見ると，本件簡易建物は，約110.75平方メートルの本件土地の中心部に，建築面積約64.3平方メートルを占めて構築されたものであって，原判決の認定した前記構造等からすると，容易に倒壊しない骨組みを有するものとなっており，そのため，本件簡易建物により本件土地の有効利用は阻害され，その回復も決して容易なものではなかったということができる。加えて，被告人らは，本件土地の所有者である東京都の職員の警告を無視して，本件簡易建物を構築し，相当期間退去要求にも応じなかったというのであるから，占有侵害の態様は高度で，占有排除及び占有設定の意思も強固であり，相手方に与えた損害も小さくなかったと認められる。そして，被告人らは，本件土地につき何ら権限がないのに，右行為を行ったのであるから，本件土地は，遅くとも，右検証時までには，被告人らによって侵奪されていたものというべきである。」として，不動産侵奪罪の成立を認めた（なお，本件最高裁判決の主文は，原判決を破棄して差し戻すというものであったことから，その差戻審である**平成13年6月16日東京高裁判決（高検速報（平13）109頁）**は，上記最高裁判決の趣旨を踏まえて不動産侵奪罪の成立を認定し有罪判決を言い渡した。）。

本件簡易建物の構造等から考えれば不動産侵奪罪の成立が認められて当然であろう。

問6 国有地内においてバラック建物を違法に建築していたところ，それを数メートル移転させたような場合は，従前の占有状態を継続しているに過ぎないといえるのか。それとも新たな占有侵害をしていることになり，不動産侵奪罪が成立すると解されるのか。

【解　答】

1　これは**昭和44年6月26日広島高裁判決（判時575号94頁）**の事案で問題とされたものであるところ，問にあるように占有状態の継続であるか否かという点と，それが一時的に占有するだけの意図であり，不法領得の意思があるかどうかという2点において争われた。

2　それらの問題に対し，本件広島高裁判決は，まず，従前の占有が継続しているだけであるのか否かについては，「被告人が従前建物を建築して占有していた国有地と本件建物移築後の占有国有地とは別の場所に所在する全然別個の土地であり，両国有地が隣接し，かつ移築距離が僅か数メートルであるにしても，移築後の国有地の占有は新たな占有に該当し，従前の国有地の占有状態の範囲内のできごとということのできないのは勿論，従前の占有の継続と解する余地もなく，前述のとおり無権原で防火用水槽埋立跡地の国有地に本件建物を移築してなす被告人の土地占有は，権利者国の占有を排除して自己の占有を設定するという侵奪行為に該るものといわねばならない。」として，新たな占有侵害があるとした。

3　また，一時的な占有であって不法領得の意思がないとの主張に対しては，「本件移築建物は，原判示の指摘するように，全体的にみて有り合わせの材料を用いて急場しのぎに造った粗末なバラック建築ではあるが，前段でみた本件建物の形状，内外部の構造，建物内部の造作設備，居住態様等を総合して観察すると，世上に見られる一般民家の簡素なバラック建物とさしたる逕庭はなく，かろうじて雨露をしのぐに足る所謂小屋がけの程度を遥かに越えた構造の建物であり，バラック建築とはいえ，家族4人が生活の本拠として居住する目的で造作した家屋として，一時的な物置小屋や材料置場など比較的労力を要せずして撤去しうる仮設構築物とは本質的に異なるものがあり，容易に除去しうるような仮設物と同一に論ずることはできない。」として，その構造上，永続的な建築物と見られるとした上，さらに，被告人が不法占拠を続ける理由として，「本件建物の移築の経緯も，前述のごとく，被告人は土地区画整理事業施行者から提供された移転先への入居をことわり，財務局に対する本件国有地の貸与交渉も当局側の貸付拒否という強い態度に遭って目的を達することができず，移転先のあてのない儘立退期

限を間近かに迎え，無断で本件国有地に建物を移築し，しかる後再度当局側と交渉をもつ方が有利にことを運ぶことができ，右交渉が最終的に失敗に帰した場合にも，右土地に住めるだけ居坐るという配慮のもとに移築を敢行した事情にあり，一方，（中略）被告人は本件国有地へ移築後，財務局からの数度に亘る土地明渡の催告を無視して移築建物に居住し，その敷地である本件国有地の占拠を続け，その後国が提起した国有地明渡の民事訴訟に対してもいたずらに抗争し，右訴訟の一審敗訴判決後の控訴審で行なわれた和解期日においても，一方的に 3 年の明渡期限を要求するなどし，漸く昭和 43 年 6 月 11 日明渡期限を昭和 44 年 4 月末日限りとする裁判上の和解が成立し，右明渡期限の終り頃本件建物を収去してその占拠国有地を返還するに至ったことが認められ，これらの事実によれば，被告人において，移築建物を早々に撤去する意思で本件国有地に一時的に移築したものとは到底認めることができない。被告人は原審公判において，何時までも移築にかかる本件国有地に居坐る考えはなかった旨述べ，一時的な使用意思にもとづいて本件国有地を占有したごとく供述するが，右供述は，右認定の事情に照らして到底措信することができない。」として，不法領得の意思を認定した。

4　その上で，「以上結局のところ，被告人の移築に伴う本件国有地の占有は，原判示のいうごとく一時占有の域を出ないものと解することは困難であり，すでにみた建物移築の経緯，移築建物の構造，移築後における居住の態様，裁判上の和解による占有国有地の返還に至るまでの経過等を合わせ考えると，被告人は，所有者である国の本件土地に対する占有を継続的に奪う意思をもって，その占有を排除したものと断ぜざるを得ない。」として，一時占有であって，不法領得の意思を認めなかった原判決を破棄し，不動産侵奪罪の成立を認めたのであった。

> **問7**　上記の問 5 及び問 6 は，全くの無権限での他人の土地上での建設行為であったが，土地の所有者が占有を一時使用として黙認していたり，使用貸借されていたという事情があった場合に，その土地上に新たに建物を建設する行為は，「侵奪」に当たるといえるか。

【解　答】

次の2つの事案が参考になろう。

1　昭和42年11月2日最高裁決定（刑集21巻9号1179頁）及びその原審である昭和42年5月12日大阪高裁判決（刑集21巻9号1192頁）の事案では，被告人は，他人所有の土地において，所有者の黙認の下に，その土地の周囲を板塀で囲み，上部をトタン板で覆って建築資材などの置場として使用していところ，台風により右囲いが倒壊したため，その後，所有者が工事の中止を強硬に申し入れたにもかかわらず，右土地の周囲に高さ2.75メートルのコンクリートブロック塀を構築し，その上をトタン板で覆い，建築資材などを置く倉庫として使用した行為に対し，上記最高裁決定も大阪高裁判決も，いずれも被告人の行為は，不動産侵奪罪に該当すると判断した。

　殊に，本件では，上記大阪高裁判決が指摘するように，「被告人が昭和36年9月下旬頃から築造に取りかかり，翌年2月初旬頃完成したコンクリートブロック塀は，被告人が本件土地所有者たるＡと本件土地の借受け又は買取りの話合いを有利に展開できるように既成事実を作っておこうとの意図のもとに，警察の警告をも無視して強引に築造したものであって，右コンクリートブロック塀が容易に除去しえない半永久的な工作物であることをも考慮すると，被告人は積極的に所有者たるＡの本件土地に対する占有を排除し，その占有を継続的に奪う意思をもって本件土地を自己の占有に取込んだものと認めざるをえない。即ち，被告人の本件土地に対する占有は右コンクリート塀の築造を境として従前の一時使用の態様から侵奪へと質的に変化を遂げたものということができる。」というものであり，もともとは資材置場として，その使用が一時使用として黙認されていたものであっても，半永久的な工作物を築造したものであって，その占有の形態を質的に変化させたものであり，その行為は，「侵奪」に当たると判断されたものである。

2　また，平成12年12月15日最高裁決定（刑集54巻9号1049頁）は，使用貸借の目的とされた土地の無断転借人が，土地上の簡易施設を改造して本格的店舗を構築した行為に対して，不動産侵奪罪の成立を認めた。

(1) 事案の概要は以下のとおりである。
　① この事案では，所有者である（株）A不動産から大阪市内の宅地について，転貸を禁じ，直ちに撤去可能な屋台営業だけを認めるとの約定で，無償でこれを借りていたBは，本件土地上に，
　　ア　約36本の鉄パイプをアスファルト面に穴を開けて差し込み，これにねじ締め式器具を使って，長さ約3メートルの鉄パイプを縦につないで支柱とし，
　　イ　支柱の上部，下部及び高さ約1.5メートルの部分に，右器具を使って鉄パイプを横に渡し，
　　ウ　以上の骨組みの上面に，鉄パイプを網の目状に配して右器具でつなぎ，その上に角材を載せて針金で固定した上，トタンの波板等をくぎ付けして屋根にし，
　　エ　側面にビニールシートを垂らし鉄パイプにひもで結び付けて壁面とするという方法により，L字型の仮設の店舗を構築した。
　　　Bは，その後，さらに，
　　オ　約4本の鉄パイプを埋設してセメントで固定し，右パイプの上部から既存の鉄パイプに鉄パイプを渡して溶接して固定し，その上部に塩化ビニール樹脂の波板を張って屋根にし，側面にビニールシートを垂らして壁面とするという方法により，これをく形にするための増築を加えた。
　② Bは，前記施設（以下「本件施設」という。）で飲食業を営んでいたが，平成6年6月ころ，Cに対し，本件土地を転貸や直ちに撤去できる屋台以外の営業が禁止されていることを伝えて賃貸し，本件土地及び本件施設を引き渡した。
　③ Cもまた，本件施設で飲食業を営んでいたが，同年11月ころ，被告人に対し，本件土地を転貸や直ぐ撤去できる屋台以外の営業が禁止されていることを伝えて賃貸し，本件土地及び本件施設を引き渡した。
　④ 被告人は，同月下旬ころから同年12月1日ころにかけて，
　　ア　本件施設の側面の鉄パイプにたる木を縦にくくり付けるなどした上，これに化粧ベニヤを張り付けて内壁を作り，
　　イ　本件土地上にブロックを置き，その上に角材を約1メートル間隔で敷き，これにたる木を約45センチ間隔で打ち付け，その上にコンクリートパネ

ルを張って床面を作り，
　　ウ　上部の鉄パイプにたる木をくくり付けるなどした上，天井ボードを張り付けて天井を作り，
　　エ　たる木に化粧ベニヤを両面から張り付けて作った壁面で内部を区切って8個の個室を作り，各室にシャワーや便器を設置するという方法により，風俗営業のための店舗（以下「本件建物」という。）を作った。
　⑤　本件建物は，本件施設の骨組みを利用して作られたものであるが，同施設に比べて，撤去の困難さは，格段に増加していた。

(2)　このような事案において，被告人の行為が「侵奪」に該当するか否かに関して，本件最高裁決定は，「Bが本件土地上に構築した本件施設は，増築前のものは，A不動産との使用貸借契約の約旨に従ったものであることが明らかであり，また，増築後のものは，当初のものに比べて堅固さが増しているとはいうものの，増築の範囲が小規模なものである上，鉄パイプの骨組みをビニールシートで覆うというその基本構造には変化がなかった。」として，当初の構造は使用貸借の趣旨に沿ったものであったところ，「被告人が構築した本件建物は，本件施設の骨組みを利用したものではあるが，内壁，床面，天井を有し，シャワーや便器を設置した8個の個室からなる本格的店舗であり，本件施設とは大いに構造が異なる上，同施設に比べて解体・撤去の困難さも格段に増加していたというのであるから，被告人は，本件建物の構築により，所有者であるA不動産の本件土地に対する占有を新たに排除したものというべきである。したがって，被告人の行為について不動産侵奪罪が成立するとした原判断は，正当である。」として，本件建物においてはその構造が異なり，撤去等の困難さも格段に増加したことなどを捉えて，被告人の行為は，所有者の本件土地に対する占有を新たに排除したものと認定したのであった。そもそも本件では，被告人はAとBとの間の契約が使用貸借であり，転貸も禁じられていながら，そのことを知った上で，無断転貸を受けていたものであり，占有権限が全くなかったという点も不動産侵奪罪の成立に当たっては考慮されていたものと考えられよう。

問8 問5ないし問7の事案は，いずれも無権限であるか，権限があっても，使用貸借なり，黙認というものであったにもかかわらず，その範囲を逸脱したものであったところ，これに対し，正式に賃貸借契約等が結ばれているような場合には不動産侵奪罪は成立しないのか。その賃貸借契約等終了後の行為であればどうか。

【解　答】

1　正式な賃貸借契約等が締結されているような場合には，そこに適法な占有権限があるのであるから，その契約内容に従った占有形態であればもちろんのこと，たとえその建物の形状等が契約内容に違反するようなものであっても，その占有の形態に著しい違いがない場合（例えば，平屋の建物しか認めないという契約で，二階建ての建物を建築したような場合など）などは，民事的に賃貸借契約等が解除される原因になるかどうかはともかくとしても，不動産侵奪罪は成立しない。そもそもの当該占有自体は，適法に開始されているからである。

　また，適法に不動産の占有を始めた者が，後にその占有が不法になっても，そのことだけでは不動産侵奪罪は成立しない。それは従前の占有が継続しており，**問7**のような場合でなければ，新たな占有の設定が認められないからである。したがって，土地や家屋の賃貸借や使用貸借の終了後，従前の借主には，もはやその占有権限はないのであるが，引き続き使用していれば，そのような者の事実上の占有状態も保護の対象となり，不動産侵奪罪を構成することはない。

2　この点について，**昭和53年3月29日東京高裁判決（判夕369号428頁）**は，賃借権に基づき適法に土地の占有を取得した者については，その占有を失わない限り用法違反の所為があったにしても，不動産侵奪罪は成立しないと判断した。

　その判断内容は，「元来不動産侵奪罪は盗罪として不法領得の意思をもって他人の占有を侵害することを成立要件とし，本件のごとく賃貸借契約に基づき他人の土地につき適法に占有を取得した者については，その占有を失わない限り，民事上債務不履行の問題は起こりえても，不動産侵奪罪に問われることはない。そして，その理は，たとえ賃貸借の期間が終了し，その終了後賃借地を引き続き占有する場合でも同じである。けだし，この場合でも，賃借人において占有を失わ

第17章　不動産侵奪　313

ない限り新たな占有の取得ということはないからである。以上のことは、賃借人において、賃貸人に無断で契約所定の用途を変更して賃借地を使用した場合でもあてはまる。もっとも、その場合、当初の賃貸借契約が名目上だけのもので、当初から侵奪の目的で賃貸借契約に名をかりた場合又は用途の変更が新たな占有の取得と認められる場合は格別である。そして、(中略)被告人が本件賃貸借を契機に本件土地を侵奪もしくはその意図のもとに原判示の所為に及んだと認定するに足りる証拠もない。してみれば、被告人の所為が賃貸借の目的に反するものであったとしても、それは民事上の紛争解決に委ねられるべきものであり、これをもって直ちに刑法上の不動産侵奪罪に当たるとして処断することはできないものと解すべき」であるとした。

3 また、元々の利用権限が使用貸借契約に基づく場合であっても、この理は同様である。昭和41年8月9日大阪高裁判決(判夕200号147頁)では、家屋についての使用貸借終了後においても、その家屋及びその敷地について、事実上の占有を継続している者が、敷地管理者の承諾を得ることなく、既存家屋(建坪約31.35平方メートル)に接続して小規模の増築(建坪約10.9平方メートル)をした場合において、他人の占有を新たに奪取したものとはいえないから不動産侵奪罪を構成しないと判断した。

　つまり、本件においては、「不動産に対する使用貸借終了後の事実上の占有を有する被告人が、その占有の状態を変更したに過ぎぬものであり、他人の占有を新たに奪取する行為がないのであるから、不動産侵奪罪におけるいわゆる侵奪には該当しないものと解するのが相当である。」と考えられたからである。

問9 これまで述べてきた「侵奪」行為は、いずれも土地上に建物などを建設するなどして、そこに居住するなどの行為を対象としていたが、そのような典型的な行為以外に「侵奪」と認められる場合には、どのようなものがあるのか。

【解答】

具体的には、次のようなケースが認められる。

1 ブルドーザーを用いて他人の所有・占有する山林を掘り起こし，陸田に造成したという事案

　昭和50年8月7日東京高裁判決（高刑集28巻3号282頁）では，被告人は，茨城県下館市内の土地約290アールのうち，西側部分約190アールの土地上に生育していたA所有の松の木約4000本を掘り起こし，ブルドーザーで押し倒すなどして敷き込み，同土地を陸田に造成し，以後，これを耕作・使用するなどしたというものであったところ，「原審で取調べた各証拠によれば，被告人は，前示原判決の認定のように，前記約190アールの山林をブルドーザーを用いて陸田に造成したことが認められるが，その際，被告人が，正当な権限なしに，右山林を所有且つ占有しているAを排除して右山林の占有を奪い，これを陸田として耕作・利用しようとする意思，すなわち不法領得の意思を有していたことは明らかである。」などとして，不動産侵奪罪の成立を認めた。

2 ゴルフ練習場とするためにコンクリート製の支柱を立て，ゴルフ練習用のネットを張り巡らしたという事案

　昭和62年2月19日名古屋高裁判決（金融・商事判例784号21頁）では，被告人は，A所有の土地において，（イ）ゴルフ練習場の建築工事に着工し，高さ約0.55メートルの土盛りをし，その周囲の北側，西側及び南側にゴルフ練習用のネットを張るためのコンクリート製支柱11本を建てた段階で，被告人を被申請人とする仮処分決定（本件土地を含むA所有の土地について，右工事の続行禁止や被告人の占有を解いて執行官の保管にするなどの内容）があり，その仮処分の執行がなされた状態を前提とした上で，更に，（ロ）右支柱11本を利用し，北側に東西約42メートル，西側に南北約20.7メートル，南側に東西約42メートルにわたって，各高さ約15メートルのゴルフ練習用ネットを張り巡らし，かつ，その天井部分の全面を同ネットで覆う工事を完成させ，本件土地を練習場施設として囲い込んだというものであった。

　このような行為に対し，弁護側は，「本件土地については，原判示のコンクリート製支柱にネットが張り巡らされただけであり，その排除も巻取機の止め金をはずせばわずか数秒ででき，かつ，その費用も全くかからず，また，相手方に与えた損害もなく，更に占有者が執行官で不法な力に対して排除できる力を有していたことを併せ考えると，右ネットを張り巡らす行為は不動産侵奪罪にいう侵奪に

あたらない。」と主張した。
　これに対し、本件名古屋高裁判決は、「原判決は、被告人が右仮処分の趣旨を無視してゴルフ練習場の建築工事を続行する意思のもとに、右（ロ）の所為に及び、これにより本件土地に対する執行官の立入りなどを不能にしてその占有を排除するとともに右土地について自己の占有を設定した趣旨を認定判示したものと解することができる（中略）。これによると、被告人の右（ロ）の所為は、不動産侵奪罪にいう侵奪にあたるものであり、本件で同罪の成立することは明らかである。所論指摘のネット排除の装置の存在なども、この判断を左右するに足りない。」として、不動産侵奪罪の成立を認めた第一審判決を容認し、同様の判断を示したものである。なお、この高裁判決は、その後**昭和62年9月30日最高裁判決（刑集41巻6号297頁）**で是認されている。

3　賃借権に基づく建物利用権及びこれに付随する敷地利用権を有するに過ぎない者が、同土地上に、原状回復が著しく困難になるような廃棄物を投棄した事案

　問4の平成11年12月9日最高裁決定では、「被告人らは、本件土地についての一定の利用権を有するとはいえ、その利用権限を超えて地上に大量の廃棄物を堆積させ、容易に原状回復をすることができないようにして本件土地の利用価値を喪失させたというべきである。そうすると、被告人らは、Aの占有を排除して自己の支配下に移したものということができるから、被告人両名につき不動産侵奪罪の成立を認めた原判決の判断は、相当である。」と判示している。
　その被告人らの具体的行為については、その原審である平成9年9月1日東京高裁判決（東高時報48巻1～12号54頁）において示されており、被告人らには、「本件土地に恒久的な建物を建築したり、原状回復が著しく困難になるような利用状況の改変を行う権限まではなかったといわなければならない。それなのに、被告人Bは、被告人Cを現場責任者として、同被告人とともに、市係官や警察等の指導にも従わず、その土地上にあった建物等を取り壊し、それまで作業所兼資材置場としての外観を維持していた本件土地全体にわたって、約8606立方メートルもの大量の廃棄物を投棄し、これを約13メートルもの高さにまで積み上げ、その利用及び原状回復を著しく困難にしたというのであるから、そのような行為は単なる賃貸借契約における用法違反にとどまらず、占有の態様・意味を質的に変化させるもので、所有者であり間接占有者であったAの本件土地に対する占有

を排除し，その占有を継続的に奪う意思をもってこれを自己の占有に取り込んだものといわざるを得ない。」と認定され不動産侵奪罪の成立が認められていたものである。

なお，ここで留意しておくべき事柄として，本件では，その権限を超える程度が著しいものであったことを忘れてはならない。この廃棄物の集積が一時的であったり，撤去等の原状回復が容易であったのなら，そのような場合には，不動産侵奪罪は成立しない。

4 隣接地を取り込んで宅地造成した事案

昭和62年12月8日福岡高裁判決（判時1265号157頁）では，「被告人は，その所有地とこれに隣接するＡ所有地の市道建設前の地勢及びその境界を認識していたものと認められ，その後市道建設により地形が変化したとはいえ，自己の所有地の範囲について少なくとも大まかな認識はあったものと認めるに十分であり，被告人において，本件土地がＡの所有地であるかも知れず，従って，造成工事により，同人の所有地を取り込むことになるかも知れないが，それでも構わないとして，造成を敢行したものと認め，被告人には本件土地に対する侵奪の未必的故意があったものとした原審の判断に誤りはないものということができる。」として，隣接地を取り込んで造成する行為について，そこに未必的故意があったとした上，被告人による造成工事は，本件土地との境界線上にある楠の木を伐採し，その根を掘り起こした上，本件土地の土砂を削り取って整地し，その南西側にコンクリート擁壁を築造して造成したものであるところ，当該行為について，これを「侵奪」に該当するとしたものである。

問10 では，問9とは逆に，その客観的な行為が「侵奪」に当たらないとされたものにはどのようなものがあるのか。

【解　答】

昭和40年12月17日大阪高裁判決（判時442号56頁）では，自宅の敷地に隣接する他人所有の空地に，将来その土地を買い受ける予定であって，それまで一時利用させて貰う意思で排水口を設置してもその排水口の構造が29×23平方セン

第17章　不動産侵奪　317

チメートルの口であり，また，外側のふちの部分を入れても45×52平方センチメートルの大きさで深さ17.5センチメートルのものであり，地上に突き出した部分もなく地下深く築造されたものでもなく，原状回復が容易であって，右排水口設置によって空地所有者の受ける損害が皆無に等しい場合には，社会通念上他人の不動産を侵奪したものということはできないとした。

すなわち，「本件排水口を設置した部分の土地を買受けることを予定し，もし買受けることができなければ直ちにこれを収去するが，それまで他人の空地を一時利用させて貰う意思で，約111坪に及ぶ広い空地に前記の如きその口がわずか29糎×23糎のそれも容易に収去できる排水口を設置した行為は，その主観，客観両側面を綜合し，社会通念に照らして考察するときは一種の使用侵奪ともいうべき行為であり，いまだもって不動産侵奪罪にいう他人の不動産を侵奪した行為に該当しないというべきである。すなわち，本件排水口の設置の行為が不動産侵奪罪を構成するには侵奪の客観的要件において既に充足がなく，主観的要件においても領得の意思が欠除していたものと認めざるを得ないのである。」と判示した。事案の内容からしても不動産侵奪罪が成立しないのは当然であろう。

問11 不動産侵奪罪の実行の着手及び既遂の時期はいつか。

【解　答】

犯罪の実行の着手とは，犯罪構成要件に該当する事実を実現する行為を開始することであるが，不動産侵奪罪における実行の着手は，不法領得の意思をもって，不動産に対する他人の占有を排除して，行為者又は第三者の占有を設定するための現実的・積極的な行為を開始したときである（増井・法令150頁）。

窃盗の場合と同様に考えて，隣地の不動産を侵奪するために，ブルドーザーを入れて造成を始めた時や，境界となる杭を打ち込んだりした時であると考えられよう。ただ，その準備段階として，測量を開始したというだけでは，当該不動産の占有を侵害する現実的危険性は未だ発生していないことから，実行の着手があったとは考え難いであろう。

では，どの段階で既遂と認められるのであろうか。この点は公訴時効の起算点ともなることから，その認定は捜査処理上極めて重要である。

そこで，既遂時期については，他人の占有を排して自己又は第三者の占有下に置いたと認められる客観的状況に至った段階において，既遂になると認めるべきである。具体的に当該行為が侵奪行為に当たるかどうかは，前出の平成12年12月15日最高裁判決で判示されたように「具体的事案に応じて，不動産の種類，占有侵害の方法，態様，占有期間の長短，原状回復の難易，占有排除及び占有設定の意思の強弱，相手方に与えた損害の有無などを総合的に判断し，社会通念に従って」，それが「侵奪された」といえるかどうかを判断すべきであろう。

　もっとも，実際のところ，どのような状況がこれに該当するのかは一概にはいい難いが，前出の昭和62年12月8日福岡高裁判決では，「不動産に対する侵奪行為は，その行為の性質上一定の時間的継続がみられるのが，むしろ通常であり，本件の場合も2月中旬頃ある程度の日時を要して本件土地に対する侵害がなされたことが明らかであり，かつ公訴時効は，原判示の侵奪行為が終了した時すなわち侵奪行為の一部とみうる最終の行為が終った時から進行するものと解すべきである。」としている。

問12　他人の不動産を侵奪する際，相手方の反抗を抑圧するに足りる暴行又は脅迫を用いた場合，強盗罪が成立するのか。

【解　答】

　この点について判断を示した裁判例はないが，通説は，強盗利得罪として刑法236条2項の罪が成立するとしている。

　上述したように，そもそも刑法235条の「財物」の中に不動産が含まれないと解釈されていたことや，不動産そのものを奪取するというのは概念上想定し難く，その占有を奪う行為は，その利用権に対する侵害であると考えられることからすれば，二項強盗という結論になろう。

問13　他人の建造物を侵奪する際，その建物の内部に立ち入る行為は，建造物侵入罪を構成するのか。

【解　答】

　昭和37年8月22日福岡高裁判決（判タ136号52頁）によれば，「被告人はAの管理する台所10畳1部屋を被告人の居住の用に供するため，管理者の意思に反して一間物の戸棚1つを使用して之を不法に占拠したものであるから，不法領得の意思で不動産を奪取したものであり，被告人の右所為は刑法第235条ノ2の不動産侵奪罪を構成するものというべく，被告人の本件所為が不動産侵奪罪に該当する以上不動産侵奪の行為としての本件所為が不動産侵奪の外に別異の犯罪を構成するものとは解し得られない。」とする裁判例があり，これに従えば，不動産侵奪罪が成立する場合には，建造物侵入罪は成立しないと考えることになる。その理由としては，客体の性質上，その内部に立ち入ることが不可避であるから，侵入は侵奪行為そのものであると考えることによる（増井・法令165頁）。

　しかしながら，罪質や保護法益が異なる構成要件とされているのであるから原則として建造物侵入罪が成立し，不動産侵奪罪との関係は牽連犯とするというのが通説のようである（大コメ刑法［第2版］第12巻320頁）。

問14　想定事例についてはどのように考えるべきか。

【解　答】

1　本事例は，**昭和44年4月8日大阪地裁判決（判タ234号194頁）**の事案を題材にしたものである。

　そもそもこの想定事例を検討するに当たっては，まず，当初予定した材料置場等であれば，少額の費用かつ短時間に撤去できるであろうから，一時使用として，甲野の貸与権限の有無にかかわらず，「侵奪」には当たらないものと解することができるであろう。

　しかしながら，最終的に建設された自動車修理工場については，永続的に存続するものと考えられるから，客観的には，乙野の不動産を「侵奪」したことになるものと思われる。

　そこで，被疑者甲野らの犯意等が問題となる。

2　まず，丙野が甲野の無権限を知らなかった場合であるが，丙野の行為は，正当な権利者からの了解を得たと認識した上での行為となるため，「侵奪」の故意に欠けることになる。したがって，丙野については，不動産侵奪罪は成立しない。

　しかしながら，甲野は，自らが無権限であることを知っているのはもちろんのこと，そのような無権限である自らの了解を正当なものであると信じて工場を建築する丙野の行為をそのまま放置して，不動産侵奪をさせたのであるから，丙野を道具として用いて乙野の不動産を侵奪させたことになり，間接正犯として不動産侵奪罪が成立する可能性がある。

　ただ，甲野にとって，丙野の自動車修理工場の建設は予期に反した行為であり，その後は「黙認」していただけで，積極的に丙野に工場の建築をさせたわけではない。そうなると，他人の行為を利用して自己の目的を実現するという間接正犯としての本来の形態からは外れるところもあることから問題がないわけではない。

　しかしながら，甲野に権限があるからと丙野が信じていたのなら，その誤解を解き，改めて乙野の了解を得るまで中止するよう指示することで，容易に丙野の行為を阻止できるにもかかわらず，あえてこれを放置していたのであるから，その行為は，自己が直接にその行為に及んだ場合と大差なく，間接正犯として認定してもよいように思われる。

3　次に，丙野が甲野の無権限を知っていた場合であるが，建設された工場は永続的な存続が予定されているような構造であるから，上述したように，一時使用というものではなく，丙野に不動産侵奪罪が成立することは明らかである。そこで，その行為を了解した甲野については，共犯関係が問題となる。

(1)　まず，甲野は丙野の共同正犯と認められるか否かであろうか。この点について，丙野の行為を認識し，これを阻止することもさほど困難ではなかったものと思われるにもかかわらず，現金8万円をもらったことなどから，それを放置して，その目的を達成させたのであるから，そこに犯罪遂行における暗黙の意思の連絡等をみることができ，共謀共同正犯と認めてもよいと思われる。

　　ただ，この場合において，一旦は抗議などもして，その建設に反対の意向を示していたのであれば，丙野との間の共謀関係を認定することに問題もあるこ

とがあり得よう。本事例の元となった上記大阪地裁判決は，そのような点での問題もある事案であって，共謀共同正犯の成立は否定された。

(2)　しかしながら，そうであっても，丙野の行為を放置するという甲野の不作為について，幇助犯の成否も更に検討する必要がある。

　この点について，本件判決では，「不作為による幇助犯の成否について考えてみると，被告人は丙野において本件工場の建築に着手し始めたときに右丙野の行為を発見したのであるから，被告人において遅滞なく右丙野の行為を地主の乙野に通知し，あるいは警察に通報したならば，民事上の仮処分手続や警察力の行使によって本件工場の完成を未然に防止しうる可能性があったと考えられる。

　そこで，被告人において右丙野の行為を地主に通知し，あるいは警察に通報すべき法律上の義務があるか否かについて検討すると，被告人と乙野との間には，被告人が本件土地に隣接して居住し，乙野から本件土地の一時的自己使用を黙認され，また買手，借手の問合せにつき通知を依頼されていたという信頼関係があり，しかも，被告人は，一時的使用を目的とするにしろ，何らの権限もなく，丙野に対して本件土地の使用を許可したのであり，これは，条理上許されない行為である上，前記丙野の犯行を誘発しやすい危険な状態を作り出したという意味で，右丙野の犯行の重大な原因をなした行為であると考えられる。右のような被告人と乙野との間の信頼関係，被告人のいわゆる先行行為を考え合わせ，更に前記乙野への通知，警察への通報が僅かの労力で容易になしうることであることを考慮すると，被告人は，前記のとおり丙野が本件工場を建築し始めたことを発見した際，これを阻止するため，右丙野の行為を遅滞なく乙野に通知し，あるいは警察に通報する措置をとるべき法律上の義務があったものというべきである。

　而して，被告人は右法律の義務を怠り，前記丙野の犯行を乙野に通知したり，警察に通報したりする措置をとらなかったのであるが，右の不作為は，不動産侵奪罪の構成要件が予定する作為（侵奪行為）とその構成要件的評価を同じくするものとは考えられず，前記丙野の不動産侵奪行為を容易にした行為すなわち幇助犯として評価されるにとどまるものと考えられる。」として，不作為による幇助犯を認めたものであった。

1)　控訴審である**昭和 31 年 12 月 11 日大阪高裁判決（判タ 69 号 90 頁）** では、「本件を目して正当防衛または自救行為であるとすることができるかどうかについて検討するに、およそ、正当防衛は刑法第 36 条に規定するように、『急迫不正の侵害に対し自己又は他人の権利を防衛する為め已むことを得ざるに出でた』行為で、加害防衛の急迫であり、自救行為は刑法上明文がないが、侵害の回復について国権の保護を求める遑がなく、猶予すると権利実現が不能となる急迫状態においてとられる行為で、被害救済の急迫である、すなわち、前者においては防衛の対象となる侵害行為は急迫不正に加えられた積極的な性質を有し、後者においては救済の対象となる侵害行為は既存の侵害を除去しないという消極的な性質を具有するものと解してよい。そこで本件においては果してそのいづれかに該当する事態が存するであろうか。」とした上で、「本件においては官庁の続く休日直前を狙い、一夜にして土地の不法占拠を現出せしめ、しかも原審証人Ａの証言によっても明かなように、本件バラックを即刻撤去しなければ爾後他人がそれを使用し、或はそれを補強改修して愈々土地所有者の権利回復は困難となる事情にあったのであるから、Ｂの侵害行為に対しては被告人等は即刻に自己の権利防衛の処置を執るよりほかなかったのである。原判決の論ずるように早晩仮処分等による救済の方法がないことはないにしても、それらによる救済だけでは不十分であり、必ずしもこれに頼らなければならないとはいえない。すなわち加害者の行為は不法な目的を達するためのみであり、しかもそれを被害者が合法的に排除することの至難であることを見越して、あえてかかる不法な侵害を敢行する場合においても、被害者は合法的な救済をうける時期まで手を拱いて待っていなければならないものとするならば、それは全く不正に味方するものであって、法の本質たる正義に反するものといわねばならない。」などとして正当防衛の成立を認めたものである。

　ただ、その判示するところの内容については、本件の権利侵害は過去のものであり、被告人の行為は権利防衛というよりは、むしろ被害回復であるから、その本質は自救行為であると解すべきであろう。同判決は、自救行為として無罪にした先例がなかったため、実定法に根拠を求めたものと思われる（増井・法令 163 頁）といわれている。

第18章　森林窃盗

> **例題**　森林法は，森林窃盗について規定しているが，どのような行為がその構成要件に該当するのか。法律上の問題としてはどのようなものがあるのか。

問題の所在

森林法197条は，

> 森林においてその産物（人工を加えたものを含む。）を窃取した者は，森林窃盗とし，3年以下の懲役又は30万円以下の罰金に処する[1]。

としているところ，具体的にどのような行為がその違反行為とされるのか。窃盗罪との関係はどうなるのか。また，刑法上の種々の規定は，森林法違反である森林窃盗にも適用されるのか。

事　例

【想定事例】

　A所轄警察署は，管内に広大な山林を有していたところ，被疑者甲野は，たびたびの警告にも拘わらず，その山林から勝手に木材を切り出してはこれを売却するなどの行為を繰り返していた。
　A署の乙野巡査部長は，甲野の犯行を止めさせるには厳罰をもって臨むほかはないと決意し，森林窃盗罪で甲野を現行犯逮捕した上，これを身柄付きで検察庁に送致し，最終的に，公判請求をし懲役刑を求刑してもらいたいと考えた。
　その際，乙野巡査部長としてはどのようなことに留意しておく必要があるのか。

設問と解答

問1 そもそも森林窃盗を規定する森林法197条は，その法定刑を3年以下の懲役又は30万円以下の罰金としているが，その行為の本質は窃盗にほかならないと思われるところ，どうして刑法上の窃盗罪より軽い刑罰となっているのか。

【解　答】

　この点について，昭和46年10月26日東京高裁判決（判タ274号231頁）では，「このように森林窃盗の法定刑が普通窃盗のそれより軽い所以については，前者は犯罪の目的物たる森林産物の所在の場所，態様の特異性から，当該産物に対する権利者の支配力等が後者に比しはるかに薄弱であると共に，旧時森林産物は自由物であり，汎く入会ないし入会類似の慣習が行なわれ，長年地元民がその産物を採取してきた旧慣の存在等がその主要な根拠とされている。」からであると解している。

　このように，森林窃盗の場合，その客体に対する権利者の支配力が薄弱であり，森林の財物を窃取することが極めて容易であることなどを根拠として，その刑罰が窃盗罪より軽く法定されているのである。

　ただ，森林の経済的機能や，国土の保全，水資源の涵養等の重要な公益的機能等に照らせば，その損害をもたらす大規模な森林窃盗を想定すると，法定刑が軽すぎるのではないかとの批判もある（増井・法令191頁）。

問2 森林窃盗の構成要件を検討するに当たり，まず，その実行行為は，「森林において」なされなければならず，場所的な限定がなされている。そこで，「森林」とは何かを明らかにする必要があるが，これはどのように考えられているのか。特に，立木を伐採した跡地のような土地は，森林に含まれるのか。

【解　答】

1　森林の意義

　森林法2条1項は，

この法律において「森林」とは，左に掲げるものをいう。但し，主として農地又は住宅地若しくはこれに準ずる土地として使用される土地及びこれらの上にある立木竹を除く。
　　1　木竹が集団して生育している土地及びその土地の上にある立木竹
　　2　前号の土地の外，木竹の集団的な生育に供される土地

とされているところ，基本的には，同項1号において，木や竹が集団して生育している土地やその上にある木や竹を指すが，その他に，同項2号において，そのような木竹の集団的な生育に供される土地も含まれることになる。

2　伐採地が森林に含まれるか

　なぜ，このような規定の仕方になったのか，また，伐採跡地が森林に含まれるかなどについては，**昭和42年1月13日釧路地裁網走支部判決（判タ204号188頁）**が詳細に説明している。

　この事案において問題とされた土地は，昭和39年中に皆伐したいわゆる伐採跡地であって，地上には伐採木等が散乱するほか，幼令の樹木が散在していたのみであったところ，弁護人は，森林とは，樹木が集団的に生立しいわゆる林叢状態をなしている場合か，又は苗圃や造林のため稚苗が植栽されている場合に限ると解すべきであるから，本件の土地は森林の概念に含まれないと主張した。

　これに対し，本件判決は，「森林の概念を如何に定めるかについて，旧森林法（明治40年法律第43号）は，有権解釈をしていなかったため，その解釈について地籍説（土地台帳に地目「山林」として記されている土地が森林であるとする説），林叢説（現代林叢をなしている土地が森林であるとする説），目的説（木材及び副産物の育成利用を目的とする土地が森林であるとする説）の3説があったところ，現行森林法（昭和26年法律第249号）は，森林の定義規定を設け，(1)木竹が集団して生育している土地及びその土地上にある立木竹（同法2条1項1号，以下これを「一号森林」という。），(2)木竹の集団的な生育に供される土地（同項2号，以下これを「二号森林」という。）を森林と定めているので，これを手掛りに以下考察する。」とした上で，「まず本件土地が一号森林に該当するかどうか」に関し，一号森林は，現状において林叢状態をなしている土地及びその立木竹を指称するものであるから，本件土地が一号森林に該当しないことは当然であるにしても，「次に本件土地が二号森林に該当するかどうか」に関しては，「二号森林を定義づける『木竹

の集団的な生育に供される土地』とは必ずしも弁護人主張のように苗圃ないし稚苗を植栽した造林地のように現に立木の集団的生育の用に供されている場合に限定すべきものではなく、伐採跡地のように現に立木竹を欠如するが、その土地が造林地として利用され、又は天然林の育成の用に供されるなどの方法により将来一号森林として再生すべく予定されている場合をも包含すると解するのが相当である。

そのわけは、森林法は、改正のとき、それまで争いのあった森林の解釈について有権的解釈を与える趣旨で、林叢説によって一号森林を、目的説によって二号森林を定義づけたものと窺知できるから、二号森林は、林叢をなしておらなくとも木材及び副産物の育成利用を目的とする土地であれば足り、それが現に苗圃などに利用されている場合は勿論のこと、苗圃などに利用されていない一号森林の伐採跡地であっても、土地所有者らがその土地を他の目的に転用するなどの特別事情のないかぎり、木材及び副産物の育成利用の目的に供される土地として妨げないばかりか、あらゆる森林は、その主産物の産業的利用のために、立木竹の伐採を伴うのが通常の事態であるが、伐採によって一時的に立木竹を欠如する状態になったとき、そのときから直ちに森林たるの性質を失うと解するのは、社会通念に反することにもなるからである（中略）。」とした。

つまり、伐採跡地であっても、その後、その土地が造林地として立木の育成が予定されているような場合には、二号森林と認められるとしたものである。

そこで、「そうしてみると、本件土地は、もと一号森林であったものの伐採跡地であるが、土地管理者である網走営林署が、本件土地を、ことさら他の目的に転用しようとしたなどの特別事情はなんら認めることができないばかりか、網走営林署において本件土地を造林の用に供する計画であり、その目的が、本件土地自体の地形、周辺隣地の状態からみて容易に看取される本件においては、本件土地は、二号森林であることが明らかである。」としたものであった。

3　但書の場合について

同条項但書には、「主として農地又は住宅地若しくはこれに準ずる土地として使用される土地及びこれらの上にある立木竹を除く。」と規定されているので、それらの土地上にはどれほどの立木竹が生い茂っていたとしても、それは刑法の窃盗罪の対象となるものであって、森林窃盗の対象となるものではない。

4　森林内の公道に接して設けられた材木置き場などは「森林」に当たるか

　また，森林内の公道に接して設けられた材木置き場などは，ここでいう「森林」に当たらない。昭和36年5月23日名古屋地裁新城支部判決(判時265号34頁)では，「犯罪場所が森林内であるかどうかは，客観的に森林法第2条第1項所定の『森林』に該当するか否かによって定まるものであって，先ずいわゆる土場(材木置場)についてみると，単に森林内に存在する一時素材を集積するための土場の如きは，その『森林』に包含されるものと解すべきも，運搬のため公道に接して一定の区劃に貯積の設備をした材木置場は，その材木が生育した森林に存すると，はたまた，それ以外の森林に存するとを問わず，森林法の目的，森林法第2条第1項，並びに森林窃盗の本質に照し『森林』より除外すべきである。」と判示されている。

　また，同判決では，「路上でないが公道に沿って素材を集積してある場所については一応疑問の余地がないではないが，森林窃盗なる特別法条制定の趣旨，その保護法益に鑑みるとき，素材の占有管理状態並びに犯行の態様，難易の点からして，社会通念上すでにその素材は伐採搬出されたものとみて，その森林から離脱したものと解するのが相当であ」るとし，「従って，その素材を窃取した場合は森林窃盗の対象にはならないものと解する。」と判示している。

　それゆえ，それらの場所に置かれた木材等については，既に森林から伐採搬出されたものとして，窃盗罪の対象になると考えるべきであろう。

問3　森林窃盗の構成要件を検討するに当たり，次に，その実行行為の客体は，「その産物」であるが，これは具体的にどのようなものを指すのか。

【解　答】

　そもそも森林に生育している樹木や，下草，落ち葉等はもちろんのこと，同所で発生生育するキノコなどの菌類などがこれに含まれるのは当然のことであるが(大正9年10月19日大審院判決では，天然に生育したものと植樹の方法によるもののいずれであっても，竹木類の根幹枝葉はもちろん下草，落葉，落枝，樹実，菌類等山林地より発生生育する一切の物を包含するとの趣旨を明らかにしている。)，森林内の土砂，岩石等の無機物が，ここでいう「その産物」に該当するかどうかは問題となっていた。

そして，昭和50年3月20日最高裁決定（刑集29巻3号53頁）は，この点の解釈について，「森林法197条の趣旨，文言及び沿革を考慮すると，同条にいう産物とは，無機物たると有機物たるとを問わず，森林から産出する一切の物をいい，岩石もこれに含まれると解するのが相当で」るとした。具体的には，森林内の岩石5トンを窃取した事案について，森林窃盗を認めたのである。

また，ここでいう「その産物」といえるためには，他から搬入されたような物であってはならない。

昭和40年6月28日福岡高裁判決（判タ180号120頁）では，「森林法第197条にいわゆる『森林において』とは，当該森林産物の生育していたその森林を指称し，犯罪場所がその森林内であるかどうかは客観的に，同法第2条第1項所定の森林に属するかどうかによって定むべく，窃盗の目的たる森林産物は，当該森林またはこれと同一森林と目しうる森林に生育した産物を指し，したがって森林内に集積された森林産物であっても，他の森林から搬入されたもののごときは，『その森林』の産物に該当せず，その窃盗はいわゆる森林窃盗にはあたらないと解するのが相当である。けだし，同法第197条が『森林においてその産物』と定め，同法第2条第1項第1号が『木竹が集団して生育している土地およびその土地の上にある立木竹』と規定しているから，その産物とは，文理上ある森林における当該森林の産物と解すべきであり，さらに森林窃盗罪は普通窃盗罪に比し，法定刑が著しく軽減されている所以は，前者は犯罪の目的たる森林産物の所在の場所態様の特異性から，当該産物に対する権利者の支配力並びに犯人の悪性ないし反社会性が，後者に比してはるかに薄弱であると認められるからであると解せられる。

ゆえに，当該森林内に他の森林の産物を搬入した場合のその産物に対する権利者の支配力は，通常の森林産物に対するそれよりも概して特別強度に働くものというべく，不法領得の意思をもってするその所持ないし支配の侵害は，権利者の他の一般の物に対するそれらの侵害と毫も択ぶところはないから，これを目して森林窃盗というは当らず，普通窃盗罪を構成するというべきである。」と判示している。

問4 森林窃盗の構成要件を検討するに当たり，その実行行為の客体は，問3で述べた「その産物」だけでなく，「人工を加えたものを含む。」こととなっているが，これは具体的にどのようなものを指すのか。

【解　答】

　これについては，伐採丸太（昭和31年2月14日最高裁判決・刑集10巻2号187頁）のほか，角材，単板等の未だ天然の森林産物としての素材の性質を失わない第一次加工品をいうものと解されている。したがって，素材の性質を失い，社会通念上，別の物品と認められるテーブル，木炭，木材パルプ等は「人工を加えたもの」には当たらず，窃盗の対象となる（増井・法令195頁）。

　また，植栽した椎茸は，森林の産物を原料とする別種の製品と認められるから，昭和29年10月11日東京高裁判決（判タ44号24頁）が「森林法第197条の字句及び立法の趣旨にかんがみ，且つ本件植栽にかかる椎茸を採取する過程について考察すると，原判決が縷々説示しているとおり，本件椎茸は右法条にいわゆる森林の産物に該当しないものと解するのが相当である。」と判示しているように，森林の産物ではなく，窃盗の対象となる財物であると考えられる。

問5　上述したように，森林の産物が客体になるにしても，どの段階で，それを「窃取」したことになるのか。つまり，その既遂時期はいつか。

【解　答】

　これは刑法上の窃盗罪の既遂時期と同様に，本来の占有者を排して，自己又は第三者の事実的支配が設定された時に，占有を奪取したものとして，既遂になると考えられる。簡単に持ち運べるような森林の産物であれば，通常の窃盗の場合と同じく，握持又は所持等により自己等の支配下に移した時に既遂となろうが，簡単には移動させられない立木等については，昭和40年5月29日最高裁決定（刑集19巻4号426頁）が「土地に生立している他人所有の樹木を窃取する意思で伐採したときは，樹木を自己の支配内に移したものというべきであるから，伐採行為の終了と同時に窃盗罪の既遂になるものと解するのが相当である。」としているように，伐採と同時に既遂になり，搬出等を要しないものと解される。森林の産物に対する犯罪である以上，伐採の段階で本来の所有者等の占有が侵害されたものと見ることができるからである。

　したがって，そのように既遂となった森林窃盗の後，新たな占有が生じた場合に

は，それに対する侵害は窃盗罪を構成する。すなわち，「森林窃盗の犯人が伐採して森林内に放置していた伐採木を，仮処分決定の執行により執行吏が占有した後，右犯人がこれを森林外に持出して自己の占有に移した場合には，森林窃盗のほか刑法 235 条の窃盗罪が成立するものと解するのが相当である。」(**昭和 39 年 8 月 28 日最高裁決定・刑集 18 巻 7 号 443 頁**) と解されるのである。

問6 森林法には，上述した森林窃盗以外にも，同様又は類似の犯罪の規定はないか。

【解　答】

1　上記森林窃盗の加重類型として，森林法 198 条は，

　　　森林窃盗が保安林の区域内において犯したものであるときは，5 年以下の懲役又は 50 万円以下の罰金に処する。

と規定し，犯行場所が「保安林の区域内」である場合には，その法定刑が 5 年以下の懲役又は 50 万円以下の罰金に加重されている。

　これは，保安林の果たす公益的役割に鑑み，その法益侵害に対する刑を加重したものである。

　そこで，「保安林」とはどのようなものかについては，同法 25 条に規定されているところ，水源のかん養，土砂の流出の防備，土砂の崩壊の防備，飛砂の防備，風害，水害，潮害，干害，雪害又は霧害の防備，なだれ又は落石の危険の防止，火災の防備，航行の目標の保存，公衆の保健，名所又は旧跡の風致の保存などの目的を達成するため必要があるときに，農林水産大臣又は都道府県知事により指定された森林のことである。

　この保安林に指定されると，許可なく立木の伐採ができず（同法 34 条），植栽の義務（同法 34 条の 4）なども課される一方，その所有者には免税措置が講じられるなど，いわゆる保安施設としての役割が求められることになる。

　そして，保安林であることについては，周囲に周知徹底させるため，その標識を立てなければならないとされている（同法 39 条）。

2　そこで問題となるのは，そのような保安林の区域内において，森林窃盗を敢行

した場合，加重処罰されるためには，犯罪の場所が保安林内であることの認識を必要とするかどうかという点である。

この点については，その認識は必要であると解すべきである。保安林の区域内における森林窃盗を加重処罰するのであるから，行為者において，それが保安林内であるという事実に対する認識がなければ，保安林内で森林窃盗に及ぶという故意を満たすことができなくなると考えられるからである。

この点について，旧森林法についての判断であるが，**昭和 25 年 2 月 21 日最高裁判決（裁判集刑 16 号 561 頁）**では，保安林であることの認識が必要であるとしている。

問7 森林窃盗の本質は，刑法上の窃盗と同じであると考えられるが，では，刑法の規定は，森林窃盗にも適用されるのか。

【解 答】

それは規定によって，それぞれ適用されるものもあれば，適用されないものもある。具体的には，以下のとおりである。

1 まず，刑法 242 条は，
　　自己の財物であっても，他人が占有し，又は公務所の命令により他人が看守するものであるときは，この章の罪については，他人の財物とみなす。
と規定しているところ，これが森林窃盗の場合にも適用されるかどうか問題となった。

これについては，**昭和 52 年 3 月 25 日最高裁決定（刑集 31 巻 2 号 96 頁）**において，「刑法 242 条は，同法 36 章の窃盗及び強盗の罪の処罰の範囲を拡張する例外規定であり，その適用範囲を『本章ノ罪ニ付テハ』と限定しているのであるから，森林法において右規定を準用する旨の明文の規定がないのにもかかわらず，これを同法 197 条の森林窃盗罪にも適用されるものと解することは，罪刑法定主義の原則に照らし許され」ないとして，罪刑法定主義の見地から，準用する規定がない以上，これを森林窃盗に適用することはできないと判断した。

したがって，現在の法制度の下では，公務所の命令による他人の看守がされて

いても，自己が所有する森林であれば，これを勝手に伐採して搬出することは罪にならない。

　しかしながら，そのような最高裁の解釈に比較して，この事案において，上告した検察官の「刑法の窃盗罪と森林窃盗罪とは，一般法，特別法の関係に立つものであるから，刑法242条が森林窃盗罪に適用のあることは法解釈上当然の事理であって，類推解釈には当たらない。」とする主張の方に，法的には理があるものと思われる。

2　次に，刑法244条1項は，
> 配偶者，直系血族又は同居の親族との間で第235条の罪，第235条の2の罪又はこれらの罪の未遂罪を犯した者は，その刑を免除する。

と規定するところ，これが森林窃盗の場合にも適用されるかどうか問題となった。

　これについては，**昭和33年2月4日最高裁判決（刑集12巻2号109頁）**において，「いわゆる親族相盗の関係を定めた刑法244条に『……235条ノ罪及ヒ其未遂罪……』とあるのは『窃盗罪及びその未遂罪』の義にほかならないから，特別法に定める窃盗罪についても格段の定めがないかぎり，その適用を除外すべき理由はない。そしてまた森林法197条に定める森林窃盗罪は，刑法に定める窃盗罪に比し法定刑において軽く定められているけれども，そのことをもって直ちに右刑法244条の適用を否定する理由とするに足りない。」として，刑法上の親族相盗例の規定の適用があることを認めた。

　この規定は，刑罰の実体規定ではなく，被告人に有利な規定であるから，森林窃盗についても，刑法上の窃盗の場合と同様にその適用を認めても不合理ではないであろう。

3　次に，森林法201条は，
> 森林窃盗の贓物を収受した者は，3年以下の懲役又は30万円以下の罰金に処する。

と贓物収受についての処罰を規定する。

　そして，このような贓物収受に関しては刑法256条も同様に処罰規定を設けているところ，刑の免除を規定した刑法257条1項における
> 配偶者との間又は直系血族，同居の親族若しくはこれらの者の配偶者との

間で前条の罪を犯した者は，その刑を免除する。
との規定は，森林窃盗における贓物収受の場合にも適用されるかどうか問題となった。

　これについては，**昭和33年7月11日最高裁判決（刑集12巻11号2518頁）**において，「刑法257条に『前条ノ罪』とは，同256条の罪すなわち贓物に関する罪の義にほかならないから，特別法である森林贓物に関する罪についても，特段の定めがないかぎり，その適用を除外すべき理由はない。また，森林法が森林資源の保護培養と森林生産物の増産とを図るための公益的立法であるからといって，そのことをもって直ちに刑法257条の規定の適用を特に排除せねばならぬほどの根拠とするに足りないし，森林贓物に関する罪の法定刑が刑法の贓物に関する罪に比し軽く定められているからといって，直ちに刑法257条の適用を否定する理由とすることもできない。」としたが，上記2と同様の趣旨に基づくものであり，妥当な判断であるといえよう。

4　次に，森林窃盗に着手した者が，それを被害者等に発見されたことから，これを免れるために，当該被害者等に反抗を抑圧するに足る暴行等を加えた場合において，これは事後強盗となるのであろうか。刑法238条は，
　　窃盗が，財物を得てこれを取り返されることを防ぎ，逮捕を免れ，又は罪跡を隠滅するために，暴行又は脅迫をしたときは，強盗として論ずる。
としているところ，ここで規定される「窃盗」の中に，森林窃盗も含まれるのか否かという問題である。

　森林窃盗の本質は，その客体等が異なるだけで，刑法上の窃盗と異なるところはないとの観点からすれば，この「窃盗」の文言に森林窃盗が含まれるとしてもよいのではないかとも思われるが，上記1で示された最高裁の限定的な解釈のスタンスからすれば，このような刑罰を加重する刑法上の規定は，特別法である森林法の森林窃盗には適用されないと考えるものと思われる。また，「刑法238条，239条は，処罰を加重する例外規定であり，森林窃盗罪に適用されるものと解することは，罪刑法定主義に反し許されないものと考えたい。」（増井・法令198～199頁）との見解も存在するところである。

問8 想定事例についてはどのように考えたらよいのか。

【解　答】

　この事例で留意すべき事項としては，森林窃盗罪において，懲役刑を求刑する以上，その送致先が区検察庁の検察官でよいのか，地方検察庁の検察官であるべきなのかという点である。
　つまり，裁判所法33条は，簡易裁判所の管轄権を有する事項について規定しており，その2項において，
　　　簡易裁判所は，禁錮以上の刑を科することができない。ただし，刑法（中略）
　　　第235条の罪若しくはその未遂罪（中略）の刑をもって処断すべき事件においては，3年以下の懲役を科することができる。
としていることから，ここでいう「刑法235条の罪」に罪質を同じくする森林窃盗を含むものと考えて，簡易裁判所においても，森林窃盗事件の被告人に対し懲役刑を科すことができるかどうか問題となったのである。
　この点については，**昭和40年4月28日最高裁判決（刑集19巻3号344頁）** によれば，「簡易裁判所は，森林法違反の罪につき懲役刑を科するのを相当と認めるときは，事件を管轄地方裁判所に移送することを要し，自ら裁判することが許されないことは，裁判所法33条2項，3項によって明白である。そのことは，本件のように森林法197条違反の罪と窃盗罪とが刑法45条前段の併合罪の関係にあるときにおいても同様である。それにもかかわらず，日南簡易裁判所は，本件森林法違反の罪につき懲役刑を科するのを相当と認めながら，事件を管轄地方裁判所に移送することなく，自ら裁判する手続をしたのであるから，その訴訟手続は，法令に違反したものであるといわねばならない。」と判示した。
　したがって，裁判所法33条2項の上記規定における「刑法235条の罪」には森林窃盗は含まれないのであり，それゆえ，森林窃盗については，たとえ他の窃盗罪と併合罪の関係にある場合であっても森林窃盗の罪につき懲役刑を選択科刑することは許されないことと判断されたのである。
　それゆえ，懲役刑が相当と考えられる森林窃盗を送致するに当たっては，事前に検察官との相談がなされているような場合はともかくとして（担当検察官において区検から地検へ移送することも可能であるから。），上記のような問題点を意識した上

で，地検への送致が好ましいであろう。

1) なお，その未遂罪は処罰され（森林法204条），情状により懲役刑と罰金刑を併科することができる（同法212条）ものとされている。

第19章　盗犯等の防止及び処分に関する法律違反

> **例　題**　刑法と盗犯等ノ防止及処分ニ関スル法律（以下「盗犯法」という。）の関係についてどのように考えるべきか。

問題の所在

　盗犯法で規定されている各犯罪は，いずれも刑法における窃盗罪や強盗罪等の特別法である。そのため，実際の盗犯捜査等に当たり，この特別法を適用すべきか，刑法上の窃盗罪等に該当すると考えるべきなのか問題になることも多い。そこで，適宜な事例に対して，どのような法的判断をすべきか，その上で，捜査上の留意事項は何かなど，知っておかなければならない事柄について解説する。

事　例

【想定事例】

1　被疑者甲野は，窃盗前科10犯を有し，その犯行は，いずれも夜間に他人の居宅の2階ベランダによじ登った上，当該居宅に侵入して金品を窃取するというものであった。そして，刑務所出所後，甲野は，再び，同様の手口で窃盗に及んだが，侵入しやすそうな居宅を物色するのに時間が掛かり，実際に侵入し窃盗に及んだ時には，夜が明けていた。
　　被疑者甲野の刑責如何。

2　被疑者甲野は，仲間たちと一緒に万引きを繰り返していた。その時々によって仲間内での役割分担は異なっていたが，直接に万引きをする役割の者1名を，他の者が幕になって隠すほか，見張り役がおり，また，万引きをした後に，直

ちにそれを受け取って店外に持ち出す役割の者もいた。ただ，被疑者甲野らは，いずれも黒幕である被疑者乙野の指示の下に動いていただけであり，万引きした品を換金した後に，その利益の半分は乙野が取得していた。そして，甲野らは，いつものように万引きを敢行した。
　被疑者甲野及び同乙野の刑責如何。

3　被疑者甲野は，窃盗前科10犯を有し，その犯行は，いずれも入り口ドアの鍵を破壊して居宅内に侵入し金品を窃取するというものであった。そして，刑務所出所後，甲野は，再び，同様の手口で窃盗に及んだ。
　被疑者甲野の刑責如何。

4　被疑者甲野は，窃盗等の前科を10犯以上有し，そのほとんどが侵入盗やそれに関連した犯行で，何度も服役を繰り返していた。近時の服役前科は，平成23年1月15日に窃盗罪により，懲役4年に処せられ，同月30日に確定して服役したものの，同26年11月1日に仮釈放となっていた。その他の前科としては，平成20年2月15日に占有離脱物横領罪により懲役6月に処せられ，その頃確定して服役し，同年8月20日，服役を終え，刑務所を出所した。また，平成18年5月15日には，強盗未遂罪により懲役1年8月に処せられ，その頃確定して服役し，同20年1月20日，服役を終え，刑務所を出所した。さらに，平成8年4月15日には，強盗致傷罪により懲役10年に処せられ，その頃確定して服役し，同18年4月20日，服役を終えて刑務所を出所していた。
　甲野が，平成27年1月3日，再び侵入盗を犯した。被疑者甲野の刑責如何。また，前科のうち，強盗致傷罪に係る懲役刑について，平成16年12月1日に仮釈放されていた場合はどうか。

5　被疑者甲野は，平成18年以降において，窃盗等の服役前科が5犯あり，そのうちの前の3犯は，侵入盗であり，後の2犯は，店舗での万引きであった（「受刑前科」の要件は充足するものとする。）。
　そして，甲野は，公園で野宿をし浮浪生活をしていたところ，平成26年9月5日，公園で行われていた草野球を観戦していた際，ふと誰もいないバック

ネット裏に置かれたビデオカメラ等を見付け，誰もこれを見ていなかったことから，直ちにこれを窃取した。
　被疑者甲野の刑責如何。

6　被疑者甲野は，平成21年1月22日，東京都江戸川区内のビル2階にある歯科医院において，同歯科医院長所有の現金5万円在中の手提げ金庫1個（時価約4000円相当）を窃取したとの事実で，A署刑事課の乙野巡査部長に逮捕された。
　そこで，乙野巡査部長は，甲野の前科を調べてみたところ，甲野は，平成13年6月12日，①窃盗罪により懲役1年6月に，また同日に，②窃盗罪等により懲役1年にそれぞれ処せられ，さらに，③平成14年6月25日窃盗罪等により懲役1年2月に処せられていることが分かった。さらに，①ないし③に係る各窃盗は，甲野が，平成11年3月から平成13年1月までの2年弱の間に9回にわたり，駐車場又は路上に駐車中の自動車（及び積載物）を窃取したというものであり，うち7回は共犯者と共謀して行ったものであった。当時の甲野は，窃盗団の仲間と共に，自動車の運転自体又は換金を目的として，自動車窃盗を繰り返す中で，①ないし③に係る各窃盗に及んでいたというわけであった。さらに，乙野巡査部長は，甲野の①ないし③の窃盗前科に係る刑執行終了後の受刑状況についても調べてみたところ，甲野は，④平成19年8月から平成21年1月まで懲役刑の執行を受けていたが，これは覚せい剤取締法違反罪によるものであって，窃盗罪によるものではなかった。そして，甲野の本件犯行は，④の刑執行終了の20日後（仮釈放から約3か月後）に，甲野が，空腹に耐えかね，食事代等の現金を得るために，突発的に及んだ侵入窃盗の事案であることが判明した。
　さて，乙野巡査部長としては，甲野を送検するに当たり，その罪名についてどのように考えたらよいのか。

7　被疑者甲野は，何度も侵入盗を繰り返しては逮捕，起訴され服役を繰り返していた。そのため，常習累犯窃盗罪の要件を満たす状況にあった。このような状況のもと，甲は更に，前刑の常習累犯窃盗罪での服役終了後，同種の侵入盗を実行し，A署刑事課の乙野巡査部長に通常逮捕され，この件による常習累犯

窃盗罪として送検・勾留ののち，常習累犯窃盗罪で起訴された。ただ，その後も乙野巡査部長の余罪取調べは続き，甲野も思い出して正直にいくつかの余罪を自白した。そして，その余罪事実のうち，Ｂ方への侵入盗は，前刑の常習累犯窃盗罪での服役前のものであった。これを立件して起訴することに問題はないか。

8 一人暮らしの甲野は，自宅で深夜眠っていた時，隣の部屋から物音がしたことで目がさめた。誰が何をしているのだろうかとドアを少し開けて中をのぞいたところ，見知らぬ男がタンスの引出しを開けて中を物色しているところであった。その男の腰には明らかに登山ナイフと分かる大型の刃物が携帯されていた。そこで，甲野は，その男に「何をしている。さっさと出ていけ。」と怒鳴ったところ，その男は，無言で立ちすくんでいたままであった。それでも，甲野は，その登山ナイフで刺されれば命が危ないと思い，早く追い出そうとして，咄嗟に，付近にあった木刀を手にして，その男の頭部を殴打した。すると，その男は，頭蓋骨骨折を起こし，重傷を負った。
　　甲野の刑責如何。

設問と解答

問1　盗犯法2条についてどのように考えるべきか。

【解　答】

1　盗犯法2条は，いわゆる常習特殊窃盗等の罪について定めている。
　ここでは
　　　常習トシテ左ノ各号ノ方法ニ依リ刑法第235条，第236条，第238条若ハ第239条ノ罪又ハ其ノ未遂罪ヲ犯シタル者ニ対シ窃盗ヲ以テ論ズベキトキハ3年以上，強盗ヲ以テ論ズベキトキハ7年以上ノ有期懲役ニ処ス
　　一　兇器ヲ携帯シテ犯シタルトキ
　　二　二人以上現場ニ於テ共同シテ犯シタルトキ
　　三　門戸牆壁等ヲ踰越損壊シ又ハ鎖鑰ヲ開キ人ノ住居又ハ人ノ看守スル邸

宅，建造物若ハ艦船ニ侵入シテ犯シタルトキ
　四　夜間人ノ住居又ハ人ノ看守スル邸宅，建造物若ハ艦船ニ侵入シテ犯シタ
　　　ルトキ
として，常習特殊窃盗・常習特殊強盗について規定されている。

　この条文の構造は，「常習として」，「この条文の1号ないし4号のいずれかの方法により，窃盗罪，強盗罪，事後強盗罪，昏酔強盗罪や，それらの未遂罪を犯した者」に対し，「窃盗を以て論ずべきとき」，つまり，窃盗罪の規定を適用すべきときは，最下限の刑が3年以上の有期懲役刑とされ，「強盗を以て論ずべきとき」，つまり，刑法236条，238条，239条の各規定を適用すべきときは，7年以上の有期懲役刑とされる，というものである。

　有期懲役刑は，刑法12条1項により，20年以下とされていることから，ここでの構成要件を満たした上で窃盗罪を犯した場合には，3年以上20年以下の懲役刑に，同様にして強盗罪を犯した場合には，7年以上20年以下の懲役刑に処せられることになる[1]。

　これは立法当時，窃盗，強盗事犯が多発し，市民に対して著しい不安と恐怖を与えていたことに鑑み，特定の危険な方法を用いる者や，窃盗等の常習者に対し，特に重く処罰することとしたものである。

2　ここでまず問題となるのは，文頭に登場する「常習として」の意味である。この「常習として」という文言は，この法律に限らず，例えば暴力行為等処罰ニ関スル法律1条の3においても，「常習として」刑法204条等の罪を犯した場合には加重処罰がされるなど，他の法律においても同様の規定が設けられている。また，刑法においては，186条1項において，「常習として」賭博をした者に対しては，同法185条の単純賭博の場合より加重処罰することとされている。

　そこで，この盗犯法における「常習として」という文言の意味するところがどのようなものであるのか，また，それは他の法律で規定されている「常習として」という文言と意味が異なっているのかなどについて検討しておく必要がある。

　しかしながら，抽象的に「常習として」の概念を検討しても分かり難いと思われるので，想定事例1を用いて，盗犯法2条各号の構成要件の内容を明らかにした上で，2条各号違反を「常習として」行うというのはどのようなものであるのか以下に検討する。

第19章　盗犯等の防止及び処分に関する法律違反　341

|問2| 想定事例1の場合で，窃盗に及んだときには夜が明けていたが，2条4号の「夜間人の住居又は人の看守する邸宅，建造物若は艦船に侵入して犯したるとき」に該当するか。また，「常習として」といえるか。

【解　答】

1　「夜間に侵入して犯した」とは

　　まず，想定事例1において，被疑者甲野の行為が2条4号に定める「夜間人の住居（中略）に侵入して犯した」といえるかどうか検討しなければならないが，ここでは，本件犯行が「夜間」であったかどうか微妙であろう。

　　この点について，**昭和28年12月18日最高裁決定（刑集7巻12号2571頁）**は，「盗犯等の防止及処分に関する法律2条4号にいわゆる夜間とは，天然の暦に従い日没後，日出前を意味し，従って四季及び地方の差異によって必ずしも一様ではない。」としている。つまり，暦に従い，その日没から日の出までの間の時間帯でなければならないことになる。

　　ただ，そうはいっても，当該居宅への侵入を開始した時点では，まだ日の出前で「夜間」であったものの，首尾良く金品を窃取して出てきた時には夜が明けてしまっていたということもあろうし，また，逆に，侵入を開始した時点では，まだ日が沈みきっておらず「夜間」ではなかったものの，その後，窃取行為に及んでいる間に「夜間」になるということもあろう。そのような場合には，どのように考えるべきであろうか。つまり，同号で規定される「夜間人の住居（中略）に侵入して犯した」という構成要件は，その全部が「夜間」のうちに行われなければならないのか，それとも，その一方でも「夜間」に行われればよいのかという問題である。

　　この点について，上記最高裁決定では，「また同号は，夜間人の住居又は人の看守する邸宅，建造物若は艦船に侵入して犯したるとき，とあって，夜間は所定の場所に侵入して盗罪を犯すという包括的一事実に掛かり，侵入することと盗むこととが共に夜間に行われた場合は勿論，そのいずれか一方が夜間に行われた場合でも，同号の夜間侵入窃盗に当るものと解するを相当とする」としていることから，そのいずれか一方の行為が「夜間」のうちに行われれば足りることになる。

　　実際にも，侵入行為と窃取行為の双方が夜間に行われた場合と，犯人が日没前

に建物に侵入し深夜になってから窃取行為を行った場合とを比較しても，犯人が夜間建物内にいるという点は同じであり，犯行の危険性に変わりはないから，上記最高裁決定の見解が妥当であることは明らかであろう（佐々木善三「盗犯等の防止及び処分に関する法律(4)」研修611号90頁等参照）。

2 「人の住居又は人の看守する邸宅，建造物若は艦船に侵入」とは

なお，「人の住居又は人の看守する邸宅，建造物若は艦船に侵入」する行為については，刑法130条の住居侵入等について規定されている行為と全く同様である（盗犯法2条3号についても同じ。）。

つまり，「人の住居」とは，日常生活に使用するために人が占拠する場所であり，「人の看守する」とは，他人が事実上，管理・支配をしていることであって，その対象となる「邸宅」とは，住居に使用する目的で作られた建造物のうち，現に住居に使用されていないものと，これに付随する囲繞地をいい，「建造物」とは，一般に屋根を有し，柱や壁で支えられて土地に定着し，人の起居出入りに適した構造をもった工作物で，上記の「住居」と「邸宅」を除いたものをいい，さらに，「艦船」とは，軍艦及び船舶をいうと解されている。

そして，それらに平穏を害する形態において立ち入れば，「侵入」したことになる。

3 「常習として」といえるか

次に，本件が4号の要件に該当するにしても，被疑者甲野の行為は，「常習として」といえるかどうか検討しなければならない。

刑法上の常習賭博における「常習として」の解釈としては，慣行的に賭博行為をする習癖の存在を指すと解されているところ（大コメ刑法［第3版］第9巻156頁），これとほぼ同様に，窃盗における「常習として」についても，「機会があれば抑制力を働かせることなく安易に窃盗を反復する習癖をいうと解される」（**平成20年5月22日東京地裁判決（判時2027号160頁），平成10年10月12日東京高裁判決（判時1678号153頁）**）とされている。結局のところ，この習癖が認められるかどうかは，行為者の前科・前歴，素行，犯行動機，犯行手口，犯行態様，犯行回数，犯行間隔等を総合的に判断して検討する必要がある。

本件では，同種の手口による窃盗前科10犯を有している上，刑務所出所後間

もなくのうちに同種手口による犯行に及んでいるのであるから，そこには，「安易に窃盗を反復する習癖」を見てとることができ，常習性を認定することに問題はないといえよう。

　もっとも，盗犯法2条にいう常習性は，1号〜4号の手口・態様を用いることを要求しているため，置引きやすりといった単純窃盗の常習性のある者が，1号〜4号の方法で窃盗・強盗を1回だけ犯したような場合には，盗犯法2条にいう常習性は認められない。

4　結　論

　想定事例1の被疑者甲野には，盗犯法2条4号違反の常習特殊窃盗罪が成立する。盗犯法は，刑法上の窃盗罪の特別法であるから，刑法上の窃盗罪ではなく，盗犯法2条4号違反のみが成立する。また，刑法上の住居侵入についても，2条4号の構成要件は当然にそれを含んでいるものでもあるので，2条4号違反のみが成立する。

問3　想定事例1において，その後，甲野は，夜間の侵入盗が体力的にきつくなってきたので，昼間に人が居らず，鍵を掛けていない居宅に玄関から侵入して窃盗を働くことにした。そして，そのとおりの犯行に及んだ場合，被疑者甲野の刑責如何。1号〜4号の要件のいずれかに該当するか。

【解　答】

　そもそもこの場合，被疑者甲野の行為は盗犯法2条に違反するといえるのであろうか。

　2条違反が成立するためには，凶器を携帯するか（1号），複数で犯行に及ぶか（2号），門戸等を損壊等して侵入するか（3号），夜間に犯行に及ぶか（4号）など，各号で規定する構成要件を満たす必要がある。

　ところが，ここでの事例では，1人で（2号に該当しない），昼間に（4号に該当しない），凶器なども持たず（1号に該当しない），鍵が掛けられていない玄関から侵入して（3号に該当しない）犯行に及んだのであるから，2条各号の要件を満たすものではない。

したがって，この事例においては，被疑者甲野には，通常の住居侵入・窃盗罪が成立するだけである。もっとも，前科の関係で３条の常習累犯窃盗罪が成立する可能性はある。そして，３条の常習累犯窃盗罪が成立する場合には，通常の住居侵入・窃盗罪はこれに吸収される。３条の常習累犯窃盗罪成立の要件等については**問8**・**問9**で解説する（なお，２条と３条が共に成立する場合は，両者は観念的競合となって，結局のところ，両罪の違反を共に立件しても法定刑は変わらないことになる。そのため，そのような場合には，形式的要件が多く，比較的立証が容易な３条違反のみで処理されることも多いのではないかと思われる。）。

したがって，本問の事例では，住居侵入・窃盗罪が成立するにとどまり，盗犯法２条違反の罪は成立しない。

ただ，３条の常習累犯窃盗罪が成立する場合もあり得るが，本問ではその要件を充足するかは不明である。なお，３条違反が成立する場合も，**問1**と同様に刑法上の窃盗罪ではなく，３条違反のみが成立する。また，刑法上の住居侵入も吸収され，３条違反のみが成立する（昭和55年12月23日最高裁判決・刑集34巻7号767頁）。

問4 想定事例１において，甲野は，問３で示したように，昼間に住居窃盗をすることとしたものの，家人と鉢合わせになった場合に備え，脅すための包丁を携帯していったが，たまたま誰も居らず窃盗に及んだ場合は，１号の「兇器を携帯して犯したるとき」に該当するか。また，前科と異なる手口で窃盗に及んでいるが，「常習として」といえるか。

【解　答】

1 「兇器を携帯して犯した」とは

ここでは，まず，２条１号にいう「兇器を携帯して犯したるとき」に該当するかどうかを検討しなければならない。

ここでいう「兇器」であるが，これは暴力行為等処罰ニ関スル法律１条で「兇器を示し」とされているところの「兇器」と同様であると考えられており，人の生命・身体に危害を加えるのに使用されるような器具をいう。そして，そこには，銃砲，刀剣類のようにその本来の性質上の凶器と考えられるものと，鎌や棍棒などのように本来の性質上は凶器ではないが，用法によっては凶器としての効用をもつ用法上の凶器とがあると考えられている（なお詳細は，拙稿「刑法と暴力行為

等処罰ニ関スル法律」警公 2014 年 11 月号 35 頁)。

　また，凶器を「携帯」するとは，直接的に身体に帯びるか，直ちに使用し得る状態で身体の近辺に保持することをいい，銃砲刀剣類所持等取締法 22 条や軽犯罪法 1 条 2 号で規定されている「携帯」と同様に解されている。

　本問の事例では，包丁を携帯していることから，上記の各要件は満たしている。ただ，盗犯法 2 条 1 号違反の罪が成立するためには，「兇器を携帯」していればよいのであって，実際に，それを犯行に用いる必要はない。というのは，条文の規定上，「兇器を携帯して犯したるとき」とされており，「兇器を用いて犯したるとき」とされているわけではないことから，その文理解釈上，凶器を使用することまで求められていないからである。

　そうなると，2 条 1 号の要件は充足するかのようにみえる。では，この事例では，2 条 1 号違反の罪は成立するか。

2　前科と異なる手口でも「常習として」といえるか

　しかしながら，ここでも，被疑者甲野の行為が「常習として」の要件に該当するか検討を要することとなる。というのは，被疑者甲野は，その前科などから，夜間に人の居宅に侵入するという 2 条 4 号の行為によって窃取するのを「常習として」いたのであって，2 条 1 号の行為で窃盗に及んだのは，今回が初めてのことであり，異なる手口であることから，本件の犯行を常習性に基づくものといってよいか問題となるからである。

　これは，暴力行為等処罰ニ関スル法律 1 条ノ 3 において

　　「常習トシテ刑法第 204 条，第 208 条，第 222 条又ハ第 261 条ノ罪ヲ犯シタル者人ヲ傷害シタルモノナルトキハ 1 年以上 15 年以下ノ懲役ニ処シ其ノ他ノ場合ニ在リテハ 3 月以上 5 年以下ノ懲役ニ処ス」

と規定されているところ，そこでの「常習として」の要件に関して，傷害，暴行，脅迫又は器物損壊の罪について，それぞれごとの常習性が必要とされるのか，それとも，包括的に暴力行為一般を繰り返すことについての常習性なのかについての問題とパラレルに考えてよいものと思われる。そして，そこでは，「いわゆる常習とは，同条にかかげる刑法各条に規定する各個の犯罪行為についての常習性のみを指すものではなく，これらの犯罪行為を包括して考え，かかる暴力を要素とする犯罪行為を習癖的に犯す場合をも含むものと解すべきである」との判例の

考え方に従い，傷害や脅迫等のそれぞれごとの常習性が必要とされるのではなく，包括して暴力的な行為によるものとして常習性を考えればよいと考えられている[2]。

　翻って盗犯法2条における各号の行為をみてみると，窃盗等の常習者のうち，特定の危険な方法を用いる者を特に重く処罰しようとして，一定の危険性をもつ類型の窃盗行為を掲げているのであるから，そのうちのどれか一つについてだけ常習として行われた場合に限定しなければならない理由はないであろう。それら4つの犯罪手口は，いずれも危険性の高いものであり，しかも，それら複数の手口が同時に用いられたり，また，状況に応じて使い分けられることも当然に予想されるところである。そうであるなら，同法2条における「常習として」の意味は，同条各号に掲げられた各行為について，同一行為が繰り返された場合であっても，異なる行為にわたって繰り返された場合であっても，いずれの場合も「常習として」の要件を満たすものと考えるべきであろう。また，そのように解することが，上記暴力行為等処罰ニ関スル法律1条の3違反に関する常習性についての判例の考え方とも合致するといえよう。

3　結　論

　本問では，常習性の認定もできることから，2条1号違反の常習特殊窃盗罪が成立する。なお，1号の場合は，住居侵入行為が構成要件要素となっていないが，この場合でも刑法上の住居侵入は2条1号違反に吸収され，2条1号違反のみが成立すると考えられている（前出昭和55年12月23日最高裁判決参照）。

問5　想定事例2について，盗犯法2条2号は，「2人以上現場に於て共同して犯したるとき」と規定するが，この場合，実行行為を共同して行う必要があるのか，また，そうであるなら，その場合に実際にしなければならないのはどのような行為か，直接的な窃取行為を共同して行う必要があるのか。また，この規定は，暴力行為等処罰ニ関スル法律1条に規定される「共同して」という行為と同じであるのか，異なるのか。

【解　答】

1　「2人以上現場に於て共同して犯した」とは

　想定事例2は，昭和46年11月26日最高裁判決（刑集25巻8号1022頁）の事案を題材にしたものである。

　そもそも盗犯法2条2号では，暴力行為等処罰ニ関スル法律1条が

　「（前略）数人共同シテ刑法第208条（中略）ノ罪ヲ犯シタル者ハ3年以下ノ懲役又ハ30万円以下ノ罰金ニ処ス」

と規定しているのと異なり，「現場に於て」という文言が加えられているが，窃盗罪及び強盗罪の性質からみて，ごく特殊な場合を除けば，現場以外で実行行為を共同にするという場合はほとんど考えられないことなどに照らし，暴力行為等処罰ニ関スル法律1条違反の場合と同様に解釈してよいものと考えられる（鈴木義男「盗犯等防止法第2条における『現場共同』の意義」研修285号68頁。）。

　つまり，この「共同して」の要件については，いろいろな学説や見解が出されているが，判例の見解を示すと，共謀した数名のうちの共同正犯者のうち，少なくとも2人以上の者が犯行現場において共同実行することを要し，かつ，それで足りるとするものである。

　すなわち，昭和38年3月4日東京高裁判決（東高時報14巻3号29頁）では，「数人共同して脅迫行為をするとの規定の趣旨は，その数人が共同して脅迫する意思のあることは必要であるが，数人の全員が脅迫行為を実行する必要はなく，全員の中2名以上の数名が脅迫行為をした場合においても，脅迫行為を実行しない他の者を含めた全員について同法条の脅迫罪が成立するものと解するを相当とする」としているが，これが判例の見解といってよい。

2　見張り，幕，持出し行為も「共同して犯した」に含まれるか

　そうであるなら，「2人以上現場に於て共同して犯したるとき」とは，2人以上の者が現場において共同して実行行為に及ぶことを指すものと解釈することとなるが，問題は，ここでいう実行行為として，2人以上の者が何をしなければならないのかという点である。つまり，2人以上の者が直接的な窃取行為をしなければならないのか，それ以外の行為であっても，それが実行行為と認定できる行為であれば足りるのかという点である。

具体的には，本事例では，万引き行為をした者は1名だけであり，残りの者は，見張り，幕，持出しという行為しかしていないが，それが現場において「共同して窃盗罪を犯した」ことになるかどうかという問題である。

(1) 消極説

この点について，**昭和36年3月16日仙台高裁判決（下刑集3巻3・4号204頁）**は，「『2人以上現場において共同して犯したとき』に，いわゆる『共同』とは，共謀者中2人以上の者が現場において，窃盗の実行行為に出た以上，他の者は現にその実行行為をしない場合をも含むけれども，少くとも，共謀者中2人は各自その実行行為を分担することを要するものと解すべきところ，(中略) 被告人中1名が右窃盗をなすに際し，他の者がその幕となる等の所為に出たにすぎず，被告人ら各自が現に窃盗の実行行為を分担したわけではない。」ことから，2条2号の常習特殊窃盗罪は成立しないとした。

つまり，この判決の考え方は，窃盗罪の構成要件にあたる窃取行為そのものを共同して行ったことが必要だという考え方であり，これに基づけば，本件のような集団万引については，盗犯法2条2号違反が成立しないことになる（伊藤榮樹「集団万引と盗犯等防止法第2条第2号」警学25巻4号117頁）という批判がされている。

(2) 積極説（判例・通説）

このような仙台高裁判決の考え方に対し，上記昭和46年最高裁判決は，「盗犯法2条は，特殊の犯罪手口を用いる習癖のある強盗又は窃盗の常習者を特に重く処罰しようとする趣旨の規定であるが，そのうち同条2号が『2人以上現場ニ於テ共同シテ犯シタルトキ』と規定しているのは，集団のすり，万引，または強盗など2人以上の者によって犯罪の現場において共同して強盗又は窃盗の犯行がなされる場合，その犯行は組織的，集団的かつ大規模であることが多く，これによる被害もしたがって甚大なものとなりやすいのに対し，その取締り，検挙は容易ではなく，犯人の悪性も通常の単独犯に比してより強いとみるべきであるから，以上の諸点にかんがみこれらを常習とする者を特に重く処罰すべきものとしたものと解される。ところで，集団万引においては，直接に財物の占有奪取行為をなす者のほか，本件原判決の判示するような見張り，幕，

持ち出し等の役割を分担する者など数名の者の犯行現場における協力行為によって，迅速，確実に犯行の実現がはかられる点にその特殊性があるということができる。そして，右の見張り，幕，持ち出し等は，直接の占有奪取行為者の行為と相まって，財物の占有取得を完成させるための不可分の共同行為であって，全体として一個の窃盗行為を組成するものと評価すべきものと考える。それであるから，原判決の判示するような集団万引の場合についても，2人以上現場において共同して窃盗の犯行をなしたものとして，同条2号の適用があるといわなければならない。もし，直接の占有奪取行為が2人以上の者の共同によってなされた場合にのみ同条2号の適用があるものと解するならば，窃盗に関するかぎり同条同号の適用される範囲が極めて狭少なものとなり，右規定のもうけられた前述の趣旨は全く没却されることにもなるであろう。」と判示した。

確かに，現場で共同して，見張り，幕，持ち出し等の役割を分担した者らの行為は，窃取行為そのもののほか，窃取行為と定型的に密接に関連する行為であって，社会的に窃取行為そのものを含めた一個・一連の行為と評価されるものであることなどに照らしても正当であろう（前出伊藤118頁）。

また，昭和46年最高裁判決の原判決である**昭和46年2月2日仙台高裁判決（刑裁月報3巻2号71頁）**が，「いわゆる集団万引窃盗といえる態様の犯行にあっては，たとえ財物に直接手を触れこれを若干移動させるという意味の実行行為を担当遂行する者が単独であっても，見張りをする者，もしくは幕となる者，或はリレー式に持ち出す者と共に犯罪を実現したと認められる以上，見張りも幕も持ち出しも窃盗の実行行為の分担にほかならないと解するので，(中略) 一連の段取りがまことに2人以上現場において共同して犯されたというになんの妨げもないと思料する」と判示していることも参考になろう。

3　結　論

想定事例2では，被疑者甲野の具体的な役割は明らかでないものの，いずれにしても，現場において，共同して実行行為に及んだ者と認定できることから，実行共同正犯として盗犯法2条2号違反の常習特殊窃盗罪が成立する。また，乙野については，甲野らと共謀の上，本件犯行に及んだ者であるから，共謀共同正犯（刑法60条）として，同様に2条2号違反の罪が成立する。

問6 想定事例3の場合，3号の「門戸牆壁等を踰越損壊し又は鎖鑰を開き人の住居又は人の看守する邸宅，建造物若は艦船に侵入して犯したるとき」に該当するか。

【解　答】

　盗犯法2条3号にいう「門戸牆壁等を踰越損壊し又は鎖鑰を開き」という文言は，非常に読みにくいものであるが，個々に分解して理解すれば簡単なものである。

　まず，「門戸牆壁等」のうち「牆壁（しょうへき）」とは，垣と壁を意味するものであり，「門戸牆壁等」とは，要するに，住居等に対する外部からの侵入を防止するために設けられた堀，柵，垣根，門，ドアなどの遮蔽施設を指すものである。

　次に，「踰越損壊し」のうち「踰越（ゆえつ）」とは，乗り越えることを意味するものであり，「踰越損壊し」とは，要するに，上記の堀，柵などを乗り越えたり，それらを破壊したりして遮蔽施設としての効用を失わせる行為を指すものである。

　さらに，「鎖鑰を開き」のうち「鎖鑰（さやく）」とは，錠と鍵を意味するものであり，住居等に対する外部からの侵入を防止するために，戸や扉を容易に開けることができないようにするための一切の装置を指すものである。そして，「鎖鑰を開き」とは，要するに，上記装置の効用を失わせる一切の行為を指すものであって，物理的に鍵などを破壊する場合だけでなく，合鍵を用いて解錠したり，情を知らない他人を欺罔して開けさせたり，看守を脅迫して開けさせる場合なども含まれるとされている（佐々木善三「盗犯等の防止及び処分に関する法律(1)」研修603号87頁等参照）。

　なお，「鎖鑰を開き」であるのか，それとも，「門戸牆壁等を踰越損壊し」に該当するのか問題となった事案として，**平成19年8月30日東京高裁判決（判タ1281号344頁）**がある。

　この判決では，「盗犯等の防止及び処分に関する法律2条3号所定の鎖鑰を開くの意義は，通常の方法では戸や扉を開閉することができないようにした装置の効用を失わせることをいうものと解される。そして，同号には，住居ないし建造物の侵入方法として，鎖鑰を開く，という態様のほか，門戸牆壁等を踰越損壊する，という態様をも別に定めている。これらを併せて考えると，出入口に付けられた錠等の装置には触れずに，出入口そのものを損壊して住居ないし建造物に侵入した場合には，門戸牆壁等を踰越損壊して侵入したことになると解するのが相当である。」と

判示している。

想定事例3については、入り口ドアの鍵を破壊して侵入するという手口であるため、2条3号のうちの「門戸」の「鎖鑰を開き」に該当し、その構成要件は充足するものと思われる。

したがって、被疑者甲野の行為は、盗犯法2条3号の構成要件を満たすもので、同法2条3号違反の常習特殊窃盗罪が成立する。

|問7| 想定事例3において、被疑者甲野が上記手口で居宅内に侵入して金品を物色していたところ、たまたま被害者が奥から出てきたので、「おとなしくしていないとぶっ殺すぞ。」などと脅し、同所にあった紐などで被害者を縛って金品を奪った。この場合、被疑者甲野には何罪が成立するか。前科がいずれも窃盗であるのに対し、本件犯行が強盗である場合に、「常習として」といえるか、「常習として」といえるためには、本件犯行は前科と同様に窃盗でなければならないのか。

【解　答】

1　これは窃盗の常習犯である被疑者甲野が、窃盗をするつもりで居宅に侵入したものの、たまたま家人がいたことから、強盗を犯すに至ったものである。甲野に刑法上の住居侵入・強盗罪が成立することは当然であるが、その特別法である盗犯法2条3号による常習特殊強盗罪が成立するかどうかを検討しなければならない。

ここで問題となるのは、盗犯法2条における「常習として」の解釈である。ここでいう「常習として」といえるためには、その常習性の基礎となる罪としての窃盗又は強盗を、それぞれ区別して考える必要があるのか、つまり、窃盗の常習性を有する者は、2条各号の行為により窃盗に及んだ場合にのみ「常習として」ということがいえるのであって、強盗は行為類型が異なることから、たまたま強盗に及んだ場合は、「常習として」行ったことにはならないのではないかとの疑問が生ずるからである。

しかしながら、この点については、本事例でもそうであるが、いわゆる居直り強盗の場合や、事後強盗などの場合は、そもそもは窃盗を前提として侵入するなどしているのであって、本来的には窃盗犯人がその後の行為により強盗に変化し

たものである。そうであるなら，その行為の性質を考えるに当たっては，窃盗についての常習性を検討すべきであり，「常習として」の判断に当たって，窃盗と強盗を区別することに合理性はないというべきであろう。

　また，このように考えないと次のような不都合が生ずる。

　すなわち，2条4号の要件を充たす常習性のある犯人が更に同様の犯行に及んだ場合には，当然に2条4号の常習特殊窃盗罪で処罰されることになるのに対し，例えば，2条4号の要件を満たす窃盗行為に及び，常に居直り強盗をしていた犯人が，今回も同様に2条4号の要件を満たす窃盗行為に及んだところ，たまたま被害者が犯人の姿を見ただけで逃げ出してしまい，強盗に及ぶ必要もなく財物を窃取したとしよう。

　この場合，後者の事案で強盗と窃盗に関する常習性を厳格に区別するなら，この犯人には強盗の常習性しか認められないことになり，結局，上記犯行は単純な住居侵入・窃盗にしかならないことになる。そうなると，前者の事案では，常習特殊窃盗として処罰されることと比較して，後者の事案でも，その常習性のベースとなる，夜間に人の居宅に侵入して窃盗を働くという点は全く同じであり，しかもより悪質な強盗行為に常に及んでいた者の方が軽く処罰されることになる。このような結論が不当であることは明らかであろう。

　したがって，「常習として」の構成要件を考えるに当たって，本件における甲野の行為が強盗であるにしても，窃盗についての「常習として」という要件を満たす以上，その際，窃盗と強盗を峻別する必要はないと考えられることから，この場合も，常習特殊強盗罪としての2条3号違反が成立し，処罰されることとなる。

2　また，参考として，ピッキング防止法との関係について簡単に触れておく。

　盗犯法2条3号に規定される「鎖鑰を開き」という行為に及ぶため，窃盗犯人が，ピッキング用具等の特殊開錠用具や，ドライバー，バールその他の工具等の指定侵入工具を所持していることがあるが，それらの行為については，特殊開錠用具の所持の禁止等に関する法律（平成15年6月4日法律第65号。いわゆる「ピッキング防止法」）によって規制されている（この法律に関する詳細な説明は第2編第20章393頁参照）。

　同法では，特殊開錠用具や指定侵入工具の所持等の行為に対して，まず，3条

において，
> 何人も，業務その他正当な理由による場合を除いては，特殊開錠用具を所持してはならない。

として，特殊開錠用具の所持を禁止し，また，4条において，
> 何人も，業務その他正当な理由による場合を除いては，指定侵入工具を隠して携帯してはならない。

として，指定侵入工具の隠匿携帯を禁止している。

そして，それらの違反に対しては，同法16条により，1年以下の懲役又は50万円以下の罰金に処することとされている。

そこで，それら特殊開錠用具等を所持等した上，「鎖鑰を開き」，居宅に侵入して窃盗に及んだ場合には，ピッキング防止法と盗犯法違反が共に成立し，両者の関係は，併合罪になると考える（軽犯罪法1条3号の侵入具携帯罪と盗犯法3条の常習累犯窃盗との関係について判示したものではあるが，**昭和62年2月23日最高裁決定（刑集41巻1号1頁）**は，両罪は併合罪であるとする。）。

3　なお，常習特殊窃盗等は，実際のところ，その適用事例は決して多くはない。その原因としては，やはり「常習性の立証」について，手口の一定性，熟練性，反復累行した犯行の存在などを，必ずしも厳格に要求するものではないとしても，やはり容易とはいえないことなどによるのであろうと指摘されている（渡辺咲子「常習的な窃盗犯についての擬律」警公2003年12月号67頁）。

しかしながら，悪質な窃盗犯は逃してはならないのであり，盗犯法2条違反として，積極的な立件，適用が望まれるところである。

|問8|　想定事例4において，被疑者甲野はいかなる刑責を負うか。また，強盗致傷罪に係る懲役刑について，平成16年12月1日に仮釈放されていた場合はどうか。

【解　答】

ここでは盗犯法3条の常習累犯窃盗等が問題となる。
この盗犯法3条は，

常習トシテ前条ニ掲ゲタル刑法各条ノ罪又ハ其ノ未遂罪ヲ犯シタル者ニシテ其ノ行為前10年内ニ此等ノ罪又ハ此等ノ罪ト他ノ罪トノ併合罪ニ付3回以上6月ノ懲役以上ノ刑ノ執行ヲ受ケ又ハ其ノ執行ノ免除ヲ得タルモノニ対シ刑ヲ科スベキトキハ前条ノ例ニ依ル

として，常習累犯窃盗・常習累犯強盗について規定する。つまり，同条は，常習として窃盗等を行う習癖を有する者に対して，行為前の一定の前科を考慮して，その習癖のない者より重く処罰することとしているのである。

　常習累犯窃盗罪が成立するためには，「受刑前科」と呼称される一定の要件を満たした前科が必要である。条文上は，本件犯行とされる①行為の前10年以内に，②前条に掲げた刑法各条の罪若しくはその未遂罪，又は，それらの罪と他の罪との併合罪について，③3回以上6月の懲役以上の刑の執行を受け又はその執行の免除を得たことが求められている。

　それらの構成要件について順次検討する。

1 「行為の前10年内に」とは

　まず，①の「行為の前10年内」というのは，平成27年の侵入盗が開始される前の10年以内に，という意味である。細かなことではあるが，行為の「前」という以上，行為が開始された当日を除く必要があることから，その行為の前日から10年以内ということになる。本事例では，平成17年1月3日から平成27年1月2日までである。

2 「此等の罪又は此等の罪と他の罪との併合罪に付」とは

　次に，②については，「前条に掲げたる刑法各条の罪又はその未遂罪」とされていることから，「刑法第235条，第236条，第238条若は第239条の罪又はその未遂罪」を指しているのであり，結局，前科の内容としては，窃盗罪，強盗罪，事後強盗罪及び昏酔強盗罪，そして，それらの未遂罪となる。ただ，②は，それらの罪が他の罪と併合罪となる場合も該当するとしていることから，窃盗罪などの他に殺人罪や傷害罪などが併合罪として併せて処罰され，服役している場合も含まれる。要するに，他の罪が併せて処罰されていても，その中に前条に掲げた窃盗罪等が入っていればよいということである。

　ここで問題となるのは，前条に記載されていない罪は一切含まれないのかとい

う点である。罪刑法定主義を厳格に解するのであれば、被疑者を加重処罰する盗犯法の解釈に当たって、条文上規定されていない罪を、常習累犯窃盗罪として処罰するための「前科」として取り扱うことが許されるのかという批判があり得るからである。

具体的には、刑法240条の強盗致傷罪がこれに含まれるか争いとなったが、**平成8年11月13日名古屋高裁判決（判時1593号143頁）**は、これを積極に解して、強盗致傷罪も含まれるとした。

確かに条文の文理解釈としては、これが規定されていない以上、当該罪は含まれないとする解釈は成り立つものの、しかしながら、盗犯法が、盗犯の常習性に着目し、これについて刑を加重しようとするものである以上、盗犯の一形態である強盗致傷罪等を除外する理由は見い出し得ないし、また、実際問題として、窃盗犯人が受刑前科の一つとなる強盗の際に、故意に人を傷つけるなどといった違法性の強い形態の犯行を行っていた場合には常習累犯窃盗罪が成立しないというのは不合理であろう。さらには、強盗の際の暴行により、被害者が負傷したか否かにより常習累犯窃盗罪の成否が左右されるというのも不合理であることなどから（瀬戸毅「刑法第240条の強盗致傷罪が常習累犯窃盗罪の受刑前科に当たるとした事例」研修587号19〜20頁）、これが含まれるとした上記名古屋高裁の判断は是認されるべきものと考えられる。

したがって、これと同様の理由から、刑法240条の強盗致死罪の場合はもちろんのこと、刑法241条の強盗強姦及び同致死罪についても同様に含まれると考えるべきであろうし、それらの未遂罪についても同様であろう（なお、盗犯法2条又は3条の罪が受刑前科になることもあり得るが、これらは窃盗等を基本とする犯罪であり、「前条に掲げたる」罪の中には規定されていないものの、当然に含まれるものと解釈されている。）[3]。

3 「3回以上6月の懲役以上の刑の執行を受け又はその執行の免除を得た」とは

(1) 「3回」の意義

そして、③の「3回以上6月の懲役以上の刑の執行を受け又はその執行の免除を得た」という要件であるが、これは、「『常習として』行なった」という実質的な要件に対して形式的ないし定型的な要件であり、これは、直接には常習性の有無を識別するためのものでなく、実質的な常習性を具備している者のなか

からさらにその顕著な者を選び出すための基準という役割をはたすもの」（中谷瑾子「盗犯等ノ防止及処分ニ関スル法律」『注釈特別刑法(2)準刑法編』303頁）であることから，この要件に関しては，「字義どおり右の要件に定型的に該当すれば足り，その3回処罰の対象となった行為相互間の時期的，内容的関連を問わない趣旨と解するのが相当である」（同上中谷303頁）と考えられよう。

それゆえ，この「3回」という回数を満たすかどうかの判断に当たっては，執行され又は執行を免除された刑のみを考えればよく，その刑が言い渡された判決の数，それらの前科が併合罪関係にあるかどうかなどは問うところではないと解されている（同上中谷303頁）。

したがって，例えば，1回目が懲役10月の執行猶予判決，2回目が懲役1年の保護観察付執行猶予判決，3回目が懲役2年の実刑判決であったため，1回目と2回目の執行猶予が取り消され，3回目の懲役2年の刑の執行後に，引き続き1回目と2回目の刑の執行を受けた場合においても，それらは合計3回の刑の執行を受けたことになる。

このようにシンプルに刑がいくつ執行されたかを形式的に数えればよいことから，例えば，本来であれば併合罪として1個の判決で処断されるべき3つの罪について，たまたま別に処断されたため3回に分けて執行されたのであれば，その場合も3回の刑の執行を受けたことになるのである。この点について，**昭和56年1月19日東京高裁判決（刑裁月報13巻1・2号1頁）**は，そのような事案について，「併合罪について2個以上の裁判を受けた者が，刑法51条により，その各刑を併せて執行されたとしても，その者の受刑回数は，執行の対象となった刑の個数によるべきものであって，これが1回の受刑とみなされるものでないことは明らかである」とし，この受刑前科の要件については，「すでに同条所定の窃盗罪等を常習として犯したものと認められる犯罪者に関し，形式的に具備されれば足りるものと解するのが相当であ」ると判示した。

それゆえ，同様に，確定判決との関係で，同一日に同じ裁判所により，別々に2個の判決が言い渡された前科がある場合であっても，この関係では，2個の刑として数えて常習累犯窃盗罪を認めた事案も存在するところである（**平成2年7月3日長崎地裁佐世保支部判決・研修508号53頁**）。

したがって，その「3回以上」の懲役刑の相互間に刑法56条所定の累犯の要件などが必要とされないことも当然である（**昭和44年7月8日最高裁決定（刑**

集23巻8号1045頁))。

(2) 「刑の執行を受け又はその執行の免除を得た」時期

　3回の刑のうちの最初の刑については，その刑の執行終了日が10年以内であれば足り，その執行開始日が10年以内である必要はない。

　この点につき，**昭和58年9月21日東京高裁判決（東高時報34巻9～12号59頁）**では，「『刑ノ執行ヲ受ケ』とあるのは，文理上，3回以上言い渡された刑がともに10年内に執行を開始された場合はもちろん，そのうちの第1回の刑は10年以前に開始されたものでもその終期が10年内にあるときは本条の要件を具備しているものと解するのが相当であ」ると判示している。

　また，その3回の刑のうち最後の刑については，その刑の執行に着手されれば足り，執行が終了したことを要しない。

　この点につき，**昭和32年3月30日名古屋高裁金沢支部判決（裁判特報4巻8号194頁）**は，「被告人は本件犯行当時仮釈放中であって，本件は最後の刑期の満了する以前の犯行に係ることを看取し得ない訳でないけれども，盗犯等ノ防止及処分ニ関スル法律第3条は，『（中略）刑ノ執行ヲ受ケ（中略）タルモノニ対シ』云々と定めるに止まり，『執行ヲ完了シタルモノニ対シ』と定めていないところから考えると，盗犯等ノ防止及処分ニ関スル法律第3条の罪が成立するためには，窃盗，強盗又はこれ等の罪の未遂罪などを常習として犯した者が，該行為前10年以内に，これ等の罪につき，3回以上6月の懲役以上の刑に処せられ，且，その執行を受けた事実があれば足り，必ずしもその執行の完了を要しないと解すべきである。」と判示している。

(3) 刑の免除

　なお，「刑の免除を得た」という場合は，言い渡された刑罰が現実には執行されずに終わった場合であり，具体的には，遁刑者（自由刑の執行を免れようと，逃亡する者）などにみられる刑の時効完成によりその執行の免除を得た場合（刑法31条）や，恩赦法8条による刑の執行の免除がなされた場合などがこれに該当する。

　以上が，3条違反の成立要件となる「受刑前科」の内容（構成要件）である。

4 設問前段について

　想定事例4では，被疑者甲野は，侵入盗に及んだものであるが，同様の侵入盗等を繰り返しているようであるから，「常習として」の要件も満たすものと考える（なお，常習累犯窃盗罪における「常習として」の要件については，**問9**の解答において更に詳述する。）。

　そこで，受刑前科が構成要件を満たしているか検討を要するところ，被疑者甲野は，強盗致傷罪，強盗未遂罪，占有離脱物横領罪，窃盗罪と順次服役しているが，まず，「3回以上」必要とされる前科のうち，占有離脱物横領罪と強盗致傷罪がそれらに該当し得るかどうか問題となる。

　これについては，占有離脱物横領は，「前条ニ掲ゲタル刑法各条ノ罪」には該当せず，また，解釈上，そこに含まれるとすることもできないので，これは「3回以上」必要とされる前科に入れることはできない。これに対し，強盗致傷罪は，上述したように，解釈上含まれると考えられることから，この平成8年の強盗致傷罪が最初の刑であり，平成18年の2回目の刑が強盗未遂罪であり，平成23年の3回目の刑が窃盗罪と考えることができる。

　次に，強盗致傷罪の刑の執行開始日は，平成8年4月中で本件侵入盗の犯行となる「行為前10年内」ではないが，上述したように，執行終了日が10年以内に入っていればよい。その終了日は，平成18年4月20日であり，これは本件犯行日から遡って10年以内に含まれていることから，この強盗致傷罪の刑の執行は，「3回以上」必要とされる前科の一つになり得るものである。

　また，3回目の刑の執行となる窃盗罪の前科については，本件犯行日は，仮釈放期間中に含まれることから，これが「刑の執行を受け」に該当するか問題となろうが，ただ，この場合でも，上述したように，刑の執行に着手されている上，必ずしも収監が必要とされているわけではないことなどから，その要件は満たすことになる。

　したがって，甲野には盗犯法3条の常習累犯窃盗罪が成立する。

5 設問後段について

　この強盗致傷罪について，本件犯行日（平成27年1月3日）から遡って10年以内となる時期には，仮釈放により出所している状況であった。このような服役をしていない場合でも，「刑の執行を受け」たことになるのかどうか検討を要する。

この点について，**昭和63年10月7日東京地裁判決（判時1303号150頁）**は，「刑法は，例えば，21条で未決勾留日数の算入の方法による懲役刑の執行も認めていること，盗犯法3条は，『刑の執行を受け』ることと併せて，収監されることを必要としない刑の『執行の免除』も同じく同条による処罰の要件としていること，類似の制度である累犯に関する刑法56条についての解釈運用状況等に照らすと，盗犯法3条所定の『刑の執行を受け』とは，収監を必須の要件とするものではなく，法が予定した方法による刑の執行を受ければ足りると解するのが相当である。」として，仮釈放期間が満了するのが10年以内である場合は，「刑の執行を受け」の要件を満たすものと判示している。したがって，設問後段についても，「刑の執行を受け」たものと解される。

　以上，検討したところにより，被疑者甲野の受刑前科として，強盗致傷罪，強盗未遂罪及び窃盗罪のいずれもがこれに該当することになり，それらの刑の執行も受けているものと認められることから，その構成要件を満たすものといえる。

　よって，この場合にも，甲野には，盗犯法3条の常習累犯窃盗罪が成立する。

6　参　考

　ここでの事例では，甲野が再び侵入盗を犯したという設定にしたが，もし，この犯行が強盗であった場合はどうであろうか。確かに甲野には古いものとはいえ強盗の前科もあることから，強盗についても常習性がないとはいえず，また，**問7**の解答で述べたように，本法違反の成否の判断に当たっては，窃盗と強盗を厳格に区別する必要はないと考えられることなどから，強盗について「常習として」なされたものと考えて，常習累犯強盗罪の成立が認められるとしてよいのではないかと考える（もっとも，侵入盗の前科しかない者が，今回，突然に路上強盗をしたような場合であったなら，それはやはり「常習として」の要件を欠くことになると思われる。）。

　また，**問7**の解答で述べたことと同様であるが，窃盗と強盗の受刑前科を厳格に区別するとなると，次のような不都合が生ずる。例えば，居直り強盗の服役前科が10年以内に3回以上あった犯人が，出所後，住居侵入・窃盗を犯した場合，その受刑前科を厳格に区別するなら，この犯人に対しては，住居侵入・窃盗罪でしか処罰することができず，一方，居直って強盗などすることなく，住居侵入・窃盗だけを同様に繰り返していた者は，上記の犯人より犯情は軽いのに，常習累

犯窃盗罪でより重く処罰されることになり，その不合理性は明らかだからである。

問9 想定事例5の場合，被疑者甲野の犯行は，盗犯法3条にいう「常習として」の要件を満たすものであるか。特に，本件が手口等の熟練性を必要としない単純な置引きであることから，そのような偶発的な犯行であっても「常習として」といえるか。

【解　答】

　盗犯法3条においても，2条と同様に「常習として」窃盗等が行われる必要がある。3条では，**問8**で説明したように「受刑前科」が構成要件とされているが，それだけでは3条違反は成立しない。その規定の仕方から明らかなように，その「受刑前科」に加えて更に「常習として」窃盗等が敢行されなければならない。

　そして，3条の「常習として」の要件は，同じ法律の中の同じ文言である以上，2条のそれと同じであると考えられ，要は，「反復して犯罪行為を行う習癖」に基づくものであるかどうかを考えればよい。

　ただ，そうはいっても，2条の常習特殊窃盗罪等は，常習として，同条各号のいずれかの方法によって，窃盗，強盗等を犯すものであることから，常習性の判断に当たっては，被疑者が一定の手口・態様，すなわち，2条各号の方法によって窃盗，強盗等を反復して犯す習癖を有しているかどうかという観点から検討すべきであるのに対し，3条の常習累犯窃盗罪等は，犯行の方法についての要件はないのであるから，一定の手口・態様によるものであるか否かを問わず，被疑者が窃盗，強盗等を反復して犯す習癖を有しているかどうかとの観点から論ずることになる。

　それゆえ，3条における「常習として」という要件が認定されるためには，前科等とどのような類似性，反復性，更には，関連性等が求められるのかなど問題も少なくない。

　想定事例5は，**平成10年10月12日東京高裁判決（判時1678号153頁）**の事案を題材にしたものである。

1　原審（平成10年5月8日東京地裁判決・公刊物未登載）（常習性を否定）

　この事案において，原判決の東京地裁判決（公刊物未登載）では，「本件は，公園で野宿をし浮浪生活をしていた被告人が，草野球を観戦していた際，ふと誰も

いないバックネット裏に置かれたビデオカメラ等を見付け盗んだという置引きの窃盗一件であり，犯行の手口自体熟練性を要しない単純なもので，多分に偶発的犯行というべきものであり，前刑出所後本件で逮捕されるまでの間に被告人が他に窃盗を行った証拠はないから，本件犯行の態様と前刑出所後の被告人の行状をみる限り，本件犯行が犯罪的習癖に基づくものとはいえず，また，被告人には，昭和58年以降窃盗の前科が5犯あるが，うち前の3犯は，侵入盗の類型に属するものであり，後の2犯は店舗での万引きの事案であって，いずれも，仕事をせず生活費に困り，手っ取り早く金を手に入れることを狙った動機によるものであるなどの点で共通性を有するものの，屋外の野球場におけるような置引きの手口のものは過去にないことなどの点にかんがみると，前科の各犯行と本件犯行とはかなり異なっているから，本件犯行が常習性の発現として行われたものと認めるのは困難である。」として常習累犯窃盗罪を認めず，窃盗罪を認定した。

2　控訴審（常習性を肯定）

これに対して，検察官が控訴したことにより，上記東京高裁判決が判断を示したものである。

同判決では，以下のように判示して，被告人の本件犯行を，常習性の発現として行われたものと認めた。

「窃盗の常習性は，機会があれば，抑制力を働かせることなく安易に窃盗を反復累行するという習癖があれば足りるものと解される。これを本件についてみるに，当審において取り調べた証拠を含む関係各証拠によると，以下の事実が認められる。

① 　被告人は，窃盗罪ないしそれとの併合罪により，昭和58年を初めとして，昭和61年，平成2年，平成7年，平成8年の5回にわたり刑に処せられ服役しており，これらの前科の事案のうち，前の3回は店舗や住居における侵入窃盗であり，後の2回は万引きによるもので，いずれも生活に困った状態の中で手っ取り早く金品を取得する方法として犯されたものである。

② 　被告人は，前刑で仮出獄してからいまだ約9か月，更生保護施設を出て野宿生活を始めてから約1か月しか経過していないのに再び窃盗の犯行に及んでいる。

③ 　被告人は，貯蓄する意欲に乏しく，更生保護施設の職員から貯金するように

たびたび言われ，その余裕があったにもかかわらず，就労して得た金を飲食遊興に当てるなどして使い果たし，自立するのに必要な貯金をするなど生活態度を改善する努力をしないまま，特に滞在を許された期間を含め約8か月間もの間滞在した後，遂に更生保護施設を出ざるを得なくなって公園で野宿をするようになり，その後は働こうとせず，自ら生活費の得られない生活状態に身を置いた中で，本件犯行に及んでいる。

④　本件犯行は，野宿していた公園の野球場のバックネット裏に三脚のついたビデオカメラが設置されているのを発見するや直ちにそれらを窃取する決意をし，これを実行したというもので，その動機は，入質換金して生活費等を得るためであり，前科にも同じく入質換金を動機とするものが含まれている。

　以上のうち，①にみられるような前科の回数，間隔，その動機，態様等に照らせば，被告人には，少なくとも生活に困るような状況下においては窃盗を反復累行するという習癖が形成されていたと認めるほかはなく，②ないし④のような出所後本件犯行に至るまでの期間やその間の生活態度，本件犯行及びその動機等の諸事情を総合すると，被告人には右の習癖が存続しており，機会があればそれが発現する状態にあって，本件犯行はその習癖の発現として行われたものと認めるのが相当である。」

　さらに，控訴審では，原判決が常習性に基づく犯行であることを否定した理由について反論しており，「確かに，本件では，被告人が前刑出所後窃盗を反復累行していたことを示す証拠はないが，前記③のように特に保護された状態における約8か月間とその後の約1か月間窃盗に陥らなかったからといって，既に形成されていた前記の習癖が消滅したとはいえない。また，野宿生活においては，コンビニなどから捨てられる食品や落ちている金を拾っては生活していたと述べていて，積極的に窃盗を生活の手段としていたものではないことがうかがわれるものの，窃盗の常習性は，もとより窃盗を生活の手段とするような場合に限られず，生活に困窮すれば抑制が働かず安易にこれを反復累行するという習癖が認められる場合を含むというべきである。さらに，本件犯行には偶発的な要素があること自体は否定し難いが，バックネット裏にビデオカメラが設置され周囲に監視する人がいない場面に遭遇したからといって，それは，被告人の習癖が発現する契機になったものにすぎず，そのような状況に遭遇して，入質換金により金を得るという動機から，いとも安易に犯行に及んでいることは，これまでに形成された被

告人の窃盗の習癖の発現を示すものにほかならないというべきである。また，<u>窃盗の常習性は，窃盗を反復累行する習癖の問題であって，手口の熟練性や同一性，類似性までをも必要とするものではない</u>と解されるから，本件の置引きという手口が熟練性を要しない単純なものであり，また，その手口のものが前科に含まれていないからといって，本件が常習性の発現として行われたことを否定すべき理由にはならない。」とした。

3　常習性の判断基準

　上記控訴審判決のとおり，想定事例5の甲野には盗犯法3条にいう常習性を認定することができ，よって，同法3条の常習累犯窃盗罪が成立すると考えられる。
　常習累犯窃盗罪における被疑者の常習性を判断するに当たっては，前科等となる窃盗事犯等と比較して，その手口・態様の類似性が強いものであるかどうか，熟練した技量を必要とするものであるかどうか，計画的なものであるかどうかなどは重要な判断のポイントとなる。しかしながら，それらだけで常習性の有無が決せられるわけではなく，より広い角度から，被疑者の「安易に窃盗を反復累行するという習癖」が存在するのかどうか判断しなければならないものである。
　上記東京高裁判決は，広角的かつ複眼的に，被疑者の犯行やそれに至る経緯等を緻密に判断しているのであり，原判決のように，単に，手口が異なるとか，偶発的犯行であるかなどの皮相的な理由により常習性を否定するのは適切とは言い難いであろう。
　上記東京高裁判決は，被告人の生活状況や金銭欲などをも総合的に評価して，窃盗に及ぶ習癖を認定しているのであって，他の事案にも適用可能な考え方を示しており，参考になるものである。

4　参考判例

(1)　昭和50年10月13日東京高裁判決（東高時報26巻10号172頁）（常習性を肯定）

　　この事案では，被疑者は，15日の間に2回にわたり，止宿先の旅館の茶の間や主人夫婦の寝室に侵入し，茶ダンスや整理ダンスの中に置いてあった現金の各一部をそれぞれ抜き取り窃取したものであった。
　　この事案において，同判決では，被疑者の常習性の判断に当たり，「『常習

とは所論のとおり反復して窃盗行為をする習癖をいうものであり，それは行為の属性ではなく，行為者の属性であって，同法第3条の常習性の認定についてはその資料につき何らの制限はないのであるから，所論のように，各窃盗と，窃盗前科との間に犯行の<u>動機，態様，手段等に明白な相違がある場合</u>には，常習性を認定することができないものと制限的に解釈すべきではなく，<u>問題とされているその行為自体について，その動機，態様，手段，反復累行の事実等のみによって常習性を認定することも可能</u>であり，また，これと，<u>その行為前10年間3回以上刑を受けた事実とを総合して，行為の常習性を認定することも可能</u>であると解するのが相当である」旨判示した。

　ここで示されているように，受刑前科と本件犯行との関係において，動機，態様，手段等に相違があっても，本件犯行となる行為自体から，その動機，手段，態様等に照らして常習性を認定することもできるのである。

　その上で同判決では，「わずか15日の間に2回にわたり，止宿先の旅館の茶の間や主人夫婦の寝室に侵入し，茶ダンスや整理ダンスの中に置いてあった現金の各一部をそれぞれ抜き取り窃取したことが認められるのであって，右各行為の手口，方法，反復累行の事実に加えて，」受刑前科をも考慮して，本件犯行は，被告人の窃盗の習癖の発現としてなされたものであるとし，その常習性を認めたものであった。

　このように，本件犯行それ自体に関わる手口，方法，反復累行の事実なども考慮することで「常習として」の要件の認定ができる場合もあることに留意しておかなければならない。

(2)　**平成10年3月19日広島高裁判決（判時1645号157頁）（常習性を肯定）**

　この事案では，12回にわたる窃盗罪又は常習累犯窃盗罪等の前科を有する被告人が，あらかじめ用意した手提げ袋に，女性用ジャンパー1着，革製セカンドバッグ2個等を順次入れて万引きしたものである。

　この事案において，原判決は，被告人の前科には，万引きによるものがなく，その犯行態様が著しく異なるとして，常習累犯窃盗罪を認めず，窃盗罪とした。

　その判断に対して検察官が控訴したところ，上記広島高裁は，まず，常習累犯窃盗罪の成立要件としての常習性について次のように判示して，原判決の考え方を否定した。

「常習累犯窃盗罪の成立要件としては，その行為前10年間に窃盗罪等で3回以上6か月の懲役刑以上の刑の執行を受けたことのほかに，<u>当該窃盗の犯行が常習として行われたこと，すなわち，当該犯行が，反復して窃盗行為をする習癖の発現としてなされることが必要であるが，右習癖はあるかないかで判断されれば足りるものであり，右習癖が特に顕著なものに限られるという原判決</u>の判断は，常習性の要件を限定的に狭くとらえるものであって，相当ではない。そして，右の常習性の判断につき，<u>常習特殊窃盗罪のように定まった手口，態様の犯行をなすことまで必要ではなく，当該犯行と前科の犯行の態様等の類似性は，常習性認定のための要件そのものではなく，常習性認定判断に用いる資料の内の一要素であると解すべきである。</u>」

さらに，被告人の前科の内容などから，合計で210回を超える窃盗行為を繰り返し，その手口は，侵入盗が多数であるものの，他に自転車盗，車上狙い，置き引き等も見られ，多くの態様の窃取行為に及んでいた事実関係を認定した上，次のように述べて常習性を認定した。

「被告人の多数の窃盗罪または常習累犯窃盗罪の前科関係，前刑出所後短期間の内に窃盗を繰り返して再び服役するという生活を繰り返しており，本件も常習累犯窃盗罪等による前刑の執行終了から約5か月後の犯行であること，被告人は多くの態様の窃盗行為を反復しており，その中には，万引きと形態において類似する置き引きや自転車盗等の事案も認められること，本件の被害物品は，被告人の窃盗の前科における被害物品と類似性を有することなどの事実を総合考慮すれば，原判決が判示するように，被告人は，本件窃盗につき，知人にプレゼントしたいという動機を有しており，約5万7000円の現金を所持していたことから，必ずしも計画的な犯行とまではいえず，また，被告人が本件以外に万引きをしたという事実は窺われないとしても，被告人は，反復して窃盗行為をする習癖があり，本件窃盗は，その習癖の発現として行われたものであると認めることができる。」

このように，前科等で認定される犯罪事実は，当該被疑者に，窃盗行為に及ぶ習癖が形成されて獲得されていることを推認させる重要な事実であり，その際の手口の類似性は常習性を強力に推認させるといってよいが，しかしながら，前科等の内容が常習性認定の絶対的要素となるものでないことは当然であり，同種前科があっても必ずしも反復して窃盗等に及ぶ習癖があるとは限らない

し，その逆もまたしかりである。前科等の内容や，その後の被疑者の生活状況など，被疑者の置かれた状況全般に目を配り，本件犯行が反復して窃盗等に及ぶ習癖に基づいてなされたものであるかどうかを見極める必要があることを忘れてはならない。

(3) 常習性を否定した裁判例

　　過去に常習性が否定された事案としては，次のようなものが挙げられる。
　　被疑者の本件犯行が，反復して窃盗行為を繰り返す習癖に基づいたものといえるかどうか慎重な判断も求められることに留意しておかなければならない。
　ア　「生活のためあちこち流浪しているうち食物に窮した上の所為」であることなどから，その犯行は，「被告人の境遇上の事情に負うところが多く，いまだ被告人の窃盗の習癖の発現したものとは到底認めることはできない」として常習性を否定したもの（**昭和30年2月1日広島高裁岡山支部判決・裁判特報2巻1〜3号32頁**）
　イ　腕時計の修理中に陳列ケースに並べられた腕時計等を窃取したという事案について，前科等と本件犯行の手口，態様及び動機において類似性を認めながらも，常習性を認定するには十分でないとしたもの（**昭和34年12月26日福岡地裁判決・下刑集1巻12号2709頁**）
　ウ　スーパーマーケットで蟹の缶詰2缶を万引きした事案について，被告人の前科である窃盗及び常習累犯窃盗罪は，いずれも侵入盗であって本件とは犯行態様を著しく異にしているほか，他に万引きの事案がないことなどに照らして，常習性を否定したもの（**平成5年11月30日東京高裁判決・判時1495号141頁**）

> まとめ

〈2条と3条の成立要件の比較〉

2条の場合		3条の場合
○1号～4号の方法による常習性	⇔	○常習性（特定の方法という要件はない）
○特定の前科という要件はない	⇔	○受刑前科（常習性がある者の中から，更にその顕著な者を選び出す趣旨）

〈常習性の認定に当たってのポイント〉

常習性……機会があれば抑制力を働かせることなく安易に窃盗等を反復する習癖

2条の場合	3条の場合
1号～4号のうち，同一手口が繰り返された場合であっても，異なる手口にわたって繰り返された場合であってもよい。	犯行方法の要件がないため，「反復して犯す習癖を有しているかどうか」で常習性を認定する。そのため，前科等とどのような類似性，反復性，関連性が求められるのか，などの問題が生じ得る。

問10 想定事例6についてはどのように考えるべきか。

【解　答】

1　本事例は，平成24年12月3日東京高裁判決（判時2191号144頁）を題材にしたものである。

　本事例では，甲野の本件犯行について成立する罪名が，常習累犯窃盗でよいのか，単純窃盗に過ぎないのかという点が問題となる。ここでは，甲野に対し，常習累犯窃盗が成立するための受刑前科等の要件は満たされており，ただ，本件犯行が「常習として」という要件を満たすと認定されるかどうかが評価の分かれ目となるからである。

　この「常習として」の要件についてはこれまで説明してきたとおり，反復して窃盗行為に及ぶ習癖に基づくものであるかどうかにより判断されるところ，本件のようにその手口が著しく異なる場合に，上記の習癖に基づいて及んだものと認

定できるかどうか検討を要するところであろう。

2　前問で述べた平成10年10月12日東京高裁判決も，前科となる犯行の手口と裁判の対象となった犯行の手口はかなり異なっていたし，平成10年3月19日広島高裁判決も同様であったが，それでも，常習累犯窃盗罪における「常習として」の要件は，いずれの事案においても満たすものとされた。

　さて，前科における窃盗の手口と問題とされている窃盗の手口との同一性や類似性は，常習性認定の必須要素とはされていないものの，前記東京高裁の事案では，前科に係る犯行と問題となった犯行との間には換金して生活費を得るという動機面における共通点があると認定されており，前記広島高裁の事案でも，前科の中には問題となった万引きと形態が類似する置引き等の犯行も含まれており，被害物品に日常品等が含まれている点でも類似性があると認定される（弘田英規「実務刑事判例評釈ケース248」警公2015年11月号94頁）ところ，本事例ではこの点をどのように評価すべきか問題となろう。

　本事例では，前科に係る自動車窃盗と本件の金品窃取目的の侵入盗との間に，犯行動機のみならず，特にその態様において著しい相違点があることは否定できないところである。しかしながら，本件東京高裁判決の原判決である平成24年8月7日東京地裁判決（公刊物未登載）では，それでも被告人には置かれた状況に流されて安易に金目のものを盗む習癖が認められると判示して常習累犯窃盗罪の成立を認めていた。

3　そこで，この点についての本件東京高裁判決の判断であるが，「①ないし③の前科に係る各窃盗と本件の窃盗とを比べてみると，前者が，2年弱の間に主に共犯者と共に繰り返し行った乗り回し又は換金目的による自動車窃盗の事案であるのに対し，後者は，被告人が単独で食事代等の現金目当てに行った1回限りの侵入窃盗の事案であり，両者は，犯行の動機のみならず，殊にその態様において著しく異なっているといえる。また，前者と後者との間には，①ないし③等及び④の各懲役刑の執行による長期の服役期間が介在しているとはいえ，8年間もの隔たりがある上，被告人が，③の懲役刑につき仮釈放された平成18年1月以降において，本件犯行以外に何らかの窃盗に及んだ形跡は全くうかがえない。」とし，前記①ないし③の窃盗前科以降について，「窃盗を反復累行する習癖を，被告人

がその後も保持し続け，その発現として本件犯行を行うに至ったと認めるには，無理があるというほかない」，とされた。

　また，常習累犯窃盗罪を認めた原判決に対しても，「本件犯行については，その動機，態様等からして，被告人の窃盗に対する規範意識の低さは認められても，それが習癖として発現しているとまでみることはできない。したがって，原判決には，被告人が常習として本件犯行に及んだとして，常習累犯窃盗罪の成立を認めた点において，判決に影響を及ぼすことが明らかな事実誤認がある。」と判示したものであった。

　たしかに，前科に係る共犯者と実行した自動車及び積載物の窃盗と，本件の歯科医院に単独で侵入して行った現金在中の手提げ金庫の窃盗との間には，手口の同一性，類似性が認められず，前科に係る窃盗の態様と本件犯行のそれらとが著しく異なっているとして常習性を否定した本件判決の結論もあながち不合理とはいえないであろう。

　また，本件判決においては，常習性を否定する理由として，前科の窃盗のうち最終の犯行と本件犯行との間に約8年の隔たりがあるという点も指摘されているところ，常習累犯窃盗罪の成立には，行為前10年以内に3回以上6月以上の刑の執行を受けていることが必要とされていることからして，約8年間の隔たりはやはり大きく，本件判決において，時間的隔たり自体が常習性を否定する一事情として考慮されたことが明らかに不合理とまではいえず，やむを得ないものと思われる（前出弘田94～95頁）。

4　したがって，本事例においては，甲野を送検するに当たっては，単純窃盗とするのがよいものと思われる。

問11　盗犯法4条違反についてはどのように考えるべきか。

【解　答】

　盗犯法4条は，
　　常習トシテ刑法第240条前段ノ罪若ハ第241条前段ノ罪又ハ其ノ未遂罪ヲ犯シタル者ハ無期又ハ10年以上ノ懲役ニ処ス

と規定するが，これは，強盗傷人罪及び強盗強姦罪の常習者を重く処罰する趣旨のものである。ただ，本条の規定は，これまでのものと罪名が異なっているだけで，その余の内容は，これまで述べたことと全て同じである。

問12 想定事例7についてはどのように考えるべきか。

【解　答】

1　今回起訴された常習累犯窃盗罪については，前刑による服役終了後の犯罪であるから，これについて前刑が何らかの影響を及ぼすということはあり得ない。ところが，前刑の訴因となった事実より以前の犯罪などについては，前刑の判決が影響することがある。

　すなわち，ある訴因について裁判が確定すると，裁判所は，原則として，その確定裁判と異なった判断をすることができなくなる。これが既判力である。

　本件では，甲野は常習累犯窃盗罪で有罪判決を受けていたが，その既判力はどこまで及ぶのかという問題である。

　そもそも，既判力とは，有罪，無罪の実体判決が確定した事件については，公訴事実の同一性の範囲内においては，再度の起訴や審判は許されないとするものである。実体判決の確定により，内部的効果としては，事件の内容が確定し，執行力が生じ，外部的効果として，同一事件について公訴の提起を許さないという効果を持つに至る。この外部的効果である一事不再理の効果を既判力と呼ぶ（新法律学辞典第3版231頁）。

2　具体的には，一罪の一部につき確定判決があった場合には，その全体に既判力は及ぶと考えられている。したがって，常習犯として判決を受けた場合においては，起訴の対象とされていなかった余罪であっても，それがその裁判の対象となるものであった場合には，既判力が及ぶことになる。

　そこで想定事例7の場合であるが，これは侵入盗を繰り返すという常習性に基づく犯罪であり，自白した余罪も前刑の際に有していた常習性の発露としてなされたものであったといえよう。それであれば，これは常習犯の一部の犯罪となり，これを改めて立件，起訴しようというものであれば，既判力に抵触して起訴する

ことは許されない[4]。にもかかわらず起訴された場合には，刑訴法337条1号の「確定判決を経たとき」に該当し，判決で免訴の言渡しがされることになる。

したがって，この想定事例7の事案では，B方への侵入盗は前刑の既判力に抵触して起訴することは許されない（ただ，その実行行為の時期によることになるが，この点については次問で詳述する。）。

問13 想定事例7の場合で，B方への侵入盗が前刑の服役前のものであってもそれが，第一審で実刑になった後に，控訴審で保釈が許されて，その保釈中の犯行であった場合はどうか。

【解　答】

1　これは前刑の既判力というのは，どの時点まで及ぶのかという問題である。少なくとも前刑の判決が確定した後に及ばないのは当然であろうが，その前のどの時点までが対象となるのであろうか。一事不再理という効果が及ぶ既判力の範囲内の訴因について起訴をした場合には，免訴という結果になることから注意が必要である。

ただ，ここで考えておかなければいけないのは，「この一事不再理効といっても，罪を犯した者を不当に刑罰から解放するものであってはならず，また，検察官に不合理で過大な義務を課するものであってはならないことも当然であろう。こうした双方の要請を総合して考えるならば，既判力の効力の一つである一事不再理効を認めるのは，検察官にとって手続的に同時審判請求の可能性があった事柄についてのみ認めるのが妥当であろう。検察官にとって，処罰を求める機会，すなわち事実審理を求めることが不可能となってから後の事実についてまで，既判力の効果としての一事不再理効による利益を与えることは，被告人にとって過大な利益を与えるものであって，法の予定する解釈とはいい得ないであろう。」（池上政幸「確定裁判の既判力の基準時」捜研481号45頁）とする見解に則って判断すべきであると思われる。

2　そこで，この基準時については色々な見解があるが，第一審判決宣告時を基準とすべきであろう。

(1) 第一審公判の弁論終結時をその基準とするという見解があるが，これによると，弁論終結後に犯された別の事実があった場合，検察官は，判決宣告前に弁論の再開を請求して，当該別事実について訴因の追加による処罰を求めることができることから，同時審判の可能性があったのであり，弁論終結後の犯罪について既判力を及ぼしても差し支えないと考えられる。

これに対して，第一審判決後まで含めるとなると，具体的には，控訴審判決時までと考えることになろうが，控訴審は事後審であるから，第一審判決後に犯された別の罪の訴因を控訴審で追加することは，基本的には許されない。それゆえ，第一審判決後に犯された罪を併せて処罰できるのは例外的な場合しかないのであるから，第一審判決後までも含めるのは不当な結果を生み出すおそれがあるのであって，画一的に既判力の時的限界の基準時を考えるのであれば，第一審判決宣告時とすべきであろう。

(2) ちなみに，**昭和 61 年 7 月 3 日大阪地裁判決（判タ 623 号 227 頁）**では，被告人が控訴審係属中に，第一審判決の公訴事実と同一性の範囲内にある住居侵入に及んだという事案において，まず，「被告人に対する常習累犯窃盗事件につき，昭和 60 年 8 月 10 日大阪地方裁判所に公訴が提起され，同年 10 月 25 日同裁判所において免訴の判決があり，検察官控訴により現に大阪高等裁判所に係属中であることは，右免訴判決の謄本及び記録添付の検察事務官作成の別事件係属通知書により明らかであり，また本件住居侵入は，判示認定のとおり，夜間，窃盗目的でガラスを破り施錠を外して喫茶店内に侵入したものであって，しかも関係証拠によれば，右目的たる窃盗は常習性の発露ともみられるので，本来，実体的には，免訴判決のあった常習累犯窃盗に包括又は吸収され常習一罪となりうる関係にあったものということができるが，しかし同時に，本件住居侵入は右免訴判決言渡後に犯した犯行であることも明らかである。」とした上，「ところで，いわゆる常習一罪と構成する数個の行為のうちその一部の行為について公訴が提起された場合，その公訴の効力は，事件すなわち公訴事実が同一でかつ時的限界の範囲内にある行為に限りその全部に及び，それ以外には及ばないものというべきであるから，公訴の効力の及ぶ範囲内の行為については，これを現実的に審判の対象とするには，訴因の追加・変更の方法によってのみ許され，これについて新たに公訴を提起することはいわゆる二重

起訴となって許されないが，しかし公訴の効力の及ばない行為については，これを審判の対象とするには新たに公訴を提起するよりほかに方法のないことはいうまでもない。

　そこで公訴の効力の時的限界を如何なる時点に求めるべきかというに，訴因の追加・変更手続は原則として第一審の判決言渡時まで可能であること，さらに第一審判決言渡後に犯した犯行については，その犯行前の判決言渡前に訴因の追加・変更によりこれを審判の対象とすることは事実上不可能であること，控訴審においても，事後審としての構造上，第一審判決後に犯した犯行すなわち第一審判決後に新たに生じた事実を訴因の追加・変更により審判の対象とすることは許されないものと解されることなどを合わせ考えると，公訴の効力の時的限界は，事実審理の可能性のある最後の時，すなわち第一審の判決言渡時に求めるのが相当である。そうだとすれば，常習一罪の公訴の効力は第一審判決言渡時をもって遮断され，その後に犯した犯行についてはその効力が及ばないから，これについてさらに公訴の提起があってもいわゆる二重起訴にはならないものとみるべきである。」として，上述した見解と同様のことが述べられている。

(3)　それゆえ，この想定事例7の場合においては，既判力の及ばない別の事件と考えるべきであり，これが「更に常習として」の要件などを満たすのであれば，新たな常習累犯窃盗罪が成立することになる。

問14　問13で述べてきたことは，判決があった場合にその後に犯された犯罪に既判力が及ぶかという問題であったが，それが判決ではなく略式命令であった場合どうか。

【解　答】

略式命令の場合には，どの時点を既判力の時的限界の基準時とすべきであろうか。
1　特に，常習犯として略式命令を受けたものの，これに対して，正式裁判の申立をし，その間に更に同種の犯行に及んだ場合などは，どの時点を基準時とするかによって，当初の略式命令を変更する手続によるのか，新たな起訴をするのかな

ど捜査処理上難しい問題が生じることになる。

　具体的には，常習として痴漢行為に及んでいたことで，公衆に著しく迷惑をかける暴力的不良行為等の防止に関する条例（東京都）（以下「迷惑防止条例」という。）違反として，略式命令が発付され，その送達を受けた者が，これを不服として正式裁判を申し立て，その裁判での審理中に再度同種犯行に及んだとする事案を考えてみることとする。

2　この場合，①の見解として，前の常習痴漢の既判力の時的限界の基準時を略式命令確定時とするのであれば，正式裁判の審理中で未だ確定していないことから，常習痴漢の一部として，訴因変更をするなどの手続をする必要がある。また，この場合には，正式裁判をしているのであるから，この第一審の正式裁判の宣告時が基準時となろう（前出池上 45 頁）。

　しかし，②の見解として，その基準時を被告人が略式命令の告知を受けた時点と考えるのであれば，新たな痴漢行為に既判力が及ばないことから，別個の事件として公判請求又は略式請求をすることになる。

　まず，①の見解であれば，たしかに正式裁判をしている過程において，訴因変更をするのであれば手続的には明快であるが，仮に，当該正式申立が取り下げられてしまった場合にはどうするのであろうか。訴因変更が功を奏しないまま裁判が確定してしまい，その時点以前の常習犯罪については既判力が及んでしまうことになって，正式裁判の間に犯した犯罪については審理の機会もないまま一事不再理となってしまうおそれがないではない（また，この見解によると，略式命令の告知がなされて正式申立ができる 14 日以内に同種常習犯罪に及んだ場合，これを処罰するには，検察官から正式申立をして正式裁判に移行させておき，そこで訴因変更をすることになろうか。ただ，この場合でも前記同様の問題は生じることになる。）。

　これに対し，②の見解であれば，略式命令の告知により基準時は経過しているので，新たな犯罪として略式命令請求なり公判請求なりをすることになろう。ただ，この見解では，上述したような正式裁判の場合に，最後まで裁判が続いて判決が言い渡された時，**問 13** の 2 で述べていた第一審判決宣告時という時的限界の基準時とズレてしまうことになる。しかしながら，これは略式命令という手続が執られてから正式裁判に移行したものであるから，当初の手続による時的限界の基準時が維持されてもよいのではないかと思われる。被告人においても略式命

令の告知により，その時点までで一罪とされる範囲が限定されても特に不利益とはいえないであろうと考えられるからである。

ただ，刑訴法469条は，

　　　　正式裁判の請求により判決をしたときは，略式命令は，その効力を失う。
としていることから，この規定による効力の失効ということと整合性がとれないかのようにも見えるが，略式命令の効力がなくなっても，略式命令がなされたという事実までがなくなるわけではないのであるから，時的限界の基準時とすることがこの規定によって不可能となるわけではないと思われる。

3　この点について，**平成12年2月24日京都地裁判決（判タ1049号332頁）**では，迷惑防止条例の常習痴漢行為について同様の問題が生じた事案において，「本件起訴にかかる被告人の条例違反行為は，いずれも前訴略式命令の既判力（一事不再理効）の時的限界の基準時，すなわち前訴略式命令の告知時より前になされた行為である。」として免訴判決をしているが，その基準時を略式命令の告知時であるとしている。

なお，木村昇一「常習犯罪の捜査上の問題点とその処理方法について」（捜研605号45頁）では，実際に，東京区検において，この②の見解に立脚し，迷惑防止条例違反としてのダフ屋行為について，新たな略式命令を請求し，同命令が発付されて確定した事例が紹介されている。

|問15|　想定事例7は前刑が常習累犯窃盗に関する事例であったが，そうではなく，前刑が単純窃盗であって，B方への侵入盗は，前刑の第一審判決前のものであった場合はどうか。

【解　答】

1　この場合，前刑が窃盗罪の場合には，これは常習犯ではないことから，別の窃盗罪が新たに第一審判決前に犯されただけのことであるので，このような場合に両者に一罪の一部という関係はない以上，既判力の問題は起きないかのようにもみえる。特に，この自白された余罪について単純窃盗で起訴するのであれば，両者は全く別物としてよいのではないかと思われるからである（もし，後者を常習

累犯窃盗罪で起訴しようというのであれば別の問題が生ずるが，これについては後述する。）。

2　しかしながら，そもそも前刑は単純窃盗で起訴されているものの，その実態は常習累犯窃盗罪である可能性もあり，また，そこに更なる別の訴因として窃盗を起訴するとなれば，それらは最初から常習犯として犯されたものであって，一罪として前刑で処理されるべきものであったのではないか，そうであるなら，その別の窃盗を起訴しようとすることは，前刑の既判力により起訴が許されないのではないか，にもかかわらずそれを起訴した場合には二重起訴になるのではないかとの疑問が生じないではないことから問題が出てこよう。

　現に，**昭和 59 年 1 月 24 日高松高裁判決（判時 1136 号 158 頁）**では，常習特殊窃盗の一部とみられる単純窃盗の確定判決の既判力は，後に起訴された単純窃盗について，それが前刑確定前の窃盗行為であった場合，それにも及ぶと判示されているのである。

3　しかしながら，この点については，**平成 15 年 10 月 7 日最高裁判決（刑集 57 巻 9 号 1002 頁）**において，次のように論じられている。

　まず，この問題を取り上げるに当たって，「常習特殊窃盗罪は，異なる機会に犯された別個の各窃盗行為を常習性の発露という面に着目して一罪としてとらえた上，刑罰を加重する趣旨の罪であって，常習性の発露という面を除けば，その余の面においては，同罪を構成する各窃盗行為相互間に本来的な結び付きはない。したがって，実体的には常習特殊窃盗罪を構成するとみられる窃盗行為についても，検察官は，立証の難易等諸般の事情を考慮し，常習性の発露という面を捨象した上，基本的な犯罪類型である単純窃盗罪として公訴を提起し得ることは，当然である。そして，実体的には常習特殊窃盗罪を構成するとみられる窃盗行為が単純窃盗罪として起訴され，確定判決があった後，確定判決前に犯された余罪の窃盗行為（実体的には確定判決を経由した窃盗行為と共に一つの常習特殊窃盗罪を構成するとみられるもの）が，前同様に単純窃盗罪として起訴された場合には，当該被告事件が確定判決を経たものとみるべきかどうかが，問題になるのである。」として，どうして本件が問題となるのかを説明している。

　その上で，「この問題は，確定判決を経由した事件（以下「前訴」という。）の

訴因及び確定判決後に起訴された確定判決前の行為に関する事件（以下「後訴」という。）の訴因が共に単純窃盗罪である場合において，両訴因間における公訴事実の単一性の有無を判断するに当たり，①両訴因に記載された事実のみを基礎として両者は併合罪関係にあり一罪を構成しないから公訴事実の単一性はないとすべきか，それとも，②いずれの訴因の記載内容にもなっていないところの犯行の常習性という要素について証拠により心証形成をし，両者は常習特殊窃盗として包括的一罪を構成するから公訴事実の単一性を肯定できるとして，前訴の確定判決の一事不再理効が後訴にも及ぶとすべきか，という問題であると考えられる。」と問題設定をした。

そして，「思うに，訴因制度を採用した現行刑訴法の下においては，少なくとも第一次的には訴因が審判の対象であると解されること，犯罪の証明なしとする無罪の確定判決も一事不再理効を有することに加え，前記のような常習特殊窃盗罪の性質や一罪を構成する行為の一部起訴も適法になし得ることなどにかんがみると，前訴の訴因と後訴の訴因との間の公訴事実の単一性についての判断は，基本的には，前訴及び後訴の各訴因のみを基準としてこれらを比較対照することにより行うのが相当である。本件においては，前訴及び後訴の訴因が共に単純窃盗罪であって，両訴因を通じて常習性の発露という面は全く訴因として訴訟手続に上程されておらず，両訴因の相互関係を検討するに当たり，常習性の発露という要素を考慮すべき契機は存在しないのであるから，ここに常習特殊窃盗罪による一罪という観点を持ち込むことは，相当でないというべきである。そうすると，別個の機会に犯された単純窃盗罪に係る両訴因が公訴事実の単一性を欠くことは明らかであるから，前訴の確定判決による一事不再理効は，後訴には及ばないものといわざるを得ない。」と判示された。

したがって，前訴及び後訴の訴因が共に単純窃盗罪である場合には，前訴の確定判決による一事不再理の効力は，後に起訴された単純窃盗の訴因には及ばないということが確定した。

問16　では，前訴が単純窃盗であって後訴が常習累犯窃盗である場合にも，前訴の確定判決による一事不再理の効力は，後に起訴された常習累犯窃盗の訴因には及ばないのか。

【解　答】

　これについて前出平成15年10月7日最高裁判決は，「前訴の訴因は単純窃盗罪であるが，後訴の訴因が余罪の常習窃盗罪である場合には，両訴因の単純窃盗罪と常習窃盗罪とは一罪を構成するものではないけれども，両訴因の記載の比較のみからでも，両訴因の単純窃盗罪と常習窃盗罪が実体的には常習窃盗罪の一罪ではないかと強くうかがわれるのであるから，訴因自体において一方の単純窃盗罪が他方の常習窃盗罪と実体的に一罪を構成するかどうかにつき検討すべき契機が存在する場合であるとして，単純窃盗罪が常習性の発露として行われたか否かについて付随的に心証形成をし，両訴因間の公訴事実の単一性の有無を判断すべきである」としている。

　この場合には，**昭和43年3月29日最高裁判決（刑集22巻3号153頁）**で示されたように，確定判決となっている単純窃盗罪が，後に起訴された常習累犯窃盗罪の一部となるものであるのかどうかを判断して，後の常習累犯窃盗罪が免訴とされるかどうか判断されることになる。

　ただ，実際問題として，このような場合に，あえて後訴として常習累犯窃盗罪の訴因を選択するとは考えられず，その場合には，本件平成15年最高裁判決で許容されたように単純窃盗罪で立件，起訴すればよいだけのことであろう。

問17　想定事例7で，甲野の自白した余罪事実のうち，C方への侵入盗は，前刑の服役終了後，出所して間もなくのものであった。この場合，乙野巡査部長は，このC方への侵入盗により，甲野を再逮捕できるか。

【解　答】

1　甲野は，現行犯逮捕された事件で既に常習累犯窃盗罪として勾留された上，公判請求されている。そして，C方への侵入盗は起訴された常習累犯窃盗罪と一罪の関係にある。そこで，一罪の関係にある一部の犯罪について既に逮捕，勾留されているのに，同じ一罪の一部である別の犯罪について再度の逮捕，勾留ができるのかということが問題となる。

　　逮捕，勾留については，「一罪一逮捕一勾留の原則」がある。これは，身柄拘

束に当たって不当な蒸し返しをさせないために，一つの罪については一回しか逮捕，勾留を認めないという原則である。

　そこで，ここでいう「一罪」はどのように考えるべきかについて，特に，集合犯といわれる常習犯罪や，科刑上一罪となるものは，行為の実体としては複数になることから，そのような場合には，「一罪一逮捕一勾留の原則」をどのように考えたらよいのかが問題となる。

2　そして，これについては，実体法上の罪数を基準とする見解や，現実に犯された個々の犯罪事実を基準とする見解や，実体法上の罪数を基準としながらも，前の逮捕，勾留の機会に同時処理をすることが不可能であった場合には，例外として再度の逮捕，勾留が許されるという考え方などがあるが，「常習犯罪のように刑訴法の制限時間内で，一罪関係のすべての犯行の捜査を遂げ得ることは不可能な場合も多く，法も不可能を強いることは予定しているとは考えられません。したがって，個々の犯罪行為ごとに逮捕や勾留の必要性（逮捕の理由，逃亡・罪証隠滅のおそれの存否）が判断されるべきであり，1個の犯罪行為について逮捕・勾留した後，これと一罪関係にある他の犯罪行為について捜査するとき，その理由，必要性が認められ，不当な蒸し返しにならない以上は，更に逮捕・勾留することができるとするのが実務の取扱いといえます。」（加藤・マスター刑訴122頁）と考えるべきであろう。

3　また，**昭和42年3月24日福岡高裁決定（判時483号79頁）**では，被告人は暴力行為等処罰に関する法律1条の3の常習傷害罪で起訴されたところ，その保釈中に更に常習傷害の犯行に及んだ場合，この後の常習傷害について，再度の逮捕，勾留ができるかどうかが問題となった。

　そこで同決定では，「まず，原裁判所の標榜する一罪一勾留の原則から検討するに，勾留の対象は逮捕とも現実に犯された個々の犯罪事実を対象とするものと解するのが相当である。したがって，被告人或いは被疑者が或る犯罪事実についてすでに勾留されていたとしても，さらに他の犯罪事実について同一被告人或いは被疑者を勾留することが可能であって，その場合に右各事実がそれぞれ事件の同一性を欠き刑法第45条前段の併合罪の関係にあることを要しない。それらの各事実が包括的に一罪を構成するに止まる場合であっても，個々の事実自体の間

に同一性が認められないときには、刑事訴訟法第60条所定の理由があるかぎり各事実毎に勾留することも許されると解するのが相当である。けだし、勾留は主として被告人或いは被疑者の逃亡、罪証隠滅を防止するために行われるものであって、その理由の存否は現実に犯された個々の犯罪事実毎に検討することが必要であるからである（刑事訴訟法第60条第1項参照）。もっとも、同一被告人或いは被疑者に対し数個の犯罪事実ことに当初から判明している数個の犯罪事実についてことさらに順次勾留をくり返すことは不当に被告人或いは被疑者の権利を侵害するおそれがあり、その運用についてはとくに慎重を期さなければならないことはいうまでもない。しかし本件においては、すでに説示した経過に徴し、再度勾留にかかる傷害事犯は最初の勾留時は勿論起訴当時においても予測できなかった新たな犯罪行為であるから、たとえそれが最初の勾留又は起訴にかかる傷害事犯とも包括して暴力行為等処罰に関する法律第1条の3の常習傷害罪の一罪を構成するに止まるとしても、これについて再び勾留する理由ないし必要性があるかぎり、本件再度の勾留は必ずしも不当とはいえない。右と異る原裁判所の見解には賛同し難い。」として勾留を取り消した原決定を取り消したものであった。

4　このように常習犯罪のような場合であっても、各事実ごとに勾留ができることが示されたのであるが、ただ、それでも「裁判官の中には、常習累犯窃盗罪で一度逮捕してしまえば、同種余罪での逮捕は一罪一逮捕の原則に抵触するなどという判断をする例もあるようである。」（川上岳「常習累犯窃盗の形式的要件を充たさない窃盗常習犯に対する、常習特殊窃盗での立件について」捜研611号51頁）ということもあるので、捜査の現場では、できるだけ個々の窃取行為ごとの単純窃盗での送致、起訴をしておき、常習性の判断を慎重にしながら、最終的に、訴因変更により常習累犯窃盗罪とするという例も見られるところである。

つまり、「この場合、単純窃盗での送致又は再逮捕を繰り返しながら、常習性に関する捜査を進め、最終立件段階で、常習性に関する証拠が収集できたとして訴因変更により常習犯として公判請求するという捜査方針をとる必要がある場合もあると思われる。」ということであろう（前出川上51頁）。

5　もっとも、そのようにして追起訴がされていった場合、最終的に一罪となるわ

けであるから，そのような追起訴は結果的に二重起訴になり，それについては，刑訴法338条3号にある，

> 公訴の提起があった事件について，更に同一裁判所に公訴が提起されたとき。

に該当するものとして，公訴棄却判決がなされるのではないかとの問題がないではない。

　しかしながら，**平成20年5月22日東京地裁判決（判時2027号160頁）**では，「第2起訴について二重起訴として刑訴法338条3号の適用が問題となり得るが，第2起訴の時点では，第1起訴と第2起訴の各公訴事実の記載自体から両訴因が一罪の関係にあることが明白であるとまではいえないこと，各訴因は全て併合審理されており，被告人の防御や手続負担の観点からも被告人に不利益は生じていない上，二重に有罪判決がされたり矛盾する判決がされるおそれがないこと，公訴提起も訴因を追加する訴因変更もその訴因とされた事実につき裁判所の審判を求める行為である点において変わりなく，公訴提起の方が訴因変更よりも方式において丁寧であることなどに照らすと，第2起訴について公訴を棄却する必要はないと判断した。」として，あえて公訴棄却の判決をする必要はないとされていることが参考になろう。

6　以上述べたように，本事例では，甲野を常習累犯窃盗罪により再逮捕できると考えるべきであろう。

問18　想定事例8の場合について盗犯法1条で規定されている要件はどのようなものであるのか。それは刑法上の正当防衛が成立する場合とどのように異なっているのか。

【解　答】

盗犯法1条1項は正当防衛の特則を定めるもので，

> 左ノ各号ノ場合ニ於テ自己又ハ他人ノ生命，身体又ハ貞操ニ対スル現在ノ危険ヲ排除スル為犯人ヲ殺傷シタルトキハ刑法第36条第1項ノ防衛行為アリタルモノトス

一　盗犯ヲ防止シ又ハ盗贓ヲ取還セントスルトキ
　　二　兇器ヲ携帯シテ又ハ門戸牆壁等ヲ踰越損壊シ若ハ鎖鑰ヲ開キテ人ノ住居又ハ人ノ看守スル邸宅，建造物若ハ船舶ニ侵入スル者ヲ防止セントスルトキ
　　三　故ナク人ノ住居又ハ人ノ看守スル邸宅，建造物若ハ船舶ニ侵入シタル者又ハ要求ヲ受ケテ此等ノ場所ヨリ退去セザル者ヲ排斥セントスルトキ
と規定している。

　ここで注意すべきことは，ここで規定される要件を満たす場合には，違法性が阻却され，犯罪が成立しないこととなるのであるから，そのような要件を満たす行為に及んだ者は犯罪者ではないということである。つまり，この規定は，制定当時の昭和初期において，いわゆる説教強盗などを始めとする強盗や窃盗が頻発し，市民社会に著しい不安をもたらしたことなどを背景として，それに対する防衛行為について，刑法上の正当防衛より要件を緩くして自己防衛を許したものである。それゆえ，ここで規定される要件を満たした者は，犯罪者ではなく，依然として被害者のままであることを忘れてはならない。この点を誤ると，窃盗等の被害者の反撃行為に目を奪われて，実態を反映せずに，被害者を被疑者と見間違うことにもなりかねないことに留意すべきである。

　したがって，この条文における違法性阻却事由の要件を正確に理解しておくことは，盗犯捜査においても不可欠の事項である。

1　刑法36条1項に定める正当防衛

　盗犯法1条1項の規定は，刑法36条1項の正当防衛の規定の特則であることから，その説明の前に，まず，刑法の正当防衛の成立要件を概観しておくこととする。

　刑法36条1項は，
　　急迫不正の侵害に対して，自己又は他人の権利を防衛するため，やむを得ずにした行為は，罰しない。
としている。ここでいう「急迫不正の侵害」について，まず，「急迫」とは，法益侵害の危険が目前に迫っていることをいい，「不正」とは，違法であることを意味し，「侵害」とは，他人の権利に対して，実害又は危険を与える行為をいうとされる（大塚・刑法（総論）381～384頁）。そして，そのような侵害行為に対

して，自己又は他人の権利を防衛するため，「やむを得ずにした行為」でなければならず，この「やむを得ずにした行為」といえるためには，その行為の必要性と相当性が要求されると考えられている（同上大塚392頁）。

2　盗犯法1条1項に定める正当防衛の特則

これに対し，盗犯法1条1項柱書きでは，「左ノ各号ノ場合ニ於テ自己又ハ他人ノ生命，身体又ハ貞操ニ対スル現在ノ危険ヲ排除スル為犯人ヲ殺傷シタルトキハ刑法第36条第1項ノ防衛行為アリタルモノトス」として，同項各号で規定される場合においては，①自己又は他人の生命，身体又は貞操に対する防衛であること，②それらの法益に対する現在の危険があること，③その現在の危険を排除するための行為であることの各要件を満たす場合には，犯人を殺傷したとしても，刑法上の防衛行為として認定するというものである。

(1)　「自己又は他人の生命，身体又は貞操に対する防衛」とは

そこで，それらの要件を検討するが，まず，①では，保護の対象となる法益として「自己又は他人の生命，身体又は貞操」が掲げられている。これは制限列挙であり，これら以外の法益を守るためであった場合は，この規定の対象とはならない。したがって，刑法上の正当防衛は「自己又は他人の権利」としていて，そこには財産権なども含まれるものの，盗犯法1条では，それより保護の対象に絞りを掛けて，その対象を，生命，身体又は貞操に限っているのである。それゆえ，住居の平穏や自己の財産を守るために出た行為であった場合には，本条項の対象とはならない。

実際にも，自宅の庭の桃の木から桃を盗んでいる犯人を見つけて激怒し，棍棒で犯人の頭部を数回強打して死亡させた事案について，**昭和9年4月2日大審院判決**（刑集13巻370頁）は，「本条は，単に財産に対する侵害の防止と犯人を懲らしめるために行われた行為に適用すべき規定ではない」旨判示している。

(2)　「現在の危険」とは

次に，②では，それらの法益に対して，「現在の危険」が存在することが必要である。これは，自己又は他人の生命，身体，貞操に対して，現に侵害が行

われ，あるいは，侵害のおそれが目前に迫っていることをいい，刑法上の正当防衛における「急迫の侵害」とほぼ同じ意味であると解されている（佐々木善三「盗犯等の防止及び処分に関する法律(2)」研修606号86頁）。

⑶ 「危険を排除するため」とは

そして，③では，「危険を排除するため」の行為であることが求められているが，これは刑法上の正当防衛で規定されている「やむを得ずにした行為」とは異なるのであろうか。

これについては，その文言の規定の仕方からして「やむを得ずにした行為」であることは求められていないと考えられ，そうである以上，刑法上の正当防衛の要件を緩和したものと考えるべきである。ただ，そうはいっても，その相当性は必要であると考えられている。

すなわち，**平成6年6月30日最高裁決定（刑集48巻4号21頁）** によれば，盗犯法1条の正当防衛が成立するには，「当該行為が形式的に規定上の要件を満たすだけでなく，現在の危険を排除する手段として相当性を有するものであることが必要である。そして，ここにいう相当性とは，同条項が刑法36条1項と異なり，防衛の目的を生命，身体，貞操に対する危険の排除に限定し，また，現在の危険を排除するための殺傷を法1条1項各号に規定する場合にされたものに限定するとともに，それが『やむを得ずにした行為』であることを要件としていないことにかんがみると，刑法36条1項における侵害に対する防衛手段としての相当性よりも緩やかなものを意味すると解するのが相当である。」旨判示されていることが参考になろう。

⑷ 1号〜3号に定める要件

以上のような要件を満たした上で，1条1項各号に規定する場合であることが求められる。

ア　盗犯を防止し又は盗贓を取還せんとするとき（1号）

まず，1号の要件のうち，「盗犯」とは，刑法235条から始まる窃盗や強盗だけでなく，盗犯法で規定されている類型の窃盗等，更には，森林窃盗（森林法197条，198条）などをも含むものである。

また，「盗贓」とは，盗犯に当たる行為によって領得された財産を意味する。

この文言は，刑法256条の盗品等譲受け罪等に規定される「盗品その他財産に対する罪に当たる行為によって領得された物」と類似しているが，この後者は，横領などを含む財産罪一般によって得られた物を広く含む一方，財物に限定されるのに対し，本号の「盗贓」とは，あくまで盗犯によるものである以上，それは財物に限らず，財産上の利益でもよいとされている（前出中谷「注釈特別刑法(2)」269頁）。

　そして，「盗犯を防止し又は盗贓を取還せんとするとき」というのは，まさに犯されようとしている盗犯を未然に防止し，又は，既に犯された盗犯に係る「盗贓」を，犯罪の現場又はその現場と時間的，場所的に接着している場所で犯人から取り戻そうとすることを意味する（同上中谷270頁）。

イ　兇器を携帯して又は門戸牆壁等を踰越損壊し若は鎖鑰を開きて人の住居又は人の看守する邸宅，建造物若は船舶に侵入する者を防止せんとするとき（2号）

　次に，2号の要件であるが，ここでの文言についての意味・内容は，既に，盗犯法2条1号及び3号で説明したことと同様である（なお，「艦船」は軍艦を含み，「船舶」は軍艦を含まない。）。

　本号は，そのような状況において，侵入しようとする者を防止しようとする場合に適用される。この場合の「侵入」は，刑法130条前段に規定されている住居侵入罪の「正当な理由がないのに，人の住居若しくは人の看守する邸宅，建造物若しくは艦船に侵入し」における「侵入」と同じと考えてよい。そして，本号の「侵入する者」とは，既に侵入した者のみならず，侵入行為に着手した者をも含むと解される（前出中谷「注釈特別刑法(2)」274頁）。

ウ　故なく人の住居又は人の看守する邸宅，建造物若は船舶に侵入したる者又は要求を受けて此等の場所より退去せざる者を排斥せんとするとき（3号）

　そして，3号の要件であるが，その前半部分の主体は，上記に説明した住居侵入罪における侵入者と同様であり，後半部分の主体は，刑法130条後段に規定されている不退去罪である「要求を受けたにもかかわらずこれらの場所から退去しなかった者」に対するものと同様である。

　この後者については，適法に又は過失によって立ち入った者が，退去を要求する権限のある者から退去を要求されたのに，これに反して退去しなかったことを意味するものである。元々違法に立ち入った者に対しては，「故な

く人の住居（中略）に侵入したる者」に該当するからである。

　そして，「排斥せんとする」とは，侵入者又は不退去者を実力で当該場所の外に排除することをいい，その方法如何を問うものではない（前出中谷「注釈特別刑法(2)」276頁）。

3　裁判例

　実際に本条項が適用された事案として，**平成5年1月26日東京高裁判決（判タ808号237頁）** が参考になる。

　これは，ベトナム難民であった被告人が，その姪であるHと共に国際救援センター宿泊棟に起居していたところ，某日深夜，同施設のH方居室において，Tから刃体の長さ約23センチメートルの包丁で突きかかられたため，これをTから奪い取ったが，なおもTが被告人に組み付いてきたことに激昂し，とっさに，Tを殺害しようと決意し，奪い取った包丁でTを多数回突き刺し，失血により死亡させたという事案である。

　東京高裁は，「被告人の本件刺突行為は，TがHの居室に押し入ってHに包丁を突きつけ，その場に駆けつけた被告人がそれを制止してTを室外に押し出そうとしたところ，Tから包丁で2度にわたって攻撃を受けたため，その包丁を奪い，これを用いてTの攻撃をかわし，Tを室外に追い出そうとしたのに，なおもTが包丁を取り返そうと両手で被告人の首若しくは頭を上から押さえてきたことから，被告人が自己の生命・身体を守るためTに対して加えられたもので，たとえこれが未必的殺意の下に行われたとしても，直ちに相当性を超えるとまでは認め難く，被告人の本件行為について，刑法36条1項，盗犯法1条1項3号による正当防衛の成立を否定することができない。」旨判示した。

　この事案では，Hの居室という他人の住居に，包丁という凶器を持って侵入したTに対し，Hの貞操や身体に対する現在の危険があったことからこれを排除するために，被告人がTの包丁を奪って刺したものと認められるという事実認定を前提とする以上，刑法36条2項の過剰防衛が認められる場合ではなく，盗犯法1条により正当防衛が成立すると考えるべきであったと考えられる。

4　想定事例8の結論

　想定事例8では，人の住居に凶器を携帯して侵入した犯人に対し，退去を求

めたところ，犯人がこれに応じなかったことから，これを排斥しようとしたものである。甲野は，自己の生命等に対する危険を感じていたところ，無言で立ちすくんでいた相手について，「現在の危険」があるかどうか若干問題とはなるが，居宅の中に凶器を持って立ち入っている以上，これも認められるであろう。そして，そのような犯人を立ち退かせて排斥するために，木刀で殴打したものであり，甲野の行為は，盗犯法1条3号に該当する。したがって，正当防衛の要件を満たし，甲野には犯罪は成立しない。

5　参考事案

なお，参考までに，盗犯法1条の正当防衛等は認められないものの，類似の事案があったことから，ここに紹介しておくこととする（以下の事実関係等は新聞等のマスコミ報道によるものである。）。

これは，昭和63年，単身赴任先から帰宅していた男性Aが，深夜に自宅に侵入した後逃げ出した犯人Bに対し，木製バットを持って追いかけ，約50メートル追跡した後に，犯人Bの後頭部を所携のバットで殴打したところ，その犯人が死亡してしまったという事案である。

男性Aは，「自分の留守に何度も妻の下着が盗まれたり，のぞかれたりして家族がおびえていたので，犯人を捕まえようと思った」旨供述していた。

しかしながら，犯人Bは，既に外へ逃げており，差し迫った違法状態はなくなっていたことや，犯人Bは凶器を持たずに攻撃の姿勢を全く示していなかったにもかかわらず，何の警告も与えずに後頭部を一撃していることなどから，盗犯法1条の要件を満たさないのはもちろんのこと，正当防衛にも過剰防衛にも該当しないし，更には，正当な逮捕行為とも認められず，したがって傷害致死罪の成立は避けられないと考えられた。

そこで，傷害致死罪が成立するとした上で，どのような処分が適切であるか，担当検察庁で検討したところ，①男性Aは，自宅に妻子，祖母ら5人を残して単身赴任しており，事件の半年程前から，その留守中の深夜に度々男が侵入し，窃盗やのぞきの被害に遭っていたこと，②そのような度重なる被害に対し，防犯装置を注文するなど自衛策を講じていたものの，家族の恐怖は深刻であったこと，③男性Aは，事件の翌朝には勤務先に戻らなければならなかったため，極度の不安と緊張の中にあったものと認められること，④事件当夜，通報を受けた警察が

男性A方に急行しようとしたものの、その家の所在が分からず、到着まで20分もかかったように、警察の速やかな対応が期待できなかったこと、⑤男性Aの行為には、家族を守るためにやむを得ないところがあったこと、⑥犯人Bの遺族と示談が成立し、被害者側も処罰を求めていないことなどから、傷害致死罪という重罪であったものの、あえて処罰をする必要はないと考えられ、起訴猶予とされたものであった。

問19 盗犯法1条2項（誤想防衛の免責）についてはどのように考えるべきか。

【解　答】

盗犯法1条2項は、
　　前項各号ノ場合ニ於テ自己又ハ他人ノ生命、身体又ハ貞操ニ対スル現在ノ危険アルニ非ズト雖モ行為者恐怖、驚愕、興奮又ハ狼狽ニ因リ現場ニ於テ犯人ヲ殺傷スルニ至リタルトキハ之ヲ罰セズ
と規定しており、窃盗・強盗犯人等を殺傷した場合における刑事責任の免責について定めている。すなわち、一般市民が窃盗・強盗犯人等の侵入を受けた場合に、恐怖、驚愕、興奮又は狼狽により判断能力を失って、実際にはそのような危険がなかったにもかかわらず、無意識のうちに反撃行為に出るなどして、犯人を殺傷することもあり得るところ、必ずしもそのような行為を非難することはできないことから、刑事責任を問わないとしたものである。
　そして、この規定は、誤想防衛の場合の免責規定と考えられている。そもそも、誤想防衛については刑法上特段の規定がされているわけではないが、そのような場合には、責任要素としての故意が阻却されるなどとして、理論上、犯罪が成立しない場合とされている。
　昭和42年5月26日最高裁決定（刑集21巻4号710頁）は、「盗犯等の防止及処分に関する法律1条2項は、同条1項各号の場合において、自己または他人の生命、身体または貞操に対する現在の危険がないのに、恐怖、驚愕、興奮または狼狽により、その危険があるものと誤信して、これを排除するため現場で犯人を殺傷した場合に適用される規定であって、行為者にそのような誤信のない場合には適用がないものと解するのが相当である。」として、誤想防衛の場合における免責規定で

あることを明らかにしている。

　ただ，本項の適用に当たっては，「恐怖，驚愕，興奮又は狼狽」により犯人を殺傷しても「之を罰せず」として責任阻却事由としていることから，この「恐怖，驚愕，興奮又は狼狽」は，相当高度に異常な精神状態であることを意味するものである。したがって，本項を適用する場合には，軽度の立腹，憤激程度では不十分であることをよく認識しておく必要がある。

1) 常習特殊窃盗や常習特殊強盗等についても，刑法 57 条の累犯加重の規定は適用される。というのは，常習特殊窃盗や常習累犯窃盗，また，常習特殊強盗や常習累犯強盗といったものであっても，累犯になるものとならないものがあり（例えば，常習特殊窃盗であれば必ずしも服役前科がなければ成立しないというものではないし，常習累犯窃盗であっても過去 10 年以内に 6 月以上の服役前科 3 回という要件は，累犯となる 5 年以内という要件を満たさずとも成立し得るものである（5 年より前の時点で，上記の 3 回の服役をしたような場合など）。），累犯となる常習特殊窃盗等であれば，そうでないものより重く処罰しなければならないのは当然であるし，また，下記の表を見れば明らかなように，刑法の強盗に累犯加重されれば，その法定刑の上限は懲役 30 年となるのに対し，累犯加重の要件を備えているにもかかわらず，常習累犯強盗について累犯加重がされなければ，その法定刑の上限は懲役 20 年となって，より悪質な犯罪に及んだ方が刑が軽くなるという不都合が生じるからである。

〈懲役刑の比較〉

	窃盗罪 ※50万円以下の罰金刑あり	累犯加重による窃盗	2条・常習特殊窃盗 3条・常習累犯窃盗	累犯加重による 2条・常習特殊窃盗 3条・常習累犯窃盗
下限	1月以上の懲役	1月以上の懲役	3年以上の懲役	3年以上の懲役
上限	10年以下の懲役	20年以下の懲役	20年以下の懲役	30年以下の懲役

	強盗罪	累犯加重による強盗	2条・常習特殊強盗 3条・常習累犯強盗	累犯加重による 2条・常習特殊強盗 3条・常習累犯強盗
下限	5年以上の懲役	5年以上の懲役	7年以上の懲役	7年以上の懲役
上限	20年以下の懲役	**30年**以下の懲役	20年以下の懲役	**30年**以下の懲役

2）　この問題についての判例の立場は，次のとおりであり，具体的には，被告人の器物損壊行為が本条にいう「常習として」に該当するかどうか争われた事案がある。その際の被告人の器物損壊の前科としては，罰金5000円に処せられた1件だけであり，他に傷害により罰金1万5000円に処せられた前科がある以外には，暴行，脅迫の前科はなく，本件犯行も1件の器物損壊だけという事案において，「暴力行為等処罰ニ関スル法律第1条ノ3にいわゆる常習とは，同条にかかげる刑法各条に規定する各個の犯罪行為についての常習性のみを指すものではなく，これらの犯罪行為を包括して考え，かかる暴力を要素とする犯罪行為を習癖的に犯す場合をも含むものと解すべきであるから，前記傷害罪の前科もまた右常習性を認定する資料となり得るものというべきである」（**昭和47年9月25日東京高裁判決・判タ289号386号**）と判示して，「常習として」の判断については，常習性は包括的に暴力行為一般を繰り返すことについての常習性であるとの見解であることを明らかにしている。この見解の理由付けとしては，傷害，暴行，器物損壊は，粗暴な行動を要素とする攻撃的犯罪として共通の性格を有すること，暴行と脅迫は，刑事学上犯罪の手段としてしばしば並列的に規定されていること（例えば，刑法95条，177条，236条等）などから，本条の各個の罪について各別に考えるべきではなく，これらを包括した暴力行為の常習として捉えるべきであるから（警察庁刑事局調査統計官（編著）判例中心「特別刑法」補訂版229〜230頁等）とされている。

3）　なお，「前条ニ掲ゲタル刑法各条ノ罪又ハ其ノ未遂罪」には，それらの罪の幇助犯や教唆犯も含まれる（幇助犯につき，**昭和43年3月29日最高裁判決・刑集22巻3号153頁**）。法文に明確には記載されていないが，それらを除外する理由もないことから，当然のこととして記載されなかっただけであると理解されている。

4）　いわゆる迷惑防止条例違反の事案ではあるが，**平成15年6月2日最高裁判決（裁判集刑284号353頁）**の事案は，「常習犯としての痴漢行為」についての略式命令が発付されて確定した後に，その確定前に行われた余罪となる同様の痴漢行為が「単純痴漢」として起訴され，その略式命令も確定したところ，この後の略式命令が違法であったとして検察官から非常上告が申し立てられたものである。そして，同判決では，「原略式命令が認定した各所為は，その態様等に照らすと，別件略式命令で認定された犯行と同様，条例5条1項，9条2項に該当するとみるべきであり，かつ別件略式命令の確定する前の犯行であるから，別件略式命令で認定された犯行とともに1個の条例5条1項,9条2項の罪を構成するものであったというべきである。そうすると，既に別件略式命令が上記常習一罪の一部について有罪の裁判をしており，これが

確定していたのであるから，原裁判所としては，刑訴法463条1項により，通常の規定に従って審理をした上，同法337条1号により，判決で免訴の言渡しをすべきであった」として，後に出された新たな略式命令は，前に確定していた別件略式命令の既判力の範囲内にあり，一事不再理の効力として，免訴とされるとしたものである。

第20章　特殊開錠用具の所持等

> **例　題**　特殊開錠用具の所持の禁止等に関する法律における特殊開錠用具とは何か。また，指定侵入工具とは何か。どのような場合に，それらを所持，携帯することが犯罪となるのか。また，特殊開錠用具を販売することについてはどうか。

問題の所在

　ピッキング用具と呼ばれるドアの鍵などを開錠することのできる特殊な器具を使用して建物内に侵入し，窃盗等が敢行されるといった事犯が激増したことから，平成15年6月，特殊開錠用具の所持の禁止等に関する法律が制定され，同年9月から施行されている。
　そもそも，建物に侵入するのに用いられるような器具等を携帯することについては，軽犯罪法1条3号において，
　　　正当な理由がなくて合かぎ，のみ，ガラス切りその他他人の邸宅又は建物に
　　　侵入するのに使用されるような器具を隠して携帯していた者
に対しては，刑罰をもって臨むとしていたものの，その法定刑は，拘留又は科料であって，行為の危険性に比べて甚だ軽微なものであった。
　そのため，特殊開錠用具を所持していたような場合には，より重い刑罰をもって臨むことができるようにするため，上記法律が新しく定められたのである。
　そこで，この法律で規定されている特殊開錠用具所持罪や指定侵入工具隠匿携帯罪などの構成要件や判例の状況などがどのようになっているかについて，正確に理解しておく必要がある。

事　例

【想定事例】

　窃盗の常習犯で，ホームレス生活をしている被疑者甲野は，深夜，自転車で人通りのない住宅街を走っていたところ，乙野巡査に職務質問を受けた。自転車の籠にはリュックサックが入っており，そのリュックサックの中には，他人の家屋に侵入するための道具であるマイナスドライバー，軍手，ハンマーなどが入っていた。乙野巡査からリュックサックの中身について職務質問された甲野は，リュックサックの中を見せながらマイナスドライバーを取り出し，「マイナスドライバーは，近時，物騒なので護身用に持っていただけであるから，持っていても悪いことではないし，そもそも盗みに入るつもりなどないのであるから，たとえ護身用でなかったとしても持っていてもいいはずである」と主張した。
　被疑者甲野のこの主張は認められるか。

設問と解答

問1　特殊開錠用具とは何か。これについては，どのような規制がされているのか。

【解　答】

　特殊開錠用具の所持の禁止等に関する法律2条2号では，「特殊開錠用具」について，

　　ピッキング用具（錠に用いられるシリンダーをかぎを用いることなく，かつ，破壊することなく回転させるための器具をいう。）その他の専ら特殊開錠（施錠された状態にある錠を本来の方法によらないで開くことをいう。以下同じ。）を行うための器具であって，建物錠を開くことに用いられるものとして政令で定めるものをいう。

と定義付けており，具体的には，同法施行令1条において，特殊開錠用具として，
　①　ピッキング用具（法第2条第2号に規定するピッキング用具をいう。）
　②　破壊用シリンダー回し（特定の型式の建物錠のシリンダーに挿入して強制的に回転させることによりこれを破壊するための器具をいう。）

③　ホールソー（ドリルに取り付けて用いる筒状ののこぎりをいう。）のシリンダー用軸（特定の型式の建物錠のシリンダーに挿入して用いるための軸をいう。）

　④　サムターン回し（建物錠が設けられている戸の外側から挿入して当該建物錠のサムターン（かんぬきの開閉を行うためのつまみをいう。以下同じ。）を回転させるための器具をいう。）

の以上4種類の器具を規定している。

　そして，そのような特殊開錠用具を所持することについては，同法3条において，
　　　何人も，業務その他正当な理由による場合を除いては，特殊開錠用具を所持してはならない。

とし，同法16条において，1年以下の懲役又は50万円以下の罰金に処することとされている。

　ここでいう「所持」とは，物を自己の支配できる状態に置くことをいい，物理的に直接的に握持等するまでの必要はない。自宅内にあれば，事実上支配しているといえるのが通常であるから，そのような場合には，「所持」しているとみてよいであろう。

問2　指定侵入工具とは何か。これについては，どのような規制がされているのか。

【解　答】

　そもそも，侵入型の盗犯の実態に鑑みると，特殊開錠用具には当たらないものの，錠を開くために用いることのできる危険性が高い器具が用いられるケースも多いことから，そのような器具についても同様に規制する必要があった。

　そこで，同法2条3号では，「指定侵入工具」について，
　　　ドライバー，バールその他の工具（特殊開錠用具に該当するものを除く。）であって，建物錠を破壊するため又は建物の出入口若しくは窓の戸を破るために用いられるもののうち，建物への侵入の用に供されるおそれが大きいものとして政令で定めるものをいう。

と定義付けており，具体的には，同法施行令2条において，

　①　次のいずれにも該当するドライバー

　　イ　先端部が平らで，その幅が0.5センチメートル以上であること。

第20章　特殊開錠用具の所持等　395

ロ　長さ（専用の柄を取り付けることができるものにあっては，柄を取り付けたときの長さ）が15センチメートル以上であること。
　②　次のいずれにも該当するバール
　　　イ　作用する部分のいずれかの幅が2センチメートル以上であること。
　　　ロ　長さが24センチメートル以上であること。
　③　ドリル（直径1センチメートル以上の刃が附属するものに限る。）
の3種類の用具がこれに該当するものとされている。
　その上で，それら指定侵入工具に関して，同法4条において，
　　　何人も，業務その他正当な理由による場合を除いては，指定侵入工具を隠して携帯してはならない。
として，これに違反した場合には，先の特殊開錠用具の所持の場合と同様に，同法16条において，1年以下の懲役又は50万円以下の罰金に処することとされている。
　ここで規定されている構成要件から明らかなように，指定侵入工具に関しては，特殊開錠用具のように所持まで禁止することはせずに，軽犯罪法1条3号と同様に，隠匿しての携帯する場合にのみを禁止行為としている。特殊開錠用具は，特殊な業務による場合を除けば，窃盗などで用いるしかない用具であるのに対し，指定侵入工具は，日常生活で使用するために広く普及しているものであるため，その所持までも禁止することは，国民に対し過度の制約を課すこととなって適切ではないからである。
　具体的に，「隠して携帯」するとは，客観的に第三者から容易に覚知し得ない状態で，自己の身体に帯びるなど，事実上の支配がなされている状態であり，そこに隠匿しているとの認識をも有した状態であることをいう。例えば，乗用車のトランク内に収納して運転するような場合などはこれに該当するであろう。

問3　指定侵入工具隠匿携帯罪において，その成立を阻却する「業務その他正当な理由による場合」とはどのような場合を指すのか。例えば，ホームレスが何かの役に立つかも知れないと思ってバールを所持していたような場合には，この「業務その他正当な理由による場合」に該当するのか。

【解　答】

　本問の例のような場合には，通常は，この「業務その他正当な理由による場合」には該当しない。

　「業務その他正当な理由による場合」の内容や，上記の例の場合について明確に判断したものとして，**平成 18 年 3 月 10 日福岡高裁判決（高検速報（平 18）209 頁）**が参考になる。

　同判決では，第一審判決が，「本件においては，被告人が逮捕直前に自販機荒らしをしたことを推認させる客観的な証拠はなく，ホームレス生活をしていた被告人の，逮捕された 20 分くらい前に工具類の入った土のう袋を道端で拾い，何かに役立つかもしれないと考えて自転車の前かごに入れていたとの弁解を否定することはできず，ホームレス生活をしていた被告人が本件バールを持ち歩くのを直ちに『業務その他正当な理由による場合』に該当しないと認めるには合理的な疑いがあるとして無罪とした」ことに対し，「特殊開錠用具の所持の禁止等に関する法律4条にいう『業務その他正当な理由による場合を除いて』とは，職務上あるいは日常生活上の必要性から，社会通念上，正当と認められない場合をいうと解するのが相当であり，その有無は，携帯者の職業や携帯の状況等の客観的要素及びその者の携帯に係る動機・目的・認識等の主観的要素を加味して総合的に判断すべきである。なお，正当な理由がなく法4条該当の工具を隠匿携帯したものである以上，建物に侵入して犯罪を行うという意図が必要であるということはできないほか，仮に侵入盗以外の違法目的があったとしても，本条の該当性を左右しないと考えられる。

　そこで，正当な理由の有無について検討するに，（ア）被告人が，通常，人の行動する時間とは言えない深夜に，自転車で市中を徘徊していたこと，（イ）その際，被告人が，ホームレス生活をしていたというにもかかわらず，寝具，防寒具，食器類，洗面用具などの生活用具は携帯せず，若干の食品や水などを除けば，法4条，2条3号，特殊開錠用具の所持の禁止等に関する法律施行令2条2号に該当すると認められる本件バールをはじめ，容易に窃盗用具に転用可能な工具類や，マスク，軍手，懐中電灯を土のう袋の中に携帯していたこと，（ウ）被告人が本件工具類を携帯するに至った経緯につき，捜査段階の当初は，道路工事現場の資材置き場から盗んだ旨供述し，その後も次々と供述を変更して，結局，逮捕された現場付近の道端に，土のう袋に入って落ちていた工具類を拾ったと供述するに至っていること，

（エ）このように供述が変遷した理由は，警察に逮捕されて気が動転し，頭が混乱していたためというのであって，到底，人を納得させるものではなく，本件工具類を携帯した明確な目的を説明することができなかったことなどからすると，被告人は職業上の必要性（被告人は日雇い仕事をしていたというが，仕事上の必要から携帯していたとは主張していない。）はもとより，生活のために必要があって携帯していたとも認められず，したがって本件バールを隠して携帯することが，『業務その他正当な理由による場合』でないことは明らかである。」と判示した。

この事案では，被告人が窃盗に及ぶために本件バール等を所持していた疑いが極めて濃厚な事案であったことから，そもそも事実認定上の問題として「業務その他正当な理由による場合」でないことは明らかであろう。

したがって，仮にホームレスが窃盗に及ぶおそれが全くない状態で，指定侵入工具であるバール等を携帯していた場合には，より慎重な判断が必要とされるものの，ホームレスの日常生活においても，通常は，バールが必要不可欠というものとはいえず，「携帯者の職業や携帯の状況等の客観的要素及びその者の携帯に係る動機・目的・認識等の主観的要素を加味して総合的に判断すべきである。」との観点から判断するにしても，「業務その他正当な理由による場合」であるとは認め難いであろう。

問4 では，この「業務その他正当な理由による場合」の有無を検討するに当たって，侵入盗目的があるか，その疑いが濃厚な場合でなければ，この指定侵入具隠匿携帯罪が成立しないと解する見解は正しいか。

【解　答】

そのような見解は正当ではない。**問3**の福岡高裁判決でもこれを否定しているが，この点について明確な判断を示したものとして，**平成18年10月5日東京高裁判決（高検速報（平18）204頁）**が参考になる。

同判決では，まず，「同法4条の『業務その他正当な理由による場合』とは，指定侵入工具を隠して携帯することが，職務上あるいは日常生活上の必要から，社会通念上，正当と認められるような場合をいうのであり，これに該当するか否かは，指定侵入工具を隠して携帯する者の職業やその者が指定侵入工具を隠して携帯して

いる状況等の客観的要素に加えて，その者の隠匿携帯に係る認識，動機，目的等の主観的要素を総合的に勘案して判断されるべきものと解される。」として同法4条の解釈基準を示した。

　その上で，弁護人の所論は，「同法4条にいう『業務その他正当な理由による場合』とは，指定侵入工具を本来の用途に使う場合のほか，侵入盗目的以外の目的が認められ，かつ，当該目的以外に侵入盗をも目的としている疑いが希薄な場合を含む，逆にいえば，侵入盗目的があるか，その疑いがある程度濃厚な場合に限って同法4条違反の罪が成立する，と解すべきであるとの見解に立ち，被告人は本件バールを護身用に携帯していたのであり，侵入盗の目的はなかったのであるから，『業務その他正当な理由による場合』に当たる，と主張する。しかし，同法4条は，建物への侵入の用に供されるおそれが大きい工具である指定侵入工具を隠して携帯することが，建物に侵入して行われる犯罪に結びつくおそれが定型的に高いことから，そのような抽象的危険性のある行為自体を，業務その他正当な理由による場合でない限り禁止したものと解されるのであり，所論のいうように，侵入盗の目的があるかその疑いがある程度濃厚な場合に限って同法4条違反の罪が成立すると解することはできない。

　所論は，同法が成立した第156回国会における法案審議の過程で，国家公安委員会委員長が『周囲の状況等からして建物への侵入等を謀っているという疑いがやはり濃厚でなければこの条項（4条）を適用するわけにはいかないんだろうと思います。』（平成15年5月27日第156回国会参議院内閣委員会会議録第10号）などと答弁していることを根拠として，このような立法経過からすれば，侵入盗目的がない場合やその疑いが希薄である場合は，『業務その他正当な理由による場合』に当たると解すべきであると主張する。しかし，同法4条が行為者において指定侵入工具を侵入犯罪の用に供する目的を有することを犯罪成立の要件としていないことは上述したとおりであり，法案審議の過程でもそのことは繰り返し説明されている。所論の指摘する上記の答弁は，同法4条違反の罪が目的犯ではないことを当然の前提とした上で，同法4条による取り締まりを実施するに当たっては慎重な運用が必要であるとの趣旨を述べたものと解されるのであり，侵入目的がない場合やその疑いが希薄である場合は『業務その他正当な理由による場合』に当たるとの見解を述べたものでないことは明らかである。」として，侵入目的が必要とされるわけではないことを明確に判示した。

問5　指定侵入工具隠匿携帯罪の構成要件である「隠して」の要件につき，例えば，車両内の運転席の足下付近など外部から一見しただけでは見つかり難いものの，よく見れば分かるような場所に置かれていた場合は，この「隠して」に該当するのか。

【解　答】

　この点については，**平成16年5月25日東京地裁判決（判タ1176号314頁）**の事案が参考になる。
　この判決では，指定侵入工具であるマイナスドライバーを「隠して」いたかどうかの解釈につき，次のとおり判示した。
　すなわち，弁護人が，マイナスドライバー（以下「本件ドライバー」という。）は運転席ドアを開ければ誰でも一目で見出すことができる状況にあったから「隠して携帯していた」とは言えないなどと主張していたことに対して，本件判決は，「関係各証拠によれば，本件ドライバーが同法2条3号及び同法施行令2条1号にいう指定侵入工具に該当することは明らかである。また，同条にいう『隠して携帯』するとは，これらの指定侵入工具を，日常生活を営む自宅ないし居室以外の場所において，いつでも使用できるような状態で，かつ，他人が通常の方法で観察した場合その視野に入ってこないような状態，すなわち人の目に触れにくい状態で，身に帯びるとか自己の身辺近くに置くことによって事実上その支配下に置いている状態をいうと解されるところ，関係各証拠によれば，本件ドライバーは，被告人車両の運転席ドアと運転席シートの間の隙間でトランクレバーの下に置かれていたものであって，運転席ドアを閉めた時に外部から見ることができない状態にあったのはもちろん，運転席ドアを開けた時でも，本件ドライバーの大部分がシートの下に隠れてしまっていたため，一見しただけではそれと気付かず，気を付けて見ないと見過ごしてしまうような状態で置かれていたと認められることからすれば，客観的には，同条にいう『隠して携帯』していた場合に当たると解するのが相当である。」としたものである。
　したがって，この問の場合も「隠して」に該当する。

問6 指定侵入工具隠匿携帯罪の構成要件である「携帯」とは，当該指定侵入工具を車両のダッシュボードに入れたままにして当該車両から離れていたような場合においても「携帯」に該当するのか。このような場合は，「所持」にはなっても「携帯」には該当しないのではないのか。

【解　答】

　車両のトランクに入れたまま運転していた場合については，当該車両の中に被疑者もいるのであるから，「携帯」に該当することは明らかであるが，たとえ一時的に当該車両から離れていても，自己の支配が及んでいると認められる限り，それは「携帯」に該当する。
　この点について明確に判断したものとして，**平成17年6月16日東京高裁判決（高検速報（平17）123頁）**が参考になる。
　同判決では，「2月3日被告人車が捜索を受けた際，同車ダッシュボード内，助手席ドアポケット内及びコンソールボックス内から本件マイナスドライバー各1本，トランク内から本件バール1本が発見されているところ，被告人はこれらを日頃から使用している被告人車に積み，前夜来同車を上記ホテル駐車場に駐車して同ホテルに宿泊していたことが認められる。このように本件各工具は場所的移動を伴うことを前提とした隠匿保管状況にあったと認められるから，特殊開錠用具の所持の禁止等に関する法律（以下「本法」という。）1条に規定する目的，すなわち建物に侵入して行われる犯罪の防止という観点に照らすと，特段の事情のない限り，この自動車を使用する者がした行為としての隠匿保管をもって本法4条にいう『携帯』に該当すると解するのが相当である。
　そして，関係証拠によれば，被告人は窃盗罪等により上記駐車場で通常逮捕されたところ，これに先立つ原判示直前最初に警察官と接触した際の被告人がいた具体的な場所は明確となっているわけではないものの，被告人は自己の宿泊していた客室を退去しホテル内を歩行していたことは明らかであって，要するに被告人車を運転開始するに当たっては被告人に何らの障害となる特段の事情はなかったと認められる。原判決認定のとおり『携帯』と認めるのが相当である。
　所論は，乗り物内等における携帯は犯人が乗車中であるか運転中である場合に限られ，本件のような場合は，所持とはいえても携帯とはいえないと主張する。

第20章　特殊開錠用具の所持等　401

なるほど，携帯は所持より狭い概念であり日常生活を営む自宅，居室以外の場所においてその物を直ちに使用できるような状態で身辺に置くことをいうが，前示のとおりの建物への侵入という危険を予め防止するという本法の目的にかんがみると，ここにいう直ちに使用できるような状態若しくはいつでも使用できるような状態とは侵入対象建物の狙いを定めた場合には直ちに使用できる状態と解するのが相当であって，どのような事態においても常に直ちに使用できるような状態になければならないとは解しがたいから，本法における携帯を所論のようにいわば手の届くところにある場合と限定的に解釈しなければならない理由は乏しいと思われる。所論は採用できない。」として，使用しようと思えばいつでも使用できる状態にある限り，それは「携帯」に該当するとしたものであり，極めて正当な判断であるといえよう。

　したがって，この問の場合も「携帯」に該当する。

[問7] 特殊開錠用具を販売することは，この法律で規制されているのか。

【解　答】

　同法15条は，
　　業務その他正当な理由によることなく所持することの情を知って特殊開錠用具を販売し，又は授与した者は，2年以下の懲役若しくは100万円以下の罰金に処し，又はこれを併科する。
と規定して，その販売等の行為に対して刑罰をもって臨むこととしている。

　そもそも同法3条で，特殊開錠用具の所持を禁じていることから，その販売行為は，当然に当該用具の所持に対する幇助罪を構成する。

　しかし，この種の用具の販売等は，しばしば営利の目的でなされることもあり，また，侵入犯罪の危険性を社会に拡散させることとなるのであるから，単なる所持行為より悪性が強いものであって，より重い処罰が必要とされるものである。

　したがって，その法定刑も2年以下の懲役若しくは100万円以下の罰金に処し，又はこれを併科することとして，より重く処罰することとしている。

　ここで規定されている「販売」とは，当該特殊開錠用具の所有権を，不特定又は多数人に対して有償で移転させることをいい，「授与」とは，上記の販売以外の方

法で当該特殊開錠用具の譲渡・交付をする全ての行為を指すものと解される。

問8 想定事例についてはどのように考えたらよいのか。

【解　答】

1　被疑者甲野の主張は認められない。**問3**の事例のように，想定事例でも窃盗に及ぶおそれが極めて高いと思われる状況にあるのであって，そもそも護身用に所持したというその弁解自体が信用のできないものであり，事実認定の問題として，護身用に所持していたものとは認められないとしてよいと思われる。また，マイナスドライバーを護身用に用いるということも実際の場面では想定し難く，その主張自体においても失当と考えられるであろう。

　また，**問4**の事例でも護身用に所持していたということは弁護側から主張され問題とされたものの，同判決では，護身用であるか否かについて特段の判断を示しておらず，その意味では，事実認定の問題として，護身用であるとの主張自体信用できないとしたものと考えられる。

　ただ，だからといって，護身用に所持したという主張が「業務その他正当な理由による場合」に全く該当しないのかというと，必ずしもそうではないことに留意しておく必要がある。場合によっては，それが真実，護身用であり，それが相当性を備えているような場合には，「業務その他正当な理由による場合」に該当すると判断される場合もあるからである。

2　実際にこの問題に関して示された判断は，本法律違反の事案ではなく，軽犯罪法1条2号の

　　　正当な理由がなくて刃物，鉄棒その他人の生命を害し，又は人の身体に重大な害を加えるのに使用されるような器具を隠して携帯していた者

についての判断であるが，**平成21年3月26日最高裁判決（刑集63巻3号265頁）**が参考になる。

(1)　この事案の公訴事実は，「被告人は，正当な理由がないのに，平成19年8月26日午前3時20分ころ，東京都新宿区西新宿内の路上において，人の生

命を害し，又は人の身体に重大な害を加えるのに使用されるような器具である催涙スプレー1本をズボンの左前ポケット内に隠して携帯していたものである。」というものであった。

そして，第一審判決は，上記公訴事実どおりの事実を認定した上，軽犯罪法1条2号を適用して被告人を科料9000円に処し，原判決である控訴審判決もこれを維持した。

すなわち，原判決及びその是認する第一審判決は，被告人が本件で携帯した催涙スプレー1本（以下「本件スプレー」という。）が，本号にいう「人の生命を害し，又は人の身体に重大な害を加えるのに使用されるような器具」に当たり，被告人はこれをズボンの左前ポケット内に入れていたのであるから，同号にいう「隠して携帯」（以下「隠匿携帯」という。）に当たり，かつ，被告人が同スプレーを隠匿携帯したことにつき，同号にいう「正当な理由」も認められないと判断したものであった。

(2) そのような下級審判決に対し，本件最高裁判決は，まず，本件スプレーは，本号にいう「人の生命を害し，又は人の身体に重大な害を加えるのに使用されるような器具」に該当すると判断した上，被告人が，本件当夜，同スプレーを隠匿携帯したことには，同号にいう「正当な理由」があったかどうかについて，次のとおり判断した。

すなわち，「原判決が是認する第1審判決の認定によれば，①被告人は，その勤務する会社で経理の仕事を担当しており，有価証券や多額の現金をアタッシュケースに入れて，東京都中野区にある本社と新宿区にある銀行との間を電車や徒歩で運ぶ場合があったところ，仕事中に暴漢等から襲われたときに自己の身体や有価証券等を守る必要を感じ，護身用として催涙スプレーを入手しようと考えて本件スプレーを購入した，②被告人は，ふだん，かばんの中に本件スプレーを入れて中野区にある自宅から出勤し，仕事で銀行へ行くときには，同スプレーを取り出して携帯し，自宅に持ち帰った際には同かばんの中に入れたままにしていた，③被告人は，健康上の理由で医師から運動を勧められており，日常，ランニングやサイクリング等の運動に努めていたところ，本件当夜は，その前日である平成19年8月25日の夕方から夜まで寝てしまったため，翌26日午前2時ころ，自宅から新宿方面にサイクリングに出掛けることにし

たが，その際，万一のことを考えて護身用に本件スプレーを携帯することとし，前記かばんの中からこれを取り出してズボンの左前ポケット内に入れ，本件に至ったというのである。

　思うに，本号にいう『正当な理由』があるというのは，本号所定の器具を隠匿携帯することが，職務上又は日常生活上の必要性から，社会通念上，相当と認められる場合をいい，これに該当するか否かは，当該器具の用途や形状・性能，隠匿携帯した者の職業や日常生活との関係，隠匿携帯の日時・場所，態様及び周囲の状況等の客観的要素と，隠匿携帯の動機，目的，認識等の主観的要素とを総合的に勘案して判断すべきものと解されるところ，本件のように，職務上の必要から，専門メーカーによって護身用に製造された比較的小型の催涙スプレー1本を入手した被告人が，健康上の理由で行う深夜路上でのサイクリングに際し，専ら防御用としてズボンのポケット内に入れて隠匿携帯したなどの事実関係の下では，同隠匿携帯は，社会通念上，相当な行為であり，上記『正当な理由』によるものであったというべきであるから，本号の罪は成立しないと解するのが相当である。」と判示したのである。

(3)　ただ，この最高裁判決は，あくまでこの事案に則して，この場合には，防御用に携帯していたことが「正当な理由」によるものとされたにすぎず，同判決における甲斐中裁判官の補足意見で，そのことについての注意が喚起されているので，併せてその補足意見も紹介しておく。

　甲斐中裁判官は，「私は，法廷意見に賛成するものであるが，本判決は，飽くまで事案に即した判断を行ったものであり，催涙スプレーの隠匿携帯が一般的に本号の罪を構成しないと判断したものではないことを明確にしておくため，補足して意見を述べる。

　被告人は，本件の約1年前に職務上の必要から本件スプレーを入手し，必要に応じて携帯していたが，本件当夜，健康上の理由から深夜のサイクリングに出掛けるに際して，暴漢等との遭遇が考えられないでもない場所を通ることから，万一の事態に備えて防御用として同スプレーを隠匿携帯したものである。さらに，記録を調べても，被告人には，本件に至るまで前科・前歴がなく，犯罪とは無縁の生活を送ってきたと考えられるところ，本件スプレーの上記隠匿携帯につき，被告人が，暴漢等から襲われた際に身を守る以外の意図を有して

いたことをうかがわせる事情は見当たらない。当裁判所は，いわゆる体感治安の悪化が指摘されている社会状況等にもかんがみれば，前記のような事実関係の下における被告人の本件スプレーの隠匿携帯は，本号にいう『正当な理由』によるものであったと判断した。

　なお，防犯用品として製造された催涙スプレーであっても，現に，そのようなスプレーを使用した犯罪等も決してまれではないことからすれば，本号により取り締まることの必要性，合理性は明らかであって，犯罪その他不法な行為をする目的で催涙スプレーを隠匿携帯することが，上記『正当な理由』の要件を満たさないことはもとより，これといった必要性もないのに，人の多数集まる場所などで催涙スプレーを隠匿携帯する行為は，一般的には『正当な理由』がないと判断されることが多いと考える。」と述べていることも頭に入れておく必要があろう。

3　また想定事例では侵入目的を否定する主張もされているが，これについても**問4**で述べたとおり，そのような目的の存在が構成要件となっているわけではないので，主張自体失当である。

　よって被疑者甲野には本法違反の指定侵入工具隠匿携帯罪が成立する。

第21章　資源ごみとなる古紙等の持ち去り

> **例　題**　路上に放置された資源ごみについては，依然として元の所有者の占有は及んでいるのか。それを勝手に持ち去る行為は，窃盗罪やその他の法令違反を構成するのか。資源ごみの対価を取得する団体や個人による勝手な持ち去りを禁ずる旨の表示があった場合はどうか。

問題の所在

　資源ごみの持ち去りが問題となったのは，東京都世田谷区における「世田谷区清掃・リサイクル条例」の関係である。同条例31条の2第1項は，
　　第35条第1項に規定する一般廃棄物処理計画で定める所定の場所に置かれた廃棄物のうち，古紙，ガラスびん，缶等再利用の対象となる物として区長が指定するものについては，区長及び区長が指定する者以外の者は，これらを収集し，又は運搬してはならない。
として，再利用の対象となる物として指定された物については，勝手な持ち去りを禁じている（なお，同条例35条1項は，「区長は，規則で定めるところにより，一般廃棄物の処理に関する計画（中略）を定め，これを遅滞なく公表しなければならない。」とする。）。
　そして，同条例31条の2第2項においては，
　　区長は，区長が指定する者以外の者が前項の規定に違反して，収集し，又は運搬したときは，その者に対し，これらの行為を行わないよう命ずることができる。
として，上記物を勝手に持ち去った者に対して，そのような行為をしないように命令することができ，そして，それでもまだ同様の行為に及んだ者については，同条例80条で，
　　次の各号の一に該当する者は，200,000円以下の罰金に処する。

とした上，同条1号で

　　第31条の2第2項の規定による命令に違反した者

としていることから，区長の命令に違反して上記物の持ち去りを繰り返した者に対しては，20万円以下の罰金に処せられることになる。

　つまり，東京都世田谷区では，上記世田谷区清掃・リサイクル条例により，一般廃棄物処理計画で定める所定の場所から，区長が指定する者以外の者については，古紙など再利用の対象として区長が指定したものを収集し又は運搬することが禁止されているところ，区長が指定する者以外の者が，同条例の規定に基づき区長から再度そのような行為を行わないように命ぜられたにもかかわらず，再び所定の場所から古紙など回収する行為に及んだ場合，そのような者に対して，20万円以下の罰金による刑罰をもって臨むとしているものである。

　そこで，このような違反に及んだ者が同条例違反で起訴されたところ，本条例の罰則規定のうち「所定の場所」という概念があいまい不明確であるとして憲法31条に違反するとか，本条例は条例制定権の範囲を超えており憲法94条に違反するなどとして争われたことから問題となったものである。

事　例

【想定事例】

　古紙回収業を営んでいた被疑者甲野は，資源ごみ置き場である路上に置かれた古新聞紙などを勝手に持っていった。その古新聞紙などは，地域住民によって資源ごみ置き場に出されたものであり，地域の自治会などがこれを販売することで，活動費の補助に充てていたものであった。そして，資源ごみ置き場には特段の囲いなどはなく路上に表示されているだけであるが，その付近の電信柱には，「自治会の資金に充てますので，回収を依頼した業者以外の人は持っていかないでください。」と書かれた紙が貼ってあった。

　被疑者甲野の刑責如何。

設問と解答

問1 被告人は，上記条例違反事件において，以下のような公訴事実により起訴された。問題となるのはどのような点か。

　被告人は，世田谷区長が指定する者以外の者であるのに，平成16年6月23日午前9時40分ころ，世田谷区清掃・リサイクル条例35条1項に規定する一般廃棄物処理計画で定める所定の場所である東京都世田谷区○○先路上において，同所に置かれた古紙を収集したため，同日，同区長から，同条例31条の2第2項の規定により，古紙，ガラスびん，缶等再利用の対象として同区長が指定したものを収集し，又は運搬する行為を行わないよう命ぜられた者であるが，同年11月10日午前7時24分ころ，上記一般廃棄物処理計画で定める所定の場所である同区△△先路上において，同所に置かれた再利用の対象として同区長が指定したものである古紙約12.1キログラムを普通貨物自動車に積み込んで収集し，もって，上記命令に違反したものである。

【解　答】

　ここでは，本条例31条の2及びその罰則規定である79条1号（当時）の各規定が，①条例制定権の範囲を超えていることから憲法94条に違反しているとして，また，②32条の1第1項の「所定の場所」が犯罪構成要件要素である犯行場所としての明確性・公示性に欠けているとして憲法31条に違反するとして問題とされた。

　まず，①の条例制定権の範囲に関しては，これに関する法律として，廃棄物処理法7条1項は，

　　一般廃棄物の収集又は運搬を業として行おうとする者は，当該業を行おうとする区域（中略）を管轄する市町村長の許可を受けなければならない。ただし，事業者（中略），専ら再生利用の目的となる一般廃棄物のみの収集又は運搬を業として行う者その他環境省令で定める者については，この限りでない。

としているところ，その但書は，再生利用の目的となる一般廃棄物のみの収集等の場合には，市町村長の許可などなくても，それらの行為に及ぶことが許されているという趣旨であるところ，本条例は，再利用の対象とされる物について，区長が指

定する者でなければ収集等ができないこととなり，廃棄物処理法の趣旨に反することとなるのではないか，そうなると，それは条例制定権の範囲を逸脱するのではないかと問題にされたのである。

次に，②の「所定の場所」についてであるが，世田谷区において制定された一般廃棄物処理計画には，本条例31条の2第1項にいう「所定の場所」について，場所の特定及び場所の定め方を含め一切の記載がなく，これについての規定が欠落している上，同条項にいう「所定の場所」が一般廃棄物処理計画にいう「定められた場所」であると解されるとしても，「定められた場所」という言葉も具体的な特定の場所を示すものではないことなどから，これだけでは「所定の場所」の明確性・公示性に欠けるおそれがあるのではないかと問題にされたのである。

問2 それで，上記各争点について，第一審判決はどのように判示し，控訴審判決はどのように判示したのか。

【解　答】

1　第一審判決

　第一審の**平成19年3月26日東京簡裁判決**（判タ1258号89頁）は，本条例の規定は，条例制定権の範囲を逸脱しており，また，「所定の場所」についても犯行場所としての明確性・公示性に欠けているとして無罪とした。

2　控訴審判決

　これに対し，控訴審の**平成19年12月10日東京高裁判決**（判タ1258号82頁）は，次のとおり判示して，原判決を破棄し，本条例違反が成立するとして罰金20万円に処した。

(1)　条例制定権の範囲の問題

　まず，①については，「廃棄物処理法7条1項の規定は，『一般廃棄物の収集又は運搬を業として行おうとする者』は『市町村長の許可を受けなければならない。』として，一般廃棄物収集運搬業を原則として許可制とする旨を定め（同項本文)，『事業者』が『自らその一般廃棄物を運搬する場合』のほか，古紙回収業者のように『専ら再生利用の目的となる一般廃棄物のみの収集又は運搬を

業として行う者』等についてはその例外とし（同項ただし書），本件で問題とされている古紙回収業者につき，市町村長（本件では世田谷区長。以下，同様である。）の許可が必要ないことを定めただけの規定である。一方，本条例31条の2，79条1号の規定は，区が行う資源廃棄物の行政回収制度において，集積所等に置かれた古紙等の収集・運搬（持ち去り）行為を最終的には罰則をもって禁止したものであり，古紙回収業者等が業として行う本来の事業活動に対しては何らの規制を加えるものではない。廃棄物処理法7条1項ただし書が本条例の上記各規定による規制を禁止しているとは解されないこともちろんであり，本条例の上記各規定が廃棄物処理法7条1項ただし書に違反するものでないことは明白である。」，「繰り返すが，同条1項ただし書は，古紙回収業者等に市町村長の許可が不要なことを定めただけの規定にすぎないし，そもそも，廃棄物処理法は，第2章第1節において一般廃棄物の処理につき市町村がその責任を負うこと（6条ないし6条の3），同第2節において一般廃棄物処理業が市町村の処理を補完する存在であること（7条ないし7条の5）を規定しているのであって，このような法の建前からしても，世田谷区が，廃棄物処理法に基づき，一般廃棄物処理計画に従って，その区域内における一般廃棄物の収集等をするに当たって，資源廃棄物の行政回収制度の維持及び円滑な実施の確保を目的として古紙等の持ち去り行為を規制した本条例の上記各規定が，廃棄物処理法の規定に実質的にも違反するなどということはあり得ないものといわなければならない。」などとして，相互に適用される場面は異なり，本条例が廃棄物処理法に違反するものではないことを明確に判示した。

　この点については，「かつては，法令が定めている事項については条例で定めることはできないという国法先占理論が支配的であったようですが，今日では，条例は，法令に積極的に抵触しない限りは有効に規定を設けることができるというのが基本的な考え方になっているのではないかとも思えます。そうしたスタンスに立って考えれば，廃棄物処理法が古紙などの収集・運搬業を許可制の対象外としているのは，古紙などは再生事業者に売却することを目的として収集されるので，不法投棄などのおそれが少ないため，規制の対象とする必要はないからであって，規制することを禁止しているものではないので，持ち去りを禁止する規定は，同法に積極的に抵触するものでなく，それだけで，この問題は基本的にクリアできるのではないかと思われます。」（北村篤「資源ご

みの持ち去り」研修711号48〜49頁）との見解も大いに参考になろう。

(2) 「所定の場所」の問題

　次に，②については，「本条例31条の2第1項は，本条例35条1項に規定する『一般廃棄物処理計画で定める所定の場所』，すなわち，公表されている一般廃棄物処理計画中に，区の分別収集する廃棄物を区民等が排出すべき場所として明記された『定められた場所（原則としてそれを利用しようとする区民等が協議のうえ位置を定め，その場所を区に申し出て，区が収集可能であると確認した場所）』に置かれた廃棄物のうち『再利用の対象となる物として区長が指定するもの』，すなわち，古紙，ガラスびん及び缶については，『区長』及び『区長が指定する者』である『世田谷リサイクル協同組合』以外の者は，これらを収集し，又は運搬してはならない旨を定めて，いわゆる集積所（世田谷区における呼称では「資源・ごみ集積所」）等に置かれた古紙等の収集・運搬（持ち去り）行為を禁止し，本条例31条の2第2項は，この禁止規定に違反して収集・運搬（持ち去り）行為に及んだ者に対して，区長が収集・運搬の禁止を命ずることができることとし，本条例79条1号は，この禁止命令に違反したとき，すなわち，違反者がこの禁止命令に従わずになおも違反行為に及んだときに初めて，その者を20万円以下の罰金に処することとしているのであって，犯罪構成要件として特にあいまい・不明確な点はないというべきである。

　原判決が指摘する点につき繰り返すと，本条例31条の2第1項にいう『第35条第1項に規定する一般廃棄物処理計画で定める所定の場所』とは，区長が定めた一般廃棄物処理計画中に定められている，区の分別収集する廃棄物を区民等が排出すべき場所である『定められた場所（原則としてそれを利用しようとする区民等が協議のうえ位置を定め，その場所を区に申し出て，区が収集可能であると確認した場所）』，すなわち，集積所等を指すことは明らかであり，そこに何らのあいまいさ，不明確さはない。」と判示したが，同判決文からも明らかなように，ここで規定されている「定められた場所」という概念に不明確さなどは全くないと考えられよう。

　この点についても，「なによりも，被告人らが古紙を持ち去った集積所には，いずれも，集積所であることを示す看板が設置されていたことなどから，被告人らは，持ち去りが禁止されている場所であることを認識していたので，結論として，構成要件の明確性を欠くために無罪という判断は適当でないと考えら

れます。」（前出北村48頁）との見解ももっともであろう。

問3 では，本件の最高裁は，どのような判断を示したのか。

【解　答】

　被告人の上告趣意などとの関係から，上記②についてのみ判断が示されたが，平成20年7月17日最高裁決定（判タ1302号114頁）では，「世田谷区清掃・リサイクル条例31条の2第1項にいう『一般廃棄物処理計画で定める所定の場所』の明確性に関し憲法31条違反をいう点は，同条例31条の2第1項，37条，一般廃棄物処理計画等によれば，世田谷区が，一般廃棄物の収集について区民等の協力を得るために，区民等が一般廃棄物を分別して排出する場所として定めた一般廃棄物の集積所を意味することは明らかであり，『所定の場所』の文言を用いた本件罰則規定が，刑罰法規の構成要件として不明確であるとはいえない。」として，上記東京高裁の判断を是認し確定したものである。

問4 このように高裁でも最高裁でも一蹴されるような判断が，なぜ第一審の簡裁で出されたのか。

【解　答】

　その理由は，同簡裁の判決中の次の部分に顕著に現れているものと思われる。
　すなわち，「古紙に限定して考えてみるに，民間の回収業者は，ごみ屋，くず屋の時代からリヤカーやトラックによる『ちり紙交換』の時代を経て，『紙はリサイクルの優等生』と言われながらも，市場価格の下落と高騰の繰り返される状況の中で，零細業者が多く，その高齢化を指摘されながら，現在に至った訳であって，行政主導の『資源ごみ』回収重視の時勢に，経済的理由から業として成り立たなくなったとして廃業を余儀なくされるのは，やむを得ないこととしても，本件区条例のように，自分では参政できない居住地以外の区の条例によって，1回の禁止命令の存在のみを要件に刑罰まで科されて排除されなければならない理由はないではないか，という大きな疑問が存する」という情緒的な理由のみに尽きるのであろう。

少なくとも区長から禁止命令が出されているにもかかわらず，それを無視して再度同様の行為に及んだ者に対して，刑罰をもって臨むのが疑問であるとの見解は，およそあり得ないものではないかと思われるところである。

問5 想定事例についてはどのように考えたらよいのか。

【解　答】

　この事例は，特に条例による規制はなされていない一般的な資源ごみの持ち去りを問題とするものである。

　そもそも，それら住民が廃棄して置いておいた新聞紙については，当該住民は所有権を放棄しているのであるから，それは無主物であり，それに対して誰かが新たな占有を取得しない限り，それを持ち去っても窃盗罪は成立しない。

　そこで，当該資源ごみ置き場に，特に囲いを設け，そこに存在する資源ごみについては，自治会が管理していますというような表示がされ，支配の意思や一定の支配状況なども明確にされているのであれば，それは，当該自治会の占有下にある財物として捉えることは可能であろうと思われる。

　しかしながら，そのような外形的な支配状況が全くなく，単に，張り紙で支配の意思を表しているだけでは，元々が所有権を放棄された物であるだけに，当該資源ごみの支配が自治会に移ったものとは認めにくいであろう。

　したがって，この場合は，所有者も占有者もいない物品を持ち去ったことになり，甲野に対しては犯罪は成立しないことになる。

第22章　窃盗罪と他罪との分水嶺

> **例題**　窃盗罪と他罪との分水嶺はどこにあるのか。

問題の所在

　窃盗罪とそれ以外の犯罪，例えば，詐欺罪，強盗罪，横領罪との違いについては，概略を第2編第1章39頁で述べたが，実際のところ，それら犯罪の成否に関して，どの犯罪が成立するのか，その区別が問題になる事案も多い。

　そこで，そのような事案においては，どのような点に着目して成立する犯罪を判断すればよいのかを検討する。

事　例

【想定事例】

1　被疑者甲野は，通行人からバッグをひったくることを企て原動機付自転車に乗って機会をうかがっていたところ，被害者Aが肩からバッグをかけて歩行しているのを見かけた。
　そこで，甲野はAの背後に原動機付自転車で近づき，Aの隙をみて，そのバッグの肩掛けの紐を右手でつかみ，Aがおどろいてバッグの紐から手を離した隙にこれを奪い取って逃走した。
　被疑者甲野の刑責如何。
　では，被害者Aがバッグを取られまいとして，その紐をしっかりと握って離さなかったため，被疑者甲野がバッグごと被害者Aを原動機付自転車で約10メートル引きずり，その際に紐が切れたことからバッグを奪い取って逃走した。この場合の被疑者甲野の刑責如何。

2　被疑者乙野は，貴金属店Bに入り，同店内で展示されていたダイヤの指輪について，これを持ち逃げするつもりであるのに，店員に対し，「これをちょっと見せてもらいたい。」と申し向け，購入するつもりのある客だと思った店員から，そのダイヤの指輪を受け取って見ていた際，店員の隙を見て，それをポケットに入れ，直ちに店外に出て逃走した。被疑者乙野の刑責如何。

では，被疑者乙野が，上記同様の意図であるのに，店員に対し，「ちょっと表で彼女が待っているので，彼女に見せて気にいるかどうか確認したいので，表まで持って出ていいか。」と聞いたところ，店員がこれを了解したので，そのままダイヤの指輪を持って表に出て逃走した。この場合の，被疑者乙野の刑責如何。

また，被疑者乙野が自動車販売店を訪れ，自動車を乗り逃げするつもりでありながら，同店店員に対し，「この自動車を試乗したい。」と申し向け，購入を考えている客だと思った店員から同車のキーを受け取って，同車の乗り込み，この車を運転して乗り逃げした場合，被疑者乙野の刑責如何。

3　暴力団員である被疑者丙野は，気の小さい後輩Cが高価な腕時計をしていたことから，Cに対し，「いい時計しているな。ちょっと見せてくれ。」と申し向けたところ，Cは見せるだけだと思って，それを手渡したところ，被疑者丙野は，それを受け取るや走って逃げてしまった。被疑者丙野の刑責如何。

では，被疑者丙野がCに対し，睨み付けて「いい時計しているな。貸してくれよ。」と申し向けたところ，Cはそれが単に貸すのではなく奪われてしまうことだと思いながらも，丙野が暴力団員であることなどを怖れて，それを手渡した。この場合の被疑者丙野の刑責如何。

4　被疑者丁野は，たまたま被害者Dの後方を歩いていたところ，Dの所持するバッグから財布が路上にこぼれ落ちたのを目撃した。しかし，Dは，それに気付かず歩いていたことから，直ちに，その財布を拾い上げてポケットに入れてその場から走って逃げた。その直後，Dは，財布を落としたことに気付き，直ぐに落とした場所に戻ったが，すでに丁野は去った後であった。この場合の被疑者丁野の刑責如何。

では，被疑者丁野は，Dのバッグから財布が落ちるのは見ておらず，路上にDの財布が落ちているのを見て，誰かが落としたのだろうと思って拾い上げ，

それをもらうことにしてポケットに入れた。ただ，その直後，同財布を落としたことに気付いたDが戻ってきたが，丁野は知らないふりをしていた。この場合の被疑者丁野の刑責如何。

　さらに，Dのバッグからこぼれ落ちた財布が，たまたま道路脇にあったゴミ箱に入ってしまったところ，その後，たまたま通りかかった被疑者丁野がゴミ箱の中を覗いた際，財布が落ちていたので，誰かが捨てたのだろうと思って，それを拾ってポケットに入れた。ただ，その直後，同財布を落としたことに気付いたDが戻ってきたが，丁野は既に立ち去っていた。この場合の被疑者丁野の刑責如何。

設問と解答

問1　想定事例1について

【解　答】

1　本事例では，被疑者甲野について，窃盗罪が成立するか，強盗罪が成立するのかが問題となる。

　窃盗も強盗もいずれも，被害者の意思に反してその財物の占有を奪うことによって成立する犯罪であるが，強盗の場合には，その手段として「暴行又は脅迫を用いて」占有を奪うことに違いがある。そして，その暴行・脅迫は，相手方の反抗を抑圧するのに足りる程度のものでなければならない。

　本事例のうち前段の場合は，被害者のバッグに対する占有を奪取した際の行為は，被害者がおどろいて手を離した隙にバッグを奪ったものであり，その際には，相手方の反抗を抑圧するに足りる程度の暴行・脅迫があったとは認められないことから，この場合には，窃盗罪が成立するに過ぎない。「一般的にいう限り，ひったくりは，被害者の油断を見すまして，その所持品（主にハンドバッグや鞄の類）をがっちり掴んで逃げ出す行為であり，窃盗の一態様といってよい。たしかに，ひったくりの際，相手の所持品を確保している身体の一部に衝撃を与え，所持品と身体とを分離させるから，それなりの暴行を被害者の身体に与えることは間違いなく，また行為者もそれについての故意があることは明らかであるが，通常そ

の暴行は，比較的軽微なものであって，必ずしも相手方の反抗を抑圧するほどのものではない。」（大コメ刑法［第2版］第12巻335頁）からである。

　しかしながら，後段の場合は，原動機付自転車で被害者を引きずるという行為によって奪取しているのであるから，そのような行為は，人の反抗を抑圧するに足りる有形力の行使であると認められることから，強盗罪が成立する。

2　ちなみに，**平成26年8月26日福岡地裁小倉支部判決（公刊物未登載）**では，「被害者は，右肘に取っ手を掛け，肘を曲げた形でトートバッグを持ちながら，歩道を一人で歩いていた。AとBは，その背後から被害者に近付き，犯行の機会をうかがった。そして，Bは，人や車の通りが途切れるのを待って，午後8時20分頃，閉店した店舗の前の歩道で，被害者が持っていた前記バッグの取っ手を掴んで引っ張った。しかし，すぐにはバッグが被害者の手から抜けなかったため，被害者とBがバッグの取っ手ないし本体部分を数回引っ張り合い，それによって被害者はバッグを持ったまま転倒した。Bは，その後もバッグの取っ手ないし本体部分を引っ張り続け，被害者からバッグを奪い取った。この一連の暴行時，Aは，そのそばにいた。」という事案において，「Bは，被害者からバッグをひったくって奪おうとしたが，被害者がバッグをつかんでそれに抵抗したため，その抵抗を排除するために，バッグを引っ張り続けた。それにより，Bと被害者との間でバッグの引っ張り合いとなり，被害者は転倒させられているから，Bはバッグをかなり強く引っ張ったと考えられる。また，Bは，被害者が転倒した後も，更にバッグを引っ張り続けた。このように，Aと共謀してBが行った暴行は，かなりの強さで被害者からバッグを執拗に引っ張り続けるというものであり，常識的に判断して抵抗できない状態にする程度の暴行であると判断した。」として，本件バッグのひったくり行為について強盗致傷罪が成立すると判示している。

3　また，**平成14年9月11日福岡高裁判決（高検速報（平14）170頁）**によれば，本件事案は，「(1)本件の犯行時刻は夜分であり，犯行場所が暗く，人通りがなかったこと，(2)被害者は女性であり，被告人と被害者には体格の差（被告人は身長170センチ，体重52キロ，26歳の男性，被害者は身長150センチ，体重45キロ，35歳の女性）があること，(3)被告人は，自転車に乗った被害者の背後から，いきなり自転車で接近し，バッグの肩紐を引っ張ったところ，その紐が被害者の自転

車のハンドルに通してあったため，被害者を自転車ごと転倒させたこと，(4)被告人は，被害者とバッグの肩紐を引っ張り合っている時に，被告人が急に引っ張る力を緩め，被害者を道路際の金網に寄りかかる形で尻餅をつかせたので，被害者は身動きをとりにくい状態になったと考えられること，(5)被告人は，被害者がそれでもバッグの肩紐を離さなかったことから，殴ってでも金品を奪取しようと考え，被害者の左目付近を右手の拳骨で2回殴打し，被害者をひるませ，その隙にバッグ内に手を入れて，財布を奪ったこと，(6)被害者は，被告人から殴られた痛みのほか，さらに暴行を受けるのではないかと，非常に怖かった旨述べていることなど」の事実が認められるというものであった。

　ところが，その原判決が「(a)凶器を使用していないこと，(b)被害者の身体に対する直接の有形力行使が前記殴打行為に尽きること，(c)犯行に要した時間が短時間であること，(d)被害者に対し，脅迫的な言辞を述べていないことなどから，被告人の被害者に対する暴行は，反抗を抑圧するに足るものではなかった」として強盗罪の実行行為に該当せず，窃盗罪が成立するに過ぎないと判断していたところ，これに対し，本件福岡高裁判決は，「(a)(c)(d)は，それ自体が強盗不成立の決定的な要素であるとはいえず，(b)については，被告人の被害者に対する一連の暴行のとどめとして殴打行為をしたことなど，暴行全体の被害者に与えた影響力を正しく評価していないというべきである。」として原判決を破棄し，上記認定された事実に基づき，「これらの事実を総合すると，被告人の被害者に対する上記(3)ないし(5)の一連の暴行は，被害者の反抗を抑圧するに足るものと認められるから，被告人の行為は，強盗致傷罪に該当すると認定できる。」として，本件ひったくり行為は強盗に該当するものと判断している。

問2 想定事例2について

【解　答】

1　本事例では，いずれも被害品を領得するに当たって，店員に対して，内心の意図としては当該被害品を領得するつもりであるのに，その意図を秘して，何らかの文言を申し向け，それに応じた店員による被害品の交付行為が存在する。そのため，ここでの事例では，被害者たる店員を騙して，それらの被害品を領得した

として詐欺罪が成立するのか，それとも窃盗罪が成立するのか問題となる。

そもそも詐欺罪は，被害者に対して欺罔文言を申し向けて欺罔し，錯誤に陥らせ，その錯誤に基づく財産的処分行為をさせることにより，財物の占有を取得する形態の犯罪であるが，被疑者がその財物の占有を取得する行為は，あくまで被害者の財産的処分行為に基づくものでなければならない。つまり，被害者が騙されたことで錯誤に陥って，その結果，当該財物の占有を被疑者側に渡してそれを自由に使用，処分させるという意思によって交付したものでなければならないのである。

したがって，例えば，被害者が身につけている腕時計を奪取するつもりで，被害者に対し，その所持している腕時計のブランドが知りたいから，ちょっと見せてほしいと言って，腕からその腕時計を外させて，それを見せるために差し出した時に，被疑者がすばやくそれを奪い取って逃げてしまったような場合，被害者は，被疑者に腕時計を見せることまでは了解し，それは奪取のための嘘であることに騙されていたからではあるが，それでも，交付するつもりはなかったのである以上，財物の占有移転は，騙されて交付したものではないので，詐欺罪は成立せず，窃盗罪が成立する。

そこで，さらに一歩進んで，本事例の前段の場合には，被疑者に交付することまで了解しているので，その交付は，欺罔されたことに起因するのであるから，詐欺罪が成立するかのようにもみえる。

しかしながら，本事例の前段の場合は，あくまで商品購入の意思決定のために一時的に被疑者に渡しただけで，それを被疑者において自由に使用，処分してよいとする趣旨で交付したものではないので，それは被害者における財産的処分行為としてなされたものではない。したがって，このような場合の被疑者の申し向けた文言は，被害者における財産的処分行為を予定していないものであるので，詐欺罪における欺罔行為の定型性を欠き，詐欺罪は成立しない。

それゆえ，そのようにして所持した被害品を勝手に領得することは，被害者の占有を侵害したものとして窃盗罪が成立する。

なお，このような事案において，**昭和30年4月2日東京高裁判決（判タ48号48頁）**では，「原判示日時頃，判示場所において，判示A方の店番をしていたKは，被告人がその店の陳列窓の中の時計を覗きこんだ上，被告人から判示時計をみせてくれと要求されたので顧客と思い，これを見せるため被告人に渡したと

ころ，被告人は隙に乗じてこれを奪い逃げ出した事実を認めることができる。すなわち，本件はKが右のように判示時計を被告人に交付したのは，被告人にこれを一時見せるために過ぎないのであり，その際未だ同女の判示時計に対する事実上の支配を侵害し右時計を奪取した被告人の所為を窃盗罪に問擬した原判決は正当であり，所論のようにKが判示時計を被告人に渡したことを目して，被告人の事実上の支配内に移した処分行為と解することはできない。従って所論のような被告人の施用した欺罔手段があっても，詐欺罪は成立しないものというべきである。」旨判示していることが参考になろう。

2　また，本事例の中段の場合は，被疑者への交付は，あくまで商品を同行者に見せることを了解して一時的に渡しただけであって，それを被疑者らにおいて，自由に使用，処分してよいとの趣旨で渡したわけではないのであるから，これも被害者における財産的処分行為としてなされたものではない。したがって，この場合についても，上記同様，被疑者には詐欺罪ではなく，窃盗罪が成立する。

3　これらに対し，本事例の後段の場合は，被疑者への試乗車の交付は，商品購入の意思決定のために，同車の（一定時間ではあるが）自由な使用を認める趣旨で交付したものである。被害者の店員としては，その被害品の占有を被疑者側に移転させることについて了解しており，そこに被害者が欺罔されたことにより錯誤に陥ったことに起因する財産的処分行為が存在する。それゆえ，この場合には，詐欺罪が成立する。

　　これは，**平成3年8月28日東京地裁八王子支部判決（判夕768号249頁）**の事案を参考にしたものであるが，この事案は，被告人が，購入客を装って試乗名下に自動車をだまし取ろうと考え，東京都西多摩郡内の自動車販売店において，同店従業員Aに対し，真実は，試乗した自動車を直ちに返還する意思がないのにこれあるように装い，○○○と偽名を名乗った上，「試乗してもいいですか。」などと申し向け，右Aをして試乗後は直ちに返還を受けられるものと誤信させ，よって，そのころ，同所において，同人から，同店所有の普通乗用自動車1台の交付を受けてこれを騙取したというものであった。ただ，検察官は，このような場合，被害者側の占有しようとする意思は失われておらず，乗り逃げによって窃盗罪が成立すると主張していた（ただ，予備的訴因として，詐欺も主張していた。）。

第22章　窃盗罪と他罪との分水嶺　421

しかしながら，検察官が，「いわゆる試乗」は，自動車販売店である被害者が，サービスの一環として，顧客になると予想される者に対し，当該車両の性能等を体験して貰うことを目的に行っているものであって，試乗時間は10分ないし20分程度を，その運転距離も試乗を開始した地点の周辺が予定されており，そのため試乗車には僅かなガソリンしか入れていないこと，試乗車にもナンバープレートが取り付けられており，仮に勝手に乗り回されても，直ちに発見される可能性が極めて高いことなどからすると，試乗に供された車輌については被害者の事実上の支配が強く及んでおり，被告人の試乗車の乗り逃げ行為によって初めて，被害者側の事実上の支配を排除して被告人が自己の支配を確立したと見るべきであり，窃盗罪が成立することは明らかである旨主張したことに対し，同判決では，「確かに，試乗目的は，検察官の指摘するところにあって，被害者の試乗車に対する占有の意思に欠けるところはなく，かつ，（中略）自動車販売店の営業員等が試乗車に添乗している場合には，試乗車に対する自動車販売店の事実上の支配も継続しており，試乗車が自動車販売店の占有下にあるといえるが，本件のように，添乗員を付けないで試乗希望者に単独試乗させた場合には，たとえ僅かなガソリンしか入れておかなくとも，被告人が本件でやったように，試乗者においてガソリンを補給することができ，ガソリンを補給すれば試乗予定区間を外れて長時間にわたり長距離を走行することが可能であり，また，ナンバープレートが取り付けられていても，自動車は移動性が高く，（中略）殊に大都市においては多数の車輌に紛れてその発見が容易でないことからすれば，もはや自動車販売店の試乗車に対する事実上の支配は失われたものとみるのが相当である。そうすると，添乗員を付けなかった本件試乗車の被告人による乗り逃げは，被害者が被告人に試乗車の単独乗車をさせた時点で，同車に対する占有が被害者の意思により被告人に移転しているので，窃盗罪は成立せず，従って，主位的訴因ではなく予備的訴因によって詐欺罪の成立を認めたものである。」と判示した。
　ここでは，占有が被害者側にあるのか，それとも被告人側に移っていたのかという点を中心に論じているが，本件は，財物を交付して占有の移転が見られた際，それが欺罔された被害者の財産的処分行為に基づくものであることが明らかな事案である以上，詐欺罪の成立をまず考えるべきであろうと思われる。たとえ，それが短時間，短距離の走行しか予定していないものであったにしても，少なくとも自由な走行を許すという意図で交付している以上，任意の意図で占有を喪失し

たと見るべきで，やはり窃盗罪ではなく，詐欺罪が成立すると考えられよう。

問3 想定事例3について

【解　答】

　本事例においても，上記想定事例2と同様に，いずれも被害品を領得するに当たって，Cに対して，内心の意図としては当該被害品を領得するつもりであるのに，その意図を秘して，何らかの文言を申し向け，それに応じたCによる被害品の交付行為が存在する。そのため，ここでの事例では，被害者Cを騙して被害品を領得したとして詐欺罪が成立するのか，それとも，被害者を脅して被害品を領得したとして恐喝罪が成立するのか，あるいは窃盗罪が成立するのか問題となる。

　まず，前段の場合については，Cは，単に見せるだけのつもりで交付したところ，それを持ち逃げされたのであるから，上記の想定事例2の場合と同様に，詐欺であるのか窃盗であるのかが問題となるが，上述したように，この場合には，詐欺罪は成立せず，窃盗罪が成立する。

　次に後段の場合については，Cが交付したのは，あくまで被疑者丙野による黙示の脅迫行為に畏怖したことで交付したものであるから，これは自らの瑕疵ある意思表示によりその占有を被疑者丙野に移転させたものであるから，その意思に反して占有を奪取する窃盗罪とは異なり，恐喝罪に該当する。

問4 想定事例4について

【解　答】

　本事例については，いずれも第2編第2章で述べたように，被害者の占有は未だに残されていると考えられる事例である。

　まず，前段の場合は，被疑者丁野は，被害者が財布を落としたことを認識しており，その直後にそれを領得していることから，未だ被害者に当該財布の占有が残っていることを認識した上での犯行と考えてよいであろう。そうであるなら，他人の占有を認識した上で，これを侵害して領得したものであるから，窃盗罪が成立する。

第22章　窃盗罪と他罪との分水嶺　423

次に，中段の場合は，被疑者丁野は，遺失物であると思っていたものの，実は，未だ被害者の占有が残されていた財物を領得したという場合である。

　つまり，客観的には窃盗行為となるものの，主観的には，他人の占有を侵害するという故意に欠ける場合で，占有離脱物横領の故意でなされた場合である。

　これは犯罪構成事実について，行為者の認識したところと，実際に発生したところがくい違う場合であって，錯誤の問題となる（なお，この錯誤の問題については，第15章284，286頁も参照のこと。）。この場合，占有離脱物横領罪のつもりで犯行に及んだところ，客観的には窃盗罪に該当するというものである。このような場合，判例上は，法定的符合説に従い，「両罪の構成要件は，軽い前者の罪の限度において，実質的に重なり合っているものと解するのが相当である。被告人には，所持にかかる薬物が覚せい剤であるという重い罪となるべき事実の認識がないから，覚せい剤所持罪の故意を欠くものとして同罪の成立は認められないが，両罪の構成要件が実質的に重なり合う限度で軽い麻薬所持罪の故意が成立し同罪が成立するものと解すべきである。」（**昭和61年6月9日最高裁決定（刑集40巻4号269頁）**）との見解が採られていることから，本事例においても，軽い占有離脱物横領罪の範囲において犯罪が成立することになる。

　さらに，後段の場合では，ゴミ箱の中に落ちてしまったものの，直ぐに被害者が気付いて戻っていることなどからして，未だ被害者の占有が残されていると考えられる場合であることから，被疑者の行為は，客観的には窃盗罪に該当する。しかしながら，被疑者の主観面としては，当該財布が廃棄されたものであると考えており，無主物の占有を取得するという意図であるから（民法239条1項参照），窃盗の故意も占有離脱物横領の故意も存在しないことになる。

　このような場合には，罪を犯す故意がないことから，被疑者丁野の行為は犯罪を構成しないことになる。

現金5万円を取り出し，それを持って同室から提出した。
　また，この場合，戊野を拘束した後に物色行為をしたものの，現金等が見つからなかったことから，そのまま逃走した場合はどうか。

5　さらに，甲野は，どうせ戊野を縛り上げて現金を取ってきたのだから，同じように，家人が居ても，脅して縛り上げるなどして現金等を取ってこようと思い，同じマンションの別の部屋である山田太郎方でも同じようにして現金等を取ろうと思って同人方に侵入したところ，たまたま同人が不在であったため，同室内を物色した。そして，手提げ金庫内にあった現金3万円が見つかったので，これを手に取ってポケットに入れた。すると，その時，山田が帰宅したことから，甲野は，山田に対し，「金の在処を言え。金を出さないと刺すぞ。」などと言って脅したが，山田は，甲野に対し，「何アホなこと言ってんねん。」などと言って殴りかかってきたため，甲野は，直ちにその場から逃げ出した。

6　甲野は，上記1で盗んだネックレスについて，これをリサイクルショップで換金することにし，身元がばれないようにするため，かねてより入手していた偽造運転免許証を示して，このネックレスを売却した。

7　甲野は，上記1で盗んだブレスレットについて，これが非常に気に入り，また，高価なものに違いないと思ったことから，仮に自分が逮捕されるようなことがあっても手元からなくならないようにしようと考えた。そこで，甲野の住むアパートの裏庭にある柿の木の根元に，深さ50センチメートルほどの穴を掘り，その中に厳重に包装したブレスレットを入れ，上から土をかけて全く分からないようにした。
　上記各事例における被疑者甲野の刑責如何。

設問と解答

問1 上記1の想定事例において，乙野次子方では，実は，ルームシェアをしていて，リビングは共用であったものの，寝室Aは，乙野が，寝室Bは，山川三子が専有して使用していたものであった。リビングのテーブルの上にあった現金1万円は，乙野のものであった。また，B室から窃取されたブレスレット及び指輪は山川の所有物であったが，そこに一緒にあったブローチは，山川の知人の海川四子から預かっていたものであった。この想定事例1において，甲野には何罪が成立し，その際の罪数はどのなるのか。

【解　答】

ここでは，まず，甲野に対して成立する罪としてどのようなものがあり，それぞれの個数を検討し，その上で，その成立する罪同士の関係がどのようなものになるのかを検討する。

1　まず，甲野には，窃盗に及ぶ前に，特殊開錠用具であるピッキング用具を所持していたことから，これについて，特殊開錠用具の所持の禁止等に関する法律3条の特殊開錠用具所持罪が成立する。

　次に，乙野方に窃盗目的で侵入した行為については，住居侵入罪が成立する。

　そして，甲野には，リビングのテーブル上の現金1万円の窃取，A室でのネックレス，B室でのブレスレット及び指輪並びにブローチの各窃盗罪が成立する。

2　ここで，まず検討を要するのは，甲野には，いくつの窃盗罪が成立するのかという点である。

(1)　窃盗罪の個数をどのように捉えるかについては，色々な考え方がある。

　そもそも窃盗の客体は財物であり，窃盗罪が奪取罪であることから考えると，1個の財物につき1個の奪取行為があるとみるべきであり，一般的に，その個数に応じた窃盗罪が成立すると解すべきことになり，これらは原則として併合罪の関係に立つと考えられよう（増井・法令120頁）。

しかしながら，数個の奪取行為が，同一機会に，同一又は隣接する場所で，連続的に敢行された場合などでも，これを個々の財物ごとに別個独立の窃盗が成立するというのは無理があろう。少なくとも，B室での机の同じ引出しに入っていたブレスレット及び指輪並びにブローチについては，同一の機会に，同一の場所から，単一の犯意で窃取したものであることから，一つの窃盗が成立すると考えなければ不合理である。

(2)　では，どのようにして窃盗の罪数を決したらよいのであろうか。これについては，①犯罪は人の行為であるから，行為の数で決せられるとする行為説，②犯罪の可罰性は法益侵害にあるのだから，侵害された法益の個数ないしは発生した結果の数により決せられるとする法益説ないしは結果説，③犯罪は行為者の犯罪意思の実現であるから，犯罪意思の個数により決せられるとする意思説，④犯罪は構成要件を充足する行為であるから，構成要件充足の回数によって決せられるとする構成要件説などがある。

　このうち，①ないし③の各説は，いずれも個数を決する上で重要な要素のうちの一つだけを取り出して強調しているきらいがあって妥当ではなく，通説は構成要件説である。行為，法益ないし結果，犯意を総合的に参酌して，構成要件充足の回数で決定するのが最も妥当であるからである。

　そして，構成要件充足という観点からみて，窃盗罪の構成要件の中核は，他人の占有を侵害することであるから，侵害した占有の個数が犯罪の個数を決する基準となる。この点を明らかにしたものとして，**昭和31年4月17日高松高裁判決（裁判特報3巻19号901頁）** が挙げられる。同判決では，「窃盗罪の罪数は通常財物の所有権の個数によらず財物の占有の個数を標準とすべきものである」と明確に判示しているところである。

　このような見解に従えば，本事例では，少なくともB室での3個の財物に対する窃盗は，そのうちのブローチについては所有者が異なるにしても，一つの占有を侵害したのであるから，一つの窃盗罪という結果となる。

　この点について判断を示したものとして，**昭和32年7月20日東京高裁判決（判夕73号71頁）** が参考になる。

　この判決では，第一審の原判決において，被告人の罪となるべき事実として，「被告人は，昭和31年12月3日午前9時頃，東京都江東区内のK建設有限

会社飯場内において，D所有の腕時計1個及びY所有の紺サージズボン1本（以上価格合計金8000円相当）を窃取したものである」と認定した上，これに対する法令の適用として，原判決が刑法第235条，第54条第1項前段，第10条を示していることから，2つの窃盗罪が成立するとして，併合加重して処理していたことに対し，本件東京高裁判決は，「原判決の右認定事実は，原判決引用の証拠によりこれを認めるに足るものであるが，そもそも窃盗罪は不法領得の意思を以て事実上他人の支配内に存する財物を自己の支配内に移すことによって成立するものであるから，窃盗罪の罪数はこの事実上の支配を標準として決すべきであり，財物の所有権の個数によらないものと解すべきところ，原判決引用の証拠によれば，被告人は前記日時K建設有限会社飯場管理者の事実上の支配内にあるD所有の腕時計1個，Y所有の紺サージズボン1本を不法に領得する意思を以て自己の支配内に移したものであることを認めることができるので，被告人の右所為は1個の窃盗罪を構成し，財物の所有者の数に応ずる2個の窃盗罪に触れるものと解すべきではない。しかるに原判決が，被告人の右所為につき，一個の行為にして二個の罪名に触れるものとして刑法第235条，第54条第1項前段，第10条を適用処断しているのは，所論のように法令の適用を誤ったものといわねばならない」として，事実上の支配，つまり占有を標準として決すべきであり，所有権の個数によるものではないことを明らかにしている。

(3) では，A室のネックレスや，リビングルームのテーブル上の現金1万円については，どのように考えるべきか。これは，同じマンションの一室ではあるが，ルームシェアをしていることから，これらについては，乙野が占有しているものである。これらについては別の窃盗罪が成立し，上記のB室の窃盗罪を併せて2罪となり，併合加重されて処理されることとなるのであろうか。

しかしながら，ルームシェアというのは，一つの部屋を分け合って使っているだけであり，外部からの独立性という意味では，出入り口の施錠により外界と遮断することだけであろう。そうであるなら，マンションの一つの部屋として，そこに独立した一つの占有を認めるのが実態にかなうことになるのではないだろうか。

つまり，仮にシェアした各部屋が施錠できたとしても，それは相互のプライ

バシー保護という観点からのものであって，窃盗という外部からの侵入者による奪取行為に対しては，出入り口の施錠に頼っているのであるから，保護されるべき占有としては，マンションの各室ごとに一つと考えるべきではないかと思料する。

　このように考えないと，例えば，同じマンションの中に一つの家族で住んでいる場合に，兄の部屋と妹の部屋があり，それぞれが独立して自己の物を占有管理していた場合に，兄の部屋での窃盗と，妹の部屋での窃盗を別罪とすることになろうし，これは父親が独立した書斎を持っていたような場合にも同様のこととなる。さらに，大家が下宿人を抱えていたような場合，下宿人の部屋からの窃盗は，大家の別の部屋からの窃盗と別の窃盗を構成するということになるのも，一つの家屋に下宿しているという実態と異なる構成をするきらいがあるものと思われる。

　では，本事例においては，誰の占有を害したことになるのか。この場合，乙野が賃借人として賃貸借契約を結んでいる可能性が高いと思われるので，そうであれば，対外的には，賃借人がその全体を占有しており，山川はその占有の補助者という位置づけがよいのではないかと思われる。そうなるとすれば，この場合，マンションのこの部屋全体としては，乙野が占有していることになり，甲野はその占有を侵害したことになる。

　ただ，その賃借の実態として，乙野及び山川の2人が共同して賃借し，共同して占有しているというものであるなら，それら両名による共同の占有が侵害されたものとして捉えることも可能であると思われる（被害品である個々の財物の所有者はそれぞれ異なるにしても）が，いずれにしても本事例では，現金やネックレス等を全て含めて一つの窃盗罪が成立すると考えるべきであると思料する。

3　次に，甲野に成立する特殊開錠用具所持罪と住居侵入罪と窃盗罪の関係を検討する。

(1)　まず，住居侵入罪と窃盗罪の関係であるが，これは牽連犯となる（刑法54条1項）。同条項で規定する「犯罪の手段若しくは結果である行為が他の罪名に触れるとき」に該当するかどうかを判断するに当たっては，2個以上の行為

の間に客観的観察により手段・目的ないし原因・結果の関係が認められることが必要であるが，行為者に対し，そのような内心の意思の存在を求めるものではないとする客観説が通説である。

　この点について，**昭和32年7月18日最高裁判決（刑集11巻7号1861頁）**は，「牽連犯は元来数罪の成立があるのであるが，法律がこれを処断上一罪として取り扱うこととした所以は，その数罪間にその罪質上通例その一方が他方の手段又は結果となるという関係があり，しかも具体的にも犯人がかかる関係においてその数罪を実行したような場合にあっては，これを一罪としてその最も重き罪につき定めた刑をもって処断すれば，それによって軽き罪に対する処罰をも充し得るのを通例とするから，犯行目的の単一性をも考慮して，もはや数罪としてこれを処断するの必要なきものと認めたことによるものである。従って数罪が牽連犯となるためには，犯人が主観的にその一方を他方の手段又は結果の関係において実行したというだけでは足りず，その数罪間にその罪質上通例手段結果の関係が存在すべきものたることを必要とするのである。」旨判示しており，それら数罪の間にその「罪質上通例手段結果の関係が存在」することが求められている。ただ，この判決文からする限り，主観面をも必要であるかのように読めるが，この事案では，主観的には牽連犯であると考えていたと認定できる事案であったため，このような記載になったものであろうと考えられ，主観面の存在に重きをおく趣旨ではないであろう。

　いずれにせよ，窃盗と住居侵入罪との関係が牽連犯であることは確固たる判例である。

(2)　では，特殊開錠用具所持罪と住居侵入罪や窃盗罪との関係はどうなるのであろうか。特殊開錠用具を所持するのは，その後，住居に侵入して窃盗に及ぶためであるのが通常であろうことから，この特殊開錠用具所持罪と住居侵入罪や窃盗罪とは，牽連犯の関係にあると考えるべきなのかどうか問題となる。

　この点について，特殊開錠用具ではないものの，軽犯罪法1条3号の侵入具携帯罪と，住居侵入罪及び常習累犯窃盗罪の関係が問題になったものとして，**昭和61年9月5日大阪高裁判決（判時1213号138頁）**が参考になる。

　この判決では，まず，侵入具携帯罪と住居侵入罪の関係について，「侵入具携帯罪と窃盗目的の住居侵入罪の罪数関係について検討することとする。軽犯

罪法は，いまだ一般的な刑法犯にも至らない道徳律違反行為の色彩のある犯罪にして，社会的非難の度合も比較的軽度であるものの，公共の安寧の保護の見地から特に取締りの必要が認められる行為を処罰する趣旨の下に制定されたもので，同法1条3号の侵入具携帯罪は，住居に侵入するのに使用されるような器具を隠して携帯（以下，単に『携帯』という。）することが，住居侵入あるいは住居侵入の上での窃盗等の犯行に発展する危険性があるので，これらの犯罪の発生を未然に防止するため，このような器具の携帯行為を犯罪行為として処罰するものであって，携帯者が住居侵入の意思ないし目的を持っていたか否かを問わず，正当な理由のない侵入具の携帯行為自体を処罰の対象とする点において，抽象的危険犯であり，当該器具を現実に使用することを必要としないから，その意味においては単純な行為犯にすぎず，その保護法益も公共の安寧及び秩序という社会的法益である。これに対し，住居侵入罪は，単純行為犯の一種ではあるが，住居権者，管理権者の意思に反することが必要である点において具体的侵害犯であり，その保護法益は住居の平穏という個人法益である。したがって，侵入具を携帯する者が，住居侵入に及んだ場合でも，住居侵入後においても携帯行為が継続している限りは，携帯者が次の住居侵入の目的を持っていると否とにかかわらず，なお次の住居侵入を犯す抽象的危険が存続し，その行為が処罰されるべき筋合のものである。以上の軽犯罪法の立法趣旨，両罪の罪質，保護法益の相異などの諸点を考え合わせてみると，侵入具携帯行為と住居侵入行為とは別個の行為とみるべきであり，侵入具を携帯する者が窃盗目的で住居に侵入した場合でも侵入具携帯罪が窃盗目的の住居侵入罪に包括的に評価され吸収されるものではなく，両罪が別個の犯罪として成立し，併合罪の関係に立つと解するのが相当である。」と判示している。

軽犯罪法の侵入具携帯罪の制定の趣旨や保護法益などを住居侵入罪のそれと比較し，両者の違いを明確にして判断したもので，極めて正当な判断といえるであろう。

また，同判決では，侵入具携帯罪と常習累犯窃盗罪との関係については，「侵入具携帯罪と常習累犯窃盗罪の罪数について考えてみるに，盗犯等の防止及び処分に関する法律3条の常習累犯窃盗罪は，同条所定の要件を具備する常習累犯者に対し，行為前の一定の前科を参酌し，常習性の発現と認められるすべての窃盗（同未遂）罪を包括して処罰することとし，これに対する刑罰を加重す

るものであり，前記最高裁判所判決（筆者注：昭和55年12月23日最高裁判決・刑集34巻7号767頁）は，個々の窃盗目的の住居侵入罪をも，これを個々の窃盗罪とともに集合的に常習累犯窃盗の一罪を形成するとするものであって，常習累犯窃盗罪は，実質的な法益侵害の発生を必要とする侵害犯であり，その保護法益も個人の財産の保護にあること，並びに前記軽犯罪法の立法趣旨，侵入具携帯罪の罪質及び保護法益などに照らすと，右両罪は別異の性格を有する犯罪であることが明らかであり，その罪数関係についても，侵入具携帯罪と住居侵入罪の関係についてさきに説示したところがすべて当てはまるということができ，更にまた，常習累犯窃盗罪の常習性に関連して，窃盗目的の住居侵入と窃盗とは類型的な密着性を有するものであるから，窃盗目的の住居侵入を窃盗の常習性の発現として別の機会になされた窃盗行為と共に常習累犯窃盗の一罪を構成するということには，それなりに首肯し得るものがあるのであるが，侵入具携帯罪は，さきに説示したとおり住居侵入及び窃盗の目的の有無を問わず，すべての侵入具携帯行為自体を処罰の対象とする抽象的危険犯であって，侵入具携帯行為と住居侵入ないし窃盗とは必ずしも類型的な密着性を有するものではない以上，このような侵入具携帯行為をもって窃盗の常習性の発現とみることはできないものであり，結局，侵入具携帯罪と常習累犯窃盗罪とは併合罪の関係にあると解するのが相当である。」と判示した。

　この両罪の関係についても，侵入具携帯罪が抽象的危険犯であって，窃盗などとは必ずしも類型的な密着性を有しないなどとして，一罪となるものでないと判断した。

　そして，この点については，その上告審である最高裁も，「機会を異にして犯された常習累犯窃盗と侵入具携帯の両罪は，たとえ侵入具携帯が常習性の発現と認められる窃盗を目的とするものであったとしても，併合罪の関係にあると解するのが相当である」と判示した。

　したがって，本事例では，軽犯罪法1条3号ではなく，特殊開錠用具の所持の禁止等に関する法律3条の特殊開錠用具所持罪であり，常習累犯窃盗ではなく，単純な窃盗ではあるが，同様に考えることができることから，住居侵入罪と窃盗罪が牽連犯であり，それと特殊開錠用具所持罪とが併合罪の関係に立つことになる。

問2 上記2の想定事例において，その後帰宅した丙野三郎の妻丙野光子は，ドアが開いていたことから，誰かが侵入したものと分かり，直ぐに室内を見渡して盗まれた物がないかどうか探したが，特に無くなっているような物はなかった。それで丙野光子は，米国に長期間単身赴任している夫の丙野三郎にそのことを電話で報告し，何も盗まれているものはないと伝えた。丙野三郎は，へそくりの現金10万円が盗まれていないか心配ではあったものの，一見して本にしか見えないので泥棒も気付かなかっただろうと思い，妻光子にそのことは告げなかった。

そのため，妻光子は，警察に住居侵入の被害に遭ったことによる被害届を出したものの，盗まれた物はないとしていた。そして，甲野がその後逮捕され，乙野方に対する住居侵入罪で起訴され，甲野もこの事実を認めたため，直ぐに執行猶予付懲役刑判決が確定した。その後，しばらくして米国から帰国した丙野三郎は，自室に入ってへそくりの在処を確認したところ，10万円がなくなっており，これが甲野によって盗まれたものと分かり，慌てて現金10万円の被害届を警察に提出した。その後の手続は，どうなるのか。

【解　答】

本事例では，判決の既判力ということを考えておかなければならない。第2編第19章371頁以後で説明したように，既判力とは，有罪・無罪の実体判決が確定した事件については，公訴事実の同一性の範囲（既判力の客観的範囲）においては，再度の起訴や再度の審判が許されないという効力のことである。したがって，本来的一罪（継続犯・状態犯・包括一罪等）のほか，科刑上一罪（牽連犯・観念的競合）でも，その一部の訴因で確定判決があると，以後，他の事実にも公訴事実の同一性の範囲内にあるものとして既判力が及び，他の訴因による再度の起訴が許されないこととなる。

そこで，本事例においては，住居侵入罪について確定判決が出されている以上，これと科刑上一罪となる窃盗罪についても既判力が及ぶこととなるから，一事不再理の原則に則り，再度の起訴をすることはできない。もし起訴した場合には，免訴判決について規定した刑訴法337条1号の「確定判決を経たとき」に該当することから，免訴判決が言い渡されることになる。

したがって，本事例では，妻光子は夫のへそくりを知らなかったことから被害届にそれを記載することができなかったのであるが，同様のことは，被害確認漏れでも起きることである。例えば，本事例で甲野が丙野三郎の現金だけでなく，妻光子の貴金属類を5点窃取したが，同女は，そのうちの3点しか窃取されていないと誤信し，その3点についてだけ被害届を出し，3点についてだけ起訴され判決が確定し，その後，実は他の2点もなくなっていたことに気付いたとしても，この場合は，一個の窃盗罪について確定していることになるから，もはや，気付くのが遅れた2点については起訴することはできない。

被害状況の全体の把握が重要であることをよく認識すべきであろう。

問3 上記3の想定事例において，甲野に対する窃盗罪はいくつ成立するのか。

【解答】

1 本件では，同一犯人が複数の窃取行為に及んだ場合の法的評価が問われているところ，その個々の行為を独立して評価し，併合罪として取り扱うのか，または，窃取行為相互間の関連性を重視して一罪として処理すべきなのかは，しばしば問題となるところである。

2 これについての裁判例をみてみると，概ね犯意の単一性ないし継続性があるかどうかから始まり，各行為の時間的接着性，犯行場所の同一性の有無，被害法益ないし結果の同一性などの観点から，総合的に一罪かどうかを判断しているように思われる。

そこで参考となる事案をいくつか紹介することとする。

(1) まずは，**昭和24年7月23日最高裁判決（刑集3巻8号1373頁）**では，被告人が，長男Aと共謀の上，昭和22年12月14日午後10時頃から翌15日午前零時頃までの間，3回にわたって栃木県塩谷郡内の倉庫において，倉庫係Cが保管する玄米4斗入3俵ずつ合計9俵を窃取したという事案において，原判決は，右事実を併合罪として処断していた。

これに対し，本件最高裁判決は，「右3回にわたる窃盗行為は，僅か2時間

第23章　窃盗罪の罪数及び他罪との関係

> **例題**　窃盗における罪数についてはどのように考えるべきなのか。また，他の罪が併せて成立するような場合，その罪数における科刑上一罪などの処理はどのようになされるのか。

問題の所在

　窃盗罪の個数を考えるに当たっては，何を基準とすべきかに関し，行為か，その結果か，あるいはそれ以外の要素などを検討すべきなのか問題となる。この個数の認定に当たり，複数の窃盗が認められるとすると，それは併合加重され，一個の窃盗罪と認定される場合よりも罪は重くなるのであるから，その個数についての判断も重要である。
　その際，確定判決における既判力の及ぶ範囲がどこまでであるのかも正確に理解しておく必要がある。
　また，一連の行為と評価されるような犯行により窃盗が敢行された場合，その罪数の処理として，どのような場合が包括一罪となり，どのような場合が併合罪となるかについても理解しておかなければならない。
　さらに，侵入窃盗の場合，居直り強盗に変化する場合もあるので，そのような場合の窃盗と強盗の関係も正確に把握する必要がある。
　なお，窃盗は状態犯と呼ばれるが，近時，必ずしも古典的な理解では対処できないような場合があることについても注意喚起をしておくこととする。

事　例

【想定事例】

窃盗常習者の甲野は，いつものように侵入盗を敢行することとし，

1　特殊開錠用具であるピッキング用具を持って，あるマンションの一室である乙野次子方に赴き，同人方玄関ドアをピッキング用具で開錠し，同室に忍び込んだ。甲野は，同室内を物色して回ったが，リビングルームではテーブルの上にあった現金1万円を取った上，2部屋あった寝室A及びBのそれぞれにおいて，A室からはネックレス1本を，B室からは，机の同じ引出しに一緒に入っていたブレスレット1本及びこれとペアになった指輪1個，更に，ブローチ1個を窃取した。

2　次に，甲野は，同じマンションの別の部屋である丙野三郎方に赴き，そこでは，現金だけを狙うこととし，室内をくまなく探したところ，丙野がへそくりとして隠していたと思われる現金10万円を，一見すると本にしか見えない箱の中から取りだし，これだけを盗んで退出した。その際，玄関ドアは開けっ放しにしておいた。

3　次に，甲野は，同じマンションの別の部屋である丁野四郎方に赴いたところ，同人方には，高価な絵画が何枚も飾られており，それらを全て窃取しようとして，同人方から甲野の自宅まで4回ほど往復して，運び出した。その間に要した時間は，2時間以上にも上っていた。

4　次に，甲野は，同じマンションの別の部屋である戊野五郎方に赴いて，同室内を物色したところ，リビングルームのテーブル上に置いてあった現金1万円が直ぐに目に入り，これをズボンのポケットに入れて窃取した。

　甲野は，更に現金がないかと物色していたところ，たまたま戊野が帰ってきたため，甲野は，戊野に対して，「おとなしくしろ。言うことを聞かないと刺すぞ。」などと怒号し，実際には刃物等を所持していなかったものの，本当に刺されるかもしれないと思った戊野は抵抗しなかったので，付近にあった荷造り紐で両手両足をぐるぐる巻きに縛った上，その目前で，タンスの中にあった

余の短時間のうちに同一場所で為されたもので同一機会を利用したものであることは挙示の証拠からも窺われるのであり，且ついずれも米俵の窃取という全く同種の動作であるから単一の犯意の発現たる一連の動作であると認めるのが相当であって原判決挙示の証拠によるもそれが別個独立の犯意に出でたものであると認むべき別段の事由を発見することはできないのである。然らば右のような事実関係においてはこれを一罪と認定するのが相当であって独立した3個の犯罪と認定すべきではない」旨判示した。

わずか2時間という短時間のうちに同一場所において同一機会を利用したものであることから，単一の犯意に基づく連続した行為と捉えることができることから，一罪と判断されたものである。

(2) 次に，**昭和27年1月29日東京高裁判決（高刑集5巻2号130頁）**では，約6か月間に十数回にわたって，同一店舗から衣料品等合計45点を万引きした事案について，「一箇の犯意に基づく同一人に対する数次に亘る実行行為は日時場所を異にしても包括して一罪を構成するのである。元来犯罪の箇数は常に必ずしも自然的（又は社会的）事実としての行為の数の単複によって決せられるものでなく，常に法的事実として規範的評価によって定まるのである。従って時として外観的は各独立の数箇の行為である如く認められる場合でも，規範的評価の上からは，これを包括して一箇の行為と認めるのを相当とする場合がある。ただ数箇の行為を包括して，これを一罪たらしめる要件は何であるかが問題であるが，その要件は数箇の行為が同一罪名に該当すること並びに犯意及び結果の各単一性であると解するのが相当である。」と判示して，一個の犯意に基づく同一人に対する数次の実行行為は，包括一罪となる余地があることを明らかにしたのである。

(3) 次に，**昭和28年7月20日名古屋高裁判決（判決特報33号39頁）**では，昭和26年6月頃から同27年6月頃までの約1年間に，多数回にわたり，同一場所で，同一被害者から，スフダル糸8丸，紡毛糸15貫位及びスフダル糸バラ物11貫位を窃取したという事案において，「凡そ犯人において継続せる意思の下に或る期間何回かに亘り，同一の場所において同一の被害者から贓物を継続して窃取した場合は，犯人の主観的意思と行為の態様から観て個々の窃

取行為を各別に観察することなく，その継続せる窃盗行為の全部を包括的に一罪として認めることが相当である。」として，包括一罪としている。

(4) それらのように包括一罪を認めるものも存在する一方，同一場所，同一被害者に対するものであっても，新たな犯意に基づく場合には，併合罪としたものもある。

　　昭和29年4月13日大阪高裁判決（高刑集7巻3号382頁）では，弁護側は，「被告人Aは，一個の犯行意図の下に，昭和28年9月12日から同月15日までの4日間にわたり，株式会社T現像所の工場西隅に積み重ねてあった鉛管屑合計約40貫を窃取したものであり，被告人Bはその途中からこれに加担したものであるから，本件は一個の犯罪であって併合罪でない」と主張していたところ，同判決では，「犯罪の個数を定める標準に関して，行為標準説，結果（又は法益）標準説，意思標準説等があるけれども，いずれも絶対的なものではなくて，立法の趣旨を勘案し，犯人の行為，日時場所の関係，被害法益，犯人の意思等の客観面及び主観面における具体的状況を綜合して，規範的に評価して定めなければならない。これを窃盗罪について言えば，単一の犯意に基き，接着した日時と場所とにおいて，同一の法益に対し，数回にわたって，同種の行為をした場合には，客観的に見れば数個の行為であっても包括一罪と解し得られるが，前行為と後行為とが，行為の形態，被害法益，犯行の場所において同一であり，かつ日時において接近していても，犯人が新たな犯意に基き，別個の機会において行動した場合には包括一罪ではなく併合罪と観察するのを相当とする。」として，本件の証拠関係によれば，被告人らは新たな犯意に基づいて，それら犯行に及んだものと認定し，「被告人等が当初から単一の犯意に基いて行動したものではなくて，そのつど犯意と機会とを新たにして犯行に及んだものと認められる。記録を精査しても，被告人等の犯意が単一であると認め得られるような証拠は存しない。」として，併合罪であると認めたものである。

3　以上のような裁判例の動向などに照らしても，本事例の場合には，その時間的間隔が短く，同一の犯意の下に，同一場所においてなされた犯行であることから，4回にわたってはいるものの，それらは一個の行為として捉え，包括一罪と考えるのが妥当であろう。

問4 上記4の想定事例において，まず，前段の場合では，甲野には何罪が成立するのか。甲野は，戊野方でまず1万円の現金を窃取しており，この時点で窃盗罪が成立している。その後，居直り強盗をして現金5万円を強取したが，両者の関係はどうなるのであろうか。次に，後段の想定事例の場合ではどうか。

【解　答】

1　まず，前段の場合についてであるが，**昭和28年7月27日高松高裁判決（高刑集6巻11号1442頁）**では，本事例と同様の事案において，「同一家屋内において，先ず金品を窃取し，更に引続き家人に対し暴行脅迫を加えて金品を強取したときは，これを包括的に観察して一個の強盗罪を構成するものと解すべきであるから」として，窃盗罪が強盗罪に吸収され，包括して強盗罪一罪の成立を認めている。この考え方は，大審院も同様であり，判例として確立している。

　その理由とするところは，窃盗と強盗が盗犯として共通であり，居直り強盗に着手する以前の段階で既に窃盗に及んでいることも多いことなどに着目して，窃盗に引き続いて強盗がなされた場合には，一括して評価し，強盗罪一罪とみるべきであるからである。

　なお，実際には刃物などを所持していなかったにもかかわらず，それがあるように装って脅迫した行為も，欺罔行為を伴っているものではあるが，相手方の反抗を抑圧するに十分な脅迫行為であることから，強盗罪の構成要件に欠けるところはない。

2　次に，後段の場合には，裁判例は，包括して強盗未遂罪を認めている。たしかに現金の窃取が既遂となっているが，その既遂となる窃盗についても強盗未遂罪に包括されると考えるのである。

　そのような事案として，**昭和55年10月30日東京地裁判決（判時1006号132頁）**は，「本件はいわゆる居直り強盗の事案であり，社会的事実の一個性から窃盗既遂の罪と強盗未遂の罪との2罪が成立し，両者は併合罪の関係にあるとするのも妥当でなく，本件のように強盗未遂に窃盗が先行することは強盗未遂の類型的な社会的事実であると認められるので，強盗未遂の構成要件は既に先行する窃盗を考慮して定められているものとして，強盗未遂の一罪が成立し，先行す

第23章　窃盗罪の罪数及び他罪との関係　439

る窃盗は独立して評価の対象にならないものと解するのが相当である。」と判示している。

　また，昭和28年10月23日東京高裁判決（東高時報4巻5号140頁）においても，同様の事案において，「その態様において，被告人は窃盗の後，家人に発見されるや強盗の意思をもって金品を強取しようとしたが，その目的を遂ぐるに至らなかった強盗未遂の場合に該当するものがあり」などと判示されている。

問5　上記5の想定事例は，強盗の目的で他人の家屋に侵入し，金品を窃取後，更に金品を強取しようとしたものの強盗は未遂に終わったというものである。この場合，甲野には，まず現金3万円の窃盗が成立している。その後，予定どおり強盗に及んだのであるが，それは未遂に終わってしまったのであり，この場合，窃盗罪と強盗未遂罪の関係はどうなるのであろうか。

【解　答】

　このような場合，裁判例は，包括して強盗罪一罪が成立するとするものと，包括して強盗未遂罪が成立するとするものがあり，その見解は分かれている。

　例えば，昭和32年5月27日広島高裁松江支部判決（裁判特報4巻10号263頁）は，「被告人としては，金品を強取する目的を以てV方に侵入したことは，原判決挙示の関係証拠によって明らかである。かくの如く，犯人が強盗の目的を以て侵入し，同一家屋内において，先ず金品を窃取し，更に，引続き暴行又は脅迫を以て，家人から金品を強取せんとして未遂に終った場合にも同一の被害者に対して加えられた財物に対する侵害とその直後になされた脅迫とはこれを包括的に観察し，単一の強盗罪の既遂を以て論ずるのが相当である。」として，強盗罪の既遂と認めていることが参考になる。

　当初から強盗をする故意の下に窃取行為に及び，続いて暴行脅迫を加えた時点で強盗既遂罪の包括評価が可能であるからである。

　これに対し，平成24年2月28日鹿児島地裁判決（公刊物未登載）では，被告人が，金品を強取しようと企て，A方に侵入し，現金を窃取した上，更に金品を物色中，Bに発見されるや，同女を脅迫し，更に，駆けつけたCに対し，模造刀の切っ先を向けて脅迫し，その反抗を抑圧して，更に金員を強取しようとしたが，警察へ

の通報を怖れ，その目的を遂げずに逃走した事案において，「被告人は，被害者宅に侵入した後，まず家人に見つからないようにしながら屋内を物色して窃盗の実行行為に着手し，発見した財布の中から現金約7000円を抜き取り自己の手中に収めたことで窃盗が既遂に達しており，その後，初めて家人に発見されて，模造刀を利用して脅迫する強盗の実行に着手したものの，財物を強取することができなかったのである。そうすると，いかに，住居侵入の目的が強盗目的であり，本件強盗行為が窃取した現金の確保に役立つ面があったとはいえ，強盗の実行に着手した時点で窃盗は既遂に達している以上，その現金が強盗によって強取されたと見る余地はなく，本件につき強盗既遂罪が成立すると解することはできないというべきである（中略）。もっとも，被告人が当初から強盗の目的で住居侵入し，その侵入した家屋内で窃盗と強盗未遂に連続的に及んでいることからすれば，両者は包括的に強盗未遂罪になると解するのが相当である。」として包括して強盗未遂罪が成立するとした。

しかしながら，この場合の被告人の犯行は，強盗の目的でA方に侵入し，現金を奪取した上，強盗の実行行為に及んでいるのであるから，その前後の行為を分断して個別に評価するのではなく，その全体を見れば強盗罪の構成要件を完全に充足していると評価できるのではないだろうか。強盗罪の既遂と認めるべきであったと思われる。

したがって，本事例においても，強盗罪の既遂と考えてよいと思われる。

|問6| 上記6の想定事例において，甲野には何罪が成立するのか。窃盗罪では，窃取行為が完了することで一定の法益侵害が発生し，犯罪が既遂に達して終了するが，それ以降も法益侵害の違法状態が継続する。このような犯罪類型を状態犯と呼ぶが，この場合，既遂に達した後の違法状態そのものは，既に窃盗罪によって評価され尽くしているので，別個に処罰の対象となるものではない。したがって，その場合，被害品の処分等を行っても，それが窃盗罪によって評価され尽くされている範囲内であれば，別罪を構成することはない。これを不可罰的事後行為と呼ぶ。

では，本事例については，不可罰的事後行為となるのであろうか。

【解 答】

　一般的に窃盗罪の不可罰的事後行為として認められているのは，犯人自身による盗品の損壊，譲渡，運搬，保管等の使用収益処分である。

　しかしながら，盗品の使用収益処分であるといっても，新たに別個の法益侵害が発生する場合には，別罪を構成することになる。

　本事例では，盗品を買い取らせているのであり，相手方もそれが盗まれたものであると分かっていたなら，買い取るようなことはなかったと考えられる。したがって，当該物品が盗品であるかどうかは購入を決定する上で重要な事項となり，この点について正当な物品であるかのように装って購入させることは，相手方を錯誤に陥れて意思決定をさせたものと考えられ，詐欺が成立すると考えてよいであろう。そうであるなら，そこに新たな法益侵害があり，この詐欺は不可罰的事後行為とはならない[1]。

　また，本事例では，自分の身元を隠すために，偽造した運転免許証を使用しているが，これが偽造公文書行使罪になることは当然であるが，それだけにとどまらず，組織的犯罪処罰法10条1項で

　　　犯罪収益等（中略）の取得若しくは処分につき事実を仮装し，又は犯罪収益等を隠匿した者は，5年以下の懲役若しくは300万円以下の罰金に処し，又はこれを併科する（後略）。

と規定されているところ，そのうちの「犯罪収益等の処分につき事実を仮装」したことに該当する。すなわち，窃盗により得られた物品は，犯罪収益に該当するところ，その処分に当たって，自己の特定を避けるために偽造の運転免許証を用いることは，処分につき事実を仮装したことになるからである。

　したがって，本事例では，詐欺，偽造公文書行使，組織的犯罪処罰法違反がそれぞれ成立し，牽連犯として科刑上一罪になる。

問7　上記7の想定事例において，甲野には何罪が成立するのか。これは不可罰的事後行為ではないか。

【解　答】

　問6において，通常，不可罰的事後行為として認められる使用収益処分の中に，保管行為も含められるとしていた。単なる「保管」であれば，新たな法益侵害がないことから，不可罰的事後行為となる。

　しかしながら，本事例における甲野の行為は，単なる保管行為を超えて，組織的犯罪処罰法10条に規定する「隠匿」に該当すると考えられる。不可罰的事後行為としての単なる保管行為と隠匿行為との境界は微妙なところもあるが，トランクルームに隠匿した事案（平成17年2月7日大阪地裁判決・公刊物未登載）やコインロッカーに隠匿した事案（平成17年2月9日東京地裁判決・判タ1185号159頁）などにおいて組織的犯罪処罰法違反が認められている。

　さらに，本事例と同様に，警察からの発見押収を免れるため，畑の中に埋めて隠匿した事案（平成25年6月18日横浜地裁判決・公刊物未登載）についても組織的犯罪処罰法違反が認められている（なお，それらの詳細については，拙著『マネー・ローンダリング罪　捜査のすべて』174頁以下参照。）。）。

1）　なお，偽造の運転免許証を用いて本人性につき欺罔していることも詐欺の内容として捉えることは可能であると思われる。本人性を偽るような相手方と取引をしたいとは思わないのが通常だからである。したがって，この点を欺罔内容として訴因に盛り込んでも差し支えないとは思うが，ただ，一方で，買い手としては，売り手がどこの誰でも構わないと思っており，その点については重要な事項とはならないと考える者もいるであろうから，この点だけを欺罔行為として取り上げるのは妥当とは思われない。

第3編

盗犯捜査手続法

第1章　盗犯捜査の開始から起訴に至るまでの捜査手順

> **例　題**　盗犯捜査は，刑訴法上，どのように規定され，実際上，どのような手順で進められるのか。警察における盗犯捜査の手順はどうか。また，検察官による起訴・不起訴の判断に至る捜査手順はどのようなものか。

問題の所在

　盗犯捜査をするに当たり，刑訴法の規定等に関する手続法についての正確な理解が不可欠である。捜査というものが国家権力の発現であって，対象となる被疑者の人権に対する配慮というものが必要であることから，そのバランスの上で定められた法令上の規制，基準等に従う必要がある。
　そのような規制が刑訴法等によりなされているのであるから，捜査に携わる者として，この法令等に精通する必要があるのは論を俟たないところである。

事　例

【想定事例】

　A警察署刑事課の甲野巡査部長は，窃盗犯人である乙野を平成27年4月3日午前11時に逮捕状により通常逮捕した。その逮捕後，被疑者の取調べや，被害者に対する被害品の確認，更には，被疑者の関係者の取調べなども実施していたため，検察官送致のための書類や証拠物の整理を終えたのは，同月5日の早朝になっていた。
　そこで，甲野巡査部長は，同日午前9時頃に，同僚警察官と共に，被疑者乙野の身柄を送致するため，捜査車両に乙野を乗せてA署を出発してB検察庁に向かった。甲野巡査部長としては，更に乙野を取り調べるために検察官に勾留請求をしてもらおうと考えていた。

ところが，その途中で，反原発デモ隊の無許可集団示威行動に出会い，道路を通行することができず，通常であれば，A署から1時間も掛からないB検察庁に着くのが大幅に遅れ，到着したのは，午後0時を回ってしまっていた。甲野巡査部長としては，どのようにしたらよいのか。

設問と解答

問1 まず，警察官が盗犯の発生を認知することから盗犯捜査が開始されるが，その端緒となるものとして，刑訴法はどのような規定を設けているのか。

【解　答】

そもそもの前提として，刑訴法189条2項は，

> 司法警察職員は，犯罪があると思料するときは，犯人及び証拠を捜査するものとする。

と規定しており，「犯罪があると思料するとき」には必要な捜査をすることができるとされている。これは任意捜査を一般的に許容している規定と理解されている。

そこで，どのような場合に，「犯罪があると思料する」ことになるかであるが，これはすなわち捜査の端緒が得られた時ということであって，この捜査の端緒は，刑訴法に規定されているものもあれば，規定されていないものもある。

1　そこで，まず，刑訴法上の規定があるものから述べるが，以下のようなものが挙げられる。

(1)　現行犯人の発見

これは，刑訴法212条以下に規定が設けられている。まず，同法212条1項は，

> 現に罪を行い，又は現に罪を行い終った者を現行犯人とする。

と現行犯人を定義付け，同法213条において，

> 現行犯人は，何人でも，逮捕状なくしてこれを逮捕することができる。

として，現行犯人は誰でも逮捕できることとした上で，そのように逮捕された

448　第3編　盗犯捜査手続法

者については，同法214条において，

> 検察官，検察事務官及び司法警察職員以外の者は，現行犯人を逮捕したときは，直ちにこれを地方検察庁若しくは区検察庁の検察官又は司法警察職員に引き渡さなければならない。

とされていることから，警察官において，現行犯人の引渡しを受けることとなり，これを端緒として，捜査が開始されることになる。

盗犯捜査でいえば，ひったくりの犯人を目撃した私人が，これを追跡して逮捕したような場合がこれに該当することとなろう。

(2) 変死体の検視

これは，刑訴法229条に規定が設けられている。まず，同条1項では，

> 変死者又は変死の疑のある死体があるときは，その所在地を管轄する地方検察庁又は区検察庁の検察官は，検視をしなければならない。

として，検察官による検視の義務を規定しているが，実際のところは，検察官が直接に検視をする場合は非常に限られており，変死体の検視のほとんどは警察官が行っている。その根拠規定は，同条2項であり，

> 検察官は，検察事務官又は司法警察員に前項の処分をさせることができる。

と代行検視が規定されているところ，捜査の実情としては，警察官による代行検視が一般的であって，このように変死体の検視をし，それが犯罪死であると判断されたような場合，これを端緒として捜査が開始されることになる。

ただ，盗犯捜査の関係でいえば，変死体の検視が捜査の端緒になることは通常は考えられないであろう。

(3) 告訴・告発

まず，告訴については，同法230条において，

> 犯罪により害を被った者は，告訴をすることができる。

として，被害者には告訴をする権利があることを規定し，また，告発については，同法239条1項において，

> 何人でも，犯罪があると思料するときは，告発をすることができる。

として，誰でも犯罪があると思料するときは告発することができることを規定している。

盗犯捜査においても，その捜査の端緒が告訴・告発であることもあり，そのような手続により，警察官が盗犯の発生を認知して捜査を開始することとなる。なお，告訴については，後に第3編第2章問3（461頁）でも触れることとする。

(4) 自　首

　自首については，刑法42条1項に規定があり，

　　罪を犯した者が捜査機関に発覚する前に自首したときは，その刑を減軽することができる。

とされており，その規定の文言からしても，捜査機関に対して，自己の犯行を告げることが自首であるので，これが捜査の端緒となることは当然である。

　そして，刑訴法245条にこれに関連する規定が設けられており，

　　第241条及び第242条の規定は，自首についてこれを準用する。

として，同法241条1項の

　　告訴又は告発は，書面又は口頭で検察官又は司法警察員にこれをしなければならない。

という規定，同条2項の

　　検察官又は司法警察員は，口頭による告訴又は告発を受けたときは調書を作らなければならない。

という規定，さらに，同法242条の

　　司法警察員は，告訴又は告発を受けたときは，速やかにこれに関する書類及び証拠物を検察官に送付しなければならない。

との規定が準用されることになる。つまり，自首は，書面又は口頭でなされなければならず，口頭による場合は調書を作成すること，そして，これに関する書類及び証拠物を検察官に送付することなどが定められている。

　盗犯捜査においても，自首により捜査が開始される場合もあり，これも捜査の端緒としては重要なものである。なお，これについては，後に第3編第20章問4（713頁）でも触れることとする。

2　次に，刑訴法上に規定のないものについて述べるが，これには以下のようなものが挙げられる。

450　第3編　盗犯捜査手続法

(1) 被害者・第三者による被害の申告

　盗犯の被害についての捜査の端緒は，被害者による被害届の提出であるのが一般的である。この点については，法律上の規定はないが，刑訴法189条2項の規定により，任意捜査として，当然に行い得る捜査であると考えられている。

　また，第三者による被害の申告として，例えば，ひったくり事件の目撃者からの通報などもあるのであって，これも被害者による被害申告と同様に捜査の端緒となるものである。

　なお，被害届や第三者の申告などについては，後に第3編第2章（459頁）でも触れることとする。

(2) 職務質問

　これも捜査の端緒として，極めて重要である。警察官職務執行法2条1項は，

　　警察官は，異常な挙動その他周囲の事情から合理的に判断して何らかの犯罪を犯し，若しくは犯そうとしていると疑うに足りる相当な理由のある者又は既に行われた犯罪について，若しくは犯罪が行われようとしていることについて知っていると認められる者を停止させて質問することができる。

として，異常な挙動をしている者などに対し，質問することができるとしている。この職務質問は，行政警察活動としての手段であり，刑訴法上の司法警察活動としての捜査ではない。

　ただ，この職務質問を端緒として盗犯等の犯罪が発覚することは極めて多い。なお，職務質問については，後に第3編第18章問2（652頁）で詳しく述べることとする。

(3) その他

　その他にも，逮捕した被疑者を取り調べた際の余罪の供述（第3編第20章問3・710頁）や，質屋・古物商への立入調査（第3編第1章問4・453頁参照），他の事件の聞き込みの際などに得られた供述，さらには，投書や密告，マスコミ報道なども，いずれも捜査の端緒となることがある。

問2 では、警察官が盗犯の発生を認知した場合、その後の捜査はどのような手続が執られるのか。

【解　答】

　まずは犯行現場に赴くことから始まることとなる。先に述べた刑訴法189条2項を根拠として、現場の観察をした上、その現場の状況を明らかにするために、実況見分などを行う（第3編第3章469頁参照）。

　また、遺留品等の証拠物の領置（第3編第4章問3・480頁参照）を含めた捜査資料の収集などを行う。遺留品等の領置については、刑訴法221条において、

　　（前略）司法警察職員は、被疑者その他の者が遺留した物（中略）は、これを領置することができる。

と規定されている。

　そして、その際に直接に犯人に結びつく指紋が採取できれば、その指紋について鑑定嘱託を行い、その鑑定結果を証拠とし（第3編第6章494頁参照）、また、被疑者等の毛髪やその体液などが付着した衣類等が押収できれば、そこからDNA型鑑定嘱託をして、その鑑定結果を証拠とする（第3編第7章510頁参照）こととなる。

　もちろん、その他に足跡（第3編第8章522頁参照）など現場に残された、犯人とのつながりを示すその他の証拠の有無を調べた上、当該犯行現場に残された手口の特徴からの犯人の割出し（第3編第16章622頁参照）なども検討することが必要である。

　また、被害者の立会いを求めて、犯行現場がどのように変化しているのかなども明らかにしておかなければならない。これにより、後に逮捕等された被疑者が供述する犯行態様等が、現場の状況に一致するかどうかなど、その供述内容が真実であるかどうかを見極めることができることとなるからである。

問3 犯行現場の見分や遺留品等の領置等をした後は、どのような捜査をすることになるのか。

【解　答】

　犯行現場周辺の聞き込み捜査により，目撃者等を見つけ出すことが必要である。目撃者がいれば，面割り捜査（第3編第15章611頁参照）を実施する必要があり，仮に，犯人と思われる者を目撃していなくても，不審な人物が徘徊していなかったか，心当たりのあるような人物はいないかなど犯人の特定に結びつくような情報を聞き込んでいくことが必要である。

　このような聞き込みなどは，刑訴法223条1項において，

　　（前略）司法警察職員は，犯罪の捜査をするについて必要があるときは，被疑者以外の者（中略）を取り調べ（中略）ることができる。

とされていることに根拠が求められる。

問4　問2及び3で述べられた捜査以外に，どのような捜査をする必要があるのか。

【解　答】

　併せて被害品からの捜査も実施する必要がある。被害者から聞き出した被害品の特徴等を把握し，「質屋・古物商等に品触手配や立入調査を行い，警察本部所管課に贓物照会するなどして，贓品の処分者を割り出し，贓品の流れを追って犯人に迫る。」（増井・捜査21頁）という捜査も行うべきであろう。

　現在においても，この種捜査の重要性は失われておらず，むしろ，コンピュータに被害品の登録をして，その照合等による犯人の割出し等を積極的に押し進めているのが実情である。

問5　上述したような各捜査を行うことで犯人の特定ができた場合には，その後は，どのような捜査の手続が執られることになるのか。

【解　答】

　通常であれば，盗犯の犯人には逃走のおそれがあると認められることが多いから，逮捕状を請求して身柄の確保を図ることとなろう。

刑訴法199条1項前段は，

> （前略）司法警察職員は，被疑者が罪を犯したことを疑うに足りる相当な理由があるときは，裁判官のあらかじめ発する逮捕状により，これを逮捕することができる。

としていることから，これを根拠として，警察官には，被疑者の逮捕が許されている。

そして，同条2項前段において，

> 裁判官は，被疑者が罪を犯したことを疑うに足りる相当な理由があると認めるときは，検察官又は司法警察員（警察官たる司法警察員については，国家公安委員会又は都道府県公安委員会が指定する警部以上の者に限る。（中略））の請求により，前項の逮捕状を発する。

とされていることから，警察官からの逮捕状請求により，裁判官がその逮捕状の発付を行う。

そのような逮捕状の発付の手続と併行して，被疑者の所在捜査を行い，その居住場所等を割り出す必要がある。

その上で，被疑者を逮捕する際には，同法201条1項の

> 逮捕状により被疑者を逮捕するには，逮捕状を被疑者に示さなければならない。

との規定に基づき，逮捕状を示して逮捕することとなる。

そして，被疑者を逮捕した場合において，司法巡査が逮捕したのであれば，同法202条の

> （前略）司法巡査が逮捕状により被疑者を逮捕したときは，直ちに，（中略）司法巡査はこれを司法警察員に引致しなければならない。

との規定に基づき，司法警察員に引致しなければならず，このような場合や，司法警察員が自ら逮捕した場合は，同法203条1項において，

> 司法警察員は，逮捕状により被疑者を逮捕したとき，又は逮捕状により逮捕された被疑者を受け取ったときは，直ちに犯罪事実の要旨及び弁護人を選任することができる旨を告げた上，弁解の機会を与え，留置の必要がないと思料するときは直ちにこれを釈放し，留置の必要があると思料するときは被疑者が身体を拘束された時から48時間以内に書類及び証拠物とともにこれを検察官に送致する手続をしなければならない。

とされているように，48時間以内に検察官に送致する必要がある。

問6 検察官に送致をした後は，どのような捜査手続が執られるのか。

【解　答】

　検察官は，送致記録を点検して，「①身柄事件であれば拘束に至るまでの手続に瑕疵はないか。②犯人を被疑者に絞り込む捜査の過程に不合理，不自然な点はないか。③自供している場合は自白に客観的証拠と矛盾する点はないか，あるいは，重要事項についての供述に欠落はないか，また，④否認している場合には直接証拠があるか，直接証拠がない場合には被疑事実を犯したことを認めるに足りる情況証拠があるかどうかなどを検討する。」（増井・捜査24頁）ことになる。
　その上で，勾留請求をするかどうかを判断するが，通常逮捕された盗犯事件であれば，一般的には，検察官は，刑訴法205条における

　　　検察官は，第203条の規定により送致された被疑者を受け取ったときは，弁解の機会を与え，留置の必要がないと思料するときは直ちにこれを釈放し，留置の必要があると思料するときは被疑者を受け取った時から24時間以内に裁判官に被疑者の勾留を請求しなければならない。

との規定に基づき，送致された被疑者を受け取ってから24時間以内に勾留の請求をすることが多い。
　そして，その請求を受けた裁判官に対しては，同法207条5項において，

　　　裁判官は，（中略）勾留の請求を受けたときは，速やかに勾留状を発しなければならない。ただし，勾留の理由がないと認めるとき（中略）は，勾留状を発しないで，直ちに被疑者の釈放を命じなければならない。

とされているように，勾留の理由がないと認めるときなどでなければ，速やかに勾留状を発付することが求められている。
　そのようにして認められた勾留については，その勾留期間として，同法208条1項により，

　　　前条の規定により被疑者を勾留した事件につき，勾留の請求をした日から10日以内に公訴を提起しないときは，検察官は，直ちに被疑者を釈放しなければならない。

と定められ，その期間は10日であるとされている。ただ，同条2項において，

　　　裁判官は，やむを得ない事由があると認めるときは，検察官の請求により，

前項の期間を延長することができる。この期間の延長は，通じて10日を超えることができない。

とされていることから，最長10日間の勾留期間の延長を求めることができることとなっている。

このような最長20日間の勾留期間のうちに，検察官の補充捜査の指揮の下に，公判請求できるだけの証拠を集めるため，必要な捜査を遂げなければならない。

被疑者が自白していない場合には，その獲得に努める必要があるし，自白の有無に拘わらず，その供述の裏付け捜査も必要である。さらに，逮捕後に見つかった証拠に関しては，それらについての鑑定嘱託も必要であるし，その鑑定結果の検討も必要である。

それら必要な証拠の収集に努めた上で，検察官は，それら証拠の有無及び証明力の程度を検討するだけでなく，犯罪の軽重，被疑者の前科・前歴，犯行の常習性，動機，計画性，被害回復の有無，改悛の情の有無，程度等を総合的に勘案して，起訴・不起訴の決定をすることになる。

その上で，公判請求された場合には，公判手続に移行することになる。

問7 想定事例についてはどのように考えたらよいのか。

【解　答】

1　刑訴法203条1項は，司法警察員は，逮捕した被疑者の身柄を48時間以内に検察官に送致することを求めているが，やむを得ない理由によって，その制限時間を遵守することができなかった場合についても規定している。

同法206条1項は，

検察官又は司法警察員がやむを得ない事情によって前3条の時間の制限に従うことができなかったときは，検察官は，裁判官にその事由を疎明して，被疑者の勾留を請求することができる。

と規定され，同条2項で

前項の請求を受けた裁判官は，その遅延がやむを得ない事由に基く正当なものであると認める場合でなければ，勾留状を発することができない。

とされているように，その遅延した場合には，それが「やむを得ない事由に基く

正当なものであると認める場合」であることが求められているので，遅延が反原発デモ隊の無許可集団示威行為によるものであって，やむを得ない正当な理由に基づくものであることを，検察官を通じて裁判官に疎明してもらわなければならない。

通常，予想のできない突発的な事象であれば，制限時間を守ることができなくても，それはやむを得ない事情であると認められるのではないかと思われる。

2　なお，遠隔地であることや，その後被疑者に休養を与えたことが遅延理由となった時間超過の事案において，参考になる事案があるので，ここに紹介しておく。

(1)　まず，**昭和42年5月13日旭川地裁決定（下刑集9巻5号747頁）**の事案であるが，まず，その時間超過の状況は「被疑者は本件被疑事実につき昭和42年5月9日熊本地方裁判所裁判官の発した逮捕状により同日午後11時熊本県熊本北警察署に於て逮捕され，同月12日午後1時30分検察官に送致する手続がなされ，旭川地方検察庁検察官が同日午後4時旭川簡易裁判所裁判官に対し，勾留請求をした」というものであった。

これに対し，本件旭川地裁の決定では，「刑事訴訟法第203条によれば，司法警察員は被疑者を逮捕後48時間以内にこれを検察官に送致しなければならないものであるところ，右事実によれば，被疑者は逮捕後48時間を経過した後に検察官に送致されていることが明らかである。

然しながら，本件被疑者は，熊本市に於て逮捕され，犯罪地である旭川市に於て前記送致手続を受けているものであるが，司法警察員は逮捕後すみやかに被疑者を熊本市から旭川市に護送し，この間約51時間を要したものであるが，これは現在の熊本―旭川間の交通事情によれば必要最小限度と認められる。さらに一件記録によれば，旭川警察署司法警察員は昭和42年5月12日午前2時30分本件被疑者が旭川警察署に到着後，本件被疑者に相当時間の休養を与えた後旭川警察署に於て被疑事実につき取調べをしたうえ，前記時刻に検察官に送致する手続をしたことが認められる。

然し，本件被疑者を逮捕後旭川警察署にこれが到着するまで約51時間を要し，すでに刑事訴訟法第203条の制限時間を超過したのであるが，その間な

んらの取調をすることができなかった本件の場合本件被疑者に相当の休養を与えた後右取調をし，その結果さらに右程度の時間を要したとしても，その遅滞はやむを得ない事由に基く正当なものであると解するのが相当である。」と判示したものである。

(2) また，**平成25年12月18日東京高裁判決（判タ1407号234頁）**の事案は，アラビア海のソマリア沖で日本の商船会社が運航していたタンカーを海賊が襲撃した海賊行為の処罰及び海賊行為への対処に関する法律違反事件であるところ，アラビア海上で逮捕した被疑者を日本に連行するに当たり，上述した制限時間に従うことはおよそ不可能であったが，「やむを得ない事由」を疎明することで勾留が認められた（なお，同事件の詳細については，拙稿「アラビア海におけるソマリア沖海賊によるグアナバラ号襲撃事件に関する国際法上及び国内法上の諸問題（上）（下）」警学67巻3号67頁以下及び同4号101頁以下を参照）。

第2章　捜査の端緒となる被害届や目撃者の供述調書等

例題

盗犯事件における捜査の端緒となる被害届は、どのような法的性質を持つものか。それはどのような形式で作成されるのか。

問題の所在

盗犯事件における捜査の端緒は、被害届であることが多い。その被害届の受理や作成、更には、その際の被害者や目撃者の取調べや供述調書の作成において、何を録取すべきであるのか。また、その際に留意しておかなければならないことは何か。さらに、それら書面の証拠能力はどのようなものであるのかなどについて正確に理解しておく必要がある。

事例

【想定事例】

　A署刑事課の甲野太郎巡査部長は、ひったくりの被害に遭ったという乙野次子から、ハンドバッグをひったくられたという被害届を受理するに当たり、その犯人の心当たりはないかと尋ねたところ、以前に同棲していた男性の丙野三郎であると供述した。また、その際に、乙野の友人であるという丁野四子を一緒にA署に連れて来ており、丁野は丙野がハンドバッグをひったくったのを見ていたと供述した。
　このような場合において甲野巡査部長はどのようなことに留意しなければならないか。

設問と解答

問1 そもそも被害届とは何か。

【解答】

　被害届とは，被害者等が警察官に犯罪の被害に遭ったことを届け出るための書面であり，被害日時，場所，被害金品等を記載して被害の概要を示すものである。
　犯罪捜査規範61条1項によれば，
　　警察官は，犯罪による被害の届出をする者があったときは，その届出に係る事件が管轄区域の事件であるかどうかを問わず，これを受理しなければならない。
として被害届の受理義務を定めた上，同条2項前段において，
　　前項の届出が口頭によるものであるときは，被害届（別記様式第六号）に記入を求め又は警察官が代書するものとする。
として，被害届が書面によってなされるべきものであることを求めている。
　これは被害届が捜査の端緒となるもので，その内容の正確性を担保する必要があるからである。

問2 被害届の法的性質は何か。

【解答】

　被害届は，被害者による被害内容の申告書であることから，刑訴法上は，321条1項柱書きの「被告人以外の者が作成した供述書」に該当する。このような書面は，伝聞証拠であって，原則として証拠能力は認められないが，例外的にこれが認められる場合として，同項3号は，
　　前2号に掲げる書面以外の書面については，供述者が死亡，精神若しくは身体の故障，所在不明又は国外にいるため公判準備又は公判期日において供述することができず，且つ，その供述が犯罪事実の存否の証明に欠くことができないものであるとき。但し，その供述が特に信用すべき情況の下にされたものであるときに限る。

460　第3編　盗犯捜査手続法

と規定している。

　そして，被害届などの供述書は，ここでいう「前2号に掲げる書面以外の書面」に該当し（ちなみに，「前2号に掲げる書面」とは，裁判官面前調書や検察官面前調書である。），その供述者である被害者が死亡等の理由により公判期日に証言できないときで，その供述が犯罪事実の存否の証明に欠くことができないなどの要件を満たす場合には，証拠能力が認められるとされているのである（なお，これらの要件の詳細は後述する。）。

問3　被害届と告訴状はどう違うのか。

【解　答】

　刑訴法230条は，
　　　犯罪により害を被った者は，告訴をすることができる。
と規定し，被害者に告訴権があることを明らかにしている。ここでいう「告訴」とは，犯罪による被害者その他の法的地位にある者が，捜査機関に対して犯罪事実を申告して犯人の処罰を求める意思表示のことをいう（**昭和26年7月12日最高裁判決（刑集5巻8号1427頁）**では，「告訴ありとするには，被害者から，司法警察員又は検察官に対し犯罪事実につき犯人の処罰を求める旨の意思表示あるを以て足りる」としている。）。

　したがって，被害届が，通常は，被害の事実を申告するだけのものであって，犯人の処罰を求める意思表示まではその内容としていない点で両者は異なる。

　それゆえ，例えば，刑法244条は，親族間の犯罪の特例を定めているところ，同条2項において，「配偶者，直系血族又は同居の親族」以外の親族との間で犯した窃盗等の罪については，告訴がなければ公訴を提起することができないとされている。したがって，そのような親族間の犯行の場合，当該親族から提出された被害届だけでは，起訴することはできず，その場合には，当該親族からの告訴が必要となる。

問4　被害届と被害者供述調書とはどう違うのか。

【解　答】

　本質的な違いはない。つまり，この場合の被害者供述調書も，法的な性質としては，刑訴法321条1項柱書きの「被告人以外の者が作成した供述書又はその者の供述を録取した書面で供述者の署名若しくは押印のあるもの」のうちの後段の部分に該当するのであって，その前段部分に規定されている被害届と同じ性質のものである。

　したがって，被害者供述調書に証拠能力が付与される要件等についても，先に被害届に関して説明したことと同様である。

　ただ，通常は，被害者供述調書の方が被害届より詳細に内容が明らかにされることから，犯罪捜査規範61条2項後段も，

　　この場合において，参考人供述調書を作成したときは，被害届の作成を省略することができる。

としているのである。

　なお，被害者供述調書も，目撃者の供述調書と同様に，参考人供述調書というものに含まれるものであるが，そのような参考人を取り調べ，その供述調書を作成することができる根拠は，刑訴法223条1項において，

　　検察官，検察事務官又は司法警察職員は，犯罪の捜査をするについて必要があるときは，被疑者以外の者の出頭を求め，これを取り調べ（中略）ることができる。

とされているからであり，その際に供述調書を作成することについては，同条2項において，

　　第198条第1項但書及び第3項乃至第5項の規定は，前項の場合にこれを準用する。

とした上，刑訴法198条3項が，

　　被疑者の供述は，これを調書に録取することができる。

としていることから，この規定を準用することで，参考人供述調書を作成することができるのである。

問5　被害届の受理や被害者供述調書の作成に当たって留意すべきことは何か。

【解　答】

1　まず，被害届を提出しようとする者が，被害者自身であるのか，それ以外の人物であるのかという点を確認しておかなければならない。被害者自身でなくとも，例えば，その両親であるなど，被害者と一定の関係があることで同様な被害を受けていると評価できる者もいることから，そのような者からの被害届であっても，これを受理するべきは当然である。ただ，被害者自身でなされない場合には，なぜ被害者自身が被害申告をしないのか，他の者が代わってこれを行う理由は何か，また，被害者自身と同様に被害状況の把握ができているかなど，被害届の提出が適正になされているかどうかをよく確認してから受理することが必要である。

2　次に，被害日時と被害届がなされた日時との間隔がどのようになっているかも注意する必要がある。

　まず，被害日時と離れた日時の被害届であれば，記憶が薄れるなどその内容が不正確になるおそれがあるし，また，直ちに被害届を出さなかった合理的な理由があるかどうかもチェックする必要がある。被害発生後直ちに出されていない被害届の中には，真実でないものが存在する危険があるからである。特に，その期間が長期にわたる場合は，事件の発生自体に疑いを持つことも必要である。

　また，後に主張されるおそれがある被疑者のアリバイ主張に対応する必要性からも，被害日時の確定は正確かつ慎重に行う必要がある。

3　被害届において犯人が特定されている場合において，被害者と何らかの人的関係があり，その間に金銭関係や恋愛関係などで何らかのトラブルがある場合かどうかはチェックしなければならない事項である。そのような場合には，被害者が殊更に相手方を陥れるために虚偽の被害届を出しているのではないかとの疑いも生ずるため，被害者の供述の信用性についての検討も必要となる。

　そのため，被害者の供述に曖昧な点がないかどうか，これがあるとした場合，その理由は何か，それは合理的といえる理由であるのかどうか，その説明等に変遷はないかどうか，犯人の特定に不自然な断定はないかどうか，被害者の生活状況や経済状況，犯人との人的関係等に関して虚偽の内容が混じっていないかどう

かなど，多角的にその供述の信用性を検討しておかなければならない。

4　被害金品は，被害者が覚えている限り，全て正確に記載することである。後になって，新たな被害金品があったとして追加の被害届が出されても，当初の被害届に漏れた理由に合理性がなければ，被疑者がその追加の被害届に記載された金品はなかったと主張されたとき，必ずしも被害者の主張が認められないことがある。

　もっとも被害届に記載されていなかった金品について，後に逮捕された被疑者が窃取した金品の中に存在したと供述し，その点を被害者に確認したところ，被害者が確かに当該金品も盗まれていたと供述して被害事実の確認がとれる場合がある。このような場合，捜査機関も知らなかった事実を被疑者が自白したということで，秘密の暴露と認められ，捜査上有効に機能する場合もあるが，これなどは怪我の功名ともいうものであり，本来的には，被害者から正しく被害金品の内容を聴取して被害届を作成しておくべきであろう。

　ただ，だからといって被害者自身正確に把握していない被害金品，例えば，賽銭箱の中の現金などは，裏付けがあるのであればともかく（頻繁に回収しており，日常的に在中する現金額が合理的に推測できるような場合など），根拠のない不正確な推測に基づくような記載はすべきではない。

5　逮捕後の余罪の取調べにおいて，被疑者が自白をしたことで，それまで被害届が出されていなかった新たな事件が発覚することがある。

　このような場合において，被害者から被害届を提出してもらうに当たっては，被害に遭ったこと自体を知らなかった場合は別として，必ず，「盗難の被害に遭っていたことを知りながら，被害届を出さなかったのはなぜか。」とその理由を明らかにさせておかなければならない。そして，その説明内容が，大した被害ではなかったからとか，警察に出向くのが面倒でいやだったからとか，それが納得できる合理的な理由であるかどうかを判断する必要がある。その上で，その理由は，必ず被害者の供述調書に記載しておかなければならない。

　というのは，公判になって，被疑者が当該余罪事実について否認した場合，真実，当該被害があったかどうかは被害者の供述に頼るしかなくなる以上，当該被害届の提出が真意に基づいており，警察によって無理に出させられたなどというものではないということなどが立証できなければならないからである。被害届の

受理の手続等において，被害者の供述の信憑性が揺らぐような事態を招いてはならないのである。

問6 被害届に記載する被害金額の算定はどのようにしたらよいのか。

【解　答】

　現金以外の金品については，その被害金額の算定は必ずしも容易ではない。被害金品の価値は，犯行の重大性に影響を与え，量刑にも反映されるものであることから，その被害金額の算定は正確に行う必要がある。

　一般的に流通している物であれば，その時価を基にして，使用年数などの使用状況により一定の減額をした金額を被害金額としたらよいかと思われるが，これなどは捜査の過程において，より正確な金額の推定をすることができるので，被害届を受理する段階では，上記の考え方に基づく概ねの金額でよいと考える。

　特に骨董品などのように正確な価格を把握するのは専門家でも容易ではないような被害金品であれば，被害届を受理する段階で正確な金額を記載するのは不可能に近いので，その場合は，被害金額は不詳とした上で，その後の捜査において，その被害金額の確定をすれば足りるであろう。

問7 目撃者丁野四子の取調べに当たって留意すべきことは何か。

【解　答】

　窃盗などは，通常は被害者らに気付かれないように犯行に及ぶものであることから，目撃者が存在することは多くはないが，犯行現場からの犯人の逃走状況や，本事例のようなひったくりの場合などは，目撃者が存在することもあって，その際の目撃者の取調べは非常に重要である。

　犯罪捜査規範174条1項において，
　　　事実を明らかにするため被疑者以外の関係者を取り調べる必要があるときは，なるべく，その事実を直接に経験した者から供述を求めるようにしなければならない。

と規定されているように，参考人の取調べに当たっては，事実を直接に経験した者から聴取すべきであり，本事例での目撃者丁野四子の取調べはまさにこれに該当する場合となる。

そして，目撃者については，できるだけ早期にその記憶が新鮮なうちに取調べを行い，そのオリジナルな記憶を供述調書に正確に録取して証拠化しておく必要がある。記憶は急速に消失したり，変容してしまう危険があるからである。

また，目撃者については，どのような経緯で捜査機関が把握したのかも重要になる。交通事故の目撃者を捜すために，事故現場に事故内容を表示した立て看板により，目撃者の協力を求める場合もあるが，このような場合に，自発的に出頭して目撃状況を供述する場合などは，全く利害関係のない第三者の協力に基づく場合であるので，その目撃に関する信用性は高いであろう。また，聞き込みによる場合もこれと同様に考えてよいと思われる。

これに対し，本事例のように，被害者等の事件の関係者が目撃者を連れてくる場合もあるが，この場合には，被害者等の当該事件関係者の供述の信用性が，目撃者の供述の信用性にも大きく影響することを念頭に置いておくべきである。当該被害者等の供述が十分に信用できる場合には，当該目撃者の供述も基本的に信用できると思われるが，当該被害者等の供述が必ずしも十分な信頼が置けない場合には，それに連れてこられた目撃者の供述についても同様に十分な信用を置くことはできないであろう。そのような場合には，目撃者との間での口裏合わせのような作業がなされていないとも限らないからである。また，そこまではいかなくとも，関係者である当該被害者の立場を慮って，被害者側に有利になるように目撃状況を供述する危険がないとはいえないので，それらの点についての十分な配慮が必要である。

その上で，目撃した際の客観的状況を吟味する必要がある。まずは，目撃可能性であるが，目撃者の位置，場所から犯行状況が確認できるかどうか，また，その際の明るさや目撃者の視力は目撃できるものであったかどうかを明らかにする必要がある。次に，目撃の正確性として，目撃に至る事情が偶々生じた事象を偶然に見ただけであるのか，犯行以前から何らかの理由で被害者らを見ており，その結果目撃したものであるのかなども併せて検討しておく必要がある。

そして，その目撃供述の内容自体の具体性，迫真性，合理性，他の証拠等との整合性等を検討する必要がある。これらの点については，項を改めて後述する「面割り捜査」の箇所（第3編第15章611頁）で指摘することも参考にされたい。

問8 被害届や上記丁野の供述調書などの証拠能力はどのようなものか。

【解　答】

　問2等で述べたように，被害届や参考人供述調書は，いずれも伝聞証拠であって，原則として証拠能力は認められないが，刑訴法320条1項3号において，次の3つの要件を満たす場合には証拠能力が認められる。

　まず，①供述者が死亡，精神若しくは身体の故障，所在不明又は国外にいるため公判準備又は公判期日において供述することができない場合でなければならない。

　要は，死亡であれ，国外に居住する場合であれ，「供述不能」な状態にあることであり，ここでの条文の規定は例示的な列挙であると考えられている。したがって，ここに規定されていない場合として，証言拒絶をした場合に，この要件を満たすかどうかについて問題となった。そして，**昭和27年4月9日最高裁判決（刑集6巻4号584頁）** は，刑訴法321条1項2号の検面調書の証拠能力が問題とされた事案ではあるが，この①の要件について，証言拒絶をした場合には，この要件を満たすとしている。

　次に，②その供述が犯罪事実の存否の証明に欠くことができないものであるときでなければならない。これは，犯罪事実など重要な事項の存否の証明に必要で，かつ他の証拠では同一の目的を達することができないことをいう。

　さらに，③その供述が特に信用すべき情況の下にされたものであるときに限られるが，これは「特信情況の（特信性）の存在」の要件と呼ばれている。これはその供述自体に「絶対的な」特信情況があることをいうと理解されている。

　具体的な例を挙げるとすれば，犯行を目撃したのみで利害関係のない参考人が，進んで交番に赴いて供述したような場合に，この刑訴法320条1項3号に該当する書面として，証拠能力が認められたことがある。

　これは，**昭和26年2月24日大阪高裁判決（判決特報23号34頁）** の事案であるが，同判決では，「同人は本件犯行を目撃した者であって，その供述は犯罪事実の存否の証明に欠くことができないことも亦明白である。更に，同人は，前記の如く被告人の本件犯行を目撃したにすぎず，本件とは何等利害関係を有しないばかりでなく，進んで交番に赴き司法警察員に供述したものである事情に照らすとともに，その供述の内容自体に徴するときは，その供述は同法条但書にいわゆる特に信用す

べき情況の下にされたものであることを認めることができる。」と判示している。

実際のところ，盗犯において，本条の適用事案として考えられるものとしては，窃盗の犯行を目撃した者が，病気等で死亡する前に，司法警察職員に目撃状況を供述した内容を録取した場合において，他に目撃者等がおらず，当該目撃者について検察官調書等がない場合などが該当するといえるであろう。

なお，この問題については第3編第28章「公判手続(3)」794頁でも更に説明する。

問9 想定事例についてはどのように考えたらよいのか。

【解　答】

乙野次子からも丁野四子からも虚心坦懐にその供述に耳を傾けて聴取する必要があるが，ただ，本事例では，上述したように丙野三郎との間において何らかのトラブルがあった可能性があり，そのような点も念頭に置いて，乙野による丙野に対する犯罪への引き込み等の危険性がないかどうか検討することを要しよう。

本件と類似の事案について，被害者が虚偽供述をしていた事案として，増井・捜査29頁に紹介されている。

第3章　犯行現場の観察等及び実況見分

> **例　題**　盗犯捜査において，犯行現場の観察等はどうして重要であるといわれるのか。また，その際の留意事項は何か。さらに，その際に作成される実況見分調書は法的にどのような効力を持つのか。その作成に当たっての留意事項は何か。

問題の所在

　盗犯捜査に当たり，犯行現場に残された客観証拠が，犯人の特定のためにいかに重要であるかは論を俟たない。それゆえ，事件発生後，現場に臨むに当たっては，犯罪事実の存否を確認し，有形，無形の捜査資料を収集保存するため，現場の状況等をよく注意して観察しなければならない。
　その上で，実況見分をし，その結果を記す実況見分調書を作成するに当たっては，これが伝聞法則の例外をなし，証拠能力が認められる理由を十分に理解した上で作成することなどが求められる。

事　　例

【想定事例】

　A署刑事課の甲野巡査部長は，被害者乙野方の裏庭にある倉庫に何者かが侵入して骨董品500万円分が窃取されたという窃盗事件を担当することになり，その捜査の一環として，被害者方で実況見分を行うこととなった。
　そこで，甲野巡査部長は，乙野を立会人にして，現場の状況につき，図面を作成し，写真を撮るなどしていたが，その際，乙野が入り口ドアの鍵を指さして，「この倉庫の鍵が壊れているのを知っているのは，うちの家族以外では，近所の丙野しかいない。」と述べたので，実況見分調書に，乙野が入り口ドアの鍵を指

さしている姿を撮影して，その写真を添付するとともに，上記乙野の説明をその写真の下に，そのまま記載して，実況見分調書を作成した。
　甲野巡査部長の作成した本件実況見分調書に問題はないか。

設問と解答

問1 現場観察が極めて大切で，捜査の出発点であるといわれるのはなぜか。

【解　答】

　この点につき，増井・捜査42頁によれば，「現場は犯人が犯罪を行った場所であるから，そこに存在するすべての物，現象は犯人の心理，行動に影響を及ぼしている反面，現場にある物は犯人の行動により影響を受け犯行の痕跡，遺留品という形態で残っている。」からであるとされている。
　また，公判対策という面でも，「従来，初動捜査において明瞭なツールマークなどの証跡を見落としたり，遺留品に気付かなかったりして，後日，それが判明したため，公判で証拠のでっち上げが行われたなどと言い掛かりを付けられ，無用の紛糾を生じた例は決して少なくない。」(前出増井同頁)からである。

問2 現場観察の際に留意しておくべきことは何か。

【解　答】

　現場観察に当たっては，現場に必ず事件の鍵があるという信念を持って行うことが大切である(以下，前出増井42〜43頁)。
　その際の留意事項としては，
① 現場は，時の経過によって原形が失われていくので，できるだけ速やかに，かつ，犯行時と同一の条件下において，冷静に観察することである。
② 現場の現況を改変しないことである。現場には様々な遺留証拠が存在するので，それらを損壊したり，改変したりしないように留意する必要がある。
　　特に，近時は，DNA型鑑定のための資料の採取等に当たり，捜査員の毛髪

等が混じるという問題がしばしば見られている。もちろん意識的ではないにせよ，現場に不用意に他からの資料を運び込む結果を招来しないように十分に留意する必要がある。

そして，このことは現場から採取した資料のその後の取扱いについても同様である。DNA型鑑定において，再審をも含めて常に問題となるのは，コンタミネーション（汚染）されていないかどうかという点だからである。

特に，捜査員自身が自らの毛髪等を遺留したような場合には，まだ，捜査員自身のDNA型を明らかにすることでコンタミネーションが判明するものの，捜査員が自らの衣服等に付着させていた第三者の毛髪等を現場に遺留してしまうと，もはやその第三者を特定することができず，他に犯人がいるかのような証拠関係を作り出してしまう結果になる。したがって，このような事態を招来することは絶対に避けなければならない要注意事項である。

③ 何度も反復して観察する必要がある。犯行現場となった部屋を何度も繰り返して検証したことにより，新規の証拠を発見したという事例も存在するのである。

④ 犯人の犯行により現場が変更された箇所を看破し，その原因を究明しなければならない。現場に犯人が立ち入った以上，必ず人為的な変化が起きているはずであり，それが残されているはずである。被害者等の立会いをも求めて，どこにその変化の痕跡があるかを見いだし，その痕跡から，犯人の行動を推測する必要がある。また，犯行後に現場に対し偽装工作がなされることがあることから，その痕跡が犯行の際に生じたものであるのか，犯行後に偽装されたものであるのかを見極める必要がある。

⑤ 現場観察は，基本的には，被害者の承諾により，任意捜査で行い得るのが通常であるものの，その現場観察の関連で，他の管理者の敷地，居室などを調べる必要がある場合も生じるが，そのような場合には，必ず管理者の同意なり，検証令状なりを取得してから行うべきであって，適正な捜査手続を遵守することを怠ってはならない。

問3 現場観察はどのような手順で行われるべきであるのか。

【解　答】

　これは見落としがないように，犯行現場の外側から始めて順次内側に及んでいくのが常道である。

　増井・捜査46～47頁によれば，
①　被害現場の位置の確認
②　被害家屋の外部の状況
③　被害家屋の内部の状況
④　被害箇所

という順序で，それぞれの場所における犯人の残した痕跡を見つけ出すことに意を尽くすべきであり，特に，出入り口及びその周辺の状況，内部の家具の配置，その状況，照明灯の状況等は綿密に観察することが必要であると説かれている。

問4　犯行現場における総合的な観察により，土地鑑，敷鑑の有無を判断できるといわれているが，これの意味するところは何か。

【解　答】

　鑑とは，犯人と，被害場所及びその周辺又は被害者との何らかのつながりのことをいう（増井・捜査76頁）。

　この鑑には，犯人と被害場所又は被害者との結び付きに関する敷鑑と，犯人と被害場所及びその周辺等専ら場所との結び付きに関する土地鑑とがある（同上）。

　現場観察により，足跡や遺留品などにより犯人の行動を推測する中で，地元の者でないと歩かないような抜け道や裏通り等を通行した形跡がないかどうか判断することで，土地鑑のある犯人であるかどうかなどが推認されることになる。

　また，被害者と一部家族しか知らないような保管場所から金員等が窃取されていたり，被害者が現金を引き出した直後に盗まれていたり，更には，被害者ら家族の留守の時間に正確に住居侵入されていたような場合であれば，犯人に敷鑑があると推測されることとなる。

　また，現場観察とともに，聞き込み捜査をも併せ行うことになるが，犯行現場から逃走する方向などによっては，犯人の土地鑑をうかがわせる場合もあるのであっ

て，そのような犯人を目撃している者から，的確な聞き込みができるようその技術の向上にも努めなければならない。

問5 現場観察をした後に，実況見分をし，その結果を実況見分調書にすることになるが，その法的根拠はどこにあるのか。

【解　答】

　実況見分とは，捜査官が任意捜査の一環として，捜査に必要な対象の場所，物又は身体について，五官の作用でその状態を認識することをいう（加藤・マスター刑訴69頁）。現場観察も広い意味での実況見分の一種である。

　この実況見分は，裁判官の発する令状によらない点で，強制捜査としての検証とは異なり，任意捜査としてなされるものである。ただ，その内容や実質において，検証と実況見分とは異なるところはない。

　刑訴法は，強制捜査である検証については，218条1項において，

　　（前略）司法警察職員は，犯罪の捜査をするについて必要があるときは，裁
　　判官の発する令状により，（中略）検証をすることができる。

と明確に法文上規定しているのに対し，実況見分については特段の規定を設けていない。

　しかしながら，この点については，刑訴法197条1項の

　　捜査については，その目的を達するため必要な取調をすることができる。但
　　し，強制の処分は，この法律に特別の定のある場合でなければ，これをするこ
　　とができない。

とする規定に基づき，実況見分をなし得るものと理解されている。つまり，ここでいう「必要な取調」とは，単に被疑者，参考人の取調べに限らず，広く捜査のために必要とされる一切の手段,方法を意味する（大コメ刑訴第4巻146頁）からである。

　犯罪捜査規範104条1項が，

　　犯罪の現場その他の場所，身体又は物について事実発見のため必要があると
　　きは，実況見分を行わなければならない。

としているのも，刑訴法の上記規定を具現化したものといえよう。

問6 実況見分調書作成の目的は何か。

【解　答】

　その目的は，犯行現場の状況を明らかにして，それを公判廷における証拠とするために，捜査官等の五官によって得られた内容を書面にして保存しておくことにある。

　犯行現場は事件後，日々変化するのであり，犯行時の状況を証拠化しておくためには，その現場の状況を見分した時点での結果を，そのまま正確に記載して残す必要があるからである。

　犯罪捜査規範104条2項では，

　　　実況見分は，居住者，管理者その他関係者の立会を得て行い，その結果を実況見分調書に正確に記載しておかなければならない。

とされ，また，同条3項で

　　　実況見分調書には，できる限り，図面及び写真を添付しなければならない。

とされているのも，上記の趣旨を明らかにしたものといえよう。

問7 実況見分調書の証拠能力についてはどのように考えられているのか。

【解　答】

　刑訴法321条3項は，

　　　（前略）司法警察職員の検証の結果を記載した書面は，その供述者が公判期日において証人として尋問を受け，その真正に作成されたものであることを供述したときは，第1項の規定にかかわらず，これを証拠とすることができる。

としている。

　ここでは，「検証」の結果が記載された書面についての証拠能力について規定されているが，**昭和35年9月8日最高裁判決（刑集14巻11号1437頁）**は，「刑訴321条3項所定の書面には捜査機関が任意処分として行う検証の結果を記載したいわゆる実況見分調書も包含するものと解するを相当」とすると判断しており，実況見分調書についても，刑訴法321条3項の書面に含まれると考えられている。

上述したように，検証も実況見分も，強制捜査と任意捜査という違いがあるだけで，いずれも五官の作用により場所や物の存在や状態等を観察，認識するものであって，その本質に違いはないからである。
　したがって，この刑訴法の規定により，実況見分調書は，その作成者が公判期日に証人として出廷し，当該実況見分調書が，「真正に作成されたものであることを供述」すれば，それだけで被告人側の同意等を要することなく，証拠として用いることができるのである。

問8　では，実況見分調書に添付された写真や図面，更には，立会人の現場での指示説明などについても証拠能力は認められるのか。

【解　答】

　実況見分調書の末尾に添付された図面や写真等は，実況見分の結果の理解を容易にするための表示方法であり，実況見分調書と一体をなすものであるから，証拠能力が認められることに問題はない。
　立会人の現場での指示説明も，その指示説明が実況見分事項を明確にするために必要なものである以上，その指示説明は，実況見分調書と一体をなすもので，証拠能力が認められる。
　しかしながら，立会人が現場において，指示説明の限度を超えて，目撃状況や犯行状況の具体的な供述にわたる説明をした場合には，それは現場供述と呼ばれるものの範疇に含まれ，その証拠能力は，供述録取書のそれとして別に検討しなければならないこととなる。
　犯罪捜査規範105条1項において，
　　実況見分調書は，客観的に記載するように努め，被疑者，被害者その他の関
　　係者に対し説明を求めた場合においても，その指示説明の範囲をこえて記載す
　　ることのないように注意しなければならない
とされているのも，その趣旨を明らかにしたものである。

問9　実況見分調書の作成に当たっては，どのような点に留意する必要があるのか。

第3章　犯行現場の観察等及び実況見分　475

【解　答】

　実況見分調書について，刑訴法321条3項に該当する書面として証拠能力が認められる理由は，上述したように，捜査官の五官の作用により，観察，認識した結果を，記憶の鮮明な時期に記載したものであり，また，技術的，客観的な記載がされるもので，主観的な判断等が入り込む余地が少ないものであることにある。

　そうであるなら，実況見分調書は，正に，その理由，趣旨に沿った形でのものが作成されればよいのであって，正確かつ客観的な記述によるものが求められる。また，その見分時の位置，距離，方向や明るさ等について，実際の測定に即した記載もしておかなければならない。

　そして，その内容としては，例えば，①現場の位置及び現場付近の状況，②現場の模様，③被害の状況，④証拠資料の発見位置及びその状況，⑤立会人の指示説明，⑥その他気象状況や，補助者の有無等を記載しておく必要があろう（増井・捜査54頁）。

問10　想定事例についてはどのように考えるべきか。

【解　答】

　立会人乙野の指示説明内容は，現場の客観的状況を指摘するという役割を超えて，犯人に関する推測を述べているものである。したがって，客観的，技術的な内容としての正確性を求められる実況見分調書に適合する内容とはいえず，別に供述調書として録取すべき内容であるといえよう。

　したがって，そのような立会人乙野の説明内容を実況見分調書に記載するのは適切ではない。このような場合には，被害者供述調書において，その旨を別に録取することとなろう。

第4章 証　拠　物

> **例　題**　犯行現場に遺留された物や痕跡については，どのような証拠価値があるのか。また，それらをどのように取り扱ったらよいのか。その証拠能力についてはどのように考えるべきか。

問題の所在

　近時，科学捜査のめざましい向上に伴い，犯行現場からの資料の採取，分析の重要性は極めて高くなっている。それだけに犯行現場からの客観証拠の入手に対する期待は大きく，また，そこで得られた証拠物やその分析結果である鑑定の証拠価値は非常に高く評価されている。
　そのため，それら現場に遺留された証拠物の取扱いについても細心の注意が必要であり，どのような点が後の公判で問題とされるかなどにも意識しておく必要がある。

事　例

【想定事例】

　窃盗の常習者である甲野は，金品窃取の目的で，平成20年9月21日午前0時30分ころから午前7時ころまでの間，東京都福生市内のD方住居兼店舗内に，その南側のプラスチック製の波トタンの壁に穴を開けて侵入し，その店舗内において，D所有の切手及び収入印紙等約2931点（販売価格合計約49万7597円）を窃取した。
　被害者Dは，上記被害を届け出たことから，所轄警察署により，現場検証が行われたところ，被害者D宅の物置の南側壁のプラスチック製の波トタンに縦40センチメートル，横30センチメートルの四角形に切り取られた穴が開けられており，その捜査に当たった警察官Eは，上記穴の上部の波トタンの部分に長さ約

31.5センチメートルの毛髪（以下「本件毛髪」という。）がひっかかっているのを発見した。

　そこで，警察官Ｅは，本件毛髪を領置し，所轄警察署刑事課の証拠品保管庫に保管された後，後述するような経緯で逮捕された甲野から採取した口腔内細胞のDNA型との一致を調べるため，DNA型鑑定に付したところ，甲野のものと一致することが判明した。

　上記犯行後，甲野は，同年11月2日午後9時過ぎころ，福生市内の飲食街で暗闇の中に潜むなど不審な行動をとっていたことから，周囲の住民から「泥棒がいる。」などと叫ばれ，甲野は，慌てて逃走した。そして，周囲の住民が追いかけて○○駐車場において甲野を捕まえると，甲野は，着衣の下にバールを隠して持っていた。甲野は，持っていたバールを地面に置くと，そのころ，110番通報を受けた所轄警察署の警察官Ｂらが到着した。時刻は，午後9時半ころであった。そこで，警察官Ｂらは，周囲の住民から事情を聞くとともに，直ちに，甲野に職務質問を開始し，甲野の了解を得て，所持品を見せてもらったところ，そのウエストポーチの中には，果物ナイフ，プラスドライバー，懐中電灯等がぎっしり入っていた。また，上記バールについては，着衣の下に紐で引っかかるようにしてあることを，甲野自身が警察官Ｂらに説明した。

　警察官Ｂは，所轄警察署の指令室から，前記バールが特殊開錠用具の所持の禁止等に関する法律に規定する指定侵入工具に該当するかどうか計測するので，甲野を任意同行するように指示され，他の警察官らと共に，甲野を所轄警察署に任意同行した。

　その後，前記バールが測定の結果指定侵入工具に当たることが判明したので，警察官Ｂらは，同日午後10時20分，上司である警察官Ｃの指示の下に，同法の定める指定侵入工具を隠して携帯していた罪で甲野を現行犯逮捕した。

　ただ，この指定侵入工具隠匿携帯罪については，検察庁に送致したものの，不起訴処分となった。

1　この事案において，甲野の弁護人に選任された弁護士Ｘは，所轄警察署に赴き，担当警察官Ｂらに対し，①本件毛髪は，本件の現場に遺留されていた物ではない疑いがあり，関連性が証明されていない，②本件Ｄ方への住居侵入及び窃盗は，犯人を特定することが困難な事案であり，他方において，甲野は，逮捕された特殊開錠用具の所持の禁止等に関する法律違反の事実では，不

起訴処分になっているから，警察官には，実際にはなかった甲野の毛髪が，本件住居侵入及び窃盗の犯行現場から発見されたように偽装する動機があったはずだ，③本件毛髪は，所轄警察署刑事課の証拠品保管庫に保管されていたというが，その証拠品保管庫は，1日に何回も入出庫が行われ，入出庫の時には決裁印をもらってはいなかった上，鑑定に付された毛髪はウェーブがかかっていたのに対して，犯行現場に遺留されていた毛髪は直毛であったから，保管されていた毛髪が，身体検査や取調べの時，気付かれないように抜き取られた甲野の毛髪とすり替えられていた可能性があると主張し，直ちに，釈放するよう要求してきた。

担当警察官Bらは，どのように対応すべきか。

2　上記弁護士Xは，①本件は違法逮捕であり，その逮捕，勾留手続が違法である以上，その間に甲野が提出した口腔内細胞は，違法収集証拠であるから，証拠から排除すべきである，②甲野が口腔内細胞の採取に応じたのは，身に覚えのない指定侵入工具を隠して携帯した罪で逮捕されたため，潔白を証明するためであり，甲野は，余罪捜査に流用される可能性を告げられず，余罪捜査への流用も含めた承諾をしないまま，口腔内細胞を採取されたから，その手続には違法があると主張してきた。

担当警察官Bらは，どのように対応すべきか。

設問と解答

問1　犯行現場に残された有形の試料としては，どのようなものがあるのか。

【解　答】

これについては一般的に次の3つに分類される。
① 「遺留品」→犯人が所持，携帯していた犯行に使用する侵入用具，衣類その他の有形物で，犯人が何らかの理由で犯行現場等に遺留された物品。
② 「遺留物」→犯人が犯行現場等に付着させたり，残した指紋・掌紋・足紋・毛髪，血液，唾液などの身体からの遺留資料。

③ 「痕跡」→犯人が犯行現場等に残した足跡，タイヤ痕，侵入の際の工具痕などの犯行現場等の現状が変化されたことによる形跡。

問2 上記のような有形試料の採取，収集に当たっては，どのような点に留意する必要があるのか。

【解　答】

　問1のいずれの有形試料にせよ，その採取過程を正確かつ明確に証拠化しておく必要がある。
　これら有形試料の持つ証明力は非常に強力であることから，弁護側はその証明力の減殺を図るため，その収集手続が違法であるとか，その採取，保管過程において他の物との混同や取り違えが起こったなどと主張することがしばしばである。
　そのため，任意捜査で行われた場合には，それが関係者の同意で足りる範囲内で収まっていることであるか否か，第三者の権利の侵害をもたらしているようなことはないか，その手段，方法は相当なものであったかどうかなどにも留意しておく必要がある。
　また，強制捜査で行われた場合には，令状で許された範囲を逸脱していないかどうかなどに留意しておくべきであろう。
　また，採取後の保管手続においても，混同や取り違えの主張がなされることを予想し，そのようなミスが起きる余地のないシステムを構築しておくことや，その管理責任者による確認状況等の証拠化などに努めておくべきである。特に，DNA型鑑定においてはコンタミネーションの主張がなされることが多いので，この点は常に意識して，採取過程，保管過程を明確にしておかなければならない

問3 上記の遺留物等を警察において領置できる根拠はどこにあるのか。

【解　答】

　刑訴法221条は，
　　検察官，検察事務官又は司法警察職員は，被疑者その他の者が遺留した物又

> は所有者，所持者若しくは保管者が任意に提出した物は，これを領置することができる。

としており，犯行現場等に遺留された物は特段の了解を得ることなく，また，他に所有者がいるような物については，任意提出を受けることにより，領置することができる。

　もちろん，そのような任意での手続ができないような場合には，強制的に差し押さえることとなり，その場合は，刑訴法218条1項により，

> 検察官，検察事務官又は司法警察職員は，犯罪の捜査をするについて必要があるときは，裁判官の発する令状により，差押え，記録命令付差押え，捜索又は検証をすることができる。(後略)

との規定により，差し押さえることとなる。

問4　押収した証拠物を還付するときには，どのようなことに留意すべきであるのか。

【解　答】

1　刑訴法222条1項により準用される123条1項では，
> 押収物で留置の必要がないものは，被告事件の終結を待たないで，決定でこれを還付しなければならない。

とされ，また，同条2項において，
> 押収物は，所有者，所持者，保管者又は差出人の請求により，決定で仮にこれを還付することができる。

とされているところ，これらの規定からは誰に押収物を返還すべきか必ずしも明らかではないものの，一般的には，押収物は，被押収者に還付するのが原則であると考えられている。

2　しかしながら，同様に刑訴法222条1項で準用される124条1項では，
> 押収した贓物で留置の必要がないものは，被害者に還付すべき理由が明らかなときに限り，被告事件の終結を待たないで，検察官及び被告人又は弁護人の意見を聴き，決定でこれを被害者に還付しなければならない。

としているように，押収物が盗品であって，被害者に還付すべき理由が明らかな場合には，特に被害者に還付することとされている。

　これは，実体法上，被害者が盗品の占有を回収すべきであることが明らかである場合にも，なお窃盗犯人等の差出人に還付すべき原則を貫くと，著しく具体的妥当性を欠く結果になるので，このような場合には，民事上の手続をとることなく，刑事訴訟上の手続で直接被害者にこれを引き渡すことが実際上，便宜であり妥当であることから定められたものである（増井・捜査88頁）。

　ただ，その還付をする際には，当該押収物の権利関係を正確に把握しなければならない。民法上の善意取得などが成立している場合には，権利関係が変化することもあるからである。

3　この点で問題となった事件として，**平成2年4月20日最高裁決定（刑集44巻3号283頁）**の事案が参考になる。

(1)　これは，京都市内の寺から流出した国宝の梵鐘を還付した際，その還付先が適切であったかどうか，その検察官の判断の当否が問われたものであり，申立人Aは，検察官のした押収物の還付に関する処分に対し不服申立ての準抗告を行ったが，これが棄却されたため，特別抗告事件として最高裁に申し立てたものである。

　　具体的には，申立人Aは，宗教法人D寺所有の国宝梵鐘（延暦寺西宝院鐘，天安2年8月9日鋳在銘。以下「本件梵鐘」という。）を同寺から譲り受けたとして，昭和60年10月1日，これを所在場所から搬出してK寺旧霊宝殿に保管し，本件梵鐘が行方不明になったとして新聞紙上等で騒がれるようになってから，R寺，次いで，S寺内M美術館に預けていた。

　　しかし，同年11月29日，文化庁長官が，本件梵鐘の保管に関し，所有者が明らかでなく，また，所有者又は管理責任者による管理が著しく困難又は不適当であると明らかに認められるとして，文化財保護法32条の2第1項の規定により，京都府を管理団体に指定した。

　　一方，京都市民有志からの告発に基づき同法107条違反（文化財隠匿罪）被疑事件の捜査を開始した京都府警察下鴨警察署の司法警察員は，同年12月2日，M美術館長Bが保管中の本件梵鐘を右被疑事件の証拠物件として差し押さ

え，同日，これを管理団体である京都府に仮還付し，その後申立人Ａほか４名に対する前記被疑事件の送致を受けた京都地方検察庁検察官は，昭和61年12月19日，被疑者５名を不起訴処分にするとともに，管理団体である京都府に対し本件梵鐘を仮還付のまま本還付したというものであった。

(2)　このような事案において，上記還付処分を不服とする申立人Ａは，昭和61年12月23日，検察官の押収物の還付に関する処分は，違法不当であるとして，その取消しを求めて，京都地裁に準抗告を申し立てた（刑訴法430条１項）ところ，京都地裁は，同62年２月12日，次のとおりの理由を示して，準抗告を棄却した。

　　すなわち，「捜査機関による還付処分の還付先は，原則として被押収者とすべきであるが，被押収者以外にもその押収物について支配管理の権限を有する者があり，かつ，両者の利害を総合的に彼此衡量したとき，後者に押収物の占有を得させた方が明らかにその物に関する法益の保護にかなうとみられるような特段の事由が存在する場合には，例外的に被押収者以外の権利者に還付処分を行うことも許されると解した上，本件においては，申立人Ａが本件梵鐘の所有者であることを確定的に認定することはできず，本件梵鐘を申立人Ａの管理下に戻した場合，申立人Ａが果たして文化財保護法所定の各種の制約を遵守し，国宝にふさわしい保存管理を行うかどうか疑念が残り，不当に転売するなどして流出，散逸させるおそれがあるのに対し，京都府は，文化財保護法に基づく管理団体であり，仮還付を受けた後疎漏なく管理を続けていることなどを総合すると，本件の還付処分に違法はないとした。」旨の判断が示された。

(3)　そこで，この判断に対し，申立人Ａは，同年２月17日，最高裁に特別抗告を申し立てたところ，本件最高裁決定では，「しかしながら，刑訴法222条の準用する同法123条１項にいう還付は，押収物について留置の必要がなくなった場合に，押収を解いて原状を回復することをいうから，被押収者が還付請求権を放棄するなどして原状を回復する必要がない場合又は被押収者に還付することができない場合のほかは，被押収者に対してすべきであると解するのが相当である。そうすると，本件は右の例外に当たる場合ではないので，被押収者でない京都府に対し還付した処分は違法であ」るとしたのであった。

これは，押収物の還付に関し，最高裁として初めてその見解を明らかにしたもので，その実務に与える影響は極めて大きいといわれている。

(4) しかしながら，この最高裁決定の判断には，相当に疑問がある。そもそも本件では，申立人Ａに占有させることが文化財の保護の観点から問題であるとして，文化庁長官が京都府に対して，その管理をさせていたにもかかわらず，その判断を無視して，元の占有者である申立人Ａに還付すれば，上記文化庁長官の判断を司法が否定し，申立人Ａの正当性を認定しているに等しい結果をもたらすことになろう。

実際問題として，民事上の権利の有無にかかわらず，係争物件を占有する立場の者のほうが，これを争って取り返そうとする者より，はるかに有利な立場に立つことは民事法的に明らかであることも考慮する必要がある。

そもそも刑訴法124条が被害者に贓物の返還を認める趣旨には，法的に占有するべきでない地位の者には国家として助力しないという意味も存在するのであろうから，その趣旨は，同法123条による還付についても同様に妥当するのではないのだろうか。

この最高裁決定に対しては，「現段階では，まだ想像の域を出ないが，将来，例えば，親の財産を狙って，殺害したり，保護責任者遺棄致死の犯行を犯した者について，証拠物の被差押物というだけで，これを犯人に還付せざるをえないような事態が発生した場合，この最高裁決定の誤りが明らかとなろう。」との見解も参考になると思われる（河上和雄「誰に押収物を返せば良いのか―押収物の還付処分の相手方―」判タ724号85頁）。

問5 証拠物の証拠能力についてはどのように考えるべきか。

【解　答】

そもそも証拠物とは，その存在又は状態が事実認定の資料となる証拠方法をいうとされるが，証拠物に関しては，刑訴法上，その取調べ方法（306条）や閲覧等に関する規定（180条等）は存在するものの，その証拠能力に関する規定は存在しない。

そこで，この点は，専ら解釈に委ねられていることになるが，基本的には，公訴事

実と関連性を有するのであれば，証拠能力があるものと考えられる。もちろん，証拠能力があるからといって，当該証拠物の持つ証明力がどの程度のものであるかは別問題である。例えば，被害者と被疑者の両者の血痕の付いたナイフなどのように，殺人事件として非常に高い証明力を有する証拠物もあれば，詐欺事件における契約書のように，その存在については，被害者も被疑者も当然に認めているような証拠物であれば，詐欺の公訴事実の証明に当たって，その証明力が高いとはいえない証拠物もあるであろう。

問6 想定事例についてはどのように考えたらよいのか。

【解 答】

　この想定事例は，平成23年4月12日東京高裁判決（判タ1399号375頁）の事案を参考にして作ったものである。
　この判決においては，想定事例1，2のような弁護人の主張を全て排斥して，被告人に対し，実刑判決を言い渡している。

1　まず，想定事例1のうち，本件判決に則していえば，①の本件毛髪の関連性については，本件の証拠関係上，本件毛髪が犯行現場に遺留されていた物であることが認定できることから，犯行現場から採取されたものである以上，関連性は認められると判断されている。
　　次に，②の偽装の動機があるとの主張については，「しかし，警察官ばかりでなく，本件住居侵入及び窃盗の被害者も，（中略）本件犯行に気付いた後，物置に開けられた穴の上部に前記毛髪が引っ掛かっているのを見た旨供述しており，その時点では，被告人はまだ逮捕されていなかったから，警察官が穴の上部に毛髪が引っ掛かっていたように偽装した可能性はないといえる。」と判示されている。
　　さらに，③のすり替えの可能性については，「警察官Fは，（中略），証拠品保管庫に保管していた毛髪がすり替えられることはなかったという趣旨の供述をしている。同供述は，平成20年11月10日上記毛髪が証拠品保管庫から出庫されたことが証拠物件出納表に記載されていることや，同日付けの鑑定嘱託書で

DNA型鑑定のため鑑定嘱託されていることによって裏付けられている。なお，警察官Fが作成した翌11日付け写真撮影報告書（中略）では，同日その毛髪が写真撮影されたと記載されているが，警察官Fは，（中略），写真撮影は同月10日に行ったが，それを誤って同月11日と記載した旨供述している。また，（中略）写真撮影報告書（中略）の番号4の写真を見ても，前記穴の上部に引っ掛かっていた毛髪が直毛であったとは断定できない。証拠品保管庫に保管されていた毛髪がすり替えられた可能性はないというほかない。」として，すり替えの可能性を否定した。

2　次に，想定事例2のうち，①については，周囲の住民が甲野を捕えた際，着衣の下にバールを隠していたのであるから，ここで被疑者甲野に指定侵入工具隠匿携帯罪が成立することに問題はない。しかも警察官Bらは，周囲の住民や甲野からその工具を隠匿して携帯した状況について説明を受けており，「現にその罪を行い終わった者」に該当すると考えてよいであろう。そして，警察官Bらは，バールが指定侵入工具であることを確認するため，甲野を福生警察署に任意同行するなど，慎重を期した対応をしており，その後，現行犯逮捕に至るまでの時間もそれほど長くはないことなどからしても，違法逮捕ということにはならないので，その後の勾留期間中において，甲野の口腔内細胞の任意提出を受けることはなんら問題ではない。したがって，弁護人の主張は失当であることは明らかである（なお，本件東京高裁判決の実際の事案では，被告人がバールを手に持っており，「隠して携帯し」ていたわけではないことなどから，現行犯逮捕を違法であるとしているが，「捜査の必要性を優先させて，あえて逮捕に踏み切ったような事情はうかがえない。」などとして，その違法は比較的軽微であるとし，その逮捕の違法が，口腔内細胞の採取に与えた影響は小さかったとして，口腔内細胞に関するDNA型鑑定書の証拠能力が否定されることにはならないとしている。）。

次に，②については，本件判決では，「特定の捜査の目的により証拠を押収した場合であっても，当該証拠を押収の目的とされた捜査以外の捜査に利用することが許されないということはない。そして，証拠を任意に提出する者に対して，その証拠を利用する捜査の目的を告知しなければ，任意提出の手続が違法になるとはいえない。また，その者が直接の捜査の目的を理解して証拠を任意に提出する場合でも，その後に予想される付随した捜査の目的までも告知しなければ，任

意提出の手続が違法になるということもできない。

　本件において，被告人の口腔内細胞を採取したのは，直接的にはバールに付着している人体の組織のDNA型と被告人のDNA型の異同を判定するためであり，それに付随して被告人が他に窃盗を行っていないかどうかを捜査することも想定されていたものと認められる。被告人の口腔内細胞を採取した警察官F及びその場に立ち会った同Cの各原審証言は，被告人に口腔内細胞のDNA型鑑定を余罪捜査に利用する可能性があることを説明したとするのに対し，被告人の原審及び当審における供述は，そのような説明はなかったとしている。しかし，前記のとおり，被告人から適法に口腔内細胞の提出を受けるためには，捜査の直接的な目的のみならず付随的な目的まで告知する必要があるとはいえないから，被告人の供述を前提にしても，被告人の口腔内細胞の採取手続が違法になるものではない。」と判示している。

3　この東京高裁判決の事案でも明らかなように，採取された有形試料である遺留物の保管，管理については，公判廷で争われることも非常に多く，また，違法逮捕の主張に関連して，証拠物の採取手続が争いになることもしばしばであることに十分意識しておく必要があろう。

　いずれにせよ，担当警察官Bらは弁護人の主張には理由がないので，その要求に応ずる必要はないということであろう。

第5章　遺留品捜査

> **例　題**　遺留品捜査における問題点，留意点は何か。

問題の所在

　遺留品捜査は，被疑者と犯行を結びつける証拠を発見するための捜査として，その重要性は極めて高い。そこで，この遺留品捜査に際し，法律上の問題や，実際上の問題を含めて基本的事項について理解を深めておく必要がある。

事　例

【想定事例】

> 　被疑者甲野は，常習的に侵入盗を繰り返していたものであるが，ある時，侵入盗の際の後ろ姿を被害者に目撃され，その時に黒色のダウンベストを着ていたことが分かった。甲野は，自分の後ろ姿が見られたことに気付いたことから，上記ダウンベストを持っていては危険であると考え，翌朝，ごみ袋に入れて自宅近くの公道上にあるごみ集積所に投棄した。
> 　かねてより甲野を追っていた，Ａ警察署のＢ刑事は，甲野方を見張っており，ごみ袋に何かが入れられて捨てられたのを見て，このごみ袋を回収し，Ａ警察署に持ち帰った。そして，その中から，黒色ダウンベストを発見した。
> 　この捜査に問題はないか。

設問と解答

問1　遺留品捜査とは何か。

【解　答】

　従来は，犯行現場及びその周辺に残された被疑者の侵入用具等から，その出所を追及して被疑者を割り出す捜査手法をこのように呼んでいたが，現在では，より幅広く，被疑者の手元から離れた物品を基にして，被疑者の特定や，その犯行とのつながりを明らかにする捜査全般を含んだものとして考えられている。

問2　このような捜査手法が必要とされるのはなぜか。

【解　答】

　従来から「人に聞くより，物に聞け」という捜査用語があるように，物証の持つ証明力には強力なものがある。そのため，被疑者が遺留した物であるとして，ある物証と被疑者とのつながりが判明するものがあれば，その物を調べることで，被疑者の特定やその犯行状況を明らかにすることができるからである。

問3　そのような遺留品を証拠とすることができる法的根拠は何か。

【解　答】

　この点につき，刑訴法221条は，
　　検察官，検察事務官又は司法警察職員は，被疑者その他の者が遺留した物又は所有者，所持者若しくは保管者が任意に提出した物は，これを領置することができる。
として，遺留品について領置することができることを規定している。そして，このようにして領置した遺留品は，証拠物となる（第3編第4章「証拠物」477頁参照）。なお，法廷での証拠物の取調べについては，刑訴法306条1項により，「請求をした者をしてこれを示させ」ることによってなされる。

問4　遺留品捜査によってどのようなことが判明すると見込まれるのか。

【解 答】

　例えば，殺人現場に残された凶器などからは，被疑者のDNA型や指紋等の検出が見込まれるし，また，被疑者が日常的に使用している物を犯行現場に置き忘れることもあり，現場の遺留品として領置された物が被疑者の日常生活において使われていた物と一致するという目撃供述などを得ることで，被疑者が当該犯行現場に赴いたことが立証され得る場合もあるであろう。さらに，被疑者が犯行場所とは別の場所に証拠隠滅のため廃棄した衣類などからは，被疑者の犯行時に目撃された着衣との同一性が確認されることもあろう。

問5　被疑者がごみ袋に入れて廃棄したものを勝手に領置することは違法ではないのか。

【解 答】

　そのようにして廃棄された物は，被疑者が占有権，所有権を放棄したものに他ならないので，無主物となり，誰が取得しても構わないものとなることから（民法239条1項），遺留品として領置して差し支えない。

問6　しかしながら，自己が廃棄したごみ袋の中を覗かれたくないという権利を侵害することにはなり，違法収集証拠とならないか。

【解 答】

1　そのようなことにはならない。特に，そのような点については，**平成20年4月15日最高裁決定（刑集62巻5号1398頁）**において，違法ではないと明確に判示されている。

2　この事案は，強盗殺人や窃盗等を犯した被疑者に対する捜査の過程において，警察官が，被疑者及びその妻が自宅付近の公道上にあるごみ集積所に出したごみ

袋を回収し，そのごみ袋の中身を警察署内において確認し，現金自動預払機の防犯ビデオに写っていた人物が着用していたものと類似するダウンベスト，腕時計等を発見し，これらを領置したというものであった。

そして，このダウンベスト等の領置手続が違法であるとの主張に対し，同最高裁決定では，「ダウンベスト等の領置手続についてみると，被告人及びその妻は，これらを入れたごみ袋を不要物として公道上のごみ集積所に排出し，その占有を放棄していたものであって，排出されたごみについては，通常，そのまま収集されて他人にその内容が見られることはないという期待があるとしても，捜査の必要がある場合には，刑訴法221条により，これを遺留物として領置することができるというべきである。また，市区町村がその処理のためにこれを収集することが予定されているからといっても，それは廃棄物の適正な処理のためのものであるから，これを遺留物として領置することが妨げられるものではない。」としたのである。

3 なお，この点に関する判断については，同事件の第一審判決である**平成18年5月12日京都地裁判決（刑集62巻5号1422頁）**でも同様の判断がより詳細に述べられており参考になると思われるので，ここに紹介しておく。

すなわち，同判決では，「何人といえどもみだりにそのプライバシーを侵害されない自由を有することは憲法13条の趣旨からも認められるところであるが，個人の有する自由も絶対無制限なものではなく，仮に投棄したごみについてもプライバシー権が認められるとしても公共の福祉のためには一定限度の制限を受けることもやむを得ないものであり，また，ごみを投棄した者はその所有権を放棄しており，これを誰もが通行する公道上等に置いている場合は特に，これを回収したとしても法益侵害の程度は小さいといえる。これらを併せ考えれば，捜査機関が犯罪捜査のために投棄されたごみを回収することは一定の場合には許容されるものといえる。もっとも，投棄されたごみを回収する場合にもいわゆる警察比例の原則が妥当するものであることは当然であるから，ごみを回収することが許されるか否かは，事案の性質又はその重大性からくる証拠保全の必要性があり，手段の相当性があるかどうかを侵害される利益と比較し総合的に考慮して判断すべきである。そこで，本件について検討すると，本件は強盗殺人事件等という極めて重大な事件であり，被疑者が犯行との結びつきを示す物や取ったものの一部

を投棄することは容易に想定されることから，証拠を収集保全するために被疑者やその関係者が投棄したごみを回収し，精査する必要性があることが認められること，しかも，どの時点で投棄されるかを探知することは極めて困難なことであるから一定の期間にわたってごみを回収することの必要性もあると認められ，回収されたごみは捜査目的以外には使用されておらず，ごみの回収方法も被告人の自宅に侵入して回収するというようなものではなく，被告人及びN子が公道上のごみ集積場に投棄したものであってその所有権を放棄し拾ったものに処分を委ねる趣旨も含まれているとも思えるものを捜査機関が回収したに過ぎないものであり，その回収方法にも特に問題とされる事情はなく相当な方法であるといえる。

したがって，投棄されたごみの内容には個人的な情報等も含まれているが，ごみは捨てられたものでその所有権は放棄されており，ごみ収集車が回収することを念頭に置かれているものであって，置かれた場所も他者が拾うことも予想される場所であり，その意味で保護を要する必要性は小さいものである。一方，証拠保全の必要性が高く，回収方法も相当であるから，本件ダウンベストの収集過程には特に問題となる事情はないのであって，本件ダウンベストが違法収集証拠であるとする弁護人らの主張は採用することができない。」と判示した。

本件ごみ袋の領置が適法であることについて詳細に検討したものであり，この判示は，今後の捜査においても適法性を維持するための基準として参考になろう。

問7　そのようなごみとして廃棄された物の中から，被疑者の犯行を立証し得るような物証が見つかった事案は，他にもあるのか。

【解　答】

そのような事案は枚挙にいとまがない。例えば，**平成25年11月15日福岡地裁小倉支部判決（公刊物未登載）**の事案では，被告人らが拳銃を発砲しての殺人事件を敢行した後，この事件で使用した実包の打ち殻薬きょう2個を含む打ち殻きょう5個をプラスチック手袋内に入れ，同プラスチック手袋を丸めて軍手内に押し入れ，さらに同軍手をビニール袋内に入れるなどした上，可燃ごみ廃棄用ごみ袋内に入れるなどし，犯行翌日の午前7過ぎ頃に，同ごみ袋を被告人方付近のごみ集積所に廃棄したところ，付近を張り込んでいた警察官が目撃し，これを領置したと

いうものであった。

　この事案は，盗犯ではなく殺人事件であったが，この遺留品を領置したことによって，犯人が被害者に対して発射した弾丸2発に整合する打ち殻薬きょうや，これらの弾丸を発射した拳銃と同種の拳銃のねじが発見されただけではなく，上記ごみ袋内に入れられていた衣服等は，被害者が目撃した犯人の着衣等と一致し，その衣服等から射撃残さや被告人のDNA型と符合するDNA型が検出されたこと等から，被告人が本件殺人事件の犯人であると割り出されたものである（なお，同判決では無罪とされており，検察官が控訴したことから，福岡高裁で審理されたが，平成27年6月29日に，検察官による控訴が棄却された。）。

問8　想定事例の事案における捜査は適法か。

【解　答】

　適法である。上述したところから明らかなように，捜査上問題はない。

第6章 遺留指紋

> **例題** 窃盗現場における遺留指紋はどのようにして採取,鑑定されるのか。それを証拠として用いる上での留意点は何か。

問題の所在

　窃盗事件に限らず,犯行現場に遺留された指紋というのは,犯人性を強力に推認する間接事実となり得るものである。ただ,指紋というものは,素手で触れば必ず残るのか,また,それは鑑定することで常に検出可能なのかが問題となる。そこで,仮に被疑者の指紋が現場のどこからも検出されなかった場合,被疑者の犯人性は否定されることになるのかどうかも検討を要することとなる。さらに,被疑者の指紋が検出されたとしても,それが犯行の機会に印象されたものであるかどうかはどのようにして立証すべきであろうか。

事　例

【想定事例】

　被疑者甲野は,侵入盗を繰り返していたが,指紋が残らないように必ず軍手をはめて物色行為をしていた。ある家屋に侵入した際,うっかり軍手を外していた時に,物色していた口紅を触ってしまったものの,その口紅はそのまま現場に残して現金のみを窃取した。

　その後,甲野は,触った口紅を現場に残してきたことに気付いて後悔したが,結局,その侵入盗の事件で逮捕され,起訴された。しかし,公判では,口紅に甲野の指紋がついていたという鑑定書などは出されなかった。そのため,甲野は,指紋が残っていない以上,自分は犯人ではないと主張した。

　被疑者甲野の主張は認められるか。

設問と解答

問1 指紋とは何か，また，その特性はどのようなものか。

【解　答】

そもそも指紋とは，手指の末節部において，皮膚の隆起した部分である隆線（逆に凹んでいる部分は，隆線溝と呼ばれる。）が形成する紋様のことである。このような紋様ができる理由については，物をつかむ場合に摩擦を大きくするため，つまり，滑り止めのためなどであると説明されている。

そして，指紋に関しては，「万人不同」，「終生不変」という特徴がある。このような特徴のあるものが，手指の先に存在し，それが他の物体に接触した際に皮膚から出た汗等の分泌物により，その形状が物体に転移されて遺留されることから，個人識別に利用されるようになった。

問2 指紋の種類や特徴点とは何か。

【解　答】

1　指紋の種類

(1)　形状による分類

指紋はその形状によって，一般的には，蹄状紋，渦状紋，弓状紋，その他の形状の紋に分けられる。

蹄状紋は，一方から始まって戻ってくる形状で，馬の蹄の形に似ていることから，このように呼ばれる（図(1)参照）。渦状紋は，中心が渦を巻いている形状のものであり（図(2)参照），弓状紋（図(3)参照）は，一方から反対側に線が流れ，弓の形に見えることから，このように呼ばれる。その他に，上記のいずれにも類似せず，これといった特徴を有しない紋様があり，変体紋などと呼ばれるが，出現率としては極めて少ないようである。

(2) 印象状態による分類

　これは，顕在指紋と潜在指紋という分類であり，指紋の印象状況が肉眼で容易に認識できるかどうかによる分類である。

　顕在指紋には，手指に油脂，ほこり，血液等が付着した状態で物体に触れることで印象される場合と，それら油脂等が付着した物体に手指が触れることによって印象される場合とがある。このうち後者の場合は隆線の紋様がそのまま物体上に現れるが，前者の場合において，手指に流動性の高い物質，例えば血液などが多量に付着した状態で印象した際には，隆線溝に入ったその物質が紋様を印象することがある。この場合は，隆線の紋様が現れるのではなく，隆線溝の紋様が現れるのであって，これを逆指紋と呼ぶ。

　これに対し，潜在指紋は，隆線の汗孔から分泌された汗を始め，その他，人の分泌物等が手指に付着し，これが物体に転移したものである。汗孔からの分泌物は，大半が水分であるが，その他に，塩化ナトリウム，カリウム等の無機物，アミノ酸，乳酸等の有機物があり，皮脂腺からの分泌物は，脂肪酸などがある。これらの物質の違いに応じて，指紋を検出する際に異なる薬剤を用いるが，それについては後述する。

2　特徴点

　指紋鑑定は，その印象された指紋の特徴点を比較することによって行うので，ここで，その指紋の特徴点について簡単に説明しておく。

　これについては図(4)に示したが，特徴点は時計回りに見ることになる（⑦はそのことを示すものである）。

　指紋の線が始まる部分は①開始点といい，この線が止まる部分を②終止点，そして，線が分かれる部分を③分岐点，更に，線が合流する部分を④接合点という。また，線に挟まれた島状の部分を⑤島形線という。なお，指紋の中に⑥点と呼ばれる部分もあるが，これは要するに隆線の幅と長さがほぼ同じ線のことである。

　このような特徴点に着目し，その特徴点同士の異同を確認することで同一指紋であるかどうかを判定する。

図(1)

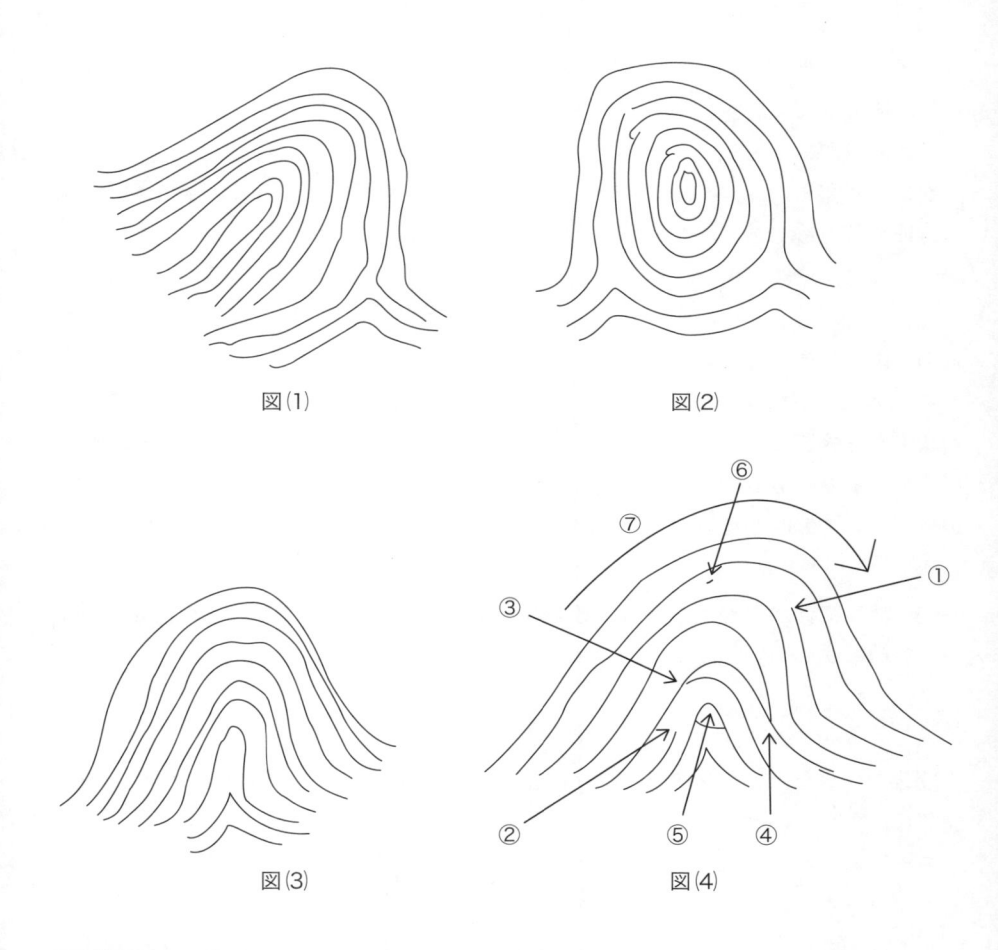

図(2)

図(3)

図(4)

問3 指紋の採取方法にはどのようなものがあるか。

【解　答】

　指紋の採取方法は，鑑識現場における様々な工夫などもあって，進化を続けているものであるが，古典的には，粉末法，液体法，気体法，転写法などがあるとされる。
　ここでは，基本的な，粉末法と液体法について説明する。
　粉末法は，指紋に種々の粉末を付着させて，転写材料に転写するか，あるいは写真撮影をするなどして採取する方法である。ガラスや金属などには適した方法であ

第6章　遺留指紋　497

り，アルミニウム粉末などが付着される物質としてよく用いられる。付着させる方法は，刷毛などで掃くようにして付着させるなどの方法や，スプレーで吹き付けるなどの方法がある。

　次に，液体法は，指紋に試薬を付着させて，指紋を浮き上がらせ，写真撮影をして採取する方法である。この場合，アミノ酸に反応するのはニンヒドリンという試薬であって，紙類に用いられると紫色に変色させるものであり，実際にも捜査過程でよく見られるものである。また，塩分と反応するのは硝酸銀であり，それぞれの特徴に応じて使い分けられている。

　そして，この液体法は化学反応を利用するものであることから，その反応時間は，対象となる物質の性質や状態等によって，かなり差がある。例えば，段ボールなどに上記ニンヒドリンを用いた場合，かなり時間がかかることもあり，2，3日経過後に，極めて鮮明な指紋が浮き上がるということもあるようである。

問4　素手で何かに触った場合，必ず指紋は残るものなのか。また，それは必ず採取できるものなのか。

【解　答】

　問3で述べたような採取方法が存在し，その方法が進化を続けているといっても，実際には指紋の採取ができないことはいくらでもある。

　そもそも素手で触ったからといって必ず指紋が付着するというわけではなく，それが付着しない場合もいくらでもあり得ることである。

　上記の顕在指紋については，指紋を顕在化させるだけの物質が付着していなければならず，それがなければそもそも顕在指紋が残らないし，潜在指紋についても，手指の汗孔等からの分泌物の質や量が個人ごとに異なっており，体質的にそれら分泌物が少ないなどの状況があれば，そもそも指紋が付着されない。

　さらにいえば，たとえ指紋が付着されても，それが必ずしも残っているとは限らない。指紋は，時間の経過に伴い自然に変化し，変質して，最終的には分解されて消滅する。顕在指紋であれば，ほこりや血液などによって印象された指紋が，風雨によって洗い流されたり，何か物体が接触することによる摩擦などにより，変形，破壊されたりする。

　また，潜在指紋であれば，先にも述べた印象した者個人の身体的条件が影響する

ばかりでなく，その印象の際の押圧力やその時間などの条件，さらには，印象物体の組成，表面の状況などの物体側の条件，その上，気温，湿度などの気象等の環境条件なども影響する。それらの要素が良好な条件に恵まれて初めて鮮明な指紋が採取できるのである。

特に，この潜在指紋では，その変化に顕著な影響をもたらすものとして，水分の亡失が挙げられる。この水分が亡失することで皮膚分泌物の固形化をもたらし，脂肪は酸化し，分解が促進され，最後は消滅する。このような場合に対照可能な指紋を採取することは困難を極めることとなる。

問5 指紋鑑定の原理はどのようなものであるのか。

【解　答】

対照可能な指紋の採取ができた場合，これを被疑者等の指紋と比較し，その一致を証明する基準として，日本では，いわゆる12点法則が採用されている。この12点法則とは，指紋の隆線特徴点が12個一致すれば同一性があるとする鑑定基準である。

どうしてこのような鑑定基準で同一人と判断できるのか，その原理は次のとおりである。

すなわち，手指の一定の範囲内での指紋の特徴点が，1つ合致すれば，その指紋の対象者がどれだけ減少し，その減少割合はどうなるのかを見て，では，2つ合致した場合は，3つ合致した場合は……というように順次計算して，その対象としている指紋の総数を，特徴点合致ごとの減少割合で除して，その除数が1，又はそれ以下の数値になった時に，2つの指紋の一致を証明できるとする理論に基づくものである。

具体的には，日本では，昭和48年から文部省統計数理研究所駒澤勉教授と警察庁との共同研究の結果，当時，警察庁のコンピュータに入力されていた100万指の指紋データを基にして，1つ合致する場合は，その減少割合は，2.535であり，2つ合致する場合は，3.081であるなどとした減少割合を発見した。

この減少割合を計算すると，1つの特徴点が一致した場合には，その減少割合2.535で除すると39万4,477指となり，2つの特徴点が合致する場合には，これ

を更に減少割合3.081で除することによって，12万8,035指となる。

下同様に各減少割合で除していくと，特徴点が8で0近似値となる。すなわち，100万指（10万人）を指紋で同一人として特定するには特徴点8点が合致すれば十分であるということになる。

この数値を日本人の人口約1億人（10億指）に当てはめると，10個の特徴点の一致で上記同様の結果となり，1000億人（1兆指）の場合には，12点の特徴点の一致で上記同様の結果となって，同一人であると鑑定し得るとの見解が示されている。

このような原理に基づき，日本では12点法則が採用されているところ，我が国だけでなく，米国，ドイツなど多数の国でも同様の法則を採用している。

問6 指紋鑑定の結果を記載した書面の証拠能力はどのようなものか。

【解　答】

この指紋鑑定の結果については，通常は，鑑定書という形式ではなく，現場指紋等取扱書とか，現場指紋対照結果通知書という名称の書面で回答されることが多い。これらの書面は，形式こそ鑑定書の体裁をとっていないものの，実質的な内容としては，鑑定書であり，その法的性質は，刑訴法321条4項の鑑定書に準ずるものである（平成10年5月12日札幌高裁判決・判時1652号145頁）。

問7 遺留指紋が存在したにもかかわらず，被疑者の指紋と一致するという鑑定結果が出されなかった場合，その結果はどのように考えるべきか。

【解　答】

上記のように，同一性認定のために12点法則を採用している以上，特徴点の一致が11点以下では一致という鑑定をすることはできない。しかしながら，現場指紋の遺留状況が良好でなく，そのため，特徴点が11点しか一致しなかったのではなく，11点しか指摘できなかったという場合もある。その場合の鑑定結果としては，同一人という結果は出せないものの，これが全く証拠価値を持たないというのは不

合理ではないかとの疑問が生ずるであろう。

このような場合，相違する特徴点が認められない上，一致する可能性も十分存在するのであるから，これが決め手とはならないにしても，他の情況証拠を補強するものとして，一定の証拠価値を認めて差し支えないのではないかと思料する。

この点についての警察の取扱いは，対照の結果，「複数の指紋鑑定官により，共通する特徴点が8個から11個の範囲内において指摘できること」，「遺留確度が高いと認められること」により，「捜査の端緒など捜査情報として」利用することができるとしている（平成11年10月26日付警察庁丁鑑発第223号警察庁丁刑企発第159号警察庁刑事局鑑識課長，警察庁刑事局刑事企画課長通達）。

問8 遺留指紋と被疑者の指紋が一致しても，被疑者が別の機会に付着したものであると主張したらどうなるのか。

【解　答】

あくまで一般論ではあるが，指紋鑑定の正確性については，これまでの裁判例に照らして，これが否定されることはほとんどない。そこで，現場に残された犯人と思われる者の指紋と，被疑者の指紋が一致すれば，被疑者が犯人であるとの強力な推認が働くものの，それは被疑者の指紋がそこに存在していたという間接事実を示すだけであり，その印象が犯行時であることまでは推認しきれるものではない。そのため，被疑者は，別の機会に付着した可能性があるとの主張し，その結果，無罪とされた例も散見されるところである。

しかしながら，被疑者の指紋が印象された場所の清掃がきちんとなされており，犯行前に被疑者が触れたことにより印象されたとの主張を排斥して，有罪を認定した例もあり（**平成2年12月21日札幌高裁判決**[1]・**公刊物未登載**），結局のところ，被疑者が当該犯行現場を訪れる可能性の有無，被疑者の日常の行動範囲内であるか否か，日常的な行為により触れる場所であるのか否かなど，別機会付着の可能性を否定し得る間接事実の収集に努める必要があろう。

第6章　遺留指紋　501

問9 被疑者の指紋が印象されたのが別の機会であるとして無罪とされた事案には、どのようなものであるのか。

【解　答】

別の機会に指紋が付着した可能性があるとして無罪になった事例として、次の3件を紹介する。

1　昭和59年8月22日郡山簡裁判決（公刊物未登載）

　この事案は、被告人が被害者たる同僚方において、同所の鏡台の引出しから現金7万円を窃取したというものである。この被害者方は、玄関から入ると台所であり、その先に居間である6畳間、その奥に寝室の4畳半の間があるという構造である。

　そして、被害のあった鏡台は、上記6畳間にあり、被告人の指紋は、上記4畳半の間に置かれていた整理だんすの中段左側の引出しの表面から採取された1個のみであった。

　被告人は、捜査段階では被告人は自白していたものの、自白以外の証拠としては、上記指紋だけしか積極証拠がない事案であった。

　被告人と被害者の関係は、芸者として同じ置屋に所属する同僚であり、本件事件以前にも何度か被害者方に遊びに行き、上記4畳半の間で宿泊したことも2回ほどあったものである。

　公判になって、被告人は犯行を否認し、公訴事実を争ったところ、上記判決では、「被告人が本件盗難事件発生日以前に被害者方に宿泊した際などに整理だんすの表面の中段部分に手を触れる機会が存したことはたやすく推認することができるから、右整理だんすに被告人の指紋が付着していたとの一事をもって、被告人が本件金員を窃取するために奥4畳半寝室を物色した際付着した指紋であると（中略）は到底即断することができない。」と判示し無罪とされたものであった。

　この事案では、被告人の指紋が付着する別の機会が存在したものであることから、上記判断もやむを得ないところがあるといえよう。

2　平成元年3月7日大阪高裁判決（公刊物未登載）

　この事案は，独身寮に住む2名の被害者方居室内への侵入盗であり，そのうち1名の居室の出入り口の戸の上部のすりガラスが割られており，そのガラスの破片に被告人の指紋が残されていたというものである。それら被害は，被害者両名がそれぞれ外出した午前4時45分以降，又は，午前8時15分以降に発生したものと認められた。

　この事案において，被告人は，午前1時ころから3時ころの間に，上記独身寮への住居侵入については認めた上で，金品を窃取しようとしたものの，いずれの被害者も中で就寝していたことから，侵入するのは諦めたものであって，指紋はその室内の状況を確認しようとした際に付着したものではないかと弁解していた。

　上記判決は，「被告人が本件住宅に侵入した日が同月30日であるとしても，被告人の（中略）供述によると，それは午前1時ころから3時ころまでの間と考えられ，これは前記被害者らが各窃盗被害に遭った時間帯とは相違しており，しかも被害者両名の各被害届によれば，右被告人が住居侵入に及んだ時間帯には被害者両名がそれぞれの居室にいたことが推認でき，被告人が被害者らの各居室を覗き見するなどした際に，各部屋の住人は就寝中であった旨の前示被告人の供述に沿う事実関係がうかがわれる（中略）ことなどを考慮すると，本件遺留指紋だけから右被害者ら方の各盗難の犯人が被告人であると断定することはでき」ないとしたものである。

　本件では，被告人も現場に赴いたこと，そして，同所で金品窃取行為に出ようとしていた事実まで認めているとなると，上記指紋は被告人の金品窃取の事実関係についての推認力は有するものと考えられるが，それだけでは，その後の窃取行為を認定するには困難な面もあろうかと思われる。

3　平成22年12月10日鹿児島地裁判決（裁判所ウェブサイト）

　この事案は，被告人が，金品強取の目的で，平成21年6月18日午後4時30分ころから同月19日午前6時ころまでの間，鹿児島市内のV1方に北東側6畳居間の窓ガラスの施錠を外して侵入し，殺意をもって，金属製スコップ（長さ約94.3センチメートル，重さ約1.6キログラム。以下「本件スコップ」という。）で，V1（当時91歳）及びその妻V2（当時87歳）に対し，それぞれその頭部や顔面等を多数回殴打し，その場で，V1を頭部・顔面打撲に基づく脳障害（頭蓋骨骨折，

くも膜下出血，脳挫傷）により，Ｖ２を頭部，顔面打撲に基づく脳障害（くも膜下出血，脳挫傷）により，それぞれ死亡させて殺害したというものである。

　この事案において，被告人が侵入した際に破損した窓ガラスや，室内の整理だんすなどから被告人が指紋が検出されたことについて，同判決は，まず窓ガラスについては，「三角ガラス片の屋外側のなめらかな面上の，四角ガラス片と接する辺の下方部分に付着していた指紋（中略）が，被告人の右手薬指の指紋と符合したというのであるから，少なくとも過去に被告人の右手薬指がこの部分に触れた事実は動かせない。」としながらも，「せいぜい被告人が過去に本件窓ガラス外側に触ったことがあるとの事実が認められるにとどまる。」とした。

　また，たんすに付着した指紋についても，同判決は，「窃盗犯人であれば，通常，本件整理だんすのような場所を物色すると考えられることにも照らすと，被告人の本件指掌紋が付着した後に別人が本件犯行時に本件整理だんす周辺の状況を作り出したという偶然の一致も決して否定できないというべきである。」とまで認定して，あくまで偶然の一致という表現で別の機会に付着した可能性があると認定しているものである。

　この判決などは，指紋付着という間接事実のもつ推認力を正当に評価したものとはいえず，およそ合理的な経験則から逸脱した認定をしたものとしかいえない不当なものであるといえよう。

問10　犯行現場から被疑者の指紋が検出されなかったことは，被疑者が犯人でないことを推測させる事由となるのか。

【解　答】

1　前述したように，指紋はどんなものにも付着するというものではないし，仮に付着したとしても，それが対照可能な状態で検出されないことも決して珍しいことではない。こうした指紋鑑識の実情をよく理解しておくことが必要である。

　例えば，覚せい剤の使用事件などで，押収されたパケから被疑者の指紋が検出されなかったということはよく見られることであるが，これをもって不自然であると考えるのは誤りである。ビニール製のパケであれば被疑者の指紋は鮮明に付

くのではないかと思われるかもしれないが，ビニール等の表面が滑らかで水分等を吸収しない物体の場合は，指紋が物体の表面に乗るような状態で印象されるため，被疑者のみならずその関係者や，手袋をはめた捜査員であっても，それに触れた場合，容易に指紋を破壊することになってしまうからである（柏村隆幸「指紋鑑定」研修 597 号 104 ～ 105 頁）。

また，そもそも被疑者が犯行隠蔽のために，手袋を使用したり，手指での接触を極力控え，更には，その触れた箇所を布で拭いたりすれば，被疑者の指紋が残ることはあり得ないし，仮に素手で触れても，前述したように，物体の性状，印象の状況，被疑者の個人的要素や採取条件などから指紋が検出できない場合も十分に考えられるところである。

2 そして，指紋が検出されないからといって，犯人でないとはいえないとした事例として，**昭和 54 年 2 月 20 日徳島地裁判決（公刊物未登載）**が挙げられる。

この事案は，被告人が，昭和 50 年 1 月 9 日午前 10 時 30 分ころ，徳島県板野郡内のＡ方に赴き，2 階東側の部屋において，Ｂ所有の現金 1,700 余円在中の黒色布製財布 1 個（時価約 400 円相当）を窃取し，1 階応接間に降りた際，Ａに発見されるや，逮捕を免れるため，応接間テーブルの上にあったステンレス製包丁（刃体の長さ約 16.4 センチメートル）を素手で持ち，同人の腹部に突き付け，「おまい，殺したる」などと申し向けて脅迫し，表八畳の間において，ソケット付き灰色電線で同人の両足を，ホームこたつ用白色ビニールコードで同人の両手を縛り，ネクタイで猿ぐつわをするなどの暴行を加えたというものであった。

この事案では，現場から合計 229 個の指紋が採取されたが，そのうち 162 個のみが対照可能なもので，残りは対照不能であった。対照可能なものについて，被害者側の関係者及び被告人等の指紋と対照され，161 個が関係者指紋と一致したが，1 個は関係者指紋とも被告人の指紋とも合致しなかった。

そして，本件指紋の対照に当たった徳島県警察本部鑑識課Ｃは，「関係者指紋とも被告人の指紋とも合致しなかった指紋は，指紋中心部が印象されておらず，指の種類も部位も不明であり，その点が分かれば対照が可能であったものである。所轄署から送付された関係者指紋と被告人等の指紋の押なつ範囲内には，上記指紋に合致する特徴点が指摘できなかった。したがって，関係者指紋である可能性もあるし，被告人の指紋である可能性もある。犯人が素手で犯行に及んでも，指

先分泌物の多少というような個人差や物体の材質や性状や自然条件，指紋採取者の技量等によって，指紋が採取できないことがある。昭和53年の徳島県における指紋送付件数は2,100件で，うち犯人に合致したものが260件，犯人が検挙されたが合致しなかったのが150件くらいある。」と証言した。

　以上のような証拠に照らして，本件判決は，「指紋については，遺留された指紋と犯人であるとされたものの指紋とが合致した場合には積極的な意味を有するものの，それが合致しなかった場合その結果を犯人ではないとする積極的な資料として用いることはできないものであって，右証人Cも，犯人が素手であっても物体の材質や，犯人の指先分泌物の多少等個別的事情の如何によっては指紋が付きにくく残らない場合があり，また指紋を残さないようにする場合がある旨，昭和53年度の徳島県下の事例について遺留指紋が犯人のそれと合致しなかった例が相当数ある旨供述していること，採取された229個の指掌紋中，対照可能である162個の指紋は前記1個を除いて右A方家族の指掌紋であって，対照可能であって犯人が遺留したと思われる指掌紋は採取されなかったこと，右Aが犯人から突き付けられた包丁からは，刃の部分から対照不能なものが1個採取できたにすぎないこと，前記おもちゃの鉄砲の背部から採取された指掌紋については，鮮明であるが，部位がわからず，部位がわかれば対照可能であるにすぎない指掌紋であって，他の対照可能な指掌紋とは異質なものであること，などを総合してみると，右の指掌紋の点は被告人が犯人であるかどうかを認定する際の消極的資料にはならないものと言わざるを得ない。」として，犯行現場から被告人の指紋が検出されなくても，犯人性認定の消極証拠にはならないことを明らかにした。

3　しかし，犯行状況からみて被疑者の指紋が付着しているのが合理的であると思われるような事例であると，その場合にも被疑者の指紋が検出されないということが消極証拠として扱われることもないではない。

　その顕著な例が，先に挙げた平成22年12月10日鹿児島地裁判決である。ここでは，被告人は，金属製スコップを用いて被害者2名の頭部等を殴打して殺害したものであるが，そのスコップの柄や取手から，被告人の指紋やDNAが検出されなかったことなども消極的判断をもたらす理由の一つとされて無罪とされたものである。

　ここでは指紋の点に絞って述べるが，同判決では，被告人は，多数回にわたっ

て同スコップを振り回したのであるから，指紋などの痕跡が全く残らないのは合理的ではないとして，被告人の犯人性を否定する方向に判断している。

　しかしながら，この点は，法廷で検察官が主張していたように，本件スコップはさび付いているなど指掌紋が付着し難い状態にある上，柄や取手を強く握って被害者夫婦を殴打したりすれば，衝撃によって握った手が前後して指掌紋を構成する隆線が押しつぶされるなど指掌紋が残り難い状況にもあり，他人の指掌紋が一切発見されていないことにも照らすと，被告人の指掌紋が付着していなくても何ら不思議ではないと理解すべきであろう。

4　いずれにせよ，犯行現場に遺留された指紋については，犯人が素手で物体に触れば必ず付着し，かつ検出可能であるように考えがちであるが，何度も繰り返し述べたように，指紋は，自然的，人為的な種々の条件により付着しなかったり，付着しても検出ができないことがあることをよく理解しておくべきである。

問11　想定事例において，被疑者の指紋が検出されなかったのはなぜなのか。

【解　答】

　口紅の容器のような周囲がすべすべした物体について，例えば，エマルゲンブラック法[2]などの方法により指紋の検出を試みる場合には，まず，その容器をエマルゲンブラック溶液に入れることになる。そして，その場合，人の手から転移された脂肪酸などの電気的性質としてマイナスの引力を持つものが付着することとなり，それらに四三酸化鉄が付着する。それゆえ，何度もその容器が使用され触られていたりすれば，その都度，手指の接触面積が多くなり，付着物が多くなるという事態をもたらし，強いマイナスの引力を持つ物質が付着しているという状態となる。そのような状態であれば，全体的に四三酸化鉄が付着してしまい，特定の指紋の紋様が現れることはなくなる。

　したがって，小さな物体上に指紋が付着したとしても，同一人物を含めていろいろな人が何度も触ることで，その上からずれた状態で重複するように何度も指紋が付着することにより，多くの付着物が集積してしまうことになると，それらは特定の紋様を表すことなく，エマルゲンブラック法であれば全体として真っ黒という状

第6章　遺留指紋　507

態を示すこととなる。

　このような事案と類似した事案につき，**平成24年11月2日名古屋地裁判決（公刊物未登載）**では，化粧品の小瓶から被告人の指紋が検出されなかったことについて，税関職員ら多くの者が触れていたものであるにもかかわらず，「表面が凸凹している物体の場合は指紋が簡単には消失しない」などの独自の見解に基づいて，「被告人の指紋が検出されないということは，被告人が当該小瓶に触っていないと認められる」と証言した弁護側鑑定人がいた。

　しかしながら，同判決では，その弁護側鑑定人の「供述は，税関職員らによる検査等の過程を踏まえていないものである上，エマルゲンブラック法に関する知識や科学的根拠に基づいたものであるともいえず，信用できない。」として一蹴した。

　いずれにしても，指紋として検出されるためには，それが紋様の形態を示していないと，対照可能指紋というスタートラインに立てないことになる。

　しかしながら，紋様として検出できなかったということは，形状がきれいに残っていなかったことを意味するに過ぎず，指紋成分の付着を否定するものではない。したがって，この判決の事案で，ガラス瓶の部分が真っ黒な汚れとして検出されたことは，何らかの付着物の存在を証明するものであり，エマルゲンブラック法の検出原理から考えれば，それはマイナス方向の電気的性質を有する何らかの成分が付着したということである。そうであれば，それは指紋成分であり得るわけで，ただ単に，多くの人が触れたために指紋としての検出が不可能となっただけであって，そのことは，被疑者の犯人性を否定することにはならないのである。

問12 想定事例についてはどのように考えるべきか。

【解　答】

　上述したような理由から，単に指紋が検出できなかっただけで，犯人でないことの積極的証拠になるわけではない。したがって被疑者甲野の主張は認められない。

1) 一審判決である**平成2年6月29日函館地裁判決（公刊物未登載）**は，「本件犯行直後に本件

被害にあった電話機の前面および背後からそれぞれ1個づつ採取された指紋が被告人の指紋と一致していることが認められるところ，本件ホテルのフロント係であるAは，毎日午前8時30分ころから午前11時ころまでの間に，本件電話機を洗剤を入れた湯を使って雑巾で拭いた後，乾いた布で拭いて水気を取っており，本件犯行前日（中略）も同様である旨供述しており（中略）右供述は接客業という同人の職業等に照らすと十分に信用でき，右Aの供述に照らすと，被告人の右指紋は本件犯行の前日の（中略）午前11時ころから本件犯行までの間に印象されたものと認められる。」旨判示し，被告人の弁解を排斥した。

　また，その控訴審判決である平成2年12月21日札幌高裁判決では，「(清掃が)日課として（中略）行われている以上，被告人が付けたかもしれない半年以上も前の指紋などが本件盗難発生当日になお電話機に残っていた可能性はないといってよい。」旨判示して，被告人の弁解を排斥し，被告人の控訴を棄却した。

2) エマルゲンブラック法とは，上記判決で示されたところによれば，四三酸化鉄を非イオン系界面活性剤水溶液に混ぜて使用するもので，潜在指紋の顕在化における代表的検出方法である。その原理は，電気的な引力による付着を利用するものであり，四三酸化鉄は，水の中ではプラスの電気的性質を有するところ，マイナスの電気的性質を有する指紋成分に付着することから，その結果，鉄粒子が指紋の紋様を表すことになるのである。

第7章　DNA型鑑定

> **例 題**　盗犯捜査において，DNA型鑑定はどのような役割を担うことになるのか。

問題の所在

　現場に遺留された指紋と同様に，犯人の体液等が遺留され，そこから犯人のDNA型が検出されれば，犯人の特定に強力に役立つこととなる。そこで，このDNA型鑑定の原理，効果，問題点等を理解しておくことは，盗犯捜査においても不可欠の事項となっている。
　ここでは，DNA型鑑定全般についてできるだけ平易に解説することとしたい。

事　例

【想定事例】

　被疑者甲野は，所持金に窮したことから，人気のない道路を歩行している老人のカバンなどをひったくって，現金を取得しようと考えた。そこで，夕刻，目をつけた老人の後をつけて行き，人気のない場所に至った時に，背後からその手に提げていたバッグの取っ手を摑んで引っ張った。
　ところが，その老人は，バッグを持つ手を離さなかったので，しばらくの間，バッグの引っ張り合いになったところ，その老人が大声で助けを求めたことから，バッグを取るのを諦めて逃走した。
　この事件において，犯人検挙のためにしておかなければならないことは何か。

設問と解答

問1 DNAとは何か。

【解　答】

　DNAとは，人の細胞内にあるデオキシリボ核酸（deoxyribonucleic acid）の英語表記のうち，DNAという頭文字をとったものである。

　そもそも，人の身体は，約60兆個の細胞から成り立っており，その各細胞の中には，1個の核があり，その核の中には，ひも状の染色体があって，DNAは，その染色体の中にある物質である（なお，その他に，細胞内のミトコンドリア内にもDNAは存在するが，これについては後述する。）。

　そして，その染色体は，父親から受け継いだもの1本と，母親から受け継いだもの1本とが2本で一対になっており，それが合計で23対，46本の染色体が1個の核の中に存在している。そのような染色体1本ずつにつき，それぞれの中に1本のDNAが存在するので，結局，父親と同じDNA23本と，母親と同じDNA23本の合計46本のDNAを持っている（このような核内のDNAを「核DNA」と呼ぶ。）。

　そのDNAの構造は，はしごが螺旋状に捻れた構造になっている（これを「DNAの二重螺旋構造」と呼ぶ。）。そして，はしごの横木部分，つまり踏み板に当たる部分は，塩基同士が結合してできている。この塩基というものは，窒素を含む環状の有機化合物であって，DNAにおいては，アデニン（A），グアニン（G），シトシン（C），チミン（T）という4種類の塩基が存在し，それらが踏み板に当たる部分を構成している。

　これらの塩基は，はしごの縦木部分から横に突きだしていて，それぞれ決まった塩基同士で結びついている。具体的には，AはTとしか結合せず，GはCとしか結合しない。したがって，はしごの一方の塩基が「AGTC」であったのなら，その対をなす他方の塩基は，「TCAG」でしかないことになる（これを「相補的結合」と呼ぶ。）。このような塩基の並びを「塩基配列」といい，これが後に説明するDNA型鑑定の根幹をなすものである。

　ちなみに，この踏み板に当たる部分は，上述した塩基が対になっているので，「塩基対」と呼ばれ，細胞1個の中にあるDNAの塩基対は，約30億個あるとされて

いる。

問2 DNAは身体のどの部分の細胞でも同じものであるのか。

【解　答】

　人間の身体の細胞は，1個の受精卵が分裂して増殖したものであり，細胞分裂の際にDNAは複製されることから，どの細胞におけるDNAも，全て受精卵のDNAのコピーである。それゆえ，どれも同じであって，終生不変である。したがって，体液であっても，皮膚であっても，どこから採取したDNAであっても，それは同一の構造をもっている。

問3 DNA型鑑定は，DNAのどのような性質を利用して行うものであるのか。

【解　答】

　上述したDNAの塩基配列における個人差を利用して個人識別を行うのである。現在では，塩基配列の反復繰り返しの数に個人差があることに着目し，その繰り返しの数を個人識別に用いている。
　具体的には，DNAの塩基配列中には，数個から数十個の塩基配列が単純に何度も繰り返される箇所が多数あり，特定の箇所ではその反復回数が人により異なることから，これを比較することで個人の特定を図ることとしている。
　例えば，特定の箇所では，「AAGT」という塩基配列が繰り返されているところ，それがある人では8回繰り返されているところ，他の人では9回であるというように発現することから，この個人差のある箇所を何か所も比較することで，個人識別が可能になるのである。

問4 DNA型鑑定において用いられる原理はどのようなものか。

【解　答】

　まず，反復される回数を「型」として分類し，例えば，上記のように8回繰り返されていた場合には，それは「8型」と表現し，9回繰り返されていれば「9型」として表現している。

　そして，上述したように，染色体は，父親由来のものと母親由来のものが対になっており，そのそれぞれの染色体の中に由来の異なるDNAが入っているのであるから，父親由来のDNAと母親由来のDNAのそれぞれについて何型であるかを調べることとなる。

　その結果，例えば，父親由来のDNAの反復回数が8回であれば，8型となり，母親由来のDNAの反復回数が9回であれば，9型となる。そして，DNA型としては，この両方の型の組み合わせで表現しており，この場合であれば，「8，9型」と表現される（このような型を「ヘテロ接合体」という。）。なお，父母両方とも，8型であれば，「8，8型」ではなく，端的に「8型」と表現される（このような型を「ホモ接合体」という。）。

　このように，DNAの中の特定箇所（これを「座位」という。）の塩基配列の反復回数を「型」として分類し，比較する対象資料のDNA型と，被疑者から採取したDNA型が，いくつもの座位で一致するかどうかを調べることによって，両者が同一であるかどうかを判断するのである。

問5　現在行われているDNA型鑑定の検査方法は，どのようなものであるのか。また，その検査方法においては，その座位の数はいくつであり，どのような塩基配列を対象として使っているのか。

【解　答】

　現在，警察で使われている手法は，STR型検査法と呼ばれるもので，これはShort Tandem Repeatの略であって，短い塩基配列が繰り返されている箇所において，その反復回数を調べる検査法である。

　その座位の数は，15座位とアメロゲニン座位の合計16座位となっている。このように座位について区別されるのは，染色体の数は，上述したように23対，46

第7章　DNA型鑑定　513

本であるものの，そのうちの22対44本は，常染色体であり，1対2本は性染色体（男性はXとYの染色体が各1本ずつ，女性はX染色体が2本である。）であるところ，その15座位は常染色体上のものであり，アメロゲニン座位は，性染色体上のものだからである。そして，アメロゲニン座位では，Y染色体に存在する6塩基がX染色体には欠損しているという特徴があり，その長さが異なることから，その長さの違いを利用して性別を判定するのに用いられるものである。

そこで，上記の15座位においては，いずれも4つの塩基が規則的に反復繰り返されることから，その塩基配列の繰り返しの数を数えて「型」を判定する。それぞれの座位には名称がつけられており，例えば，TPOXという座位では，AATGの4塩基が繰り返されており，その回数が人によって，5〜14回であることが知られている。

ちなみに，それら15座位の名称は，D8S1179, D21S11, D7S820, CSF1PO, D3S1358, THO1, D13S317, D16S539, D2S1338, D19S433, VWA, TPOX, D18S51, D5S818, FGAである。

問6　そのような座位の型を調べることで，各人の型の違いが分かるにしても，それをどのようにして個人識別につなげるのか。

【解　答】

ここで使われる概念は，出現頻度というものである。特定の「型」が，例えば日本人全員という集団の中で，どのような割合で出現するかについて明らかにすることで，その出現頻度というものが判明する。この出現頻度が低くなればなるほど，他に同様の「型」を持つ人がいないということで，個人識別が可能になっていく。

それゆえ，DNA型鑑定においては，個人差が多岐に分かれる座位を調べることが有効であるし，また，調べる座位を増やせば増やすほど，その組み合わせの結果に見られる「型」の出現頻度は低くなる。このような観点から，上述した各座位が選定され，その数も15に増やされたのである（平成18年より以前は，9座位であった。）。

具体例を挙げて説明すると，例えばAという座位では，「10，11型」の出現頻度が10人中1人であり，Bという座位では，「12，13型」の出現頻度が20人に

1人であるとすると，A座位で「10, 11型」を持ち，B座位で「12, 13型」を持ったDNA型の出現頻度は，10×20で，200人に1人ということになる。

このような原理に基づいて15座位での各型について，それぞれの出現頻度を調べ，その15の座位の各型がすべて一致する出現頻度は，約4兆7000億人に1人という結果が判明している。現在，世界の人口は，約72億人といわれているが，それをはるかに上回る人口をもってしても同一の型を持った人がいないことになり，結局，確率論的にいって，15座位のすべてが一致する人は地球上に存在しないということになる（ただし，一卵性双生児だけは，全く同じDNAを持っていることから，そのDNA型も当然に同一のものとなるので，DNA型鑑定ではその識別は不可能である。）。

ちなみに，ある特定の座位において最もよく出現する型が何であって，その出現頻度がどの程度のものか参考までに一例を挙げると，上記のD8S1179という座位では，「13, 14型」が最もよく出現する型であり，この座位における「13, 14型」の出現頻度は，日本人の中では，約10.9人に1人という結果が出ている。また，同様に，D2S1338という座位では，「18, 19型」が最もよく出現する型で，この座位における「18, 19型」の出現頻度は，日本人の中では，約15.1人に1人となっている。

問7 DNA型鑑定は，人のDNA情報を勝手に盗み見るものであって，人権侵害ではないかとの主張がされることがあるが，このような主張は正しいのか。

【解 答】

これまで述べたように，DNA型鑑定は，特定の座位に出現する塩基配列の反復回数を調べて比較するものであるから，特定の遺伝情報を読み取っているものではない。確かに核DNAの中に遺伝子として働いている部分はあるが，それは核DNA全体の1～2パーセント軽度であり，残りの約98パーセントはそのような遺伝情報は持っておらず，この遺伝情報を持っていない部分の中から15座位を選んでいるから，そのような主張は失当である。

問8 犯行現場から採取された体液等に含まれるDNAについて、STR型検査法はどのようにして、その型を明らかにして鑑定するのか。

【解　答】

　まず、DNAが付着したと思われる資料から、DNAを抽出して精製し、これをPCR増幅法により、個人識別に必要な特定部位のみを確実かつ多量に増幅する（これによって100万倍以上に増幅されるとのことである。）。

　そして、このDNAが増幅された溶液を、フラグメントアナライザーという装置にかけて、その溶液中に含まれているDNA断片に電気泳動をさせる。これは、網目状のゲルを充填した細いガラス管に高い電圧をかけることでDNA断片を泳動させ、DNAの長さによって、その移動速度が異なることを利用して、塩基の長さの違いを検出できるようにしたものである。

　その結果は、泳動チャート（エレクトロフェログラム）と呼ばれる図表によって示される（図1参照）。ここでは、**問5**で記載した各座位について、ピークを示す表示の下に、DNA型となる繰り返し数とピークの高さが、いずれも数字で表示される（図2参照）。そのピークの高さは、元々の試料に含まれるDNAの量を反映するものであり、このピークが型判定基準値より低い時は、DNA型として判定しないという取扱いがなされている。また、各座位のピークが1本であれば、それはホモ接合体であり、2本であれば、ヘテロ接合体である。そして、それぞれに繰り返し数が示されることから、それによって「型」の判定が可能となっている。

　鑑定人は、この泳動チャートを見て、検査が正確に行われているかどうか検討し、試料に含まれているDNAの量などを見ながら、DNA型判定を行うのである。

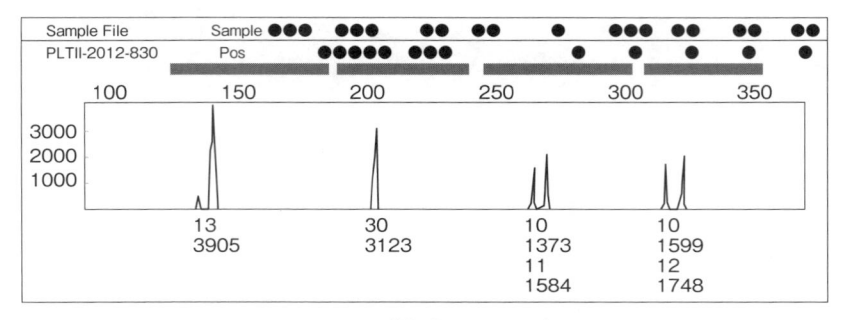

図1（泳動チャート）

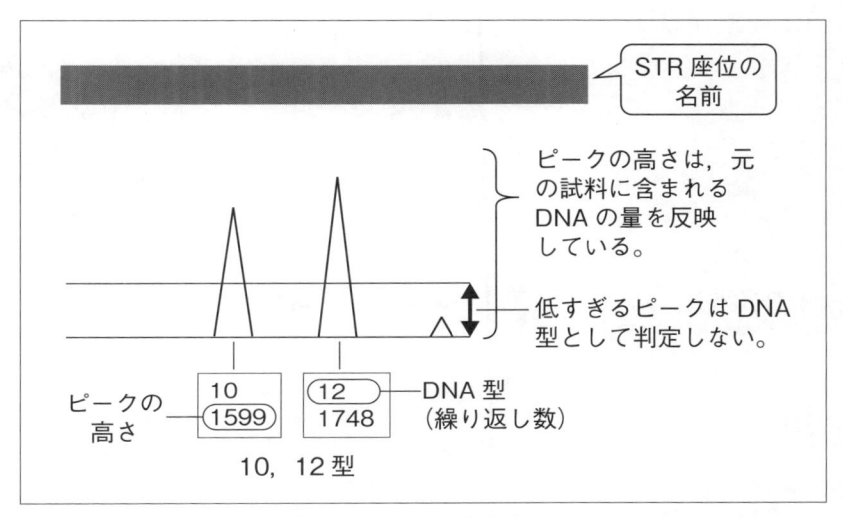

図2（泳動チャートの見方）

問9 泳動チャート（エレクトロフェログラム）の各座位のピークが1本の場合と2本の場合は，上記のとおりであるが，では，3本あった場合，それはどういうことを意味しているのか。また，その場合，どのような鑑定が出されるのか。

【解　答】

　3本以上のピークが見られれば，それは当該資料が複数人の混合DNAである可能性を示している。例えば，女性の所持するハンドバッグのひもを男性の犯人が強く引っ張ってひったくりを敢行した場合などにおいて，その引っ張った部分に，被疑者と被害者のDNAが混合して現れることがある。

　ただ，その場合でも，そのピークの状況が，被疑者のDNA型を含んでいると認められる場合は，「被疑者のDNAが含まれていると考えて矛盾はない。」との鑑定結果が出されることとなる。

　しかし，それ以上に被疑者のDNAが存在するとまでの鑑定をすることはできないのが通常である。というのは，複数人のDNAが混合している場合，何人分のDNAが混合しているかを鑑定結果自体から推測することが困難であること，DNAが微量である場合には，型の一方あるいは全部が検出されない場合もあることから，全ての型が検出されていると鑑定結果自体から推測することも困難であることか

第7章　DNA型鑑定　517

ら，混合DNAより判定された型だけからでは犯人のDNA型を推測することが困難だからであると説明されている（もっとも個別の事案においては，他の証拠関係に照らして，当該混合DNAの元となる人の数が特定できるなど，種々の条件が重なれば，被害者のDNA型を差し引いて，理論的に犯人のDNA型との一致を判定できる場合もないではないであろう。）。

問10 STR型検査法以外には，現在使い得るDNA型鑑定として，どのようなものがあるのか。

【解　答】

Y-STR型検査法とミトコンドリアDNA型検査法とMCT118型検査法がある。

問11 Y-STR型検査法とは，どのようなものか。

【解　答】

この検査方法は，男性だけが有しているY染色体上にも個人によってSTR型の異なる部分が多数あり，そのSTR型を検査する，つまり，単位塩基配列の反復回数を調べる方法である。このY-STR型は，女性には存在しないので，混合資料から男性の型のみ検出可能であり，**問9**で示したように女性と男性のDNA資料が混合している場合などに効果を発揮する。

これは，Y染色体上の16の部位の型を調べているのであり，通常のSTR型検査法の検査対象部位とは異なる。このように，Y-STR型検査法は，1つのY染色体上に位置する16の部位の型を調べているため，STR型検査法で各座位が独立したものと見られているのとは異なり，Y-STR型検査法では，相互に独立したものと解することはできず，この16の部位の型を「全体として1つの型」と捉える必要がある。そのため，各部位が独立した通常のSTR型検査法のように，各座位の型の出現頻度を掛け合わせて全体の出現頻度を計算するということができないため，個人識別能力は，STR型検査法よりかなり劣るとされている。

このように，Y-STR型検査法による個人識別精度については，同じDNA型を持

つ人がいることから，STR型検査法に比べて精度が低いため，STR型検査法が使える場合には，このY-STR型検査法に依る必要性は低いものの，性犯罪等の混合資料において通常のSTR型検査法により犯人のDNA型を検出することが不可能であった場合や，通常のSTR型検査で型が検出された座位が少なかった場合，このY-STR型検査を併せて行うことで識別力を補完することができるという役割を担うことができるものである。

なお，この検査法の特徴として，Y染色体のDNAはそっくりそのまま父親から息子に伝えられることから，このY-STR型検査法により判明するY染色体上の16座位のそれぞれの型は，いずれも父親の型と息子の型は同一であり，父系の男性のY-STR型は全て一致するということが挙げられる。

問12 ミトコンドリアDNA型検査法とは，どのようなものか。

【解　答】

DNAは，問1で述べたように，核内の染色体にだけでなく，細胞内のミトコンドリア内にも存在している。そもそも，このミトコンドリアは，体内に取り入れた酸素とブドウ糖で生命活動のエネルギー源であるATPという物質を作り出す器官であるが，ミトコンドリアDNA型検査法とは，このミトコンドリアDNAの塩基配列を分析する検査法である。

この検査法では，ミトコンドリアDNAのうちの遺伝情報を含んでいない部分（核DNAと異なり，ミトコンドリアは遺伝情報を含んでいる部分が約93パーセントあるため，その残りの7パーセント）を対象とし，その中でも塩基配列の個人差が大きい部分を取り上げて，その特定箇所のA，T，G，Cの塩基配列を一つ一つ調べるという方法を採る。

ミトコンドリアは，細胞内に1つしかない核DNAと異なり，数百個以上存在することから，微量の資料からでも検出できる可能性があり，また，毛根鞘のない毛髪や白骨などで核DNA型鑑定ができないものでも，ミトコンドリアDNA型検査ならば可能な場合もある。

しかしながら，このミトコンドリアDNA型検査は，検査対象の特定箇所について，相互の独立性が期待できないとして，Y-STR型検査法と同様に，その出現頻

度を掛け合わせることはできないと考えられている。そのため，個人識別精度は，通常のSTR型検査法よりかなり劣るとされている。

なお，この検査法の特徴として，先のY-STR型検査法と反対で，ミトコンドリアDNAの塩基配列は，男女を問わず，母親のミトコンドリアDNAの塩基配列と同一となり，同じ母系の親族であれば，みなミトコンドリアDNA型は一致するということが挙げられる。

問13 MCT118型検査法とは，どのようなものか。

【解　答】

これは，第一染色体上のMCT118という座位に16個の塩基が反復される箇所があることから，その反復回数を調べ，その個人差を個人識別に利用する方法である。

これは，対象資料からDNAを抽出して，PCR増幅し，それを電気泳動させて，その状況をバーコード状に検出させるのであるが，その際，同時に塩基配列の分かっているDNA混合物を一緒に電気泳動させ，これをマーカー（物差し）とし，そのマーカーの位置と対象とされるDNAの移動位置とを比較することにより，型判定をするものである。

ただ，現在ではほとんど使われていない。

問14 DNA型鑑定に用いる試料の取扱いについて留意すべきことは何か。

【解　答】

もっとも重要な事柄は，資料の収集，保管の適正，また，その際のコンタミネーション（汚染）の防止である。

鑑定対象資料の収集，保管が適正に行われなければならないのは当然のことであり，資料採取や保管状況は，決められた手順に従い，慎重かつ適正に行われなければならない。これらの点が争われてDNA型鑑定の結果が否定された事例も存在するので要注意である。

特に，その保管の際に，本来の資料に別の資料を混入させてしまうと，**問8**で述べたように，PCR増幅法によって，その別の資料も何万倍にも増幅させてしまう結果となる。そのため，誤った鑑定がなされるおそれもあるので，コンタミネーションの防止について細心の注意をもって臨む必要がある。

問15 想定事例において，何をすべきであるのか。

【解　答】

　本事例における甲野の行為からすれば，被害者のバッグの取っ手には，被疑者の手の皮膚片が付着している可能性が高い。このバッグを領置して，犯人性特定のために，DNA型鑑定を実施すべきであろう。

　この場合，STR型検査法のみならず，Y-STR型検査法も効果があろうかと思われる。

　なお，本稿作成に当たっては，田辺泰弘「DNA型鑑定について」研修716号〜720号等を参照した。

第8章　足跡鑑定

> **例　題**　足跡鑑定は被疑者の犯人性の立証において，どの程度効果を発揮するものなのか。

問題の所在

そもそも現場に遺留された足跡については，捜査上，どのように活用できるのか。また，その足跡と被疑者の使用する靴等の底の模様との一致についてはどのように比較，検討されるのか。その上で，裁判上，犯人性の特定のためにどのような効果があるのかなどについて正確に理解しておく必要がある。

事　例

【想定事例】

　被疑者甲野は，侵入盗の常習者であったが，かつて侵入した家屋の2階から逃走する際に1階に落ちたことで左脚を怪我し，そのため普段から左脚を引きずって歩いていた。甲野は，普段から履いているスニーカーを身につけ，侵入盗に必要な工具等を携帯して，被害者方一軒家に空き巣に入り，現金50万円を窃取した。その際，リビングルームのフローリングの床に足跡をいくつも残していた。
　被害者からの届け出により現場に赴いた所轄警察署刑事課の乙野巡査部長は，この事件の捜査として何をすべきであるのか。

設問と解答

問1 そもそも「足跡」とは何か。

【解　答】

　犯行現場等において顕出されている，履物で印象された痕跡のことである。
　ただ，その他に，対照用に採取する被疑者が犯行に使用したと思料される履物の底から得られる模様なども，ここでいう「足跡」に含まれる。

問2 では，犯行現場に遺留された犯人の足跡からどのようなことが分かるのか。

【解　答】

　犯人のものと思われる足跡が発見できた場合，その足跡は，犯人の行動を直接的に示すものとなる。屋内であれば，犯人がどこを物色して，どこから被害品を窃取したかなど，足跡の動きを明らかにすることができれば，これが正確に判明することもある。また，犯人がどこから侵入し，どこから逃走したのかなども，足跡が残されていれば具体的に判明するし，そのことにより付近の防犯カメラ等による犯人の特定につなげることがより容易になるといえよう。
　また，犯人のものと思われる足跡が何種類も見つかった場合には，犯人は複数であったと考えられるし，足跡の間隔から犯人の歩幅，更にはその身長なども推認できるであろう。

問3 犯行現場に遺留された犯人の足跡は，どのようにして採取されるのか。

【解　答】

　床などの平面に印象された足跡であれば，それを粘着シートなどで転写し，土砂などに立体的に印象された足跡であれば，せっこうなどで足跡を立体的に採取する。

第8章　足跡鑑定　523

問4 足跡鑑定はどのようにしてなされるのか。

【解 答】

　上記のようにして採取した足跡のほかに，対照するための被疑者の靴の底を粘着シートなどで転写した上で，両者を比較する。その際，対照用の足跡である被疑者の履物に存在する固有の特徴が，現場から採取された足跡に存在するかどうか比較対照することで，双方の異同を識別することによってなされる。

問5 上記における固有の特徴とはどのようなものか。

【解 答】

　その履物にしか存在しない特徴で，偶発的に生じた形態の変化であって，人為的に再現できないものを指す。
　具体的には，製造の際にできた特徴として，履物底を製造する際に，金型と材料との間に空気が入ることによってできる気泡などの痕や，使用の際にできた特徴として，履物底にできる傷や模様の欠損，更には，歩行癖によって違いが生じるすり減り方である摩耗痕などが挙げられる。

問6 では，そのようにして判明する固有の特徴に注目するにしても，鑑定では，どのようにして異同識別をするのか。

【解 答】

　まず，指摘法と呼ばれる方法では，現場に遺留された足跡と対照用の足跡との双方に共通する固有の特徴を比較して，その異同識別をする。
　次に，重合法と呼ばれる方法では，上記両者を重ね合わせ，双方の模様，形状，固有の特徴等が一致するかなどを検査して，その異同識別をする。
　また，計測法と呼ばれる方法では，上記両者の固有の特徴相互間の距離，角度等を計測して，その異同識別をする。

問7 そのようにしてなされた足跡鑑定結果については，どのような表現で表されるのか。

【解　答】

　そのような鑑定結果については，「一致」，「一致の可能性あり」，「判定不能」，「対照不能」，「不一致」などとして表現される。
　つまり，この鑑定は，特徴点の数やその特徴としての価値の高低などを総合的に評価して鑑定人が判断することによってなされるものであり，その意味では，DNA型鑑定や指紋鑑定などとは異なり，筆跡鑑定や顔貌鑑定などと同様の類の鑑定であるといえるものである。

問8 では，このような足跡鑑定は，実際の裁判において，有罪立証の役に立っているのか。

【解　答】

1　この足跡鑑定を裁判上の事実認定に用いることについて正面から答えたものとして，**昭和59年4月16日東京高裁判決（判時1140号152頁）**が挙げられる。
　　この判決では，「犯行現場に残された足跡に，他と区別するに足りる右のような特徴が見出され，その特徴が被告人の使用する本件短靴等あるいはそれによる対照足跡の特徴と一致するときには，右の事実は，被告人と当該犯行とを結びつける極め手の証拠となり得るものと言うべきである。もっとも，犯行現場ないしは被害品発見現場に遺留された足跡と被告人の本件短靴等あるいは対照足跡とが一致するか否かを判断するいわゆる足跡鑑定に関しては，A及びBの原審各証言によっても，覚せい剤の検出方法のような，普遍的な判定方法が確立されていると言い難いのは勿論であるが，判断の対象である足跡は，右に見たとおり判定可能な対象物であるとともに，その判定方法も計測比較法，写真切断接合法（写真結合法とも言う。）写真重合法などの方法が用いられており，主観の入り得る余地の乏しいものであるから，その鑑定結果を事実認定の用に供することは何ら差支えがないと言わなければならない。」として，足跡鑑定結果を事実認定に用いる

ことが可能であることを明言している。

2 そして、その後も、足跡鑑定を犯人性認定の証拠として用いて有罪とした例は枚挙にいとまがない。

例えば、**平成26年1月24日東京高裁判決（公刊物未登載）**では、「関係証拠によれば、本件足跡痕と被告人のスニーカーとは、左スニーカーの底部模様と模様構成が酷似しているだけでなく、摩耗状態が同程度で、特に踏付部がすり減って摩耗により模様が消滅し、波形状の亀裂が生じているところ、本件足跡痕にはこれと符合する波形状の亀裂が印象され、その周囲の摩耗状況も符合しており、さらに左スニーカーの左外縁部分にある2つの傷と本件足跡痕にある傷跡の位置及び形状が符合しているというのであって、これらを踏まえ、摩耗状態、亀裂、傷の一致する靴が他に存在する可能性は極めて低いとする鑑定結果は、合理的で十分信用することができる。」と判示しているところである（その他に、**平成25年12月5日神戸地裁判決・公刊物未登載**、**平成24年12月12日大阪地裁判決・公刊物未登載**、**平成23年3月15日東京地裁判決・判時2197号143頁**、**平成21年2月24日横浜地裁判決・公刊物未登載**、**平成16年3月17日神戸地裁姫路支部判決・公刊物未登載**等多数。）。

3 さらに、近時においては、**平成27年3月27日横浜地裁横須賀支部判決（公刊物未登載）**でも、足跡鑑定が被告人の犯人性認定の主な証拠の一つとされて有罪とされている。

すなわち、同判決によれば、「関係証拠によれば、①判示第1の日時に同判示の被害者方で空き巣被害が発生し、その際犯人は1階リビングルーム掃き出し窓を割り、その施錠を外して屋内に侵入し、同判示の現金を窃取したこと（以下「本件犯行」という。）、②犯行当日、外出先から帰宅して被害に気付いた被害者が直ちに110番通報をし、間もなく警察官らが現場見分を行ったところ、犯人が屋内へ侵入した掃き出し窓直近に位置するリビングルームの床や廊下等の4か所で下足痕を発見し、これらを採取したこと、③犯行翌日に被告人が判示第2の住居侵入の容疑で緊急逮捕され、その際に被告人が履いていた革靴と上記下足痕との関連性を神奈川警察本部刑事部鑑識課において鑑定した結果、4つの下足痕は、いずれも被告人着用の革靴の靴底と模様が同じであり、下足痕のうち被害者方屋

内で発見採取された2つは，サイズが24.5センチメートルである被告人着用の革靴と同サイズの靴の足跡であるか又はその可能性が大きいと認められる上，これら2つの下足痕と被告人着用の革靴とは，摩耗の位置及び程度の同一性が極めて高いか，ほぼ同一であると判別されたこと，④緊急逮捕の際に被告人から押収したマイナスドライバー付きプライヤーと同一規格の工具を使用して，被害者方の侵入箇所と同じ形状の2枚引アルミサッシ掃き出し窓を割る実験を行った結果，被害者方の窓ガラスとほぼ同じ形状で実験用の窓ガラスも割れたこと，以上の事実が認められる。

　これらの事実によれば，本件犯行直後の被害者方から，犯行翌日に被告人が実際に履いていた靴によるものとみられる下足痕が複数発見されている上，被告人は，犯行翌日に被害者方と同一市内にある別の一軒家へ空き巣に入ろうとして住居侵入を犯した（判示第2の犯行）ことから緊急逮捕され，その頃複数の指定侵入工具を隠匿携帯していた（判示第3の犯行）ものであるが，本件犯行に伴って生じた被害者方窓ガラスの損傷は，上記指定侵入工具の一つを使用することによって発生し得ることが認められ，以上からすると，被告人が本件犯行に及んだ事実を十分推認することができる。」と判示しているところである。

　この判決では，足跡鑑定以外の間接証拠や間接事実をも併せ斟酌して犯人性を認定しているが，足跡鑑定が有罪認定に大きく役立っていることは明らかである（なお，この判決に対しては，被告人が控訴したが，平成27年9月8日，東京高裁は控訴棄却判決を言い渡して上記判決を是認した。）。

問9　想定事例についてはどのように考えるべきか。

【解　答】

　乙野巡査部長としては，速やかに現場に遺留された足跡を証拠保全しなければならない。そして，対照用の足跡となる本件スニーカーを押収できるように努めなければならず，その足跡と上記現場に遺留された足跡とを比較対照する足跡鑑定を実施することとなろう。特に，本事例では，現場に遺留された左足の足跡と対照用の左足の足跡に，いずれも引きずり痕が共通して見られなければならないことになる。

　また，本件スニーカーの靴底と同様のものが，どの程度の量の生産がされ，どの

第8章　足跡鑑定　527

ような地域にどの程度流通しているのかについても調べておく必要がある。これまでに足跡鑑定がなされた事案のうちには，犯行現場に残された足跡の模様と同様の靴底の靴の販売状況を捜査していたものもあり，その結果，同一の模様，同一のサイズの靴はほとんど生産されておらず，関東圏内で1000人中せいぜい数名程度の者が履いているに過ぎないという流通状況であることが捜査の結果判明し，これが立証に役立ったという事案もある。

第9章　声紋鑑定

例　題　声紋鑑定における問題点，留意点は何か。

問題の所在

　防犯カメラ等には，音声を録音できる機能を有するものもある。そのような場合，録音された音声が被疑者の音声と一致するかどうかは，犯人性特定の上で，立証上効果があることが考えられる。
　ここでは，そのための声紋鑑定の原理を理解し，今後の捜査で役立てるための知識を習得できるようにしたい。

事　例

【想定事例】

　被疑者甲野は，共犯者乙野と共に，コンビニエンスストアで万引きをすることとし，そのため，コンビニエンスストア○○店の前で打ち合わせをした。
　その際，甲野は，乙野に対し，「俺は，飲み物の棚から酒を取るから，お前は店員から見えないように幕になってくれ。」と言ったところ，乙野は，「わかった。そうする。」と言った。
　そして，その打ち合わせの状況は，コンビニエンスストア○○店の店舗の外に設置された防犯カメラに写されていたものの，周囲が暗かったせいもあって，人物の特定に至るような鮮明な映像はなかった。ただ，上記のやりとりに係る音声は明瞭に録音されていた。
　その後，被疑者両名は，実際に同店舗内に立ち入り，実際に甲野が酒を万引きしたところ，店員に見つかったものの，両名とも現場から逃走した。
　このような場合，被疑者の特定についてどのような捜査が考えられるのか。

設問と解答

問1 声紋鑑定とは何か。

【解　答】

1　声紋とは，人の声を図で表して可視化したものである。これを比較対照することで同一人の声紋かどうかを明らかにすることが声紋鑑定である。
　　ただ，この鑑定の原理を理解するためには，音というものの原理や，それが聞こえるということの仕組みを理解する必要があるので，まず，それらについて簡単に説明することとする。

2　そもそも音とは，物体の振動が空気の振動を起こし，その空気の振動が聴覚器官に到達することで，当該人に覚知されるものである。この音は，大きい，小さい，高い，低いといった違いを持つものであるが，高い，低いという点については，空気の振動数の多さ，つまり周波数の高低によって感じるものであり，周波数が高いほど音は高く聞こえる。また，大きい，小さいという点については，人間が感じる音の強さであり，同じ周波数であれば，音圧が増大するほど音は大きく感じる。
　　そして，周波数は，一定の振動のサイクルが1秒間に繰り返される回数のことであり，その単位はヘルツで表される。つまり，1秒間にn回の振動がある場合，それをnヘルツと呼ぶ。なお，音の大小について用いられる単位は，デシベルとかホンである。

3　そして，そのような音の一種である声を発する仕組みは，次のとおりである。
　　人の声というのは，肺から上がってきた息が，喉の下にある声帯という2枚の膜を振動させ，その振動によって単一の低音が生成され，その単一の低音が，喉，口鼻といった声道を通る間に共鳴する。そして，共鳴することによって，元々の低音の振動音より高い音なども生成され，たくさんの音が混じった状態で，それらの音が口蓋に到達し，舌や唇の動きによって言葉が形成される。つまり，人の声というのは，たくさんの高さの音が混じった音の集合体である。それゆえ，人

の声というのは，声帯，声道の形状の違いや，口の動かし方によって異なってくる。特に，声を出すための口の動かし方というのは，言葉を覚える時にそれぞれが独自に学んでその動かし方を習得するため，人によって動かし方も違っている。

　したがって，それらの違いから各自の声に違いが生じてくるし，また，その時々の状況によって，同じ人間が発する声でも違いが出てくるのである（例えば，風邪をひいていれば，声道が腫れたりするので，当然声も変わる。）。

4　そのような声について，声紋としてどのように図示されるかというと，これは，横軸に時間軸をとり，縦軸に周波数を示し，その周波数の強度が濃淡で表されることになる。具体的には，横軸の時間は1秒であり，その1秒間の周波数の強弱が濃淡で表されることになる。

　そして，この声紋を鑑定するに当たっては，ほぼ同じ条件で録音された音声について，雑音の影響が少なく，発話の調子や早さに極端に違いのない，共通な言葉の声紋を比較し，これらの音声が同一であるかどうかを比較検討する。

　したがって，録音された言葉と全く違う言葉を比較しようと思ってもそれは無理であり，また，被疑者があえて違う口調で話したような場合でも鑑定することはできない。それらの条件を満たした場合に初めてその比較が可能になり鑑定することができるものである。

問2　声紋鑑定はどうして行われるようになったのか。

【解　答】

　そもそも声紋鑑定の必要性が認識され始めたのは，昭和38年に発生したいわゆる吉展ちゃん事件であり，身の代金目的の誘拐事件での身の代金要求行為における電話の音声について鑑定の必要性が問われたからである。

　その後，青森県内で発生したある放火殺人事件において，被害者が緊急電話を掛けていたところ，その中に犯人の声が入って録音されていたことから，その犯人の声と，後日逮捕された被害者との音声の異同を調べたということもあったようである。

第9章　声紋鑑定　531

問3 具体的にどのように鑑定するのか。

【解　答】

　例えば、犯人が掛けてきた電話を被害者が録音しており、その録音媒体における犯人の声と、被疑者が別の機会に本人であることを明らかにして掛けた電話を相手方が録音していたような場合における当該録音媒体の被疑者の声とを比較して声紋鑑定を実施するとする。

1　この場合、まず、雑音の有無や発話音声の明瞭さが問題となる。雑音が多かったり、その音声が不明瞭であったりすると、鑑定に支障を生じることになる。それゆえ、録音状態が良好であるかどうかは重要なポイントである。

　そして、次には、当該話者が、自然に話しているかどうかであり、故意に発話状況を変えようとしていないかどうかである。敢えて棒読みで発話したり、極端な抑揚を付けて発話していないかどうかも問題となる。

　さらには、共通の言葉が存在しなければ比較できないことから、これが存在するかどうかも問題である。

　その上で、それらの条件をクリアした場合、音声識別に関するコンピュータソフトを用いるなどして、声紋を図示し、両音声に認められる共通の言葉の声紋の特徴部分を比較することになる。

　ただ、上述したとおり、人の声はその時々の状況で若干の変化があるため、一つの言葉、一つの特徴部分で同一人かどうかを判断することは困難であるから、たくさんの言葉、たくさんの特徴部分を比較することが必要となる。その数としては、多いほどよいが、4つから5つでも可能であると考えられている。

2　実際に、その鑑定に当たっては、共通する言葉の同じ音における特徴部分を比較するのであるが、その比較対照に当たっては、当該特徴部分の上端と下端について比較を行う。

　例えば、一方の音声の特徴部分の下端が約1500ヘルツであったとして、これに対し、もう一方の音声の特徴部分の下端が約1400ヘルツであり、また、それぞれの音声の特徴の上端がいずれも約2200ヘルツから2300ヘルツであって、

ほぼ同様であったとする。このような場合，上端と下端における差の合計が約100ヘルツ前後であり，この程度のずれであれば，別人というよりも，むしろ同一人の場合の方がよく見られる程度の小さなずれと考えられており，そのような場合には，「ほぼ一致している」との比較結果が出されることになる。

他の特徴部分についても同様に検討を重ねることにより，それぞれの箇所について，「ほぼ一致している」とか，「やや異なっている」とか，「どちらとも言えない」という判断がなされることになる。

そして，その一致する箇所が多ければ，例えば，10箇所のうち8箇所で「ほぼ一致している」との判断がなされるような場合であれば，これほど多くの点で一致しているのであれば同一人である可能性が高いと見て差し支えないこととなる。

問4 この声紋鑑定が，犯人の同一性判断に資する程度はどの程度か。

【解 答】

犯人の同一性判断に関する鑑定としては，DNA型鑑定，指紋鑑定，筆跡鑑定などがあるが，この中で，声紋鑑定に近いものは筆跡鑑定である。

DNA型や指紋は，生まれてから死ぬまで変化しないが，声は，その時々の感情，体調，更には成長等によっても微妙に変化していく。ただ，そのような変化の中でも，個人を示す特徴というものは存在する。筆跡というのも，これと同様でその時々によって書く文字は微妙に異なっても，個人的な特徴というものは残っているので，それを調べることによって異同識別をするわけである。

そういった観点からみて，声紋鑑定は，筆跡鑑定に近いものであり，それゆえ，DNA型鑑定のように合致するとかしないとかいう結果を出すことはできず，同一人の可能性が高い，同一人の可能性があるなどといった推定の度合いを程度で表すことになるものである。

問5 想定事例において，声紋鑑定は実施し得るか。

第9章 声紋鑑定　533

【解　答】

　この事例において声紋鑑定が実施できるかどうかについては，かなり難しいであろうといわざるを得ない。

　まず，被疑者甲野の「俺は，飲み物の棚から酒を取るから，お前は店員から見えないように幕になってくれ。」という文言や，被疑者乙野の「わかった。そうする。」という文言と同じ文言による音声を，両名から得るのは難しいと見込まれるからである。このような文言を，たまたま録音されるような別の機会に発しているという可能性は低いであろうし，逮捕した後に同様の文言を言ってもらうにしても，これを強制するのは無理であるし，仮に同様の文言を被疑者甲野らが自ら言ったとしても，そこに作為が入るおそれがないとはいえないからである。

　もっとも，被疑者両名が自らの潔白を証明するなどとして，同様の口調で同じ文言を言うなどして協力したとすれば，声紋鑑定を実施することはできるであろう。

　なお，**昭和55年2月1日東京高裁判決（判時960号8頁）**のいわゆる判事補による偽電話事件において，声紋鑑定に関し，「音声を高周波分析や解析装置によって紋様化し画像にしてその個人識別を行なう声紋による識別方法は，その結果の確実性について未だ科学的に承認されたとまではいえないから，これに証拠能力を認めることは慎重でなければならないが，他面陪審制を採らず，個別的具体的な判断に親しむわが国の制度の下では，各種器械の発達及び声紋識別技術の向上に伴い，検定件数も成績も上昇していることにかんがみれば，一概にその証拠能力を否定し去るのも相当でなく，その検査の実施者が必要な技術と経験を有する適格者であり使用した器具の性能，作動も正確でその検定結果は信頼性あるものと認められるときは，その検査の経過及び結果についての忠実な報告にはその証明力の程度は別として，証拠能力を認めることを妨げないから，本件において，十数年音声識別の研究に従事し多数の声紋法による個人識別の鑑定例を持つ鑑定人の作成した鑑定書について原審がその作成経緯の証言を経て証拠として採用したことは相当と認められる」旨判示し，声紋鑑定を証拠として認めている。

第10章　防犯カメラ及び顔貌鑑定

> **例　題**　防犯カメラの映像を証拠として用いる際の留意点は何か。

問題の所在

　近時，防犯カメラの映像は，ひったくり等の街頭犯罪の捜査に限らず，どのような事件においても，極めて重要な価値を持つ。そこに被疑者の犯行が写されていれば，それは直接証拠となり，その犯行の立証は極めて容易となる。また，そこまでの映像ではなくとも，被疑者が撮影時に当該場所にいたことを立証できるだけでも，被疑者の犯人性を推認させる大きな間接事実となる。

　しかしながら，その反面，被疑者が犯行現場と遠く離れた場所の防犯カメラに写されていたなら，被疑者の犯行を立証する上で著しい障害となるばかりか，場合によっては，アリバイが成立するようなことにもなり得るであろう。

　そのため，防犯カメラ映像となる動画データの収集及び適切な証拠化は，現在の盗犯捜査においても不可欠の事項となっている。それゆえ，防犯カメラの映像をめぐる様々な捜査上，法律上の問題についての検討は避けて通れない重要事項であるといえる。これらの点についての正確な理解が望まれる。

事　例

【想定事例】

　被疑者甲野は，酔客が忘れていった手提げ鞄を窃取し，その中に消費者金融会社のローンカードがあったことから，これを使ってATM機から現金を窃取することとした。
　そこで，近くのコンビニエンスストア○○店に行き，同店内で上記ローンカード

を使ってATM機から現金を窃取しようとしたが，その操作がうまくできず，現金を引き出すことに失敗した。

その様子は，同ATM機内蔵のカメラに写されていたが，その画像は鮮明なものではなかった。この場合における当該画像の証拠としての評価はどのようなものか。

設問と解答

問1 防犯カメラとはどういうものを指すのか。

【解　答】

防犯カメラという用語は法律用語ではないので，特定の定義があるわけではないが，一般的には，家屋や店舗，道路等に設置された電子機器で，防犯のために，周囲の状況を撮影するために設置されたものということができよう。

このような機器が設置されることで，自己の犯行が記録されることを怖れる犯罪者の意欲を喪失ないしは低減させて防犯効果を期するほか，実際に犯罪等が惹起された場合には，それを記録し，その映像によって犯人逮捕や公判廷での証拠として用いることなどが見込まれている。

なお，ここでは，行政目的で設置されたビデオ機器などは含まれるとするものの，捜査機関が犯罪の摘発や捜査等を意図して設置したビデオ機器などは対象外とする。

問2 このような防犯カメラの設置は違法と評価されることはないのか。

【解　答】

防犯カメラの設置の適法性について争われた事案として，**平成6年4月27日大阪地裁判決（判時1515号116頁）**がある。

1　これは，大阪府警が，大阪市西成区内のいわゆるあいりん地区とよばれる地域

に，街頭防犯目的で15か所の交差点等の高所にテレビカメラを設置し，警察署等において，モニターに映像を映し出すなどとして使用したところ，このようなテレビカメラの設置及び使用は，「公権力から監視されない自由」等を侵すものであるとして，大阪府に対して，テレビカメラの撤去と慰謝料等の支払いを求めて民事訴訟になったものである。

2 そして，まず，そのような防犯カメラの設置が適法であるか否かについて，本件大阪地裁判決は，「地方自治法2条3項は，地方公共の秩序を維持し，住民及び滞在者の安全，健康及び福祉を保持し，公園，運動場，広場，緑地，道路等を管理し，環境の整備保全，保健衛生及び風俗のじゅん化に関する事項を処理し，防犯，防災，罹災者の救護，交通安全の保持等を行い，生活困窮者，浮浪者，酩酊者等を救助することなどを地方公共団体の責務として定めている。そして，これらの行政事務を司るものの一つに警察機関があり，警察法2条1項は，『警察は個人の生命，身体及び財産の保護に任じ，犯罪の予防，鎮圧及び捜査，被疑者の逮捕，交通の取締その他公共の安全と秩序の維持に当ることをもってその責務とする。』と定めている。

さらに，警察官職務執行法（以下「警職法」という）は，警察官が警察法に規定する個人の生命，身体及び財産の保護，犯罪の予防，公安の維持並びに他の法令の執行等の職権職務を忠実に遂行するために，必要な手段として，職務質問（同法2条1項），泥酔者等の保護（同法3条1項），危害防止措置（同法4条1項），犯罪予防のための警告や制止（同法5条），危害予防のための他人地等への立ち入り（同法6条1項）などを定めている。

右のとおり，警察官は，行政警察の作用として，警職法上の各種の手段を用いて，犯罪の予防等の責務を遂行しなければならないところ，そのような警察事象が発生し，その職務の遂行を要請された場合にのみ，受動的にその責務を果たせば足りるものではなく，積極的に犯罪や危害の発生を防止し，公安の維持を図ることも要請されているというべきである。そのためには，発生した個々の警察事象に対して適切な対応をするだけでなく，警察事象の発生を予測し，あるいは早期に把握できる態勢をとる必要があり，その目的を達成するために必要な調査をしたり，立哨や警ら活動を行ったり，各種の情報を収集するなどの措置が必要となってくる。

したがって，警察法や警職法は，警ら活動や情報収集等について特別の根拠規定を置いているわけではないが，これらの行為は，警察官がその職権職責を遂行するための前提となる事実行為として，右各条項の当然予定するところと考えられる。警職法が前記各手段を規定しているのは，これらが何らかの強制力を伴い，人権を制約するおそれがある行為であるから，その権限と要件を明定しているのであって，このように強制手段に出ない限り，特別の根拠規定を要せず，警察法等の定める目的を達成するために必要な行為をすることができると解すべきである。

　そして，本件テレビカメラによる監視行為は，主として犯罪の予防を目的とした警ら活動や情報収集の一手段であり，性質上任意手段に属するから，本件テレビカメラの設置及びその使用は，警察法及び警職法が当然に予定している行為の範疇に属するものであ」ることから適法であるとした。

3　そして，「警察は，その責務を果たすために警ら活動や情報収行為等を行う権限があり，その性質上も任意手段であるから，そのためにどのような方法を講じるかは，基本的には警察の裁量によるものといわなければならない。（中略）ところで，一般に，警察権の行使は，国民の各種の権利や利益と抵触する場面が予想されるから，必要の限度を越えることは許されないのであり（中略），したがって，テレビカメラ等の情報機器の使用が警察の裁量に委ねられているといっても，その使用等によって個人の権利や自由に干渉することになる場合には自ずから制約を受けることになるのは当然である。」とした上で，「情報活動の一環としてテレビカメラを利用することは基本的には警察の裁量によるものではあるが国民の多種多様な権利・利益との関係で，警察権の行使にも自ずから限界があるうえ，テレビカメラによる監視の特質にも配慮すべきであるから，その設置・使用にあたっては，①目的が正当であること，②客観的かつ具体的な必要性があること，③設置状況が妥当であること，④設置及び使用による効果があること，⑤使用方法が相当であることなどが検討されるべきである。そして，具体的な権利・利益の侵害の主張がある場合には，右各要件に留意しつつ，その権利・利益の性質等に応じ，侵害の有無や適法性について個別に検討されることになる。」として，本件では，1台を除いて，それらの要件を満たしていると判断された。

問3 上記のように防犯カメラの設置が警察の行政目的などから適法であるとしても，やはり犯罪の有無にかかわらず一般人を撮影するものであることから，プライバシー権等の侵害などの問題はないのか。

【解　答】

1　この点につき，上記大阪地裁判決では次のように述べられている。
　　すなわち「プライバシーの利益は，右に述べたように他人がみだりに個人に関する情報を取得すること等を許さないことによってもたらされる人格的利益であるから，道路や公園などの公開された場所では，居宅内などの閉鎖空間における無防備な状態とは異なり，誰に見られるかもわからない状態に身を委ねることを前提として，人はその状況に応じて振る舞うなど，自ら発信すべき情報をコントロールできるから，その意味では，その存在自体を見られることにより影響されるプライバシーは縮小されているといえる。
　　しかし，公道においても，通常は，偶然かつ一過性の視線にさらされるだけであり，特別の事情もないのに，継続的に監視されたり，尾行されることを予測して行動しているものではないのであって，その意味で，人は一歩外に出るとすべてのプライバシーを放棄したと考えるのは相当でない。
　　同じく公共の場所とはいっても，例えば病院や政治団体や宗教団体など人の属性・生活・活動に係わる特殊な意味あいを持つ場所の状況をことさら監視したり，相当多数のテレビカメラによって人の生活領域の相当広い範囲を継続的かつ子細に監視するなどのことがあれば，監視対象者の行動形態，趣味・嗜好，精神や肉体の病気，交友関係，思想・信条等を把握できないとも限らず，監視対象者のプライバシーを侵害するおそれがあるばかりか，これと表裏の問題として，かかる監視の対象にされているかもしれないという不安を与えること自体によってその行動等を萎縮させ，思想の自由・表現の自由その他憲法の保障する諸権利の享受を事実上困難にする懸念の生ずることも否定できない。(中略)
　　以上のように，人が公共の場所にいる場合は，プライバシーの利益はきわめて制約されたものにならざるを得ないが，公共の場所にいるという一事によってプライバシーの利益が全く失われると解するのは相当でなく，もとより当該個人が

一切のプライバシーの利益を放棄しているとみなすこともできない。したがって，監視の態様や程度の如何によってはなおプライバシーの利益を侵害するおそれがあるというべきである。」として，公共の場所にいるとの一事をもってプライバシーの権利を放棄したものと認めることはできず，その監視の態様や程度との比較考量が求められるとしたものである。

　その上で，本件では，「警察により相当多数のテレビカメラが狭いあいりん地区内に設置され，人の生活領域の相当広い範囲を継続的に監視しうる体制がとられており，監視の目的・態様も，交通把握や商店密集地や施設内部の防犯ないし安全確保という程度に止まるものではなく，また，特別の事態が生じたときのみならず日常的に監視が行われており，監視区域に入った者を無差別に監視することになるから，地域との関わりなどは対象者によってそれぞれ事情は異なるが，プライバシーの利益を侵害する可能性があることは否定できない。そして，プライバシーの利益は，私人間においてはもちろん，警察権等の国家権力の行使に際しても充分尊重されなければならない。

　しかし，他方，プライバシーの利益は，他の私人のいわゆる知る権利や表現の自由などと対立する場合があり，公権力との関係においても，公務の執行にあたって必要最小限の範囲では個人に関する情報を収集する必要を認めなければならないから，これら他者の利益や公共の福祉にも配慮しなければならない。

　そして，本件の場合，先に判断したように設置されているテレビカメラは，それぞれに設置及び使用が許容されるべき一応の要件を備えており，被告は，これを使用して犯罪防止等公共の福祉を達成するために活動しているのであるから，侵害される原告ら個々のプライバシーの利益の実質，侵害の程度等を勘案し，個別事案の具体的な状況に即して，被告の本件テレビカメラの設置及び使用の利益を保持させることが相当か否かを検討しなければならない。」とした上で上述したように，1台を除き，プライバシー権を侵害するものではないと判断したのである。

2　このように裁量を逸脱した公権力の行使に当たるようなものでない限り，防犯カメラの設置及び使用は，基本的には，憲法13条に違反するなどの問題は生じないものと考えられる。特に，上記判決でも述べられているように，屋外や不特定多数が通行する店舗内等に設置されるものであれば，そこを通行する者が自己のプライバシー権を全面的ではないにしても，ある程度は放棄しているものとも

考えられる上，防犯等の正当な目的に基づくものであれば，一般的に撮影すること自体は許容されているものといえよう。

3 また，行政警察活動としての街頭防犯カメラの設置に関して，警察庁が実施した「該当防犯カメラシステムモデル事業」において，平成21年11月と同22年6月に，防犯カメラ設置地区の住民を対象に行ったアンケート調査の結果によれば，「公共の場所に防犯カメラを設置して安全・安心を確保することと，個人のプライバシーを尊重するために防犯カメラを設置しないこと」を比べた場合，どちらを選ぶかという質問に対し，「設置する」，「どちらかといえば設置する」とする回答の合計が，設置前には92.6パーセント，設置後には95.0パーセントに及んでいるという支持率の高さからして（星周一郎「防犯カメラと刑事手続」36～37頁），我が国の国民意識として，防犯カメラの設置がプライバシー権より優先するものとして許容していると評価すべきであろう。

4 このように警察において設置した防犯カメラが許容されるものである以上，個人が自宅や店舗を犯罪の被害から守るために設置する防犯カメラが適法であることは論を俟たない。

問4 防犯カメラの映像を犯罪捜査に用いることは違法ではないのか。

【解　答】

　当該防犯カメラの設置が違法ではない以上，そこに写された映像を証拠として用いることは当然に許容されているものと考える。上述したように，防犯カメラには，その存在を示すことにより犯罪意欲の喪失，低下を目指す効果もあるが，それと同じように，犯罪が発生した場合には，それを録画し，捜査等に用いる目的で設置されているものである以上，捜査における当該映像の利用は，当然に含まれているものと考えるべきである。

問5 防犯カメラの映像の証拠能力についてはどのように考えるべきなのか。

【解　答】

　ビデオ撮影等による現場写真等の証拠能力については，証拠物又はこれに準ずるものとして証拠能力が認められると考えられている（なお，この点についての詳細は第3編第12章問13・580頁参照）。

問6　防犯カメラの映像を捜査に用いるに当たり，留意すべきことは何か。

【解　答】

　現時点で必要と考えられることは，以下のとおりである。

1　まず，最初に，捜査の対象となる地域の中の，どこに防犯カメラが設置されているかを正確に把握することである。個人の居宅の庭先に設置されているものもあれば，コンビニエンスストアの店舗の内外，更には，パチンコ屋の内外等様々な箇所に設置されていることから，確認漏れがないように把握しなければならない。

　もし，その把握に漏れがあると，被疑者の行動が防犯カメラに写っていながら，それを証拠として使えないという事態をもたらすだけでなく，万一，当該把握漏れの防犯カメラの映像に被疑者が写っていた場合，被疑者にアリバイ等が成立するのを見逃すことにもなりかねないからである。また，このような場合には，弁護人が証拠保全を請求するなどして，弁護側から証拠として請求される場合もあることから，この点からも事前の把握は不可欠である。

　もっとも，地域的にどの範囲までの防犯カメラの映像を領置する必要があるかは，事件ごとに判断するしかないであろう。被疑者の前足，後足を踏まえた多角的な視点から幅広い動画データを収集，保存しておく必要があることを忘れてはならない。

　また，防犯カメラとなり得るものは，固定的に設置されたものだけではないことにも留意しておく必要がある。つまり，乗用車や，タクシー・バスなどに設置されたドライブレコーダには，車外の様子が録画されるところ，たまたま犯行現場を通りがかった車両のドライブレコーダが被疑者の行動を録画していることも

あるからである。もちろん，たまたま通りがかった乗用車のドライブレコーダを探すのは困難であろうが，犯行現場付近を流しているタクシーであれば，それを特定して，そのドライブレコーダを解析するのはそれほど難しくはないであろう。

　特に，路線バスであれば，ほぼ決まった時間に，決まった路線を走行しているのであるから，そのドライブレコーダの動画データは重要である。実際にも，ある強盗殺人事件で，路線バスに装備されたドライブレコーダが同車両前方，左側面等を常時録画していたため，その映像により，被害者方付近を行き来する被疑者の様子が撮影されており，これによって，その写っていた被疑者が犯人であるとして特定することができたばかりでなく，犯行前の被疑者の行動の一部が明らかになったという事案も存在するところである。

2　次に，事件着手後，できるだけ早期かつ迅速に，それら防犯カメラの画像データを集めるということである。防犯カメラは，その記憶容量の関係で，上書きされてしまうことがあるためである。通常，1～2週間で，短い場合には，数日間で上書きされて消去されてしまうことがある。

　また，ドライブレコーダでは，特にその時間が短いものも存在するので注意が必要である。ちなみに，上記路線バスのドライブレコーダの保存期間は7日間であった。

　そして，その際に必要とされる動画データの時間帯であるが，犯行場面だけでなく，その前後一定時間の動画データも必要不可欠である。犯行前の被害者の行動に問題があるとして，正当防衛等が主張される場合など，犯行前の映像が判断の上で不可欠になる場合などもあるからである。

　特に，映像が一部しか残されていないと，捜査機関側に有利な部分しか残さなかったとの主張がなされることがあり，そのような事態を防止するためにも，時間的には前後とも長めに領置しておく必要があろう。後になって，もう少し前の時間帯のものが必要になったと分かっても，その時には，既に上書きされて消去されてしまっているということもあるので，この点もよく認識しておく必要がある。

3　次に，防犯カメラの動画データは，できる限り原本を押収しておき，それが不可能であっても，原本性を失わせないように同一の複写物を領置し，確実に保管

しておくことである。防犯カメラの画面を写真撮影しておくことで足りるとはせずに，後々に争われることも想定して，動画データの保存をしておくことの重要性を認識しておく必要がある。

4　防犯カメラの映像が不鮮明な場合もあるが，このような場合でも簡単には諦めないことである。犯行現場に写っている人物が被疑者であるのか否か，それを不明にしたままにしておくと，公判において，それが被告人ではないという主張がなされ，曖昧な映像が検察官の立証を阻害することとなるからである。

　したがって，防犯カメラの映像に写っている人物が被疑者であると思われるなら，その可能性，蓋然性がどの程度か，また逆に，被疑者でないのなら，それはどういった人物で，当該事件には関係しないのかどうかなど，当該映像に残された犯人と思われる人物に関わる事項については，顔貌鑑定の実施も含めて入念に行っておく必要がある。

　また，画像が不鮮明の場合に，画質向上処理がなされることもあるが，その場合には，画質処理をした画像に作為や歪曲がないことを証明する必要がある。

　なお，極めて基本的なことではあるが，防犯カメラの映像はきちんと確認することである。当たり前のことと思われるかもしれないが，この確認が不十分であったため，パチンコ店内での置き引き事件において，全く無関係の者を逮捕してしまった事例も存在するので，十分な注意が必要である。

5　防犯カメラの映像に表示される時刻には，誤差がつきものである。一般的に，通常，月に30秒ほどは誤差が生じるといわれており，それが積み重なると，実際の時刻に起きた事象と全く異なる事象が映像として提供されることになる。

　この点に誤りがあって，犯人でない者を逮捕，起訴してしまった事案もあることから，細心の注意を払う必要がある。

問7　顔貌鑑定とは何か。

【解　答】

　顔貌鑑定とは，犯行現場等で防犯カメラ等に撮影された犯人の顔画像と，被疑者

の顔画像を比較して，これが同一人物かどうかを明らかにすることである。そして，その識別方法には，形態学的検査，人類学的計測法による検査，スーパーインポーズ法による検査などがある。

そのうち，形態学的検査とは，頭頂部の方や顔面各部の形態的特徴を観察し，比較検討する方法である。また，人類学的計測法による検査は，人体の各部分の長さや幅を客観的に示すため，体表上にマルチン法（式）という統一的に定められた顔部各部の点を指標として，一定の方法で計測された計測値及び指数を比較検討する方法である。さらに，スーパーインポーズ法による検査は，比較すべき顔写真の角度を可能な限り重ね合わせて比較検討する方法である。

それらのどの方法によっても，画像に対象者の目が写っていない場合は鑑定が難しくなるといわれている。ただ，それでも耳が鮮明に写っている場合には，識別が可能な場合もある。というのは，耳は，凹凸が多く，形態上，個人識別には有用な部位だからである。実際にも，耳たぶの形状等が異なっているとして，犯人と被疑者は別人であると鑑定された事案も存在する。

問8　顔貌鑑定は，実際の公判でどのように使われてきたのか。

【解　答】

これについては，次の3件の裁判例を紹介したい。

1　まず，**平成9年4月24日東京地裁八王子支部判決（判時1615号147頁）**の事案は，他人名義のキャッシュカードを利用して，ATM機から現金を引き出したという窃盗事件において，被告人が犯人性を全面的に否認していたところ，その立証のため顔貌鑑定の結果を積極証拠として用いることができるかどうか問題となった。

そして，同判決によれば，公判廷に顕出された複数の顔貌鑑定について，「その鑑定手法が，ビデオカメラで撮影した犯人画像の解析と被告人画像とを対比するというものであり，たしかに，この方法による犯人と被告人との同一性の判定に関し，両画像の間にどの程度の一致点があれば同一人であると認定できるのかについての客観的かつ明確な基準は確定してはいないが，人体頸部の身体的特徴

が個人識別の指標となりうることは医学的に肯定されているのであって，医学の専門知識を有する両鑑定人が，かかる観点に立って，被告人の頸部を直接検査して頸部の特徴を把握しつつ犯人画像を解析し，これと被告人画像を対比することは非科学的であるとはいえず，また，鑑定結果についても，少なくとも，犯人の頸部の特徴として取り上げた前記諸点と被告人画像に認められる頸部の特徴とが矛盾しないとの限度においては合理性が認められ，両鑑定は被告人が本件各窃盗の犯人であるか否かを判断する上で有用な積極証拠と考えるのが相当である。」として，顔貌鑑定の結果を積極証拠として事実認定に用いることができることが明らかにされた。

2　次に，**平成19年8月7日東京高裁判決（高検速報（平19）280頁）**の事案では，強盗の犯行現場付近における駐車場の防犯カメラの犯人の映像と被告人とが同一人物であるかどうか争いとなっていた。

　そして，同判決では，その鑑定書において，「防犯ビデオ（付近の駐車場に設置されていたもの）で撮影された白い上着を着た男の画像（中略）と，逮捕時の被告人の写真（中略）や被告人を前記防犯ビデオと同じ位置から，被告人に同じ姿勢や動きをとらせて撮影した画像（中略）等を比較照合し，異同識別鑑定を行った結果，眼窩部の窪みと鼻から口元にかけての前方への突出等，集団内で比較的まれと思われる顔面部の固有の特徴が酷似ないし一致していること，身長とプロポーション（頭から首，肩，腰，ひざ等身体の各部の高さ等位置関係を意味する）においても極めて酷似していること，説明できない明らかな相違は認められないことなどを総合して，被告人と白い上着を着た男とは同一人である可能性が極めて高いと判断するのが妥当であるとしている。」ことについて，「上記鑑定資料の画像には，拡大するに際し画像数を上げたり，明るさを変えるなどの強調作業を行ったものはあるものの，撮影された画像の特徴に影響を与えるような処理は行われていないところ，それらを照合した状況が撮影された写真からも，被告人と白い上着を着た男の，眼窩の窪みの位置，身長やプロポーションが極めて類似していることは素人目にも明らかであり，両者に説明のできない明らかな相違も認められない。しかも，法人類学，法歯学，人体解剖学の専門家であるH教授が，自らの豊富な異同識別鑑定の経験や知見に基づき，上記のような映像同士の照合を行うとともに，これらの画像に映し出された各人物につき，顔面部の具体的な特徴

を挙げて集団内で比較的まれと思われる顔面部の固有の特徴が一致しているとして，上記の鑑定結果を導き出しているのである。顔面部の固有の特徴が比較的まれか否かの点は統計的な裏付けがあるとはいえないが，上記鑑定の信用性は高いといえ，上記鑑定によれば，被告人と白い上着を着た男は同一人である可能性が極めて高いといえる。」として，この顔貌鑑定の結果を犯人性認定の上での重要な証拠としたものである。

3　さらに，平成18年5月12日京都地裁判決（刑集62巻5号1422頁）も，上記1と同様に，預金の引出しの際の防犯カメラに写された人物の映像と，被告人との一致を調べたものである。

　ここで用いられた鑑定方法は，「A信用金庫B支店に設置された防犯ビデオで撮影されたA預金引出犯，A被告人，追加資料の画像の中から，ビデオ画像は1秒間に30こま入っていることから，その中の同じ顔の向きのもの，立っている位置が同じものなど比較照合に使用することができる画像を抽出し，抽出したものをそのまま又はサイドバイサイドにおいて横線を引くなどして比較するというものである。また，画像の倍率を同じ大きさにして，2枚の画像を重ね合わせて，透過度を自由に変化させることができるコンピュータソフトを利用して一方の画像を透かせてみて，目，鼻，口の形状，位置関係を同時に見ることができる，いわゆるスーパーインポーズ法という手法もとられている。プロポーション（体全体の中での各身体部位の大きさの割合）の比較は，肩から肘あるいは腰，腰から膝等の途中で曲がることのない長さを基準とするべく，関節部等を対照して割合を比較するというものである。」といったものであった。

　その上で，同判決では，「2枚の画像を重ね合わせるなどして比較した結果，明らかな矛盾点が発見されればその2枚の写真に写っている人物は別人であるということになるのであるから，H鑑定の方法はこの意味での異同識別には有用であることは明らかである。（中略）ところで，一般に，目撃証人の犯人識別供述によって被告人と犯人との同一性を認定しようとする場合，供述者がその記憶に基づく犯人の顔，体格，服装等の特徴等と被告人のそれとを比較し，これに信用性が認められれば，その識別供述によって被告人と犯人との同一性を認定することは通常行われていることであるところ，今回のH鑑定は，そのような比較対照を，目撃の機会が一度しかなく，誤りが混入する可能性もある供述者の記憶によ

るのではなく，誤りが混入するおそれが基本的にはないといえる客観的な資料を基礎とし，これを時間をかけて精査することによって行ったものということができる。そうであれば，H鑑定における同一性判断は，もとよりその性質上そこから直ちに同一性を断定し得るようなものではないが，いわば識別の基礎資料を高度に客観的にしたものと評価することができるものであって，証拠価値の限度を踏まえた上であればその有用性を十分に認めることができるものである。そして，H鑑定においては，前記のような方法で異同識別を行い，被告人の顔の特徴とA預金引出犯の顔の特徴，手の筋肉の特徴，プロポーション，歩行姿勢等の身体に関する特徴と，ダウンベストや時計という物質的な特徴を比較し，別人であればどこかに違いが出てくるのが普通であるにもかかわらず，何ら矛盾が出てこないばかりか，非常に固有的な特徴や酷似している部分があることから，結論を導き出している。H鑑定をもって直ちにA預金引出犯及びC預金引出犯と被告人が同一人物であると認定することはできないが，少なくとも，窃盗，窃盗未遂事件の犯人のプロポーション，顔，手の特徴，着用しているダウンベストの特徴等と被告人のプロポーション，顔，手の特徴，着用しているダウンベストの特徴等との間に何ら矛盾する点がなく，固有の特徴や非常に類似性のある特徴があることなどから，被告人と比較対照人物が相互に似ていることについては，法人類学という学問分野について十分な専門的知識を有するH鑑定人が，その学識，経験に基づいて鑑定資料を精査し，相応の検討を行った上で導き出した結論であり，その過程も合理的なものであるといえる。人物が似ており何ら矛盾がないという限度においては，H鑑定の結論は信用することができる。」と判示して，顔貌鑑定の信用性を評価していることも参考になろう。

問9 想定事例の事案では，防犯カメラの映像は立証上，有効に使われたのか。

【解　答】

　これは**平成26年3月18日大阪地裁判決（公刊物未登載）**の事案を参考にしたものである。
　この大阪地裁判決の事案では，ATM機内蔵カメラの画像は，犯人の胸から上を正面から映したもので，被告人に酷似してはいるものの，そもそも画像があまり鮮

明でなかったことや，歪みや顔の角度，キャップ帽の着用などから画像鑑定を実施することができなかった。

　ただ，それでも映像に映されたものと同じチェック柄ジャンパーや，類似するキャップ帽及び黒眼鏡が被告人方から押収されており，また，被告人の友人からもその映像の人物が被告人に間違いないとの供述を得ていたものである。

　しかしながら，同判決では，本件の画像の人物が被告人と酷似しているとまではいえないとし，着衣の点を考慮してもなお推認力が不十分であるとして無罪とされたものであった。

第11章　デジタル・フォレンジック

> **例　題**　被疑者が所持していたスマートフォンやパソコンの中に，被疑者の窃盗事件に関する証拠が存在する可能性があると見込まれる場合，どのような点に留意してその証拠となるデータの発見やその証拠化に努めたらよいのか。

問題の所在

　近時の高度情報処理社会においては，窃盗犯人が組織化して，その相互の連絡や通謀に携帯電話やパソコンによる通信が用いられるのはもちろんのこと，それらに残されたデータなどから特定の被害者を狙った理由などが解明されることもある。
　そのため，それら電子機器のデータ解析が捜査上不可欠となるが，この分野が注目されてからまだ新しいため不慣れな捜査官もおられることと思われる。また，やたら横文字や数字が出てくるためもあって，拒絶反応を示してしまう捜査官もいないではないと思われるが，今日においてはもはやそのような姿勢では的確な捜査を遂行できないといわざるを得ない。
　そこで，このような問題に対してどのように対処すべきか，基本的な事柄のうちから捜査上重要なことだけを選別して説明することとしたい。

事　例

【想定事例】

　被疑者甲野は，共犯者数名と共に，資産家宅を狙っての侵入盗を組織的に行っていた。そのため，まず，被害者となる資産家の選別やその住居の特定，侵入方法の検討などについて，インターネット上から種々の情報を入手した上，その連絡，謀議においても，スマートフォンやパソコンでのメールのやりとりなどにより

> 行っていた。
> 　所轄警察署の乙野巡査部長は，粘り強い内偵捜査の結果，甲野らのアジトを突き止め，甲野らの逮捕状とアジトの捜索差押令状を取得した上，強制捜査に着手した。その結果，無事に甲野らを逮捕し，アジトのパソコンや被疑者らの使用していたスマートフォンなどを押収することができたが，その際，乙野巡査部長としてはどのようなことに留意して捜査をする必要があるのか。

設問と解答

問1 近時よく使われる用語である「デジタル・フォレンジック」とは一体何のことか。

【解　答】

　このデジタル・フォレンジックとは，そもそもの英文表記がDigital Forensicsであることから，直訳的には，電子化されたデータに関する法廷科学とでもいうものであろうが，一般的には，その主だった役割から，「コンピュータから有用な情報を抽出し，法的手続のために証拠化する技術」などと解されている。

問2 このデジタル・フォレンジックは，捜査上どのような場面で使われ得るものであるのか。

【解　答】

　コンピュータなどの電子機器に関して，その内部にあるデータを証拠化する場合などにおいて必要とされる技術である。特に，その中のデータなどが削除，廃棄されるなどして必要な証拠の入手が困難になった場合などにおいて，そのデータの復元などをすることにより，削除，廃棄された情報を証拠として用いることを可能にする場面などで大きな力を発揮するものである。

問3 では，このデジタル・フォレンジックの技術を用いれば，コンピュータ上で削除されたファイルなどは全て読めることになるのか。

【解　答】

　必ずしもそうではない。できる場合もあれば，できない場合もあるというのが答になる。

　コンピュータ上でファイルを削除するという行為は，そのファイルを読み出す「見出し」を消すというものであって，必ずしもその本文が消されているわけではない。したがって，削除によって直ちに本文がなくなるわけではないものの，その本文の部分は，「未使用」状態として扱われることになることから，そこに上書きがなされる可能性が生じることになる。そのため，そこに上書きをされてしまった場合には，もはや元のデータ内容は消失してしまうので，そうなってしまっては復元が極めて困難になるといわれている（羽室英太郎ほか「デジタル・フォレンジック概論」68頁，大徳達也「捜査官のためのデジタル・フォレンジック入門―第1回『削除ファイルの復元』」捜研744号25頁））。

　したがって，削除されただけの状態で上書きがされていない状態であれば，様々な条件や状況に依ることもあって必ずしも断定的にはいえないものの，復元して読むことができる場合があるということである。

問4 では，パソコン等の押収に当たっては，どのようなことに留意しておく必要があるのか。

【解　答】

　パソコンは，電源を入れたり，消したりするだけでも内部のデータ内容に影響が出るということである。単なるそれだけの行為で，保存されているファイルの内容が大幅に書き換えられるなどということはないが，例えば，電源を消す場合には，その際に作業中であったファイルの内容が消失する可能性はあるし，電源を入れる場合には，起動に伴って必要とされるファイルを読み込んだりするので，その関係での新たなデータの記録が追加されたりすることになる。

また，捜索現場において，起動しているパソコンを捜査官が操作しようとした場合，他人による操作であると判明したような場合にはデータを消滅させるような仕掛けが備えられていることもあり（前出羽室222頁），さらには，立会人が事件関係者である場合には，当該パソコンから離しておいても，携帯電話やスマートフォンを利用してネットワーク経由でパソコンを操作し，データを消滅させるようなこともなし得るので（前出羽室223頁），それらの妨害行為がなされるおそれについても念頭に置いて捜査する必要がある。

問5　上記のような点に配慮しながらも，捜索・差押えの対象とされていたパソコンやCDやDVDの内容については，どの程度確認してから押収しなければならないのか。

【解　答】

1　そもそも憲法35条1項は，
　　　何人も，その住居，書類及び所持品について，侵入，捜索及び押収を受けることのない権利は，第33条の場合を除いては，正当な理由に基いて発せられ，且つ捜索する場所及び押収する物を明示する令状がなければ，侵されない。
と規定され，同条2項において
　　　捜索又は押収は，権限を有する司法官憲が発する各別の令状により，これを行ふ。
とした上で，刑訴法219条1項は，
　　　前条の令状には，（中略）差し押さえるべき物，記録させ若しくは印刷させるべき電磁的記録及びこれを記録させ若しくは印刷させるべき者（中略）を記載し，裁判官が，これに記名押印しなければならない。
として「押収する物を明示する令状」により「差し押さえるべき物」を限定した上で捜索・差押えを許容しているのであって，一般的に何でも捜索・差押えができるという形態での強制捜査が憲法上・刑訴法上排斥されていることは明らかである。

第11章　デジタル・フォレンジック　553

2　ところが，近時のコンピュータのハードディスクその他の電磁的記録媒体における蔵置可能な情報量は飛躍的に増大しており，それらの内容を一つ一つ確認してからでないとその電磁的記録を押収することができないとするのはおよそ現実的ではない。

特に，電磁的記録媒体に蔵置されている記録内容は，通常の紙類の文書とは異なり外形的な可視性・可読性がないことから，その文書にタイトルが付けられていても，それが内容と一致しているとは限らず，結局，すべての内容を画面に表示させた上，それを閲読しなければ内容を確認することができないという状況にある。

さらにこれまでの問で問題としているように，被差押者らが電磁的記録媒体に蔵置されていたデータを消去した場合であっても，これをデジタル・フォレンジックの技術により復元して分析することが可能であるものの，このような作業については，捜索の現場でなし得ることではない上，そもそも消去されたデータなどは画面に表示されないのであるから，あくまで内容を確認してからでないと押収できないとするのは，結局，被差押者らの罪証隠滅行為を容認することに他ならない結果となる。

さらにいえば電磁的記録媒体は，物理的に脆弱であり，**問4**で述べたように，被差押者らによって容易に証拠隠滅ができるものであることも念頭に置いておく必要がある。

3　そこで，この点について判断を示したものとして，**平成10年5月1日最高裁決定（刑集52巻4号275頁）**を見ておく必要がある。

この最高裁決定の事案は，被疑者らが自動車登録ファイルに自動車の使用の本拠地について不実の記録をさせ，これを備え付けさせたという電磁的公正証書原本不実記録，同供用事件において，この被疑事実に関して発付された捜索差押許可状に基づき，司法警察職員が申立人からパソコン1台，フロッピーディスク合計108枚等を差し押さえたというものである。

そして，弁護側からその処分等の取消しが求められたのであるが，そもそも上記捜索差押許可状には，差し押さえるべき物を「組織的犯行であることを明らかにするための磁気記録テープ，光磁気ディスク，フロッピーディスク，パソコン一式」等とする旨の記載があるところ，差し押さえられたパソコン，フロッピー

ディスク等は，本件の組織的背景及び組織的関与を裏付ける情報が記録されている蓋然性が高いと認められた上，申立人らが記録された情報を瞬時に消去するコンピュータソフトを開発しているとの情報もあったことから，捜索差押えの現場で内容を確認することなく差し押さえられたものであった。

そこで，このような事案において，同最高裁決定は，「令状により差し押さえようとするパソコン，フロッピーディスク等の中に被疑事実に関する情報が記録されている蓋然性が認められる場合において，そのような情報が実際に記録されているかをその場で確認していたのでは記録された情報を損壊される危険があるときは，内容を確認することなしに右パソコン，フロッピーディスク等を差し押さえることが許されるものと解される。したがって，前記のような事実関係の認められる本件において，差押え処分を是認した原決定は正当である。」と判示した。

つまり，この最高裁の判断は，「差押対象物が電磁的記録媒体であっても，文書類の場合と同様，捜索差押現場において被疑事実との関連性の有無を確認することにより，それが捜索差押許可状に記載された差押対象物に該当するかどうかの判断をするのが原則であることを前提としており，関連性の有無を考慮しないでとりあえず包括的に差し押さえることを許容するものではな」いが，その内容を確認することなく捜索差押が許容されるとしたのは，それら電磁的記録媒体の中に①「被疑事実に関する情報が記録されている蓋然性が認められる場合」であって②「そのような情報が実際に記録されているかをその場で確認していたのでは記録された情報を損壊される危険があるとき」という「事案を前提とした例示と解され，これに限られるとする趣旨ではないであろう」（池田修「フロッピーディスク等につき内容を確認せずに差し押さえることが許されるとされた事例」判例解説（刑）平成10年度87～90頁）と考えられている。

4 ただ，この最高裁決定で示された①及び②の条件については，必ずしも今日の電磁的記録媒体やコンピュータの特性を踏まえたものとはいい難い。つまり①の点について捜索の現場において電磁的記録媒体の記録内容を確認することを強く要求することは，上述したように消去したファイルの復元等を全く意識していないものとしかいえないであろうし，②の点についても，上述したように，被差押者によって証拠データを消去，損壊することが容易にできる実態を必ずしも深刻に受け止めていないといわざるを得ない。

では，この問題については，どのように考えるべきであるのかについては，「上記最高裁決定の①②の要素については必ずしもこれらの要素に縛られすぎることなく，近時の電磁的記録媒体やコンピュータシステムの特性を踏まえた実務上の要請を踏まえつつも，憲法35条の要請を整合的に解釈し，同条に違反するとの批判を招かぬよう捜索差押現場における選別等にはできる限りの努力を行った上で，内容の確認が困難な電磁的記録媒体についてどのような場合に差押えが許されるか，個別具体的な事案に照らして関連性につき適切かつ柔軟に判断する必要があろう。
　具体的には，被疑事実の内容を基本として，想定し得る証拠物の種類・形態，捜索場所と被疑者及び被疑事実との関連性，電磁的記録媒体の発見状況やその保管状況等の諸事情を考慮して，被疑事実の経緯，原因，動機，目的，背景，共犯関係，背後関係等との関連情報が記録されている蓋然性が認められる場合には，一応，被疑事実との関連性があるといってよいのではないだろうか。
　その上で，対象となる電磁的記録媒体の種類・性状や数，選別に必要な技術等に照らして個別の電磁的記録媒体の関連性の有無の選別に長時間を要したり，または，その場で確認することが技術的に困難であったりするなどの事情や，捜索差押現場の状況（例えば，現場にいる者の数や喧噪や混乱の状況等），被差押者や立会者の被疑者との関係やこれらの者の言動等の協力態度を考慮した証拠隠滅の危険性の有無及び程度等を考慮して，捜索差押現場において，対象物である電磁的記録媒体の内容を確認することが困難である場合には，その内容を確認しないで差押えをすることも許容されるものと解するべきであろう。」（神渡史仁「実務刑事判例評釈ケース208」警公2012年2月号92～93頁）とする見解が参考になろう。

5　そして上記最高裁決定後に，同様のことが問題となった事案として，薬事法（現：医薬品，医療機器等の品質，有効性及び安全性の確保等に関する法律）違反教唆被疑事件でなされた捜索差押えについて，国家賠償が求められた民事訴訟がある。
　そして，この事案において，第一審である**平成22年8月30日東京地裁判決（判タ1354号112頁）**は，捜査機関が電磁的記録媒体の内容を確認せずに差し押さえたことについて違法であると判断した。
　しかしながら，その控訴審である**平成23年11月29日東京高裁判決（公刊物未登載）**では，上記最高裁決定の趣旨を踏まえて，「上記各物件の中に本件被

疑事実に関する情報が記録されている蓋然性が認められ，かつ，フロッピーディスク，CD-R及びDVD-Rの記憶容量からみて，その全てについて，本件被疑事実に関する情報が記録されているかをその場で確認することは極めて困難であり，また，その場で確認していたのでは記録された情報を電磁的に消去され，又はフロッピーディスク等を物理的に破壊される危険もあったと認められるから，パソコン内の電磁的記録の一部のみを確認するにとどまり，その余の確認をせずに上記フロッピーディスク等を差し押さえたことは適法であったというべきである。」，「上記各物件の中に本件被疑事実に関する情報が記録されている蓋然性が認められ，かつ，フロッピーディスクの記憶容量及びビデオテープの録画可能時間からみて，その全てについて，本件被疑事実に関する情報が記録されているかをその場で確認することは極めて困難であり，また，その場で確認していたのでは記録された情報を電磁的に消去され，又はフロッピーディスク等を物理的に破壊される危険もあったと認められるから内容を確認せずに上記フロッピーディスク等を差し押さえたことは適法であったというべきである。」などとして電磁的記録媒体の内容を確認しないままに差し押さえたことを適法であるとしている。

問6 では，パソコン等の電子機器や電磁的記録媒体を押収した場合において，その内部のデータが証拠上重要であると見込まれる場合には，どのような手順を踏む必要があるのか。

【解　答】

　その場合には，内部のデータ解析を行う必要があり，押収してきたパソコンや電磁的記録媒体のデータについて証拠としての価値を毀損しないようにするため，その内容を複写する作業，いわゆる「保全」という作業がまず必要になる。
　この「保全」とは，電磁的記録媒体にデジタル情報として保存されている証拠データは，わずかな操作の誤りなどで容易に変更されてしまう可能性があり，また，故意に改ざんされたなどという言われなき批判を受けないようにするためにも，オリジナルなデータを完全かつ不変な形で確保しておく作業のことであるとされている。
　この保全には，パソコンのハードディスクに対して，全く同一のデータ構造をもっ

た複製物を作成する方法とイメージファイルを作成する方法とがある。前者は，デュプリケーターと呼ばれる装置によって同一の複製物を作成するものであり，後者は，証拠物である電磁的記録媒体の全ての記録領域のデータをファイルとして保存するものであり，両者はその解析作業や結果において異なるところはないが，後者であれば，1台の保管用ハードディスクの中に複数の証拠物を保存できることから，証拠データ保管用ハードディスクの数量が少なくて済むという利点がある。

問7 解析に用いるのは，上記のように保全したハードディスクを使うにしても，それが元のハードディスクと同一でなければ意味はないのであり，それが同一であることはどのようにして証明するのか。

【解　答】

　これはハッシュ値というものを比較することにより，それが一致していれば同一であると考えられている。このハッシュ値は，ハッシュ関数から導き出されるものであるが，「ハッシュ関数に対してデータ（ハードディスク自身に記録されているデータやファイル内のデータ等）を入力すると，その関数内で用意されている一定の法則に従ってハッシュ値（固定長の英数字の羅列，長さはハッシュ関数の種類によって異なる。一般的にMD5やSHA-1といったハッシュ関数が用いられ，MD5であれば，32桁，SHA-1であれば40桁の英数字の羅列）が生成されます。このハッシュ値は，元となるデータが少しでも変更された後に再び生成すると，全く異なるハッシュ値が生成されます。また，全く異なるデータ同士から生成されたハッシュ値が重複する確率は非常に低く，また，生成されたハッシュ値から逆算して元のデータを導けないという特徴を持っています。よって，原本のハードディスクのデータを元に生成された値（ハッシュ値）と，証拠保全された副本のハードディスクのデータを元に生成された値が一致すれば，原本同一性の確認は取れたと言ってもいいでしょう。」（大徳達也「捜査官のためのデジタル・フォレンジック入門―第6回『証拠保全の基礎知識』」捜研749号47頁）と考えられている。

問8 上述したものはパソコン等による場合であるが携帯電話やスマートフォンの場合にも同様に考えてよいのか。

【解　答】

　電源のオフなどによって保存が完了していないデータが消失することや，削除されたデータの復元ができる場合があること，さらには，データの抽出を行って，それを解析できることなどは同様である。

　ただ，携帯電話やスマートフォンの場合には，パソコンなどの場合に比べて，より一層外部からのデータの受信には留意する必要がある。つまり，「スマートフォンの押収時等で，後でメモリ・フォレンジック等を実施するため，電源が投入されたままの状態を保持する必要がある場合には，電波着信を遮断するシールドボックスに収納したり，通話やパケット通信，Wi-Fi等の無線通信機能をオフにする『機内モード』（機種等により『電波オフモード』とも呼ばれることがあります。）に設定変更を行い，情報の保全を図ります。」（前出羽室142～143頁）ということを意識しておくことが肝要である。

問9 携帯電話やスマートフォンについては，共犯者の特定や余罪の発見などのためにも，押収した後，直ちにその内容を確認する必要がある場合がある（もちろん，パソコンでも同様ではあるが。）。その場合に，携帯電話やスマートフォンの中身を見ることに問題はないか。

【解　答】

　結論として特に問題はない。もっとも通常は携帯電話やスマートフォンにパスワードが必要であることから，被疑者本人からそれを聞き出す必要があり，それに回答するという行為は，当然に内部の確認をされることの了解をも含んでいるものと認められ，本人の了解に基づくものとして問題が起きる余地は通常はないであろう。

　一方，これとは異なり，被疑者本人がパスワードの供述を拒否したような場合に，捜査官が他の証拠などから判明したパスワードを使って，これを解除し，内部を確

第11章　デジタル・フォレンジック　559

認した場合であっても同様に問題はないと考えられる。
　すなわち，刑訴法 111 条 1 項は，
　　　差押状，記録命令付差押状又は捜索状の執行については，錠をはずし，封を開き，その他必要な処分をすることができる。（後略）
とし，同条 2 項において，
　　　前項の処分は，押収物についても，これをすることができる。
とした上，これを同法 222 条 1 項において，捜査機関による場合に準用していることから，押収した証拠物についての「必要な処分」として行うことができるからである。この点は，押収した金庫の開錠に必要なダイヤルナンバーを使って開扉する場合と同様に考えることができよう。
　したがって，携帯電話やスマートフォンに保存されているメールなどの内容を閲覧して分析することに問題はない。

問10　では，押収した携帯電話やスマートフォンを使って，被疑者が使用するインターネットメールサーバにアクセスし，そこに保存されているメールなどを閲覧することは許容されるのか。

【解　答】

　これは，被疑者本人やインターネットメールサービス会社の承諾を得ないことには許されない。というのは，押収した携帯電話やスマートフォンの端末内部に保存されている場合の内容確認行為は，押収物を解析するものにすぎないが，たとえ押収した携帯電話やスマートフォンによりアクセスが可能であるにしても，メールサーバに保存されているデータは押収物にはならないからである。
　この場合，いくらアクセスが可能であるといっても，携帯電話やスマートフォンとは異なる場所に存在し，異なる者が管理するデータである以上，押収した証拠物には該当しないこととなろう。

問11 そうであるなら，被疑者の携帯電話やスマートフォンからインターネットメールサーバにアクセスして，被疑者に関係するメールなどを取得するにはどうしたらよいのか。

【解　答】

1　リモート差押え

　そもそも被疑者の携帯電話やスマートフォンを差し押さえる段階で，刑訴法218条2項の

　　　差し押さえるべき物が電子計算機であるときは，当該電子計算機に電気通信回線で接続している記録媒体であって，当該電子計算機で作成若しくは変更をした電磁的記録又は当該電子計算機で変更若しくは消去をすることができることとされている電磁的記録を保管するために使用されていると認めるに足りる状況にあるものから，その電磁的記録を当該電子計算機又は他の記録媒体に複写した上，当該電子計算機又は当該他の記録媒体を差し押さえることができる。

との規定に基づき，いわゆるリモート差押えと呼ばれている方法を用いることにより，裁判所から令状の発付を受けてメールサーバにアクセスすることができることとなっている。

　ここでいう「電子計算機」には，コンピュータだけでなく，携帯電話やスマートフォンも含まれると解されていることから，令状の効力として，「差し押さえるべき物」である携帯電話やスマートフォンそれ自体だけでなく，当該携帯電話やスマートフォンでアクセス可能な領域にある一定のデータ（当該携帯電話やスマートフォンと物理的，場所的に異なる記録媒体内に蔵置されているデータ）を当該携帯電話やスマートフォンにダウンロードし，そのデータを含めて当該携帯電話やスマートフォンを差し押さえることが可能である。

　ただ，このリモート差押えの方法は，リモートアクセスによりデータを携帯電話やスマートフォンにダウンロードし，そのデータが保存されている携帯電話やスマートフォンを差し押さえることができるとするものであって，これとは逆の順序である**問10**の場合を許容するものではない。

　そのため，先に携帯電話やスマートフォンを差し押さえてしまった場合におい

第11章　デジタル・フォレンジック　561

て，メールサーバへのアクセスが必要になった場合には，被疑者の承諾を得るか（これを得れば，任意捜査となり令状は不要である。），インターネットメールサービス会社に対する差押許可状か，記録命令付差押許可状の発付を受け，インターネットメールサービス会社からデータを差し押さえることになる。

2　記録命令付差押許可状

なお，記録命令付差押許可状による場合は，刑訴法218条1項において，

> 検察官，検察事務官又は司法警察職員は，犯罪の捜査をするについて必要があるときは，裁判官の発する令状により，差押え，記録命令付差押え（中略）をすることができる。（後略）

として差押え等と共に規定されているところ，この記録命令付差押えについては，同法99条の2において，

> 裁判所は，必要があるときは，記録命令付差押え（電磁的記録を保管する者その他電磁的記録を利用する権限を有する者に命じて必要な電磁的記録を記録媒体に記録させ，又は印刷させた上，当該記録媒体を差し押さえることをいう。以下同じ。）をすることができる。

とされていることから，この規定に基づいて，当該インターネットメールサービス会社に必要なデータを記録媒体に記録させるなどして，当該記録媒体を差し押さえることができるものである。

問12　では，もし上記のような手続をとることなく，被疑者の携帯電話やスマートフォンからメールサーバにアクセスした場合はどうなるのか。

【解　答】

その場合には，不正アクセス禁止法違反に該当するおそれがある。不正アクセス禁止法2条4項1号では，「不正アクセス行為」のうちの一つとして，

> アクセス制御機能を有する特定電子計算機に電気通信回線を通じて当該アクセス制御機能に係る他人の識別符号を入力して当該特定電子計算機を作動させ，当該アクセス制御機能により制限されている特定利用をし得る状態にさせる行為（当該アクセス制御機能を付加したアクセス管理者がするもの及び当該アク

セス管理者又は当該識別符号に係る利用権者の承諾を得てするものを除く。）としており，被疑者の承諾を得ないまま，当該携帯電話やスマートフォンを用いて（もっとも別の捜査用のパソコンからアクセスした場合でも事は同様であるが），そこに被疑者のIDやパスワードを入れてインターネットメールサービスにアクセスする行為は，これに該当することになる。

そして，この違反に対しては，3年以下の懲役又は100万円以下の罰金としていることから（同法11条，3条），不用意なアクセスをしないように注意が必要である。

問13 リモート差押えをする場合において，当該サーバが海外に存在した場合には，これを実施することに問題はないか。

【解 答】

この場合，メールサーバが所在する国の主権との関係で問題が生じる可能性がある。すなわち，日本の裁判官が発した公権力としての令状の効力を他国内のサーバに対して及ぼすことは，他国内で日本国の権力を行使したことになり，その国の主権を侵害したことになるのではないかとの問題があるからである。

この場合，被疑者の同意や当該インターネットメールサービス会社の同意がないと，違法捜査とされるおそれがあるので注意が必要である。

すなわち，我が国も加盟しているサイバー犯罪に関する条約では，サイバー犯罪に関する対応を取り決めているところ，同条約32条では，

> 蔵置されたコンピュータ・データに対する国境を越えるアクセス（当該アクセスが同意に基づく場合又は当該データが公に利用可能な場合）

との表題の下に，

> 締約国は，他の締約国の許可なしに，次のことを行うことができる。
> a 公に利用可能な蔵置されたコンピュータ・データにアクセスすること（当該データが地理的に所在する場所のいかんを問わない。）。
> b 自国の領域内にあるコンピュータ・システムを通じて，他の締結国に所在する蔵置されたコンピュータ・データにアクセスし又はこれを受領すること。ただし，コンピュータ・システムを通じて当該データを自国に開示する正当

な権限を有する者の合法的かつ任意の同意が得られる場合に限る。
と規定されている。これは，つまり，同条約上，①データが公に利用可能な蔵置されたものである場合，又は，②コンピュータ・システムを通じてそのデータを開示する正当な権限を有する者の合法的かつ任意の同意がある場合には，締約国が他の締約国の許可なしに，そのデータにアクセスすること等ができるが，この条約では，上記の条件下でのアクセスしか認められていないのである。

この点は国家主権が絡む問題となるので簡単には解決できない状況が今後も続くものと思われる。

ただ，インターネットメールサービス会社によっては，その日本支社等の協力が得られる場合があり，当該日本支社等が海外のメールサーバからデータを取り寄せ，日本国内での差押えに応じることもあるので，このようなことも念頭に置いておく必要があろう。

|問14| 想定事例についてはどのように考えるべきか。

【解　答】

上述した事柄に留意して捜査をすべきということで足りているであろう。

ただ，本事例では，リモート差押えの令状を取得していないおそれがあることから，これをも予め用意しておくのが望ましいと思われる。

第12章　写真撮影

> **例　題**　盗犯捜査において，被疑者と思われる者を写真撮影やビデオ撮影することの問題点及び留意点は何か。

問題の所在

　盗犯捜査において，被疑者を特定するために，犯行時以外にその写真撮影やビデオ撮影をしておきたいと思われる場合もないではない。その場合，任意捜査として，勝手にその容貌や行動を写真撮影やビデオ撮影してもよいのであろうか。それともそこには一定の制約が存在するのであろうか。

事　例

【想定事例】

　ここでの事例は，被疑者甲野が，金品強取の目的で，被害者乙野次子を殺害して，キャッシュカード等を強取し，同カードを用いて現金自動預払機から多額の現金を窃取するなどした強盗殺人，窃盗，窃盗未遂の事案である。
　平成24年11月，被害者乙野の姉乙野三子は，妹が行方不明になったとして警察に対し捜索願を出した。ところが，被害者乙野が行方不明となった後，同女名義の普通預金口座から，現金自動預払機により多額の現金が引き出されていたところ，その際，防犯ビデオに写っていた人物が，被害者乙野とは別人であったことや，被害者乙野宅から多量の血痕が発見されたことから，被害者乙野が凶悪犯の被害に遭っている可能性があるとして捜査が進められた。
　その過程で，被疑者甲野が本件にかかわっている疑いが生じ，警察官は，前記防犯ビデオに写っていた人物と被疑者甲野との同一性を判断するため，甲野の容貌等をビデオ撮影することとした。

そこで，同年12月ころ，甲野方近くに停車した捜査車両の中などから，公道上を歩いている甲野をビデオカメラで撮影した。

さらに，警察官は，前記防犯ビデオに写っていた人物が装着していた腕時計と甲野が装着している腕時計との同一性を確認するため，平成25年1月，被告人が遊戯していたパチンコ店の店長に依頼し，店内の防犯カメラによって，あるいは警察官が小型カメラを用いて，店内の甲野をビデオ撮影した。

この捜査に問題はないか。

設問と解答

問1 警察官が被疑者と疑われる人物の写真撮影やビデオ撮影（以下「写真撮影等」という。）をすることがなぜ問題となるのか。

【解　答】

警察官による無制限な写真撮影等の行為は，憲法13条に違反するおそれがあるからである。

すなわち，**昭和44年12月24日最高裁判決（刑集23巻12号1625号）**において，憲法13条の規定は，「国民の私生活上の自由が，警察権等の国家権力の行使に対しても保護されるべきことを規定しているものということができる。そして，個人の私生活上の自由の一つとして，何人も，その承諾なしに，みだりにその容ぼう・姿態（以下「容ぼう等」という。）を撮影されない自由を有するものというべきである。これを肖像権と称するかどうかは別として，少なくとも，警察官が，正当な理由もないのに，個人の容ぼう等を撮影することは，憲法13条の趣旨に反し，許されないものといわなければならない。」と判示されているように，無制限な写真撮影等は，承諾なしにみだりに容貌等を撮影されない自由を侵害することとなり，憲法13条の趣旨に反して許されないと考えられているからである。

問2 では，例えば検証令状などを取得しない限り，警察官は被疑者と思われる人物の写真撮影等をすることができないのか。

【解　答】

　そのようなことはない。上記判決において，最高裁も，「しかしながら，個人の有する右自由も，国家権力の行使から無制限に保護されるわけでなく，公共の福祉のため必要のある場合には相当の制限を受けることは同条の規定に照らして明らかである。」として，一定の制約があることを認めている。

問3　では，どのような場合であれば，令状を取得することなく，また，本人の了解なくして，その写真撮影等が許されることになるのか。

【解　答】

　無令状でかつ本人の了解なくして写真撮影等が許される場合について，上記最高裁判決は，「そこで，その許容される限度について考察すると，身体の拘束を受けている被疑者の写真撮影を規定した刑訴法218条2項のような場合のほか，次のような場合には，撮影される本人の同意がなく，また裁判官の令状がなくても，警察官による個人の容ぼう等の撮影が許容されるものと解すべきである。すなわち，現に犯罪が行なわれもしくは行なわれたのち間がないと認められる場合であって，しかも証拠保全の必要性および緊急性があり，かつその撮影が一般的に許容される限度をこえない相当な方法をもって行なわれるときである。」として，このような場合に行われる警察官による写真撮影は，憲法13条等に違反しないと判示している。
　つまり，これが許容される要件としては，①現に犯罪が行われ，若しくは行われたのち間がないと認められる場合であること，②証拠保全の必要性及び緊急性があること，③その撮影が一般的に許容される限度をこえない相当な方法をもって行われることの3要件が求められるのである。

問4　実際のところ，上記最高裁判決の事案はどのようなもので，それに対して，上記の要件はどのように当てはめられたのか。

【解　答】

　まず，この判決の事案は，次のとおりである。

　これは，多数参加者による集団行進集団示威運動の事案で，被告人の属するB大学学生集団がその先頭集団となり，被告人はその列外最先頭に立って行進していた。そして，右集団は，京都市内の公道において，先頭より4列ないし5列目位まで7名ないし8名位の縦隊で道路のほぼ中央辺りを行進しており，この状況は，京都府公安委員会が付した「行進隊列は四列縦隊とする」という許可条件及び京都府I警察署長が道路交通法に基づいて付した「車道の東側端を進行する」という条件に外形的に違反する状況であったことから，許可条件違反等の違法状況の視察，採証の職務に従事していた京都府Y警察署勤務の巡査Cは，この状況を現認して，許可条件違反の事実ありと判断し，違法な行進の状態及び違反者を確認するため，○○町通の東側歩道上から被告人の属する集団の先頭部分の行進状況を撮影したというものであり，その方法も，行進者に特別な受忍義務を負わせるようなものではなかった。

　そこで，このような事案において，上記最高裁判決は，「右事実によれば，C巡査の右写真撮影は，現に犯罪が行なわれていると認められる場合になされたものであって，しかも多数の者が参加し刻々と状況が変化する集団行動の性質からいって，証拠保全の必要性および緊急性が認められ，その方法も一般的に許容される限度をこえない相当なものであったと認められるから，たとえそれが被告人ら集団行進者の同意もなく，その意思に反して行なわれたとしても，適法な職務執行行為であったといわなければならない。」として，適法な写真撮影行為であると認めたものであった。

|問5| この要件を厳格に守らなければならないとなると，特に，①の要件がネックになって，写真撮影等が許容される機会が極度に少なくなってしまうようなことはないか。

【解　答】

　確かにそのような問題が起きることから，この問題については，具体的には，既

に発生していた殺人事件等の犯人を特定するための写真撮影が許容されるかどうかという形で議論されてきた。

1 **平成元年3月15日東京地裁判決（判時1310号158頁）**は，過激派の対立抗争に基づくいわゆる内ゲバ殺人事件及び凶器準備集合・傷害事件の事案において，次のように判示して，写真撮影を許容した。

　すなわち，本件殺人事件に関与していたことを疑わせる相当な理由があった者らに対して，十分にその限定をした上で，「いずれの事件とも十数名の共犯者による犯行であり目撃者も多数であったことを考えると，犯人特定の方法としては，これら目撃者をＩの居室近くに捜査官とともに張り込ませ，いつ出入りするか分からない容疑者を待つということは事実上不可能であって，結局同所に出入りする者の容ぼう等を写真撮影して目撃者に示す以外に有効な方法はなかったものと言うべきである。また，本件写真撮影当時はＴ事件から既に半年余り，本件からも一か月以上が経過しており，目撃者の記憶も日に日に薄れていく状況であったことから，証拠保全の必要性，緊急性も認められるし，前記認定の撮影方法からすれば，Ｉの居室から出て来る者のみを撮影の対象としていたものと認められるばかりでなく，それ以外の一般の歩行者ができるだけ写真に入らないよう配慮もなされていた上，被撮影者が公道上をその容ぼう・姿態を人目にさらしながら歩行しているところを少し離れた建物の一室から撮影しており，その身体に対して何らの強制力も加えていないのであって，撮影方法も相当なものと認められる。なお，被撮影者から姿を隠して密かに撮影することは，本件写真撮影の目的からすれば止むを得ないところであり，この一事をもって撮影方法が相当でないとは解すべきでない。」とした上で，「本件写真撮影は殺人及び兇器準備集合・傷害という重大事件の捜査のため，その対象を事件への関与を疑わせる相当な理由ある者に限定して行なわれたもので，捜査方法として代替性がなく，証拠保全の必要性，緊急性もあり，手段の相当性も認められるのであるから，適法な捜査として許されるものと解すべきであ」るとした。

　したがって，この事案では，上記最高裁判決が示した①現に犯罪が行われ，若しくは行われたのち間がないと認められる場合であることという要件を満たすものではなかったが，適法な捜査であると認定されたものである。ただ，その要件として，上記最高裁判決で示された②及び③の要件の他に，事件の重大性，対象

限定の厳格性の他，捜査の代替性がないことなどを理由としていることに留意しておく必要がある。

2　また，同様に，上記最高裁判決の①の要件を満たさない事案についての判断として，**平成2年10月3日京都地裁の証拠採用決定（判時1375号143頁）**が挙げられる。

　この事案は，既にK大学において発生していた過激派内部の対立抗争事件について，犯人の特定等の必要があったものであるところ，同判決では，「すでに行われた犯罪の犯人特定のための証拠保全を目的とした写真撮影については，①その犯罪が社会，公共の安全を確保する上で重大な事案であり，②被撮影者がその犯罪を行った犯人であることを疑わせる相当な理由のある者に限定されており，③写真撮影によらなければ犯人の特定ができず，かつ，証拠保全の必要性及び緊急性があり，④その撮影が社会通念上相当な方法をもって行われているときには，それが被撮影者の承諾なくして行われたとしても，比較考量上，捜査機関による写真撮影が許容される場合にあたり，憲法13条，35条に違反しない適法なものとして，その写真の証拠能力が認められると考える。」とした上で，「本件写真撮影は，罪名こそ兇器準備集合罪であるが，実質的には，公共の平穏を害し，多数人の生命，身体に危害が及ぶ可能性を有する重大事件の捜査のため，犯人特定の目的で，犯人であることが強く疑われる相当な理由のある者のみを被撮影者としてなされており，他に犯人特定のために代替すべき方法がなく，証拠保全の必要性及び緊急性があり，かつ，その撮影方法も社会通念上相当であるというべきであるから，被撮影者が本件写真撮影によって被る不利益を考慮しても，なお適法な写真撮影として許容されるものと解される。以上の次第であるから，本件写真はいずれも証拠能力を有するものと認めて，これを採用する」としたものである。

問6　では，想定事例では，上記最高裁判決の①の要件を満たさないが，これは違法な写真撮影となるのか。

【解　答】

　そのようなことはない。この想定事例の事案は，**平成20年4月15日最高裁決定（刑集62巻5号1398頁）**の事案であるが，この決定では，まず，「最高裁昭和40年(あ)第1187号同44年12月24日大法廷判決（中略）は，（中略）警察官による人の容ぼう等の撮影が，現に犯罪が行われ又は行われた後間がないと認められる場合のほかは許されないという趣旨まで判示したものではない」とはっきり判示し，上記①の要件を不要とすることを明らかにした。

　その上で，「捜査機関において被告人が犯人である疑いを持つ合理的な理由が存在していたものと認められ，かつ，前記各ビデオ撮影は，強盗殺人等事件の捜査に関し，防犯ビデオに写っていた人物の容ぼう，体型等と被告人の容ぼう，体型等との同一性の有無という犯人の特定のための重要な判断に必要な証拠資料を入手するため，これに必要な限度において，公道上を歩いている被告人の容ぼう等を撮影し，あるいは不特定多数の客が集まるパチンコ店内において被告人の容ぼう等を撮影したものであり，いずれも，通常，人が他人から容ぼう等を観察されること自体は受忍せざるを得ない場所におけるものである。以上からすれば，これらのビデオ撮影は，捜査目的を達成するため，必要な範囲において，かつ，相当な方法によって行われたものといえ，捜査活動として適法なものというべきである。」と判示した。

　すなわち，この最高裁決定では，「(1)（準）現行犯状況の存在は撮影の許容要件として常に必要ではないとしたうえで，(2)一方では捜査の必要性，他方では被撮影者の容ぼう等を撮影されない自由という，相対立する利益を，比較考量的に判断して決するという判断枠組みが示されたのである。」（前出星171頁）といえよう。

|問7| 上記平成20年の最高裁決定によれば，「容貌等を撮影されない自由」と「捜査の必要性等」を比較考量することになろうが，それなら，犯罪発生前であっても，「捜査の必要性等」が優先する場合には，写真撮影等が許容されることになるのか。

【解　答】

　そのとおりである。この対立する利益考量の中で，「捜査の必要性等」が優先す

る場合もあり，その場合には，犯罪発生前であっても写真撮影等が許容されることとなる。

1 具体的には，まず，**昭和63年4月1日東京高裁判決（判時1278号152頁）**の事案が挙げられる。これは，暴力団組織と日雇労働者の組織である争議団との対立抗争において，人身傷害に至る衝突事件が起きていたことから，その後の犯罪の発生を予想し，その予防，鎮圧及び捜査のため，警察官が継続的にビデオ撮影をしていたところ，その中に被告人の犯行が映っていたという事案であった。

この事案において，同判決では，前記昭和44年の最高裁判決を基にしてビデオ撮影が違法であるとの弁護側の主張に対し，「たしかに，その承諾なくしてみだりにその容貌等を写真撮影されない自由は，いわゆるプライバシーの権利の一コロラリーとして憲法13条の保障するところというべきであるけれども，右最高裁判例は，その具体前事案に即して警察官の写真撮影が許容されるための要件を判示したものにすぎず，この要件を具備しないかぎり，いかなる場合においても，犯罪捜査のための写真撮影が許容されないとする趣旨まで包含するものではないと解するのが相当であって，当該現場において犯罪が発生する相当高度の蓋然性が認められる場合であり，あらかじめ証拠保全の手段，方法をとっておく必要性及び緊急性があり，かつ，その撮影，録画が社会通念に照らして相当と認められる方法でもって行われるときには，現に犯罪が行われる時点以前から犯罪の発生が予測される場所を継続的，自動的に撮影，録画することも許されると解すべきであり，本件ビデオカセットテープの撮影，録画された際の具体的事実関係がかかる諸要件を具備している」と判示した。

つまり，犯罪発生の蓋然性が高度であり，証拠保全の必要性，緊急性が認められ，その撮影方法等も社会的に相当であれば，犯罪発生前であっても，写真撮影等が許容されるとしたものであるが，これは事態に即応した妥当なものであるといってよいであろう（角田正紀「犯罪発生前からなされた捜査官によるビデオテープの撮影，録画行為が適法とされた事例」研修483号65頁）。

2 また，**平成2年3月27日東京地裁判決（刑資263号826頁）**の事案では，集団示威運動に関わる都条例違反行為の事案について，「都条例違反が生ずる相当高度の蓋然性が生じ，予め証拠保全の手段，方法を取っておく緊急性と必要性

があり，かつその撮影，録画した方法も社会通念に照らし相当の範囲内のものであった」として，犯罪行為開始前からビデオ撮影されたビデオテープの証拠能力を認めている。

なお，これらの判決は，上記平成20年の最高裁決定より以前になされたものではあるが，昭和44年の最高裁判決が示した要件を満たさない場合であっても，写真撮影等が許容されることを明示していたものである。

　問8　撮影方法について，写真撮影の場合と，ビデオ撮影の場合とでは，その適法性の要件等について違いがあるのか。

【解　答】

1　たしかにビデオ撮影の場合は，継続的な撮影という点で，写真撮影よりもプライバシー等の利益の制約が大きい面があり，撮影の相当性についての判断等に影響を与えるであろうが，それでも許容される撮影行為であるかどうかについては，大きな相違はないと思われる（前出星168頁参照）。また，ビデオ撮影が，連続的な写真撮影と同視できると考えれば，同じ範疇のものとして扱って差し支えないこととなろう（前出角田61頁）。

2　この点，上記平成20年の最高裁決定の事案では，弁護人から写真撮影で足りるにも関わらずビデオ撮影したことは違法であるとの主張がされていたので，この点について詳細に判断した第一審判決である**平成18年5月12日京都地裁判決（刑集62巻5号1422頁）**を紹介する。

この事案において，同判決は，「既に行われた犯罪について被疑者と犯人との同一性等を検討するため被疑者の承諾を得ることなくその容貌等を撮影することが許されるか否かは，具体的な事案に即し，捜査機関が撮影を行うことにより得られる利益と，被撮影者が撮影されることにより侵害される不利益とを比較考量することで判断すべきであり，具体的には，事案の重大性，撮影することについての合理的な理由及び撮影する必要性，緊急性があり，撮影方法，撮影態様において相当なものであるといえるときには，被撮影者の承諾なくしてもその容貌等

第12章　写真撮影　573

を撮影することが許されると解するべきである。」として，撮影に当たっての許容性について示した上，「本件について検討すると，①本件各ビデオ撮影は強盗殺人，窃盗，窃盗未遂事件という極めて重大な犯罪の犯人を特定するために行われたものであり，②被告人には相応の嫌疑も存在したといえ，被告人と犯人との同一性を特定するためには，A信用金庫B支店ATMコーナーの防犯ビデオ等に写っていた人物と被告人との同一性を判断する必要があったところ，そのためには被告人の容貌や歩く姿を撮影することが必要であったと認められ，また，写真撮影の場合とビデオ撮影の場合では，いずれの場合でも周囲の状況等も撮影されるものであり，確かに映像の連続性についてはビデオ撮影の方が写真撮影に比べてプライバシー侵害の程度が大きいといえるものの，防犯ビデオ映像との精密な比較対照に適した映像を入手するためには，相当数の映像を撮影した上でその中からこれに適したものを選び出す必要性があり，まして，撮影の対象は動きのある人物又は人物が着用している腕時計等であり，静止している撮影対象を撮影者がその必要に応じて自由な角度から撮影することができる場合と比べて，比較対照の目的にかなった映像を入手することは一層困難であったということができる。そうすると，写真撮影によったのでは防犯ビデオ映像との比較対照に有用な映像を入手することは容易ではなかったと認められ，ビデオで撮影する理由及び必要性があったと認められる。また，本件は前記のとおり極めて重大で，かつ，社会に与える影響も大きい事案であるところ，ごく一部の残焼物を除き遺体そのものが発見されないなど，証拠関係が必ずしも盤石とはいえない中で，犯人を検挙することが出来ないまま犯行日からすでに1カ月以上が経過していたのであり，関係者の記憶保持や，既に発見され又はその時点以後発見されるかもしれない客観的資料の劣化，散逸等を防ぐためにも早期に犯人を特定する緊急性があったと認められる。③撮影に際しては，無関係の第三者が撮影されることがないよう配慮し，カメラの設置場所の関係で第三者が撮影されることを完全に回避することは出来ないものの，これは一般的な防犯ビデオの場合でも同様であり，継続，集中して撮影する対象はあくまで被告人に限定されている。撮影場所についても，公道上，あるいは公衆の娯楽施設内であって，被告人が自宅内にいるところを撮影したような場合とはプライバシー侵害の程度が明らかに異なるものであり。また被告人の身体には何らかの強制力も加えておらず，撮影回数が複数回にわたり相応の時間が費やされたことも，犯人の特定のために必要な映像を撮影するためにやむを

得ない範囲で行われたものといえる。小型の撮影器機を用いたり，防犯ビデオを拡大操作するなどして撮影したことも本件の重大性等からすれば被告人に捜査が及んでいることが明確に認識するところとなれば，罪証隠滅，逃走のおそれが極めて高かったと考えられるのであるから，被告人に秘匿して撮影することもやむを得ないということができる。したがって，結局のところ，本件各撮影方法は相当な方法であるといえる。

以上，検討してきたように，本件各ビデオ撮影は適法な捜査として許容されるものであり，違法収集証拠であるとする弁護人らの主張は採用することができない。」と判示したものである。

問9 上述した写真撮影等は，いずれも特定の事件において，警察官が個別的に撮影していたものであるが，撮影機器を固定し，特定の犯罪が発生した場合にこれを撮影して証拠化するという方法を採ることは許容されるのか。

【解　答】

これは実際に犯罪が惹起された場合に撮影するものであることから，特にその観点から許されるものと考えられよう。その典型例は，オービスと呼ばれる自動速度監視装置による被疑者の容貌等の撮影である。

これについても，プライバシー等の侵害であり，憲法13条等に違反するなどとして争われてきたが，**昭和61年2月14日最高裁判決（刑集40巻1号48頁）**は，「憲法13条，21条違反をいう点は，速度違反車両の自動撮影を行う本件自動速度監視装置による運転者の容ぼうの写真撮影は，現に犯罪が行われている場合になされ，犯罪の性質，態様からいって緊急に証拠保全をする必要性があり，その方法も一般的に許容される限度を超えない相当なものであるから，憲法13条に違反」しないと明確に判示している。

問10 では，上記のように特定の犯罪が発生した場合に撮影するというものではなく，被疑者の行動を把握するために，被疑者方付近に撮影機器を固定し，これを撮影し証拠化するという方法を採ることは許されるのか。

第12章　写真撮影　575

【解　答】

　基本的には，先に述べた警察官が個別的に撮影をすることが許容される要件を満たすものであれば適法となる。というのは，撮影機器を固定するか，それとも，当該機器を長時間にわたって警察官が保持して撮影を続けるかという点には，本質的な違いはないからである。

1　このような事案において判断を示したものとして，**平成17年6月2日東京地裁判決（判時1930号174頁）**が参考になる。これは，被告人方付近の駐車場に駐車中の自動車に火を放ってこれを損壊したという事案であるところ，捜査機関が被告人方玄関ドア付近を被告人の承諾を得ずにビデオカメラで撮影して得たビデオテープの証拠能力について争われ，弁護人から，被告人のプライバシー権ないし，みだりに容貌等を撮影されない自由を侵害して違法であるから，本件ビデオテープ及び関係各報告書は違法収集証拠として証拠排除されるべきであると主張されたものである。

2　ここでの争点を理解するに当たって，まず，本件ビデオカメラがどのような経緯で設置され，その設置状況がどのようなものであったかを明らかにしておく必要がある。
　本件駐車場では，平成15年2月3日，同年10月8日に放火とみられる不審火が連続して発生し，本件ビデオカメラは，2回目の放火があった平成15年10月8日から3回目の放火があった同月18日までの間に，付近住民らの要望により，警察官が，近隣家屋二階の日差し屋根に設置したものである。そして，本件ビデオカメラは，当初から被告人方居室の玄関ドアが画像の中心に据えられ，画像左右に被告人方両隣の玄関ドアが，画像下端に本件駐車場前道路及び本件駐車場に駐車中の自動車数台が撮影されるようになっていた。

3　そして，そのように設置されたビデオカメラについて，弁護人は，上記昭和44年の最高裁判決の①の要件に準じて，ビデオカメラによる撮影が許されるのは，当該現場において犯罪の発生が相当高度の蓋然性をもって認められる場合，すなわち，被告人が自動車に放火することがほとんど確実であると客観的に認め

られる合理的な証拠がある場合でなければならない旨主張した。

　しかしながら，同判決では，「本件ビデオカメラの撮影が，弁護人が指摘するような犯罪発生の相当高度の蓋然性が認められる場合にのみ許されるとするのは相当ではなく，また，被告人に罪を犯したと疑うに足りる相当な理由が存在する場合にのみ許されるとするのも厳格に過ぎると解される。むしろ，被告人が罪を犯したと考えられる合理的な理由の存在をもって足りると解するべきである。」として，上記昭和44年の最高裁判決の基準を緩め，被告人が罪を犯したと考えられる合理的な理由の存在をもって足りるとしたものである。

　もっとも，本件東京地裁判決がそのように判断したのは，「本件が住宅街における放火という重大事案であることに鑑み」るなどした上での判断であることを忘れてはならない。つまり，「本件ビデオカメラ設置までの一連の放火は，早朝，人の現在しない無人の駐車場で，同所に駐車中の自動車に火を放つというものであり，同車両のガソリン等に引火しあるいは付近に駐車中の自動車や家屋に延焼する事態に発展する可能性があり，周囲には住宅が密集していて公共の危険を生じさせるおそれが高度に認められる重大な事案である。」との認定がその前提となっているのである。

　その上で，本件で，被告人が罪を犯したと考えられる合理的な理由が存在するか否かについて，まず，本件ビデオカメラ設置以前の2回の放火は，いずれも早朝，被告人方に近い本件駐車場西側の車列に駐車中の車両で起こっている上，少なくとも2回目の同年10月8日の放火については，被告人が第一通報者であったこと，また，1回目の放火の後に，付近住民が，警察官に対して，被告人は生活保護を受けて一人で生活していて，毎日精神科病院に通院しており，被告人が犯人ではないかとの噂話がある旨話していることが認められ，このような状況下にあって，「これらの事情からすれば，ビデオカメラ設置当時，被告人が放火犯人であるとは断定できないまでも，その行動に，被告人の周辺の者が被告人を放火犯人ではないかと疑いを抱くだけの不審な点があり，しかも，被告人が放火したことを疑わせるいくつかの情況証拠が存在したことが認められるのであって，被告人が放火を行ったと考えられる合理的な理由があったということができる。」として，被告人が罪を犯したと考えられる合理的な理由が存在したと判断したものである。

4　さらに，上記昭和44年の最高裁判決で示されたその他の要件である必要性，緊急性や手段方法の相当性に関して，まず，必要性や緊急性については，「ビデオカメラ設置までの各放火事件はいずれも人通りの少ない早朝に発生しており，犯行の目撃者を確保することが極めて困難であり，しかも，犯人を特定する客観的証拠が存せず，警察官がこの場所を終始監視することも困難を伴う状況であって，今後同種事件が発生した場合に，被疑者方及びその周辺状況をビデオ撮影していなければ，結局犯人の特定に至らず捜査の目的を達成することができないおそれが極めて高く，あらかじめ撮影を行う必要性が十分に認められる。ビデオカメラ設置前の各事件が早朝の放火事案であって，その痕跡から犯人を特定することが非常に困難なことから，その緊急性も肯認できるところである。」とした。

　また，手段方法の相当性については，「また，本件ビデオ撮影は，上記のとおり，公道に面する被告人方玄関ドアを撮影するというもので，被告人方居室内部までをも監視するような方法ではないのであるから，被告人が被るであろうプライバシーの侵害も最小限度に止まっており，本件事案の重大性を考慮すれば，やむを得ないところであり，その方法が社会通念に照らし相当とされる範ちゅうを逸脱していたとまではいえない。」とし，結局のところ，「以上からすれば，本件ビデオ撮影は，現に犯罪が行われ，あるいはそれに準じる場合に行われたものではないが，上記の状況，方法での撮影が違法であるとはいえず，本件ビデオテープ及びこれに関連する各報告書は証拠能力を有するものといえる。」と判示したものである。

5　以上の判示からうかがわれるように，社会に重大な影響を与えるような事件において，被疑者が罪を犯したと疑うに足る合理的な理由がある場合には，その撮影について必要性，緊急性が認められ，その手段方法も社会的に相当な範囲内と認められるものであれば，ビデオカメラを固定して，被疑者の行動等を撮影するなどしても，それは適法であると認められるであろう。

　それゆえ，本件東京地裁判決は，「過去犯罪の捜査，および将来犯罪の捜査における証拠保全のための写真撮影を，一定の要件のもとで許容したものと位置づけることができる」（前出星175頁）といえよう。

問11 上記問10の事案は，放火であったことから，重大事案と認められやすいと思われるが，盗犯においても同様に考えることはできるのか。

【解　答】

　盗犯においても基本的には同様に考えてよいものと考えている。連続した侵入盗であれば，その被害は甚大であり，被害者に与えるショックや財産的損害も決して軽視できるようなものではない。

　場合によっては，居直り強盗となり，被害者の生命，身体等に危害が加えられる危険もあるものもあり，その意味で盗犯であるからといって，対象外とされるわけではないと考えるべきである。

問12 上記の被疑者に対する各写真撮影等が適法であるとしても，その際に，他の人物も写真撮影等により写真や映像に写されてしまうが，その点は問題にならないのか。

【解　答】

　問題とはならない。それは被疑者に対する写真撮影等が適法になされる限り，周辺の人物が写ってしまう事態は不可避であり，それをもって写真撮影等が違法であるということにはならないからである。

　それゆえ，上記昭和44年の最高裁判決では，そこで示された適法性の要件を満たす場合において，「このような場合に行なわれる警察官による写真撮影は，その対象の中に，犯人の容ぼう等のほか，犯人の身辺または被写体とされた物件の近くにいたためこれを除外できない状況にある第三者である個人の容ぼう等を含むことになっても，憲法13条，35条に違反しないものと解すべきである。」としているほか，上記昭和61年の最高裁判決においても，「右写真撮影の際，運転者の近くにいるため除外できない状況にある同乗者の容ぼうを撮影することになっても，憲法13条,21条に違反しないことは,当裁判所昭和44年12月24日大法廷判決（中略）の趣旨に徴して明らかである」としている。

問13 では，上記の各写真撮影等により適法に撮影等された写真やビデオテープ等については，証拠能力が認められるのか。また，その根拠は何か。

【解　答】

　そのような写真撮影等による現場写真等の証拠能力については，証拠物又はこれに準ずるものとして証拠能力が認められると考えられている。つまり，それらの写真やビデオテープは，現場の状況や被疑者の行動等を光学機器によって，科学的，機械的に忠実・正確に記録するものであることから，その性質上，非供述証拠であり，知覚→記憶→表現のプロセスに関する反対尋問を差し挟む余地がなく，それゆえ，証拠物又はこれに準ずるものとして証拠能力が付与されると考えるべきである。

　ちなみに，**昭和59年12月21日最高裁決定（刑集38巻12号3071頁）**においても，「犯行の状況等を撮影したいわゆる現場写真は，非供述証拠に属し，当該写真自体又はその他の証拠により事件との関連性を認めうる限り証拠能力を具備するものであって，これを証拠として採用するためには，必ずしも撮影者らに現場写真の作成過程ないし事件との関連性を証言させることを要するものではない。」として，証拠物又はこれに準ずるものとして証拠能力を認めている。

　このように最高裁決定は，現場写真は，事件という関連性を認め得る限り証拠能力を具備するとしているが，一般に，証拠の関連性という言葉は，①当該証拠が要証事実の存否についてそれを推認させる力を持つか，②その証拠によって推認される事実が判決の結論に影響を与えるか，という2つの意味で用いられる。

　現場写真は非供述証拠であるから関連性があれば証拠能力が認められるという場合の「関連性」という言葉は，通常，この両者を含んだ意味で用いられる。本件写真に即していえば，それが，現実の犯行状況を正確に撮影し，現像したものであることを意味する。それゆえ，現場の状況が全く写っていなければ，②が欠けるため関連性は認められず，また，現場の状況が写っているように見えても，撮影や現像の過程で作為が加えられ，現実の犯行状況と異なる情景がそこに写しだされていれば，①の点から，やはり関連性は否定されることになる（川出敏裕「判例講座 刑事訴訟法 第23回 伝聞例外(3)」警学68巻10号163頁）。

問14 想定事例についてはどのように考えるべきか。

【解　答】

これまでに述べたとおり，捜査上問題はない。

第13章　尾行捜査

> **例　題**　尾行をする上で留意すべき事項はなにか。また，自ら尾行する代わりに被疑者の車両に GPS を取り付けることはどうか。

問題の所在

　尾行という捜査手法は従来から使われていたものであるが，その法的根拠はどこにあるのか。その方法はどのようなものであってもよいのか。その捜査手法を用いるには一定の要件は必要とされるのかといった基本的な問題については十分に理解しておく必要がある。

　また，近時，電子機器の発達により，小型の位置発信装置である GPS 発信器が登場したことから，これを被疑者の車両に気付かれないように取り付け，当該車両の位置情報について，尾行する際の補助的な役割として用いたり，自ら尾行する代わりにその位置情報によって被疑者の行動を監視したりすることは許されるかどうか問題となる。

事　例

【想定事例】

　所轄警察署刑事課の甲野刑事は，連続事務所荒らしの事件を担当していたが，捜査線上に乙野らのグループが浮かび上がった。そこで，甲野刑事らは，乙野を尾行することとし，連日にわたって乙野を尾行した。時には，そのすぐ背後まで接近するなど乙野に迫って尾行したが成果は得られなかった。そこで，甲野らは，乙野が使っている普通乗用自動車のバンパーの下に，GPS 発信器を磁石で接着させ，その車両の動向を把握し，深夜，ある工場付近で同車両が停車した際，同

所に駆けつけ，同工場から被害品を運び出している乙野らのグループを現行犯逮捕した。
　この捜査に問題はないか。

設問と解答

問1　盗犯捜査において，尾行とはどのような捜査手法を指すのか。

【解　答】

　窃盗の常習者等と思われる者らについて，その犯行の現認，検挙や盗品等の処分状況に関する証拠収集などのために，当該被疑者に気付かれないように追尾するなどして，その行動を監視することをいう。

問2　そのような捜査手法が許される法的根拠は何か。

【解　答】

　刑訴法189条2項の
　　　司法警察職員は，犯罪があると思料するときは，犯人及び証拠を捜査するものとする。
という規定と，197条1項の
　　　捜査については，その目的を達するため必要な取調をすることができる。但し，強制の処分は，この法律に特別の定のある場合でなければ，これをすることができない。
という規定を根拠とし，それらで規定される任意捜査の一つとして許容されている。ちなみに，強制捜査と任意捜査の区別については，個人の意思を制圧し，身体，住居，財産等に制約を加えるような捜査手法が強制捜査であり，そうではない捜査手法が任意捜査である（昭和51年3月16日最高裁決定・刑集30巻2号187頁）（なおこの点については第3編第18章「任意捜査の限界」650頁参照）。
　それゆえ，犯罪捜査規範101条においても，任意捜査の例が掲げられており，

> 捜査を行うに当っては，聞込，尾行，密行，張込等により，できる限り多くの捜査資料を入手するように努めなければならない。

と規定され，そこに「尾行」も挙げられている。

問3 相手方に気付かれた後も尾行を続けた場合，それは証拠収集活動のためとは思われないが，このような行為も尾行の範疇に含まれると考えるのか。

【解　答】

　このような場合，もはや捜査の範疇といえるかどうか疑問がないではないが，尾行されている被疑者が不安を感じて逃走，証拠隠滅等を企てるかどうか反応をうかがい，異常行動の兆候が認められれば犯罪の嫌疑が濃厚であるとして検挙に踏み切るとか，あるいは，相手が逃れられないと観念して出頭に応ずることを期待して行うこともあるといわれている（増井・捜査120〜121頁）。また，そもそも犯罪捜査の一環としてではなく，警察法2条1項の

> 警察は，個人の生命，身体及び財産の保護に任じ，犯罪の予防，鎮圧及び捜査，被疑者の逮捕，交通の取締その他公共の安全と秩序の維持に当ることをもってその責務とする。

を根拠として，警備情報を収集するためや，相手の意思を制圧して犯罪の発生を防止するために行われることがあり，後者の場合には，しばしば相手方に密着するような尾行（「密着尾行」と呼ばれる。）がなされることもある（前出増井）。

　もっとも，そのような尾行が前記法条によって許されるとしても，警察法2条2項で

> 警察の活動は，厳格に前項の責務の範囲に限られるべきものであって，その責務の遂行に当つては，不偏不党且つ公平中正を旨とし，いやしくも日本国憲法の保障する個人の権利及び自由の干渉にわたる等その権限を濫用することがあってはならない。

とされていることを遵守しなければならないのは当然である。

問4 尾行が任意捜査の一つとして認められるなら，それは無制限に許容されるものであるのか。

【解　答】

1　尾行捜査における限界

　もちろん尾行捜査といえども，任意捜査一般としての限界があり，相手方に対する法益侵害の程度が著しい場合には，違法と判断されることもあり得る。

　この点，すりの常習者に対する尾行のように相手方に絶対に気付かれないように公共の場で追尾するような場合には，まず問題になることはないが，**問3**で述べたような場合において，犯罪捜査としてよりは，むしろ犯罪予防等の警察活動としてなされる場合には，その尾行行為が過剰な権力的行為として違法とされる場合がないではない。

　この点に関し具体例として，**昭和50年2月25日大阪地裁判決（判時781号55頁）**及びその控訴審である**同51年8月30日大阪高裁判決（判時855号115頁）**が参考になる。

　これは，被疑者らの行動を監視警戒するために尾行した警察官が，尾行の途中に相手方に気付かれてしまったことから，その後は，かえって前よりも間隔をつめて尾行を続けたところ，被疑者から路上の水桶で約10リットルの水を浴びせかけられたことを捉えて暴行罪で起訴した事案である。

2　昭和50年2月25日大阪地裁判決

　この事案において，第一審の大阪地裁判決では，まず，本件の尾行の適法性について，「警察法2条1項が『警察は個人の生命，身体及び財産の保護に任じ，犯罪の予防，鎮圧及び捜査，被疑者の逮捕，交通の取締その他公共の安全と秩序の維持に当ることをもってその責務とする。』と規定しているところから，警察官の職務が公共の安全と秩序の維持にあることは明らかであるが，その目的を遂げるための犯罪の発生の予防および鎮圧に備えて必要な範囲内で各種の情報の収集や監視行為をなすことも必要欠くことを得ないものでありその職責の一つといわなければならずそれらの行為は警察官の事実行為として同条項の予定するところと解する。（警察法は組織法であり警察官に具体的権限を付与するものではないとの

見解が存するが，当裁判所は，同法は警察官の権限行使の一般的根拠を定めたものと解し，右権限行使に当り強制手段に出る場合は他の権利，国民の基本的人権に抵触し，あるいはそのおそれあるにより法律条項によってその根拠を必要とするものであり，反面右権限行使に当り何らの強制手段に出ないならば，そうして本件の場合の情報収集活動も任意的手段による場合には同法を根拠として行使され得るものと解する。)」として，警察法2条1項を根拠として，情報収集活動としての尾行が任意的手段として許されているものとした。

　ただ，本件の尾行が適法であるかどうかについては，「しかし，同法(筆者注：警察法)2条2項によれば，職責の遂行に当っては憲法の保障する個人の権利及び自由の干渉にわたる等の権限の濫用をいましめているところから，右のような任意的手段による情報収集活動のすべてが適法となるものではなく，本件のように，いまだ犯罪が具体的に発生していない段階における情報収集活動にあっては，目的が前記警察法2条1項の定める目的と合致して正当であり，かつ，客観的に必要性の認められる状況のある場合に限定されるものであることは勿論であるが，当該活動により結果的にその対象者の自由意思に影響を与えその自由な行動を制約するような法益侵害を伴うことはその必要性を認める法益との権衡の面からいって到底許され得ないものである。」として，当該尾行行為が正当な目的によるもので，その必要性があり，相手方の自由な行動を制約することがない場合でなければならないものと判断した。

　その上で，本件の警察官の尾行については，「前記尾行による情報収集活動，特に被告人らに気付かれ抗議された後の当該活動は，客観的にそれ以前の状況と全く変化がないにも拘わらず，被告人らの後方数メートルの至近範囲内で右両巡査ら5名の一団となった警察官により行われたもので，被告人らに当該尾行状態を明らかに意識させ，その自由意思に影響を与えその自由行動を制約する結果を招くものであり，前記の理由からその尾行行為は違法であるとの評価を免れない。」と判断され，違法な職務執行であることに照し，可罰的違法性がないとして，暴行罪の成立を否定し無罪とされたものである。

3　昭和51年8月30日大阪高裁判決

　これに対し，その控訴審である上記大阪高裁判決では，まず，上記第一審判決を次のように批判した。

すなわち，「原判決が，本件のようにいまだ犯罪が具体的に発生していない段階における尾行行為の適法要件として，目的の正当性，行為の必要性のほかに，結果的に相手方の自由意思に影響を与えたり，その自由な行動を制約したりしないことを挙げている点には左袒し難い。即ち，まだ犯罪が具体的に発生していない段階にも，(イ)対象者が全く適法な行動に出ている場合，(ロ)異常な挙動その他周囲の事情から合理的に判断して何らかの犯罪を犯そうとしていると疑うに足りる相当な理由がある場合（警職法2条の場合），(ハ)犯罪がまさに行われようとしている場合（同法5条の場合）等種々の段階があり，原判決の挙示する右適法要件は，右(イ)の状態にある対象者を警察官が尾行する場合には妥当するものと思われるが，例えば右(ロ)の状態にある対象者を，本件における前記のような目的（犯罪がまさに行われようとする場合に警告，制止等をする目的）で警察官が尾行中，対象者に気付かれて尾行を拒否された場合，直ちに尾行を中止しなければならないとすれば，右のような犯罪の予防，鎮圧の行政目的は達成し得ないことになって不合理であるといわなければならないから，このような場合には，右(ロ)の状態が続いている限り対象者の意思に反しても尾行行為を継続し得るものと解するのが相当である」として，何らかの犯罪を犯そうとしていると疑われるような場合などにおいては，相手方の自由意思に反することがあっても尾行を続けることは適法であるとした。そして，本件ではそのような状態が続いていたものと認められることから，本件において警察官が尾行を継続したことは適法であるとした。

　しかしながら，同高裁判決は，「尾行行為が被告人らの抗議を受けた後もなお許されるからといって，如何なる態様，程度の尾行行為をも許されるわけではないことは，警察法2条2項，警職法1条2項の趣旨に照らして明らかであり，どのような態様，程度の尾行行為が許されるかは，いわゆる警察比例の原則に従い，必要性，緊急性等をも考慮したうえ，具体的状況の下で相当と認められるかどうかによって判断すべきものと解すべきである」とした。その上で，本件事案への当てはめをしたところ，「被告人らが多数の労働者に対して前記のような集団不法事犯を煽動，教唆し多数の労働者をして右のような犯罪を犯させようとしている疑いの程度が，被告人らにおいて本件尾行行為を発見した後も発見前と変らなかったものと認められることは前記のとおりであるのみならず，証拠を検討しても，被告人らに本件尾行行為を発見された後，K，M両巡査らが以前よりも接近して尾行しなければ被告人らを見失うおそれが生じたとは認め難く，その他，K，

M両巡査らが被告人に極端に接近して尾行しなければならない必要性は何ら認められないにも拘らず，右両巡査らは，被告人らに気付かれる前には，被告人らと約15ないし20メートルの間隔を保って尾行していたのを，被告人らに気付かれた後は，被告人らの後方僅か数メートルの至近範囲内（1，2メートル位から3，4メートル位）を一団となって尾行し（中略），被告人が本件行為に及ぶまで約15メートルを右の状態で尾行したものと認められるのであって，被告人らに気付かれた後の右尾行行為は，実質的な強制手段とはいえないにしても，前記のような判断基準に照らし相当な尾行行為であるとは到底認め難く，違法であるといわなければならない。」と判断した。要するに，本件では，被告人らの行為が犯罪を誘発するおそれが継続していたので，尾行を継続することは適法であるものの，その後，あまりに極端に接近して尾行をしたことについては，それが強制手段に近いものであるとして，適法な尾行行為であるとは認められないとしたものである（ただ，上記尾行行為が違法であっても，それに対して水を浴びせる行為に及んだ被告人の主観的意図や，その方法が相当性を欠くなどの理由により，被告人に対して暴行罪の成立を認め，罰金刑を言い渡している。）。

　このように，尾行する警察官が，相手方の至近距離に至ったからといって，必ずしも全ての尾行行為が相当性を欠いて違法になるものとは思われないが，いずれにせよ，尾行の仕方において，その適法とされる範囲がどのようなものとされるかの判断において参考になるものと思われる。

問5 被疑者の車両にGPS発信器を取り付けて，その位置を追跡する行為は適法か。

【解　答】

　上述したとおり，尾行行為は基本的に任意捜査として許容されるものであり，GPS発信器の取付けも，基本的には，尾行や張り込みを補完するものであり，任意捜査の一環として許容される適法なものであると考えられる。
　というのは，このGPS発信器の取付けによる位置追跡は，長時間，継続的な追跡が可能である点で徹底的な監視といえるが，その一方で，対象者の動作や行動の詳細が全く把握できないことや，対象者らの会話を傍受したりすることもできない

ことなどから，ある意味で，実際に警察官が尾行する場合より穏やかな監視であるともいえるものである。したがって，公開の場における対象者の行動把握にとどまっていれば，プライバシーを侵害するおそれは，捜査官による尾行，張り込みと比べて必ずしも大きいとはいえないし，そうであるなら，それは強制処分とはいえず，任意捜査として許容し得ると解されるからである（井上宏「科学的捜査」新刑事手続Ⅰ・417頁）。

殊に，自動車へのGPS発信器の取付けは，自動車が高速での移動を可能にするもので，その確実な追尾が困難であることから，この方法によらざるを得ないという面が認められること，自動車の走行については，原則的に公道，その他の公開の場しか移動しないものであることから，プライバシーの侵害を問題にする必要性は低いといえること，殊に近時は，私人等により設置された防犯カメラ等により，その付近を通行する者や車両が撮影され，その記録が保管されて，場合によっては，それが犯罪捜査等に使用されることも社会的に受け入れられていること，その上，車両の公道等の走行については，ETCの利用記録や自動車ナンバー自動読取装置によりその走行状況や位置が捕捉される仕組みが構築されており，この状況も同様に社会的に受容されているといえることなどから，被疑者使用車両に対するGPS発信器の取付けは，任意捜査としての必要性や相当性が認められやすいものであると考えられよう。

問6 車両へのGPS発信器の取付けが基本的には許容されるにしても，それは無制限に許されるものであるのか。

【解　答】

任意捜査であるとして許容されるとしても，あくまで任意捜査の枠内のことであるから，当該GPS発信器を取り付けるために，被疑者の住居に令状なく侵入したり，自動車の錠を外すことなどは強制捜査に該当するから許されない。

そして，任意捜査として行うにしても，当該具体的状況下において，当該事案の重大性，対象となる被疑者らについての犯罪の嫌疑の程度，目的の正当性，当該手段による必要性や緊急性，また，その取付けの際の態様の相当性，他に取り得る手段がないかどうかの補充性などを考慮し，さらに，相手方の権利に対する侵害の程度の

比較考量などを踏まえた上で，その適法性が判断されるものと考えるべきである。

問7 では，具体的に，車両へのGPS発信器の取付けに当たっては，どのような点に配慮すべきであるのか。

【解　答】

　具体的には，以下のような諸点について検討を加えた上で判断すべきであろう。

1　当該犯罪の重大性

　例えば，それが車上荒らしや事務所荒らしなどの窃盗事件であるにしても，それが連続して発生するなど地域社会への影響が重大であり，住民の不安感を増大させるようなものであるかどうかという観点などからの検討が必要であろう。

2　対象となる被疑者らについての犯罪の嫌疑の程度

　これは事案ごとに異なるものであり，その証拠関係に依拠するものであることから一概にはいえないが，例えば，当該対象となる被疑者が刑務所から出所した後間もなくのうちから，同様の手口による窃盗事件が頻発し，しかも，その手口は被疑者が服役することとなった前科などにおいても同様のものが見られるといった場合や，当該対象となる被疑者を尾行したところ，目的とする物件を物色するような不審な行動が相次ぎ，職務質問をしてもそれを振り切って逃走するなどしていた場合などは，この犯罪の嫌疑は相当に高いものと考えてよいものと思われる。

3　目的の正当性

　これは対象となる被疑者の行動を明らかにして，犯罪に関する証拠収集を図ろうとするものであることから，通常は，肯定されよう。

4　当該手段による必要性及び緊急性

　例えば，当該事務所荒らしが，極めて手慣れていて何の証拠も残さずに現金等の必要なものだけを窃取しており，現場から被疑者へのつながりを示す痕跡が全

く見つからない事案や，同種事案が頻発しており，被害の拡大を防ぐためにも，早期の検挙が喫緊の課題となっているような事案や，さらには，対象となる被疑者らが警察の動きに敏感に反応し，また，用心深く行動するなどして警戒しており，通常の尾行や張り込みが全く役に立たないような事案などでは，その必要性や緊急性が認められると考えられる。

5　取付けの際の態様の相当性

　当該GPS発信器を取り付けた場所が，公道上や，誰もが入ることのできる駐車場内などであり，また，その期間がそれほど長期にわたるものでなく，さらに，GPS発信器が小さなもので，対象となる被疑者の車両を傷つけたり，余分な負荷を掛けたりするようなものでなければ，通常，これは認められるであろう。

6　他に取り得る手段がないかどうかの補充性

　これは，上記4の要件とほとんど同義となり，本件手段の必要性や緊急性が高ければ，それは他に取り得る手段がないこととなろう。ただ，このような観点から，他の手段で代替できるのであれば，その手段を用いるべきであり，それがないかどうかの検討は求められているものと考えるべきである。

7　相手方の権利に対する侵害の程度の比較衡量

　これも，上記1ないし6の各要件が充足されれば，当該事案が重大であり，対象となる被疑者らについての犯罪の嫌疑の程度も高く，目的も正当であって，当該手段による必要性や緊急性もあり，その取付けの際の態様も相当であり，他に取り得る手段もないのであるから，そのような状態に至っていれば，相手方の権利に対する侵害との比較衡量をしても，通常は，GPS発信器の取付けによる実施が適法であるとの結論に至るものと思われる。

　ただ，「相手方の権利を侵害するにもかかわらず，『令状』を必要としないことの根拠は，緊急性にある（現行犯人逮捕や逮捕に伴う無令状捜索を認める趣旨に同じ）であろう。」とし，GPS発信器などによる「監視は，一般には，犯罪発生前において，犯罪の証拠あるいは捜査情報を得ようとするものであるから，緊急性が認められる場合は少なく，原則としては令状を必要とし，任意捜査としては，必要性緊急性の認められる限度に時間的場所的範囲等を限定するなどして初めて認め

られると考えるべきであろう。」(渡辺咲子「任意捜査の限界101問（5訂）」89頁)との意見も傾聴すべきであろうと思われる。

問8　このGPS発信器の取付けが公判で問題となった事案はあるか。

【解　答】

　この点について裁判所の判決等で触れられたものとしては，次の3件が挙げられる。

1　まず，最初に，この争点に直接に判断をしたものではないものの，弁護側の主張として，GPS発信器の取付けが違法捜査であるとの主張された事案で，**平成26年3月5日福岡地裁判決（公刊物未登載）**の事案がある。

　この事案では，被告人は，覚せい剤取締法違反で起訴されたものであるが，別件の窃盗事件の被疑者であるとの疑いから，被告人が使用する車両にGPS発信器を取り付けて尾行捜査を行った事実は認められるものの，被告人がこれに気付いて自ら取り外しており，被告人の覚せい剤使用が発覚したのは，全く別の事情による職務質問によってであることから，「本件GPS端末の取付けや被告人車両に対する尾行捜査と本件職務質問との間に関連性はないと認められるから，本件GPS端末の取付け及び被告人に対する尾行捜査が行われたからといって，本件職務質問やその後の任意同行，任意採尿の適法性はいささかも損なわれない。」と判示された。

2　次の事案は，**平成27年1月27日大阪地裁第9刑事部の証拠決定（判時2288号134頁）**の事案である。これは被告人らが複数で侵入盗等を繰り返していたという事案において，被告人らの使用車両にGPS発信器を取り付けて，その動向を把握しようとしたものである。

　(1)　この事案において，弁護人は，捜査機関は，本件一連の窃盗・侵入盗事件の捜査に当たり，被告人らの使用車両に令状なくGPS発信器を取り付けて使用したことは，令状なくして強制処分をしたもので，憲法13条のプライバシー

権を侵害するもので違法であり，また，仮に強制処分に当たらないとしても任意捜査の限界を超えているから違法であると主張していた。

(2)　このような主張に対し，同判決において認定された捜査活動は次のようなものであった。

　捜査機関は，平成24年から25年にかけて発生した数件の窃盗・侵入盗事件について捜査を進めるうち，被疑者Aに対する嫌疑を固め，そのうち平成24年2月14日に発生した窃盗事件について逮捕状を取得した。次いで，大阪府警察本部の捜査官らは，平成25年4月頃から被疑者Aが出入りする大阪府門真市所在のガレージに対して張り込み捜査を行い，被疑者Aのほか，被告人や共犯者らが出入りするのを確認した。また，捜査官らは，同年5月17日の深夜，被告人らが門真市のガレージから外出し，これまでに把握されていない自動車を運転して帰ってきて，被告人と共犯者がその自動車のナンバープレートを付け替えているのを目撃した。

(3)　上記のような事実関係を前提として，同判決では，まず，これが任意捜査の限界を超えて強制処分に及ぶものであるかどうかについて，次のとおり判示した。

　すなわち，「本件で使用されたGPS発信器は，捜査官が携帯電話機を使って接続した時だけ位置情報が取得され，画面上に表示されるというものであって，24時間位置情報が把握され，記録されるというものではなかった。また，接続すると，日時のほかおおまかな住所が表示され，地図上にも位置が表示されるが，その精度は，状況によって数百メートル程度の誤差が生じることもあり，得られる位置情報は正確なものではなかった。加えて，捜査官らは，自動車で外出した被告人らを尾行するための補助手段として上記位置情報を使用していたにすぎず，その位置情報を一時的に捜査メモに残すことはあっても，これを記録として蓄積していたわけではない。そうすると，本件GPS捜査は，通常の張り込みや尾行等の方法と比して特にプライバシー侵害の程度が大きいものではなく，強制処分には当たらない。」とした。

　つまり，使用したGPS発信器の性能や精度がそれほど高度なものではなく，あくまで補助手段として用いていたことなどから，その際のプライバシー侵害

の程度は低いものとして強制処分には当たらないとしたものである。

したがって，この論理によれば，24時間位置情報が表示，記録され，しかもそれが正確なものであって，主たる捜査手段として用いていた場合には，強制処分と評される場合もあり得ることに留意しておかなければいけないこととなる。

(4) その上で，この捜査手法が適法とされるための要件の一つである「必要性」については，次のとおり判示した。

すなわち，「本件において，一連の犯行の全容を解明するためには，被告人らを尾行して他の拠点やその行動を捜査する必要性は高かった。他方，上記一連の犯行において，犯人は盗難車を利用し，ナンバープレートを付け替えながら，信号を無視し，高速道路のＥＴＣ道路のＥＴＣ料金所を突破するなどしてかなりの高速度で広範囲を移動して犯行を重ねていたことが認められ，仮に被告人らが犯人であるとすれば，その尾行には相当な困難が予想された。また，捜査官らが門真市のガレージに対する張り込みを行う中で，被告人らが常に周囲を警戒する様子が見られ，その点からも尾行には困難が予想された。そうすると，被告人らを尾行するため，被告人らの使用車両にGPS発信器を取り付けてその位置情報を取得して所在を割り出す必要性は相当高かったと認められる。」とした。

つまり，被告人らに対しては，通常の尾行では，それが功を奏するような状況になく，GPS発信器を使ってその位置情報を取得しなければ，被告人らの所在捜査を十分に行うことができない状況下にあったことから，GPS発信器を使用する「必要性」が高かったとされたものである。

(5) さらに，その方法の「相当性」についても，次のとおり判示している。

すなわち，「上記のとおり本件GPS捜査によるプライバシー侵害は大きなものではない上，GPS発信器は磁石で車両の外部に取り付けられており，車体を傷つけるような方法は用いられておらず，また，多くの場合は公道上で取り付けられており，第三者の権利も侵害していない。そうすると，基本的には本件GPS捜査は相当な方法で行われていたといえる。」とした。

ただ，GPS発信器の設置場所については，必ずしも公道上ばかりではなかったため，それらの設置に当たって違法な行為がなされていないかどうかの検討

もされており，「もっとも，一部のGPS発信器については，車両がコインパーキングや商業施設又はラブホテルの駐車場に停車中に捜査官が駐車場内に立ち入って取り付けており，捜査官が管理者の承諾を得ずに立ち入ったことには若干の問題がある。しかし，いずれも公道から門扉を乗り越えるなどせずに立ち入ることができる場所であって，立ち入った時間も短時間で，夜間であるなど管理者の承諾を得ることが困難な事情があったこともうかがわれる。この点については，すべてのGPS発信器装着時の状況が明らかになっているわけではないので，その一部については管理者の承諾を得ずに立ち入ったことが違法と評価されることがないとはいえないが，仮にそのようなことがあったとしても，令状主義の精神を没却するような重大な違法とはいえない。」としている。

(6) 上記のような理由から，GPS発信器を用いた捜査が適法であり，それら捜査により得られた各証拠の証拠能力も認められるとしたものである。

3 3件目は，上記2の事件における別の共犯者に対する別の裁判体による決定であり，**平成27年6月5日大阪地裁第7刑事部の証拠決定（判時2288号138頁）**である。

(1) この決定では，全く同じ一連の捜査でありながら，上記2の判断とは正反対の判断をし，本件GPS発信器を用いた捜査が違法であると断定した。
　上記2と比較しながら検討するに，まず，2(3)のGPS発信器の精度に関して，上記2決定は，精度は高いものではなく，尾行の補助手段として用いられていたもので，プライバシーを侵害する程度も大きなものではないと認定していたのに対し，本件決定では，「本件捜査に用いられたGPSは，検索時におけるGPS端末の所在地点に関する状況に依存するところが大きいものの，誤差数十メートル程度の位置情報を取得できることも多く，それなりに高い精度において位置情報を取得できる機能を有していた上，少なくとも，警察官らが被告人らの乗る車両を失尾した後も，GPS端末の位置情報を取得することによって，再度，同車両を発見し，追尾することができる程度には，正確な位置情報を示すものであったと認められる。」として，その精度の認定が異なっている上，そのような前提に基づいて，プライバシー侵害の程度を次のように評価し

第13章 尾行捜査　595

て，大きなプライバシー侵害を伴う捜査であったとしている。

　すなわち，「ところで，自動車等の車両の位置情報は，人が乗車して自動車が移動する以上，それに乗車する人の位置情報と同視できる性質のものと評価できる。

　そして，本件 GPS 捜査は，尾行や張り込みといった手法により，公道や公道等から他人に観察可能な場所に所在する対象を目視して観察する場合と異なり，私有地であって，不特定多数の第三者から目視により観察されることのない空間，すなわちプライバシー保護の合理的期待が高い空間に対象が所在する場合においても，その位置情報を取得することができることに特質がある。本件においても，コインパーキングや商業施設駐車場のみならず，ラブホテル駐車場内に所在した対象の GPS の位置情報が複数回取得されているところ，同駐車場の出入口は目隠しのカーテンが設置され，公道からはその内部は目視できない状況にあったし，施設の性質上，利用客以外の者が出入りすることは予定されておらず，プライバシー保護の合理的期待が高い空間に係る位置情報を取得したものといえる。」とし，また，「尾行等に本件 GPS を使用するということは，少なくとも失尾した際に対象車両の位置情報を取得してこれを探索，発見し，尾行等を続けることにほかならず，失尾した際に位置情報を検索すれば，対象が公道にいるとは限らず，私有地，しかも前記のラブホテル駐車場内の場合同様，プライバシー保護の合理的期待が高い空間に所在する対象車両の位置情報を取得することが当然にあり得るというべきである。」として，結局のところ，「GPS 捜査は，その具体的内容を前提としても，目視のみによる捜査とは異質なものであって，尾行等の補助手段として任意捜査であると結論付けられるものではなく，かえって，内在的かつ必然的に，大きなプライバシー侵害を伴う捜査であったというべきである。」としている。

　つまり，その位置情報を得る際に，公道上でない，例えばラブホテルの駐車場のような場所にいることが分かってしまうことになるから，それはプライバシーの侵害として著しいとしているのである。

　しかしながら，尾行をした場合であってもラブホテル等に入る行為は目視されるのであり，ラブホテルの駐車場等にいたことが位置情報から判明したとしても，それが通常の尾行の場合とどれほどの違いがあるのか疑問なしとしない。もし，この論理を通すのであれば，プライバシーに関連するような施設等，例

えば愛人宅などに被尾行者が立ち入る場合には，尾行であっても目視すべきではないという結論になるのではないだろうか。

(2) 次に，上記2(5)の相当性の判断において，特に，GPS発信器の取付け，取外しの作業について，私有地等への立入りがあることについて，上記2の決定と異なり，違法であるとしている。

　すなわち，「本件GPS捜査に当たっては，GPS端末の取付け，取外しがなされており，これらはGPSを捜査に使用する以上，不可欠な手順である。

　ところが，対象車両が公道上にない場合は，GPS端末の取付け，取外しの際に，私有地への侵入行為を伴う事態が想定される。門扉がなく，不特定多数人が通常立ち入ることができる状態にある場合は，管理権者が立入りについて包括的に承諾しており，犯罪を構成しないと考え得るが，本件では警察官は，少なくともラブホテル駐車場内には立ち入ったというのであり，施設の構造や性質上，管理権者の包括的承諾があったといえるか疑義も生じ得るところである。GPS捜査の密行性から管理権者の承諾を得ることができないのであれば，令状の発付を受けて私有地に立ち入るべきであり，少なくとも管理権者の包括的承諾に疑義のある場所に立ち入ってGPS端末の取付け，取外しを行っている点においても，本件GPS捜査には管理権者に対する権利侵害がある可能性を否定し難い。」として，ここでもラブホテルの駐車場等への立入りを問題にしており，同所への管理権者の承諾のないことが本件捜査を違法なものとすると判断している。

　この点上記2決定が，一部違法とされる余地がないわけではないが，令状主義を没却するまでの違法とはいえないとしていることと対照的である。

　それゆえ，本件決定は，本件のGPS捜査は，プライバシー等を大きく侵害するものであるから，強制処分であり，にもかかわらず，検証許可状を取らずに行った以上，違法であるとした。

(3) さらに検証許可状を取得せずに本件GPS捜査を実施したことに対し，「本件GPS捜査は，緊急状況下で行われたものではなく，むしろ警察官らは，6か月間以上にわたり，合計19台もの車両にGPS端末を対象者の承諾なく取り付け，大規模かつ組織的にGPS捜査を実施している。それにもかかわらず，その間，

第13章　尾行捜査　597

同捜査に関していかなる令状も取得していないばかりか，令状取得の必要性，可能性及び取得すべき令状の種類等について警察内部で検討をした形跡すら窺われない。

　このような事態は，本件 GPS 捜査の実施期間や規模からすれば，予期せぬ緊急状況下での対応に追われる余り令状主義の遵守がつい不十分となったものとみることができず，令状請求をする時間的余裕があるのにこれを怠ったものといわなければならない。」などとして非難している上，「本件事案の内容及び捜査経過等に照らせば，本件 GPS 捜査については，相当程度の部分で，検証許可状が発付された可能性が十分にあったものと思われる」としているところ，実際問題として，この決定のいうように，それら 19 台の車両全部に対する全期間の検証許可状が全て問題なく発付されたかどうか疑問がないわけでないが，要は，令状を取れる余地があるのであればそれに努められたいという趣旨であろう。

(4)　以上のような理由に加えて，警察における令状主義軽視の姿勢などを批判し，本件 GPS 捜査が令状主義の精神を没却するような重大な違法があるとして，これにより得られた証拠を排除したものであった。

　しかしながら，本件決定は，全く同じ事案において，上記 2 決定のように，令状主義に反するとまではいえないという判断がなされたことに比べて，ラブホテルの駐車場等の位置情報が分かることがプライバシーの侵害であるとか，管理権者の了解を得ずにそういった場所に立ち入ることが重大な違法であるとか，適法性の評価において偏りがあるといわざるを得ず，本件捜査の必要性や重要性等を全く配慮しないものであって，木を見て森を見ざる判断であるといわざるを得ないと思われる。

問9　想定事例の捜査は許されるのか。

【解　答】

　詳細な条件設定はされていないが，上述したような要件が満たされる限り，適法とされよう。

第14章　おとり捜査・よう撃捜査

> **例　題**　盗犯捜査においておとり捜査は認められないか。よう撃捜査とはどのように異なるのか。

問題の所在

　おとり捜査は，薬物犯罪特有の捜査手法のように理解されているかもしれないが，それら以外の犯罪捜査においては認められないのか。盗犯捜査においても，その必要性がある場合もあるのではないか。仮に，盗犯捜査において，おとり捜査が許容されるのであれば，それはどのような場合で，どのような条件下においてであるのか。
　また，盗犯捜査において，よう撃捜査が認められているが，おとり捜査との違いはどのようなものか。

事　例

【想定事例】

　A警察署管内では，バイクによるひったくり事件が多発しており，それは人気のない路上で女性を狙う手口のものばかりであった。そのため，被害者が追跡できず，犯人を検挙することが全くできずにいた。そこで，同警察署の甲野刑事は，①女性に扮装し，わざと犯人に自分を狙わせて，付近に張り込んでいる同僚によって犯人検挙を実施しようとした。
　すると，被疑者乙野が甲野刑事の手荷物をひったくろうとしたため，付近に張り込んでいた同僚刑事らが乙野を現行犯逮捕した。この捜査に問題はないか。

また，仮睡盗が多発していたので，甲野刑事は，②酔っ払いを装って深夜路上に座り込んで寝たふりをしていたところ，被疑者丙野が甲野刑事の背広の中に手を入れたので，甲野刑事が丙野を現行犯逮捕した。この捜査に問題はないか。
　さらに，駅構内での置引きが多発していたので，甲野刑事は，③駅構内のベンチにわざと女性用ハンドバッグを置いておき，離れたところから見張っていたところ，被疑者丁野がそのバッグを取ろうとして手に持ったので，甲野刑事は丁野を現行犯逮捕した。この捜査に問題はないか。

設問と解答

問1 おとり捜査とは何か。

【解　答】

　おとり捜査とは，捜査機関又はその依頼を受けた者（おとり）が，その身分や意図を相手方に秘して，犯罪を実行するように働き掛けを行い，対象者がこれに応じて犯罪の実行に着手したところで現行犯逮捕等により検挙する捜査手法である。

問2 なぜおとり捜査が問題とされるのか。

【解　答】

　このような捜査手法が問題とされるのは，おとりを使うことで，相手方を犯罪に引き込むことになることから，そのような「わな」に導いて検挙するような手段が違法ではないかとの議論が存在するからである。その違法とする理由としては，様々なものが主張されており，人格的自律権・個人の尊厳に対する侵害であるとか，捜査の公正に対する侵害であるとか，国家による犯罪の創出等であるとかいう見解などである。ただ，いずれの見解によるにせよ，おとり捜査の有する詐術的要素は捜査の公正を阻害するものであり，捜査機関がそのようなアンフェアな手段を用いていることは違法であるという視点が根底にあるものと思われる。

問3 では，おとり捜査というのは全く許されないものであるのか。

【解　答】

　そのようなことはない。そもそも一定の範囲では，法律によって，おとり捜査が合法的なものとして認められている。

　具体的には，麻薬及び向精神薬取締法58条やあへん法45条では，麻薬取締官等は，麻薬やあへん等に関する犯罪の捜査に当たり，厚生労働大臣の許可を受けることを条件に，何人からも麻薬やあへん等を譲り受けることができるとされているし，また，銃砲刀剣類所持等取締法27条の3では，警察官等は，拳銃等に関する犯罪の捜査に当たり，都道府県公安委員会の許可を受けることを条件に，何人からも拳銃等を譲り受けることができるとされている。

　ただ，いずれの規定においても，厚生労働大臣や公安委員会の許可を受けることを条件としており，これらの規定は，それぞれの法禁物に関する禁止を解除するものであることから，おとり捜査を創設的に認める規定ではないと解されている（山上圭子「おとり捜査」新実例刑訴法Ⅰ・6頁）。

　しかしながら，そのように解されるにしても，法は，一定の範囲においては，おとり捜査が行われる場面を正面から合法として認めており，日本の法体系上，その捜査手法が本質的にアンフェアなものと考えられているわけではないことは明らかである。

問4 では，それらの法律で認められている場合以外で，おとり捜査が適法なものとして許容されるのはどのような場合であるのか。

【解　答】

　一般的に，おとり捜査の適法性についての判断の基準は，いわゆる二分説といわれるものによっており，おとり捜査によって，被疑者の犯意が誘発されたという犯意誘発型であるか，もともと犯意を有していた者について，単に，機会を提供したにすぎない機会提供型であるかを検討し，前者では違法，後者なら適法という考え方が定着しているものと考えられる。

つまり，このような二分説的発想は，基準として簡明である上，機会提供型は，犯罪創出の弊害が薄く，他方，摘発の必要性が高度であるといえるものであり，さらに，対象者の犯罪傾斜度にもよるが，おとりによる積極的な働き掛けがあったとしても，よほどの事情がない限りは，犯罪創出と評価できるほどには至らず，原則適法になるのではないかと思われる（最高裁調査官多和田隆史「最高裁判所判例解説」曹時59巻7号211～212頁，198頁）と解されていることも参考となろう。

問5 この問題についての判例の考え方は，具体的にどのようなものか。おとり捜査の適法性を考える上で参考となる事例はあるのか。

【解　答】

　この問題について，最も重要とされる判断を示したものは，**平成16年7月12日最高裁決定（刑集58巻5号333頁）**である。

1　この事案は，大麻樹脂の営利目的所持による大麻取締法違反であり，被告人が共犯者と共謀の上，営利の目的で大麻樹脂を所持したというものであった。その経緯等は次のとおりである。
　① 　被告人は，我が国で，あへんの営利目的輸入や大麻の営利目的所持等の罪の前科のあるイラン・イスラム共和国人であり，服役後，退去強制手続によりイランに帰国したものの，平成11年12月30日偽造パスポートを用いて我が国に不法入国した。
　② 　おとり役となる捜査協力者（以下，単に「捜査協力者」という。）は，大阪刑務所で服役中に被告人と知り合った者であるが，自分の弟が被告人の依頼に基づき大麻樹脂を運搬したことによりタイ国内で検挙されて服役するところとなったことから，被告人に恨みを抱くようになり，平成11年中に2回にわたり，近畿地区麻薬取締官事務所に対し，被告人が日本に薬物を持ち込んだ際は逮捕するよう求めた。
　③ 　被告人は，平成12年2月26日ころ，捜査協力者に対し，大麻樹脂の買手を紹介してくれるよう電話で依頼したところ，捜査協力者は，大阪であれば紹介できると答えた。被告人の上記電話があるまで，捜査協力者から被告人に対

しては，大麻樹脂の取引に関する働き掛けはなかった。捜査協力者は，同月28日，近畿地区麻薬取締官事務所に対し，上記電話の内容を連絡した。同事務所では，捜査協力者の情報によっても，被告人の住居や立ち回り先，大麻樹脂の隠匿場所等を把握することができず，他の捜査手法によって証拠を収集し，被告人を検挙することが困難であったことから，おとり捜査を行うことを決めた。同月29日，同事務所の麻薬取締官と捜査協力者とで打ち合わせを行い，翌3月1日に新大阪駅付近のホテルで捜査協力者が被告人に対し麻薬取締官を買手として紹介することを決め，同ホテルの一室を予約し，捜査協力者から被告人に対し同ホテルに来て買手に会うよう連絡した。

④　同年3月1日，麻薬取締官は，上記ホテルの一室で捜査協力者から紹介された被告人に対し，何が売買できるかを尋ねたところ，被告人は，今日は持参していないが，東京に来れば大麻樹脂を売ることができると答えた。麻薬取締官は，自分が東京に出向くことは断り，被告人の方で大阪に持って来れば大麻樹脂2キログラムを買い受ける意向を示した。そこで，被告人が一旦東京に戻って翌日に大麻樹脂を上記室内に持参し，改めて取引を行うことになった。

⑤　同月2日，被告人は，東京から大麻樹脂約2キログラムを運び役に持たせて上記室内にこれを運び入れたところ，あらかじめ捜索差押許可状の発付を受けていた麻薬取締官の捜索を受け，現行犯逮捕された。

2　この事案において，最高裁は，「本件において，いわゆるおとり捜査の手法が採られたことが明らかである。」としながらも，「少なくとも，直接の被害者がいない薬物犯罪等の捜査において，通常の捜査方法のみでは当該犯罪の摘発が困難である場合に，機会があれば犯罪を行う意思があると疑われる者を対象におとり捜査を行うことは，刑訴法197条1項に基づく任意捜査として許容されるものと解すべきである。」として，一定の条件の下，機会提供型において，おとり捜査が任意捜査によるものとして許容されるものであることを明らかにした。

その上で，本件での事実関係への当てはめとして，「これを本件についてみると，上記のとおり，麻薬取締官において，捜査協力者からの情報によっても，被告人の住居や大麻樹脂の隠匿場所等を把握することができず，他の捜査手法によって証拠を収集し，被告人を検挙することが困難な状況にあり，一方，被告人は既に大麻樹脂の有償譲渡を企図して買手を求めていたのであるから，麻薬取締官が，

取引の場所を準備し，被告人に対し大麻樹脂2キログラムを買い受ける意向を示し，被告人が取引の場に大麻樹脂を持参するよう仕向けたとしても，おとり捜査として適法というべきである。」と判断したのである。

問6 では，この最高裁の判断を基に，盗犯の捜査において，おとり捜査が適法と認められる場合があるのか。そもそも最高裁決定では，「直接の被害者がいない薬物犯罪等の捜査において」としていることから，おとり捜査の対象とされる犯罪に，窃盗等の盗犯は含まれないのではないのか。

【解　答】

　たしかに最高裁の決定文上は，そのような文言の記載が認められるが，これは必ずしも直接の被害者のいる犯罪，すなわち個人的法益を保護法益とする罪が対象犯罪から排除されることを意味するものではない（前出多和田216頁）と考えられる。つまり，多和田最高裁調査官も指摘するように，「直接の被害者がいない」とは，「薬物犯罪等」が一般的に密行的に行われるため，証拠収集及び犯人検挙が困難であるという，その類型的な捜査の困難性に関わる要因として挙げたものに過ぎないと推察されるからである。特に，この最高裁決定では，上記の文章の文頭に「少なくとも」という文言が付せられているように，本件事案に即した判示であることから，本件決定が挙げる各要件に当てはまらないおとり捜査が直ちに違法となることまで意味するものではないことも認識しておく必要がある。

　したがって，本件最高裁決定における「薬物犯罪等」の「等」には，銃器事犯や売春事犯等が含まれるのはもちろんとして，盗犯であっても除外されるものではないと考えられる。

　ちなみに，郵便物窃盗の事案について，おとり捜査が正面から論じられたものではないが，郵政監察官が郵便局内部職員による郵便物窃盗事件を検挙するために試験郵便という，いわばおとりの郵便を用いることで，犯行が発覚し，これを検挙した事件において，これが有罪とされている（昭和41年4月19日静岡地裁判決・下刑集8巻4号653頁）。

問7 では，盗犯事件捜査において，おとり捜査が認められる場合は，どのような条件を満たす必要があるのか。

【解　答】

　上記最高裁決定では，①通常の捜査方法のみでは当該犯罪の摘発が困難である場合に，②機会があれば犯罪を行う意思があると疑われる者を対象におとり捜査を行うことは，③刑訴法197条1項に基づく任意捜査として許容されるものと解すべきであるとしていることから，これらの要件を満たせば，盗犯においてもおとり捜査が認められると考えるべきである。

　まず，①の要件であるが，これは補充性の要件と呼ばれるもので，そもそも通常の捜査方法によって犯人の検挙ができる場合であれば，その通常の方法によるべきであるのは当然であり，おとり捜査でなければ検挙ができない状況が求められている。

　次に，②の要件であるが，これは機会提供型であることを明らかにしたものであり，機会があれば犯罪を行う意思があると疑われる者を対象とすべきであることも当然であろう。

　さらに，③の要件であるが，このおとり捜査が任意捜査であることから，任意捜査としての限界を守る必要があるということである。

　具体的には，任意捜査の限界について判示した**昭和51年3月16日最高裁決定（刑集30巻2号187頁）** で述べられたように，任意捜査においても有形力行使が許容される限界として，「必要性，緊急性などをも考慮したうえ，具体的状況のもとで相当と認められる限度において許容されるものと解すべきである。」とされていることから，おとり捜査の場合であっても，この点でパラレルに考え，任意捜査における限界として，必要性や緊急性，更には，具体的な働き掛け方の態様の相当性なども併せて検討されなければならないこととなるものと思われる（なお，任意捜査の限界については第3編第18章「任意捜査の限界」650頁参照。）。

　したがって，当該おとり捜査を実施する必要性や緊急性が満たされているかどうか，さらには，そのおとり捜査の態様について，被疑者となる者への働き掛けとして相当性を逸脱するようなものとなっていないかどうかを考えるべきであろう。

問8 よう撃捜査とは、どのようなものであるのか。また、これはおとり捜査とどのように異なるのか。

【解 答】

　よう撃捜査とは、同一犯人による犯行と認められる一連の犯行手口を分析し、次の犯行を予測して犯人を迎え撃ち、犯行現場又はその付近において現行犯逮捕等を図る捜査手法であるといわれる（増井・捜査116頁）。

　そのためには、犯罪発生状況を正確に把握、分析し、犯行の手口、内容等を精査、比較し、その手口の特異点（犯行場所・時間、犯行状況等）を見つけ出すことがまず大前提である。

　その上で、発生地域（犯人の行動範囲等）、被害対象（特定業種の商店か、高級住宅であるか等）、目的物（現金のみか、被害物品の特徴等）、犯行日時（犯行周期や犯行の時間帯等）等の分析から犯人の行動を予測し、綿密なよう撃捜査実施計画を立てる必要がある。そして、その計画に従って、張り込み等が実施されることとなる。

　このよう撃捜査が成功した事例として、**平成元年2月16日千葉地裁松戸支部判決（公刊物未登載であるが、増井・捜査118〜119頁参照）**が挙げられるところ、これは、主要国道沿いの日本そば屋が侵入盗の被害対象となる可能性が高いと予想し、夜間閉店中の日本そば屋の中に捜査員が潜んで犯人の侵入を待ち受け、実際に、同店に侵入した犯人を現行犯逮捕したものである。

　このように、よう撃捜査では、犯人が犯行に出るのを密かに待ち受けるのであって、捜査員側から何らかの働き掛けをするものではないことから、この点でおとり捜査とは異なるものである。

問9 では、ひったくりが多発している地域を、警察官が一般人を装って手荷物を持って通行し、これを狙った犯人を検挙するのは、捜査員側からは何らの働き掛けもしてないことから、よう撃捜査であって、おとり捜査の範疇には入らないのか。

【解　答】

1　このように，ひったくりの多い地域で，深夜，警察官が一般市民を装って歩行して，ひったくり犯人が現れるのを待って逮捕するという場合を挙げて，これは，よう撃捜査であって，おとり捜査ではないとする見解がある（江原伸一「『おとり捜査』に関する一考察」警学60巻2号103～104頁）。つまり，このような場合においては，「おとり」と犯人側の誤認との密接な関連性，すなわち「おとり」役から犯人に対して個別具体的な「働き掛け」が認められなければ「おとり捜査」の範疇ではないと考えられている（前出江原104頁）からということである。

2　しかしながら，個別具体的な「働き掛け」がなければ，常に，おとり捜査の問題にはならないといえるかどうかは問題がないわけではない。例えば，すり担当警察官が，特定のすり犯を検挙するため，電車に乗ったすり犯の周囲で，わざと鞄から財布が覗いている状態でおとりを配置し，これにすり犯が引っ掛かって，すりを実行してこの財布を窃取した場合はどうであろうか。この場合も，すり犯に対する個別具体的な「働き掛け」は存在しない。したがって，よう撃捜査として問題はないといえるであろうか。

　この場合，たしかに言葉や動作によっての「働き掛け」はなかったとしても，相手の視覚に訴える形での「働き掛け」は存在するのであって，いかにもさあ簡単に財布をすることができますよというような状況を意図的に作出したのであれば，それは相手方に「働き掛け」たことになるのではないだろうか。

　そうであるなら，よう撃捜査とおとり捜査との違いは，行為や言葉での「働き掛け」にとどまらず，単に視覚に訴えるものであっても，犯人側に対し，犯行の容易性を認識させるための何らかの意図的な「働き掛け」があるかどうかに求めるべきであろう。

　この場合，すりの犯人に対し，鞄から財布が覗いている状態を作り出して，それを視認させたのであるから，そこには，さあ取りなさいという誘惑を強度に与える状況を意図的に作り出していることとなり，すり犯としても，被害者の物色をしていたのであれば，元々すりの犯意はあったかもしれないものの，この場合の「おとり」の態様は，犯意の誘発に近いものが認められることから，その手段としては，相当性を欠くことになると思われる。

3　そのような観点からすれば，ひったくり多発地帯を，警察官がひったくりを誘発するような特段の誘発的な動作をすることもなく，手荷物を持って通常の歩行をするだけの場合，当該警察官を他の歩行者から選別させるものがなく，何らの「働き掛け」もないことになるが，例えば，わざと杖をついて歩くのが遅いかのような（追跡できない身体的状態であるかのような）態度で歩行し，また，手荷物が奪いやすいように，それを摑むことなく腕にかけるだけの状態にして，さらには，それを車道側から容易に奪えるような状況で「おとり」を仕掛けたのであれば，これは単なるよう撃捜査にとどまらず，おとり捜査として適法であるかどうかを論じるべきであろうと思われる。

　そして，このような捜査がおとり捜査として適法となるかどうかは，先に挙げた機会提供型であることや，他に採るべき手段がないという補充性の要件，さらには，任意捜査としての必要性，緊急性，働き掛けの相当性などを検討することとなるが，この場合では，そのような「おとり」は，犯意を誘発しているおそれがあることに注意しておく必要があろう。

　つまり，薬物密売人が買手を探している場合には，薬物密売人には継続的かつ確定的な薬物密売の犯意を有しているはずであるが（買手から薬物購入を申し込まれたから，たまたま密売する犯意が生じたということは考えがたい。），窃盗の場合には，何かを窃取しようと考えていない場合であっても，たまたま都合よく奪えるものがあった場合には，犯意が発生してしまって窃取に及ぶという場合もあり得るからである。それゆえ，このようなおとり捜査が，犯人の犯意を誘発してしまうおそれがあるのである。そのため，連続ひったくり犯ではなく，単に，この時だけの単発のひったくり犯が現行犯逮捕されたとしたら，それは「おとり」により犯意を誘発された結果であるとの批判を受けるおそれがある。

4　そこで，本問の状況下において適法なおとり捜査をしようとするのであれば，機会提供型にとどまるもので，新たな犯意を誘発するおそれのない状態で，さらに，相当な態様での働き掛けであるかどうかなどを検討しなければならない。

　具体的には，おとり役の設定を，連続ひったくり犯が狙う被害者の特徴に合わせたものとし，例えば，女性のハンドバッグを狙うのであれば，女性警察官がおとりとなり，ハンドバッグを所持して，連続ひったくり犯が通常犯行に及んでいる時間帯，場所に歩行するということだけで，その検挙を図るというのであれば，

通常は，その場所や時間帯に女性が一人で歩いていることが少ないような場合であっても（女性が何人も歩いているような場所や時間帯であれば，当該女性警察官を他から選別させるものがないことから，「働き掛け」に相当するものが全くないので，上述の見解によれば，よう撃捜査の範疇となろう。），これはおとり捜査かよう撃捜査かの線引きはともかく，いずれにしても適法であると考えられよう。

問10 想定事例では，いずれの捜査も問題はないといえるのか。

【解　答】

1　まず，①については，**問9**で述べたとおりである。なお，男性警察官が女装した場合でも同様に考えて差し支えないものと考える。

2　次に，②については，実例が存在する。それは警察官が電車内で仮睡者を装って犯人を検挙した事案に対する**昭和57年5月25日広島高裁判決（判タ476号232頁）**が，それであるが，これは，警察官がおとり役となって，金品の抜き取り犯人を検挙する目的で，犯人が同警察官の財物を奪取することを予期し，仮睡者を装って待ち受けていたものである。

　この事案では，占有の有無などが争点とされ，おとり捜査については正面から争われてはいない。これは警察官がおとり役になった事案ではあるものの，弁護人も裁判官も，ここで議論しているようなおとり捜査ではなかったと考えたからであろう[1]。たしかに，仮睡者がいたからといって，それで窃盗の犯意が誘発されるとは限らないし，当該警察官は，誰にも何も働き掛けをしていないのであるから，そもそもおとり捜査でもないと考えることもできるし，一応，仮睡者を装って，その状態を犯人に認識させていたのであるから，そこに「働き掛け」があるとして，おとり捜査であると考えても，その手段は相当なものであって，適法であると考えてよいと思われる。

3　では，③については，どうであろうか。本件では，駅構内ベンチの上にバッグを置いておいたというだけであって，犯人に対する個別具体的な「働き掛け」は全く存在しない。これについてもよう撃捜査の範疇であるという考え方もあるか

もしれないが，やはり，これは犯意を誘発しているおそれが強いものであり，その方法が相当性の要件を充足するとはいい難いであろう。このような方法でなければ置引き犯を検挙できないとも考えがたいし（補充性の要件を満たさないであろう。)，結論として違法なおとり捜査に該当するものと考えられる。

1）これまで述べたように，これは，よう撃捜査の典型であるとする考え方からすれば，おとり捜査を論じないことのほうがむしろ当然であるということになる。前出江原124頁によれば，このような事例は，「おとり役設定捜査」と呼んで，おとり捜査とは区別している。
　　また，長沼範良・上冨敏伸「対話で学ぶ刑訴法判例・おとり捜査」法教318号81頁によれば，このような事案において，捜査官の行為として，犯人に対する具体的な働き掛けはないということなどから，おとり捜査には当たらないことになるとしている。

第15章　面割り捜査

> **例　題**　面割り捜査における留意点は何か。

問題の所在

　近時の犯罪捜査における科学技術の進歩は著しく，DNA型鑑定やビデオ映像の解析などによって，被疑者の犯行を客観的に立証することができる範囲が飛躍的に広くなってきている。しかしながら，その一方で，従来から用いられていた目撃者等に対する面割り捜査の重要性も全く失われてはいない。
　ここでは，面割り捜査を実施する上での問題点や留意点等について検討することとしたい。

事　例

【想定事例】

　所轄警察署の甲野刑事は，連続ひったくり犯検挙のための捜査に従事していたが，たまたま別件の詐欺事件で逮捕されていた乙野が連続ひったくり犯の犯人である疑いが浮上した。そこで，連続ひったくり事件のうちの一つの事件の目撃者を確保し，直ちに，取調べ室にいる乙野の顔を通し窓越しに確認させたところ，自分が見たひったくり犯に間違いないというので，その旨の供述調書を作成した。それから，甲野刑事は，写真面割りをしていなかったことに気付き，手元にあった，年齢等もまちまちの他の事件の被疑者の顔写真5枚程度を使い，それに乙野の写真も入れて，写真台帳を作成した。その上で，上記目撃者に写真面割りを実施したところ，乙野の写真を選別したので，この写真面割りについても供述調書を作成した。
　この捜査における問題点は何か。

設問と解答

問1 面割り捜査とは何か。また，それにはどのような方法があるのか。

【解　答】

　犯人と思われる人物を目撃した者に，当該犯人を直接又は写真で間接に見せて，犯人であるかどうかを確かめる捜査手法をいう。

　これには，写真面割りと直面割りとがある。

　まず，写真面割りは，被疑者と人相や年齢が似ている者の写真を集め，それに被疑者の写真をまぜた上で写真台帳を作成し，その写真台帳を目撃者に確認してもらい，それらの写真の中から被疑者の写真を選び出す識別行為によって犯人を特定させる方法である。

　次に，直面割りは，目撃者に被疑者を直接に見せて犯人であるかどうかを確認してもらう方法であるが，被疑者以外に複数の者を並ばせるなどしてその中から被疑者を選別する方法と，被疑者単独で犯人かどうかを確認してもらう方法とがある。

問2 面割り捜査で意識しておかなければならない最も大事な事柄は何か。

【解　答】

　面割りというのは，一度実施したら，そのことが記憶に影響を与えてしまい，再度実施することがほぼ不可能であるという特性を持つものである。したがって，最初の面割りの失敗は，もはや当該目撃者についての面割り供述を証拠として使えないということまで意味するということである。

　そこで，そのようなことが起きないように，捜査に当たっては，この面割り捜査の重要性と問題点をよく把握しておく必要がある。

問3 被害者や目撃者（以下「被害者等」という。）の観察力や記憶力等には個人差があり，必ずしも正確，完全な犯人識別ができるとは限らない。そこで，被害者等の年齢，視力，観察能力，対象に対する注意意識の程度等の主観的条件や，その目撃した場所の明るさ等の客観的条件については，どのようなことが問題となるのか。

【解　答】

次の５点について問題となることを認識しておく必要がある。

1　まず，最初に，被害者等の年齢，観察能力，対象に対する注意意識の程度等の主観的条件について，それらがどの程度良好なものであるかの吟味が必要である。年齢としては若年であるかどうか，また，被害者等の観察能力や注意意識の程度が高いか低いかなどは，その目撃供述の信用性に影響を与えることとなる。例えば，被害者等の記憶への焼き付けについて，特に，突発的に生じた事象については，それを記憶しようと思って当該犯人を見ているわけではないので，当該犯人の容貌を瞬時に記憶に焼き付けるのは容易ではない場合があるということにも留意しなければならない。

　つまり，ある特定の事件が起きていたのを目撃したという内容は，単なる視覚からだけの情報にとどまらず，現場の状況等関連付けられるものがあって，一連の動きとして記憶されやすいし，変容することも少ない。しかしながら，当該犯人の容貌というものは，単に視覚による記憶への焼き付けだけであって，物語性があるわけでもないので，記憶に残りにくいという特性があることを十分に認識しておく必要がある。

2　次に，犯人の容貌を視認できたとしても，その際の視認状況には，程度の差があり，その視認が適切にできるだけの視力といった主観的条件のほか，明るさ，距離，角度，目撃時間の長さ等の客観的条件が十分に備わっているかどうかが問題となる。

3　さらに，被害者等が犯人の容貌を記憶できたとしても，それを言語によって表

現するには，それらの者の表現能力に左右されることになる。しかも，犯人の容貌の特徴を言語で表現するのは容易ではない場合も多い。どうしてもその表現において，丸顔とか，面長とか，陳腐な表現になりやすく，それが実際に逮捕された犯人の特徴を正確に表しているかというと，若干疑問視されるような場合もないではない。同じ言葉を使っていても，使う人によってそのニュアンスが違っていることもしばしばであることにも注意が必要である。

4　その上，一旦記憶したとしても，その後の時の経過によって，その記憶が薄れていったり，変容したり，また，他の人物と混同するなど，当該記憶が正しく保持され続けるとは限らない。先に1で述べたように，当該犯人の容貌というものは，単に視覚による記憶だけであって，物語性があるわけではないので，記憶に残りにくいだけでなく，それだけに消失しやすいという特性がある。そして，これは時間が経てば経つほどその傾向は著しくなる。したがって，目撃してから面割りをするまでの時間の長短が問題となることを意識しておく必要がある。

5　最後に，記憶の変容に関し，暗示等により容易に変容するものであることにも注意しなければならない。写真面割りにおいて，その写真の配置，種類，枚数，犯人がその中にいるかどうかの設定の有無等が暗示を与えてしまう場合がある。特に，犯人であるとしての直面割りは，警察が間違った人を逮捕するはずがないとの信頼感が暗示となり，必ずしも自分の記憶と合致するわけではなくても，犯人であると認識してしまう場合がある。

　さらには，そのような面割りを実施したこと自体が暗示となり，再度，面割りを実施しても，前回の面割りの影響が残り，オリジナルの記憶がどうであったか判明しなくなることがある。したがって，前問で述べたように，一旦，暗示等により記憶が変容してしまった場合には，もはや取り返しがつかないものであることを心しておくべきである。

問4　面割り捜査を実施するに当たり，被害者等が目撃した犯人が既知の人物であった場合，その犯人識別において留意しなければならない点は，前問の各項目のうちのどれであるか。

【解　答】

　この場合は，被害者等が知っている人物であることから，犯人識別において特段の問題を生じないのが通常である。しかしながら，「既知」であるといっても，その程度には様々な段階があり，親子のように間違えることがあり得ない関係から，何年来の友人とか，仕事上の同僚なども間違える可能性は低いが，単に，取引上での知り合いとか，店にたまに来る客などでは，いくら「既知」の人物であるといっても，見間違えの可能性がないとはいえないであろう。その程度の違いは十分に認識しておく必要があり，いくら被害者等が知っている人物であるといっても，それ自体が間違っている可能性も意識して捜査しなければならない場合もあることを忘れてはならない。

　ただ，被害者等にとって本当に既知の人物である限り，**問3**の3ないし5の記憶の変容等の問題は生じない。すなわち，既知の人物であると認識したのであれば，それに関する記憶の内容が変わることはあり得ない。しかしながら，この場合においても，そのような認識が正しいかどうか，つまり，正しく既知の人物を認識し得たかについては問題となる。具体的には，**問3**の1及び2に示されているように，被害者等が確実に当該犯人を見ているかどうかという点に関する目撃者の主観的，客観的条件が十分に満たされているかどうかに留意する必要がある。

　したがって，既知の人物であれば，犯人の容貌等を識別できるだけの視力や現場の明るさ，更には，視認し得る距離等であることなどが認められれば，その犯人識別供述には大きな信用性が認められるであろう。

　ただ，その上で，既知の関係であるなら，被害者等又は当該犯人が，どちらか一方，あるいは双方において，知り合いであることを気付いてそれを前提にした行動をとっている可能性があり，そのような行動が認められるかどうかに注意しておく必要がある。さらに，犯人が本来知り合いであるのなら，被害申告の際に，そのことが捜査機関に告げられていて当然であるはずで，もし被害者等がそれを申告していなかった場合には，後になって犯人は知り合いの誰々であると申告しても，その信用性は著しく低くなるといわざるを得ないであろう。

問5 被害者等にとって犯人が見知らぬ人物であった場合，問3で挙げた各項目について十分に配慮して面割り捜査する必要があるが，そのうち1で挙げた年齢という観点から，被害者等が年少者であった場合，その目撃状況を取り調べる際など，どのような点について留意する必要があるか。

【解　答】

　基本的には，年少者だからといって，その識別能力が特に劣っているようなことはないといわれている。例えば，家庭内の出来事や学校での出来事など自分の世界内の事柄に関するものであれば，その認識や知覚は成人と同様のものが認められると考えられている。

　しかしながら，過去の裁判例で最も問題とされているものは，年少者の被暗示性である。**問3**の5の点についての配慮が成人以上に必要であると考えられていることに留意しなければならない。年少者は，周囲の者の言動による暗示を受けやすく，そのため目撃後に友人と話したり，親と話したりしたことで得た内容によって記憶が変容する危険があると考えられている。

　また，**問3**の3にも関連するが，年少者は一般的に表現能力が十分でないことから，それが不正確になりやすいということを考慮しなければならない。年少者の持っている語彙の中で，身振りを多用して話されることも多いのであるから，それに合わせた意識と理解が必要であり，成人の用語を使わせると，それが暗示になりかねないことも留意しておく必要がある。

　さらには，一般に年少者は，「誰を，どこで目撃した」，「誰は，何をされた」といった供述はできても，時の経過に関する「それは，いつのこと？」かを供述するのは不得手であるかと思われる（時間帯の認識はもちろん，実体験が一昨日であっても，「きのう」と述べるなど。）。そのため，年少者の理解力に合わせて問答をする必要性がある。

　しかしながら，だからといって年少者の視認を過小評価する必要はない。これまでの裁判例でも，年少者による犯人識別供述の信用性が認められた事例の方が圧倒的に多いことがこれを示している。

　したがって，年少者の目撃供述を得る場合には，目撃状況をそのまま語らせるのはもちろんのことであるが，その取調べの段階までに，誰にそれを話したか，それ

に対して誰がどのようなことを言ったかなど，暗示を受ける可能性の有無についても調べておくことは不可欠である。また，年少者の語彙等の問題からその状況をうまく伝えられないものの，その供述態度からして，その目撃が正確になされていることが分かるような場合には，その供述状況をビデオ撮影するなど，視覚的に明らかにできる方法で証拠化することも検討されてよいのではないかと思われる。

問6 問3の2で挙げた被害者等の視力の問題については，どのようなことに留意する必要があるのか。その際の明るさや目撃時間についてはどうか。

【解　答】

　視力の問題は，被害者等の主観的条件に属するものであるが，通常は，周囲の明るさや，相手までの距離などの客観的条件と一緒に検討されている。

　被害者等の視力が問題となる事案の多くは，被害者方に深夜に侵入した犯人を被害者が目撃した事案で，被害者は日常的には眼鏡等を使っているものの，就寝中であるため，犯人を裸眼で目撃することになる場合である。実際にあった事案では，被害者の視力が0.03というものや，0.4ないし0.5というものなどがあったが，いずれもその信用性が否定されて無罪とされている。ただ，0.7程度まで見えている事案では，その目撃供述の信用性が認められているものもある。

　もちろん，被害者等の視力が弱いことだけで無罪とされているわけではなく，周囲の明るさなども併せて考慮されているが，この視力の問題は被害者等の身体的特性に依るものであるだけに，被害者等の視力の程度であっても，正確に見えたはずであるとはなかなか主張しにくいものがあろう。

　そこで，被害者等の視力が問題とされるおそれがある事案では，犯行時と同様の状況を作った上，被害者等と同等の視力の者を何名か集めてきて，それらの者においても犯人が識別できるかどうかの実験を行うなどの捜査をしておく必要もあろうかと思われる。その上で，それら被害者等と同等の視力の者らが実際に犯人を識別できたのであれば，その識別供述は，証拠法的には，実況見分と同様のものとなると考えられる。

　現場の状況として明るければ明るいほど目撃条件はよくなるのであり，その事件発生当時の状況がどのようなものであったかは，当時と同様の条件で再現した上，

その見通し状況を証拠化することは当然である。

　また，被害者等が犯人を識別できるだけの時間があったかどうかは，しばしば問題となるところである。犯人の容貌を一瞥しただけの事案もあり，そのような場合には，被害者等の供述の信用性が認められないこともしばしばである。誘拐や監禁などのように，被害者等が長時間犯人の容貌を見ているような事案では，誤認の可能性は相当に低くなるものの，ひったくり事件などのように，犯人が顔を見られないように短時間で犯行を終えたりするような事案では，他の補助証拠等がない場合には，その犯人識別供述の信用性が認められないことも多いことに留意すべきである。

　もちろん，一瞥しただけでもその容貌が印象に刻み込まれることは十分にあり得るところであり，その時間が短いことだけをもって信用性がないと評価することは失当であるが，そのような目撃供述に対して，裁判所が慎重な態度をとっていることは十分に意識しておく必要がある。

問7 問3の3で挙げた犯人識別についての言語での表現という事柄について，留意しておくべきことは何か。

【解　答】

　被害者等の中には，表現能力の不足等により不正確な人物描写をする者もいることに留意すべきは当然であるが，その点を除いても，その目撃の際の印象の中には，言葉ではいわく言い難い印象などというものがあることもあり，言語で犯人の容貌等の目撃内容を表現することに困難を伴う場合があることは事実であろう。しかしながら，言語により犯人の特徴が具体化されたのであれば，その供述内容自体から犯人の同一性識別の正確性を検証することができることになるし，また，当初からその記憶が明確であったことを証拠化することができるというメリットがある。

　それゆえ，写真面割りの前に，犯人の特徴を言葉で語ってもらい，その供述を証拠化しておくという方法をとれば，手間はかかるものの，犯人の写真を示されてそれに誘導されたなどという批判を避けることができることとなる。

　もちろん，的確な言葉で表現できるかどうか，また，被害者等が言わんとすることを捜査官が的確な表現で録取できるかどうか問題は多いが，まずは，言語で犯人

の容貌等特徴を述べてもらい，その表現の巧拙を見ながら，できるだけ本人の言葉の意味するところを正確に汲み取って，犯人のイメージが浮かぶように供述を引き出し，それを正確に録取するよう努力すべきであろう。

　特に，犯人の割出しに手間取り，犯人の面割りがすぐにはできないような困難な事件の場合には，被害者等の記憶の安定のためにも，犯人特定以前の段階において，この作業は不可欠なものとなろう。もっとも，その供述によって示された犯人の特徴等と，実際に逮捕されて面割り写真で選別した犯人の容貌等において大きな差異があった場合には，当初の供述の信用性はもちろんのこと，面割り写真の選別行為自体の信用性も，いずれも低下させてしまう危険があることはたしかである。しかしながら，そのような事態が生じた場合でも，被害者等が真実犯人を目撃していた以上，必ずその理由を明らかにできるはずであり，それが納得できるものであるかどうかなど（単なる勘違いなどというものではないことなど）を十分に吟味すべきである。

問8 問3の4で挙げた記憶の変容や消失という事柄や，5の暗示といった事柄について，留意しておくべきことは何か。

【解　答】

　時間の経過により犯人識別記憶が変容，消滅する危険があることから，初期の段階での犯人特定供述や，面割り写真等による選別行為が重要となる。これは早期になされるほど正確性が高く，また信用性が高いものであるが，それが適切に行われたことをも証拠化しておく必要がある。その段階で既に誘導や暗示があったとの批判を受けないための方策である。

　そして，捜査官において，被害者等から被害状況や目撃状況を聴取する際，犯人の特定に関する情報をどの程度，それら被害者等に与えたのかを正確に把握しておくことが必要である。被害者等の供述を聞くだけで，一切の情報提供をしていなければ，それはそれで問題はないが，事件によっては，犯人の可能性のある者について聞かざるを得ない場合もあり得るであろう。その場合，その犯人の可能性のある者が既知の者であったり，顔見知りであったような場合には，その者が犯人であるとの暗示を与えてしまう危険があることを頭に入れておかなければならない。捜査

官が暗示を与えようと思ってもいないのに，被害者等において，それを暗示のように受け取ってしまう危険があることにも注意すべきである。

その上で，写真面割りを実施する場合には，示された各写真が均質なものであること，その配列方法や提示方法に誘導の要素がないこと，その中に犯人はいないこともあることを明示又は告知しておくことなど，写真面割りにおける誘導的，暗示的要素を排して実施しなければならない。なお，写真の枚数については，多ければよいというものではなく，少ないからその信用性が否定されるという関係にもない。過去の裁判例からみると，10枚から20枚以内程度で十分であろうと思われる。

なお，目撃者が複数いる場合は，犯人識別については話（情報交換）をさせないといったことにも配慮し，相互の認識の違いによる影響を遮断する必要もあると考えられる。

問9 想定事例における問題点は何か。

【解　答】

これまで述べてきたように，被害者等に暗示を与えてしまうようなことは厳に慎まなければならない。この事例では，先に直面割りをしてしまっていることから，その後の写真面割りは，先の直面割りによる暗示を受けてしまっていることになり，ほとんど意味を持たないこととなってしまっている。また，その写真の選択や枚数についても，上述したように問題があるといわざるを得ないであろう。

もっとも，急を要し，写真面割りをする時間的余裕がないような事案であれば，写真面割りをすることなく，直面割りをせざるを得ない場合もないではないと思われるが，後々の裁判において，犯人の面割りにおいて，捜査官の誘導がなされたなどという主張がなされないような手当をしておく必要はあろう。

ただ，本件では，被疑者は，別件詐欺事件で捕まっていたのであるから，そのような緊急性が存在する事案とは思われず，やはり，通常の手順に従い，適切な写真を十分な枚数集めて，先に写真面割りを行うべきであったと思われる。

問10 犯人の割出しのために，被害者等から犯人の特徴を聞き，それを似顔絵にする場合もあるが，その似顔絵を活用する上で注意しておくべきことは何か。

【解　答】

　似顔絵の作成はまさに職人技であって，モンタージュ写真などと比較して，より正確に犯人の特徴を捉えることができるものとして，犯人割出しの重要な手段となっている。
　もちろん，似顔絵は犯人逮捕のために用いるものであることから，逮捕後は用済みとなるものであるが，たまたまそれがあまり似ておらず，しかも，これが残っていて法廷に顕出された場合などは，被害者等の目撃供述の信用性が問題となってしまう危険がある。しかしながら，似顔絵となると，目撃供述を録取する以上に，技術的な問題があるものであり，その類似性の認定には限界があることを理解してもらえるように努めるしかないと思われる。

問11 その他に，面割りに限らず，目撃者の供述録取に当たって留意すべきことはないか。

【解　答】

　犯行の目撃者は110番通報をしていることも多いが，警察本部通信指令室に残されているこの110番通報の内容を録音したテープを確認し，このテープの内容と目撃者の供述内容とが食い違うことがないかどうかチェックしておくことも大切である。その確認をせずに目撃者から安易に録取した供述内容と上記テープの内容とが違っていると，目撃供述そのものの信用性がなくなってしまうことに十分注意すべきである。
　これは上記テープ自体を証拠として法廷に顕出しなければならない場合もあることから留意しておくべきことであろう。

第16章　手口捜査・手口立証

> **例題**　被疑者の犯行手口の類似性は，犯人性を推認する上で役立つのか。類似の手口による前科についてはどうか。

問題の所在

　窃盗犯人が，その窃取行為において，一定の傾向を持っていることは決して珍しくはない。まず，その対象とする家屋等について，家人が現在する家屋は狙わず空き巣のみしか行わない者や，深夜，家人が寝静まった家屋ばかりを狙って窃盗に及ぶ者，逆に，日中における家人不在の家屋を狙う者，人家を狙わず工場や事務所ばかりを狙って窃盗に及ぶ者などがいる一方，その侵入の手口においても，窓ガラスを割って侵入する者，玄関の鍵をピッキングによって解錠して侵入する者，鍵のかけ忘れた玄関から侵入する者など，窃盗犯人の嗜好や性向がその手口に顕れ，当該犯人固有の手口を形成することもしばしばである。

　上記のように，ある特定の手口で敢行された窃盗については，その手口を固有のものとして持っている被疑者について，その手口の類似性ということから，当該被疑者を当該窃盗事件の犯人として推認することが許されるかということが問題となる。

事　例

【想定事例】

> 　被疑者甲野は，家人の不在を狙っての侵入盗を繰り返し，その前科も10犯以上にわたるものであったが，たまたま金目の物品などが十分でなかった場合などには，その不満から鬱憤を晴らすために，室内の石油ストーブの灯油を床に

撒いて当該家屋に放火するということをしていた。そのような事実は、前科の判決書謄本からも明らかであった。

今回も甲野は、同様の態様で窃盗等の犯行に及んだが、放火についてはすぐに火が消えてしまい、特に何か燃えるというようなことはなかった。このような場合、その同様の手口が記載された前科の判決書謄本について、被告人を本件窃盗の犯人であると推認するための証拠として用いることができるか。

設問と解答

問1 手口捜査とは何か。

【解　答】

手口捜査とは、一般的には、犯人が犯行の際、一定の手段方法を反復する傾向に着目し、検挙及び発生の都度、犯罪の手口を資料化しておき、この資料から、同一犯罪手口の容疑者を割り出したりする捜査手法をいう（増井・捜査72頁）。

問2 どうして窃盗犯人には、各個人における独自の手口というものが形成されることがあるのか。

【解　答】

人間の行動には、各人各様の癖があり、犯罪も人の行為である以上、そのやり方について個人的特徴が現れるのは当然のことである。犯罪を実行しようとする場合、犯人は、殊に安全、容易、成功を念じて行動を起こすのであるから、無意識のうちに自分の経験上最も得意とし、成功率の高い自信のある手段方法によるのであり、そのような傾向は、窃盗のような反復性のある犯罪に特に顕著に現れるからである（前出増井）。

問3 特定の被疑者による犯罪事実を立証するために，その被疑者の前科や類似犯罪に関する証拠を用いることは許されるのか。

【解　答】

　犯人性を証明するために，被疑者の前科や，被疑者が犯した類似の犯罪に関する証拠を用いることは，原則として許されない。
　これは，被疑者が類似の前科や類似の犯罪に及んだという事実があったとしても，それにより被疑者が当該問題となっている罪を犯したとする犯人性についての推認力は弱いものだからである。端的にいえば，前科があるから，今回も同じことをしたのだろうという推認が非近代的なものであって，現代法治国家において，およそ合理的な推認，判断とはいえないものであることは明らかであろう。
　つまり，前科や類似犯罪の余罪の存在などから，被疑者の今回の犯行を推認しようとする思考過程は，そんな悪いことをしてきた人間なんだから，今回の犯罪も同様にしたのだろうという被告人の「悪性格」を介在させて，犯人性に関する犯罪事実を推認しようとするものである。すなわち，これは客観性のある証拠に基づくものではなく，偏見や憶測に近いものであることから許容されないのである。そこで，そのような偏見等が事実認定に悪影響を与え，事実誤認に及ぶ危険を排除するため，それら前科等に関するものは犯人性の証拠として許容性がないとされる（吉川崇「前科証拠を被告人と犯人の同一性の証明に用いることが許されないとした事例」研修774号23頁等）のである。

問4 では，犯人性に関する犯罪事実を証明するために，被疑者の前科や類似犯罪に関する証拠を用いることは一切許されないのか。

【解　答】

　そのようには考えられていない。上述した「悪性格」を基にするような推認ではなく，その推認が合理的なもので，何ら不当な偏見に当たらない場合には，法律的関連性があり，証拠として用いることが許容される。
　つまり，被告人の犯罪性向が，単なる悪性格という程度を越えて，特定の状況下

においては，他の選択の余地のないほどに習慣化している場合には，そうした状況下で被告人が犯行を行ったという推認は，より合理性・確実性が高く，それによる弊害を上回るものと評価できるから，同種前科を立証に供することも許されるであろう（川出敏裕「同種前科・類似事実による立証」警学 68 巻 1 号 136 頁）。

具体的には，①手口など特殊であって，高度の類似性をもつ同種前科や類似犯罪から，被疑者を犯人であると推認する場合，②被疑者の前科等から直接に犯人性を推認しようとするのではなく，当該犯罪事実の機会，動機，計画，隠蔽工作等を推認させる場合，③当該犯罪事実のうちの客観的要素が存在する証拠関係によって認められる場合において，被疑者の故意などの主観的要件を同種前科により認定しようとする場合などが挙げられる（前出吉川 24 頁）。

問5 では，上記①について，手口などが特殊であって，高度の類似性をもつといえるためには，どのような特徴が必要であり，どのような点についてどの程度類似していなければならないのか。

【解　答】

事案により異なるので一概にはいえないが，前科や類似犯罪などの手口の特殊性と，捜査対象となっている犯罪との類似性を検討の中心に置き，併せて，その他の事情も勘案しながら，その犯人性の推認が合理的であるといえるか，不当な偏見を与えることにならないかということなどを考慮して判断すべきである。

ちなみに，これまでの裁判例で認められたものを挙げると次のような事案などが見受けられる。

① 同一列車内で連続的に起きた 2 件の集団スリ事件で，7 号車における窃盗の事実と，9 号車における窃盗未遂の事実とは，時間的，場所的にも接着し，その犯行の方法と態様も同類であって，両事実は互いに密接かつ一連の関係にあるものと見られるから，後者が証明されれば，前者の存在を必然的に推認させる蓋然性があり，これも被告人等の犯行であるとする関連性が認められるとした事案（昭和 40 年 4 月 22 日静岡地裁判決・下刑集 7 巻 4 号 623 頁）。

② 被告人の前々刑及び前刑の犯行における強姦の犯行の手段方法が，いずれも自動車を運転している女性を追尾した上，クラクションを鳴らすなどして停車させ

て因縁をつけ，暴行脅迫を加えて車両に乗り込み，人気のない場所に連行し，女性を全裸にして強姦するというものであり，本件2件の犯行の手口と酷似している場合に，前々刑と前刑に関する証拠に関連性を認めた事案（**平成4年2月27日水戸地裁下妻支部判決・判時1413号35頁**）。
③　被告人が，自治会の催事で供されたカレーの中に砒素を混入し，これを食べた住民多数を殺傷した事件において，被告人が過去において亜砒酸等を飲食物に混入させて人に摂取させた事実が認められる場合には，その手段方法の類似性から，殺人等における被告人の犯人性をも推認することが可能になるとして，類似事件に関する証拠に関連性を認めた事案（いわゆる「和歌山カレー毒物混入事件」控訴審判決・平成17年6月28日大阪高裁判決・判タ1192号186頁）。

　　特に，この判決では，「ところで，起訴されていない被告人の犯罪事実を立証することは，裁判所に不当な偏見を与えるとともに，争点の混乱を引き起こすおそれもあるから，安易に許されるべきではないが，一切許容されないものではなく，<u>特殊な手段，方法による犯罪について，同一ないし類似する態様の他の犯罪事実の立証を通じて被告人の犯人性を立証する場合など，その立証の必要性や合理性が認められ，かつ，事案の性質，審理の状況，被告人の受ける不利益の程度等に照らし相当と認められる場合には，許容される</u>と解するのが相当である。」と明言していることから，「特殊な手段，方法による」場合には，同一ないし類似する態様の他の犯罪事実の立証を通じて犯人性を立証することが，下線部分の条件を満たすことで許容されると判断しているのである。

　　その上で「被告人が過去において亜砒酸等を飲食物に混入させて人に摂取させた事実が認められる場合には，その手段及び方法の類似性から，前記各殺人，同未遂事件における被告人の犯人性をも推認することが可能となる。さらに，被告人が砒素等を混入させた飲食物を人に摂取させることを繰り返していたという事実からは，規範意識が鈍磨していたことや，人に砒素等を摂取させて殺傷することに対する罪障感，抵抗感が薄れていたことも推認でき，殊に，明確な犯行動機の見い出し難いカレー毒物混入事件にあっては，その犯人性を見極める上で検討に値する事実ということができる。このように，本件類似事実から導かれる推認は経験則に基づく合理的なものであって，何ら不当な予断偏見ではない。また，本件は，飲食物の中に砒素を混入させるという匿名性の高い態様による犯罪行為について，被告人の犯人性や殺意の存在が争われている事案であり，しかも，直

接的な証拠がなく，情況証拠の積み重ねによるほかにその犯人性等を立証する方法がない事案でもあるから，類似事実による立証の必要性も高いと認められる。他方，本件とりわけカレー毒物混入事件は，4名の死者を出した重大な事案であって，争点も多岐にわたっており，被告人には捜査の当初から複数の弁護人が選任され，精緻な弁護活動が行われてきたこともかんがみると，本件類似事実の立証を許すことが被告人に過度の負担を生じさせ，その防御権を不当に侵害するものとはいえない。」としたものである。

そして，この判決に対しては，その後，被告人側の上告に対し，平成21年4月21日最高裁において上告棄却決定がなされている（裁判集刑296号391頁）。

④　被告人が犯人であることが明らかな2件の強姦事件が，いずれも刃物様のものを被害者に示すなどして，抵抗すれば刃物での傷害ないし殺害を示唆し，被害者の顔に布を被せた後に姦淫しており，これが本件犯行の手口と類似している場合に，上記2件の強姦事件に関する証拠に関連性を認めた事案（**平成18年8月2日広島地裁福山支部判決・判タ1235号345頁**）。

問6　上記の各裁判例では，前科や類似犯罪と起訴に係る犯罪のそれぞれの手口の類似性以外には，考慮されている事情はないのか。

【解　答】

それらの事案では，単に手口の特殊性や類似性だけでなく，前科や類似犯罪と起訴に係る犯罪とが，時間的場所的に接着しているとの事情が認められる。つまり，前科や類似犯罪が，起訴に係る犯罪とは，時間的にも場所的に全くかけ離れたところで行われた場合に比べて，それらが近接していた場合のほうが，経験則上，それらは同一人により遂行されたとの推認力は高まるといえるからである（前出吉川27頁）。

ちなみに，上記①の事案では，判決においても，両犯行が時間的，場所的に接着している点を犯人性推認の根拠の一つとしているし，②の事案では，犯行場所がいずれも近接した地域内であり，③の事案では，犯行時期がいずれも1年半のうちのものであること，さらに，④の事案では，犯行場所がいずれも福山市内で約8か月間の犯行であるとのことである（前出吉川33頁）。

問7 その他には考慮されている事情はないか。

【解答】

　前科や類似犯罪が複数回繰り返されているという事情も考慮されている。被疑者が前科や類似犯罪に一度しか及んでいない場合に比べて，何度も同種犯罪を繰り返している場合には，そこに被告人の強い犯罪傾向を見いだすことができ，経験則上，被告人の犯人性についての推認はより強まるものといえよう。平野・刑訴239頁が，「悪い性格が証拠とならないように，前科もまた犯罪の証拠にならない。たとい同種の犯罪を行った場合でも，これだけでは，証明の対象となっている犯行の証拠にはならない。ただ，その手口などが特殊なものであり，かつその回数が相当数であるとき，はじめて証拠とすることが許されるであろう。」と述べていることも，まさに同様のことを指摘しているものと考えられる。

問8 では，上記の問題点についての現在の最高裁の立場はどのようなものであるのか。具体的には，ある特有の手口が前科の中に見られるとき，当該前科の判決書謄本により，被疑者の犯人性を推認することは許されるか。

【解答】

1　この点について明確に判断を示したものとして，**平成24年9月7日最高裁判決（刑集66巻9号907頁）**が挙げられる。ここでは，窃盗後に放火をした事案において，当該放火の公訴事実についての犯人性の立証のために，類似の放火の前科を持つ被告人の前科に関する判決書謄本を証拠として用いることができるかどうか問題となった。

　具体的には，この事案は以下のようなものであった。被告人は，①「平成21年9月8日午前6時30分頃から同日午前11時50分頃までの間，金品窃取の目的で，東京都葛飾区内のB荘C号室D方縁側掃き出し窓のガラスを割り，クレセント錠を解錠して侵入した上，同所において，(1)同人所有の現金1000円及びカップ麺1個を窃取し，(2)同人ほか1名が現に住居に使用する前記B荘に放火しようと考え，B荘C号室内にあった石油ストーブ内の灯油を同室内のカーペッ

ト上に撒布した上，何らかの方法で点火して火を放ち，同室内の床面等に燃え移らせ，よって，現に人が住居に使用している B 荘 C 号室の一部を焼損した。」という住居侵入，窃盗，現在建造物等放火の事実（甲事件）及び②北海道釧路市内における住居侵入及び窃盗の事実（乙事件）により，起訴された。

　被告人は，第一審の公判前整理手続において，甲事件の住居侵入及び窃盗と乙事件については争わない旨述べたが，甲事件の放火（以下「本件放火」という）については，何者かが上記 B 荘 C 号室に侵入して放火したものであり，自分が行ったものではないと主張した。

　他方，被告人は，平成 3 年 4 月 7 日から平成 4 年 5 月 10 日までの間に 15 件の窃盗を，同年 3 月 29 日から同年 6 月 13 日までの間に 11 件の現住建造物等放火（未遂を含む。以下，「前刑放火」という）を行ったなどの罪により，平成 6 年 4 月 13 日，懲役 8 月及び懲役 15 年に処せられた前科を有していたというものであった。

2　このような事案において，検察官は，被告人は窃盗に及んだが欲するような金品が得られなかったことに立腹して放火に及ぶという前刑放火と同様の動機に基づいて本件放火に及んだものであり，かつ，前刑放火と本件放火はいずれも特殊な手段方法でなされたものである主張し，この事実を証明するため，上記前科に係る判決書謄本（以下「前刑判決書謄本」という），上記前科の捜査段階で作成された前刑放火に関する被告人の供述書謄本 15 通，本件の捜査段階で作成された前刑放火の動機等に関する被告人の供述調書 1 通（以下，これらを併せて「本件前科証拠」という），本件放火の現場の状況及びその犯行の特殊性等に関する警察官証人 1 名の取調べを請求した。

3　そして，第一審の東京地裁は，前刑判決書謄本を情状の立証に限定して採用したものの，本件放火の事実を立証するための証拠として本件前科証拠は全て「関連性なし」として却下し，また，上記警察官証人を「必要性なし」として却下した上，被告人が本件放火の犯人であると認定するにはなお合理的な疑問が残るとしてそれを無罪とし，甲事件の住居侵入及び窃盗並びに乙事件についてのみ，被告人を有罪とした（**平成 22 年 7 月 8 日東京地裁判決・刑集 66 巻 9 号 938 頁**）。

4 これに対し検察官が控訴したところ，控訴審の東京高裁は，次のように述べて，本件前科証拠及び上記警察官証人の取調べ請求を却下した第一審裁判所の措置は訴訟手続の法令違反に該当し，その結果被告人を本件放火の犯人と認定しなかったのは事実誤認に当たるとして，第一審判決を破棄した（**平成23年3月29日東京高裁判決・刑集66巻9号947頁**）。

すなわち，「前刑放火の大半（10件）と本件放火は，侵入した居室内において灯油を撒布して行われるという，その犯行の手段方法に類似性があると認められる。そのような手段方法で放火をすることは，住宅への放火という類型の一部分に限定される上，前刑放火においては，そのような手段方法が繰り返され，その行動傾向が固着化していると認められ，それらが，本件放火との間の犯行の手段方法についての類似性をより特徴的なものにしているということができる。

さらに，前刑放火のいずれもが，窃盗を試みて欲するような金品が得られなかったことに対する腹立ちを解消することを主な動機としており，そのうっぷん晴らしのために他人の住宅への放火を繰り返すという，窃盗から放火の犯行に至る契機の点で，前刑放火における行動傾向が固着化していると認められる。他方，本件放火と接着した時間帯に，被告人がその犯行場所に侵入して窃盗を行ったことについては争いがなく，同窃盗の被害品は500円硬貨2枚とカップ麺1個にとどまっており，被告人を満足させるものであったとはうかがわれないことからして，その腹いせに被告人が本件放火に及んだ可能性が考えられる。そうすると，前刑放火と本件放火とは，窃盗から放火の犯行に至る契機の点においても，類似性があると認められる。そして，この点に関する前刑放火での行動傾向が固着化していることが，その類似性をより特徴的なものにしているということができる。

このように，前刑放火と本件放火との間には，犯行に至る契機，犯行の手段方法において，いずれも特徴的な類似性があると認められることにかんがみると，前記前科関係の各証拠のうち犯行に至る契機，犯行の手段方法に関するものは，前刑放火の犯人と本件放火の犯人が同一である蓋然性を合理的に推認させるということができるから，その同一性を立証するための証拠として，関連性があると認められる。」とした上で，取調べ請求が却下された前刑判決書謄本等について次のように判示した。

「まず，前記前科の判決書謄本は，前刑放火につき，本件放火と特徴的な類似性のある犯行に至る契機，犯行の手段方法の各点に関し，その事実関係を認定し

ているものであり，前刑放火の犯人と本件放火の犯人が同一である蓋然性を合理的に推認させるといえるから，関連性が認められる。したがって，その取調べ請求を却下した原裁判所の措置は違法である。

次に，前記前科の捜査段階で作成された被告人の供述調書謄本15通，本件の捜査段階で作成された前刑放火の動機等に関する被告人の供述調書1通は，その立証趣旨及び検察官の主張を検討しても，そのすべてが被告人と犯人との同一性の立証に関連するものとは認め難い。しかし，被告人が本件放火の犯人であるか否かを適正に認定するためには，前記判決書謄本において認定された事実関係にとどまらず，前刑放火の犯行に至る契機，犯行の手段方法について，より具体的な事実関係を把握することが必要不可欠であるから，これらの供述調書については，前刑放火につき，本件放火と特徴的な類似性のある犯行に至る契機，犯行の手段方法に関する部分に限って，同一性立証のための関連性を認めるのが相当である。原裁判所は，公判前整理手続において，これらの供述調書の関連性が認められる部分を採用するべきであったにもかかわらず，そのすべての取調べ請求を却下することを前提にして，これらの供述調書のうち関連性のある部分が特定できるような審理を行っていないから，そのような原裁判所の措置は違法というほかない。

最後に，証人Aは，警察官の専門的な知見からみた本件放火の現場の状況及びその犯行の特殊性等について証言することが予定されているが，被告人が本件放火の犯人であるかどうかは，他の間接事実と共に，前刑放火と本件放火の各犯行に至る契機，各犯行の手段方法を比較検討することにより判断されるべきであり，同証人のような，専門的な知見（その内容は，科学的な手法による分析ではなく，多くの捜査を手がけた者による経験的な判断にとどまるものである）に基づいて本件放火の特徴を説明する証拠を取り調べることは，相当でないというべきである。したがって，証人Aについては，その立証に関連性を認めることはできないから，同証人の取調べ請求を却下した原裁判所の措置に違法はない。」として，前刑判決書謄本等の取調べ請求を却下したことについては違法であるとしたものである。

5 これに対し被告人が上告したところ，最高裁は，原判決の上記判断は誤りであるとして，原判決を破棄し，事件を差し戻した。

まず、どのような場合に同種前科を犯人性の立証に用いることができるかについて、本件判決は、次のように述べた。

　「前科も一つの事実であり、前科証拠は、一般的には犯罪事実について、様々な面で証拠としての価値（自然的関連性）を有している。反面、前科、特に同種前科については、被告人の犯罪性向といった実証的根拠の乏しい人格評価につながりやすく、そのために事実認定を誤らせるおそれがあり、また、これを回避し、同種前科の証明力を合理的な推論の範囲に限定するため、当事者が前科の内容に立ち入った攻撃防御を行う必要が生じるなど、その取調べに付随して争点が拡散するおそれもある。したがって、前科証拠は、単に証拠としての価値があるかどうか、言い換えれば自然的関連性があるかどうかのみによって証拠能力の有無が決せられるものではなく、前科証拠によって証明しようとする事実について、実証的根拠の乏しい人格評価によって誤った事実認定に至るおそれがないと認められるときに初めて証拠とすることが許されると解するべきである。本件のように、前科証拠を被告人と犯人の同一性の証明に用いる場合についていうならば、<u>前科に係る犯罪事実が顕著な特徴を有し、かつ、それが起訴に係る犯罪事実と相当程度類似することから、それ自体で両者の犯人が同一であることを合理的に推認させるようなものであって、初めて証拠として採用できるものというべきである。</u>」とした。

　この判決では、まず、その判断の前提として、前科証拠を被告人と犯人との同一性の証明に用いることが是認されている。したがって、この判決が示す条件をクリアする場合には、前科の中に見られる手口との類似性は、犯人性を推認させることになる。

　そこで、その条件であるが、同判決で下線を引いた部分がそれに該当するところ、犯行の手口という観点からいえば、類似の手口であるといっても、その手口に係る犯罪事実が顕著な特徴を有しており、かつ、それが起訴された犯罪事実と相当程度に類似していて、それ自体で両者の犯人が同一であることを合理的に推認させるような、高度な類似性が求められるということであろう。

6　その上で、本件における同種前科やその基準に該当するかどうかにつき、「前刑放火は、原判決の指摘するとおり、11件全てが窃盗を試みて欲するような金品が得られなかったことに対する鬱憤を解消するためになされたものであるこ

と，うち10件は侵入した室内において，残り1件は侵入しようとした居室に向けてなされたものであるが，いずれも灯油を撒布して行われたものであることなどが認められる。本件放火の態様は，室内で石油ストーブの灯油をカーペットに撒布して火を放ったという犯行である。原判決は，これらの事実に加え，被告人が本件放火の最大でも5時間20分という時間内に上記の放火現場に侵入し，500円硬貨2枚とカップ麺1個を窃取したことを認めていることからすれば，上記の各前科と同様の状況に置かれた被告人が，同様の動機のもとに放火の意思を生じ，上記のとおりの手段，方法で犯行に及んだものと推認することができるので，関連性を認めるに十分であるという。しかしながら，<u>窃盗の目的で住居に侵入し，期待したほどの財物が窃取できなかったために放火に及ぶということが，放火の動機として特に際だった特徴を有するものとはいえない</u>し，また，<u>侵入した居室内に石油ストーブの灯油を撒いて火を放つという態様もさほど特殊なものとはいえず</u>，これらの類似点が持つ，本件放火の犯行が被告人によるものであると推認させる力は，さほど強いものとは考えられない。」として，これらの類似点が持つ推認力はさほど強くないと認定したのであった。

そして，結論として，「被告人は，本件放火に近接した時点に，その現場で窃盗に及び，十分な金品を得るに至らなかったという点において，前刑放火の際と類似した状況にあり，また，放火の態様にも類似性はあるが，本件前科証拠を本件放火の犯人が被告人であることの立証に用いることは，帰するところ，前刑放火の事実から被告人に対して放火を行う犯罪性向があるという人格的評価を加え，これをもとに被告人が本件放火に及んだという合理性に乏しい推論をすることに等しく，このような立証は許されないものというほかない。」と判示したものである。

問9 最高裁判決のいう「顕著な特徴」というものは，どの程度のものを指しているのか。例えば，異常で際だっており，それだけで被疑者が特定されるような手口や事実関係でなければならないのか。

【解　答】

この点については，「犯罪事実の『顕著な特徴』は，それ自体で両者の犯人が同

一であることを合理的に推認させるほどのものとされている。それは，それだけで被告人の犯人性が証明できるような極めて特異なものである必要はないものの，相当に高度なものである。それに照らせば，本件の前科事実と起訴事実との間には，放火の動機及び方法において類似性が認められるとはいえ，そのような動機及び方法によって放火を行う者が他にいないという推認ができるほどのものではないから，ここでいう顕著な特徴を持ったものということはできないであろう。」（前出川出135頁）との意見が参考になる。

ただ，ここでいう「顕著な特徴」といえるためには，特定少数の者しか使えないような極めて特殊な技能や手法であることまでは要求していないと考えられる。というのは，仮に，行為者が特定されるに等しいまでの特殊性が要求されるとすれば，それは前科に関する証拠のみで犯人の同一性が認定できる程度までの証明力を要求するに等しいことになるからである（前出吉川28頁）。

問10 その後の最高裁の判断として，どのようなものが示されているのか。

【解　答】

1　**平成25年2月20日最高裁決定（刑集67巻2号1頁）**では，類似事実について，どのような場合にそれを被告人の犯人性の立証に用いることができるかについて判断を示している。

　　この事案及び公判の経過は，次のとおりである。

　　被告人は平成16年8月から同17年8月までの間に，住居侵入，窃盗（未遂を含む），現住建造物放火など，合計20件の罪で起訴された。被告人は，このうち10件の住居侵入・窃盗2件の住居侵入・窃盗・現住建造物放火については，起訴事実をそのまま認め，さらに，1件の住居侵入・窃盗・現住建造物放火については，住居侵入・窃盗の限度で認めた。

　　そして，第一審の岡山地裁は，被告人が否認していた残りの7件の住居侵入・窃盗・現住建造物放火を含めてすべての事実について有罪とした（**平成22年12月7日岡山地裁判決・刑集67巻2号14頁**）。

2　そこで，被告人が控訴したことから，控訴審である広島高裁岡山支部は，被告

人の犯人性を推認する上で，被告人の前科（昭和47年9月から同48年9月までの間の窃盗13件，同未遂1件，現住建造物等放火1件，同未遂2件等の罪により懲役6年に処せられた前科及び平成2年3月から同年12月までの間の住居侵入，窃盗10件，住居侵入，窃盗，現住建造物等放火2件，住居侵入未遂1件の罪により懲役9年に処せられた前科）に係る犯罪事実並びに被告人が自認している第一審判決判示第1ないし第9及び第19の住居侵入，窃盗の各事実等から，
被告人には，
ア　住居侵入，窃盗の動機について，いわゆる色情盗という特殊な性癖が，
イ　住居侵入，窃盗の手口及び態様について，
　①　侵入先を決めるに当たって下見をするなど何らかの方法により女性の居住者がいるという情報を得る，
　②　主な目的は女性用の物を入手することにあり，それ以外の金品を盗むことは付随的な目的である，
　③　家人の留守中に窓ガラスを割るなどして侵入するという特徴が，
ウ　現住建造物等放火について，女性用の物を窃取した際に，被告人本人にも十分に説明できないような，女性に対する独特の複雑な感情を抱いて，室内に火を放ったり石油を撒いたりするという極めて特異な犯罪傾向が，
それぞれ認められるとした。

　そして，上記アないしウの特徴等が，第一判決判示第10ないし第15，第18及び第20の住居侵入，窃盗又は同未遂，現住建造物等放火の各事実に一致するとし，このことが上記各事実の犯人が被告人であることの間接事実の一つとなると判示して，被告人の控訴を棄却した（**平成23年9月14日広島高裁岡山支部判決・刑集67巻2号113頁**）。

3　このような広島高裁岡山支部の判断に対し，最高裁は，まず，先の平成24年の最高裁判決が示した基準である「前科証拠を被告人と犯人の同一性の証明に用いようとする場合は，前科に係る犯罪事実が顕著な特徴を有し，かつ，その特徴が証明の対象である犯罪事実と相当程度類似することから，それ自体で両者の犯人が同一であることを合理的に推認させるようなものであって，初めて証拠として採用できるところ」として，同様の基準を採ることを明らかにした上で，「このことは，前科以外の被告人の他の犯罪事実の証拠を被告人と犯人の同一性の証

明に用いようとする場合にも同様に当てはまると解すべきである。」として，前科以外の被告人の他の犯罪事実の証拠を，被告人と犯人との同一性の証明に用いる場合にも同様であるとした。

　すなわち，「前科に係る犯罪事実や被告人の他の犯罪事実を被告人と犯人の同一性の間接事実とすることは，これらの犯罪事実が顕著な特徴を有し，かつ，その特徴が証明対象の犯罪事実と相当程度類似していない限りは，被告人に対してこれらの犯罪事実と同種の犯罪を行う犯罪性向があるという実証的根拠に乏しい人格評価を加え，これをもとに犯人が被告人であるという合理性に乏しい推論をすることに等しく，許されないというべきである。」としたのである。

　その上で，本件がその基準を満たすかどうかにつき，「これを本件についてみるに，原判決指摘アの色情盗という性癖はさほど特殊なものとはいえないし，同イの，あらかじめ下見をするなどして侵入先の情報を得る，女性用の物の入手を主な目的とする，留守宅に窓ガラスを割るなどして侵入するという手口及び態様も，同様にさほど特殊なものではなく，これらは，単独ではもちろん，総合しても顕著な特徴とはいえないから，犯人が被告人であることの間接事実とすることは許されないというべきである。また，原判決指摘ウの『特異な犯罪傾向』については，原判決のいう『女性用の物を窃取した際に，被告人本人にも十分に説明できないような，女性に対する複雑な感情を抱いて，室内に火を放ったり石油を撒いたりする』という行動傾向は，前科に係る犯罪事実等に照らしても曖昧なものであり，「特異な犯罪傾向」ということは困難である上，そもそも，このような犯罪性向を犯人が被告人であることの間接事実とすることは，被告人に対して実証的根拠の乏しい人格的評価を加え，これをもとに犯人が被告人であるという合理性に乏しい推論をすることにほかならず（前掲最高裁平成24年9月7日判決参照），許されないというべきである。」として，本件においては，原判決が指摘した各事実について，「顕著な特徴」を有するものではないなどとして，これを被告人の犯人性を認めるための間接事実としたことは違法であるとしたものである。

問11　想定事例で，被疑者の前科についての判決書謄本を，被疑者の窃盗の犯行を立証するために用いることができるか。

【解　答】

　上記平成24年の最高裁の判断においては，前科に係る犯罪事実と今回の起訴に係る犯罪事実とを比較して，放火の犯人であることを推認させることは十分ではないとしたものであるところ，想定事例で問題としているのは，放火の点ではなく，窃盗の点であるものの，この点についても，特異な形態を伴う窃取行為であるとして窃盗の犯人性を推認することは，同様に困難といわざるを得ないであろう（上記最高裁の事案では，被告人は窃盗の点については認めていたことから，放火の犯人性だけが問題となっていた。）。

　ただ，本件最高裁判決は，あくまで事例判断であり，具体的に，犯行手口にどの程度の特徴が求められ，前科等との比較でどの程度の類似性が求められるかは，今後の事案ごとに判断されることになるものである。

第17章　近接所持の法理

例題　近接所持の法理とは何か。その適用に当たっての留意点は何か。

問題の所在

　窃盗事件は、同じ財産犯でも強盗や恐喝と異なり、被害者に気付かれないように行われるのが通常である。そのため、被疑者が否認した場合、その犯人性を認定するに当たっては、被害者の供述が直接証拠として用いられることは少ないといわなければならない。
　そこで、間接事実などの情況証拠から犯人性を推認することになるが、窃盗事件では、犯人が職務質問された際などに、被害品を所持している事実が発覚することがある。そして、それが、被害発生の日時場所と近接していたような場合には、当該被害品の所持という事実とから、その窃取行為を推認するという認定方法を用いられることがあり、これが「近接所持の法理」と呼ばれるものである。
　ただ、この法理が適用し得るのはどのような場合であるのかなど、その限界をめぐっては捜査、公判においてもしばしば問題となっている。そこで、それらの検討のため、ここでは想定事例として2つの事案を挙げた。まず、Ⓧ事案は、**平成2年3月28日浦和地裁判決（判タ731号247頁）**の事案であり、Ⓨ事案は、**平成23年7月5日名古屋高裁判決（研修760号73頁、高検速報（平23）216頁）**の事案であって、これらを題材にして、近接所持の法理の内容や適用上の条件、更にはその際に留意すべき事項などについて検討する。

事例

【想定事例】

1（Ⓧ事案）

　被疑者甲野は，平成元年6月14日午前10時頃，埼玉県岩槻市内の路上に駐車中の普通乗用自動車内から，A所有に係る現金500円位及びテレホンカード1枚ほか4点在中の手提げバッグ1個（時価合計3万5000円相当）を窃取した。

　これは，Aが，上記日時場所において，普通乗用自動車を停め，右車両の助手席に，現金や小銭入れ，カード類など在中の手提げバッグを置いたままドアロックをしないで，近くの作業場で仕事をしていたところ，同日午前10時頃，何者かが右車両のドアを開けて手提げバッグを窃取したというものである。

　甲野は，同年7月6日，同市内で窃取された小切手を銀行で，偽名を用いて換金しようとしたところ，行員からの通報により同支店に急行した岩槻署警察官により，有印私文書偽造，同行使，詐欺未遂被疑事件の被疑者として逮捕された。

　その際，甲野の所持品の中に，被害者Aにより本件被害品の一部であると確認されたジョルダンの小銭入れ1個及び同じく被害品のテレホンカードと同一の図柄のものと確認されたテレホンカード1枚（「川中島大合戦」と題し，武田信玄の図柄の入ったもの）があることが発覚した。

　この被害品を所持するに至った経緯についての甲野の説明は，「岩槻公園にたむろしていた40歳位の名前を知らない男と小銭入れを交換し，テレホンカードをもらった。」というものであった。

　被疑者甲野の刑責如何。

2（Ⓨ事案）

　被疑者乙野は，金品窃取の目的で，平成22年4月10日午後6時頃から同月12日午前8時30分頃までの間，愛知県岡崎市内の会社事務所（以下「被害会社」という。）において，同社代表取締役管理のデスクトップパソコン一式（時価約3万円相当）を窃取した。

　この事件での被害品については，上記日時場所において，何者かにより，デスクトップパソコン一式（モニター，キーボード及びパソコン本体，以下「本件パソコン一式」という。）が盗まれ，同所からは，同時間帯に，パソコン用マウス1個，電源コード1本，カードリーダー1個，本件パソコン一式の説明書3冊，パソコ

第17章　近接所持の法理　639

ン用アプリケーション１個及びスタビライザー２個（以下、これら９点を「本件マウス等」という。）も盗まれていた。

なお、本件マウス等は、本件パソコン一式に接続されて使用されていたものや、本件のパソコン本体を固定していた金具、本件パソコン一式の説明書であることから、本件パソコン一式と同一機会に盗まれたものであると認められた。

そして、乙野は、同月12日午前７時から７時半頃、本件パソコン一式及び本件マウス等を元妻宅に持ち込んだ事実が判明しており、したがって、本件窃盗の犯行後、遅くとも38時間以内に、被疑者がその被害品である本件パソコン一式を所持していた事実が認定できるものである。

これらを所持していたことについて、乙野は、「平成22年４月12日午前６時頃、元妻宅に向かって自動車を運転していたところ、路上に軽トラックを停め、積荷を整理している廃品回収業者と思われる人物を見掛け、その軽トラックの荷台にプリンターがあるのが見え、それがほしいと思ったので、プリンターを売ってくれないかと声を掛けたところ、その人物は1000円なら売ると言い、さらに、本件パソコン一式、本件マウス等のほか、ラベルライターや、そのためのテープカートリッジもくれると言ったので、プリンターを1000円で買い、本件パソコン一式をもらい受けた。」と主張していた。

被疑者乙野の刑責如何。

設問と解答

問１ 近接所持の法理とは何か。

【解　答】

そもそも、近接所持の法理により、捜査、公判において、当該被害品を所持していた者が、その窃盗犯人であると推認されるのは、
① 被害発生の直後であれば、被害品は、未だ窃盗犯人の手中にあることが多いという経験則

及び

② その時点であれば、窃取以外の方法で当該物品を入手した者は、自己の入手方

法について具体的に弁明し，容易にその立証をすることができるはずであるという論理則

を前提とするものである。したがって，①の経験則により，近接した日時場所において被害品を所持していれば窃盗犯人であると推認されるものの，②の論理則により，その入手経路が合理的に説明できるものであれば，その推認は阻害されると考えるべきであろう。

ただ，一般的にはそのようにいえても，その所持していた日時や場所が犯行日時や犯行場所から離れれば離れるほど，その推認力は弱くなっていく。もちろん，その他の犯人性を推認させる間接事実等の存否によっても影響されることとなるが，実際のところ，この法理による推認力がどの程度のものであるのか，捜査処理上も判断に迷うことが少なくないと思われる。

例えば，**平成22年3月15日東京高裁判決（公刊物未登載）**では，犯人が被害品を所持しているところを発見されたのは，事件発生後30分経過程度で，その場所が被害場所から1,200メートル位しか離れていなかった場所であるという事案において，近接所持の法理により，犯人性が肯定されたものである。これなどは，時間的にも場所的にも，極めて近いといえるような事案であり，その推認を阻害させるような合理的な弁解も存在しなかったことから，この法理の適用に当たっての問題はない事案であったといってよいであろう。

しかしながら，それより発見時までの時間が長い事案として，犯行後22日経過後の事案であるⓍ事案と，犯行後38時間経過後の事案であるⓎ事案を取り上げて，それら事案での近接所持の法理の適用の可否などにつき，上記①の近接性の問題と②の弁解の不合理性の問題に分けて以下検討する。

問2 近接所持の法理における近接性の問題とは何か。

【解　答】

1　Ⓧ事案での近接所持の法理における近接性の適否
（1）まず，その前提として，上記別件の逮捕時に，被疑者において所持していた小銭入れ及びテレホンカードが，被害者の所有していた小銭入れ及びテレホンカードであったかどうかの確定をしなければならない。それらの物品は，市場

に出回っているものであるだけに，被害者の物であると直ちに断定できるかどうか検討しておく必要があるからである。

　この点については，上記小銭入れに入っていたお守り等も当初から被害届に記載されていたものであることや，上記テレホンカードの使用度数が被害者の記憶と一致すること，また，その図柄がかなり特徴のあるものであることなどの理由から，被害品そのものであると本件判決でも認定されている。

⑵　次に，本件では，被疑者が被害品を所持していたのが，犯行直後ではなく，事件発生後22日を経過していることについて近接性をどのように評価するかが問題となる。

　この点について本件判決は，「22日という時間的経過それ自体は，見方によって長いとも短いともいえるが，これだけの日数が経過する間には，社会生活上，盗品が窃盗犯人から第三者の手に渡るという事態の生ずる相当程度の蓋然性があることは，これを否定し難いというべきであろう。」とし，近接性の要件について否定的な見方を示している。

　しかしながら，この近接所持の法理を考えるに当たっては，その被害品の転々譲渡性をも併せ考えることは不可欠である。

　つまり，例えば，被害品が時計や貴金属類などのように，それ自体に財産的価値があり，有償での取引等により，第三者に譲渡される可能性の高いものであるのなら，これを所持していた者が窃盗犯人である可能性は相対的に下がるものの，個人が日用品として使用するような物であれば，第三者に譲渡される可能性は低いものであることから，それを所持していた者が窃盗犯人である可能性は相対的に上がるといえよう。

　したがって，被害品が上記の前者に属するような物であれば，犯行後間もなくのうちにその所持者が異なってしまうことはあり得るものの，後者に属するような物であれば，犯行後かなり長期間を経ても窃盗犯人の手元に残されているとみるのが合理的な経験則といえるであろう（ちなみに，**平成4年7月16日福岡高裁判決（判タ799号254頁）**の事案では，犯行後8か月経過後の被害品の所持について，近接所持の法理が適用されないとしているが，単に，その経過期間が長いということだけでなく，この時の被害品は腕時計であり，その物品自体のもつ転々譲渡性にも注目しておく必要がある。）。

このような観点からすれば，本件被害品は，小銭入れやテレホンカードであり，それら自体にさほど財産的価値があるものではない。つまり，このような被害品は，これが窃盗犯人から第三者の手に渡るような性質のものとは通常考え難いものである。そうであるなら，たとえ22日という期間が空いていたとしても，その所持者は窃盗犯人であることが強く推認されることとなると考えてよいのではないかと思われる。

2　Ⓨ事案での近接所持の法理における近接性の適否
(1)　第一審判決の論理
　第一審判決は，「本件窃盗の犯行後，遅くとも38時間以内に，被告人がその被害品である本件パソコン一式を所持していた事実からは，被告人が本件窃盗の犯人であることが疑われる反面，事件発生と被告人による被害品の所持との間には最長で1日半以上の時間があり，被害会社の事務所から，被告人が同所に立ち入ったことを示す指紋等の証拠は発見されておらず，本件窃盗がなされた時間帯に被告人が同所付近にいたことを示す証拠もない本件においては，被告人が本件窃盗の犯人等から本件パソコン一式を譲り受けた可能性も十分認められる。」として，近接所持の法理における近接性の要件を含めその適用に消極的な態度を示した。
　しかしながら，ここでは，本件パソコン一式にしか注目しておらず，詳しくは後述するように，同時に窃取された本件マウス等の持つ証拠価値を正しく評価していない。

(2)　控訴審判決の論理
　これに対し，控訴審判決では，本件マウス等が同時に窃取されていたという間接事実を重視し，「被告人は，本件窃盗の犯行が行われてから最長でも38時間という比較的近接した時間内に，本件パソコン一式を，それに接続され，あるいはその用に供されるなどしていた9点の物品とともに所持していたことになるのであって，本件パソコン一式だけでなく，それに接続されるなどしてこれと一体として用に供されていた多数の物品を，被告人が本件窃盗の犯行後最長でも38時間という比較的近接した時間内に所持していたという事実は，原判決がいうような，被告人が本件窃盗の犯人であると単に疑わせるにとどま

第17章　近接所持の法理　643

るようなものではなく，被疑者が本件窃盗の犯人であることを強く推認させるものというべきであり，特段の事情がない限り，被告人が本件窃盗の犯人であると認定することができるといえる。」とした。

　この点も先の浦和地裁判決のところで述べたように，当該被害品の転々流通性が意味を持つことを示したものである。つまり，本件パソコン一式という単体であれば，それなりの金銭的価値により転々流通性が認められるにしても，本件マウス等のパソコン固定用金具などの周辺の付属品は，これを第三者への譲渡の対象とすることが通常は予想されないようなものであるからである（仮に，本件パソコン一式と同時に一括して譲渡されたとするならば，パソコン一式の購入等を求める者が，パソコンのみならずそれを固定されていた金具なども同時に譲り受けることとなるが，このような事態がパソコンの購入や譲渡の際に通常あり得る場面とは考えがたいのではないか。）。したがって，そのような付属品等を所持していたという間接事実は，被害品の中でも特に譲渡の対象となり難いものを所持していたのであるから，そこには被害品を窃取したという要証事実について，更に強い推認力が認められると考えるべきであろう。

　また，本件における38時間という時間は，本件被害品が窃取されて第三者に渡るという経路をたどる時間としては，やはり短いというべきものではないかとも思われる。むしろ，控訴審判決も指摘するように，犯行時刻にかなり近接しているとの評価のほうが正当であろう。

　したがって，控訴審判決では，更に，「被告人が被害品を所持するに至る経過に，第三者が介在する可能性が抽象的には存するとしても，本件窃盗の犯行と同一機会に盗まれたと認められる多数の物品を，被告人が犯行時間帯と比較的近接した時間に所持するに至る経過に第三者が介在するという余地は相当に限定されるとみるべきであり，本件パソコン一式を所持していた事実と本件窃盗の犯行後の時間的経過の点のみをとらえ，被告人が本件窃盗の犯人であると疑われるにとどまるとした原判決の判断は，被告人が，本件窃盗の犯行後最長で38時間ほどが経過したにとどまる時点で本件の被害品である本件パソコン一式を所持していた事実及びこれと関連する多数の物品をも所持していたという事実を軽視しているきらいがあるし，また，犯行現場から被告人の指紋等が発見されていない事情が，上記の推認を阻害し，あるいは，この推認を弱める事情ともいえない。」として，本件の被害品所持の事実は，近接所持の法理の

適用における近接性の要件に十分該当し得るものであることを判示した。

3 近接所持の事実においては，当該被害品の性質等にも十分に注意しておく必要がある。上述したように，それが転々流通性を持つものかどうかという点だけでなく，被疑者が所持するにふさわしい物品であるかどうか（例えば，男性の犯人が女性用の腕時計を所持したような場合等），被疑者の興味や嗜好に関連する物品であるかどうか（例えば，ロレックスの腕時計に極度に固執し，執着していた被疑者がいたが，そのような者にとっては被害品ロレックスの所持は特別の意味を持つ。），被害者以外の者にとっては無価値な物品であるかどうか（例えば，特に高価ではない被害者の想い出の品や価値のある物が入っていた外箱など）など様々な角度から当該被害品の性質等を検討し，被疑者が所持することの不自然性についても検討しておく必要がある。

問3 近接所持の法理における弁解の不合理性の問題についてはどう考えるべきか。

【解　答】

1 上記のように近接所持の事実が認められるにしても，その入手経路が合理的に説明できるものであるときは，近接所持の法理による推認は働かない。

そこで，被疑者が当該被害品を所持した経緯についての弁解が合理的であるかどうかの検討が必要となる。

(1) Ⓧ事案について

この事案での被疑者の説明は，事例で示したように，「岩槻公園にたむろしていた40歳位の名前を知らない男と小銭入れを交換し，テレホンカードをもらった。」というものである。

このような説明が合理的なものとして，上記の近接性の要件を満たした近接所持の法理による推認を阻害するものと評価できるであろうか。

本件判決では，その弁解内容について，「もっとも，右弁明の内容は，通常の社会生活を営む者の目からみると，いささか不自然の感を禁じ得ないが，さりとて，公園等にたむろする浮浪者又はこれに類する者の間で，右弁明に現れ

第17章　近接所持の法理　645

たような行為が行われることがないと断ずることもできず，右弁明は，その内容自体に照らし，社会生活上およそ考えられない荒唐無稽なものであるとか，不合理不可解なものであるということはできない。」としているが，やはり不自然であると考えるのが通常ではないかと思われる。被疑者の生活状況が判決文上からは必ずしも明らかではないので，被疑者が「公園等にたむろする浮浪者又はこれに類する者」であったのかどうかは不明であるが，仮にそのような生活をしていたとしても，「小銭入れを交換」するという行為は，やはり奇異であると考えるのが自然であろう（もっとも，何かをもらうという行為は決して奇妙とまではいえないと思われることから，むしろ「テレホンカードをもらった」という説明はそれほど不自然ではないものといえよう。）。

このように考えるのであれば，被疑者の本件被害品入手に当たっての説明は十分な合理性を持つものとはいえず，上記の被害品所持に係る犯人性の推認を阻害するには足りないと評価すべきではないかと考える。

(2) Ⓨ事案について

この点についての被疑者の弁解は，事例で示したように，廃品回収業者と思われる男から買い受けるなどしたと主張するものである。

この弁解が合理的であると判断するか，そうではないと判断するかは評価が分かれることになろうが，健全な社会常識に照らせば，入手経路として，およそ合理的な供述内容であるとはいえないのではないかと思われる。

しかも，被疑者のこの供述には，決定的な虚偽事実が含まれているのであるから尚更であろう。

すなわち，被疑者のこの弁解によれば，被疑者は，この4月12日午前6時の時点で，この業者からラベルライターや，そのためのテープカートリッジを入手したことになる。

しかしながら，このラベルライターは，同月20日，元妻により警察に任意提出されたところ，その中に入っていたテープカートリッジには，被害会社の代表取締役の親族の名前が印字された跡が残っているとともに，被疑者の子の名前や住所の印字跡も残っていたのである。

これはどういうことかというと，被害会社の代表取締役は，当該ラベルプリンターは，同年3月19日か20日ころに被害会社から盗まれたものである旨

供述し，また，元妻も，当該ラベルプリンターは，既に同年3月下旬から4月上旬頃までに同女宅にあり，被疑者が子供の入学準備のためにそれを使っていた旨述べていることに照らすと，このラベルプリンターを被疑者が被害会社から窃取したかどうかはともかくとして，少なくとも，被疑者の子供の入学準備のために使われたことは間違いないのであるから，被疑者の上記弁解の中に，このラベルプリンターの入手に関して虚偽の事実が含まれているという点は動かない。

そうであるなら，そのような虚偽の事実を含めた入手先の供述は，合理的で信用のできるものとなるはずはないと思われる。

この点について，第一審判決では，「被告人の供述において，本件パソコン一式と本件ラベルライターとは，同時に廃品回収業者から譲り受けたという以外に関連性がなく，本件ラベルライターにかかわる供述部分の信用性が排斥されると，本件パソコン一式に関する供述部分の信用性も失われるといった関係はないから，本件ラベルライターに関して被告人の供述に虚偽があるとしても，被告人が本件パソコン一式を廃品回収業者からもらったとの供述自体を排斥することはできない。」としているが，これはおよそ合理的な判断とは言い難いであろう。弁解の一部の嘘があっても，他は本当かもしれないと推認しているのであって，このような推認が健全な経験則に合致するものとはおよそ考えられないところである。

これに対し，控訴審判決は，「被告人の弁解は，本件ラベルライターを本件パソコン一式とともに廃品回収業者からもらい受けたというもので，密接に関連しているものであるから，本件ラベルライターに関する供述が虚偽であるという事実は，その供述部分のみならず，本件パソコン一式の入手経路に関する被告人供述の信用性についても疑いを差し挟む事情というべきである。本件パソコン一式と本件ラベルライターは，同時に廃品回収業者から譲り受けたという以上に関連性がなく，本件ラベルライターにかかわる供述部分の信用性が排斥されると本件パソコン一式に関する供述部分の信用性も失われるという関係にないと判断した原判決は，両者の密接関連性を看過，ないし等閑視している。」と厳しく非難しているところである。

このように，本件では，被害品の入手についての被疑者の弁解が信用できないものであることは明らかであって，近接所持の事実による推認を阻害するこ

とはできないものと思われる。

2　この弁解の不合理性について，本稿では，所持の近接性による犯人性推認を阻害する要件として，合理的な弁解の存在という捉え方をしているが，弁解の虚偽性という積極的な要件が，近接所持の法理を構成する要件の一つであるという考え方もある（川上拓一「近接所持による窃盗犯人の認定」刑事事実認定50選（上）447頁等）。この後者の見解によれば，被疑者の弁解が虚偽であると積極的に認定できなければこの法理は働かないこととなる。

　しかしながら，そのような見解に立つと，何も弁解をせず黙秘した被疑者については，いくら当該犯人がひったくりにより被害者から被害品を奪ったような事案で，被害者が犯人を見失った直後ころに，当該被害品を所持していたのを検挙されたような場合であっても，近接所持の法理が働かないことになり，それが不当であることは明らかであろう。また，いくら当該弁解が不合理であると認められても，積極的に虚偽であることの立証ができなければ近接所持の法理が働かないというのも，被害品所持の近接性それ自体が持つ推認力という経験則に反する結果を招くものであると思われる。

　それゆえ，時間的な長短や場所的な遠近によって，その推認力に差があるとはいえ，被害品の近接所持という外形的事実は，それだけで一定程度の犯人性推認力を持ち，ただ，その入手に当たっての弁解の合理性，不合理性がその推認力を阻害するなどの影響力を持つという考え方を採るべきであると考えている。

問4　近接所持の法理を適用するに当たって他に留意すべき事項は何か。

【解　答】

1　上記のように近接所持の事実が認められ，その入手先についての弁解が不合理なものであると認められるにしても，これまでの捜査，公判においては，被疑者の犯人性を推認させる更なる間接事実の収集や立証に努めてきた。たとえ近接所持の法理が適用される場面であると思われても，それだけに頼ることなく，より確実な立証ができるような証拠収集活動が求められるのは当然のことである（上

記の2つの事案でも，近接所持の法理以外の間接事実による立証は様々な角度からなされていた。）。

　これは，近接所持の法理に関してだけ特に問題となることではなく，窃盗事件一般においても同様であるが，具体的には，以下のような間接事実の収集に向けた捜査活動が必要である。

2　まず，犯行前後の被疑者の行動に不審なものがないかどうかである。

　犯行前であれば，窃盗の際に用いる用具等の調達行為，共犯者又は関係者等に対する犯行打ち明け行為，犯行現場の下見行為，メール等に犯行を予感させるようなものがないかどうかなどを検討すべきであるし，犯行後であれば，当該被害品の処分行為，犯行用具の処分行為等の罪証隠滅行為，メール等による犯行告白行為等の有無などを検討すべきであろう。

　また，動機の存在も重要であり，被疑者が金銭的に困窮していた事実や，まとまった資金を必要としていた事実などの立証に役立つ間接事実として，その収入，資産状況や，借金の程度，遊興の仕方やその支払状況なども押さえておくべきは当然である。

　さらに，被疑者の窃盗関係の前科やその手口等についても，近接所持の法理を補強するものとして，被疑者の犯人性を推認させる場合もあり得るが，これについては第3編第16章「手口捜査・手口立証」622頁を参照されたい。

第18章　任意捜査の限界

> **例　題**　刑訴法上，任意捜査と強制捜査には，どのような違いがあるのか。また，任意捜査の端緒や範疇である職務質問や任意同行などについては，どのような点に留意する必要があるのか。

問題の所在

刑訴法 197 条 1 項は，

> 捜査については，その目的を達するため必要な取調をすることができる。但し，強制の処分は，この法律に特別の定のある場合でなければ，これをすることができない。

としており，任意捜査の原則を掲げている。ここでいう「取調」とは，捜査活動一般を指すものと考えられており，但し書で示されているように，強制捜査は，刑訴法に特別の規定がなければできないこととされている。

では，どのような場合に，任意捜査が許され，また，それはどの範囲まで許されるのか，その限界はどこまでかなどの問題や，さらに，そのような捜査で得られた証拠について，その証拠能力がどのように評価されるのかなどについても，正確に理解しておく必要がある。

事　例

【想定事例】

> A警察署地域課の甲野巡査部長は，自転車で管内をパトロールしていたところ，前方から対向して走ってきた自転車が突然右折して路地に入っていったのを目撃した。甲野巡査部長は，不審者が自分を見て避けたものと考え，直ちに，同自転

車を追いかけ，併走して職務質問を開始した。この際，甲野巡査部長は，自転車窃盗や占有離脱物横領の疑いを念頭に置いていた。そして，同自転車に乗っていた被疑者乙野は，しぶしぶ停止して，甲野巡査部長の職務質問に答えていたが，その自転車には防犯登録などもなく，照会しても所有者は判明しなかった。

その上で，甲野巡査部長が所持品を見せてもらいたいと言うと，携帯電話と財布は見せたものの，それ以外の物を見せようとしなかったことから，身体を触らせてもらいたい旨を告げ，乙野が黙ったままであったので，それ以上承諾を求めることなく，着衣の外側から乙野の胸の辺りを両手でさわった。

すると，突然，乙野は，両手で甲野巡査部長の手を払いのけ，「ふざけるな。さわるな。」などと言ったので，同巡査は，すぐに終わるから確認だけさせて欲しいと述べ，身振り手振りで説得しようと思い，肘を自分の脇腹につける形で手のひらを上の方に向けるような，何か両手で持つような感じにしたところ，乙野は，右手拳で甲野巡査部長の左胸を殴り，更に，右足で左脛辺りを，左足で右膝辺りを蹴った。その結果，甲野巡査部長は，左胸，左脛及び右膝に全治約1週間の打撲傷を負った。

被疑者乙野の刑責如何。

設問と解答

問1 任意捜査と強制捜査との違いは。

【解　答】

基本的には，相手方の意思に反して直接強制をする方法による捜査が強制捜査であり，そのような有形力を行使しない捜査が任意捜査であると考えてよいであろう。ちなみに，**昭和51年3月16日最高裁決定（刑集30巻2号187頁）**は，許容されない強制手段とは，「個人の意思を制圧し，身体，住居，財産等に制約を加えて強制的に捜査目的を実現する行為など，特別の根拠規定がなければ許容することが相当でない手段を意味するもの」であるとし，そのような強制手段を，上記刑訴法197条1項但書の「強制の処分」と考えている。

具体的には，強制捜査には，通常逮捕などの身体に対する拘束や，捜索・差押え

などの物の押収などである。また，刑訴法上の規定によるものではないが，通信傍受法に基づく通信傍受などもある。

これに対し，任意捜査には，刑訴法上規定が設けられているものとして，被疑者に対する出頭要求及びその取調べ（刑訴法198条1項）（第3編第20章問1，問2・708～9頁参照）や，第三者に対する出頭要求及びその取調べ（刑訴法223条）（第3編第20章問3・711頁）などがあるほか，鑑定等の嘱託（刑訴法223条1項）（この鑑定嘱託に基づく各種鑑定については，第3編第6章ないし第11章参照）などもある。

また，そのような規定がないものの任意捜査として許されていると考えられているものに，聞き込み（第3編第1章問3・452頁参照），尾行・張り込み（第3編第13章582頁参照），おとり捜査・よう撃捜査（第3編第14章599頁参照），防犯ビデオ解析（第3編第12章565頁参照），写真撮影（第3編第12章565頁参照），任意同行などが挙げられよう。

問2 任意捜査とされるものについては，常に，その限界が問題とされ，適法な任意捜査の範囲に収まっている捜査といえるかどうかが問われることになる。そこで，厳密にいえば捜査ではないが，この点がしばしば問題となる職務質問における適法性について検討するに当たり，まず，職務質問の許容される要件はどのようになっているのか。

【解　答】

第1章「盗犯捜査の開始から起訴に至るまでの捜査手順」でも触れたが，警察官職務執行法2条1項は，

　　警察官は，異常な挙動その他周囲の事情から合理的に判断して何らかの犯罪を犯し，若しくは犯そうとしていると疑うに足りる相当な理由のある者又は既に行われた犯罪について，若しくは犯罪が行われようとしていることについて知っていると認められる者を停止させて質問することができる。

と規定しているところ，この職務質問が許されるための要件としてこの規定上，①異常な挙動その他周囲の事情から合理的に判断して何らかの犯罪を犯し，若しくは犯そうとしていると疑うに足りる相当な理由のある者（不審者）であるか，②既に行われた犯罪について，若しくは犯罪が行われようとしていることについて知って

いると認められる者（参考人）でなければならない。

このうち，職務質問の適法性が問題となるのは，通常①の者についてである。そこで，この①に関する要件をみてみるが，まず，ここでいう，「異常な挙動」とは，不自然な動作・言語・異様な服装・所持品など，その者の挙動の異常さから，何らかの犯罪に関係があると思われる状態にあることをいい，また，「その他周囲の事情」とは，深夜であるとか，非常線が張られた中の地域であるとか，挙動以外の事情から判断して，何らかの犯罪に関係があると思料される事情をいう（増井・捜査101頁）。

そして，「何らかの犯罪」というのは，職務質問が犯罪の予防・鎮圧という行政警察の目的実現の手段であるところからみて，何らかの刑罰法規に触れる行為であるという程度で足り，どのような構成要件に該当するかまでは不明であっても差し支えないと考えられている（前出増井）。

また，「疑うに足りる相当な理由」とは，逮捕と異なり，単に相手方を一時停止させて質問するに過ぎず，犯罪の嫌疑も「何らかの犯罪」で足りるのであるから，身柄拘束の場合に要求されるような犯罪の強い嫌疑は必要ではなく，一応犯罪を犯したと疑うに足りる程度の理由があれば足りるものと考えられている（前出増井）。

そして，職務質問に及ぶ際の判断は，警察官として客観的・合理的なものでなければならない。近隣で発生した事件との関連性や，指名手配された者との類似性，当該場所付近で多発する特定の犯罪（ひったくりなど）に及ぶ蓋然性などを，総合的に判断する必要がある。

問3 では，上記の要件が満たされた場合，職務質問に及ぶことになるが，これは，警察官職務執行法2条3項において，
　　前2項に規定する者は，刑事訴訟に関する法律の規定によらない限り，身柄を拘束され，又はその意に反して警察署，派出所若しくは駐在所に連行され，若しくは答弁を強要されることはない。
と規定されているように，あくまで任意手段によることとされているが，相手が拒否したら何もしてはいけないのか。何らかの制止行為が許されるとしたら，どの程度の実力行使までが適法とされるのか。

【解　答】

いくら任意手段であるからといっても，相手が拒否した場合には，一切質問がで

きないなどと考えるべきではない。質問や停止に応じない者にこそ質問が必要なのであり，拒否せずに応対する者は，むしろ犯罪に及んでおらず，本来は質問する必要のなかった者も多く含まれているであろう。そうであるなら，犯罪の予防・鎮圧という職務質問の重要な目的を達成するために，上記①の要件を満たす相手に再考を促し，協力を要請し，社会通念上，妥当と思われる程度の強制にわたらないような実力の行使により，粘り強く説得することは当然に許されていると考えられる。

では，質問に応じようとせず，立ち去ろうとする者に対して，どの程度の実力の行使までが適法とされるのであろうか。職務質問の場合を含めて参考になる裁判例として，次のようなものが挙げられよう。

1 昭和29年7月15日最高裁決定（刑集8巻7号1137頁）

この事案は，警ら中の警察官が，夜間道路上で被告人に職務質問をし，駐在所に任意同行して所持品等について質問中，隙を見て被告人が逃げ出したことから，更に質問を続けるために約130メートル追跡し，背後から腕に手をかけた際，暴行を受けて受傷したという公務執行妨害・傷害事件であった。

この事案において，上記最高裁決定の原審である**昭和28年12月7日名古屋高裁判決（判時18号24頁）**は，「原判決はH巡査が被告人を約130米追かけ，その身体に手をかけた行為を目して逮捕的行為であると認め，適法な職務行為の範囲を逸脱していると判断しているけれども，その距離の如何に拘らず停止を求めるためにその跡を追かけることは，事物自然の要求する通常の手段方法であって，客観的に妥当なものであると認むべく，これを目して強制又は強制的手段であるとは到底考えられないところであるし，又同巡査が<u>被告人の背後より『何うして逃げるのか』と言いながらその腕に手をかけたことも，任意に停止をしない被告人を停止させるためにはこの程度の実力行為に出でることは真に止むを得ないこと</u>であって，正当な職務執行の手段方法であると認むるを相当とする。」旨判示して，第一審判決が，H巡査の行為は違法な職務質問であるとし，被告人行為は正当防衛に当たるとして無罪としたのを破棄したものであった。

そして，その上告審である本件最高裁決定では，「原判決の認定した事実関係の下においては，原判決の判示は正当であって，所論の違法は認められない。」として，更に質問を続行するために追跡して背後から腕に手をかけて停止させる行為は，正当な職務質問の範囲内にあるという判断を示した。

2　昭和51年3月16日最高裁決定（問1で紹介）

　この事案は，警察官が，酒酔い運転の罪の疑いが濃厚な被疑者をその同意を得て警察署に任意同行した後，被疑者が急に退室しようとしたため，警察官がこれを制止しようとした行為が問題とされたものである。

　具体的には，出入口の方へ向かった被告人の左斜め前に立ち，両手でその左手首をつかんだＡ巡査の行為が，任意捜査において許容されるものかどうか問題とされたところ，本件最高裁決定では，「捜査において強制手段を用いることは，法律の根拠規定がある場合に限り許容されるものである。しかしながら，ここにいう強制手段とは，有形力の行使を伴う手段を意味するものではなく，個人の意思を制圧し，身体，住居，財産等に制約を加えて強制的に捜査目的を実現する行為など，特別の根拠規定がなければ許容することが相当でない手段を意味するものであって，<u>右の程度に至らない有形力の行使は任意捜査においても許容される場合があるといわなければならない。</u>ただ，強制手段にあたらない有形力の行使であっても，何らかの法益を侵害し又は侵害するおそれがあるのであるから，状況のいかんを問わず常に許容されるものと解するのは相当でなく，必要性，緊急性などをも考慮したうえ，具体的状況のもとで相当と認められる限度において許容されるものと解すべきである。

　これを本件についてみると，Ａ巡査の前記行為は，呼気検査に応じるよう被告人を説得するために行われたものであり，その程度もさほど強いものではないというのであるから，これをもって性質上当然に逮捕その他の強制手段にあたるものと判断することはできない。また，右の行為は，酒酔い運転の罪の疑いが濃厚な被告人をその同意を得て警察署に任意同行して，被告人の父を呼び呼気検査に応じるよう説得をつづけるうちに，被告人の母が警察署に来ればこれに応じる旨を述べたのでその連絡を被告人の父に依頼して母の来署を待っていたところ，<u>被告人が急に退室しようとしたため，さらに説得のためにとられた抑制の措置であって，その程度もさほど強いものではない</u>というのであるから，これをもって捜査活動として許容される範囲を超えた不相当な行為ということはできず，公務の適法性を否定することができない。」と判示している。

3　昭和51年4月1日広島高裁判決（判夕345号314頁）

　この事案では，明らかに建造物侵入がうかがわれるような不審な行動に出てい

た被告人に対し,「N巡査としては非常な不審感をもち,直ちに同被告人に,何をしているのか,出て来なさい,君は誰か,何しにここへ上っているのか,誰に断って上っているのか等と再三質問を繰り返し,やがて,右ダンボール箱から右カメラなどを入れた紙袋を左手に持ち出て来た被告人と50センチメートルくらいの間隔で相対峙し,<u>被告人が階段に向い逃げようとするのをその前面に立ちふさがって2,3メートル移動し,前記質問を引続き繰り返した</u>」行為について,適法な職務質問であるとしている。

4　昭和52年10月31日東京高裁判決（判時900号115頁）

　この事案は,「午後9時50分頃,無灯火で名前の記載も防犯登録票の添付もない婦人用自転車に乗った男が,警察官の間に一応簡単に氏名,住所,職業を答え,兄嫁のものを借りて友人のもとに行くと言ったとしても,その職務質問が5分位で簡単にしか応答がえられず,その場を急いで立ち去る気配を示した場合,<u>更に若干職務質問を続行するため,その者の左手を押え,さらに交通の妨害にならないよう左腕をかゝえて交差点近くの道路上から1米位離れた道端まで誘導すること</u>は,警察官職務執行法2条1項にいう停止の方法として適法な職務執行と解せられるから,その際偶々バランスを失して自転車が転倒したとしても,これをもって警察官の違法な実力行使があったということはでき」ないと判示している。

5　昭和53年9月22日最高裁決定（刑集32巻6号1774頁）

　自動車に乗った被告人に対し,その自動車を停止させることができるかという点について,本件最高裁決定は,「A巡査及びB巡査が交通違反の取締りに従事中,被告人の運転する車両が赤色信号を無視して交差点に進入したのを現認し,A巡査が合図して被告人車両を停車させ,被告人に右違反事実を告げたところ,被告人は一応右違反事実を自認し,自動車運転免許証を提示したので,同巡査は,さらに事情聴取のためパトロールカーまで任意同行を求めたが,被告人が応じないので,パトロールカーを被告人車両の前方まで移動させ,さらに任意同行に応ずるよう説得した結果,被告人は下車したのであるが,その際,約1メートル離れて相対する被告人が酒臭をさせており,被告人に酒気帯び運転の疑いが生じたため,同巡査が被告人に対し『酒を飲んでいるのではないか,検知してみるか。』

といって酒気の検知をする旨告げたところ，被告人は，急激に反抗的態度を示して『うら酒なんて関係ないぞ。』と怒鳴りながら，同巡査が提示を受けて持っていた自動車運転免許証を奪い取り，<u>エンジンのかかっている被告人車両の運転席に乗り込んで，ギア操作をして発進させようとしたので，B巡査が，運転席の窓から手を差し入れエンジンキーを回転してスイッチを切り，被告人が運転するのを制止した</u>，というのである。右のような原判示の事実関係のもとでは，B巡査が窓から手を差し入れ，エンジンキーを回転して<u>スイッチを切った行為は警察官職務執行法2条1項の規定に基づく職務質問を行うため停止させる方法として必要かつ相当な行為であるのみならず，道路交通法 67 条 3 項の規定に基づき自動車の運転者が酒気帯び運転をするおそれがあるときに，交通の危険を防止するためにとった，必要な応急の措置にあたるから，刑法 95 条 1 項にいう職務の執行として適法なものであるというべきである。</u>」として，自動車のエンジンキーを回転させてスイッチを切る行為について適法な職務執行であると認めたものである。

|問4| では，質問のために停止させるだけでなく，質問のために一定の時間にわたって留め置くことは許されるのか。許されるとしたなら，どの程度の留め置き行為で，どのくらいの時間であれば許されるのか。

【解　答】

　問3の事案は，停止を求めるものであったことから，その対象となる犯罪は，盗犯をも含めて様々であったが，一定時間にわたって留め置くのは薬物関係の犯罪であることが多い。覚せい剤使用の嫌疑に基づく，尿の採取のための説得や，それが功を奏しなかった場合には，強制採尿をすることになるため，そのための令状取得等に時間がかかるからである。したがって，以下は，薬物事犯の事例になるが，任意捜査の限界を理解する上で必要であるので，ここで紹介することとする。

　留め置き行為の適法性については事案により判断が区々に分かれているが，代表的な裁判例を示すと次のとおりである。

1　平成6年9月16日最高裁決定（刑集48巻6号420頁）
(1)　この最高裁決定の事案は，次のとおりである。
　①　福島県会津若松警察署A警部補は，平成4年12月26日午前11時前ころ，同警察署八田駐在所に被告人から意味のよく分からない内容の電話があった旨の報告を受けたので，被告人が電話をかけた自動車整備工場に行き，被告人の状況及びその運転していた車両の特徴を聞くなどした結果，覚せい剤使用の容疑があると判断し，立ち回り先とみられる同県猪苗代方面に向かった。
　②　同警察署から捜査依頼を受けた同県猪苗代警察署のB巡査は，午前11時すぎ頃，国道を進行中の被告人運転車両を発見し，拡声器で停止を指示したが，被告人運転車両は，2，3度蛇行しながら郡山方面へ進行を続け，午前11時5分ころ，磐越自動車道猪苗代インターチェンジに程近い同県耶麻郡内の通称堅田中丸交差点の手前（以下「本件現場」という。）で，B巡査の指示に従って停止し，警察車両2台もその前後に停止した。当時，付近の道路は，積雪により滑りやすい状態であった。
　③　午前11時10分ころ，本件現場に到着した同警察署C巡査部長が，被告人に対する職務質問を開始したところ，被告人は，目をキョロキョロさせ，落ち着きのない態度で，素直に質問に応ぜず，エンジンを空ふかししたり，ハンドルを切るような動作をしたため，C巡査部長は，被告人運転車両の窓から腕を差し入れ，エンジンキーを引き抜いて取り上げた。
　④　午前11時25分ころ，猪苗代警察署から本件現場の警察官に対し，被告人には覚せい剤取締法違反の前科が4犯あるとの無線連絡が入った。午前11時33分ころ，A警部補らが本件現場に到着して職務質問を引き継いだ後，会津若松警察署の数名の警察官が，午後5時43分頃までの間，順次，被告人に対し，職務質問を継続するとともに，警察署への任意同行を求めたが，被告人は，自ら運転することに固執して，他の方法による任意同行をかたくなに拒否し続けた。他方，警察官らは，車に鍵をかけさせるためエンジンキーを一旦被告人に手渡したが，被告人が車に乗り込もうとしたので，両脇から抱えてこれを阻止した。そのため，被告人は，エンジンキーを警察官に戻し，以後，警察官らは，被告人にエンジンキーを返還しなかった。
　⑤　(4)の職務質問の間，被告人は，その場の状況に合わない発言をしたり，通行車両に大声を上げて近づこうとしたり，運転席の外側からハンドルに左腕

をからめ，その手首を右手で引っ張って，「痛い，痛い」と騒いだりした。
⑥　午後3時26分頃，本件現場で指揮を執っていた会津若松警察署D警部が令状請求のため現場を離れ，会津若松簡易裁判所に対し，被告人運転車両及び被告人の身体に対する各捜索差押許可状並びに被告人の尿を医師をして強制採取させるための捜索差押許可状（以下「強制採尿令状」という。）の発付を請求した。午後5時2分頃，右各令状が発付され，午後5時43分頃から，本件現場において，被告人の身体に対する捜索が被告人の抵抗を排除して執行された。
⑦　午後5時45分頃，同警察署E巡査部長らが，被告人の両腕をつかみ被告人を警察車両に乗車させた上，強制採尿令状を呈示したが，被告人が興奮して同巡査部長に頭を打ち付けるなど激しく抵抗したため，被告人運転車両に対する捜索差押手続を先行させた。ところが，被告人の興奮状態が続き，なおも暴れて抵抗しようとしたため，同巡査部長らは，午後6時32分頃，両腕を制圧して被告人を警察車両に乗車させたまま，本件現場を出発し，午後7時10分頃，同県会津若松市内の総合会津中央病院に到着した。午後7時40分頃から52分頃までの間，同病院において，被告人をベッドに寝かせ，医師がカテーテルを使用して被告人の尿を採取した。

(2)　そして，この場合の職務質問の際の留め置き行為について，本件最高裁決定は，次のとおり判示した。すなわち，「本件における強制採尿手続は，被告人を本件現場に6時間半以上にわたって留め置いて，職務質問を継続した上で行われているのであるから，その適法性については，それに先行する右一連の手続の違法の有無，程度をも十分考慮してこれを判断する必要がある。」とした上で，「まず，被告人に対する職務質問及びその現場への留め置きという一連の手続の違法の有無についてみる。
①　職務質問を開始した当時，被告人には覚せい剤使用の嫌疑があったほか，幻覚の存在や周囲の状況を正しく認識する能力の減退など覚せい剤中毒をうかがわせる異常な言動が見受けられ，かつ，道路が積雪により滑りやすい状態にあったのに，被告人が自動車を発進させるおそれがあったから，前記の被告人運転車両のエンジンキーを取り上げた行為は，警察官職務執行法2条1項に基づく職務質問を行うため停止させる方法として必要かつ相当な行為

であるのみならず，道路交通法67条3項に基づき交通の危険を防止するため採った必要な応急の措置に当たるということができる。
　②　これに対し，その後被告人の身体に対する捜索差押許可状の執行が開始されるまでの間，警察官が被告人による運転を阻止し，約6時間半以上も被告人を本件現場に留め置いた措置は，当初は前記のとおり適法性を有しており，被告人の覚せい剤使用の嫌疑が濃厚になっていたことを考慮しても，被告人に対する任意同行を求めるための説得行為としてはその限度を超え，被告人の移動の自由を長時間にわたり奪った点において，任意捜査として許容される範囲を逸脱したものとして違法といわざるを得ない。」
と判断し，被告人の運転を阻止して約6時間半の間職務質問の現場に留め置く行為については違法であると判断した。
　ただ，その違法の程度については，「しかし，右職務質問の過程においては，警察官が行使した有形力は，エンジンキーを取り上げてこれを返還せず，あるいは，エンジンキーを持った被告人が車に乗り込むのを阻止した程度であって，さほど強いものでなく，被告人に運転させないため必要最小限度の範囲にとどまるものといえる。また，路面が積雪により滑りやすく，被告人自身，覚せい剤中毒をうかがわせる異常な言動を繰り返していたのに，被告人があくまで磐越自動車道で宮城方面に向かおうとしていたのであるから，任意捜査の面だけでなく，交通危険の防止という交通警察の面からも，被告人の運転を阻止する必要性が高かったというべきである。しかも，被告人が，自ら運転することに固執して，他の方法による任意同行をかたくなに拒否するという態度を取り続けたことを考慮すると，結果的に警察官による説得が長時間に及んだのもやむを得なかった面があるということができ，右のような状況からみて，警察官に当初から違法な留め置きをする意図があったものとは認められない。これら諸般の事情を総合してみると，前記のとおり，警察官が，早期に令状を請求することなく長時間にわたり被告人を本件現場に留め置いた措置は違法であるといわざるを得ないが，その違法の程度はいまだ令状主義の精神を没却するような重大なものとはいえない。」
と判断して違法ではあるものの，その程度は令状主義の精神を没却するような重大なものではないとした。

2　平成19年9月18日東京高裁判決（判夕1273号338頁）

　この事案は、警察官が自動車の運転者に対する職務質問において、薬物前科が判明したことなどにより、所持品検査及び車内検査に応じることを求めて、同運転者が立ち去ることを繰り返し要求していたにもかかわらず、これを無視してその場に約3時間半にわたり留め置いたことは、任意捜査の限界を超え、違法な職務執行であるとされたものである。

　すなわち、「被告人車両を停止させ、職務質問を開始したことに違法はなく、また、無免許運転及び飲酒運転の嫌疑は解消したものの、深夜の時間帯であること、被告人車両の車種、被告人らの風体から暴力団構成員と疑われたこと、被告人車両のカーテンやスモークフィルムの状況、さらに被告人らが所持品検査を拒否したこと、被告人に薬物事犯の前科があること等から、被告人らが違法な薬物を所持しているのではないかと疑ったことについては、一応の合理性が認められるのであり、被告人らも当初は渋々ながらもそれを受け入れる姿勢を示していたことにも照らせば、警察官らが職務質問を続行し、所持品検査に応じるよう説得したこと、その後、被告人らを本件現場に合理的な時間内留め置いたことについても違法なところはなかったものということができる。しかしながら、本件の職務質問等はあくまでも任意捜査として行われたものであり、合理的な時間内に、協力が得られなければ、打ち切らざるを得ない性質のものであった。しかるに、その後の職務質問等は長時間に及び、被告人が耐えきれずに被告人車両を動かそうとした午前5時29分の時点においては、すでに約3時間半もの時間が経過していた。警察官らはこの間被告人車両を事実上移動することが不可能な状態に置いて、ずっと被告人らを本件現場に留め置いていたものである。このように被告人らの留め置きが長時間に及んだのは、警察官らが所持品検査に応じるように説得を続けていたことによるが、その間、被告人らは所持品検査を拒否し続けている上、当初より、帰らせてほしい旨繰り返し要求していたものであり、被告人らの所持品検査を拒否し立ち去りを求める意思は明確であって、それ以上警察官らが説得を続けたとしても被告人らが任意に所持品検査に応じる見込みはなく、被告人らを留め置き職務質問を継続する必要性は乏しかったといえる。犯罪の嫌疑については前記のような程度のものであって、格別強い嫌疑があったわけではなく、むしろ、令状請求に耐えられるようなものでなかったことは、午前3時15分ころの時点で令状請求の可否を判断するために臨場した担当捜査員が、直ちに

令状請求をすることは困難との判断をしていることによっても明らかである。担当捜査員によって令状による強制捜査が困難と判断されたこの段階では，それ以上，被告人らを留め置く理由も必要性もなかったものと思われる。この時点以降において特段事情の変化がなかったことは明らかであるから，少なくとも，被告人らが帰らせてほしい旨を繰り返し要求するようになった午前4時ころには，警察官らは所持品検査の説得を断念して，被告人車両を立ち去らせるべきであり，被告人らが繰り返し立ち去りたいとの意思を明示していることを無視して，被告人車両の移動を許さず，被告人らを本件現場に留め置いて職務質問を継続したのは，明らかに任意捜査の限界を超えた違法な職務執行であったといわざるを得ない。」と判示した。

　しかしながら，この事案では，被告人車両の車種，その特徴及び被告人らの風体，被告人の前科等に加え，実際にも被告人車両内から大麻が発見されていること，被告人車両に同乗していたNは薬物事犯の前科を有しており，被告人車両内で被告人に対し大声を上げて職務質問に応じる必要はないなどと指示していたHは，薬物事犯を含め多数の前科があり顔面に切り傷痕のある容貌をしていたこと，本件職務質問中にも，被告人は知人女性に対し大麻を譲り渡すための電子メールのやりとりをしていたこと，Nが直前に薬物を使用していたこと等の事実関係や，被告人らは，頑強に車内検査への協力を拒否し続けるなどしており，警察官らとしては被告人らに対する嫌疑を刻一刻と強めたものであって，任意の職務質問による説得を続けたことに違法な点はないと認められるものである。このような事案において，被告人らの立ち去りを容認することは，犯罪の検挙や治安の維持に当たるべき警察官としての職務放棄に等しいことになろう。

　したがって，被告人らが違法な薬物を所持しているのではないかという警察官らの嫌疑は根拠のないものではなく，客観的にみても合理的な判断であったと思われる。この判決の判断は誤りであるといってよいであろう。

　もっともこの事案では，その一連の職務質問行為がビデオで撮影されていたものの，そのビデオの存在を検察官にも明らかにしておらず，この点において裁判所から不審に思われて心証を悪化させた面も否定できないと思われる。

3　平成22年11月8日東京高裁判決（判タ1374号248頁）

　この事案は，約4時間にわたり職務質問の現場に留め置いた行為について適法

であるとしたものである。

　この事案では，被告人に対する職務質問が開始された平成22年2月5日午後3時50分頃から捜索差押許可状が被告人に提示された午後7時51分までの間，約4時間にわたり，B巡査部長やC巡査部長ら警察官が，被告人を職務質問の現場に留め置いたものであった。このような警察官の行為に対し，弁護側は，この留め置きが違法な身柄拘束に当たると主張していた。

　そこで，この判決では，「本件におけるこのような留め置きの適法性を判断するに当たっては，午後4時30分ころ，B巡査部長が，被告人から任意で尿の提出を受けることを断念し，捜索差押許可状（強制採尿令状。以下「強制採尿令状」ともいう。）請求の手続に取りかかっていることに留意しなければならない。すなわち，強制採尿令状の請求に取りかかったということは，捜査機関において同令状の請求が可能であると判断し得る程度に犯罪の嫌疑が濃くなったことを物語るものであり，その判断に誤りがなければ，いずれ同令状が発付されることになるのであって，いわばその時点を分水嶺として，強制手続への移行段階に至ったと見るべきものである。したがって，依然として任意捜査であることに変わりはないけれども，そこには，それ以前の純粋に任意捜査として行われている段階とは，性質的に異なるものがあるとしなければならない。

　そこで，以上のような観点に立って，まず，純粋に任意捜査として行われている段階について検討すると，B巡査部長らが被告人に対して職務質問を開始した経緯や，被告人の挙動，腕の注射痕の存在等から尿の任意提出を求めたことには何ら違法な点はない。そして，注射痕の理由や尿の任意提出に応じられないとする理由が，いずれも虚偽を含む納得し得ないものであったことや，後に警察署に出頭して尿を任意提出するとの被告人の言辞も信用できないとして，午後4時30分ころの時点で強制採尿令状の請求に取りかかったことも，前記の原判決が認定する事情の下では，当然の成り行きであって，妥当な判断というべきである。そして，この間の時間は約40分間であって，警察官から特に問題とされるような物理力の行使があったようなことも，被告人自身述べていない。これらに照らすと，この間の留め置きは，警察官らの求めに応じて被告人が任意に職務質問の現場に留まったものと見るべきであるから，そこには何ら違法，不当な点は認められない。

　次に，午後4時30分ころ以降強制採尿令状の執行までの段階について検討す

第18章　任意捜査の限界　663

ると，同令状を請求するためには，予め採尿を行う医師を確保することが前提となり，かつ，同令状の発付を受けた後，所定の時間内に当該医師の許に被疑者を連行する必要もある。したがって，令状執行の対象である被疑者の所在確保の必要性には非常に高いものがあるから，強制採尿令状請求が行われていること自体を被疑者に伝えることが条件となるが，純粋な任意捜査の場合に比し，相当程度強くその場に止まるよう被疑者に求めることも許されると解される。これを本件について見ると，午後4時30分ころに，被告人に対して，強制採尿令状の請求をする旨告げた上，B巡査部長は同令状請求準備のために警察署に戻り，午後7時ころ東京簡易裁判所裁判官に対し同令状の請求をして，午後7時35分同令状が発付され，午後7時51分，留め置き現場において，これを被告人に示して執行が開始されているが，上記準備行為から強制採尿令状が発付されるまでの留め置きは約3時間5分，同令状執行までは約3時間21分かかっているものの，手続の所要時間として，特に著しく長いとまでは認められない。また，この間の留め置きの態様を見ると，前記C巡査部長ら警察官が駐車している被告人車両のすぐそばにいる被告人と約4，5メートル距離を置いて被告人を取り巻いたり，被告人が同車両に乗り込んだ後は，1，2メートル離れて同車両の周囲に位置し，さらに同車両の約2.5メートル手前に警察車両を駐車させ，午後5時35分ころからは，被告人車両の約10メートル後方にも別の警察車両を停め，その間，被告人からの『まだか。』などとの問い掛けに対して，『待ってろよ。』と答えるなどして，被告人を留め置いたというものであるが，このような経緯の中で，<u>警察官が被告人に対し，その立ち去りを防ごうと身体を押さえつけたり引っ張ったりするなどの物理力を行使した形跡はなく，被告人の供述によっても，せいぜい被告人の腕に警察官が腕を回すようにして触れ，それを被告人が振り払うようにしたという程度であったというのである。そして，その間に，被告人は，被告人車両内で携帯電話で通話をしたり，たばこを吸ったりしながら待機していたというのであって，この段階において，被告人の意思を直接的に抑圧するような行為等はなされておらず，駐車車両や警察官が被告人及び被告人車両を一定の距離を置きつつ取り囲んだ状態を保っていたことも，上記のように，強制採尿令状の請求手続が進行中であり，その対象者である被告人の所在確保の要請が非常に高まっている段階にあったことを考慮すると，そのために必要な最小限度のものにとどまっていると評価できるものである。</u>加えて，警察官らは，令状主義の要請を満

たすべく，現に，強制採尿令状請求手続を進めていたのであるから，捜査機関に，令状主義の趣旨を潜脱しようとの意図があったとは認められない。」として，約4時間にわたり職務質問の現場に留め置いた行為を適法とした。極めて妥当な判断であるといえよう。

4　平成24年1月30日東京高裁判決（判タ1404号360頁）

　この事案は，約4時間15分にわたって職務質問の現場に留め置いた行為について適法であると判断したものである。

　すなわち，本件東京高裁判決では，「職務質問の開始時刻が午前3時50分ころであるとすると，それから40分余りが経過した午前4時35分ころには，戸塚警察署組織犯罪対策課の薬物対策専務員である警察官HとD警察官らが，被告人の尿の捜索差押許可状を請求するために現場を離れて疎明資料の作成等の準備に取りかかっているのであって，この間，F警察官らによって被告人に対して任意採尿に応じるよう説得が継続され，3時間後の午前7時35分ころには令状が発付され，午前8時5分ころに執行されたというのであるから，殊更長時間にわたって被告人に対する違法な留め置きが継続されたとはいえ」ないとした。

　また，その際に，被告人が乗車していた車両のエンジンを警察官が切ったことについても，承諾なくしてなされた違法な有形力の行使であると原判決が認定していたことに対し，本件東京高裁判決は，被告人が，任意採尿は拒否したものの，開始当初に行った所持品検査や車内検索については素直に応じていたことからして，エンジンの停止に素直に応じたことも一連の流れに即したものであり，被告人が，職務質問において，注射痕の検査や任意採尿といった覚せい剤使用事実の発覚につながる手続には素直に応じていないものの，これと無関係な手続には素直に応じていたことなどに照らし，被告人の了解の下に行われたものと認定している。

5　平成25年1月23日東京高裁判決（刑ジャ39号128頁）

　この事案では，覚せい剤の使用が疑われた事案において，被告人に対し，強制採尿令状の提示をするまで4時間55分を経過して，その間留め置いた行為について適法であるとしている。

　すなわち，本件東京高裁判決では，「警察官らは強制採尿令状が発付されてこ

れを被告人に呈示するまでの間，職務質問を継続したところ，D巡査部長らが強制採尿令状請求のため本件現場を離れたのは職務質問の開始から約1時間27分後であるが，被告人に覚せい剤事犯等の犯歴があったこと，上記のような覚せい剤使用者特有の特徴があったこと，任意採尿及び任意同行の説得に対し，令状を持ってこいなどと言って頑なに拒否していたことに照らせば，強制採尿令状の請求に至った判断は相当であり，また，被告人ら3名に対して職務質問を行い，被告人及びBに対する説得を尽くした上，本件現場に参集したCら十数名の者への対応をしながら強制採尿令状の請求に至った経緯を考えると，その請求に着手した時間経過にも特段の問題はなく，この間，警察官らにより積極的に被告人らの意思を制圧するような行為等もなかったのであるから，警察官側の対応に違法な点は認められない。

　その後，強制採尿令状の発付まで約3時間38分，同令状が発付された旨を被告人に伝え，被告人が向島警察署に自ら向かうまでは約4時間5分，向島警察署で被告人に同令状を呈示するまでは約4時間55分が経過しているが，強制採尿令状請求のためには，採尿担当医師の確保が必要であり，本件が深夜における複数の令状請求であったこと，強制採尿令状発付の旨を伝えると被告人が任意同行に応じたため，本件現場で同令状の呈示がされなかったことも考えると，この時間経過が不当に長いとまではいえない。そして，この間の留め置きの態様についてみると，本件現場では，被告人らが，連絡を受けて集まってきたCらと自由に話をしたり，飲食物を受け取るなどしており，警察官らが被告人の行動を不当に制約した状況も認められない。すなわち，警察官らが職務質問を継続する中で，本件現場を離れようとする被告人の進行を遮り，本件現場に戻そうとしたことは認められるものの，その際の有形力の行使は，手を被告人の胸の前に出し，これに力を入れて制止したり，後ずさりしながら両腕を胸の前に出したりしたという程度のもので，被告人も，結局は警察官らの説得を受けて自主的に本件現場に戻ったことが認められる。この際，被告人が，『帰る。』などと言っていることから本件現場を離れようとしていることは窺えるが，既に上記のような嫌疑が存在する中で強制採尿令状請求の準備が開始された状況にあり，強制採尿令状発付後は，速やかに同令状が執行されなければ捜査上著しい支障が生じることが予想され，相当な嫌疑の下で被告人の所在確保の必要性が高まっているといえるから，被告人が上記のような意向を示したとしてもなお現場に留まるよう説得を続けること

自体は否定されるものではなく、その説得の過程で警察官らが上記のような態様で被告人を本件現場に留めようとした措置に違法な点は認められない。」旨判示しているが、この判決も極めて妥当なものと評し得よう。

問5 では、職務質問の際に行われる所持品検査については、相手方の承諾があれば当然に許されるが、その承諾がない場合には一切許されないのか。仮に、それが許される場合があるとしたのであれば、どの程度であれば任意捜査として許容されるのか。その判断の指針となる裁判例はどのようなものか。

【解　答】

1　これについては、憲法35条が「令状なしに捜索を受けることのない権利」を定めていることからしても、基本的には令状なくして警察官から所持品を捜索されることはないものといえよう。ただ、「見せて下さい。」という警察官からの要請に対し、不承不承であっても、「はい、どうぞ。」と言った場合には、承諾に基づく捜索であるから、憲法上の問題は生じない。その意思に反して所持品を見ることが許されるかどうかの問題だからである。

　では、本人が承諾しない限り、所持品検査は一切できないと考えるべきなのであろうか。

2　この点については、**昭和53年6月20日最高裁判決（刑集32巻4号670頁）**がその指針を示している。
　まず、この最高裁判決の事案は、次のとおりである。
① 　岡山県総社警察署巡査部長Cは、昭和46年7月23日午後2時過ぎ、同県警察本部指令室からの無線により、米子市内において猟銃とナイフを所持した4人組による銀行強盗事件が発生し、犯人は銀行から600万円余を強奪して逃走中であることを知った。
② 　同日午後10時30分頃、2人の学生風の男が同県吉備郡〇〇町附近をうろついていたという情報がもたらされ、これを受けたC巡査部長は、同日午後11時ころから、同署員のB巡査長ら4名を指揮して、総社市門田の〇〇営業所付近の国道三叉路において緊急配備につき検問を行った。

第18章　任意捜査の限界　667

③　翌24日午前零時ころ，タクシーの運転手から，「伯備線広瀬駅附近で若い2人連れの男から乗車を求められたが乗せなかった。後続の白い車に乗ったかも知れない。」という通報があり，間もなく同日午前零時10分頃，その方向から来た白い乗用車に運転者のほか手配人相のうちの2人に似た若い男が2人（被告人とA）乗っていたので，職務質問を始めたが，その乗用車の後部座席にアタッシュケースとボーリングバッグがあった。

④　右運転者の供述から被告人とAとを前記広瀬駅附近で乗せ倉敷に向う途中であることがわかったが，被告人とAとは職務質問に対し黙秘したので容疑を深めた警察官らは，前記営業所内の事務所を借り受け，両名を強く促して下車させ事務所内に連れて行き，住所，氏名を質問したが返答を拒まれたので，持っていたボーリングバッグとアタッシュケースの開披を求めたが，両名にこれを拒否され，その後30分くらい，警察官らは両名に対し繰り返し右バッグとケースの開披を要求し，両名はこれを拒み続けるという状況が続いた。

⑤　同日午前零時45分ころ，容疑を一層深めた警察官らは，継続して質問を続ける必要があると判断し，被告人については3人くらいの警察官が取り囲み，Aについては数人の警察官が引っ張るようにして右事務所を連れ出し，警察用自動車に乗車させて総社警察署に同行した上，同署において，引き続いて，C巡査部長らが被告人を質問し，B巡査長らがAを質問したが，両名は依然として黙秘を続けた。

⑥　B巡査長は，右質問の過程で，Aに対してボーリングバッグとアタッシュケースを開けるよう何回も求めたが，Aがこれを拒み続けたので，同日午前1時40分ころ，Aの承諾のないまま，その場にあったボーリングバッグのチャックを開けると大量の紙幣が無造作に入っているのが見え，引き続いてアタッシュケースを開けようとしたが鍵の部分が開かず，ドライバーを差し込んで右部分をこじ開けると中に大量の紙幣が入っており，被害銀行の帯封のしてある札束も見えた。

⑦　そこで，B巡査長はAを強盗被疑事件で緊急逮捕し，その場でボーリングバッグ，アタッシュケース，帯封一枚，現金等を差し押さえた。

⑧　C巡査部長は，大量の札束が発見されたことの連絡を受け，職務質問中の被告人を同じく強盗被疑事件で緊急逮捕した。

3 このような事案において，本件最高裁判決は，「警職法は，その2条1項において同項所定の者を停止させて質問することができると規定するのみで，所持品の検査については明文の規定を設けていないが，所持品の検査は，口頭による質問と密接に関連し，かつ，職務質問の効果をあげるうえで必要性，有効性の認められる行為であるから，同条項による職務質問に附随してこれを行うことができる場合があると解するのが，相当である。所持品検査は，任意手段である職務質問の附随行為として許容されるのであるから，所持人の承諾を得て，その限度においてこれを行うのが原則であることはいうまでもない。しかしながら，職務質問ないし所持品検査は，犯罪の予防，鎮圧等を目的とする行政警察上の作用であって，流動する各般の警察事象に対応して迅速適正にこれを処理すべき行政警察の責務にかんがみるときは，所持人の承諾のない限り所持品検査は一切許容されないと解するのは相当でなく，捜索に至らない程度の行為は，強制にわたらない限り，所持品検査においても許容される場合があると解すべきである。もっとも，所持品検査には種々の態様のものがあるので，その許容限度を一般的に定めることは困難であるが，所持品について捜索及び押収を受けることのない権利は憲法35条の保障するところであり，捜索に至らない程度の行為であってもこれを受ける者の権利を害するものであるから，状況のいかんを問わず常にかかる行為が許容されるものと解すべきでないことはもちろんであって，かかる行為は，限定的な場合において，<u>所持品検査の必要性，緊急性，これによって害される個人の法益と保護されるべき公共の利益との権衡などを考慮し，具体的状況のもとで相当と認められる限度においてのみ，許容される</u>ものと解すべきである。」として，所持品検査が許容される基準を示した。

4 その上で，本件におけるその当てはめにつき，同判決は，「これを本件についてみると，所論のB巡査長の行為は，<u>猟銃及び登山用ナイフを使用しての銀行強盗という重大な犯罪</u>が発生し犯人の検挙が緊急の警察責務とされていた状況の下において，深夜に検問の現場を通りかかったA及び被告人の両名が，右犯人としての濃厚な容疑が存在し，かつ，兇器を所持している疑いもあったのに，警察官の職務質問に対し黙秘したうえ再三にわたる所持品の開披要求を拒否するなどの不審な挙動をとり続けたため，右両名の容疑を確める緊急の必要上されたものであって，<u>所持品検査の緊急性，必要性が強かった反面，所持品検査の態様は携行</u>

中の所持品であるバッグの施錠されていないチャックを開披し内部を一べつしたにすぎないものであるから，これによる法益の侵害はさほど大きいものではなく，上述の経過に照らせば相当と認めうる行為であるから，これを警職法2条1項の職務質問に附随する行為として許容されるとした原判決の判断は正当である。」と判示した。

問6 上記最高裁判決の後，所持品検査の許容性について，具体的にどのような程度のものであれば認められており，どのようなものであれば否定されているのか。

【解　答】

この点につき参考になる裁判例として，次のようなものが挙げられよう。

1　昭和53年9月7日最高裁判決（刑集32巻6号1672頁）
(1)　この判決は，所持品検査を適法と認めた上記**問5**の最高裁判決の約2か月後の出された最高裁判決であるが，この判決の事案においては，所持品検査は許容される限度を超えているものとして違法であるとされた。

この事案は，次のとおりであった。

① 昭和49年10月30日午前零時35分ころ，パトカーで警ら中のB巡査，A巡査長の両名は，原判示ホテルC附近路上に被告人運転の自動車が停車しており，運転席の右横に遊び人風の3，4人の男がいて被告人と話しているのを認めた。

② パトカーが後方から近付くと，被告人の車はすぐ発進右折してホテルCの駐車場に入りかけ，遊び人風の男達もこれについて右折して行った。

③ B巡査らは，被告人の右不審な挙動に加え，同所は連込みホテルの密集地帯で，覚せい剤事犯や売春事犯の検挙例が多く，被告人に売春の客引きの疑いもあったので，職務質問することにし，パトカーを下車して被告人の車を駐車場入り口附近で停止させ，窓こしに運転免許証の提示を求めたところ，被告人は甲野太郎名義の免許証を提示した（免許証が偽造であることは後に警察署において判明）。

④　続いて，B巡査が車内を見ると，ヤクザの組の名前と紋の入ったふくさ様のものがあり，中に賭博道具の札が10枚位入っているのが見えたので，他にも違法な物を持っているのではないかと思い，かつまた，被告人の落ち着きのない態度，青白い顔色などからして覚せい剤中毒者の疑いもあったので，職務質問を続行するため降車を求めると，被告人は素直に降車した。

⑤　降車した被告人に所持品の提示を求めると，被告人は，『見せる必要はない』と言って拒否し，前記遊び人風の男が近付いてきて，『お前らそんなことする権利あるんか』などと罵声を浴びせ，挑戦的態度に出てきたので，B巡査らは他のパトカーの応援を要請したが，応援が来るまでの2,3分の間，B巡査と応対していた被告人は何となく落ち着かない態度で所持品の提示の要求を拒んでいた。

⑥　応援の警官4名くらいが来て後，B巡査の所持品提示要求に対して，被告人はぶつぶつ言いながらも右側内ポケットから『目薬とちり紙（覚せい剤でない白色粉末が在中）』を取り出して同巡査に渡した。

⑦　B巡査は，さらに他のポケットを触らせてもらうと言って，これに対して何も言わなかった被告人の上衣とズボンのポケットを外から触ったところ，上衣左側内ポケットに『刃物ではないが何か堅い物』が入っている感じでふくらんでいたので，その提示を要求した。

⑧　右提示要求に対し，被告人は黙ったままであったので，B巡査は，『いいかげんに出してくれ』と強く言ったが，それにも答えないので，『それなら出してみるぞ』と言ったところ，被告人は何かぶつぶつ言って不服らしい態度を示していたが，同巡査が被告人の上衣左側内ポケット内に手を入れて取り出してみると，それは『ちり紙の包，プラスチックケース入りの注射針1本』であり，『ちり紙の包』を被告人の面前で開披してみると，本件証拠物である『ビニール袋入りの覚せい剤ようの粉末』が入っていた。さらに応援のD巡査が，被告人の上衣の内側の脇の下に挟んであった万年筆型ケース入り注射器を発見して取り出した。

⑨　そこで，B巡査は，被告人をパトカーに乗せ，その面前でマルキース試薬を用いて右『覚せい剤ようの粉末』を検査した結果，覚せい剤であることが判明したので，パトカーの中で被告人を覚せい剤不法所持の現行犯人として逮捕し，本件証拠物を差し押さえた。

(2) そして、この事案において、本件最高裁判決は、上記問5の最高裁判決の基準をそのまま踏襲することを明らかにした上で、その当てはめとして、「これを本件についてみると、原判決の認定した事実によれば、B巡査が被告人に対し、被告人の上衣左側内ポケットの所持品の提示を要求した段階においては、被告人に覚せい剤の使用ないし所持の容疑がかなり濃厚に認められ、また、同巡査らの職務質問に妨害が入りかねない状況もあったから、右所持品を検査する必要性ないし緊急性はこれを肯認しうるところであるが、被告人の承諾がないのに、その上衣左側内ポケットに手を差し入れて所持品を取り出したうえ検査した同巡査の行為は、一般にプライバシイ侵害の程度の高い行為であり、かつ、その態様において捜索に類するものであるから、上記のような本件の具体的な状況のもとにおいては、相当な行為とは認めがたいところであって、職務質問に附随する所持品検査の許容限度を逸脱したものと解するのが相当である。してみると、右違法な所持品検査及びこれに続いて行われた試薬検査によってはじめて覚せい剤所持の事実が明らかとなった結果、被告人を覚せい剤取締法違反被疑事実で現行犯逮捕する要件が整った本件事案においては、右逮捕に伴い行われた本件証拠物の差押手続は違法といわざるをえないものである。」旨判示した。

　つまり、本件所持品検査は、本件の具体的状況のもとにおいては、所持品検査によって侵害される個人の法益とこれによって保護されるべき公共の利益との権衡を失し、相当な行為とは認め難いということである。すなわち、本件所持品検査は、相手方の承諾がないのに、相手方の着用する上着内ポケットに手を差し入れて在中品を取り出し検査するという態様で行われているが、このような行為が一般にプライバシー侵害の程度の高い行為であることから、このような行為が所持品検査として許容されるためには、よほど高度の所持品検査の必要性、緊急性が存在しなければならないことになる。本件においては、なんらかの形で所持品検査をする必要性ないし緊急性は存在しているが、相手方に存在した犯罪の容疑は、覚せい剤の使用ないし所持であり、しかもその容疑の程度は「かなり濃厚」という程度であることから、その容疑を確かめることによってもたらされる公共の利益はそれほど大きくないのに、捜索に類しプライバシー侵害の程度の高い本件のような態様の所持品検査まですることは、相手方に対する権利侵害との権衡がとれておらず、相当な行為とはいえないとした

ものである。

　ただ，ここで考えておかなければならないのは，先の**問5**の最高裁判決の事案と比較してどこがどの程度異なっているがゆえに，適法と違法とが分かれたかということである。

　この点については，「所持品検査は，職務質問付随行為として許容されるものであり，また，憲法35条の制約もあるから，その態様は限定されたものにならざるを得ない。前記第三小法廷判決（筆者注：上記**問5**の判決である。）は，所持品検査を適法とした事案であるが，同事案における所持品検査の態様は，銀行強盗という凶悪犯罪の容疑が濃厚に存した者に対し，携帯品であるバッグのチャックを通常の方法で開披し内部を一べつしたにすぎない行為であり，バッグの中身を取り出し検査するなどのことは，所持品検査の段階では行われていない。これに対し，本件の所持品検査は，相手方の着衣の内ポケットから在中品を取り出し検査したものであって，第三小法廷が適法とした所持品検査から更に一歩すすんだ形態のものである。同判決の事案と本件事案と対比すると，容疑犯罪の内容，容疑の濃淡，相手方の態度等に異なる点はあるが，両者が結論を異にした主たる理由は，所持品検査の態様そのものの差異に基づくのではないかと思われる。」（岡次郎・判例解説（刑）昭和53年度396頁）とされているのが参考になろう。

2　平成7年5月30日最高裁決定（刑集49巻5号703頁）

(1)　これも覚せい剤取締法違反の事件であるが，この事案は，つぎのとおりである。

　① 　平成5年3月11日午前3時10分頃，同僚とともにパトカーで警ら中の警視庁甲警察署A巡査は，東京都港区内の国道上で，信号が青色に変わったのに発進しない普通乗用自動車（以下「本件自動車」という。）を認め，運転者が寝ているか酒を飲んでいるのではないかという疑いを持ち，パトカーの赤色灯を点灯した上，後方からマイクで停止を呼び掛けた。すると，本件自動車がその直後に発進したため，A巡査らが，サイレンを鳴らし，マイクで停止を求めながら追跡したところ，本件自動車は，約2.7キロメートルにわたって走行した後停止した。

　② 　A巡査が，本件自動車を運転していた被告人に対し職務質問を開始したと

ころ，被告人が免許証を携帯していないことが分かり，さらに，照会の結果被告人に覚せい剤の前歴5件を含む9件の前歴のあることが判明した。そして，A巡査は，被告人のしゃべり方が普通と異なっていたことや，停止を求められながら逃走したことなども考え合わせて，覚せい剤所持の嫌疑を抱き，被告人に対し約20分間にわたり所持品や本件自動車内を調べたいなどと説得したものの，被告人がこれに応じようとしなかったため，甲警察署に連絡を取り，覚せい剤事犯捜査の係官の応援を求めた。

③　5分ないし10分後，部下とともに駆けつけた甲警察署B巡査部長は，A巡査からそれまでの状況を聞き，皮膚が荒れ，目が充血するなどしている被告人の様子も見て，覚せい剤使用の状態にあるのではないかとの疑いを持ち，被告人を捜査用の自動車に乗車させ，同車内でA巡査が行ったのと同様の説得を続けた。そうするうち，窓から本件自動車内をのぞくなどしていた警察官から，車内に白い粉状の物があるという報告があったため，B巡査部長が，被告人に対し，検査したいので立ち会ってほしいと求めたところ，被告人は，「あれは砂糖ですよ。見てくださいよ。」などと答えたので，同巡査部長が，被告人を本件自動車のそばに立たせた上，自ら車内に乗り込み，床の上に散らばっている白い結晶状の物について予試験を実施したが，覚せい剤は検出されなかった。

④　その直後，B巡査部長は，被告人に対し，「車を取りあえず調べるぞ。これじゃあ，どうしても納得がいかない。」などと告げ，他の警察官に対しては，「相手は承諾しているから，車の中をもう一回よく見ろ。」などと指示した。そこで，A巡査ら警察官4名が，懐中電灯等を用い，座席の背もたれを前に倒し，シートを前後に動かすなどして，本件自動車の内部を丹念に調べたところ，運転席下の床の上に白い結晶状の粉末の入ったビニール袋1袋が発見された。なお，被告人は，A巡査らが車内を調べる間，その様子を眺めていたが，異議を述べたり口出しをしたりすることはなかった。

⑤　B巡査部長は，被告人に対し，「物も出たことだから本署へ行ってもらうよ。」などと同行を求め，被告人もこれに素直に応じたので，被告人を甲警察署まで任意同行した上，同署内で覚せい剤の予試験を実施し，覚せい剤反応が出たのを確認して，被告人を覚せい剤所持の現行犯人として逮捕した。

⑥　被告人は，同署留置場で就寝した後，同日午前9時30分ころから取調べ

を受けていたが，しばらくして尿の提出を求められ，午前 11 時 10 分ころ，同署内で尿を提出した。その間，被告人は，尿の提出を拒否したり，抵抗するようなことはなく，警察官の指示に素直に協力する態度をとっていた。

(2)　この事案において，本件最高裁決定は，「以上の経過に照らして検討すると，警察官が本件自動車内を調べた行為は，被告人の承諾がない限り，職務質問に付随して行う所持品検査として許容される限度を超えたものというべきところ，右行為に対し被告人の任意の承諾はなかったとする原判断に誤りがあるとは認められないから，右行為が違法であることは否定し難いが，警察官は，停止の求めを無視して自動車で逃走するなどの不審な挙動を示した被告人について，覚せい剤の所持又は使用の嫌疑があり，その所持品を検査する必要性，緊急性が認められる状況の下で，覚せい剤の存在する可能性の高い本件自動車内を調べたものであり，また，被告人は，これに対し明示的に異議を唱えるなどの言動を示していないのであって，これらの事情に徴すると，右違法の程度は大きいとはいえない。」として，被告人が特段の異議を述べなかったものの，それが任意の承諾とはいえないとし，本件所持品検査は，違法であるとした。ただ，被告人に不審な挙動が見られたことや，覚せい剤所持又は使用の嫌疑があったこと，その所持品検査をする必要性，緊急性はあったことや，明示的な異議がなかったことなどに照らして，違法ではあるが，その程度は大きいものではないと判断したものである。

3　平成 26 年 5 月 21 日東京高裁判決（警公 2015 年 3 月号 87 頁）

　これは所持品検査のために，警察官が被告人の胸に触れた行為が違法であるとされたものである。

(1)　この事案は，次のとおりである。

　A巡査は，平成 24 年 11 月 27 日，警察官の制服を着用して自転車で警ら中，同日午後 11 時半頃，東京都新宿区内で，前方から自転車に乗って走行してきた被告人が，突然右折して路地に入ったことから不審に思い，被告人を自転車で追跡して職務質問を開始した。この際，A巡査は，被告人について自転車窃盗や占有離脱物横領の疑いを念頭に置いていた。

A巡査は，被告人に追い付き併走して，「こんばんは。職務質問です。」などと声を掛けたところ，被告人は，「またかよ，何度もやられてる。」などと言いながらも自転車を止め，自転車から降りて，A巡査の職務質問を受けた。被告人の自転車には，固定鍵が付いておらず，防犯登録もなく，また，被告人は名前を尋ねても答えず，警察官に対する文句や不平を言っていた。そして，A巡査が自転車の車体番号から所有者の照会をしたところ，所有者の該当がなかった。

　その後，A巡査が被告人に対し，持ち物を見せてもらいたいと頼むと，被告人はこれに応じて，少なくとも所持していた携帯電話と財布を提示したが，同巡査は，出し残しがあるのではないかと考え，身体を触らせてもらいたい旨被告人に告げた。

　これに対し，被告人は，何も答えなかったが，同巡査は，被告人が何も言わなかったので承諾してもらったと考え（ただ，被告人が黙示的にでも所持品検査を承諾したという事実は認められない。），着衣の外側からその胸辺りを両手のひらで触った。

　すると，被告人は，両手で同巡査の手を払いのけ，「ふざけるな。さわるな。」などと言ったので，同巡査は，すぐに終わるから確認だけさせて欲しいと述べ，身振り手振りで説得しようと思い，肘を自分の脇腹につける形で手のひらを上の方に向けるような，何か両手で持つような感じにしたところ，被告人は，同日午後11時43分頃，右手拳で同巡査の左胸を殴り，更に，右足で同巡査の左脛辺りを蹴った上，左足で同巡査の右膝辺りを蹴った。

　この暴行を受けたことから，同巡査は，被告人を公務執行妨害罪の現行犯人として逮捕した。

(2)　この事案において，第一審の**平成25年10月4日東京簡裁判決（公刊物未登載）**は，本件所持品検査は違法であるとし，違法な公務の執行に対する抵抗行為として，この程度の有形力の行使は許容されるとして，無罪を言い渡した。

　これに対し，検察官が控訴したところ，本件東京高裁判決は，本件所持品検査の適法性については，次のとおり判示した。

　すなわち，「所持品検査は任意捜査たる職務質問に付随するものとして許容されるのであるから，所持人の承諾を得てその限度で行うのが原則であるが，

所持品検査の必要性・緊急性，これにより侵害される個人の法益と保護される公共の利益との権衡を比較考量し，当該具体的状況の下で相当と認められる場合には，捜索に至らない程度の行為は，強制にわたらない限り，所持人の承諾がない場合でも許される場合がある。

これを本件についてみると，本件で想定された嫌疑は自転車窃盗や占有離脱物横領という比較的軽微なものであること，所持品検査に至るまでの職務質問によって嫌疑が解消されたとはいえないが，その嫌疑との関係で更に所持品検査までする必要性，緊急性は認め難いこと，危険物の所持が疑われるなどの観点から所持品検査を必要とするような具体的状況も生じていないことなどに加えて，本件所持品検査の態様は，被告人の身体に向けて直接有形力を行使する態様のものであることも勘案すれば，A巡査が被告人の承諾を得ることなく，その胸に触れて所持品検査に及んだことは違法であるといわざるを得ない。」と判示した。

相手方の承諾を得ないで行う所持品検査における適法性の基準については，従来からの判例の見解に則った上，本件では，そもそもの嫌疑となる犯罪がさほど重いものではないことや，その必要性なども低い上，行為態様が相手方の身体に直接に触れるものであることなどから，違法であるとされたものであった。

4 平成27年3月5日大阪地裁判決（警公2015年7月号89頁）

この事案は，大麻及びあへんの所持罪等で起訴されたものであるところ，その所持品検査が違法であるとして，上記の各所持罪が無罪とされた上，その際の警察官に対する公務執行妨害罪や傷害罪についても正当防衛であるとして無罪とされたものである。

(1) この事案は次のとおりである。

A警察官は，自動車内にいる被告人の承諾を得て，同車内の検索を行った。その際，同車内にあった被告人の鞄について，この中を検査したところ，被告人はそこまでの承諾をしていなかったにもかかわらず，A警察官は，その鞄の中から小物入れを取りだした。すると，被告人は，その小物入れを奪い取ったことから，A警察官らは，被告人の腕を摑み，同時に被告人の背後からその手足を押さえつけるなどした。

そして，同小物入れの中から大麻及びあへんが発見された。また，その所持品検査の際に，被告人が抵抗したことにより，A警察官らに対する公務執行妨害が行われ，同警察官らに対する傷害の結果も発生させた。

(2) この事案においては，そもそも鞄の中を検査することについて，被告人が承諾していたかどうかが争点となった。

この点について，A警察官は，被告人に対し，「鞄も見るよ。」と声をかけると，被告人が「見ろや。」と答えたから検査した旨証言したが，本件判決では，同警察官が作成した現行犯人逮捕手続書等の関係書類上，そのような記載が出てきておらず，そのようなやり取りがあったのであれば，当然それら関係書類上にその旨の記載がなされるはずであるので，A警察官の上記証言は信用できないとされ，自動車内の検索は承諾したものと認められても，鞄の中の検査については承諾したものとは認められないと認定された。

その上で，本件大阪地裁判決は，「警察官らは，嫌疑が低く，所持品検査の必要性が高くなかったのに，プライバシー侵害の程度の高い違法な所持品検査をした上，隠滅防止の必要性も高くないのに，強度の有形力を行使したものであって，法規からの逸脱は大きい。」と認定したものであった。

(3) このように所持品検査の直後やこれに関連して作成される捜査書類については，被告人の承諾の有無といった事項につき，事実に基づいて正確に記載しておくことが必要であるということである。

また，本件では，車両内の検索については被告人の承諾があったと認定されていることに照らし，個々の物品ごとに承諾を取る必要があることもまた意識しておく必要があることといえよう。

|問7| では，任意捜査の一環である任意同行については，どの程度の有形力の行使が許されるのか。ある程度の有形力の行使を伴った任意同行の後，警察署に留め置く行為や，任意同行の後の所持品検査において，どのような行為が違法とされ，またどのような行為が適法とされることになるのか。

【解　答】

参考になると思われる裁判例としては，以下のものが挙げられる。

1　昭和61年4月25日最高裁判決（刑集40巻3号215頁）
⑴　この最高裁判決の事案は，次のとおりである。

　　奈良県生駒市A警察署防犯係の係長巡査部長B，巡査部長C，巡査Dの3名は，複数の協力者から覚せい剤事犯の前科のある被告人が再び覚せい剤を使用しているとの情報を得たため，昭和59年4月11日午前9時30分頃，いずれも私服で警察用自動車を使って，生駒市内の被告人宅に赴き，門扉を開けて玄関先に行き，引戸を開けずに「Xさん，警察の者です」と呼びかけ，更に引戸を半開きにして「A署の者ですが，一寸尋ねたいことがあるので，上ってもよろしいか」と声をかけ，それに対し被告人の明確な承諾があったとは認められないにもかかわらず，屋内に上がり，被告人のいた奥八畳の間に入った。右警察官3名は，ベッドで目を閉じて横になっていた被告人の枕許に立ち，B巡査部長が「Xさん」と声をかけて左肩を軽く叩くと，被告人が目を開けたので，同巡査部長は同行を求めたところ，金融屋の取立てだろうと認識したとうかがえる被告人は，「わしも大阪に行く用事があるから一緒に行こう」と言い，着替えを始めたので，警察官3名は，玄関先で待ち，出てきた被告人を停めていた前記自動車の運転席後方の後部座席に乗車させ，その隣席及び助手席にそれぞれC，B両巡査部長が乗車し，D巡査が運転して，午前9時40分頃被告人宅を出発した。被告人は，車中で同行しているのは警察官達ではないかと考えたが，反抗することもなく，一行は，午前9時50分頃生駒警察署に着いた。午前10時頃から右警察署内の補導室において，C巡査部長は被告人から事情聴取を行ったが，被告人は，午前11時頃本件覚せい剤使用の事実を認め，午前11時30分頃右巡査部長の求めに応じて採尿してそれを提出し，腕の注射痕も見せた。被告人は，警察署に着いてから右採尿の前と後の少なくとも2回，C巡査部長に対し，持参の受験票を示すなどして，午後1時半までに大阪市鶴見区のタクシー近代化センターに行ってタクシー乗務員になるための地理試験を受けることになっている旨申し出たが，同巡査部長は，最初の申し出については返事をせず，尿提出後の申し出に対しては，「尿検の結果が出るまでおっ

たらどうや」と言って応じなかった。午後2時30分頃尿の鑑定結果について電話回答があったことから，逮捕状請求の手続がとられ，逮捕状の発付を得て，C巡査部長が午後5時2分被告人を逮捕したというものであった。

(2) このような事案において，本件の任意同行等一連の警察官の行為の適法性について，原判決は，上記事実認定を前提に，警察官3名による被告人宅への立ち入りは，被告人の明確な承諾を得たものとは認め難く，本件任意同行は，被告人の真に任意の承諾の下に行われたものでない疑いのある違法なものであり，受験予定である旨の申し出に応じることなく退去を阻んで，逮捕に至るまで被告人を警察署に留め置いたのは，任意の取調べの域を超える違法な身体拘束であるといわざるを得ないとした。

(3) そこで，本件最高裁判決では，「勘案するに，本件においては，被告人宅への立ち入り，同所からの任意同行及び警察署への留め置きの一連の手続と採尿手続は，被告人に対する覚せい剤事犯の捜査という同一目的に向けられたものであるうえ，採尿手続は右一連の手続によりもたらされた状態を直接利用してなされていることにかんがみると，右採尿手続の適法違法については，採尿手続前の右一連の手続における違法の有無，程度をも十分考慮してこれを判断するのが相当である。（中略）以上の見地から本件をみると，採尿手続前に行われた前記一連の手続には，被告人宅の寝室まで承諾なく立ち入っていること，被告人宅からの任意同行に際して明確な承諾を得ていないこと，被告人の退去の申し出に応せず警察署に留め置いたことなど，任意捜査の域を逸脱した違法な点が存することを考慮すると，これに引き続いて行われた本件採尿手続も違法性を帯びるものと評価せざるを得ない。」として，本件における家屋への立ち入りやその後の任意同行，更には，退去の申し出に応じず留め置いたこととという一連の行為は違法であり，それに続いて行われた採尿手続も違法であるとしたものである。

2 昭和63年9月16日最高裁決定（刑集42巻7号1051頁）
(1) この最高裁決定の事案は，次のとおりである。
① 昭和61年6月14日午前1時頃，警視庁のA巡査部長とB巡査が東京都

台東区内の通称浅草国際通りをパトカーで警ら中，暗い路地から出て来た一見暴力団員風の被告人を発見し，Ａ巡査部長がパトカーを降りて被告人に近づいて見ると，覚せい剤常用者特有の顔つきをしていたことから，覚せい剤使用の疑いを抱き，職務質問をすべく声をかけたところ，被告人が返答をせずに反転して逃げ出したため，被告人を停止すべく追跡した。

②　途中から応援に駆けつけた付近の交番のＣ巡査とＤ巡査らも加わって追跡し，被告人が自ら転倒したところに追い付き，Ｂ巡査を加えた４名の警察官が，その場で暴れる被告人を取り押さえ，凶器所持の有無を確かめるべく，着衣の所持品検査を行ったが，凶器等は発見されなかった。

③　そのころ，多くの野次馬が集まってきたため，Ａ巡査部長は，その場で職務質問を続けるのが適当でないと判断し，取り押さえている被告人に対し，車で２，３分の距離にある最寄りの浅草署へ同行するよう求めたが，被告人が片手をパトカーの屋根上に，片手をドアガラスの上に置き，突っ張るような状態で乗車を拒むので，説得したところ，被告人は，渋々ながら手の力を抜いて後部座席に自ら乗車した。

④　その際，被告人の動静を近くから注視していたＡ巡査部長は，被告人が紙包みを路上に落とすのを現認し，被告人にこれを示したが，同人が知らない旨答えたため，中味を見分したところ，覚せい剤様のものを発見し，それまでの捜査経験からそれが覚せい剤であると判断して，そのまま保管した。

⑤　被告人が乗車後も肩をゆすり，腕を振るなどして暴れるため，警察官が両側から被告人の手首を握るなどして制止する状態のまま浅草署に到着し，両側から抱えるような状態で同署の保安係の部屋まで被告人を同行した。

⑥　同室では，被告人の態度も落ち着いてきたため，Ａ巡査部長が職務質問に当たり，被告人の氏名，生年月日等を尋ねたところ，被告人が着衣のポケットから自ら身体障害者手帳等を取り出して机の上に置き，次いで所持品検査を求めると，被告人がふてくされた態度で上衣を脱いで投げ出したので，所持品検査についての黙示の承諾があったものと判断し，Ａ巡査部長が右上衣を調べ，Ｂ，Ｄの両巡査が被告人の着衣の上から触れるようにして所持品検査をするうち，外部から見て被告人の左足首付近の靴下の部分が脹らんでいるのを見つけ，そのまま中のものを取り出して確認したところ，覚せい剤様のもの一包みや注射器，注射針等が発見された。

⑦　上記④及び⑥の覚せい剤様のものの試薬検査を実施したところ，覚せい剤特有の反応が出たため，同日午前1時20分頃，被告人を覚せい剤所持の現行犯人として逮捕するとともに，右覚せい剤2包みと注射器等を差し押さえた。
⑧　その後，被告人に排尿とその尿の提出を求めたところ，被告人は当初弁護人の立ち会いを求めるなどして応じなかったが，警察官から説得され，納得して任意に尿を出し提出したため，右尿を領置した。

(2)　そして，本件最高裁決定では，上記任意同行やその後の所持品検査の適法性について次のとおり判示した。
　　すなわち，「以上の経過に即して，警察官の捜査活動の適否についてみるに，右③及び⑤の浅草署への被告人の同行は，被告人が渋々ながら手の力を抜いて後部座席に自ら乗車した点をいかに解しても，その前後の被告人の抵抗状況に徴すれば，同行について承諾があったものとは認められない。次に，浅草署での⑥の所持品検査（以下，「本件所持品検査」という。）についても，被告人がふてくされた態度で上衣を脱いで投げ出したからといって，被告人がその意思に反して警察署に連行されたことなどを考えれば，黙示の承諾があったものとは認められない。本件所持品検査は，被告人の承諾なく，かつ，違法な連行の影響下でそれを直接利用してなされたものであり，しかもその態様が被告人の左足首付近の靴下の脹らんだ部分から当該物件を取り出したものであることからすれば，違法な所持品検査といわざるを得ない。次に⑧の採尿手続自体は，被告人の承諾があったと認められるが，前記一連の違法な手続によりもたらされた状態を直接利用して，これに引き続いて行われたものであるから，違法性を帯びるものと評価せざるを得ない。」と判断されたものである。

3　ただ，**問4**で示した平成6年9月16日最高裁決定では，強制採尿令状が発付された後の任意同行については，これを適法としている。
　　すなわち，「身柄を拘束されていない被疑者を採尿場所へ任意に同行することが事実上不可能であると認められる場合には，強制採尿令状の効力として，採尿に適する最寄りの場所まで被疑者を連行することができ，その際，必要最小限度の有形力を行使することができるものと解するのが相当である。けだし，そのよ

うに解しないと，強制採尿令状の目的を達することができないだけでなく，このような場合に右令状を発付する裁判官は，連行の当否を含めて審査し，右令状を発付したものとみられるからである。その場合，右令状に，被疑者を採尿に適する最寄りの場所まで連行することを許可する旨を記載することができることはもとより，被疑者の所在場所が特定しているため，そこから最も近い特定の採尿場所を指定して，そこまで連行することを許可する旨を記載することができることも，明らかである。

本件において，被告人を任意に採尿に適する場所まで同行することが事実上不可能であったことは，前記のとおりであり，連行のために必要限度を超えて被疑者を拘束したり有形力を加えたものとはみられない。また，前記病院における強制採尿手続にも，違法と目すべき点は見当たらない。

したがって，本件強制採尿手続自体に違法はないというべきである。」と判断している。

問8 上述した所持品検査による発見された被害品や薬物，更には，任意同行の結果得られた尿などについて証拠能力は認められるのか。つまり，先行する職務質問に付随する停止行為，留め置き行為，所持品検査や任意同行などに違法な点が認められた場合には，それらにより押収された証拠物については，違法収集証拠として証拠能力が排除されることになるのか。

【解　答】

1　先行する職務質問に付随する留め置き，所持品検査，任意同行が適法と判断されれば，そこで得られた証拠物について証拠能力が認められることは当然である。**問3**の停止行為についての各裁判例や，**問4**の留め置き行為に関する平成22年11月8日東京高裁判決，同24年1月30日東京高裁判決，同25年1月23日東京高裁判決などでは，その後に得られた証拠物について，当然に証拠能力が認められることになる。

しかしながら，違法な手続により収集されたものは裁判における証拠から排除すべきであるとする違法収集証拠排除の理論により，その証拠能力は否定されることになる。これについての明文の規定はないものの，判例上確立した原理であ

り，捜査段階における人権侵害を防止するために，違法捜査で得られた証拠の証拠能力を否定することで，違法捜査を抑制しようとするものである。

2　その判断の指針となるのが，**問6**の昭和53年9月7日最高裁判決である。ここでは，違法収集証拠の証拠能力について詳細に説明などもなされている。

　すなわち，「違法に収集された証拠物の証拠能力については，憲法及び刑訴法になんらの規定もおかれていないので，この問題は，刑訴法の解釈に委ねられているものと解するのが相当であるところ，刑訴法は，『刑事事件につき，公共の福祉の維持と個人の基本的人権の保障とを全うしつつ，事案の真相を明らかにし，刑罰法令を適正且つ迅速に適用実現することを目的とする。』（同法1条）ものであるから，違法に収集された証拠物の証拠能力に関しても，かかる見地からの検討を要するものと考えられる。ところで，刑罰法令を適正に適用実現し，公の秩序を維持することは，刑事訴訟の重要な任務であり，そのためには事案の真相をできる限り明らかにすることが必要であることはいうまでもないところ，証拠物は押収手続が違法であっても，物それ自体の性質・形状に変異をきたすことはなく，その存在・形状等に関する価値に変りのないことなど証拠物の証拠としての性格にかんがみると，その押収手続に違法があるとして直ちにその証拠能力を否定することは，事案の真相の究明に資するゆえんではなく，相当でないというべきである。しかし，他面において，事案の真相の究明も，個人の基本的人権の保障を全うしつつ，適正な手続のもとでされなければならないものであり，ことに憲法35条が，憲法33条の場合及び令状による場合を除き，住居の不可侵，捜索及び押収を受けることのない権利を保障し，これを受けて刑訴法が捜索及び押収等につき厳格な規定を設けていること，また，憲法31条が法の適正な手続を保障していること等にかんがみると，証拠物の押収等の手続に，憲法35条及びこれを受けた刑訴法218条1項等の所期する令状主義の精神を没却するような重大な違法があり，これを証拠として許容することが，将来における違法な捜査の抑制の見地からして相当でないと認められる場合においては，その証拠能力は否定されるものと解すべきである。」とした。

　つまり，証拠能力が否定される場合というのは，①証拠物の押収等の手続に，憲法35条及びこれを受けた刑訴法218条1項等の所期する令状主義の精神を没却するような重大な違法のあること，②当該証拠を証拠として許容することが，

将来における違法な捜査の抑制の見地からして相当でないと認められる場合であることの2つの要件が満たされた場合であるということである。

そして，このように違法収集証拠により証拠能力が否定される場合についての基準を示した上，「これを本件についてみると，原判決の認定した前記事実によれば，被告人の承諾なくその上着左側内ポケットから本件証拠物を取り出したB巡査の行為は，職務質問の要件が存在し，かつ，所持品検査の必要性と緊急性が認められる状況のもとで，必ずしも諾否の態度が明白ではなかった被告人に対し，所持品検査として許容される限度をわずかに超えて行われたに過ぎないのであって，もとより同巡査において令状主義に関する諸規定を潜脱しようとの意図があったものではなく，また，他に右所持品検査に際し強制等のされた事跡も認められないので，本件証拠物の押収手続の違法は必ずしも重大であるとはいえないのであり，これを被告人の罪証に供することが，違法な捜査の抑制の見地に立ってみても相当でないとは認めがたいから，本件証拠物の証拠能力はこれを肯定すべきである。」と判示した。

要するに，「本件は，相手方の承諾があった場合と『紙一重』の差の事案であって，今一度の説得を重ねておれば承諾が得られていたと見得る状況の下に行われており，この意味で，許容限度逸脱の程度が小さいこと，ポケットから在中品を取り出したことのほかには有形力を行使しておらず，令状主義を潜脱する意図があってなされたものではないことなどの事情が考慮されたものと思われる。たしかに，被告人の承諾の意思を十分に確かめることなく，着衣内のポケットから本件証拠物を取り出したB巡査の行為は，任意手段である所持品検査として行き過ぎであるとの判断は免れないものと思われる。しかし，本件所持品検査の行われた時刻，場所，その状況，ことに，深夜，覚せい剤事犯の多発地帯で，同事犯の容疑がかなり濃厚に認められる者に対して行われたものであること，被告人に2，4人の遊び人風の仲間がいて職務質問に妨害が入りかねない状況があったこと，被告人が一部の所持品の提示要求に応じており，本件証拠物の提示を拒否する明確な態度を示していないことなどからすると，第一線の警察官であるB巡査が臨機の措置としてとった右行為を強く非難するのは相当ではなく，すくなくとも，同巡査の右行為が『令状主義の精神を没却する』ほどの重大な違法行為にあたるとまではいえないと思われ，違法捜査抑止の見地に立ってみても右行為については，これを違法と判断すれば足り，これによって得た証拠物の証拠能力を否定し

第18章　任意捜査の限界　685

被告人を無罪とすべきまでの必要性は認めがたい事案であった，と思われる。」（前出岡403～404頁）との見解に尽きるであろう。

3　その後の裁判例においても，先行する所持品検査等は違法であるにしても，そこで得られた証拠物についての証拠能力は肯定するという傾向が見られていた。

(1)　まず，**問7**の昭和61年4月25日最高裁判決では，前述したように，被告人方への立入りや，任意同行等が違法であるとされたが，一方，「右採尿手続の適法違法については，採尿手続前の右一連の手続における違法の有無，程度をも十分考慮してこれを判断するのが相当である。そして，そのような判断の結果，採尿手続が違法であると認められる場合でも，それをもって直ちに採取された尿の鑑定書の証拠能力が否定されると解すべきではなく，その違法の程度が令状主義の精神を没却するような重大なものであり，右鑑定書を証拠として許容することが，将来における違法な捜査の抑制の見地からして相当でないと認められるときに，右鑑定書の証拠能力が否定されるというべきである。」とした上で，たしかに違法性のある行為がなされてはいるものの，「しかし，被告人宅への立ち入りに際し警察官は当初から無断で入る意図はなく，玄関先で声をかけるなど被告人の承諾を求める行為に出ていること，任意同行に際して警察官により何ら有形力は行使されておらず，途中で警察官と気付いた後も被告人は異議を述べることなく同行に応じていること，警察官において被告人の受験の申し出に応答しなかったことはあるものの，それ以上に警察官に留まることを強要するような言動はしていないこと，さらに，採尿手続自体は，何らの強制も加えられることなく，被告人の自由な意思での応諾に基づき行われていることなどの事情が認められるのであって，これらの点に徴すると，本件採尿手続の帯有する違法の程度は，いまだ重大であるとはいえず，本件尿の鑑定書を被告人の罪証に供することが，違法捜査抑制の見地から相当でないとは認められないから，本件尿の鑑定書の証拠能力は否定されるべきではない。」として尿の鑑定書の証拠能力を認めたものである。

(2)　また，**問7**の昭和63年9月16日最高裁決定は，上記昭和53年9月7日最高裁判決の基準を示した上，「これを本件についてみると，職務質問の要件

が存在し，所持品検査の必要性と緊急性上が認められること，Ａ巡査部長は，その捜査経験から被告人が落とした紙包みの中味が覚せい剤であると判断したのであり，被告人のそれまでの行動，態度等の具体的な状況からすれば，実質的には，この時点で被告人を右覚せい剤所持の現行犯人として逮捕するか，少なくとも緊急逮捕することが許されたといえるのであるから，警察官において，法の執行方法の選択ないし捜査の手順を誤ったものにすぎず，法規からの逸脱の程度が実質的に大きいとはいえないこと，警察官らの有形力の行使には暴力的な点がなく，被告人の抵抗を排するためにやむを得ずとられた措置であること，警察官において令状主義に関する諸規定を潜脱する意図があったとはいえないこと，採尿手続自体は，何らの強制も加えられることなく，被告人の自由な意思での応諾に基づいて行われていることなどの事情が認められる。これらの点に徴すると，本件所持品検査及び採尿手続の違法は，未だ重大であるとはいえず，右手続により得られた証拠を被告人の罪証に供することが，違法捜査抑制の見地から相当でないとは認められないから，右証拠の証拠能力を肯定することができる。」としたものである。

(3)　また，**問4**の平成6年9月16日最高裁決定では，「以上検討したところによると，本件強制採尿手続に先行する職務質問及び被告人の本件現場への留置きという手続には違法があるといわなければならないが，その違法自体は，いまだ重大なものとはいえないし，本件強制採尿手続自体には違法な点はないことからすれば，職務質問開始から強制採尿手続に至る一連の手続を全体としてみた場合に，その手続全体を違法と評価し，これによって得られた証拠を被告人の罪証に供することが，違法捜査抑制の見地から相当でないとも認められない。」として，被告人の尿の鑑定書の証拠能力を認めたものである。

(4)　さらに，**問6**の平成7年5月30日最高裁決定でも，前述したように，被告人について，覚せい剤の所持又は使用の嫌疑があり，その所持品を検査する必要性，緊急性が認められる状況の下での車内検索であり，右違法の程度は大きいとはいえないとされていたものである。

　その上で，被告人から提出を受けた尿及びそれを鑑定した鑑定書の証拠能力については，「本件採尿手続についてみると，右のとおり，警察官が本件自動

車内を調べた行為が違法である以上，右行為に基づき発見された覚せい剤の所持を被疑事実とする本件現行犯逮捕手続は違法であり，さらに，本件採尿手続も，右一連の違法な手続によりもたらされた状態を直接利用し，これに引き続いて行われたものであるから，違法性を帯びるといわざるを得ないが，被告人は，その後の警察署への同行には任意に応じており，また，採尿手続自体も，何らの強制も加えられることなく，被告人の自由な意思による応諾に基づいて行われているのであって，前記のとおり，警察官が本件自動車内を調べた行為の違法の程度が大きいとはいえないことをも併せ勘案すると，右採尿手続の違法は，いまだ重大とはいえず，これによって得られた証拠を被告人の罪証に供することが違法捜査抑制の見地から相当でないとは認められないから，被告人の尿の鑑定書の証拠能力は，これを肯定することができると解するのが相当であ」るとしたものである。

4　このように判例上は，先行する職務質問に付随する各行為が違法性を帯びるなどとしても，種々の事情を勘案した上で，最終的には，証拠物等の証拠能力を肯定するという流れが確かに存在したものと評される[1]。

　しかしながら，近時においては，警察の捜査活動に対する司法的チェックが厳しくなっているといってよく，先行する行為が違法である場合には，そこで得られた証拠について証拠能力を否定する例も多数見られるようになっている。

　具体的には，以下のような裁判例が挙げられる。

(1)　平成15年2月14日最高裁判決（刑集57巻2号121頁）
　　ア　この最高裁判決の事案は，次のとおりである。
　　　(ｱ)　被告人に対しては，かねて窃盗の被疑事実による逮捕状（以下「本件逮捕状」という。）が発付されていたところ，平成10年5月1日朝，滋賀県A警察署のB警部補外2名の警察官は，被告人の動向を視察し，その身柄を確保するため，本件逮捕状を携行しないで同署から警察車両で三重県上野市内の被告人方に赴いた。
　　　(ｲ)　上記警察官3名は，被告人方前で被告人を発見して，任意同行に応ずるよう説得したところ，被告人は，警察官に逮捕状を見せるよう要求して任意同行に応じず，突然逃走して，隣家の敷地内に逃げ込んだ。

㈦　被告人は，その後，隣家の敷地を出てきたところを上記警察官3名に追いかけられて，更に逃走したが，同日午前8時25分ころ，被告人方付近の路上（以下「本件現場」という。）で上記警察官3名に制圧され，片手錠を掛けられて捕縛用のロープを身体に巻かれ，逮捕された。

㈡　被告人は，被告人方付近の物干し台のポールにしがみついて抵抗したものの，上記警察官3名にポールから引き離されるなどして警察車両まで連れて来られ，同車両でA警察署に連行され，同日午前11時ころ同署に到着した後，間もなく警察官から本件逮捕状を呈示された。

㈥　本件逮捕状には，同日午前8時25分ころ，本件現場において本件逮捕状を呈示して被告人を逮捕した旨のB警察官作成名義の記載があり，さらに，同警察官は，同日付でこれと同旨の記載のある捜査報告書を作成した。

㈮　被告人は，同日午後7時10分ころ，A警察署内で任意の採尿に応じたが，その際，被告人に対し強制が加えられることはなかった。被告人の尿について滋賀県警察本部刑事部科学捜査研究所研究員が鑑定したところ，覚せい剤成分が検出された。

㈯　同月6日，○○簡易裁判所裁判官から，被告人に対する覚せい剤取締法違反被疑事件について被告人方を捜索すべき場所とする捜索差押許可状が発付され，既に発付されていた被告人に対する窃盗被疑事件についての捜索差押許可状と併せて同日執行され，被告人方の捜索が行われた結果，被告人方からビニール袋入り覚せい剤1袋（以下「本件覚せい剤」という。）が発見されて差し押さえられた。

㈰　被告人は，同年6月11日，「法定の除外事由がないのに，平成10年4月中旬ころから同年5月1日までの間，三重県下若しくはその周辺において，覚せい剤若干量を自己の身体に摂取して，使用した」との事実（公訴事実第1），及び「同年5月6日，同県上野市内の被告人方において，覚せい剤約0.423gをみだりに所持した」との事実（公訴事実第2）により起訴され，同年10月15日，本件逮捕状に係る窃盗の事実についても追起訴された。

㈱　上記被告事件の公判において，本件逮捕状による逮捕手続の違法性が争われ，被告人側から，逮捕時に本件現場において逮捕状が呈示されなかっ

た旨の主張がされたのに対し，前記3名の警察官は，証人として，本件逮捕状を本件現場で被告人に示すとともに被疑事実の要旨を読み聞かせた旨の証言をした。原審は，上記証言を信用せず，警察官は本件逮捕状を本件現場に携行していなかったし，逮捕時に本件逮捕状が呈示されなかったと認定している（この原判決の認定に，採証法則違反の違法は認められない。）。というものであった。

イ　このような事案において，本件最高裁判決は，以上の事実を前提として，原審が違法収集証拠に当たるとして証拠から排除した被告人の尿に関する鑑定書，これを疎明資料として発付された捜索差押許可状により押収された本件覚せい剤，本件覚せい剤に関する鑑定書について，その証拠能力を検討し，まず，被告人の尿及びその鑑定書については，その証拠能力を否定した。

　すなわち，「本件逮捕には，逮捕時に逮捕状の呈示がなく，逮捕状の緊急執行もされていない（逮捕状の緊急執行の手続が執られていないことは，本件の経過から明らかである。）という手続的な違法があるが，それにとどまらず，警察官は，その手続的な違法を糊塗するため，前記のとおり，逮捕状へ虚偽事項を記入し，内容虚偽の捜査報告書を作成し，更には，公判廷において事実と反する証言をしているのであって，本件の経緯全体を通して表れたこのような警察官の態度を総合的に考慮すれば，本件逮捕手続の違法の程度は，令状主義の精神を潜脱し，没却するような重大なものであると評価されてもやむを得ないものといわざるを得ない。そして，このような違法な逮捕に密接に関連する証拠を許容することは，将来における違法捜査抑制の見地からも相当でないと認められるから，その証拠能力を否定すべきである。

　前記のとおり，本件採尿は，本件逮捕の当日にされたものであり，その尿は，上記のとおり重大な違法があると評価される本件逮捕と密接な関連を有する証拠であるというべきである。また，その鑑定書も，同様な評価を与えられるべきものである。

　したがって，原判決の判断は，上記鑑定書の証拠能力を否定した点に関する限り，相当である。」とした。

　たしかに容易に緊急執行ができる状況にありながら，これを怠ったのであり，しかも令状に虚偽の記載をしたと認定された以上，その違法の程度は甚だしく，上記昭和53年9月7日最高裁判決において証拠能力が許容される

要件を満たさないものといわれても仕方のないものであったと思われる。そうなると本件の尿の鑑定書の証拠能力も否定されることになる。
ウ　ただ，押収された覚せい剤については，別の評価をする余地があり，次のとおり判示した。すなわち，「本件覚せい剤は，被告人の覚せい剤使用を被疑事実とし，被告人方を捜索すべき場所として発付された捜索差押許可状に基づいて行われた捜索により発見されて差し押さえられたものであるが，上記捜索差押許可状は上記（尿）の鑑定書を疎明資料として発付されたものであるから，証拠能力のない証拠と関連性を有する証拠というべきである。

しかし，本件覚せい剤の差押えは，司法審査を経て発付された捜索差押許可状によってされたものであること，逮捕前に適法に発付されていた被告人に対する窃盗事件についての捜索差押許可状の執行と併せて行われたものであることなど，本件の諸事情にかんがみると，本件覚せい剤の差押えと上記（尿）の鑑定書との関連性は密接なものではないというべきである。したがって，本件覚せい剤及びこれに関する鑑定書については，その収集手続に重大な違法があるとまではいえず，その他，これらの証拠の重要性等諸般の事情を総合すると，その証拠能力を否定することはできない。」として，本件覚せい剤については，証拠能力を肯定し，先行行為に違法な点があっても必ずしも証拠能力が否定されるとは限らないとしたものである。
エ　ここで最高裁が意識しているのは，いわゆる「毒樹の果実」の理論についてである。ここでいう「毒樹の果実」とは，違法収集証拠である「毒樹」に基づいて獲得された新たな証拠は，「毒樹の果実」であるから，「毒樹」と同様に違法性を帯びることを免れず，やはり違法収集証拠となるというものである。

このような場合，証拠能力のない違法収集証拠から派生した証拠はすべて証拠能力がないとする見解（無制限説）もあるが，他に，派生証拠と違法手続との関連性，派生証拠の重要性等を総合的に考慮して証拠能力の有無を判断するという見解（制限説）もある。

そして，本件最高裁判決は，「毒樹の果実」の証拠能力について，無制限説の立場には立たず，制限説の立場を採用したものと理解されている（朝山芳史・判例解説（刑）平成15年度48頁）。

(2)　このような判断を示した上記平成15年2月14日最高裁判決に対し，**問6**の平成27年3月5日大阪地裁判決は，前述したように，本件の所持品検査の違法の程度が甚だしく，法規からの逸脱は大きいとして，「そうすると，令状主義の精神を没却するような重大な違法がある。そして，このような違法な行為に密接に関連する証拠を許容することは，将来の違法捜査抑制の見地からも相当でないと認められるから，その証拠能力を否定すべきである」とした。

　　しかも，それだけにとどまらず，その後行われた被告人方に対する捜索差押手続についても，違法な所持品検査等により得られた前記の小物入れ等を主要な疎明資料として発付された捜索差押許可状に基づき行われたものであるとして，その結果押収された証拠物やその鑑定書類等についても，「前記重大な違法がある行為と密接に関連する証拠であり，証拠能力がない。」として証拠能力を否定した。

　　この判決は，上記平成15年2月14日最高裁判決が示したように，違法収集証拠との「関連性が密接」か否かの枠内において判断しているものか，「毒樹の果実」の理論について無制限説を適用しているのか必ずしも定かではないが，いずれにせよ，このような二次的な証拠についても証拠能力を否定する判断がなされるおそれがあることに留意しておく必要がある。

問9　想定事例についてはどのように考えたらよいのか。

【解　答】

1　本事例は，**問6**で示した平成26年5月21日東京高裁判決の事案を基にしたものである。そして，甲野巡査部長による所持品検査が適法であるか否かについては，**問6**で説明したとおりであり，同判決において違法であると認定されている。たしかに，乙野の身体に直接に触れるものである以上，もう少しの説得があってもよかったかとも思われる。

　　このように先行する所持品検査が違法と判断された場合，その後の乙野による公務執行妨害及び傷害について，どのような法的評価がなされるべきなのであろうか。ちなみに，**問6**の平成27年3月5日大阪地裁判決では，違法な行為に対する正当防衛であるとして，公務執行妨害罪及び傷害罪について無罪とされてい

る。

2 一般的に，公務執行妨害罪と公務員の行為の適法性との関係については，公務員の行為が適法性を欠く場合には，公務執行妨害罪は成立せず，暴行罪又は脅迫罪が成立し得るにとどまり，かつ，これらに該当する場合であっても，刑法36条の要件を満たせば，暴行罪あるいは脅迫罪としての違法性も阻却され，何らの犯罪も成立しないと解されている（大コメ刑法［第2版］第6巻138頁）。

　ちなみに，**問6**の平成26年5月21日東京高裁判決の事案では，A巡査は負傷しておらず，公務執行妨害罪が成立するか否か，仮に成立しないとしても暴行罪が成立しないかどうか争点となっていた。

　この点について，同判決では，A巡査の被告人に対する有形力の行使は，違法な所持品検査がなされた直後及びそれに引き続く段階で行われたものであり，適法な職務執行に対するものではないから，公務執行妨害罪は成立しないとされた。

　そして，暴行罪の成否については，「本件所持品検査には前記のとおりの違法性があり，これに対する被告人の有形力の行使は公務執行妨害罪を構成しないが，その手段としての暴行が暴行罪としての評価を当然に受けなくなるものではない。すなわち，A巡査による違法とされる本件所持品検査の態様は被告人の胸に触れたことに尽きるのであるから，これを手で払いのけたり，A巡査の胸部を一回殴打する行為が本件所持品検査を排除，回避するためにやむを得ないものだとしても，所持品検査を続けさせてほしい旨説得していただけの同巡査に対して加えられたその下腿部を数回蹴る暴行は明らかに過剰なものであって，暴行罪の成立を認めるに足る違法性を備えていないと評価すべき事情はない。また本件所持品検査後に被告人に対する急迫不正の侵害が存在したとは認められないし，被告人が右拳で同巡査の左胸を殴った行為までは違法な本件所持品検査に対する防衛行為ととらえる余地があるとしても，これに引き続き同巡査の両下腿部を蹴る行為まで防衛行為とみることはできず，これら一連の行為は全体として暴行罪としての評価を受けるというべきである。」と判示した。

　したがって，胸を右拳で殴打した行為をも含めて全体につき暴行罪が成立するものとしたものである。

　この判決の見解に沿って考えれば，本件事例では，被疑者乙野は，甲野巡査部長に対する傷害罪の刑責を負うこととなろう。

1) 平成27年3月4日東京高裁判決（警公2015年12月号84頁）では，被告人を職務質問の現場に留め置いた措置は違法と認定したが，被告人に対する捜索差押許可状の発付の適法性は認め，差し押さえた覚せい剤の証拠能力を認めている。

第19章　強制捜査

> **例　題**　強制捜査にはどのようなものがあるのか。任意捜査とどこが違うのか。強制捜査を行う上での留意事項は何か。

問題の所在

　第3編第18章「任意捜査の限界」650頁で述べたように、刑訴法上、捜査は任意捜査が原則である。しかしながら、捜査の過程では強制力を用いる必要がある場合もあり、そのような場合には、捜査機関だけの判断で強制処分ができるとするのではなく、原則として、裁判官の事前の審査を要求し、その判断を経て発付される令状に基づいて強制捜査がなされることとしている。これを令状主義という。
　そして、令状に基づいて強制力を用いることから、被疑者らの人権侵害を招かないように種々の制限が設けられている上、その執行の際にも被疑者らの人権に配慮した行使が求められている。
　ここでは、それら強制力を用いる捜査において、どのようなものがあり、どのような点に配慮しなければならないのか検討することとしたい。

事　例

【想定事例】

　Ａ警察署刑事課の甲野巡査部長は、大規模窃盗グループの首領被疑者乙野が、配下の者との間で宅配便により贓品や侵入用具のやりとりをしているとの情報をつかみ、宅配便業者の営業所を訪れ、乙野宛ての宅配荷物を借り出し、これにエックス線を当てて、中身が何であるかを調べ、その後、宅配便業者に返した。
　この捜査に問題はないか。

設問と解答

問1　被疑者の身柄拘束等に関する強制捜査にはどのようなものがあるのか。

【解　答】

逮捕，勾留がこれに該当するが，それぞれに種類があるので，以下，個々に分けて説明する。

1　現行犯逮捕
(1)　刑訴法212条1項は，

　　現に罪を行い，又は現に罪を行い終った者を現行犯人とする。

とし，同法213条において，

　　現行犯人は，何人でも，逮捕状なくしてこれを逮捕することができる。

としている。

これは令状主義の例外で，私人でも逮捕できることになっている。なぜなら，犯人であることが逮捕者にとって明らかであるから誤認逮捕のおそれがないことや，直ちに犯人を確保し，制圧する必要性が高いからである。

(2)　この現行犯逮捕において，「現に罪を行」っている段階で逮捕したのであれば問題はほとんど生じないが，しばしば問題となるのは，「現に罪を行い終わった」段階における逮捕で，それがこの要件を満たす時間的な接着性があるかどうかという点である。

昭和33年6月4日最高裁決定（刑集12巻9号1971頁）は，「今，若い衆が2人塀を乗り越えて入り煙突なんかを壊しているからすぐ来てください。」との通報を受けて現場に急行した警察官が，約30メートル離れた路上で犯人を逮捕したという事案において，「現行犯逮捕の点は，住居侵入の現場から約30米はなれた所で逮捕したものではあるが，時間的には，住居侵入の直後，急報に接し，A巡査が自転車で現場にかけつけ，右の地点において逮捕したものであるから，刑訴212条1項にいう『現に罪を行い終った者』にあたる現

行犯人の逮捕と認むべきである。」旨判示している。

　また，**昭和50年4月3日最高裁判決（刑集29巻4号132頁）**は，あわびの密漁犯人を現行犯逮捕するため約30分間密漁船を追跡した者の依頼により，約3時間にわたり同船の追跡を継続した行為は，適法な現行犯逮捕の行為と認めることができるとしている。

(3)　この現行犯逮捕の規定により，ひったくりを目撃した私人や警察官が直ちに犯人を逮捕することができるのである。

2　準現行犯逮捕

(1)　刑訴法212条2項は，

　　左の各号の一にあたる者が，罪を行い終ってから間がないと明らかに認められるときは，これを現行犯人とみなす。
　　1　犯人として追呼されているとき。
　　2　贓物又は明らかに犯罪の用に供したと思われる兇器その他の物を所持しているとき。
　　3　身体又は被服に犯罪の顕著な証跡があるとき。
　　4　誰何されて逃走しようとするとき。

としているところ，この準現行犯逮捕の場合には，先の現行犯逮捕の場合が「現に罪を行い，又は現に罪を行い終った」段階でなければならないのに対し，「罪を行い終ってから間がないと明らかに認められる」段階であればよく，時間的近接性の要件が穏やかにされている。ただ，その一方で，同項各号に掲げる外形的事実を要求することで，犯人と犯罪との密接な関連性が認められることとなる。

(2)　ここでも「罪を行い終ってから間がないと明らかに認められる」段階であるかどうかは問題となり，**平成8年1月29日最高裁決定（刑集50巻1号1頁）**では，過激派の内ゲバ事件に関して，次の2名に対する準現行犯逮捕について適法であるとした。

　まず，被告人Aについては，凶器準備集合，傷害の犯行現場から直線距離で約4キロメートル離れた派出所で勤務していた警察官が，いわゆる内ゲバ事件

が発生し犯人が逃走中であるなど，本件に関する無線情報を受けて逃走犯人を警戒中，本件犯行終了後約1時間を経過したころ，被告人Aが通り掛かるのを見付け，その挙動や，小雨の中で傘もささずに着衣を濡らし，靴も泥で汚れている様子を見て，職務質問のため停止するよう求めたところ，同被告人が逃げ出したので，約300メートル追跡して追い付き，その際，同被告人が腕に籠手を装着しているのを認めたなどの事情があったため，同被告人を本件犯行の準現行犯人として逮捕したというものであった。

また，被告人B，同Cについては，本件の発生等に関する無線情報を受けて逃走犯人を検索中の警察官らが，本件犯行終了後約1時間40分を経過したころ，犯行現場から直線距離で約4キロメートル離れた路上で，着衣等が泥で汚れた右両被告人を発見し，職務質問のため停止するよう求めたところ，同被告人らが小走りに逃げ出したので，数十メートル追跡して追い付き，その際，同被告人らの髪がべっとり濡れて靴は泥まみれであり，被告人Cは顔面に新しい傷跡があって，血の混じったつばを吐いているなどの事情があったため，同被告人らを本件犯行の準現行犯人として逮捕したというものであった。

(3) このような被告人らを準現行犯として逮捕することにつき，本件最高裁決定は，「以上のような本件の事実関係の下では，被告人3名に対する本件各逮捕は，いずれも刑訴212条2項2号ないし4号に当たる者が罪を行い終わってから間がないと明らかに認められるときにされたものということができるから，本件各逮捕を適法と認めた原判断は，是認することができる。」とした。

被告人Aについては，籠手を装着していることが同項2号の「犯罪の用に供したと思われるその他の物を所持している」場合に該当する上，同項4号の「誰何されて逃走しようとするとき」にも該当すると思われる上，被告人B及びCについては，同項3号の「身体又は被服に犯罪の顕著な痕跡」があると認められる上，同項4号にも該当するであろう。

(4) そして，それらの被告人は，時間的には，いずれも犯行後1時間以上経過し，また，場所的には，いずれも4キロメートルほど離れていたものの，「罪を行い終わってから間がないと明らかに認められるとき」に該当すると認められたものである。

ただ，この事案では，時間的，場所的な隔たりはかなりあるものと思われるところ，そのような場合には，犯罪と犯人との結びつきを補完する他の補強事情が求められ，それに応じて犯罪との時間的・場所的近接性の長短が検討されなければならない。そして，この補完事情は，この内ゲバ事件の準現行犯に当たっては，その判断資料に無線情報による犯人像があり，それとの総合判断があることが逮捕を適法との結論に導いた要因になったものと考えられる（加藤・マスター刑訴 101 頁）。

そのため，本件最高裁決定の原審である**平成 5 年 4 月 28 日東京高裁判決（高刑集 46 巻 2 号 44 頁）**では，「『罪を行い終ってから間がないと明らかに認められるとき』とは，何の情報も与えられていない一般人の立場に立ってこれを判断すべきものではなく，現に発生した犯罪行為の概要や犯人像について一定の情報を与えられ，警戒に当たっている警察官の認識力や判断力を基準としてよいことはいうまでもない。」旨判示している。

(5) この準現行犯逮捕の規定により，贓物を所持していたり，犯人であることを追呼されている窃盗犯人を令状なくして逮捕できることになる。

3　通常逮捕

(1) 刑訴法 199 条 1 項は，

　　検察官，検察事務官又は司法警察職員は，被疑者が罪を犯したことを疑うに足りる相当な理由があるときは，裁判官のあらかじめ発する逮捕状により，これを逮捕することができる。（後略）

と規定し，裁判官のあらかじめ発する逮捕状によって行われる通常逮捕の要件を定めている。

これは逮捕の中でもっともポピュラーなものであり，単に，「逮捕」といえば通常逮捕を指すことが多い。

盗犯の場合，被害届を受けて，犯行現場を見分し，遺留品等の精査を経て，犯人を特定した場合，この逮捕状の発付を請求することになるが，同条 2 項において，

　　裁判官は，被疑者が罪を犯したことを疑うに足りる相当な理由があると認めるときは，検察官又は司法警察員（警察官たる司法警察員については，

第19章　強制捜査　699

国家公安委員会又は都道府県公安委員会が指定する警部以上の者に限る。以下本条において同じ。）の請求により，前項の逮捕状を発する。但し，明らかに逮捕の必要がないと認めるときは，この限りでない。
として，請求権者に一定の制限をしており，警察官たる司法警察員については，警部以上の者でなければならないとしている。

(2)　そして，その際の要件としては，逮捕の理由が存在することと，その必要性があることである。逮捕の理由とは，罪を犯したと疑うに足りる相当な理由が存在していることであり，それは単なる「可能性」では足りないが，「確信」までは不要である。また，逮捕の必要性は，逃亡又は罪証隠滅のおそれがあるということであり，被疑者の年齢・境遇，犯罪の軽重・態様その他諸般の事情を総合的に考慮して判断されることになる。

(3)　そして，そのようにした発付された逮捕状により被疑者を逮捕する場合には，同法201条1項において，
　　　逮捕状により被疑者を逮捕するには，逮捕状を被疑者に示さなければならない。
とされているように，逮捕状を示す必要がある。

4　緊急逮捕
(1)　刑訴法210条1項は，
　　　検察官，検察事務官又は司法警察職員は，死刑又は無期若しくは長期3年以上の懲役若しくは禁錮にあたる罪を犯したことを疑うに足りる充分な理由がある場合で，急速を要し，裁判官の逮捕状を求めることができないときは，その理由を告げて被疑者を逮捕することができる。この場合には，直ちに裁判官の逮捕状を求める手続をしなければならない。逮捕状が発せられないときは，直ちに被疑者を釈放しなければならない。
として，緊急逮捕についての要件を定めている。
　この緊急逮捕の要件としては，①法定刑が「死刑又は無期若しくは長期3年以上の懲役若しくは禁錮にあたる罪」に当たる重大な犯罪であること，また，②罪を犯したことを疑うに足りる充分な理由があることで，これは通常逮捕の

場合の「相当な理由」より高度の嫌疑であることが求められるものの，ただ，有罪判決を言い渡す場合の確信を抱くまでの嫌疑まで求めるものではない。

　そして，③急速を要し，裁判官の逮捕状を求めることができない緊急性があることであるが，逮捕状の発付を求めていては，その手続の間に被疑者に逃走や罪証隠滅をされるおそれがある場合のことである。

　さらに，④被疑者を逮捕した場合には，直ちに裁判官の逮捕状を求める手続をしたことが必要である。この場合に用いられている「直ちに」という用語は，「直ちに」，「速やかに」，「遅滞なく」という時間的段階を示す用語のうち，「直ちに」は最も早い段階を示すものであるので，「即刻に」当該手続を行うように求めているということである。

(2)　**昭和 50 年 6 月 12 日最高裁決定（判時 779 号 124 頁）**の事案では，被告人が「実質上逮捕されたと認める余地のある」のは当日の「正午頃か遅くとも同日午後 1 時 30 分頃」であったのにかかわらず，午後 10 時ころになって初めて逮捕状の請求があり，同日中に逮捕状の発付を得たというものであったところ，団藤裁判官の反対意見は，「憲法 33 条のもとにおいては，緊急逮捕は，とくに厳格な要件のもとにはじめて合憲性を認められるものというべきであり（中略）私見によれば，犯罪の重大性，嫌疑の充分性および事態の緊急性の要件のほかに，逮捕状が現実の逮捕行為に接着した時期に発せられることにより逮捕手続が全体として逮捕状にもとづくものといわれうるものであることが必要である。そうして，もし逮捕状の発付がかような限度をこえて遅延するときは，被疑者はただちに釈放されるべきであり，引き続いて勾留手続に移ることは許されないものと解しなければならない。」とした上で，本件の事案においては，「当日が休日であったこと，最寄りの簡易裁判所までが片道 2 時間を要する距離であったことを考慮に入れても，とうてい本件緊急逮捕の適法性をみとめることはできない。」とされており，直ちに必要な手続がなされないと緊急逮捕が違法とされるおそれがあることに留意しておく必要がある（もっとも上記最高裁決定では，他の裁判官が，被告人の犯行は，各供述調書を除くその余の各証拠によって優にその認定ができるとして弁護人の上告を棄却している。）。

(3)　なお，この緊急逮捕をすべき場合と現行犯逮捕でよい場合との違いについて，

古くから「聞いて緊逮，見て現逮」という言い方がされているが，警察官が犯行を直接に見ておらず，被害者の声や野次馬の声などを聞いたりして現場に駆けつけたような場合には，現行犯逮捕の要件を欠くおそれがあるので，緊急逮捕の手続を執るべきであるが，実際に犯行を見ていたなら，現行犯逮捕でよいとするものであり，現在の実務でも役に立つ用語といえよう。

5　勾　留

刑訴法205条1項は，

> 検察官は，第203条の規定により送致された被疑者を受け取ったときは，弁解の機会を与え，留置の必要がないと思料するときは直ちにこれを釈放し，留置の必要があると思料するときは被疑者を受け取った時から24時間以内に裁判官に被疑者の勾留を請求しなければならない。

として，警察から送致された事件についての検察官の勾留請求について規定している。

この勾留とは，被疑者又は被告人を拘禁する裁判及びその執行であるが，その要件は，刑訴法60条1項に，

> 裁判所は，被告人が罪を犯したことを疑うに足りる相当な理由がある場合で，左の各号の一にあたるときは，これを勾留することができる。
> 1　被告人が定まった住居を有しないとき。
> 2　被告人が罪証を隠滅すると疑うに足りる相当な理由があるとき。
> 3　被告人が逃亡し又は逃亡すると疑うに足りる相当な理由があるとき。

である。

そして，それらの要件に併せて，勾留の必要性についても求められるところ，これは，起訴の可能性（事案の軽重等），捜査の進展の程度，被疑者の個人的事情（年齢，身体の状況等）などを総合的に斟酌して判断されることになる。

6　二重逮捕・勾留

(1)　被疑者の逮捕・勾留については被疑事実ごとに行われるという「事件単位の原則」というものがある。これは，逮捕は逮捕状・勾留状に記載されている被疑事実を基準として，その効力は，当該被疑事実についてだけ生じるという概念である。

したがって，同一人に対し，甲事実と乙事実の数個の被疑事実が認められる以上，甲事実での逮捕・勾留と乙事実での二重の逮捕・勾留が重なったとしても問題はない。ただ，それが不当な蒸し返しになるような場合には，二重の逮捕・勾留は許されないことになる。

　例えば，**昭和44年6月10日福岡地裁決定（刑裁月報1巻6号714頁）**の事案は，凶器準備集合と殺人未遂の被疑事実が事実上一個の社会的事実と認められるものであったところ，捜査も当初から一体の事実として行い，検察官は，被疑者について凶器準備集合の被疑事実についてのみ起訴したが，保釈が許可されたため，改めて一体となっていた殺人未遂の被疑事実で逮捕し勾留請求したというものであったところ，同決定では違法な勾留の蒸し返しであるとして棄却されている。

(2)　また，この事件単位の原則からは，同一事実についての逮捕・勾留は，原則として一回しか行い得ないという原則も導き出されている。これは一罪一逮捕一勾留の原則とも呼ばれている。同一事実についての再逮捕・再勾留を無条件に認めれば，逮捕・勾留期間の制限は無意味なものとなるからである。

　ただ，ここでいう「同一事実」，すなわち「一罪」とは，基本的には，刑法上の罪数に従い，単一・同一の犯罪事実をいうが，しかしながら，一罪とされているもののうち，包括一罪や常習一罪のように，個々の犯罪事実の独立性が強く，捜査をしてみないと，それが一罪の関係にあるのかどうか分からない場合がある。特に，常習一罪を犯したものとして逮捕・勾留された者が，その保釈中に新たに常習一罪の一部となる犯罪を犯した場合のように一罪であっても同時に捜査することが不可能な例もある。したがって，基本的には刑法上の罪数に従いつつ，捜査官が同時に捜査して処理することが不可能であったり，著しく困難である場合には，例外的に新たな逮捕・勾留が許されるものと解すべきであろう（池田＝前田・刑訴152頁）。

(3)　では，本来的に同一事実である場合には，再度の逮捕・勾留は絶対に認められないのかというと，そうではないであろう。例えば，逮捕中に逃亡した被疑者を再逮捕することができるのは当然であろうし，事情の変更により，逮捕・勾留が不当な蒸し返しにならないような場合であれば，再逮捕・再勾留は認め

られる。

　具体的には，逮捕・勾留して捜査したものの，結局，その期間中には，公訴維持に必要な証拠を得られず釈放した場合の再逮捕・再勾留が問題となるが，釈放した以上は事情のいかんを問わず，再逮捕が認められないというのは硬直に過ぎ，妥当性を欠くと思われる。釈放後に，それまでの通常の捜査の過程では発見されなかった新証拠が発見された場合や，一旦は消滅していた逃亡・罪証隠滅のおそれが新たに生じるなど逮捕を必要とする事由が生じた場合には，再度の逮捕・勾留を必要とする正当な事由があり，このような場合には，身柄拘束の不当な蒸し返しにはならないと考えられるから，再度の逮捕・勾留は認められると考えられる（加藤・マスター刑訴121頁）。

7　別件逮捕・勾留

　別件逮捕・勾留は，法令上の用語ではないため，必ずしも概念は一定していないが，昭和52年8月9日最高裁決定（刑集31巻5号821頁）は，捜査手法として「専ら，いまだ証拠の揃っていない『本件』について被疑者を取調べる目的で，証拠の揃っていない『別件』の逮捕・勾留に名を借り，その身柄の拘束を利用して，『本件』について逮捕・勾留して取調べるのと同様な効果を得ることをねらいとしたもの」を別件逮捕・勾留であると定義付けている（もっとも同事件ではそれには当たらないと判断されている。）。

　これについては古くから学説上，色々な見解が出されて議論されてきたが，この問題は，要は，別件で逮捕した場合に，本件についての取調べがどこまで許されるかに尽きることであろう。すなわち，逮捕・勾留の目的は，逮捕・勾留事実の処分をするために必要な取調べをすることであり，その際に，余罪のとなる別件の取調べをすることになっても，逮捕・勾留事実の処分についての判断のために必要であればその取調べがなされるのは当然である。しかしながら，そのような取調べが，逮捕・勾留事実に関する捜査の目的に沿っていなければ，その時点以降の勾留が違法となり，その期間における自白には違法収集証拠として証拠能力が問題とされることになるだけのことである。

　したがって，そのような違法な取調べに当たるかどうかは，両事実の罪質・態様の相違，法定刑の軽重，捜査の重点の置き方の違いの程度，本件の事実についての客観的な証拠の程度，別件の事実についての身柄拘束の必要性の程度，特に，

両事実の関連性の有無・程度，取調官の主観的意図などの諸事情によって判断されることになる。

　それゆえ，「問題は，捜査の実効性を図るため，令状主義の趣旨を確保しつつ，どこまで事件単位の原則を緩和して，令状に記載されていない事実（本件）の取調べが許容できるかにあるといってもよい。(1)別件と本件の大小・軽重関係，(2)本件を取り調べた時間の割合の大小，(3)両事実の関連性の程度等の諸事情を考慮して専ら本件を取り調べたものか否かが判断されよう。そして，両事実が密接に関連し，本件を取り調べることが別件の取調べともいえるのであれば，本件に重点を置いた取調べも許容される。」（池田＝前田・刑訴157頁）ということになろう（なお，この問題について詳細は，第3編第20章問3・710頁参照）。

問2　被疑者の居宅や所持品等に対する強制捜査にはどのようなものがあるのか。

【解　答】

　捜索，差押え及び検証がこれに該当する。
　刑訴法218条1項は，
　　検察官，検察事務官又は司法警察職員は，犯罪の捜査をするについて必要があるときは，裁判官の発する令状により，差押え，記録命令付差押え，捜索又は検証をすることができる。この場合において，身体の検査は，身体検査令状によらなければならない。
として，身柄拘束以外の強制捜査について規定している。
　具体的には，差押えとは，所有者，所持者又は保管者から，証拠物又は没収すべき物の占有を強制的に取得する処分をいう（刑訴法222条1項，99条1項）。
　次に，記録命令付差押えとは，電磁的記録を保管する者その他電磁的記録を利用する権限を有する者に命じて必要な電磁的記録を記録媒体に記録させ，又は印刷させた上，当該記録媒体を差し押さえることをいう（刑訴法99条の2）。
　また，捜索とは，人の身体，物又は住居その他の場所について被疑者や証拠物等を発見するための強制的処分である（刑訴法222条1項，102条）。
　さらに，検証とは，特定の場所，物，人を対象として，五官の作用により，その存在，形状，性質及び状態を認識することを目的として行う令状による強制処分で

ある（刑訴法222条1項，129条）。なお，令状なくして同様の目的を果たす任意処分が実況見分である。

問3 想定事例についてはどのように考えるべきか。

【解　答】

　この事例は，平成21年9月28日最高裁決定（刑集63巻7号868頁）の事案を基にしたものであるところ，この事案は，大阪府警の警察官が，暴力団関係者から被疑者が宅配便により覚せい剤を仕入れているとの嫌疑に基づき，被疑者方事務所に届けられる予定の宅配便荷物を借り出して，これに対して，エックス線検査を行ったというものであった。その際，同警察官らは，荷送人や荷受人の承諾を得ずに行っていた。

　このような事案において，本件最高裁決定は，「本件エックス線検査は，荷送人の依頼に基づき宅配便業者の運送過程下にある荷物について，捜査機関が，捜査目的を達成するため，荷送人や荷受人の承諾を得ることなく，これに外部からエックス線を照射して内容物の射影を観察したものであるが，その射影によって荷物の内容物の形状や材質をうかがい知ることができる上，内容物によってはその品目等を相当程度具体的に特定することも可能であって，荷送人や荷受人の内容物に対するプライバシー等を大きく侵害するものであるから，検証としての性質を有する強制処分に当たるものと解される。そして，本件エックス線検査については検証許可状の発付を得ることが可能だったのであって，検証許可状によることなくこれを行った本件エックス線検査は，違法であるといわざるを得ない。」と判示した。

　したがって，エックス線検査は検証許可状を要するものと考えられ，本件想定事例においても，検証許可状を得ずに行った場合は，違法な捜査と判断されることになろう。

第20章　被疑者，被告人及び共犯者の取調べ

> **例題**　そもそも被疑者の取調べはなぜ必要であるのか。その取調べの本質は何か。また，被疑者の余罪取調べにおける問題点は何か。被告人を取り調べることはできるのか，もしできるのであれば，その際に留意すべきことは何か。共犯者を取り調べる際に留意すべきことは何か。

問題の所在

　そもそも，捜査機関には，刑訴法上，被疑者を取り調べることができ，また，被疑者には取調べ受忍義務があるが，その本質はどのようなものであるのか。また，逮捕事実について取り調べるのは当然であるにしても，余罪の取調べについても同様のことがいえるのか。さらに，取調べの対象が被告人である場合，そもそも被告人は，起訴を受けて，刑訴法上，対立当事者の立場にあるのであるから，捜査段階と異なり，勝手に取調べをすることが可能であるのか。一方，共犯者も被疑者の一人であるから，被疑者として取調べをすることは当然に可能であるはずであるが，その際には，共犯関係があることに照らし，どのようなことに留意すべきであるのか。

事　例

【想定事例】

1　被疑者甲野は，窃盗の常習者であるが，ある窃盗事件で逮捕され，担当の取調官乙野巡査部長から余罪についての追及を受けていた。その際，甲野は，「刑事さん。余罪についてしゃべってもいいけど，自分からしゃべるんだから，自首という扱いにして自首調書にしてくれますか。それならしゃべりますけど。」

などと言った。乙野巡査部長としてはどうしたらよいのか。

2　被疑者丙野は，ある窃盗事件で逮捕されたが，否認をすれば不起訴になるのではないかと考えて，乙野巡査部長の追及に対して否認を続けていた。しかしながら，勾留満期日に窃盗で起訴されてしまったことで，丙野は自分の作戦が失敗だったと気付いた。そこで，留置管理担当者を通じて，乙野巡査部長に事実を認めるから取り調べて欲しい旨を伝えてもらった。乙野巡査部長としてはどうしたらよいのか。

3　被疑者丁野は，ある窃盗事件で逮捕されたところ，自分が窃盗で起訴されるのは証拠もあるので仕方がないにしても，この際，かねてより恨みに思っているＡから指示を受けてやったことにして，Ａを引き込んでやろうと考えた。そこで，担当の取調官乙野巡査部長に，「実は，この件は，Ａに言われてやることにしたんです。」などと嘘を言った。乙野巡査部長は，それを聞いてＡを呼んで取り調べたところ，Ａは全く覚えがないと供述した。乙野巡査部長としてはどうしたらよいのか。

設問と解答

問1　そもそも取調べとは何か。なぜ取調べが必要であるのか。

【解　答】

　刑訴法197条1項前段では，
　　捜査については，その目的を達するため必要な取調をすることができる。
とし，また，同法198条1項前段では，
　　検察官，検察事務官又は司法警察職員は，犯罪の捜査をするについて必要があるときは，被疑者の出頭を求め，これを取り調べることができる。
とする。このように，被疑者等の取調べが刑訴法上許されているが，その理由とするところは何であろうか。
　その理由とするところは，結局のところ，その取調べが証拠収集方法の一つとし

て非常に重要な地位を占めるからである。

　例えば，証拠価値の高いと思われる証拠物があっても，それについての供述がないと，それ自体では犯行との結び付きを完全に証明することができない場合がある。具体的にいえば，被害者を殴打するのに用いられた疑いのある角材が存在しても，そこに被疑者の体液などが残されておらず，DNA型鑑定などができなかったような場合には，被疑者がそれを使って殴打した旨の供述があって初めてその証拠物たる角材と犯行との結びつきが明らかになるのである

　また，日本の刑事法においては，犯行の「故意」や「目的」，更には「共謀」など，被疑者の供述によらなければその立証が困難な主観的要素が，構成要件として多数定められている。特に，贈収賄事件や選挙違反事件などでは，被疑者を含めた関係者の供述によらないと，全く立証ができず，事案の真相が明らかにならない事件も多数存在するところである。このような証拠収集上の必要性に基づいて，「取調べ」が刑訴法上認められている。

　また，増井・捜査124頁において，「従来，科学捜査ということが叫ばれ，近年かなりの研究の成果が実っている。たしかに，殺人，強盗傷人など，犯行現場に犯罪の痕跡が残るような罪種の検挙・立証には，それらの痕跡を収集，分析，解明することにより，相当の実績を挙げているが，犯人の行動の一部始終を明らかにすることは不可能であるし，犯行の動機や犯意など犯人の内心を推知することは困難である。個々の物的証拠は，自白により初めて証拠価値が認められることが多く，犯人と犯罪行為との結び付きの立証は自白によることがもっとも効率的で，確実である。」と同様のことが述べられていることも参考になろう。

問2　上記のように取調べが必要であるとしても，被疑者の取調べの本質はどのようなものとして理解すべきであるのか。

【解　答】

　これについては，捜査の基本的構造として，大陸法的な糾問的捜査観という考え方と，英米法的な弾劾的捜査観という2つの異なった考え方のうち，どちらの考え方に立脚するかによって，取調べの本質について異なった理解をすることになる。

　弾劾的捜査観とは，現行刑訴法の公判手続が当事者主義構造を採っているのを捜

査段階にまで拡張適用し，被疑者も当事者であるから，一方の対立当事者である検察官や司法警察職員による取調べは，原則として許されないという考え方である。

これに対し，糾問的捜査観とは，上記弾劾的捜査観と対立する考え方で，捜査機関が被疑者を取り調べることを捜査の中心として捉え，各種の強制処分もそのために認められているという考え方である。

この対立する2つの考え方のうち，弾劾的捜査観は，国家刑罰権の適正実現という刑事手続の基本的性格を，私人間の紛争解決を目的とする民事のそれと同一視するものであって，およそ容認できるものではないであろう。刑訴法198条1項前段において，「犯罪の捜査をするについて必要があるときは，被疑者の出頭を求め，これを取り調べることができる。」として，その取調べに何らの限定もしていないことに照らしても，刑訴法が糾問的捜査観に立っていることを示すものと理解されるところである。

したがって，取調べの本質は，糾問的捜査観に立脚し，刑訴法1条に規定されている実体的真実主義の実現に資するために，捜査機関に許容されている中心的な捜査手法の一つと理解すべきである。

問3　上記のような見解に立てば，逮捕した被疑事実について被疑者を取り調べるのは当然のことであるが，それ以外の被疑事実，いわゆる余罪についても同様に取り調べることはできるのか。その際に何らかの制約はないのか。

【解　答】

この場合，当該余罪とされる被疑事実についての取調べは，新たな逮捕などせずに，別事件の勾留中に行われる取調べか，その別事件が起訴された後に行われる取調べということになるが，後者については，被告人の取調べということになるので，次問で述べることとする。

ここでは，ある被疑事実で勾留している場合において，当該被疑事実とは異なる被疑事実について取調べをすることの問題について検討する。

1　刑訴法198条1項は，その後段において，
　　但し，被疑者は，逮捕又は勾留されている場合を除いては，出頭を拒み，

又は出頭後，何時でも退去することができる。
と規定していることから，その反対解釈として，「逮捕，勾留されている場合」の被疑者については，出頭を拒んだり，退去することは許されていない，すなわち，取調受忍義務があるものと解される。

　この点について，「その但書の反対解釈として，身柄拘束中は，被疑者には出頭拒否や退去の自由は認めないとの取調べ受忍義務を課したものと解釈するのは，疑問の余地がないほど極めて自然である。取調べ受忍義務を課しても，供述自体の自由はあるのであるから，自己に不利益な供述の拒否権（憲法38条1項）や，黙秘権（刑訴法198条2項）に反することもない。取調べ受忍義務否定説からは，平野博士が『この規定は，出頭拒否・退去を認めることが，逮捕または勾留の効力自体を否定するものではない趣旨を，注意的に明らかにしたにとどまる。』と説明され，その他にも否定説の説明はあるが，いずれも決して説得力を有するものとはなっていない。」（加藤康榮「適正捜査と検察官の役割」『取調べ受忍義務について』27頁）と解されており，取調べ受忍義務はあるとするのが通説である。

　そして，この義務については，同条文上，「逮捕又は勾留されている場合」として限定されているだけで，それ以外には何らの限定もされていないのであるから，「逮捕又は勾留されている場合」である以上，被疑者には余罪に関しても取調べ受忍義務が課せられていると読むことができる。

　つまり，この条文上，「逮捕，勾留された事実」の取調べに限定して，出頭拒否や退去が許されないなどとされているわけではないことから，その規定の仕方からして，余罪となる被疑事実についての取調べが禁じられているわけではないと読み取ることができるからである。

　さらに，刑訴法223条1項は，
　　検察官，検察事務官又は司法警察職員は，犯罪の捜査をするについて必要があるときは，被疑者以外の者の出頭を求め，これを取り調べ，又はこれに鑑定，通訳若しくは翻訳を嘱託することができる。
として，参考人の取調べについて規定されているところ，同条2項では，
　　第198条第1項但書（中略）の規定は，前項の場合にこれを準用する。
としていることが，この余罪の取調べが許されているという根拠となり得る。

　すなわち，この場合において，参考人が「逮捕又は勾留されている場合」でないのであれば，198条1項但書が準用されて，その規定どおり，「出頭を拒み，

又は出頭後，何時でも退去することができる」こととなるが，参考人が「逮捕又は勾留されている場合」，つまり，別の事件では被疑者として「逮捕又は勾留されている場合」であって，本件では参考人という立場である場合には，198条1項但書が準用されて，その反対解釈として，「出頭を拒み，又は出頭後，何時でも退去すること」はできず，取調べ受忍義務があるものと考えられる（注釈刑訴3巻235頁，大コメ刑訴第4巻609頁）。

このような参考人の立場は，ある被疑事実で逮捕，勾留されている被疑者が，別の被疑事実での取調べを受ける場合と同様の立場ということができる。

そうであるなら，逮捕，勾留されている被疑者に対し，当該身柄拘束の理由となっている被疑事実以外の余罪事実について取り調べることも，また，その際に取調受忍義務があることも，この刑訴法223条2項が同法198条1項但書を準用していることの解釈から当然に許されていると解釈できることになる。

2　そして，上記のような解釈は，判例上も認められているものである。そして，この点については，主に，別件逮捕による逮捕，勾留中に本件の取調べをしたことが違法かどうかという視点で論争がなされていた。

(1)　**昭和52年8月9日最高裁決定（刑集31巻5号821頁）**

この最高裁決定においては，「『別件』中の恐喝未遂と『本件』（筆者注：強盗強姦殺人・死体遺棄）とは社会的事実として一連の密接な関連があり，『別件』の捜査として事件当時の被告人の行動状況について被告人を取調べることは，他面においては『本件』の捜査ともなるのであるから，第一次逮捕・勾留中に『別件』のみならず『本件』についても被告人を取調べているとしても，それは，専ら『本件』のためにする取調というべきではなく，『別件』について当然しなければならない取調をしたものにほかならない。」として，社会的事実として一連の密接な関連があるような場合などにおいては，逮捕，勾留された被疑事実以外の被疑事実について取り調べることも，逮捕，勾留された被疑事実の取調べの関係で当然しなければならない取調べをしたものに他ならないとした。

この考え方に従えば，取り調べる余罪が逮捕，勾留された被疑事実と社会的事実として一連の密接な関連があり，当該被疑事実の捜査として必要なもので

あれば，余罪について取り調べることも許されていると解されることになる。

(2) **昭和53年3月29日東京高裁判決（判時892号29頁）**
　　この判決では，「ある事実（別件）について逮捕・勾留中の被疑者を，当該被疑事実と別の事実（本件）について取り調べることは，一般的に禁止されているものではなく，また，その取調に当って，その都度裁判官の令状あるいは許可を受けなければならないものではない。」として，逮捕，勾留されている被疑事実以外の事実について取り調べることは当然に可能であると判示している[1]。

3　上記のような考え方などを参考にすれば，盗犯事件捜査において，ある被疑事実で逮捕，勾留した被疑者に対し，その被疑事実以外についての余罪についての取調べをすることは原則として許されると解される。

問4　では余罪に関して，窃盗罪で逮捕された被疑者が取調べを受けていた際に，捜査官も知らない窃盗の余罪を自白して上申書を作成することがあるが，この場合，自首になるのか。

【解　答】

　自首とは，刑法42条1項において，
　　罪を犯した者が捜査機関に発覚する前に自首したときは，その刑を減軽することができる。
とされているものであるところ，この自首が認められるためには，犯人が捜査機関に対して，「自発的に」自己の犯罪事実を申告することが必要であると考えられている。
　そのため，既に逮捕，勾留されている状況下に置かれた被疑者が，捜査官の追及を受けた結果，捜査機関が把握していなかった余罪を申告した場合，自首に該当するといえるのであろうか。
　この点について，**昭和52年12月26日東京高裁判決（東高時報28巻12号158頁）**では，「原判示第2以下の18回にわたる窃盗の事実については，いずれ

も犯人が判明しない段階で被告人がこれを右司法警察員らに自供したものであることが認められるが、更に、右各自供をした当時、被告人は原判示第1の窃盗の事実で川口警察署員に逮捕され、引き続き勾留されて、被告人の従前の窃盗の犯歴から多数の余罪のあることを予想して埼玉県警察本部から特に派遣されたA警部補から右原判示第1の窃盗の事実および他にも窃盗を犯していないかについて取調べを受け、これに対し、逐次判示第2以下の事実を自供したものであることも明白であるところ、このように自己の犯罪事実について捜査官の取調を受けている者が、その取調中、他にも犯行を犯していないかとの趣旨の問を受けて更に他の犯罪事実を自供したとしても、このような状況のもとでの供述は、自ら進んで犯罪事実を捜査官憲に申告することを意味する刑法42条1項にいわゆる自首に該当しないものというべきであ」ると判示されている。

したがって、取調べの最中に追及を受けて余罪の自白をしたような場合には、もちろんその供述内容や追及の仕方にもよるが、自首は成立しない場合も多いと考えて差し支えないと思われる。

問5 被告人の取調べをすることは許されるのか。

【解　答】

まず、これまで述べてきたように、起訴した後に、起訴された事実とは異なる余罪についての取調べをすることについては、刑訴法198条1項本文により、許される。

ただ、勾留のまま起訴された場合でも、起訴後である以上、取り調べようとする時点では既に裁判所による被告人としての勾留である上、刑訴法198条1項但書の勾留は、起訴前の被疑者としての勾留を意味すると解されるから、この場合には、被告人の出頭拒否、退去の自由を否定することはできない。

では、起訴された事実について、更に取り調べることができるかどうかについては、公訴提起後は、当該起訴事実については、もはやその事実に関する限り、被疑者とはいえないのであるから、刑訴法198条1項による取調べはできないが、197条1項による任意捜査として取り調べることは可能である。

判例上もこれは認められており、**昭和36年11月21日最高裁決定（刑集15**

巻10号1764頁）は，「刑訴197条は，捜査については，その目的を達するため必要な取調をすることができる旨を規定しており，同条は捜査官の任意捜査について何ら制限をしていないから，同法198条の『被疑者』という文字にかかわりなく，起訴後においても，捜査官はその公訴を維持するために必要な取調を行うことができるものといわなければならない。なるほど起訴後においては被告人の当事者たる地位にかんがみ，捜査官が当該公訴事実について被告人を取り調べることはなるべく避けなければならないところであるが，これによって直ちにその取調を違法とし，その取調の上作成された供述調書の証拠能力を否定すべきいわれはなく，また，勾留中の取調であるのゆえをもって，直ちにその供述が強制されたものであるということもできない。」として，なるべく避けるべきものとはしているが，起訴された事実についての被告人の取調べも許容されるとしている。

また，昭和57年3月2日最高裁決定（裁判集刑225号689頁）でも，同様のことが確認されており，同決定では，「最高裁昭和36年11月21日第三小法廷決定は，起訴後においても，捜査官はその公訴を維持するために必要な取調を行うことができることを認めたものであり（記録によれば，所論起訴後における被告人の取調が本件公訴を維持するために必要なものであったことが明らかである。），起訴後においては被告人の当事者たる地位にかんがみ，捜査官が当該公訴事実について被告人を取り調べることはなるべく避けなければならないことを判示してはいるが，それ以上に，起訴後作成された被告人の捜査官に対する供述調書の証拠能力を肯定するために必要とされる具体的な要件を判示しているとは解せられないから，（中略）起訴後作成された被告人の検察官に対する各供述調書の証拠能力を肯定した原審の判断は，相当である。」としているものである。

このように判例としては，公訴維持の必要があれば，被告人の取調べは許容されると考えているといってよい。ただ，起訴後勾留中の被告人に対して，起訴されている事実について取り調べることは，当事者主義構造に照らしても好ましいものではないので，弁護人の了解を得るなどその点に対する配慮はしておく必要がある。

問6 共犯者については，被疑者として取調べをすることができるのは当然であるが，その取調べの際に留意すべきことは何か。

【解　答】

　共犯関係にある被疑者は，自己の刑責を少しでも軽減するために，他の共犯者の責任が重くなるように供述する傾向がある。また，いわゆる「引き込み」と呼ばれるもので，上記同様の意図の下に，共犯関係にない者を共犯者であると供述する場合もないではない。

　そのため，共犯関係について取り調べる際には，そのような危険を常に念頭において，他の共犯者に責任を押しつけて，自己の刑責の軽減を図ろうとしていないかに注意を払う必要がある。

　実際のところ，このような共犯事件の共同捜査の場合，自分の取り調べている被疑者が犯罪事実について一応自白していると，共犯関係についても自分の取り調べている被疑者が真実を供述していると思いがちである。

　しかし，このような場合，他の共犯者の供述内容と食い違うこともしばしばであり，そこで自己の刑責の軽減を図ろうとして，他の共犯者が主導したとか，発案者が共犯者の誰々であるとか，真実でない供述をしようとする者がいるのは紛れもない事実である。

　そのため，共犯者一人ひとりの供述の裏付けを丹念に取ることによって，どの被疑者の供述するところが真実であるのかを正確に見極める必要があることを忘れてはならない。

問7　共犯者の自白は，被疑者の自白の補強証拠になるのか。

【解　答】

　共犯者の自白は補強証拠として認められている。

　具体的には，**昭和33年5月28日最高裁判決（刑集12巻8号1718頁）**では，「共犯者の自白をいわゆる『本人の自白』と同一視し又はこれに準ずるものとすることはできない。けだし，共同審理を受けていない単なる共犯者は勿論，共同審理を受けている共犯者（共同被告人）であっても，被告人本人との関係においては，被告人以外の者であって，被害者その他の純然たる証人とその本質を異にするものではないからである。」と判示し，共犯者の自白が補強証拠となることを明確に認めて

いる（なお，自白の補強証拠については第3編第22章問7・736頁参照）。

問8 想定事例についてはどのように考えるべきか。

【解 答】

1　まず，1の事例であるが，たしかに捜査官が知らない犯罪事実を自ら述べるのであるから，自首が成立する余地がないとはいえない。しかしながら，前述したように，余罪取調べの追及を受けた結果の供述であるのだから，自発性がないとして自首とは認められない可能性は高い。そうである以上，取調官として自首調書での供述の録取は好ましくないと思われる。

　　ただ，そうはいっても自首の成否は，刑の減軽事由として裁判所が判断することであるのだから，それは供述を録取されたものが自首調書であるか，通常の供述調書であるかによって決まるものではない。

　　そこで，乙野巡査部長としては，被疑者にその旨を説得して，通常の供述調書で録取するという前提で，まずは，被疑者の余罪の内容を全て明らかにするよう説得することに努めるべきである。

2　次に，2の事例であるが，起訴された後に，被疑事実を認めるから取調べをして欲しい旨の申入れがされることは，しばしば見られるところである。

　　このような場合には，公訴維持の観点からも取調べを実施したほうがよいし，弁護人の了解をも得た上で，被告人の取調べをし，その際作成した供述調書にもその旨を記載しておけばよいであろう。

3　次に，3の事例であるが，共犯事件の際の「引き込み」の問題は，公判においてもしばしば問題とされる。

　　このように「引き込み」がなされている疑いがあるかどうかを見極めるのは容易ではないが，これまでの事案を見てみると，「引き込み」がなされると疑われる事案では，引き込んだ側と引き込まれた側との間に何らかのトラブルがあり，その腹いせになされたケース，両者の間の立場に差があり，一方が他方に対して，責任を押しつけやすい力関係にあったケースなどがある。

第20章　被疑者，被告人及び共犯者の取調べ　717

それらの事情がうかがわれるような場合には，両者のこれまでの人間関係や仕事上の関係などを，両者以外の者からも慎重に聞き出し，共犯関係を否認する側からは，もし共犯関係にないのなら，どうして共犯者がそのように供述するのか思い当たる点を述べさせ，その裏付けが取れるかどうかなどの捜査を尽くす必要がある。

もちろん，そのような関係がなくとも，単に，自己の刑責を軽減させたいために他の者を共犯者に引き込もうとするケースもないではないが，そのような場合には，両者の間に，犯罪の共謀を形成するだけの人間関係が希薄である場合もあり，共謀の日時，場所やその内容に不自然な点が出やすいので，そういったことに留意しながら取り調べる必要があろう。

問9 近時，話題になっている司法取引は，我が国に導入されるのか。

【解　答】

平成27年3月，刑事訴訟法等の一部を改正する法律案として，司法取引をも含めた改正案が閣議決定された。そして，同年中の通常国会でこの改正案が審議され，法制化に向けた取組みがなされた。その後，平成28年5月に改正案が可決され，同年6月3日公布された。

同改正法において司法取引は，「証拠収集等への協力及び訴追に関する合意」として規定されている。その合意の手続としては，改正法350条の2以下に詳しく規定されており，その内容の概略は以下のとおりである。

1　まず，350条の2第1項柱書きにおいて

検察官は，特定犯罪に係る事件の被疑者又は被告人が特定犯罪に係る他人の刑事事件（以下単に「他人の刑事事件」という。）について一又は二以上の第1号に掲げる行為をすることにより得られる証拠の重要性，関係する犯罪の軽重及び情状その他の事情を考慮して，必要と認めるときは，被疑者又は被告人が当該他人の刑事事件について一又は二以上の第2号に掲げる行為をすることを内容とする合意をすることができる。

として，検察官と被疑者らとの間で，他人の刑事事件に関して一定の合意をする

ことを認めているが，その合意のために必要な被疑者らの行為は，同項1号に，そして，その行為をしたことにより成し得る合意の内容は，同項2号に掲げられている。

　すなわち，1号では，
　　次に掲げる行為
　　　イ　第198条第1項又は第223条第1項の規定による検察官，検察事務官又は司法警察職員の取調べに際して真実の供述をすること。
　　　ロ　証人として尋問を受ける場合において真実の供述をすること。
　　　ハ　検察官・検察事務官又は司法警察職員による証拠の収集に関し，証拠の提出その他の必要な協力をすること（イ及びロに掲げるものを除く。）。
として，被疑者が真実の供述をした場合などが，本件での合意の対象となる行為となることを示している。

　そして，同項2号において，
　　次に掲げる行為
　　　イ　公訴を提起しないこと。
　　　ロ　公訴を取り消すこと。
　　　ハ　特定の訴因及び罰条により公訴を提起し，又はこれを維持すること。
　　　ニ　特定の訴因若しくは罰条の追加若しくは撤回又は特定の訴因若しくは罰条への変更を請求すること。
　　　ホ　第293条第1項の規定による意見の陳述において，被告人に特定の刑を科すべき旨の意見を陳述すること。
　　　ヘ　即決裁判手続の申立てをすること。
　　　ト　略式命令の請求をすること。
とされている。つまり，同項1号と合わせれば，被疑者らが他人の刑事事件について真実を供述する場合などにおいて，検察官との間で起訴をしないことなどを合意することができるということを定めていることになるのである。

2　次に，同条2項において，前項で規定されていた「特定犯罪」がどのようなものを対象とするのかについて規定している。

　具体的には，刑法96条から96条の6までの封印等破棄や強制執行妨害等に関する犯罪，同法155条，157条等の文書偽造等に関する犯罪，同法197条か

ら始まる贈収賄に関する犯罪，同法246条から始まる詐欺，恐喝，横領等に関する犯罪のほか，組織的犯罪処罰法，租税に関する法律等財政経済関係犯罪に関する法律，薬物に関する法律，銃砲等に関する法律等に違反する犯罪について，「特定犯罪」として，司法取引の対象となる犯罪とされている。

ただ，ここで挙げられた法律に関しても，「死刑又は無期の懲役若しくは禁錮に当たるものは除く。」としており，重い刑罰が規定されている犯罪は，対象とされていない。したがって，殺人や傷害致死，強姦などの犯罪の被疑者は，そもそも司法取引の対象とはならないし，それらの犯罪による他人の刑事事件についても司法取引の対象とはならないとされているのである。

3 そして，その合意は，明確な手続によってなされなければならないことから，改正法350条の3において，弁護人の同意を要するとか，書面によらなければならないとされているほか，その協議を弁護人をも含めた形で行うことや（同改正法350条の4），それが警察送致事件である場合には，あらかじめ司法警察職員と協議すること（同改正法350条の6）などについても定められている。

1) ただ，同判決は，それに続けて「しかしながら，例えば，別件の逮捕・勾留が，専ら，いまだ証拠の揃っていない本件について被疑者を取り調べる目的でなされ，証拠の揃っている別件の逮捕・勾留に名を借り，別件については身柄拘束の理由と必要性がないのに，その身柄拘束を利用して，本件について取り調べるのと同様な効果を得ることを狙いとした場合など，日本国憲法および刑事訴訟法の定める令状主義を実質的に潜脱することとなる場合には，その捜査手続は違法のそしりを免れ」ないとしており，未だ証拠の揃っていない本件について被疑者を取り調べる目的で，別件逮捕・勾留の名を借り，身柄拘束を利用して，本件について取調べをするのと同様の効果を得ることを狙いとして取り調べる場合には，違法になるとしている。

第21章　被疑者の供述調書

> **例　題**　窃盗の被疑者の取調べにおいて，供述調書を録取する際，何を録取すべきであるのか。また，その際に留意しておかなければならないことは何か。

問題の所在

供述調書の作成は，被疑者の供述内容を証拠化する上で，非常に重要な作業となる。しかしながら，犯罪の構成要件となる必要な事項を漏れなく記載し，かつ，一読して理解できる供述調書を作成するのは必ずしも容易なことではない。その習熟に当たって，常日頃から心がけておかなければならないことは何であるのか，正しく理解しておく必要がある。

事　例

【想定事例】

　窃盗犯人の被疑者甲野は，A署での乙野刑事の取調べに対し，その追及から逃れられないと思い，自ら敢行した侵入盗を自白した。そこで，乙野刑事がその供述調書を作成して，甲野に署名，指印を求めたところ，甲野は，やはり罪を認めるのが恐ろしくなり，その署名，指印を拒否した。
　この場合，乙野刑事が作成した上記供述調書は，どのように扱われることとなるのか。

設問と解答

問1 そもそも、捜査機関にとって、なぜ被疑者の供述調書というものを作成する必要があるのか。

【解答】

刑訴法198条3項は、

> 被疑者の供述は、これを調書に録取することができる。

として、捜査機関に被疑者の供述を調書に録取することを認めているが、これは、被疑者の供述調書が証拠となり、被疑者による犯罪の立証に役立てることができるからである。

つまり、刑訴法322条1項は、

> 被告人が作成した供述書又は被告人の供述を録取した書面で被告人の署名若しくは押印のあるものは、その供述が被告人に不利益な事実の承認を内容とするものであるとき、又は特に信用すべき情況の下にされたものであるときに限り、これを証拠とすることができる。（後略）

としていることから、被疑者の供述調書を証拠として用いることができる、つまり、被疑者の供述調書が証拠能力を持つので、それゆえ、被疑者の供述調書を作成する必要があるのである。

なお、同条にいう「被告人に不利益な事実の承認を内容とするもの」の意味であるが、客観的に自分に不利益な事実を承認することをいい、典型的なものは自白調書であるが、一部自白はもとより、自分に不利な間接事実を肯定する供述も含まれる。例えば、窃盗の事実は否認するが、窃盗の犯行日時、現場に接着した時点、場所において盗品を所持していたという供述もこれに当たるものと解される（増井・捜査171頁）。

問2 では、窃盗の被疑者を取り調べた結果について供述調書を作成するに当たり、一般的には、どのようなことに留意すべきであるのか。

【解　答】

　被疑者の供述調書を作成する場合，通常は，物語形式で供述を録取することとなろう。その場合には，被疑者からじっくり話を聞いた上で，事案の核心をつかみ，それを中心に枝葉末節にとらわれることなく，供述を整理して録取していくことが必要である。

　ただ，このように言っても，最初のうちは，何を録取したらよいのか，どの箇所に力点を置いて録取すればよいのか分からないことも多いと思われる。そのような場合，まず，立証すべきものは構成要件であるのだから，被疑者の窃取行為が漏れなく記載されているかどうか，その際の被疑者の故意，具体的には，被害者の占有の状況についての認識や，それを奪取する意図なども十分に記載されているかなどに力点を置き，その上で，そのような犯行に及ぶ動機，例えば，金銭的に窮していたのかどうか，仮に十分な所持金がありながら窃盗の犯行に及んだのであれば，その理由は何かなどを読み手に十分に了解できるように記載し，更に，窃取した被害品についてどのように処分等するつもりであったのか，また，実際にはどのようにしたのかなど，犯行の前後にわたる部分も肉付けするように録取していく必要があろう。

　いずれにせよ，いきなり精緻で要を得た供述調書の作成ができるわけではなく，何度も繰り返すことによって，次第に読み手にとって分かりやすい供述調書というものが作成できるようになるものである。

　ただ，そうは言ってもちょっと留意しておくだけでより良い供述調書の作成ができるポイントもあるので，若干指摘しておくこととする。

　まず，最も当たり前のこととして，主語と述語をきちんと記載し，読み手になったつもりで録取するということである。被疑者の話を聞いて，その供述を録取していると，ついつい主体が被疑者である場面が普通であることから，主語を省略することが多くなり，そのうちには，他の者が登場したりしても，主語を省略してしまっていて，結局，誰がしていることなのか分からなくなってしまう供述調書もないわけではない。また，取調官は，被疑者からの話が頭に入っているので，自分では分かったつもりで書いていても，読み手には何を言っているのか分からないこともある。さらに，主語に述語が対応しておらず，文全体を見ると，何を言いたいのかよく分からなくなっているものもある。

もちろん，主語についても，内容についても，必要以上にくどくなるような記載の仕方は問題であるが，主語を省略しても誤解が生じないか，自分が分かっているからといって独りよがりな記載になっていないか，きちんと述語が対応して文が終わっているかなどは，ささやかな注意で修正できることであることから，普段から心しておくべきであろう。

　そして，基本的には文章はできるだけ短くし，二義を許さないような表現にした上，「八何の原則」を守って記載するべきである。

　この「八何の原則」というのは，①誰が（犯罪の主体）Who，②誰と（共犯関係）With Whom，③なぜ（犯行の動機，原因）Why，④いつ（犯行の日時）When，⑤どこで（犯行の場所）Where，⑥何を又は誰に対し（犯行の客体，対象，相手）To Whom，⑦どんな方法で（犯罪の方法，態様）How，⑧何をしたのか（犯罪の行為と結果）What という項目で構成されるものである。このうち，②と⑥を除いたものが，5W1Hといわれる「六何の原則」となる。

　さらに言えば，できるだけ被疑者が使うナマの言葉で記載するように努めるということであろう。被疑者の生活状況や教育程度はその使用する言葉に影響を与えるものであり，そのような被疑者の供述を録取するものである以上，供述調書においても，そのような被疑者のナマの言葉が反映していなければならないはずである。

　したがって，通常の供述調書は，「私は…」という書き出しであるが，自分を指す言葉として「私は」などと使ったことがない被疑者もいるのであるから，そのような場合には，「俺は」などという記載の仕方であっても全く差し支えないものと考えている。むしろ，供述調書を読み始めた時に，その被疑者の性格とか雰囲気が伝わるような供述調書であるほうが，本来の供述録取という趣旨に沿うものではないかと考えられる。

[問3] では，具体的に，窃盗事件において，供述調書に録取すべきことは何か。

【解　答】

　窃盗事件一般において，具体的に録取しなければならない事項としては，次のようなものが挙げられよう。ただ，これはあくまで一般的な例であって，事件ごとにその特徴を示す間接事実が必ず存在するはずであるから，当該事件の特性を示す事

象などについては，詳細かつ丁寧な記述が求められることを忘れてはならない。
　それらの例としては，
1　犯行の動機又は原因
　　①窃盗を決意した理由及び時期，②窃取したものをどうする意図であったか（不法領得の意思の関係），③特定の被害者を狙った理由，④経済的な困窮度，特に，資産又は収入の有無，程度等
2　犯罪の準備行為
　　①犯罪の計画立案の状況，②具体的な準備行為の内容，③侵入用具などの入手方法，④犯行のための着衣や携行品の準備状況，⑤犯行現場についての下見の状況，⑥犯行現場に赴いた時刻，その経由地点等
3　犯行の日時の特定
　　①犯行日に意味があるのであれば，その日を選んだ理由，②犯行日を覚えているのなら，その理由，③犯行時刻を選んだ理由等
4　犯行場所の特定
　　①犯行場所を覚えているのであれば，その場所の特定及び覚えている理由，②犯行場所の周囲の状況，③犯行場所が室内であるのなら，その間取り，構造，家具の配置状況，物色した場所，窃取した被害品の場所，人の出入りの状況，室内からうかがわれる被害者の生活状況，④明るさの程度，⑤屋外であるのなら，人や車の交通量，被害場所の周囲の状況，被害品の置かれた状況等
5　侵入方法
　　①侵入盗であれば，その侵入口の特定，②侵入の際に用いた道具及びその使用方法，③侵入方法及びその態様，④侵入の際の指紋や足跡の遺留状況等
6　犯行状況
　　①侵入後の行動，②物色の状況，③被害品の在処，④被害品の名称，種類，数量，価格等，⑤所有者，占有者等についての認識や，その意に反して領得する認識の存在，⑥被害品の搬出方法，⑦犯行の所要時間，⑧当該家屋等内部での窃取行為以外の行動等
7　逃走経路
　　①逃走口及び逃走経路，②被害品の運搬状況等
8　被害品の処分等の状況
　　①被害品の隠匿又は処分した日時，場所，相手方，売買か無償譲渡かなど取引

の態様，②当該処分先を知った理由，③当該処分先に持ち込んだ理由，④当該処分先までの運搬経路等，⑤当該処分先の相手方との人間関係，⑥相手方の窃盗被害品であることの認識の有無，⑦押収された被害品が押収物と同一であるか否か等

9 共犯関係

①共犯者の有無，②共謀の日時，場所，内容，分担した役割，③被害品や処分代金の分配状況等

10 犯行後の状況

①被害品の処分代金の費消状況，②次の犯行への準備行為の有無等

などが挙げられるであろう（増井・捜査132～133頁）。

問4 想定事例についてはどのように考えるべきか。

【解　答】

1　まず，署名，指印がないことから，刑訴法322条1項の要件を満たさず（この要件等についての説明は，第3編第28章・794頁参照。），したがって，この供述調書には証拠能力はなく，その記載内容を証拠として法廷で用いることはできない。

ただ，刑訴法328条では，

> 第321条乃至第324条の規定により証拠とすることができない書面又は供述であっても，公判準備又は公判期日における被告人，証人その他の者の供述の証明力を争うためには，これを証拠とすることができる。

とされていることから（なお，この刑訴法328条に規定されている証拠は，「弾劾証拠」と呼ばれ，被告人や証人が法廷で行った供述について，その証明力を争うための証拠として使うのであれば，伝聞証拠として証拠能力のない証拠でも，その限りで証拠として用いることが認められるということを規定したものである。また，伝聞法則等については，第3編第28章参照。），本事例で問題となっている署名，指印のない被疑者の供述調書が同条にいう「第321条乃至第324条の規定により証拠とすることができない書面」に含まれるとするなら，せめて被告人の公判廷における供述を弾劾するために用いることはできることとならないか，問題となるのである。

2 この問題については、平成18年11月7日最高裁判決（刑集60巻9号561頁）が次のとおり判示している。

すなわち、「刑訴法328条は、公判準備又は公判期日における被告人、証人その他の者の供述が、別の機会にしたその者の供述と矛盾する場合に、矛盾する供述をしたこと自体の立証を許すことにより、公判準備又は公判期日におけるその者の供述の信用性の減殺を図ることを許容する趣旨のものであり、別の機会に矛盾する供述をしたという事実の立証については、刑訴法が定める厳格な証明を要する趣旨であると解するのが相当である。

そうすると、刑訴法328条により許容される証拠は、信用性を争う供述をした者のそれと矛盾する内容の供述が、同人の供述書、供述を録取した書面（刑訴法が定める要件を満たすものに限る。）、同人の供述を聞いたとする者の公判期日の供述又はこれらと同視し得る証拠の中に現れている部分に限られるというべきである。

<u>本件書証は、前記Aの供述を録取した書面であるが、同書面には同人の署名押印がないから上記の供述を録取した書面に当たらず、これと同視し得る事情もないから、刑訴法328条が許容する証拠には当たらない</u>というべきであ」るとした。

このように、本条の弾劾証拠の使用範囲については、法廷供述をした、その者自身の法廷外における自己矛盾供述に限定されると考えられ、つまり、本条は、法廷供述をした者に対し、その当人がかつて法廷外で自己矛盾供述をしていた場合、その法廷外供述を法廷へ提出することをもって、同人の法廷供述の信用性を減殺することができる場合に限られるほか、その際の書面については、刑訴法が定める要件である署名、押印などの要件を満たすものでなければならないと解されたのである。

したがって、この判例の見解に基づけば、本事例の被疑者供述調書は、弾劾証拠としても用いることはできず、法廷では何にも使えないということになる。

第22章　自白(1)──自白の必要性等──

> **例題**　窃盗の被疑者から自白を得るにはどのようにしたらよいのか。また，なぜ自白を得る必要があるのか。さらに，その自白が得られた時，どのようなことに留意したらよいのか。加えて，自白に補強証拠が要求されるのはなぜか。

問題の所在

　自白をめぐっては，その獲得のための心構えや取調手法などさまざまな観点からの検討がなされているところであるが，そのような自白獲得の必要性は，今日の客観証拠重視の流れの中でも，従来どおりの意味を持つものであるのか。
　特に，取調べの録音録画の範囲が広がる中で，自白の意義は変わらないものであるのか。

事　例

【想定事例】

　A署刑事課の甲野巡査部長は，職務質問により，ひったくり事件に係る被害品の所持が発覚した被疑者乙野の取調べを担当していた。しかし，乙野は，なぜその被害品が自分のズボンのポケットに入っていたか分からないと否認を続けていた。甲野巡査部長としてはどのようにしたらよいのか（もちろん，被害品や目撃等に関する捜査も必要であるが，ここでは取調べに関しての問題とする。）。
　また，乙野が「俺には取調べを拒否する権利がある。取調べを止めてもらいたい。」と言った場合，どのように対処すべきであるのか。

設問と解答

問1 そもそも「自白」とは何か。

【解　答】

　自白とは，自己の犯罪事実の全部又はその重要な部分を認める被疑者又は被告人の供述をいう。基本的に自己に不利益な事実を認めることであり，その供述内容によって自らの有罪を招く結果となるものを指す。

問2 自白の強要が禁じられるのはなぜか。

【解　答】

1　憲法38条1項は，
　　　何人も，自己に不利益な供述を強要されない。
として，自白の強要を禁止し，その強要をうかがわせる事情がある場合には，同条2項における
　　　強制，拷問若しくは脅迫による自白又は不当に長く抑留若しくは拘禁された後の自白は，これを証拠とすることができない。
との規定によって，証拠能力が否定されることとなっている。
　そして，その規定を受けて刑訴法319条1項は，
　　　強制，拷問又は脅迫による自白，不当に長く抑留又は拘禁された後の自白その他任意にされたものでない疑のある自白は，これを証拠とすることができない。
として，憲法の規定の趣旨を踏まえて，更にこれを敷衍して任意性のない自白一般について証拠能力を否定している。

2　このように，任意性のない自白を排除することによって，自白の強要を禁止している理由としては，大別して次の3つの考え方が存在する。
　まず，一つ目は，虚偽排除説と呼ばれるもので，強制，拷問，脅迫などに基づ

く自白は，無理に言わされたものであることから，その内容などにおいて虚偽の供述である蓋然性が高く，誤判を招くおそれがあることから，その証拠能力を否定することで虚偽の自白を排除しようとするものだとの考え方である。

ただ，このような考え方に対しては，例えば，任意性のない自白であっても，それが真実であることが判明したのであれば，誤判を招くおそれがないことから，当該自白を証拠として採用することも可能であるとの考えにつながってしまい，自白の強要を禁じた憲法の趣旨を没却してしまうのではないかとの批判がある。

次に，二つ目としては，人権擁護説と呼ばれるもので，強制等によって得られた自白の証拠能力を否定することで人権侵害を防止しようとする考え方である。

ただ，この考え方に対しては，人権侵害という面を強調するあまり，供述者の心理的な内面などについての事実認定が困難になるおそれがあるのではないかとの批判もある。

そして，三つ目としては，違法排除説と呼ばれるもので，任意性を欠く自白が排除されるのは，自白獲得過程における適正手続を担保する一つの手段として排除されるものであり，違法な手続により得られた自白であれば当然に排除されるという違法収集証拠排除法則を適用する観点からの考え方である。

ただ，この考え方に対しては，刑訴法319条1項は，文言上，任意性のない自白の取扱いを規定していることが明らかであって，これを違法な手続により得られた自白のすべてが本項によって律せられるのは解釈上無理があるのではないかとの批判がある（以上，大コメ刑訴第7巻544頁〜545頁）。

判例の考え方としては，上記のどれかの考え方にだけに立脚しているというわけではなく，具体的事案に応じて，上記の各考え方をフレキシブルに取り入れていると見られている。

問3 自白を強要してはならないのはもちろんであるが，では，自白を得る必要はないのか。

【解 答】

そのようなことはない。自白の必要性については，今日においても，その価値はいささかも低減していない。捜査に携わるものとしては，どのような事件であって

も，自白の獲得に努めなければならない。

その理由として，概ね次の3点が挙げられる。

1 事件の真相を明らかにする

まず，第一に，被疑者こそが事件の真相を知るのであり，その自白により真相が解明されるからである。ある被害者が失踪し所在不明になったとする。その場合，当該被害者が殺害された疑いがあっても，実際に死体などが出てこない限り，本当に殺害されたのかどうかという疑問はずっと続くことになる。しかしながら，被疑者が自白し，死体を埋めた場所を案内し，そこから実際に被害者の死体が発見されれば，事件の真相に肉薄することになる。このような自白の必要性を否定する者はいないであろう。

また，殺害等に用いられた凶器などについても同様である。被疑者が凶器を隠匿した場所を自白し，その自白どおりに凶器が発見されれば，被疑者が当該凶器を使って犯行に及んだという蓋然性は著しく高まる。もちろん本当に被疑者がそれを使って実行行為に及んだかどうかについては，更なる証拠を収集の上，緻密に検討する必要があるが，通常であれば，凶器の隠匿場所は，それを使った者しか知らないのであるから，犯人性の推認は強力に働くことになる。いずれにせよ，全ての真実を知るのは被疑者自身なのであるから，その真相を明らかにするためにも自白が求められるのは当然である。

2 被害者や目撃者の負担を解消する

次に，被疑者が真実を自白し，真に反省に至ったのであれば，通常は，その事件についての争いはなくなる。そうなると，その事件において関係者として登場する被害者や目撃者に法廷での証言を求める必要がなくなる。つまり，それら関係者を取り調べたことによって作成された供述調書について同意され，それらが書証として取り調べられることによって，証言する必要がなくなるのが通常である。このように公開の法廷での証言の必要がなくなるということは，被害者や目撃者の負担を解消するという意味では非常に大きいものがある。

例えば，性犯罪などであれば，被害者に法廷で被害状況を証言させるということは，いわゆるセカンドレイプというものになり，どれほど被害者を傷つけるものであるのか想像に難くない。また，法廷で証言をするくらいなら告訴を取り消

すという被害者も実際に存在するのである。また，目撃者にしても，仕事や学業を休んで出廷しなければならず，その負担も決して軽いものではない。さらに，その者が法廷で真実を証言しても，弁護側からは，嘘を言っているなどと決めつけられたり，尋問技術の一環として証人等をわざと怒らせるなどして興奮させたりすることもあり，実際のところ，証人にも被害者にも精神的には多大な負担を掛けてしまっているのが実情である。

そのような負担などを回避することができるのが，被疑者の自白である。被疑者が自白することで，事実関係について争点がなくなり，被害者ら関係者の供述調書が同意され，それらの者の出廷をなくすことができるという大きな利点がある。

3 被疑者の更生を図る

さらに，被疑者が自白するということは，被疑者の更生の第一歩が始まったということを意味する。すなわち，被疑者が事件を本当に反省し，立ち直ろうとするのであれば，そこには真相の告白と心からの謝罪がなければならない。犯行を否認しておきながら，反省しているということは絶対にあり得ないことである。したがって，取調官としては，被疑者の更生の手助けをするという意味からも，被疑者に真相を自白するように勧めなければならないのである。自白というのは，真相の解明という捜査のためでもあり，また，被害者らの負担解消というためでもあるが，さらに，被疑者の再犯を防ぎ，その更生を図るという意味でも，非常に重要なものとなっているのである。

否認のまま法廷に臨めば，そこには勝ち負けのゲームがあるだけであって，被疑者にとって反省や懺悔の場になることはあり得ない。しかしながら，真実を自白し，法廷で反省の機会を与えられたのであれば，そのような被疑者は，そうでない被疑者より，はるかに更生の可能性が高くなるのは当然のことであろう。したがって，被疑者自身のためにも，真相の自白をさせることが極めて重要なのである。

問4 では，どのようにしたら被疑者から自白を得ることができるのか。

【解　答】

　端的に言って，何々をしたら自白が得られるという王道はない。しかしながら，多くの取調官が自身の取調べの経験から身に付けていった技術によって，あまたの被疑者を自白させてきたのは紛れもない事実である。ただ，そのやり方を単に真似してできるというものでもない。結局のところ，自分自身に合った取調べのやり方により，被疑者を自白させることができるように，自分自身の取調べの仕方を向上させていくしかないものと思われる。

　しかしながら，そうは言っても，これまでの先人の残した数多くの自白獲得の成功例の中から，共通する要素を拾い出すことはできるであろう。

1　被疑者の取調べに当たって十分かつ入念な準備をしておく

　最初に言えることとしては，被疑者の取調べに当たっては，十分かつ入念な準備をしておくべきであるということである。取調べとは，取調官と被疑者との人格がぶつかり合う真剣勝負の場である。そこでは，いかに被疑者のことをよく知っておくか，その準備が大切である。つまり，被疑者は，どのような生い立ちで，どのような性格で，どのような暮らしをしてきたのか，どのようなことで苦しみ，どのようなことで犯罪に手を染めるようになっていったのか，もちろん分からないことも多いが，できるだけ手を広げて調べて知っておくことである。その場合，被疑者の親族や友人，更にはその恩師と言われるような人たちの取調べができるのであれば，それらの人に直接に当たって被疑者に関する情報を得ておくことは有用である。

　そのようにして，取調べをするまでに得られた参考人の供述や押収された証拠物等を精査して，事案の真相についての見通しを立て，被疑者の性格や経歴等を考慮しながら，どの角度からどのような順序で追及するか，どのような弁解をするのだろうかと予想し，また，その対応はどうするのか，どのようにして切り崩していくのかなど，色々なパターンを想定し，シミュレーションしておくべきである。特に証拠物は，人よりも何よりも物を言うという場合があるので，入念に検討しておき，その証拠物が持つ意味をよく理解し，被疑者の弁解を崩す上でどのように用いるかなど，そのタイミングなども十分に検討しておくべきである。優秀な取調官と言われた人たちは，皆口を揃えて取調べ前の準備の重要性を説い

ている。

　そのような準備を怠ったまま漫然と取調べに臨んだりすると，被疑者に否認されたり，意味のない弁解をされたりしても，十分な反論をすることができず，余裕のある取調べができないことから，勢い無意味な押し問答を繰り返すような事態を迎えないとも限らないのである。そのような状態では，およそ被疑者の自白を得るなどということは望めないであろう。

2　被疑者の弁解に耳を傾ける

　そして，取調べを始めたら，被疑者の弁解に対しては虚心に耳を傾けることである。その弁解は，荒唐無稽でおよそあり得ないような話の場合もあれば，一見もっともらしく聞こえるような話の場合もある。いずれであっても，押さえつけるようなことはせず，聞いた上で，その弁解がなり立たないことを説得する必要がある。

3　被疑者が否認する理由をつかむ

　また，取調べを始めたら，できるだけ早期に被疑者がなぜ否認するのか，その理由をつかむ必要がある。被疑者が罪を認めたがらないのは通常のことであるものの，その理由は各自様々である。実際に自白に至って，そのような理由で否認していたのかと分かることもあるように，取調官がその理由を推察できれば，否認を突き崩すための方針が立てやすくなることになる。

4　被疑者の心を受け入れる度量をもつ

　最後に，取調べに当たっては，毅然としながらも，相手の心を受け入れる度量をもって臨まなければならない。取調官が被疑者の一挙手一投足を見ているように，被疑者も取調官の一挙手一投足を見ているのであって，この取調官であれば，嘘を突き通せそうだと思われたりしたら，絶対に真相を供述させることはできない。したがって，被疑者に対しては，取調官は自分の立場を理解してくれるものの，事件のことはよく知っているようだし，嘘を突き通せるような相手ではないと思わせなければならない。つまり，取調官としてその職務に全力を挙げて真相の解明に取り組んでおり，嘘は絶対に許さないのだという毅然たる態度で取調べに臨んでいることを示さなければならない。

その上で，被疑者が否認して嘘を言っているのに対し，被疑者も苦しんでいるんだと思える余裕のある態度で臨む必要がある。被疑者も否認しているときは苦しいのである。実際に，被疑者が泣いて自白した時，否認して嘘を言っていたのがいかに苦しかったか告白することがある。私が初めてそのような場面に遭遇できたのは，物証も目撃者も何もない，ある放火事件であったが，突然，被疑者が泣き出して自分が火を付けたのだということを言った時，その態度は，それまでふてくされて否認していた時の口ぶりなどとは180度違うものであった。その真相の自白は，私の背筋を震えさせるほどの衝撃であったが，真相を話すことができる状況になると，人はここまで変わるものかと思わせるものであった。このような体験を持つ多くの取調官もいる一方，未だそのような経験に至っていない取調官もいよう。否認している被疑者にとって，否認を続けることは苦しいことであり，罪を認めることの恐ろしさと秤に掛けているのである。その心の中は，葛藤にあふれているのが通常である。そのような状況下にある被疑者が，この取調官であれば，自分を正しく見てくれるであろうと思い，自分の全てを託す気持ちになった時に，初めて心を開くものである。つまるところ，そのような被疑者の心を受け入れるだけの広い度量が，取調べに際して，取調官には求められるのである。

問5　取調べの録音録画の範囲が広がっているが，ビデオで録音録画されている場合，そうでない場合とで取調べの仕方に違いはあるのか。

【解　答】

　基本的にはその両者に違いはないと理解すべきである。特に，取調べをする側については，常日頃の取調べを実施するだけであり，それが録音録画されているというだけのことである。
　ただ，被疑者の側は，ビデオで録音録画されていることに神経を使う者もいることから，そのような神経を使う必要などないことを説得し，できるだけそれを意識させないようにして取り調べることも必要であろう。

問6 何日間にもわたる取調べを実施した結果，被疑者がついに自白して被疑事実を全面的に認めた場合，どのようなことに留意しなければならないのか。

【解　答】

　今度は，その自白が虚偽ではないかと吟味する必要がある。被疑者の中には，取調官に迎合したりして，その意を酌んだ供述をしようとする者もいるからである。例えば，平成14年11月27日に富山地裁で言い渡された強姦等事件においては，犯人ではない被疑者が犯行を自白し，公判でも全面的に認めて服役もしていたという，いわゆる氷見事件が起きている（その後，再審による無罪が確定。）。

　したがって，被疑者が自白したからといって，それに安心するのではなく，被疑者の年齢や精神の発達状況，知的能力等も十分に考慮し，その置かれた立場などにも思いを巡らせた上，迎合的に自白がなされていないかをよく検討しておくべきである。

　また，多数の余罪の自白がある場合には，その中に真実と異なるものがあることもあるので注意を要することとなる。その上で，真実の自白であれば，必ず裏付けが取れるはずであるとの信念に基づき，その裏取りを細かく実施すべきである。

問7 取調官の熱意に打たれて真実を供述した場合であっても，その自白に補強証拠が要求されるのはなぜか。

【解　答】

　憲法38条3項は，
　　　何人も，自己に不利益な唯一の証拠が本人の自白である場合には，有罪とされ，又は刑罰を科せられない。
と定め，これを受けて刑訴法319条2項は，
　　　被告人は，公判廷における自白であると否とを問わず，その自白が自己に不利益な唯一の証拠である場合には，有罪とされない。
と規定する。
　このような規定が設けられているのは，誤判の防止にある。つまり，虚偽自白に

よって，誤判が生じることがないようにするために，自白以外の補強証拠を求めることにしたものである。

昭和33年5月28日最高裁判決（刑集12巻8号1718頁）では，「実体的真実でない架空な犯罪事実が時として被告人本人の自白のみによって認定される危険と弊害とを防止するため，特に，同条3項は，何人も，自己に不利益な唯一の証拠が本人の自白である場合には，有罪とされ，又は刑罰を科せられないと規定して，被告人本人の自白だけを唯一の証拠として犯罪事実全部を肯認することができる場合であっても，それだけで有罪とされ又は刑罰を科せられないものとし，かかる自白の証明力（すなわち証拠価値）に対する自由心証を制限し，もって，被告人本人を処罰するには，さらに，その自白の証明力を補充し又は強化すべき他の証拠（いわゆる補強証拠）を要するものとしているのである。」と判示しているところである。

では，この補強証拠は，どのような事実について，どの程度のものが求められるのか。この補強証拠は，実質的にみて犯罪事実の客観的側面の全部又は重要な部分に存在しなければならないなどということはなく，判例上，自白した犯罪事実が架空のものではないということが分かる程度の証明，つまり，「自白の真実性が担保できる程度」を必要とし，かつ，それで足りると考えられている（加藤・マスター刑訴295頁）。

そもそも，補強証拠が求められる理由が，虚偽自白に基づく誤判のおそれを防止するためにある以上，その対象や程度は，「自白の真実性を担保する程度」で足りると考えるべきであることは当然であろう。

問8 補強証拠は，どのような証拠でなければならないのか。無免許運転の罪において，被告人が立会人として運転場所について指示説明をした実況見分調書は補強証拠として認められるのか。

【解　答】

この補強証拠は，証拠能力がある限り，原則として，人証・物証・書証などどれでも補強証拠となり得るが，補強証拠を要求する上記趣旨からして，自白以外の証拠で，自白から実質的に独立した証拠でなければならない（**昭和25年7月12日最高裁判決・刑集4巻7号1298号**）。したがって，第三者の供述であっても，実質的

には被告人の自白の繰り返しに過ぎない時は，補強証拠たり得ないこととなる。

　無免許運転の罪においては，無免許であることや運転行為について補強証拠を要すると考えられている(**昭和42年12月21日最高裁判決・刑集21巻10号1476頁**)。そこで，被告人が立会人となった実況見分調書が補強証拠となるか否かについて判断を示したものとして，**平成22年11月22日東京高裁判決**(**判タ1364号253頁**)が参考になる。

　この事案において，同判決は，「警察官作成の捜査報告書（原審甲10）は，警察官らが，被告人から事情を聴取し，情報を得て作成した道路交通法（無免許運転）違反被疑事件の被告人の検挙についての報告書であり，この書面を作成した警察官らは，指令を傍受して本件駐車場に到着し，本件駐車場においてB及びその同乗者の女性と話し合っていた被告人から事情聴取をしたのであって，本件道路における被告人の運転行為を自ら現認していないのであり，また，実況見分調書（原審甲6）は，被告人が立会人であり，警察官は被告人から指示説明を受けて，被告人の自宅から本件駐車場までの被告人の運転経路等を特定し，関係各地点間の距離を測定した結果を記載したものであるから，これら証拠（原審甲6，10）は，いずれも被告人の自白を基にして作成されたものであって，本件道路における被告人の運転行為についての補強証拠となり得ないものである。これら証拠が補強証拠となり得る旨の原判決の判示はこれを是認することができない。」として，これらの証拠が被告人の自白の繰り返しに過ぎないとして補強証拠とは認められないとした。

問9 想定事例についてはどのように考えるべきなのか。

【解　答】

　まずは，これまでに述べた事柄に留意し，乙野次郎から自白を得ることができるよう粘り強く取調べを実施することが必要である。

　そして，乙野が取調べを拒否したことについては，第3編第20章問3・710頁で述べたとおり，被疑者に取調べ受忍義務があるから，その受忍義務があることを説得し，真実の供述をさせるように取調べを続けるべきである。

第23章　自白(2)——自白の任意性——

> **例題**　自白の任意性はどのような点で問題となるのか。また，その任意性を確保するためには，どのようなことに留意する必要があるのか。

問題の所在

　盗犯事件において，被疑者が自白してその旨の供述調書を作成した場合，自白の任意性はどのような点が問題となり，どのようにしたらこれが適切に確保できるのか。さらに，被疑者の自白調書が，公判廷において証拠とした採用されるためにはどのような手当をしておかなければならないのか。任意性に関して検討しておかなければならないいくつもの問題を正確に理解しておく必要がある。

事例

【想定事例】

　A署刑事課の甲野巡査部長は，所轄管内で多発していたひったくり事件の捜査を担当したところ，被害者から聴取した犯人の特徴から，かねて所轄管内でのひったくりにより服役した被疑者乙野が犯人ではないかと考えていた。
　そのため，甲野巡査部長は，被害者からの面割り捜査等によって，乙野を逮捕したものの，乙野は容易には自白しなかった。
　そこで，乙野の了解を得て，ポリグラフ検査を実施したところ，乙野が本件犯人である可能性が濃厚であるという結果が得られた。そして，甲野巡査部長はそのことを告げて乙野を取り調べたところ，乙野は観念して自白したので，その旨の自白調書を作成した。
　すると，乙野に選任されていた弁護人丙野が，A署に来て，ポリグラフ検査の結果を押しつけて自白を強要したのだから，上記自白調書は証拠能力がなく，

直ちに破棄してもらいたいと強硬に申入れをしてきた。
甲野巡査部長はどのように対応すべきか。

設問と解答

問1 自白の任意性とは，どういうことを意味するのか。

【解　答】

　刑訴法319条1項は，
　　強制，拷問又は脅迫による自白，不当に長く抑留又は拘禁された後の自白その
　　他任意にされたものでない疑のある自白は，これを証拠とすることができない。
として，任意性のない自白には，証拠能力を認めていない。
　ここでいう「任意性」とは，自発的に供述するという意味ではなく，次のような状況でなされたものではないということを意味する。すなわち，虚偽の自白を誘発するような状況，供述の自由を侵害するような状況，更には，自白の収集手続を違法とするような状況などがないことをいう。そして，任意性を疑わせる事由が存在するだけで，たとえ自白の内容そのものは真実であっても，その自白を証拠とすることはできないこととなる（増井・捜査136頁）。

問2 自白の任意性の問題と，在宅の被疑者の取調べにおける任意捜査の限界の問題とは，どのような関係にあるのか。

【解　答】

1　在宅の被疑者は，その取調べに際し，いつでも退去することができるとされているので（刑訴法198条1項但書），これは任意捜査の範疇である。しかし，これを許さずに取調べを続ければ，それは任意捜査の限界を超えることになり，その場合には，そこで得られた自白などの証拠は違法収集証拠になり，証拠能力を失うことになる。
　もっとも，自白については，別に，憲法38条2項や刑訴法319条1項によっ

て，違法捜査により得られたものについては証拠から排除されることが明らかにされている。そこで，通常は，在宅の被疑者からの自白の問題は，任意捜査の限界としてではなく，自白の任意性の問題として取り上げられることになる。

2 ただ，その取調べの仕方によっては，獲得された自白の任意性を問題とする以前の段階で手続の違法性が問題となる場合もある。

例えば，**平成14年9月4日東京高裁判決（判時1808号144頁）** の事案では，捜査段階での9泊10日にわたる宿泊を伴う取調べが，任意捜査として許される限界を超えた違法なものであると判示され，さらに，そのような違法な取調べ中に獲得された自白内容が記載された上申書及びこれに引き続く逮捕・勾留中に獲得された検察官調書の証拠能力を否定するという判断を示している。

具体的には，上記のような取調べによって得られた上申書や検察官調書について，「本件上申書（自白・乙3）は，任意取調べの最後の日に被告人が作成した書面であって，上記事情に照らせばこの任意取調の結果得られたものである。また，検察官調書（自白・乙4，6）は，任意取調べに引き続く逮捕，勾留中に獲得されたものであるが，捜査官は被告人の着衣に被害者と同型の血痕付着が判明しても直ちには被告人を逮捕せず，2日後に上記被告人の上申書（自白）を得て通常逮捕したものであり，逮捕状請求に際してはこの上申書も疎明資料として添付されていること（逮捕状請求書中の『被疑者が罪を犯したことを疑うに足りる相当な理由』欄にこの上申書の記載がある。17冊602丁）などからすると，本件上申書が有力な証拠となって逮捕，勾留の手続に移行したと認められ，本件検察官調書（乙4，6）はその過程で得られた証拠である。また，被告人にとっては，直前まで上記のような事実上の身柄拘束に近い状態で違法な任意取調べを受けており，これに引き続き逮捕，勾留中の取調べに進んだのであるから，この間に明確な遮断の措置がない以上，本件検察官調書作成時は未だ被告人が違法な任意取調べの影響下にあったことも否定できない。そうすると，本件自白（乙3，4，6）は，違法な捜査手続により獲得された証拠，あるいは，これに由来する証拠ということになる。

そして，自白を内容とする供述証拠についても，証拠物の場合と同様，違法収集証拠排除法則を採用できない理由はないから，手続の違法が重大であり，これを証拠とすることが違法捜査抑制の見地から相当でない場合には，証拠能力を否

定すべきであると考える。

　また，本件においては，憲法38条2項，刑訴法319条1項にいう自白法則の適用の問題（任意性の判断）もあるが，本件のように手続過程の違法が問題とされる場合には，強制，拷問の有無等の取調方法自体における違法の有無，程度等を個別，具体的に判断（相当な困難を伴う）するのに先行して，違法収集証拠排除法則の適用の可否を検討し，違法の有無・程度，排除の是非を考える方が，判断基準として明確で妥当であると思われる。

　本件自白（乙3，4，6）は違法な捜査手続により獲得された証拠であるところ，本件がいかに殺人という重大事件であって被告人から詳細に事情聴取（取調べ）する必要性が高かったにしても，上記指摘の事情からすれば，事実上の身柄拘束にも近い9泊の宿泊を伴った連続10日間の取調べは明らかに行き過ぎであって，違法は重大であり，違法捜査抑制の見地からしても証拠能力を付与するのは相当ではない。本件証拠の証拠能力は否定されるべきであり，収集手続に違法を認めながら重大でないとして証拠能力を認めた原判決は，証拠能力の判断を誤ったものであるといわざるを得ない。」と判示し，自白の任意性に関する規定による証拠能力の排除ではなく，その手続過程の違法性に着目し，違法収集証拠であるとして証拠能力を否定したものと考えられる。

問3　自白の任意性が争われる場合において，どのような主張がなされることが多いのか。

【解　答】

1　だいたい次の5つのパターンが多いと思われる。
① 体調がよくなかったのに，連日取調べを受けて疲れ果て，誘導，押しつけのままに事実に反して供述させられた。
② いかに真実を述べても，頭からそんなことはないとの一点張りで取り上げてもらえず，時に怒鳴られたりしたので，いずれ法廷で真実を述べればよいと考えて，その場逃れに虚偽の供述をした。
③ 自白すれば釈放し，事件は不起訴にしてやると言われたり，そのような仄めかしがあったりしたので，家族のことなども考えて，取調官に迎合し，虚偽の

供述をした。
④　誰々がこう言っているとか言われ、自分としては身に覚えがなかったが、いくら違うと言っても聞いてもらえず、それでどうにでもなれという気持ちから、誰々がそういっているならそうでしょうなどと言ったところ、自分が全て承知の上でやったような供述調書を作られた。
⑤　取調官の機嫌を損ねては不利だと思い、言われるままにはいそうですなど言っていたら、事実と全く違う供述調書を作られた。

2　そのため、自らの取調べに対して、上記のような主張がなされることのないように留意しながら取調べを実施するのはもちろんであるが、全く身に覚えがなくても上記のような主張がなされることもあるので、そのような場合に反論できるように心づもりと準備をしておく必要はあろう。

問4　では、任意性が否定された裁判例にはどのようなものがあるのか。

【解　答】

1　「強制、拷問又は脅迫による自白」であるとして、任意性に疑いがあるとされたものとしては、警察官が暴行を加えたもの（昭和32年7月19日最高裁判決・刑集11巻7号1882頁）や、手錠をかけられたままで取調べがされたもの（昭和38年9月13日最高裁判決・刑集17巻8号1703頁）や、脅迫的な言動をしたとされたもの（昭和53年3月29日東京高裁判決・判時892号29頁）などがある。

2　「不当に長く抑留又は拘禁された後の自白」であるとして、任意性に疑いがあるとされたものとしては、単純な窃盗事件で、逃走のおそれもない被告人を109日間勾留した後の自白（昭和23年7月19日最高裁判決・刑集2巻8号944頁）や、別件の起訴後勾留期間を使って相当長期間にわたって取り調べた結果の自白（平成3年4月23日東京高裁判決・判時1395号19頁）などがある。

3　「その他任意にされたものでない疑いのある自白」のうち、偽計による自白であるとして、任意性に疑いがあるとされたものとしては、いわゆる「切り違い尋

問」と呼ばれる方法で共犯者を自白させたもの（**昭和45年11月25日最高裁判決・刑集24巻12号1670頁**）があるし，また，利益誘導による自白であるとして，任意性に疑いがあるとされたものとしては，自白すれば起訴猶予にしてもらえると期待しての自白（**昭和41年7月1日最高裁判決・刑集20巻6号537頁**）などや，他の事件を送致しないとの約束の下になされた自白（**平成5年3月18日福岡高裁判決・判時1489号159頁**）などがある。

問5 では逆に，任意性が争われたものの，これが認められた裁判例としてはどのようなものがあるのか。

【解　答】

1　「強制，拷問又は脅迫による自白」に当たらないとされたものとして，腰縄をつけられたままの取調べについて，**昭和48年5月21日東京高裁判決（判時716号110頁）**では，「もともと勾留されている被疑者が捜査官から取調べられる際に，手錠を施されたままであるときは，その心身になんらかの圧迫を受け任意の供述は期待できないものと推定されることは既に判例（中略）の示すところであることは所論のとおりであるけれども，本件の場合，被告人は前叙のとおり腰縄はついていたとしても，手錠は外された状態である。腰縄のついた状態は心身に対する圧迫感も手錠を施された状態に比して格段に少く，それだけでは供述の任意性につき一応の疑をさしはさむべきばあいに当るとまではいえない。」と判示している。

2　「不当に長く抑留若しくは拘禁された後の自白」に当たらないとされたものとして，**昭和23年11月17日最高裁判決（刑集2巻12号1558頁）**がある。同判決では，「『不当に長く抑留若しくは拘禁された後の自白』というのは，抑留若しくは拘禁が自白を生んだ場合ばかりでなく，抑留若しくは拘禁の期間が長きに亘って，その後に初めて自白があったような場合には，抑留若しくは拘禁と自白との間に因果関係があったと見る趣旨と解すべきである。従って，反対に自白と抑留若しくは拘禁の生活との間に因果関係がないことが明らかである場合は，右の自白に含まれないものと見るのが相当である。」としている。

また，勾留後9か月を経過しての自白について，**昭和35年11月29日最高裁判決（判時252号34頁）**では，「抑留若しくは拘禁が不当に長いか否かは，唯だ時間の長短ということのみで抽象的に決せられることではなく，犯罪の個数，関係人の数，取調の経過，その難易等諸般の事情を考慮した上，具体的に決せらるべきものであること（中略）およびその抑留若しくは拘禁と自白との間に因果関係のないことが明らかである場合には，その自白が同条項にいう『不当に長く抑留若しくは拘禁された後の自白』にあたらないこと（中略）は，いずれも，当裁判所大法廷判例の趣旨とするところである。本件につきこれをみると，成程，起訴事実は2つで，それも自転車2台の窃盗という比較的軽微なものであるところ，被告人は検挙以来この事実を否認し，右自転車はいずれも他人から買ったものであると弁解しており，被告人の第2審第3回公判における自白が逮捕，勾留約9ヶ月後の自白であることは所論のとおりであるが，右自白は公判廷における弁護人質問の際になされたものであるのみならず記録によると，原判示第一の窃盗の事実は，贓品が転々した結果，関係人の数が多く，検挙以来の被告人の右否認には不自然なところがあって，有罪の証拠は揃っており，現に第一審でも被告人は有罪となっているのであって，原審第3回公判における自白が所論のような事情の下になされた虚偽の自白であるとは到底認められないところである。」と判示した。

3　「その他任意にされたものでない疑いのある自白」のうち，長時間にわたる取調べであるとして，任意性が争われた事件として，次の2つの事件が挙げられる。

(1)　まず，最初に，いわゆる高輪グリーンマンション殺人事件と呼ばれるもので，**昭和59年2月29日最高裁決定（刑集38巻3号479頁）**が挙げられる。
　　これは，被疑者を4夜にわたりホテルなどの宿泊施設に宿泊させるなどして取り調べたことの違法性及びその結果得られた自白の任意性が争われたもので，本件最高裁決定は，「被告人を4夜にわたり捜査官の手配した宿泊施設に宿泊させた上，前後5日間にわたって被疑者としての取調べを続行した点については，原判示のように，右の間被告人が単に『警察の庇護ないしはゆるやかな監視のもとに置かれていたものとみることができる』というような状況にあったにすぎないものといえるか，疑問の余地がある。

第23章　自白(2)──自白の任意性──　745

すなわち，被告人を右のように宿泊させたことについては，被告人の住居たるＢ荘は高輪警察署からさほど遠くはなく，深夜であっても帰宅できない特段の事情も見当たらない上，第１日目の夜は，捜査官が同宿し被告人の挙動を直接監視し，第２日目以降も，捜査官らが前記ホテルに同宿こそしなかったもののその周辺に張り込んで被告人の動静を監視しており，高輪警察署との往復には，警察の自動車が使用され，捜査官が同乗して送り迎えがなされているほか，最初の３晩については警察において宿泊費用を支払っており，しかもこの間午前中から深夜に至るまでの長時間，連日にわたって本件についての追及，取調べが続けられたものであって，これらの諸事情に徴すると，被告人は，捜査官の意向にそうように，右のような宿泊を伴う連日にわたる長時間の取調べに応じざるを得ない状況に置かれていたものとみられる一面もあり，その期間も長く，任意取調べの方法として必ずしも妥当なものであったとはいい難い。

　しかしながら，他面，被告人は，右初日の宿泊については前記のような答申書を差し出しており，また，記録上，右の間に被告人が取調べや宿泊を拒否し，調べ室あるいは宿泊施設から退去し帰宅することを申し出たり，そのような行動に出た証拠はなく，捜査官らが，取調べを強行し，被告人の退去，帰宅を拒絶したり制止したというような事実も窺われないのであって，これらの諸事情を総合すると，右取調べにせよ宿泊にせよ，結局，被告人がその意思によりこれを容認し応じていたものと認められるのである。

　被告人に対する右のような取調べは，宿泊の点など任意捜査の方法として必ずしも妥当とはいい難いところがあるものの，被告人が任意に応じていたものと認められるばかりでなく，事案の性質上，速やかに被告人から詳細な事情及び弁解を聴取する必要性があったものと認められることなどの本件における具体的状況を総合すると，結局，社会通念上やむを得なかったものというべく，任意捜査として許容される限界を超えた違法なものであったとまでは断じ難いというべきである。

　したがって，右任意取調べの過程で作成された被告人の答申書，司法警察員に対する供述調書中の自白については，記録上他に特段の任意性を疑うべき事情も認めがたいのであるから，その任意性を肯定し，証拠能力があるものとした第一審判決を是認した原判断は，結論において相当である。」旨判示し，任意捜査としての許容される限界を超えるようなものではなく，その結果得られ

た自白の任意性についても肯定している。

(2) また，いわゆる平塚ウェイトレス殺人事件と呼ばれるものがあるが，これも同様に任意捜査の限界を超えたものとは認められず，自白の任意性も認められたものである。

　この事案において，**平成元年7月4日最高裁決定（刑集43巻7号581頁）**は，「本件任意取調べは，被告人に一睡もさせずに徹夜で行われ，更に被告人が一応の自白をした後もほぼ半日にわたり継続してなされたものであって，一般的に，このような長時間にわたる被疑者に対する取調べは，たとえ任意捜査としてなされるものであっても，被疑者の心身に多大の苦痛，疲労を与えるものであるから，特段の事情がない限り，容易にこれを是認できるものではなく，ことに本件においては，被告人が被害者を殺害したことを認める自白をした段階で速やかに必要な裏付け捜査をしたうえ逮捕手続をとって取調べを中断するなど他にとりうる方途もあったと考えられるのであるから，その適法性を肯認するには慎重を期さなければならない。そして，もし本件取調べが被告人の供述の任意性に疑いを生じさせるようなものであったときには，その取調べを違法とし，その間になされた自白の証拠能力を否定すべきものである。」として，長時間にわたる取調べは，特段の事情がない限り，容易には是認できないものとし，その任意性に疑いがある場合には，自白の証拠能力を否定すべきものとした。

　その上で，本件における特段の事情について，次のとおり判示し，最終的には自白の任意性を肯定した。

　すなわち，「そこで，本件任意取調べについて更に検討するのに，次のような特殊な事情のあったことはこれを認めなければならない。

　すなわち，前述のとおり，警察官は，被害者の生前の生活状況等をよく知る参考人として被告人から事情を聴取するため本件取調べを始めたものであり，冒頭被告人から進んで取調べを願う旨の承諾を得ていた。

　また，被告人が被害者を殺害した旨の自白を始めたのは，翌朝午前9時半過ぎころであり，その後取調べが長時間に及んだのも，警察官において，逮捕に必要な資料を得る意図のもとに強盗の犯意について自白を強要するため取調べを続け，あるいは逮捕の際の時間制限を免れる意図のもとに任意取調べを装っ

て取調べを続けた結果ではなく，それまでの捜査により既に逮捕に必要な資料はこれを得ていたものの，殺人と窃盗に及んだ旨の被告人の自白が客観的状況と照応せず，虚偽を含んでいると判断されたため，真相は強盗殺人ではないかとの容疑を抱いて取調べを続けた結果であると認められる。

さらに，本件の任意の取調べを通じて，被告人が取調べを拒否して帰宅しようとしたり，休息させてほしいと申し出た形跡はなく，本件の任意の取調べ及びその後の取調べにおいて，警察官の追及を受けながらなお前記郵便貯金の払戻時期など重要な点につき虚偽の供述や弁解を続けるなどの態度を示しており，所論がいうように当時被告人が風邪や眠気のため意識がもうろうとしていたなどの状態にあったものとは認め難い。

以上の事情に加え，本件事案の性質，重大性を総合勘案すると，本件取調べは，社会通念上任意捜査として許容される限度を逸脱したものであったとまでは断ずることができず，その際になされた被告人の自白の任意性に疑いを生じさせるようなものであったとも認められない。」と判示して，自白の任意性を認めたのである。

問6 黙秘権の不告知は，自白の任意性に影響を与えるのか。

【解　答】

この問題について，昭和25年11月21日最高裁判決（刑集4巻11号2359頁）では，「憲法第38条は，裁判所が被告人を訊問するに当り予め被告人にいわゆる黙秘の権利あることを告知理解させなければならない手続上の義務を規定したものではなく，従ってかような手続をとらないで訊問したからとて，その手続は違憲とは言い得ず，刑訴応急措置法第10条に違反するものでないことについては，当裁判所の判例とするところである（中略）。そして，この理は捜査官の聴取書作成についても異るところのないことは右判例の趣旨から窺われる。されば，原審並びに検察事務官がその取調に際し被告人に黙秘権のあることを告知しなかったからとて所論のような違法はなく，またこれらの取調に基く被告人の供述が任意性を欠くものと速断することもできない。」として，黙秘権の告知を欠く取調べに基づく被告人の自白について，任意性を欠くものと即断することはできないとした。

しかしながら，黙秘権は被疑者に保障された基本的な権利であることから，これの告知を怠ることは許されず，任意性に影響を与えるとする考え方（**平成元年3月22日浦和地裁判決・判時1315号6頁**）にも十分配慮する必要がある。

問7 弁護人の選任権の不告知や，接見交通権の侵害が問題となる場合において，これらは自白の任意性に影響を与えるのか。

【解　答】

　昭和27年6月28日仙台高裁判決（判決特報22号138頁）では，弁護人選任権の不告知について，「仮に，所論のように，右の告知をしていなかったとしても，それがため，直ちに，被告人の司法警察員に対する供述調書がその証拠能力を失うものではない。」としたが，一方，被疑者から弁護人選任の申し出があったのに，捜査官が弁護人に連絡しなかったことも理由の一つとして自白の任意性が否定されたものがある（**昭和35年5月26日大阪高裁判決・判時228号34頁**）。

　また，弁護人との接見交通権の侵害があったことから，自白に任意性はないと主張された事案において，**平成元年1月23日最高裁決定（判時1301号155頁）**は，次のとおり判示して任意性を肯定した。

　すなわち，「原判決の認定によれば，昭和41年12月2日当時，同被告人に対しては詐欺被告事件の勾留と恐喝被疑事件の勾留が競合していたが，同日は，担当検察官が余罪である贈収賄の事実を取り調べていたところ，同被告人は，午後4時25分から4時45分まで弁護人Pと接見した直後ころ，右贈収賄の事実を自白するに至ったものであり，また，同日以前には，11月30日に弁護人Qと同Pが，12月1日に弁護人Rと同Kがそれぞれ同被告人と接見していたというのである。他方，記録によれば，K弁護人は，12月2日午後4時30分ころ同被告人との接見を求めたところ，担当検察官が取調中であることを理由にそれを拒んだため接見できず，その後同日午後8時58分から50分間同被告人と接見したことが認められるものの，前記のように，右自白はP弁護人が接見した直後になされたものであるうえ，同日以前には弁護人4名が相前後して同被告人と接見し，K弁護人も前日に接見していたのであるから，接見交通権の制限を含めて検討しても，右自白の任意性に疑いがないとした原判断は相当と認められる。」と判示したものである。

第23章　自白(2)──自白の任意性──

問8 では，任意性を確保するためにはどのようなことに留意しておくべきであるのか。

【解　答】

　黙秘権の告知を怠らないのはもちろんのこと，弁護人との接見交通権にも配慮した上，問3で述べたような主張がなされる可能性があることから，自己の取調べにおいて，このような主張がされるような懸念がないかどうか常に検討し，そのような事実がないことを供述調書内で明らかにしておくなどの対策を立てておくべきである。また，上記のような状況がなかったことを，被疑者の上申書にしてもらうのもよいであろう。

　もちろん，上記のような状況になかったことを，捜査メモにして残しておくことも有効である。

　また，取調べの過程を録音録画しておくことも任意性の確保には有効であろう。

　ただ，取調べの任意性について争われることを怖れるあまり，追及が不十分になってしまうことだけは，絶対に避けなければならない。

問9 想定事例についてはどのように考えるべきか。

【解　答】

　この想定事例は，昭和39年6月1日最高裁決定（刑集18巻5号177頁）の事案を基にしたものである。

　同決定では，「本件捜査中における最初の自白がなされた経過をみると，当初否認していた被告人に対し，その承諾のもとに，鑑識の専門係員によってポリグラフ検査を行ない，その後の取調にあたって，取調官が右検査の結果を告げ，真実を述べるように話したところ，被告人はしばらく沈黙していたが，やがて関係者に内密にしてくれるよう頼んでから，本件犯行をすべて自白するにいたったというもので，その間には取調官が自白を強要したと認めるべき事迹は見当らず，その自白の任意性を疑うべき事情も窺われない。」と判示して自白の任意性を認めている。

したがって，丙野弁護士の主張は，全く根拠のないものであり，本件自白調書には，証拠能力が認められるのであるから，今後，公判廷において証拠として用いるべきであるとして対応すべきであろう。

第24章　自白(3)――自白の信用性及び秘密の暴露――

> **例題**　自白の信用性はどのような点で問題となるのか。また，その信用性を確保するためには，どのようなことに留意する必要があるのか。さらに，「秘密の暴露」とは何か。

問題の所在

　盗犯事件において，被疑者が自白してその旨の供述調書を作成した場合，自白の信用性はどのような点が問題となり，どのようにしたらこの信用性が適切に確保できるのか。さらに，被疑者の自白調書が，公判廷において証拠とした採用され，判決において事実認定に用いられるために，その信用性については，どのような手当をしておかなければならないのか。
　さらに，「秘密の暴露」が認められるためには，どのような内容の自白でなければならないのか。

事　例

【想定事例】

　窃盗犯人である被疑者甲野は，A署刑事課の乙野巡査部長から取調べを受けていた際，もはや否認はできないと思って，B方に侵入して同人方１階の事務机の中から現金５万円を窃取した犯行を自白した。その際の甲野の自白の中に，「B方の２階を物色していた際，その書棚にあった多数の書物のうちの一冊を抜き出して頁を繰ったところ，その中に古びた小切手が挟んであったのを発見した。しかし，それが換金できるものかどうか分からなかったことから，そのまま元に戻しておいた。」という供述が存在した。

それで，乙野巡査部長は，Ｂ方に赴き，甲野の覚えていた本の表題を告げて，その中を確認してくれるようＢに依頼した。そこで，Ｂが当該本を開いて頁を繰ったところ，古びた小切手が見つかった。これはＢ自身も挟んだことを忘れていたものであった。
　この場合，被疑者甲野の上記自白は，「秘密の暴露」と認められるか。

設問と解答

問１ 自白の信用性については，法律上どのような規定が設けられているのか。また，どのような場合に，その信用性が認められるのか。

【解　答】

　自白の信用性については，法律上特段の規定は設けられていない。自白の任意性が証拠能力の問題であるのに対し，自白の信用性は証明力の問題である。刑訴法318条における

　　　証拠の証明力は，裁判官の自由な判断に委ねる。

という自由心証主義により，当該自白がどの程度の証明力を有するかは，その信用性の程度によって判断されることになる。

　したがって，どのような自白に信用性が認められるかは，一概にはいえないものの，一般的にいえば，供述内容が合理的かつ自然で，首尾一貫して理路整然としており，その内容が体験した者でなければ語り得ない具体性，迫真性のあるものとなっていて，反省悔悟の情にあふれた真実味のあるものであれば，これに該当するといえよう。

　その上で，客観的証拠とも符合し，その供述内容の裏付けが取れるものが信用性のある自白ということになろう。

問２ では，逆に信用性のない自白というのは，どのようなものであり，どのような場合に，そのような信用性のない自白というものが生じ得るのか。
　また，そのような場合には，どのように対処すべきであるのか。

【解　答】

　これには色々な種類のものがあり，例えば，次のようなものを挙げることができよう。

1　意図的に虚偽の供述をすることで，その信用性がないもの。

　(1)　捜査官に迎合して意図的に虚偽の供述により犯行を自白するもの。
　　　窃盗の前科などが多数ある者の中には，多数の余罪があるため，逮捕された事実が違っていても，どうせ他にも同様のことを多数しているのだし，また，刑務所に戻ることは決まっているのだからというような気持ちで，実際には自分がやっていない犯罪事実を認める者もいないではない。
　　　そのようなおそれがあると認められる場合には，粘り強く被疑者本人の記憶を喚起させ，他の窃盗事件と混同していないか，実際に敢行した犯罪であれば，何がしか記憶に残る特徴的なことがあったのではないかなど，犯人にしか分からない事実の供述を引き出すように努めるべきである。また，その疑いを持った場合には，敢えて否認を勧めて，本当の記憶を引き出させるようにすることも場合によっては必要であろう。

　(2)　後の公判で否認し，その際に供述調書の内容が客観的事実と異なるとして無罪を獲得するために，敢えて虚偽の事実を交えて犯行を認めておくもの。
　　　実際に以前，過激派の事件などで用いられた手法で，後にアリバイが成立するような事実を隠しておき，それと異なった自白調書を作成させておくというものである。このような自白調書は明らかに虚偽の事実が混じることになるので，その信用性を認めることは困難となる。
　　　このような手法が採られることは多くはないと思われるが，その対策としては，自白を得たことに安心して油断せず（虚偽自白を意図的にしようとする者は，捜査官側のそのような心理を突いてくるのである。），供述内容における裏付け捜査の徹底により，自白内容の虚偽性を見つけ出す以外に対処法はないと思われる。

2　不十分な自白であるために，その信用性がないもの。

　このような事案は非常に多い。自白の信用性が否定されるのは，ほとんどが，いわゆる半割れといわれる中途半端な自白であることによるものである。被疑者は，客観証拠の存在や，関係者及び共犯者等の供述などから，もはや否認しても通らないと諦めて，犯行を認めざるを得ない状況に陥って自白しても，それでもなお嘘をついて少しでも刑を軽くしようとするのが通常である。

　そのため，どうしても自白の中に虚偽の事実が混じることがある。そのため，法廷でその虚偽の部分が大きく取り上げられた場合，その自白全体が信用できないとされる結果となるおそれもある。

　それゆえ，被疑者が自白を始めた時は，徹底して聞き出すことにより，虚偽性の混じる余地がないようにしておく必要がある。実際に体験した者の供述は，一見不合理な行動に及んでいるように見えても，なるほどと思えるような合理的な説明がなされることも多い。そのような供述を的確に引き出すように努めるべきであろう。

3　正直に供述しようとするものの，思い違いをしているもの。

　これは被疑者が自白する場合に限らず，誰にでも起き得ることである。取調官からすれば，被疑者の行為は，犯罪であるのだから，当然，正確に印象に残っているだろうと思っているものの，実際のところ，さほど罪悪感を持たずに犯行に及ぶ者もおり，どうせ犯罪事実自体は認めているのだからと，さほど深く思い出すこともせずに適当に供述してしまう者や，単純に思い違いをしている者もいる。

　このような場合は，悪意を持って虚偽供述をしているわけではないことが分かるだけに，取調官の側にも慎重さが薄れ，そのまま供述を録取して調書にしてしまうことがある。

　しかしながら，後に公判廷で否認に転じた場合，そのような真実と異なる部分の混じった供述調書であると，その信用性は低いと評価されてしまうこととなる。

　このような場合は，やはり何度も聞いて供述内容の正確性を確認することと，細かく裏付け捜査を実施しておくという以外に，その記憶違いなどを発見することは困難であろう。

4　取調官側に思い込みがあり，それで被疑者の供述が不正確になってしまうもの。

捜査が進展していく過程で，取調官側に，当該事件についてのイメージが作られてしまうことがある。例えば，当該事件は，特定の嗜好癖に基づく犯罪であり，被疑者には，そのような嗜好癖があるはずであるなどと思い込んでしまうと，被疑者が真相を自白して，実際にはその見込みと異なることが判明しても，自らが描いたイメージに囚われてしまったまま取調べを行う危険がないとはいえない。

　このような場合，被疑者は，犯罪自体に関しては認めているので，取調官が持っているイメージに対して強く反対しないこともあり，結果的に，真実と異なる供述調書となってしまうこともないではない。

　取調べに当たっては，先入観に囚われることなく，虚心坦懐に被疑者の供述に耳を傾ける必要があろう。

5　取調官の供述調書の作成が不正確で，被疑者の供述を正確に録取していないことによるもの。

　被疑者が自白した場合においても，その話した内容の全てをそのまま供述調書にするわけではない。当然に要約したり，より適切な言い回しにしたりして供述を録取するわけであるが，その過程において，取調官が不十分な聴き方をしたりして，供述内容を正確に録取していない場合がある。

　被疑者にしてみれば，まあ大筋はそのとおりだし，自分が悪いことをしたのだから一々文句をつけるような言い方はしたくないと考えてしまうことなどもあり，その間違いがそのまま残されてしまう場合もある。

　これなどは単純なミスの類ではあるが，いざ法廷において，この供述調書により立証しようとする場合，そのミスが大きく足を引っ張ることもないではない。

　その対策としては，常に正確に供述の録取ができているか，第三者の視点に立って当該供述調書を見直すことが必要であるとともに，被疑者によく確認させ，些細な誤りであっても指摘するように勧めることであろう。

問3　法廷で自白調書の信用性が争われる場合には，どのような点が問題とされるのか。

【解　答】

1　まず，第一に当該自白調書それ自体が自然で合理的な内容となっているかどう

かである。これは，取調べ過程において，**問2**で述べたような問題を解決することにより，被疑者から自然で合理的な供述を引き出し，それを反映した正確な供述調書を作成することができるのではないかと思われる。

2　次に，客観的証拠との整合性の有無である。これも被疑者の供述が客観的証拠と食い違っていないか常に検討し，仮に食い違いが認められる場合には，被疑者が虚偽の供述をしているのではないかと追及することが必要である。そもそも取調官は，どのような客観的証拠があるかを把握しておき，被疑者の供述を聞く段階で，その供述内容が食い違っていないかどうか，頭の中でチェックできるようにしておかなければならない。たとえ被疑者が供述した段階では，それに符合する客観的証拠の存否が分からない場合であっても，速やかに裏付け捜査を行い，その整合性を確認しておかなければならない。

3　さらに，被疑者の自白内容の変遷も問題とされる。被疑者も罪に問われたくはないのであるから，一旦自白しても，その後否認する者は決して珍しくはない。ただ，その後も取調官の説得により，再度，自白するに至る者もいるのであるから，自白が変遷すること自体はやむを得ない面もあると思われる。

　しかしながら，そのような変遷があった場合には，その理由をきちんと録取した上で，その理由が納得のいくものである必要がある。それが不自然な内容であって，変遷自体が理解し難いものであると，結局，その自白調書は信用性がないとして否定されることになる。

4　その例として，殺人，放火，詐欺等の罪名で審理された**平成24年2月22日最高裁決定（判時2155号119頁）**が挙げられる。この決定では，自白の信用性の評価に関して，その動機についての自白の変遷が問題とされた。

　すなわち，同決定では，「犯行動機の形成過程については，当初自殺願望であったものが，自殺ができないので殺人事件を起こして死刑になろうと考えるようになり，次いで，自分が死刑になると実母が悲しむであろうから，悲しませないように実母を殺し，放火もすることで死刑になろうと思うようになり，その後，前妻とやり直せるかもしれないと思うようになって，そのためには被告人自身の借金の問題を解決する必要があったことから，実母を殺害して失火にみせかけて放

火することで，実母に掛けられた保険金を手に入れようと考えたという過程は，著しい変転と飛躍があり，原判決が指摘するとおり，不自然さがあるといえる。」とされているが，たしかにこのような動機の変遷は合理的とはいえないであろう。

　ただ，同決定では，それでも「これに対しては，犯行について真実の自白をする場合であっても，犯行動機の形成過程に関しては真実と異なる事情を付け足して述べることもあり得るから，この点の不自然さは直ちに自白の信用性を疑わせるものではないとみることもできる。」として，変遷があっても必ずしも自白の信用性がなくなるものではないと一定の理解を示している。しかしながら，そうはいっても，上告審の立場として，「しかし，原判決は，そのような供述をすることがあり得ることを念頭に置いた上で，実母の生命保険契約に関する認識についての不自然，不合理さと併せ考えたときには，被告人の自白の信用性に看過できない疑いを抱かせるとしているのであって，このような原判断が論理則，経験則等に違反するとはいえないというべきである。」として，無罪とした高裁判決を是認して検察官の上告を棄却したものであった。

　この事案では，自白の信用性を高める客観証拠として，被告人が，本件児童扶養手当詐欺事件で勾留中の平成18年6月14日午後，接見に来た実妹であり被害者でもあるCに対し，涙を流しながら，被告人が実母方に放火した旨述べた事実や，本件殺人，放火事件で起訴された後に，Cに対し手紙を送付し，その中で，極刑になると思っている，どんな判決が出ても厳粛に受け止め，真の償いができるよう頑張っていこうと思う，口では何とでもいえるが正直まだ心から手を合わせる心境になれているとはいえない，実母は私がやった事自体を悲しんだり怒ったり責任を感じたりしていると思うなどと記載していることなどに照らして，「このように，被告人の自白には，その信用性を高める複数の事情が認められ，これらによれば，その信用性は相当に高いという評価も可能と思われ，その旨の所論も理解できないものではなく，本件殺人，放火事件の犯人が被告人である疑いは濃いというべきである。」と認定されながら，無罪となってしまったのは，上記の自白の変遷等が原因の一つとなっているのである。信用に値する動機の録取の必要性及びその変遷が生じた場合には，その合理的な理由付けの手当等の大切さが痛感されるところである。

問4 自白の信用性が認められる場合の典型的なものとして、「秘密の暴露」ということがよく言われるが、この「秘密の暴露」とは何か。

【解　答】

　一般に、いわゆる秘密の暴露とは、自白中の予め捜査官の知り得なかった事項で、捜査の結果客観的事実であると確認されたものとされている（**平成12年2月7日最高裁判決・民集54巻2号255頁**，**昭和57年1月28日最高裁判決・刑集36巻1号67頁**等）。

　つまり、この考え方によれば、秘密の暴露といわれるためには、①被疑者の自白の中に予め捜査官の知り得なかった事項が含まれていること、②捜査の結果、当該事項が客観的事実であると確認されたことの2点が必要である。

　この秘密の暴露は、それを含む自白の信用性を高度に保障するが、これは、被疑者の供述のうちに、事件の真犯人しか知り得ない事柄を含んでいるときには、その供述者が真犯人であり、その供述も真実を述べているものとの推認が強く働くからである。

　例えば、いわゆる千葉大チフス菌事件についての**昭和57年5月25日最高裁決定（判時1046号15頁）**では、「第一審判決は、自白内容に体験者でなければ知りえない秘密性の蔵されていることが案外少ないということを自白の信用性否定の一理由としているが、被告人の自白を仔細に検討すれば、右判断は正当とはいえない。本件自白は一般に具体的であって、しかも、迫真力のある部分が所々に織り込まれている。例えば、カステラ事件につき、菌の出所及び薬剤耐性に関し、『被害者から往診を求められた際カステラに付着させた赤痢菌はA病院から持って来たものであるから、クロマイに対し耐性を持っていると考え、あらかじめカナマイシンを用意して行った。』と供述し、焼蛤事件につき、当日午後1時半ごろまで本件焼蛤を肴にして飲酒していた医師らが発病せず、その後2時20分ごろ来てその残りを食べたB医師が発病している事実からして、右焼蛤がチフス菌で汚染されたのは、右午後1時半から2時20分ごろまでの間と推定されるところ、被告人は、『焼蛤にチフス菌をふりかけたのは午後2時か3時ごろであった。』旨、すなわち右のような短い推定犯行時間とほぼ一致する供述をしており、また、C方事件につき、『足柄駅に行く途中竹の下の水車小屋の辺まで来た時弟が車で追いかけて来て駅まで

送ってくれた。その時弟は、かぜをひいたらしい、寒けがしてしようがない、と言っていたので、私は内心はバナナを食べたなと思った。その日弟に会う前に実家で母親に、弟たちみんな元気かい、と聞いたのも、バナナをくれたことが心配であったからである。』と供述していることなどがその例である（以上は、司法警察員及び検察官に対する供述調書中において、被告人が一貫して述べているところである。）。これらの供述は、通常は犯人でなければ知ることができない事実を明らかにしているものというべきである。」と認定されている。ここでは、「秘密の暴露」という言葉は用いられていないが、その内容とするところは、犯人でなければ知ることができない事実を明らかにしているとの認定であるから、秘密の暴露を認定しているものと解してよいであろう。

　ただ、この最高裁決定でも述べられているように、秘密の暴露に該当するかどうかは、必ずしも一律に評価できるものではない。そのため、捜査機関においては、秘密の暴露であると思っていても、裁判所ではそれが認められなかったというケースは枚挙にいとまがない、つまり、捜査機関としては、被疑者が当該事実を供述するまで、真実、それを知らなかったとしても、裁判所は、知り得たはずであるとか、知っていたと認定することにより、秘密の暴露と認めないことがあるのである。

　したがって、秘密の暴露と認められる供述が得られた場合には、それが捜査機関において誰一人知らない事実であったことの立証ができるように、捜査状況等を正確に証拠化しておく必要がある（例えば、被疑者が被害品を投棄した場所を供述し、そこから実際に被害品が発見された場合など、当該場所は捜査対象外であって、当該被害品発見以前には捜査官の誰も赴いたことはないという事実など。）。

　例えば、昭和58年3月24日東京地裁判決（判時1098号3頁）は、一見「秘密の暴露」が自白中に含まれているように見えても、取調官があらかじめ何らかの方法でこれを知り、被疑者を誘導してあたかも自発的に自白が得られたかのように作為することもあり得るのであるから、厳格な意味での「秘密の暴露」は、取調官がそのことを知らないというにとどまらず、捜査機関が全く知らなかったか、あるいは知り得なかった事項が、自白によって初めて明らかにされた場合をいうと解すべきであるという趣旨のことを述べている。

問5 盗犯に関して「秘密の暴露」が問題とされたものには，どのような裁判例があるのか。

【解　答】

　まず，**平成18年1月27日神戸地裁判決（裁判所ウェブサイト）**の事案は，金品窃取の目的での侵入盗が家人に発見され事後強盗致傷を敢行したというものであるが，同判決は，被疑者の自白に関して，「その中には，被害者宅2階書斎にある整理棚の在中物などに関していわゆる秘密の暴露といってよい供述が存在することに加え，本件の直前にタクシーを降車した場所や前科の内容など，被告人のみが語り得る内容を多く含んでいることなどの諸事情に照らすと」その自白には十分な信用性が認められるとした。

　ただ，この事案では，整理棚の在中物のどのような点について秘密の暴露とされたのか判決文からは必ずしも明らかではない。しかしながら，物色していた過程で被疑者が認識した事実に関して，捜査機関が必ずしも知り得ない事項についての供述が存在したものと思われ，そのような供述が秘密の暴露と認められた一例といってよいと考えられる。

　次に，**平成4年9月9日大阪地裁判決（判タ833号278頁）**の事案は，侵入盗の事案であるところ，同判決では，「証人警察官Aは，当公判廷（第3回）において，被害者であるB方勝手口のドアの下に段があって，中に敷物があったことは，被告人の自白により初めて知ったことであると供述するが，勝手口のドア付近に段差があることは寧ろ通例のことであり，中に敷物が置いてあることも，さほど珍しいことではなく，既にB方の実況見分等を経ていた同証人の十分知り得た事柄である。」として，上記事実について，秘密の暴露であるとは認めなかった。

　たしかに，さほど秘密性のない供述でもあり，事前に捜査官が十分に知り得る可能性のある事実であることは否定できないことから，秘密の暴露と認められなかったとしてもやむを得ないかと思われる。

問6 想定事例についてはどのように考えるべきか。

【解　答】

　この事例であれば，秘密の暴露と認められるものと思われる。乙野巡査部長は，そのような事実を全く知らなかったところ，被疑者甲野の自白により初めてその事実を知ったものであり，その上での裏付け捜査の結果，同事実が客観的にも明らかになったのであるから，これはＢ方に侵入した犯人でしか知り得ない事項であると認めることができ，秘密の暴露と認めてよいものと考えられる。

　ただ，上述したように，捜査機関に知り得ないものであるかどうかという点から考えると，仮に，被害者方の実況見分等をしていたのなら，その過程で，上記本の中まで見た捜査員がいないとも限らないとして，捜査機関に知り得た事項であるとする裁判所もないではないかもしれない。しかしながら，たとえ被害者方の実況見分を実施しても，通常の窃盗事件であれば，書棚の本の中までは見ないのであるから，捜査機関としても知り得ない事項であると認めてよいものと思われる。

第25章　アリバイ捜査

> **例題**　そもそもアリバイとは何か。アリバイ捜査はなぜ必要であるのか。アリバイ捜査において留意すべきことは何か。

問題の所在

　アリバイ（alibi）とは，もともとラテン語で，「他の所に」という意味であり，日本語では，「現場不在証明」といわれ，犯罪が行われた時，被疑者がその現場以外の場所にいたという事実を証明することをいう。

　このような証明が逮捕，勾留後になされた場合，それは釈放及び不起訴という結果をもたらすし，起訴後になされた場合，それは無罪という結果をもたらすことになる。

　このような捜査上重大な事項であるアリバイは，犯行時刻は別の場所にいたので犯行に及ぶことは不可能であるという主張や，犯行時刻までに当該犯行現場に赴くことは不可能であるという主張などによってなされる。

　そのような主張がなされるか，あるいは，なされるおそれがある場合，どのような捜査を遂げておく必要があるのか。

事　例

【想定事例】

　窃盗犯人の被疑者甲野は，ある住居侵入窃盗事件で逮捕された際，何とかその罪を免れようと考え，嘘のアリバイ主張をすることにした。

　そこで，その事件当日，いきつけの飲み屋に行っていたことにしようと考え，「その事件があった日には，私は，いきつけの飲み屋Ａにいたことに間違いないから，私は犯人ではありません。その時に，飲み屋には，経営者のおかみが居て，私は

> おかみとその前日にあった競馬の天皇賞の話で盛り上がっていたから，絶対にその日にその飲み屋に居たことに間違いなく，事件現場には行っていない。」と供述した。しかし，実際には，その数日前にそのおかみは病死しており，店も閉まっていたことが判明した。
> 　被疑者甲野の上記供述はどのように扱われるべきか。

設問と解答

問1 アリバイが理由となって無罪となる場合，どのようなことが問題となっていたのか。それに対してはどのような捜査をする必要があったのか。

【解　答】

　刑事事件全般を通してみて，これまでアリバイが無罪の理由の一つとされた事例は枚挙にいとまがないが，犯行時に被告人が別の場所にいたと積極的に証明された事例は極めて少なく，そのほとんどは，被告人らの供述によるとアリバイが成立する可能性があるとか，成立する可能性を否定できないなどとして，実際にはアリバイが成立するわけではないものについて，アリバイが成立する可能性を理由として無罪を導いているように見受けられる。

　したがって，捜査官としては，たとえ自白している被疑者であっても，いずれ公判では必ずアリバイ主張がなされると考えて捜査を進める必要がある。したがって，このアリバイ問題に関しては，自白があるからといって安心することは絶対に禁物である。

　捜査の早い段階であれば，アリバイについて関係者の間で口裏合わせもしていないので，真実が容易に明らかになるし，その証拠化も容易である。しかしながら，一旦，アリバイの主張をするという方針を立てられた後では，関係者は皆口を揃えて被疑者のアリバイが成立するかのような話をし始めるものである。

　それゆえ，虚偽のアリバイ主張がなされることのないように先手を打って，被疑者の行動状況等を証拠化しておく必要がある。その際，時間，場所もできるだけ詰めておくべきであろう。もちろん，犯行時刻もできるだけ正確かつ詳細に特定しておくことである。

その上で，被疑者が犯行時刻前，最後に姿を現した時刻と場所，そして，犯行時刻後，最初に現れた時刻と場所を正確に確定しておかなければならない。それを踏まえて更に，それらの場所と犯行現場との間における可能な移動手段による時間的関係も正確に確定しておくことが必要である。

問2　アリバイ主張に関して，物証の面からはどのようなことに留意する必要があるのか。

【解　答】

　アリバイ主張を支える場合においても，逆にこれを否定する場合においても，物証は有力な価値を持つ。
　増井・捜査177頁では，「無罪事例の多くは，被告人側が，被告人のつけていた日記・手帳・メモ・被告人の家人がつけていた日記・家計簿，被告人の勤務先会社の出勤・出張・車両の運行等の記録などの物的証拠に基づいてアリバイの主張をしている。これらの証拠物は，いずれも捜査官が容易に入手できるものであるばかりでなく，なかには捜査段階で押収していた物もあるのであって，このことは，捜査官が捜査に際してアリバイ主張に全く留意していなかったか，あるいは疎漏な捜査に終始したことを物語るものといえよう。被疑者の行動記録の記載ある物については，いち早く入手して分析・検討し，さらにその裏付け捜査を徹底すべきである。」と語られている。

問3　盗犯におけるアリバイ捜査の問題点として，特別なものはあるのか。

【解　答】

　殺人事件等の凶悪重大事犯において，アリバイ捜査を尽くさないということは，そもそも考えられないが，盗犯捜査においては，その実態として，この捜査が必ずしも徹底されているわけでないかのように見受けられる。
　増井・捜査179頁では，「窃盗事犯においては，殺人事犯等に比べると刑責も軽いため比較的容易に自供が得られる上，被疑者が連続して多数の犯行を重ねている

ことが少なくないため，個々の犯行についてアリバイの有無を丹念に確認することがおろそかになりがちである。その結果，窃盗事件では，アリバイが成立して無罪になったり，アリバイ成立の可能性を否定できないとして無罪になる事件が跡を絶たない。」とされていることも肝に銘じておくべきである。

したがって，被疑者が当該犯行現場に犯行日時に赴いたことを示す確実な証拠，例えば，被告人が訪れたことのない場所における現場遺留指紋の存在等があるのであればともかく，そのようなものがなければ，「前足」，「後足」つまり，犯行前後の足取りを確実に押さえて，アリバイが成立する余地がないことを，確実に把握しておく必要がある。

問4 公判廷において，アリバイ主張が虚偽であると判明した場合，これは被告人の犯人性を推認する方向に働く事実となるのか。

【解 答】

これについては，**平成22年4月27日最高裁判決（刑集64巻3号233頁）**における堀籠裁判官の反対意見が参考になる。この判決の事案は，平成14年4月14日，大阪市平野区内の息子B方において，その妻及び子の2名を殺害した上，その居室に放火したという殺人及び現住建造物放火の事実で起訴されたものであった。

1 そして，堀籠裁判官は，犯行当時の行動に関する被告人供述が極めて不自然で，かつ，虚偽であることについて，次のように述べている。
① 被疑者・被告人には法律上黙秘権が付与されているから，アリバイについて黙秘することをもって，被告人に不利益な心証を形成することが許されないというべきである。また，一般論として，犯罪の立証責任は，検察官にあるから，アリバイに関する主張・立証を被告人がしないことをもって，被告人に不利益な方向の判断をすべきでないといえよう。
　しかし，被告人には虚偽の内容の供述をして罪を免れる権利が付与されているわけではないから，黙秘権を放棄して供述した場合に，その供述の内容が虚偽であると認められるときに，そのことが被告人に不利益な方向の判断へ働く

ことが許されるのは当然であろう。

② そして犯罪発生から間もない時期に，被告人のアリバイが問題となっていることを被告人自身が十分に認識しており，被告人が犯人でなければ当然に何らかのアリバイに関する信用し得る供述をなし得る状況の下で，あえて虚偽のアリバイ供述をした場合には，被告人が犯行現場にいたのではないかと強く疑われるというのが社会一般に通用する経験則であろう。

③ 被告人は，本件事件発生の2日後である4月16日には，警察官からアリバイについて事情聴取され，自分のアリバイが問題となっていることを十分に認識し，その日に妻に対しては，「14日のことは何一つ覚えていない。自分のアリバイがない」旨話しているのである。

　被告人は，Bの行動に関し，「事実認定証明書」を作成し，また，第一審，原審及び当審において，自己の主張をまとめた文書を作成し，提出するなど，極めて几帳面であり，その内容の正確性を期そうとする性格であることが明らかである。

④ ところが，被告人のアリバイに関する供述は極めて曖昧ないしふらついており，かつ，矛盾した供述，変更した供述をしており，一つとして確定的なことを述べていないのである。被告人は，公判では，平野区内においてB宅を探し回り，5,6箇所で車から降りて建物の様子等を確認したと供述するが，捜査段階における引当り捜査において1箇所も特定できなかったのであり，ことさらといってよいほど具体性を欠くものとなっている。

　被告人のアリバイに関する供述は，極めて不自然で，かつ，虚偽であるといわざるを得ない。

⑤ 確かに，犯罪発生から相当期間経過後に身に覚えのない者に対しアリバイを求めた場合に，アリバイに関する供述が曖昧になることがあるが，本件はそのような場合には当たらない。

　また，犯罪の嫌疑をかけられた者が，他のより重要な別の利益を守る目的で虚偽のアリバイを供述することも考えられるが，本件は2名の殺害の疑いがかかっている場合であるから，より重要な別の利益を秘匿するためということも考えられない。

⑥ そうすると，被告人は，本件犯行時刻当時どこにいたかという事実を隠していることは明らかであって，被告人が隠している事実は，まさに犯行時刻に犯

行現場にいたという事実であると推認することができるというべきであろう。

2　このように，被疑者が虚偽のアリバイ主張をしていたことが判明したような場合には，そのような被疑者の供述態度から，逆に，犯行現場にいたという事実を推認できる場合があるということである。

　もちろん，堀籠裁判官も最初に述べているように，アリバイ主張をしないことをもって被疑者の不利益に扱うことは許されないが，一旦，黙秘権を放棄して供述した場合には，その内容が被疑者の不利に用いられることがあるのは当然であり，上記の堀籠裁判官の推認も実に論理的なものであって，虚偽のアリバイ主張が，犯人であることを推認させる場合があることを認識しておく必要がある。

問5　想定事例についてはどのように考えるべきか。

【解　答】

　上記堀籠裁判官の考え方によれば，被疑者甲野は，本来，間違うはずのない事実について，殊更に虚偽の供述をしたものと認められ，このことだけで犯人であると推認できるわけではないが，犯人性推認の一つの間接事実として扱うことができると思われる。

第26章　公判手続(1)――公判手続の流れ，特に裁判員裁判について――

例題　捜査官として，公判手続については，どのようなことを知っておく必要があるのか。

問題の所在

　捜査に携わる者として，自分の捜査した結果がその後の公判において，どのように反映されているのかは，十分な関心を持っていなければならない。いくら良い捜査ができたと思っていても，そこで収集した証拠が裁判において採用されなかったり，十分な信用性を認められなかったりした場合には，捜査上反省すべきことが必ず存在することになるからである。
　そのためにも，公判の手続を理解し，収集した証拠がどのように使われ，どのような場合に証拠能力があり，また，逆にそれが失われたり，さらには，それら証拠の持つ証明力がどの程度評価されているのかを知っておくことも，捜査上，十分に参考になり，その後の捜査の在り方に重大な影響を与えることであろう。
　したがって，公判は検察官の仕事であって，自分は関係ないことであるなどと考えることなく，公判で有罪が宣告されて初めて自分の捜査が終了するのであるという意識を持ち，公判の進行状況や検察官の公判活動の意味なども正確に理解しておく必要がある。

事　例

【想定事例】
　被疑者甲野は，万引きの常習者であったが，のどが渇いたことから，たまたま通りかかった雑貨屋の店頭にあった瓶に入った清涼飲料水を盗もうと思い，店主乙

野の隙を見て，気付かれないように，それを脇の下に挟み，小走りに同所から立ち去った。しかし，店主乙野は，甲野の万引きに気付き，甲野を追跡し，その肩に手を掛けたところ，甲野は，乙野から逮捕されないために，振り向きざまに盗んだ清涼飲料水の瓶で思い切り乙野の頭部を殴打した。すると，乙野の頭部は割れて大量の血が流れ出た。乙野はその場に座り込んでしまったが，甲野は，通行人に取り押さえられた。

この場合，被疑者甲野には何罪が成立するのか，また，同罪で起訴された後，どのような手続が執られることになるのか。

設問と解答

問1 第一審の公判の手続は概略どのようなものであるのか。

【解　答】

検察官が公訴を提起し，裁判所がこれを審理し，そして判決等裁判の言渡しがあって，その裁判が確定するに至るまでの一連の訴訟手続が公判手続と呼ばれるものであるが，その中でも，公判期日における冒頭手続→証拠調べ→弁論→判決に至るその手続全体の流れは，一般的には，以下の図のとおりである。

【公判期日の手続の流れ】

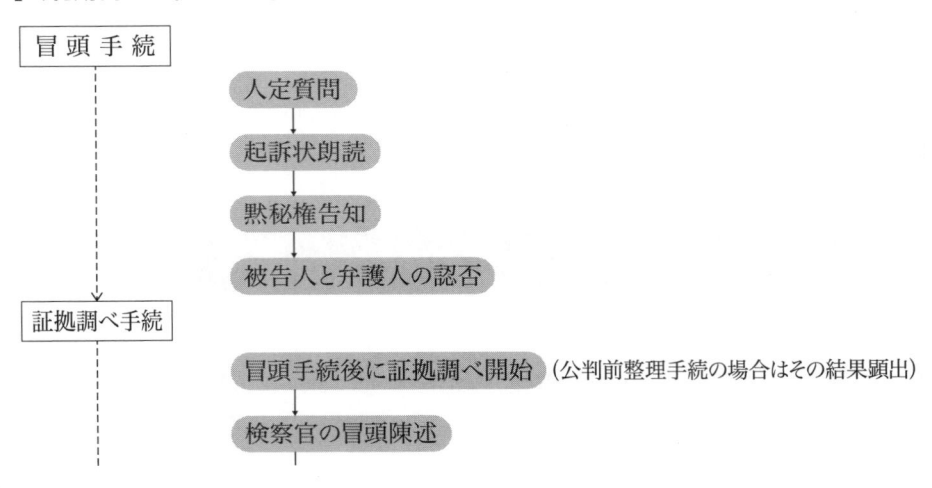

冒頭手続
- 人定質問
- 起訴状朗読
- 黙秘権告知
- 被告人と弁護人の認否

証拠調べ手続
- 冒頭手続後に証拠調べ開始（公判前整理手続の場合はその結果顕出）
- 検察官の冒頭陳述

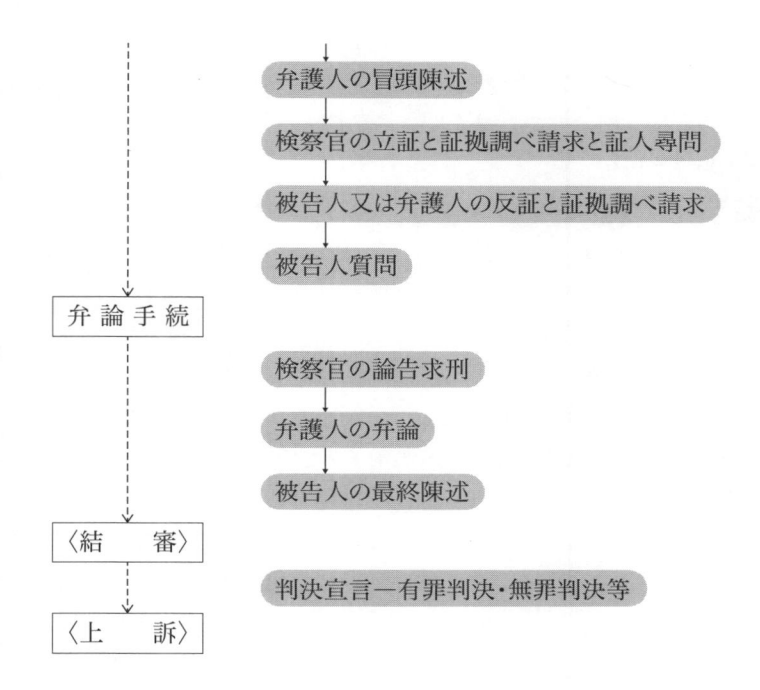

```
                    ┌─→ 弁護人の冒頭陳述
                    │
                    ├─→ 検察官の立証と証拠調べ請求と証人尋問
                    │
                    ├─→ 被告人又は弁護人の反証と証拠調べ請求
                    │
                    ├─→ 被告人質問
弁論手続 ─────┤
                    ├─→ 検察官の論告求刑
                    │
                    ├─→ 弁護人の弁論
                    │
                    └─→ 被告人の最終陳述

〈結　審〉

                    →  判決宣言—有罪判決・無罪判決等

〈上　訴〉
```

この図に基づいて説明するが，通常の窃盗事件を想定して述べることとする。

まず，冒頭手続の人定質問は，裁判官が出頭した被告人を前に呼び出し，起訴状記載の本人であるかどうかを確かめる手続である（刑訴規則196条）。次に，検察官の起訴状の朗読があり（刑訴法291条1項），その後，裁判官から黙秘権などの告知があり（刑訴規則197条1項，刑訴法291条4項），裁判官は，当該被告事件についての陳述の機会を与え（刑訴法291条4項），被告人と弁護人の当該被告人事件に対する認否が陳述される。

次に，冒頭手続後に証拠調べが行われるが，まず，検察官の冒頭陳述で始まる（刑訴法296条）。この証拠調の初めの段階で，検察官は，証拠により証明すべき事実を明らかにすることとなる。そして，場合によっては，それに続いて弁護人による冒頭陳述がなされることもある。

そして，検察官は，証拠調べの請求し（刑訴法298条1項），その際，事件の審判に必要と認められる全ての証拠の取調べを請求しなければならない（刑訴規則193条1項）。ただ，その請求に当たっては，不意打ち防止のために，相手方に対し，

第26章　公判手続(1)——公判手続の流れ，特に裁判員裁判について——　771

人的証拠について，予めその住所や氏名などを知る機会を与える必要があるし，証拠書類や証拠物については，閲覧する機会を与えなければならない（刑訴法299条1項）。その上で，裁判所は，相手方の意見を聞き，証拠調べをするかしないかを決定する（刑訴規則190条1項）。

　そして，取り調べる旨の決定のあった証拠は，その取調べがなされるが，供述調書等は，朗読又は要旨の告知の方法で（刑訴法305条，刑訴規則203条の2），証人の尋問は，交互尋問方式（刑訴法304条2項，刑訴規則199条の2以下）で行われる。交互尋問の場合は，まず，証人尋問を請求した者が先に尋問し（主尋問），その後，相手方が尋問し（反対尋問），更に請求した者が尋問する（再主尋問）。

　検察官の立証活動が終了後，弁護側の反証として，証拠調べ請求やその取調べがなされる。そして，被告人質問がなされる（刑訴法311条2項，3項）。

　その後，検察官の論告求刑が行われる（刑訴法293条1項）。これに対し，被告人及び弁護人が弁論をして，意見を陳述する（刑訴法293条2項）。その上で，被告人の最終陳述がなされる（刑訴規則211条）。このような一連の証拠調べや弁論手続が終了することを結審と呼ぶ。

　そして，判決が宣告されることとなる。

問2　捜査の段階では取調べ等の対象であった被疑者が，起訴されて被告人となることで，その立場はどのように変わるのか。その際どのような能力が求められ，また，どのような権利が与えられるのか。

【解　答】

　公判手続における当事者の一人である被告人は，捜査段階における被疑者とは違って，訴訟法上は検察官と対等の地位が基本的に与えられており，公判手続においては訴訟の客体は被告人ではない。その客体，すなわち審判の対象は，公訴事実（訴因）である。ただ，被告人の場合は，原告官たる検察官のそれに比して，防御権を行使する受動的な立場に置かれている。

　ところで，被告人には，当事者能力，すなわち訴訟法上被告人となるに足りる能力がなければならない。そして，被告人には，有効に訴訟行為ができる訴訟能力がなければならない。それには，訴訟上の主張・陳述，すなわち，「弁論」を有効に

行うことができる弁論能力も必要となる。

そして，被告人には，防御主体として，①黙秘権（憲法38条1項，刑訴法311条1項），②弁護人の選任権（憲法37条3項，刑訴法30条1項）と国選弁護人の選任請求権（36条，272条，規則177条），③弁護人との接見交通権（刑訴法39条）のほか，勾留されている被告人は，弁護人又は弁護人となろうとする者以外の一般人とも，法令の範囲内で，接見し，又は書類若しくは物の授受をすること（80条），④証拠保全の請求権（179条），⑤公判期日への出頭権（286条）などが認められる。

問3　近時新しく取り入れられた裁判員制度とは，どのような制度であるのか。

【解　答】

1　裁判員制度導入の趣旨

　平成16年に裁判員の参加する刑事裁判に関する法律（以下「裁判員法」という。）が制定され，周知準備期間の5年間を経た平成21年5月21日から施行された。同制度は，同法1条（趣旨）が規定するように「国民の中から選任された裁判員が裁判官と共に刑事訴訟手続に関与することが司法に対する国民の理解の増進とその信頼の向上に資する」ことを目的として創設された。すなわち，選挙権を有する国民の中から抽選で選ばれた裁判員6人が，裁判官3人とともに死刑を含む一定の重罪事件（裁判員裁判対象事件）を審理して，事実認定と量刑判断を行い判決に至る裁判の全過程に参加する我が国独特の制度である。国民が自律的に司法参加を行うことで，司法に対する国民の真の信頼を獲得することを期する画期的な制度である。他に職を持つ裁判員を長く裁判にかかわらせる余裕はないことから，連日集中的に数日間の開廷で結審して，裁判の迅速化を図るとともに，国民の目線での適正な判決に到達することで，従来の「精密司法」による調書依存と裁判の長期化による弊害を克服していくことが期待されている。

　この裁判員制度に対しては，裁判官による公平な裁判を受ける権利を保障する憲法の侵害であるとする根強い憲法違反説や，参加が義務的で辞退の自由がないこと，重罪事件を多数決で決定する危険性，重罪裁判を行う裁判員の精神的過重負担，評議内容・職務上知り得た秘密に対する罰則（秘密漏示罪）付きの守秘義務を課すること等々についての批判等指摘はあるが，国民が過度の国家依存体質

【裁判員制度と手続の流れ】

★　裁判員制度は全国 50 地裁と 10 支部で実施	
〈前年〉9月〜10月	〈地裁〉は，市町村の選挙管理委員会から送付を受けた選挙人名簿に基づき，裁判員候補者名簿を調製（裁判員法23条）し，裁判員候補者に名簿登載の通知（同法25条）と調査票を送付（裁判員規則15条）
〈当年〉裁判員選任手続日の6週間前までに	〈地裁〉は，事件ごとに名簿からくじで裁判員候補者を選定し（裁判員法26条），該当者へ呼出状を送達（同法27条，裁判員規則19条），同時に質問票（辞退事由の確認等の判断に必要な質問）を送付（同法30条）

⇩

★　裁判員の選任手続と辞退理由	
〈裁判期日当日〉 ○選任手続 ○辞退理由	○〈裁判官〉が，事件ごとに6人の裁判員を選任 ○辞退可は70歳以上の者，学生，妊娠中や出産直後の者，親族・同居人の養育・介護をする者など（裁判員法16条。他に就職禁止事由の者の規定は同法15条） ○呼出しに応じないと10万円以下の過料（同法112条）

⇩

★　裁判員裁判対象事件—裁判員法2条掲記の重罪事件

①殺人，②強盗致死傷，③傷害致死，④危険運転致死，⑤現住建造物等放火，⑥覚せい剤取締法違反（営利目的輸出入・製造），⑦銃砲刀剣類所持等取締法違反（拳銃発射・営利目的輸入），⑧麻薬及び向精神薬取締法違反（営利目的輸出入・製造）等

⇩

★　審理（法廷），評議・評決—守秘義務

○裁判員（6人）・裁判官（3人）—①事実の認定，②法令の適用，③刑の量定（裁判員法6条1項）
　※裁判官にのみ認められる権限—①法令の解釈に係る判断，②訴訟手続に関する判断など（同条2項）
○評決—多数決（裁判官の1人は含まれている必要がある—同法67条）
○評議の秘密—評議の内容と職務上知り得た秘密の保持（同法70条，秘密漏示罪は6月以下の懲役又は50万円の罰金—同法108条）

から脱却してその司法参加が遍(あまね)く定着することが望まれている。なお，**平成23年11月16日最高裁判決（判時2136号3頁）**は，この裁判員制度について，裁判官全員一致で合憲と判示している。

2　裁判員裁判対象事件と合議体の構成

(1)　対象事件

　　対象事件は，死刑又は無期懲役・禁錮刑を含む重罪事件のほか，法定合議事件であって，故意の犯罪行為により被害者を死亡させた罪に係る事件となる（裁判員法2条1項）。そして，旧陪審制度のように被告人に裁判員制度選択の自由を認めてはいない。

(2)　合議体の構成

　　合議体の構成は，裁判官3人，裁判員6人とし，裁判官のうち1人を裁判長とする（裁判員法2条2項本文―2項合議体）。ただし，3項合議体として，対象事件のうち，公判前整理手続による争点及び証拠の整理において公訴事実について争いがないと認められ，事件の内容等の事情を考慮して適当と認められるものは，裁判所は，裁判官1人及び裁判員4人から成る合議体を構成して審理及び裁判をする旨の決定をすることもできる（同条2項但書・3項）。

(3)　裁判員の関与する判断権限

　　裁判員は，裁判官とともに，①事実の認定，②法令の適用，及び，③刑の量定の判断権限を有する（裁判員法6条1項）。上記②の法令の適用というのは，法令の当てはめのことで，法令の解釈に関する判断権限は，構成裁判官が有する（同条2項）。

3　裁判員の選任手続

(1)　選任要件

　　まず，衆議院議員の選挙権を有する20歳以上の国民の中から抽選で裁判員の候補者を選任する（裁判員法13条）。そして，その候補者の中から法定の欠格事由（同法14条―禁錮以上の刑に処せられた者等），就職禁止事由（同法15条――一定の職にある者等），不適格事由（同法17条）がある者は，裁判員になる者

から除外される。また，辞退の申立てをした候補者中，裁判所が辞退事由があると認めた者については辞退が認められる（同法16条—70歳以上の者，病気等の事由がある場合等）。

(2) 裁判員候補者の員数の割当てと通知手続

裁判所は毎年9月1日までに，次年に必要な裁判員候補者の員数をその管轄区域内の市町村に割り当て，これを市町村の選挙管理委員会に通知しなければならない（裁判員法20条1項）。

4 評議と評決
(1) 評　議

公開の公判廷での審理のほか，裁判員が関与する判断過程の評議は，構成裁判官と裁判員との協働で行う。裁判長は，裁判員に対し，裁判員法6条2項の構成裁判官の合議による法令の解釈に係る判断及び訴訟手続に関する判断を示さなければならない（同法66条3項）。なお，裁判長は，弁論終結前に評議を行うに当たっては，あらかじめ，裁判員に対し，同法6条1項に規定する裁判員の関与する判断（事実の認定，法令の適用，刑の量定）は，弁論終結後に行うべきものであることを説明する（裁判員規則51条）。

裁判長は，評議において，裁判員に対して必要な法令に関する説明を丁寧に行うとともに，評議を裁判員に分かりやすいものとなるように整理し，裁判員が発言する機会を十分に設けるなど，裁判員がその職責を十分に果たすことができるように配慮しなければならない（同法66条5項）。また，構成裁判官は，評議において，裁判員から審議の内容を踏まえて各自の意見が述べられ，合議体の構成員の間で，充実した意見交換が行われるように配慮しなければならない（同規則50条）。

(2) 評　決

評決は，構成裁判官及び裁判員の双方の意見を含む合議体の員数の多数決で決せられる。つまり，いずれの判断結果にしろ構成裁判官が1人も含まれない，逆に裁判員が1人も含まれない偏った過半数は許されないこととなる（裁判員法67条1項）。また，刑の量定に関する意見では，意見が分かれ，その説が各々，

構成裁判官及び裁判員の双方の意見を含む合議体の員数の過半数の意見にならないときは，その合議体の判断は，構成裁判官及び裁判員の双方の意見を含む合議体の員数の過半数の意見になるまで，被告人に最も不利な意見の数を順次利益な意見の数に加え，その中で最も利益な意見によることとなっている（同条2項）。

5 裁判員に対する守秘義務と保護制度

(1) 守秘義務

裁判員には評議の秘密や職務上知り得た秘密を漏示してはならないとの守秘義務を課した（裁判員法70条，108条。違反者は，6カ月以下の懲役又は50万円以下の罰金に処せられる。）。

(2) 保護規定

保護規定として，①不利益取扱いの禁止（労働者が裁判員の職務を行うために休暇を取得したことその他裁判員，補充裁判員，選任予定裁判員若しくは裁判員候補者（以下,「裁判員等」という。）であること又はその職にあった者であることを理由として,解雇その他不利益な取扱いをしてはならないとした―裁判員法100条），②裁判員等を特定するに足りる情報の取扱い（何人も裁判員等の氏名，住所その他個人を特定するに足りる情報を公にしてはならず，これらの職にあった者の情報についても本人の同意がない限り同様とする―同法101条1項），③裁判員等に対する接触の規制（何人も裁判員等に接触してはならないとされる。また，職務上知り得た秘密を知る目的で，裁判員又は補充裁判員の職にあった者に接触することも禁止される―同法102条）等が設けられた。

(3) 罰　則

①裁判員等に対する請託罪等（裁判員，補充裁判員，選任予定裁判員に対し，その職務に関し，請託をした者は2年以下の懲役又は20万円以下の罰金に処される―裁判員法106条1項・3項。被告事件の審判に影響を及ぼす目的で，裁判員，補充裁判員，選任予定裁判員に対し，事実の認定，刑の量定その他の裁判員として行う判断について意見を述べ又はこれについての情報を提供した者も，2年以下の懲役又は20万円以下の罰金に処される―同条2項・4項），その他②裁判員等に対

する威迫罪（同法107条），③裁判員の氏名等漏示罪（同法109条），④裁判員候補者による虚偽記載罪等（同法110条）等がある。

6　平成27年の裁判員法改正

　平成27年6月5日，裁判員法に関して，超長期の審理なら対象外とするということなどを定めた改正法が成立した。初公判から判決まで著しく長期に及ぶことが想定される事件の裁判については，国民が参加する裁判員裁判の対象から外し，裁判官のみで審理できるようにするものである。これは裁判員の負担を軽くするのが狙いで，初公判から判決まで1年を超える事案を想定している。

　現行法では裁判員らに危害が及ぶ恐れのある暴力団事件などに限って除外を認めているが，改正法は「審理期間が著しく長期で，裁判員の確保が困難と裁判所が認めるとき」を理由に加えたものである。

　ちなみに，これまで裁判員の在任期間が最も長かったのは，神戸地裁で審理され，平成27年3月に判決が出た兵庫県尼崎市の連続変死事件の132日間である。

問4　裁判員裁判制度により，被告人に対する量刑事情に変化はあったのか。

【解　答】

　裁判員制度が平成21年5月21日に施行され，同24年5月で3年を経過したことにより，最高裁は，その実施状況を実証的に検証し，同年12月，裁判員裁判実施状況の検証報告書を発表した。

1　その中で裁判員裁判における量刑事情について全体的に検証した部分によると，殺人既遂，殺人未遂，傷害致死，強姦致傷，強制わいせつ致傷，強盗致傷，現住建造物等放火，覚せい剤取締法違反の8つの罪名について，量刑分布を，裁判官裁判と裁判員裁判で比較したところ，殺人未遂，傷害致死，強姦致傷，強制わいせつ致傷及び強盗致傷の各罪で，実刑のうち最も多い人数の刑期が，重い方向へシフトしている。他方，殺人既遂，殺人未遂，強盗致傷及び現住建造物等放火については，執行猶予に付される率が上昇している（同報告書23頁）。

　このような全体的な量刑傾向については，量刑の幅が広がったものと理解され

ている。上記のように実刑のピークが重い方向へシフトしている罪がある反面，執行猶予が付された割合は，裁判官裁判で13.0パーセントであるのに対し，裁判員裁判では，これが15.6パーセントとなっている。

　重い方向へシフトした理由としては，被害感情の重視があり，執行猶予が増えた理由としては，被告人の更生への関心の高まりであろうと分析されている（原田國男「裁判員裁判における量刑傾向―見えてきた新しい姿―」慶應法学第27号168〜169頁）。

2　執行猶予付き有罪判決を受けた被告人のうち，保護観察に付された割合を裁判官裁判と比較すると，裁判官裁判のそれは35.8パーセントであったのに対し，裁判員裁判では55.7パーセントというように大幅に増加している。保護観察率の増加の原因を断定することは難しいものの，裁判員が，被告人の判決言渡し後の改善更生の環境に高い関心を持っていることが一つの理由ではないかと推測される（同報告書23頁）とされている。

　この点について，「裁判員としては，執行猶予はよいとしても，このまま社会に無条件で出してしまうのは不安であり，そういう意味でサポートをしたほうがよいと考えやすいのであろう。」（前出原田170頁）などと分析されている。

　実際のところ，保護観察所も積極的に執行猶予者の改善更生に意欲を持っており，このような傾向は，保護観察所や保護観察官にとっても大いに歓迎されることとなろう。

3　求刑との関係では，裁判員裁判では，求刑どおりの判決（126件，全体の5.0パーセント）又は求刑を上回る判決（22件，0.9パーセント）が少なくないと評されている（同報告書23頁）。また，同報告書発表後2年余りを経過した平成26年7月の時点では，裁判員裁判における求刑超え判決は合計47件に上っていた（判タ1410号82頁）。

　この点については，検察官の論告において，裁判官裁判では被告人に有利な事情についてはあまり論及しなかったのに対し，裁判員裁判では，必ず被告人に有利な事情も十分に言及することから，その上での求刑であるとして，裁判員はあまり求刑より下げない傾向があると指摘されている（前出原田167〜168頁）。これは，むしろ裁判員裁判において，裁判員に対し，求刑の持つ意味が正しく理

解されているというべきであろう。

　もっとも求刑を超える判決に対し，それが量刑不当であるとして破棄した**平成26年7月24日最高裁判決（刑集68巻6号925頁）**があるので，ここに紹介する。これは，被告人夫婦による児童虐待事犯である。

(1) 事案の概要

　被告人両名は，かねて両名の間に生まれた三女にそれぞれ継続的に暴行を加え，かつ，これを相互に認識しつつも制止することなく容認することなどにより共謀を遂げた上，平成22年1月27日午前0時頃，大阪府内の当時の被告人両名の自宅において，被告人Aが，三女（当時1歳8か月）に対し，その顔面を含む頭部分を平手で1回強打して頭部分を床に打ち付けさせるなどの暴行を加え，その結果，急性硬膜下血腫などの傷害を負わせ，同年3月7日午後8時59分頃，同府内の病院において，三女を急性硬膜下血腫に基づく脳腫脹により死亡させたというものであった。

(2) 第一審判決の量刑理由

　第一審の大阪地裁判決は，検察官の各懲役10年の求刑に対し，各懲役15年の刑を言い渡したが，その量刑理由の要旨は以下のとおりであった。

　量刑事情については，(1)犯罪行為自体に係る情状（犯情）に関し，①親による児童虐待の傷害致死の行為責任は重大，②態様は甚だ危険で悪質，③結果は重大，④経緯には身勝手な動機による不保護を伴う常習的な児童虐待が存在，⑤被告人両名の責任に差異なしと評価され，(2)一般情状に関し，①堕落的な生活態度，②罪に向き合わない態度，③犯行以前の暴行に関し責任の一端を被害者の姉である次女（当時3歳）になすり付ける態度が指摘される。

　各懲役15年の量刑とした理由としては，(1)検察官の求刑は，①犯行の背後事情として長期間にわたる不保護が存在することなどの本件児童虐待の悪質性，②責任を次女になすり付けるような被告人両名の態度の問題性を十分に評価したものとは考えられず，(2)同種事犯の量刑傾向といっても，裁判所の量刑検索システムは，登録数が限られている上，量刑を決めるに当たって考慮した要素を全て把握することも困難であるから，各判断の妥当性を検証できないばかりでなく，本件事案との比較を正確に行うことも難しいと考えられ，そうで

あるなら，児童虐待を防止するための近時の法改正からもうかがえる児童の生命等尊重の要求の高まりを含む社会情勢に鑑み，本件のような行為責任が重大な児童虐待事犯に対しては，今まで以上に厳しい罰を科すことがそうした法改正や社会情勢に適合すると考えられることから，被告人両名に対しては傷害致死罪に定められた法定刑の上限に近い主文の刑が相当であると判断した。

(3) 原判決である大阪高裁判決の量刑理由

　原判決である大阪高裁判決は，上記の大阪地裁判決の量刑理由の根拠とするところは誤っておらず，また，その量刑も「なお選択の余地のある範囲内に収まっているというべきものであって，重過ぎて不当であるとはいえない。」と判示して，被告人両名の控訴を棄却した。

(4) 本件最高裁判決の判断

　上記原判決に対し，本件最高裁判決は，まず，「第1審判決の犯情及び一般情状に関する評価について，これらが誤っているとまではいえないとした原判断は正当である。しかしながら，これを前提としても，被告人両名を各懲役15年とした第1審判決の量刑及びこれを維持した原判断は，是認できない。」とした。

　そして，その理由として，「我が国の刑法は，一つの構成要件の中に種々の犯罪類型が含まれることを前提に幅広い法定刑を定めている。その上で，裁判においては，行為責任の原則を基礎としつつ，当該犯罪行為にふさわしいと考えられる刑が言い渡されることとなるが，裁判例が集積されることによって，犯罪類型ごとに一定の量刑傾向が示されることとなる。そうした先例の集積それ自体は直ちに法規範性を帯びるものではないが，量刑を決定するに当たって，その目安とされるという意義をもっている。量刑が裁判の判断として是認されるためには，量刑要素が客観的に適切に評価され，結果が公平性を損なわないものであることが求められるが，これまでの量刑傾向を視野に入れて判断がされることは，当該量刑判断のプロセスが適切なものであったことを担保する重要な要素になると考えられるからである。

　この点は，裁判員裁判においても等しく妥当するところである。裁判員制度は，刑事裁判に国民の視点を入れるために導入された。したがって，量刑に関

しても，裁判員裁判導入前の先例の集積結果に相応の変容を与えることがあり得ることは当然に想定されていたということができる。その意味では，裁判員裁判において，それが導入される前の量刑傾向を厳密に調査・分析することは求められていないし，ましてや，これに従うことまで求められているわけではない。しかし，裁判員裁判といえども，他の裁判の結果との公平性が保持された適正なものでなければならないことはいうまでもなく，評議に当たっては，これまでのおおまかな量刑の傾向を裁判体の共通認識とした上で，これを出発点として当該事案にふさわしい評議を深めていくことが求められているというべきである。

　こうした観点に立って，本件第1審判決をみると，『同種事犯のほか死亡結果について故意が認められる事案等の量刑傾向を参照しつつ，この種事犯におけるあるべき量刑等について議論するなどして評議を尽くした』と判示されており，この表現だけを捉えると，おおまかな量刑の傾向を出発点とした上で評議を進めるという上記要請に沿って量刑が決定されたようにも理解されないわけではない。

　しかし，第1審判決は，引き続いて，検察官の求刑については，本件犯行の背後事情である本件幼児虐待の悪質性と被告人両名の態度の問題性を十分に評価していないとし，量刑検索システムで表示される量刑の傾向については，同システムの登録数が十分でなくその判断の妥当性も検証できないとした上で，本件のような行為責任が重大と考えられる児童虐待事犯に対しては，今まで以上に厳しい罰を科すことが法改正や社会情勢に適合するなどと説示して，検察官の求刑を大幅に超過し，法定刑の上限に近い宣告刑を導いている。これによれば，第1審判決は，これまでの傾向に必ずしも同調せず，そこから踏み出した重い量刑が相当であると考えていることは明らかである。もとより，前記のとおり，これまでの傾向を変容させる意図を持って量刑を行うことも，裁判員裁判の役割として直ちに否定されるものではない。しかし，そうした量刑判断が公平性の観点からも是認できるものであるためには，従来の量刑の傾向を前提とすべきではない事情の存在について，裁判体の判断が具体的，説得的に判示されるべきである。

　これを本件についてみると，指摘された社会情勢等の事情を本件の量刑に強く反映させ，これまでの量刑の傾向から踏み出し，公益の代表者である検察官

の懲役10年という求刑を大幅に超える懲役15年という量刑をすることについて，具体的，説得的な根拠が示されているとはいい難い。その結果，本件第1審は，甚だしく不当な量刑判断に至ったものというほかない。同時に，法定刑の中において選択の余地のある範囲内に収まっているというのみで合理的な理由なく第1審判決の量刑を是認した原判決は，甚だしく不当であって，これを破棄しなければ著しく正義に反すると認められる。」と判示した。

(5) 結局のところ，本件最高裁判決は，「裁判員裁判が，刑事裁判に国民の視点を入れるために導入されたものであり，その結果，量刑に関しても先例の集積結果に変化が加えられることは自明の理であるところ，その意味で，先例の量刑に縛られる必要があるわけではない。しかしながら，裁判員裁判といえども，他の裁判の結果との公平性が保持された適正なものでなければならない。そうである以上，従来の傾向から踏み出す量刑をするのであれば，具体的，説得的な根拠が示される必要がある」ということをいっているものである。

したがって，「裁判員裁判開始後47件の裁判員裁判の求刑超え判決が言い渡されて上告までされた事件もあるが，本判決までに11件が各小法廷において全て職権判断を示さないで棄却されてきており，本判決の後にも各小法廷で同様に棄却判決がされている。」，「求刑超えの裁判員判決の中で，求刑との対比で見た場合に割合でも年数でも求刑を大きく上回り，量刑傾向からの踏み出しの程度が最も大きかったとみられる本件のみが破棄されていることをみれば，本判決は，最高裁の量刑審査の運用に何らかの変化が生じたことを示すものではないと思われる。」（判タ1410号83頁）と考えられていることも参考になろう。

問5 想定事例についてはどのように考えたらよいのか。

【解　答】

まず，甲野については，その窃盗後の行為が刑法238条に規定する

> 窃盗が，財物を得てこれを取り返されることを防ぎ，逮捕を免れ，又は罪跡を隠滅するために，暴行又は脅迫をしたときは，強盗として論ずる。

第26章　公判手続(1)——公判手続の流れ，特に裁判員裁判について——　783

の規定に該当するので，事後強盗罪が成立し，その際，乙野は負傷していることから，

> 強盗が，人を負傷させたときは無期又は6年以上の懲役に処し，死亡させたときは死刑又は無期懲役に処する。

の規定に該当し，刑法240条の強盗傷人罪が成立する。

そして，裁判員法2条1項1号に，裁判員裁判対象事件として

> 死刑又は無期の懲役若しくは禁錮に当たる罪に係る事件

と規定されていることから，甲野は裁判員裁判によって審理されることとなる。

その審理の手続等については，**問**1から**問**3までに述べてきたとおりである。

第27章　公判手続(2)──被害者の保護──

> **例　題**　刑訴法上，被害者の保護に関してどのような規定が設けられているのか。

問題の所在

　盗犯事件においても他の事件と同様に，捜査段階だけでなく，公判段階においても被害者や目撃者の協力を求めなければならない場合は多数存在する。しかしながら，下着泥棒や住居侵入窃盗に伴う性犯罪などの場合，被害者のプライバシーを保護する必要性が高い一方，法廷では被告人の権利として，証人の住居，氏名を明らかにすることが要求される（刑訴法299条1項）ことなどから，被害者が犯人からの報復や再度の被害を怖れるあまり被害届の取下げをするというケースも決してまれではない。また，目撃者が同様に犯人からの報復等を怖れて協力を渋るということも希有なことではないであろう。

　そこで，そのような被害者等に対し，どのような保護制度が存在するのか，被害者や目撃者の取調べ等を担当する捜査官としても，その内容等を正確に理解しておく必要がある。

事　例

【想定事例】

> 　一人暮らしをしている大学生甲野一子は，ある時，何者かに居室に侵入され，下着などを盗まれた。そこで所轄警察署に被害届を出したところ，その後の捜査で，同じ大学に通学する乙野次郎が犯人であると判明した。ただ，乙野は自分が侵入した居室が甲野方であるとは認識しておらず，甲野は，窃取した下着が甲野

のものであることは絶対に乙野に知られたくはなかった。
　そこで，所轄警察署の担当刑事丙野三郎に対し，甲野は，自分が被害者であることを乙野に分からないようにして手続を進めてほしいと要請した。
　丙野刑事はどうすべきか。

設問と解答

問1　被害者が自分の名前などを被疑者に知られたくないと望んだ時，刑訴法上は，どのような措置を執ることができるとしているのか。

【解　答】

　被害者の氏名や住所等，被害者を特定させることとなる被害者特定事項の秘匿に関しては，①公判段階での対傍聴人の問題と，②それ以前の対被告人の問題とがある。

1　まず，①の対傍聴人の問題であるが，刑訴法290条の2第1項本文は，
　　　裁判所は，次に掲げる事件を取り扱う場合において，当該事件の被害者等（中略）から申出があるときは，被告人又は弁護人の意見を聴き，相当と認めるときは，被害者特定事項（氏名及び住所その他の当該事件の被害者を特定させることとなる事項をいう。以下同じ。）を公開の法廷で明らかにしない旨の決定をすることができる。
とし，その対象となる事件として，まず，同項1号において，刑法176条の強制わいせつや，同法178条の強姦などを規定し，同項2号においては，児童福祉法違反や児童買春の罪などを規定し，さらに，同項3号においては，
　　　前2号に掲げる事件のほか，犯行の態様，被害の状況その他の事情により，被害者特定事項が公開の法廷で明らかにされることにより被害者等の名誉又は社会生活の平穏が著しく害されるおそれがあると認められる事件
については，裁判所の決定により，被害者特定事項を公開の法廷で明らかにしないで裁判を進めることができることとなっている。このように，一定の罪名や被害者等の名誉等が著しく害されるおそれがあると認められるなどの要件を満たし

た場合，裁判所の決定により，被害者特定事項の秘匿をすることができることになる。

そして，この被害者特定事項に含まれる事項としては，条文に挙げられている氏名や住所だけでなく，勤務先や通学先，配偶者や父母の氏名なども含まれると考えられる。

ただ，この規定による決定によって，被告人に対して被害者特定事項の秘匿がなされるわけではなく，この場合においては，弁護人や被告人は既に被害者特定事項を知っていることもあり，結局のところ，その被害者特定事項を公判廷で読み上げたりすることなく，公判廷で明らかにしないようにするだけである。

2 そこで，②の被告人に対しても被害者特定事項を秘匿したい場合には，刑訴法299条の3において，

　　　検察官は，第299条第1項の規定により証人の氏名及び住居を知る機会を与え又は証拠書類若しくは証拠物を閲覧する機会を与えるに当たり，被害者特定事項が明らかにされることにより，被害者等の名誉若しくは社会生活の平穏が著しく害されるおそれがあると認めるとき，又は被害者若しくはその親族の身体若しくは財産に害を加え若しくはこれらの者を畏怖させ若しくは困惑させる行為がなされるおそれがあると認めるときは，弁護人に対し，その旨を告げ，被害者特定事項が，被告人の防御に関し必要がある場合を除き，被告人その他の者に知られないようにすることを求めることができる。ただし，被告人に知られないようにすることを求めることについては，被害者特定事項のうち起訴状に記載された事項以外のものに限る。

と規定されており，被害者等の身体に危害が加えられるおそれがあると認められるなどの要件を満たした場合，弁護人に対し，被告人らに被害者特定事項を知られないようにすることを求めることができるとされている。

なお，その場合でも，被告人の防御に必要がある場合には認められず，また，起訴状に記載された事項についても秘匿できないとされている。

しかしながら，そもそも，この規定は，あくまで弁護人にそのような配慮を求めることができるとされているだけであって，弁護人の義務を規定したものではない。したがって，そのような要請を検察官から受けたとしても，それに応じるかどうかは全く弁護人の自由である。検察官からの要請を無視して，被害者特定

事項を被告人に伝えたからといって，弁護人は何らの責めを負う立場にないことに留意する必要がある。

それゆえ，この規定があるからといって，被害者に対し，その氏名等が犯人に対して秘匿されるはずであると考えてはならない。

もっとも，平成27年の通常国会で審議され，可決・公布された改正刑事訴訟法（司法取引に関して述べた第3編第20章「被疑者，被告人及び共犯者の取調べ」問9・718頁も参照）によれば，一定の要件を満たした場合には，裁判所が弁護人に対し，被害者等の氏名・住居を被告人に知らせてはならないと命ずることができるとされている（新設の299条の4～299条の7）。

|問2| 目撃者が自分の名前などを被疑者に知られたくないと望んだ時，どのような措置を採ることができるのか。

【解　答】

目撃者等の証人の氏名や住所等，被害者を特定させることとなる特定事項の秘匿に関しては，被害者の場合と同様に，①公判段階での対傍聴人の問題と，②それ以前の対被告人の問題とがある。

1　まず，①の対傍聴人の問題であるが，これについては，現行法上，特段の保護規定はない。刑訴法290条の2は，あくまで被害者を保護するための規定で，目撃者等の証人については，その適用はない。

ただ，上記改正案によれば，刑訴法290条の2の規定の対象及び範囲を証人等にまで拡大しようとしている。これによって，証人等が公開の法廷で自己の氏名や住所等が明らかにされることで生じる不安を回避することができるものと見込まれている。

2　次に，②の対被告人の問題としては，刑訴法299条の2は，
　　　検察官又は弁護人は，前条第一項の規定により証人，鑑定人，通訳人若しくは翻訳人の氏名及び住居を知る機会を与え又は証拠書類若しくは証拠物を閲覧する機会を与えるに当たり，証人，鑑定人，通訳人若しくは翻訳人若し

くは証拠書類若しくは証拠物にその氏名が記載され若しくは記録されている者若しくはこれらの親族の身体若しくは財産に害を加え又はこれらの者を畏怖させ若しくは困惑させる行為がなされるおそれがあると認めるときは，相手方に対し，その旨を告げ，これらの者の住居，勤務先その他その通常所在する場所が特定される事項が，犯罪の証明若しくは犯罪の捜査又は被告人の防御に関し必要がある場合を除き，関係者（被告人を含む。）に知られないようにすることその他これらの者の安全が脅かされることがないように配慮することを求めることができる。

と規定し，先の被害者の場合とほぼ同様の規定が設けられている。

したがって，証人の特定事項についても，弁護人に対し，被告人らに伝えないように配慮を求めることはできるが，それ以上の保証は何もなされていないことに留意する必要がある。

ただ，この点についても，前記改正案によれば，前述した被害者の場合と同様に，一定の要件を満たした場合には，裁判所が弁護人に対し，証人等の氏名・住居を被告人に知らせてはならないと命ずることができるとされている。

問3 被害者が，犯人に対し，自己の氏名等を一切知られたくないと主張し，起訴状などでも秘匿してほしいとの要請があった場合，どのような対応が可能なのか。

【解　答】

まず，捜査書類や供述調書では，すべて仮名に変えて記載するという方法を採ることは可能であろう。被害者供述調書の末尾の氏名は仮名というわけにはいかないから，本名を記載してもらうにしても，その下の押印は，指印とし，供述調書の頭の部分にも住所等は記載せず，氏名欄を仮名とすることでよいと思われる。

そして，その仮名が誰を指すのかという報告書1通だけに本名や住所等を記載し，供述調書の末尾の署名等を含めて，それらのうち被害者特定事項に関するものはマスキングをした上で，証拠開示における謄写がなされることとなろう。

もっとも，当該被害者が証人として請求された事案において，弁護人から被害者の氏名を明らかにするよう求められた場合には，これを拒否することはできず（刑

訴法299条1項参照），被告人にそれを伝えるか否かは，結局のところ，弁護人の判断にかかっているということは前述したとおりである。

一方，起訴状については，被告人の手元に直接に届くものであるだけに，これに被害者特定事項が記載されるとなれば，被害者の上記意図は全く無視されるということになろう。

この点について，「近年，性犯罪やストーカー規制法違反等の起訴状の公訴事実において，被害者の氏名を実名で記載せず，氏名とは別の表記によって被害者を特定する実務上の取扱いがなされるようになってきている。」（初澤由紀子「起訴状の公訴事実における被害者の氏名秘匿と訴因の特定について」慶應法学第31号229頁）ことが広く知られるようになっている。

そして，その際の被害者氏名の記載に代わる被害者特定のための表記の方法としては，

①被害者の氏名をカタカナ表記にし，被害者の生年月日や年齢とともに記載する[1]。

②被害者が犯行後婚姻するなどして姓が変わった場合において，被告人がこれを知らない場合，犯行当時の被害者の旧姓を記載する[2]。

③被害者のいずれかの親の氏名及び続柄，被害者の年齢を記載する[3]。

④被害者が自宅で被害に遭った後，転居した場合，犯行場所を記載した上，「当時〇〇〇（犯行場所）に単身居住していた女性（当時〇歳）」などと記載する[4]。

⑤被告人が被害者の勤務先や学校名を把握していて，被害者の通称名や姓又は名だけを知っている場合，「〇〇〇（勤務先や学校名）に勤務する（通学する）『△△△』（通称名，姓又は名）と称する女性（当時〇歳）」などと記載する[5]。

⑥被告人が被害者の携帯電話のメールアドレスなど電子機器の唯一無二の識別番号を把握していた場合，「携帯電話のメールアドレスが〇〇＠△△だった女性（当時〇歳）」などと記載する[6]。

という方法が採られていることが知られている（上記初澤244〜245頁）。

このような被害者の特定を秘匿する記載であっても，刑訴法256条3項の

> 公訴事実は，訴因を明示してこれを記載しなければならない。訴因を明示するには，できる限り日時，場所及び方法を以て罪となるべき事実を特定してこれをしなければならない。

との訴因の特定に対する要請に反するものではないと考えられる（もっとも，裁判所がそれでは訴因の特定として不十分であると判断した場合には，公訴棄却の判決（刑訴

法338条4号）がなされることになる。）。

　このような方法を採ることは可能であるにしても，最終的に，そのような記載方法で訴因の特定として十分であるかどうかを判断するのは裁判所であり，現在のところ，個々の裁判所の判断としてどのようなものが出されるかは必ずしも予見できるものではない。したがって，事前に被害者に対し，このような記載での起訴状で裁判を行うことができるものと確約することはできないこととなる。

　また，仮に，そのような記載で裁判が行われたとしても，判決には実名が記載されてしまう例が多く，そのような場合には，判決謄本の交付の際に，当該実名をマスキングすることで対応するしかないという問題も残されている。

問4　被告人が犯行を否認し，被害者等が法廷に出廷しなければならなくなった際，当該被害者等を保護するためにどのような手続が定められているのか。

【解　答】

　証人等は，公正な刑事司法の実現に協力する裁判の担い手となる者である。したがって，その尋問に際しては，その保護に配慮し十分な供述ができるような措置を講ずる必要がある（刑訴法295条2項参照）。

　そこで，裁判所は，証人が被告人の面前（遮へい・ビデオリンク方式の尋問の場合を含む。）では圧迫を受けて十分な供述をすることができないと認められるときは，証人の供述中，被告人を退廷させることができる（刑訴法304条の2前段）。

　さらに，刑訴法は，平成12年法改正により，157条の2〜157条の4を追加し，次のように規定した。

① 証人尋問の際の証人への付添い（157条の2）——性的犯罪により精神的打撃を伴う深刻な被害を受けた者などが法廷で尋問を受けることによって，著しい不安や緊張を感じさせられたり，精神的被害を更に悪化させられるいわゆる二次的被害の可能性があることを考慮し，証人付添人が，証人のすぐそばに着席することができる規定を置いた（同条1項）。

② 証人尋問の際の証人の遮へい措置（157条の3）——証人が被告人の面前あるいは傍聴人のいる法廷で証言することによる精神的圧迫を軽減して，証人の精神的平穏に対する侵害を未然に防止しようとする規定を設けた（同条1項）。

③　一定の場合におけるビデオリンク方式（映像等の送受信による通話の方法）による証人尋問（157条の4第1項）。なお，ビデオリンク方式による証人尋問は録画して記録化することとされた（同2項）。

さらに，上記改正案によれば，ビデオリンク方式による証人尋問を実施するに当たり，別の裁判所の構内において証人尋問ができるようにするとしている。被告人と同一構内の裁判所に出頭することによる不安等を取り除くためなどの理由によるものである。

問5　想定事例についてはどのように考えるべきか。

【解　答】

　上述したような捜査書類上での配慮はもちろんであるが，起訴状で氏名の秘匿ができるかどうかは若干の問題がある。これまでその秘匿が認められてきたのは，強制わいせつ罪，ストーカー規制法違反，強姦致傷罪などが主なものであり，下着窃盗によるものは筆者の知る限り存在しない。ただ，離婚訴訟中の妻の交際相手に対する脅迫事件に関する**平成26年9月30日水戸地裁下妻支部判決（公刊物未登載）**なども存することから，必ずしも性犯罪やストーカーのみに限られるものではないと考えられるので，想定事例においても，被害者の「名誉若しくは社会生活の平穏が著しく害されるおそれがあると認めるとき」といえる余地はあろうから，起訴状における秘匿も可能ではないかと思われる。

1）この方式での公訴事実による起訴を認めて，判決が言い渡された裁判例としては，住居侵入，強姦致傷，強制わいせつ等に関する**平成26年7月2日横浜地裁判決（公刊物未登載）**，電車内におけるいわゆる迷惑防止条例違反事件に関する**平成26年7月16日横浜地裁判決（公刊物未登載）**，通行中の女性に対する強制わいせつ等事件に関する**平成26年8月7日前橋地裁判決（公刊物未登載）**，住居侵入，ストーカー規制法違反事件に関する**平成25年5月7日前橋地裁太田支部判決（公刊物未登載）**などがある。

2) この方式での公訴事実による起訴を認めて，判決が言い渡された裁判例としては，住居侵入，強姦事件に関する**平成 25 年 6 月 6 日東京地裁判決（公刊物未登載）**，通行中の女性に対する強制わいせつ事件に関する**平成 25 年 9 月 20 日東京地裁判決（公刊物未登載）**，住居侵入，強盗強姦事件に関する**平成 26 年 2 月 21 日横浜地裁判決（公刊物未登載）**などがある。

3) この方式での公訴事実による起訴を認めて，判決が言い渡された裁判例としては，公園内において行われた女児に対する強制わいせつ等事件に関する**平成 25 年 11 月 12 日東京地裁判決（公刊物未登載）**，駅構内において行われた強制わいせつ事件に関する**平成 26 年 1 月 15 日東京地裁判決（公刊物未登載）**，電車内における強制わいせつ事件に関する**平成 25 年 12 月 3 日東京地裁判決（公刊物未登載）**，同様の事件に対する**平成 25 年 11 月 28 日横浜地裁判決（公刊物未登載）**などがある。

4) この方式での公訴事実による起訴を認めて，判決が言い渡された裁判例はなく，逆に，被害者の実名での起訴状の補正を行うように検察官に求め，応じなければ公訴棄却判決をするとして，被害者の実名での補正をさせた上で実体判決を行った，住居侵入，強制わいせつ事件に関する**平成 25 年 12 月 26 日東京地裁判決（公刊物未登載）**がある。

5) この方式での公訴事実による起訴を認めて，判決が言い渡された裁判例としては，ストーカー規制法違反事件に関する**平成 25 年 7 月 12 日東京地裁判決（公刊物未登載）**などがある。

6) この方式での公訴事実による起訴を認めて，判決が言い渡された裁判例としては，児童買春，児童ポルノに係る行為等の処罰及び児童の保護等に関する法律違反，脅迫等事件に関する**平成 26 年 6 月 16 日水戸地裁土浦支部判決（公刊物未登載）**，離婚訴訟中の妻の交際相手に対する脅迫事件に関する**平成 26 年 9 月 30 日水戸地裁下妻支部判決（公刊物未登載）**等がある（以上，前出初澤 247 ～ 250 頁参照）。

第28章 公判手続(3)──伝聞法則及びその例外──

> **例題** 捜査段階で録取した供述調書は，公判廷でどのように扱われるのか。

問題の所在

　被疑者，被告人以外の者の供述調書については，伝聞法則が適用されて，被告人による同意（刑訴法326条1項）がない限り，原則として，証拠能力を持たない。ただ，その例外として，刑訴法に定められた一定の要件を満たすことで供述調書が証拠能力を持つ場合もある。

　そのような伝聞法則が持つ意味や，その例外などについては，捜査，特に取調べに携わる者として，正確に理解しておく必要がある。

事例

【想定事例】

　所轄警察署刑事課の甲野巡査部長は，火事場泥棒の事件の参考人の取調べにおいて，火災現場の近くにいた人Ａから，火災直後に「やべえ。」，「急げ」という声を聞いたという供述を得たことから，その旨の供述調書を作成した。また，同様にＢから，「乙野が何か盗んでいったぞ。」と誰かが叫ぶ声を聞いたという供述を得たので，その旨の供述調書を作成した。

　公判廷において，これらの供述調書から乙野が犯人であると認定できるのか。

設問と解答

問1 まず，伝聞証拠とは何か。

【解　答】

　「伝聞証拠」とは，裁判所の公判廷において反対当事者による反対尋問の機会が与えられていない供述証拠をいうものとされている。
　そこで，伝聞証拠とは，具体的にどのような供述を指すのかという点であるが，これは，証人が公判期日外に他人から聞いたその他人の供述を，公判期日の裁判所の法廷で証言する場合における当該「他人の供述内容」つまり，「原供述」そのものを指し，この「又聞き」の原供述が「伝聞供述」ということとなる。
　具体例でいえば，Aが被害者Vをナイフで刺し殺す犯行をその現場に居合わせたXが目撃した場合，そのXが自分の目撃した事実をYに話し，Yが公判廷において，Xから聞いたその犯行目撃状況（事実）を証言したとする。この場合の目撃者Xを「原供述者」（当該事実を知覚体験した者），証人Yを「伝聞供述者」という。そして，YがXから聞いた又聞きの事実は「伝聞事実」であり，Yが裁判所でXからの前記伝聞事実を供述すれば，これは「伝聞供述」（伝聞証言）である。この伝聞パターンが本来的意味の伝聞証拠である。

問2　では，伝聞法則とは何か。

【解　答】

　伝聞証拠を原則として証拠から排除するというルールである。これは，陪審制度を採用する英米証拠法において，直接審理主義が発展し，訴訟当事者に証人尋問権が認められることで確立された証拠法則である。
　そして，刑訴法320条1項は，
　　　第321条乃至第328条に規定する場合を除いては，公判期日における供述に代えて書面を証拠とし，又は公判期日外における他の者の供述を内容とする供述を証拠とすることはできない。
と規定し，書面や又聞きの話（伝聞）では，それを話した人（原供述者）の話が真実かどうかを吟味（反対尋問）できていないことから，原則的にそれらを証拠から排除しようとしている。すなわち，同項は，「321条乃至328条に規定する場合を除いては」との除外事由を置いた上ではあるが，①公判期日における供述に代えて

第28章　公判手続(3)——伝聞法則及びその例外——　795

書面を証拠とすること（供述書・供述録取書），又は，②公判期日外における他の者の供述を内容とする供述を証拠とすること（伝聞供述証拠），を禁止すると規定している。この伝聞証拠の証拠能力を禁止又は制限する法理を「伝聞法則」というのである。

この伝聞法則の原則下においては，事件に関係する事実を直接知覚した目撃者ら原供述者は，原則として裁判所の法廷へ直接出向いて，自ら証人として証言することとされ，しかもその証言に際しては，宣誓の上，かつ，反対当事者からの反対尋問を受けて，証言を完全に果たすことが要求されることとなる。

問3 では，なぜ，伝聞法則が裁判において採用されているのか。

【解　答】

伝聞法則が採られる理由としては，通常次の3つが挙げられている。すなわち，①伝聞証拠は信用性が低く，②被告人の証人尋問権（憲法37条2項）を保障する必要があり，③直接審理主義の要請があるからである。

そこで，前記①の理由についてであるが，そもそも供述は，ある事実に関し，知覚→記憶→表現（叙述）という過程を経てなされるが，この一連の行為の間には，人間だからどうしても誤りが発生しやすく，伝聞供述の場合は，更にその後にも，伝聞→知覚→記憶→表現という同様の過程が連続することから，一層誤りが混入する危険があることが否定できない（いわゆる「伝言ゲーム」がその危険を顕著に示すものであろう。）。そこで，これを是正するには，直接の目撃者等の原供述者に対する反対尋問による吟味（テスト）が最も効果的な方法である。

供述録取書の場合は，通常，捜査官が目撃者等の原供述者からその供述を録取して書面化し，調書について，供述者がその正確性を自ら署名・押印することによって確認している。したがって，そこには，伝聞供述のように聞き間違いのおそれは少ないものの，反面，それでも正確に録取しているか，また，正確に確認しているかなど間違いが入る余地はある。このため，供述録取書の場合でも，原供述者に対する反対尋問によって，原供述の真実性を吟味する必要が本来的にあることになる。

次に，前記②の理由についてであるが，伝聞供述及び供述調書等に証拠能力を無条件で認めるならば，安直に伝聞供述者の証言と供述調書等しか提出されないこと

となり，被告人にとっては，原供述者に対する反対尋問ができず，憲法37条2項による保障に反することになるからである。

そして，前記③の理由についてであるが，公判廷外で作成された証拠に証拠能力を安易に与えることは，裁判官が偽証制裁下で証人から直接に証言を聞き，反対尋問による吟味や供述態度を通してその証明力を判断するという直接主義に反するからである。

問4　そのように刑訴法上採用されている伝聞法則に例外はないのか。

【解　答】

刑訴法320条1項は「321条乃至328条に規定する場合を除いて」として，伝聞法則に対する例外規定を設け，特定の要件に該当する伝聞証拠には証拠能力を付与している。このため，第1段階では，その証拠が伝聞証拠であるか否かを判断し，適用外ないし非伝聞であれば除外され，伝聞証拠に該当するものについては，次の第2段階で，例外規定の該当性を吟味すること（321条ないし327条中の要件の有無についてである。）で証拠能力の有無を決する。

ここで，そもそも伝聞法則に例外を認める根拠は何かということであるが，その1つは，①信用性の情況的保障がある場合の例外の必要性である。伝聞証拠排斥の一番の理由は，その供述が法廷外でなされて，当事者の反対尋問にさらされていないため，その真実性が担保されていないからということにある。しかし，その供述が，当事者の反対尋問によるスクリーニングを必要としないほどに「特信情況」が認められるならば，虚偽の危険が低下する上，全部排斥の弊害との兼ね合いから証拠能力を付与するというものである。また，②例外の必要性が類型的に高い場合がある。それには，原供述者が死亡・精神身体の故障・所在不明・国外居住等の理由から，裁判所に出頭できない場合がある（供述不能）。このような場合には，反対当事者に反対尋問の機会を与えることが不能である反面，その供述証拠がなければ他に代替証拠となるものがないということになり，その伝聞証拠の使用の必要性が高まるからである。そして，①②両者相互は補充相関関係にあり，いずれか一つの理由でも強く指摘できれば，それでもって伝聞法則の例外規定の存在理由は足りるといえよう。

問5 では，具体的に，どのようなものがその例外とされているのか。

【解　答】

刑訴法321条1項は，
>　被告人以外の者が作成した供述書又はその者の供述を録取した書面で供述者の署名若しくは押印のあるものは，次に掲げる場合に限り，これを証拠とすることができる。
>　1　裁判官の面前（中略）における供述を録取した書面については，その供述者が死亡，精神若しくは身体の故障，所在不明若しくは国外にいるため公判準備若しくは公判期日において供述することができないとき，又は供述者が公判準備若しくは公判期日において前の供述と異った供述をしたとき。
>　2　検察官の面前における供述を録取した書面については，その供述者が死亡，精神若しくは身体の故障，所在不明若しくは国外にいるため公判準備若しくは公判期日において供述することができないとき，又は公判準備若しくは公判期日において前の供述と相反するか若しくは実質的に異った供述をしたとき。但し，公判準備又は公判期日における供述よりも前の供述を信用すべき特別の情況の存するときに限る。
>　3　前2号に掲げる書面以外の書面については，供述者が死亡，精神若しくは体の故障，所在不明又は国外にいるため公判準備又は公判期日において供述することができず，且つ，その供述が犯罪事実の存否の証明に欠くことができないものであるとき。但し，その供述が特に信用すべき情況の下にされたものであるときに限る。

としており，この規定により，同項各号に定める要件を満たす場合には，伝聞法則の例外として，①被告人以外の者が作成した供述書，②被告人以外の者の供述を録取した供述録取書で，いずれも署名若しくは押印がある場合には，証拠能力を認めることとしている。これに対し，同条2項ないし4項は公判調書，検証調書，鑑定書等の証拠能力を認める場合に関するものである。

問6 その中で，検面調書に証拠能力が認められるのはどのような場合なのか。

【解　答】

1　321条1項2号は，検察官の面前における被告人以外の者の供述録取書（「検面調書」あるいは「2号書面」と呼ばれる。）について，次の2つの要件のいずれか1つの要件を満たせば証拠能力を付与するとしている。

2　まず一つ目は，供述不能の場合であり，「その供述者が死亡，精神若しくは身体の故障，所在不明若しくは国外にいるため公判準備若しくは公判期日において供述することができないとき」には，検面調書に証拠能力が認められるとするものである（2号前段）。ここで「死亡」などとして列挙されてある事由は，要するに法廷での「供述不能」の場合の例示的列挙であるとされている。例えば，**平成5年10月21日東京高裁判決（高刑集46巻3号271頁）**では，既に公判期日において証人として尋問を受けた者が，検察官の取調べでは証言と異なる内容の供述をしてその旨の供述調書が作成され，その後，再度証人として喚問されたがその証言前に「死亡」したという事例について，321条1項2号前段の該当性を認めている。なお，この2号但書の「特信情況」（これについては後述する。）の要件は，その文言上は2号前段の供述不能の要件にはかかっていないため，供述不能であれば特信情況がなくても無条件で検面調書に証拠能力が付与される。

3　そして，二つ目は，相反供述の場合であり，それは，(a)供述者が，「公判準備若しくは公判期日において前の供述と相反するか若しくは実質的に異った供述をしたとき」（相反供述）であるとともに，かつ，(b)「公判準備又は公判期日における供述よりも前の供述を信用すべき特別の情況の存するとき」（特信情況）である。（2号後段）。

(1)　ここで，(a)の相反供述とは，要するに，前に検察官の面前で供述した者が，その後法廷で証人として証言したときには，前の検察官面前供述とは違う内容の証言をしたということである。

　　　この要件は，裁判官面前調書の場合の相異供述の要件（1号後段）の場合よ

りも厳格なものになっている。つまり，裁判官面前調書の場合は，「異なった供述」で足りるが，本号後段の場合は，「相反する供述」又は「実質的に異なった供述」でなければならないこととなっていて，1号後段の相異供述よりも自己矛盾性がより強い場合であると解されている。それゆえ，この相反供述については，法廷供述と検面調書（記載）とのくい違いがどの程度であればよいのかという問題も生じるところ，この点は，「法廷供述をとるか検面調書をとるかによって公訴事実について異なる認定を導くような場合」と一般に解されているが，実質的には裁判官面前調書の「相異供述」と余り違わないと思われる（加藤・マスター刑訴323頁）。

(2) そして，(b)の特信情況であるが，裁判官面前調書の場合は，相異供述の要件のみであるのに，本号後段の場合は，法廷での証言よりも検察官面前の供述の方を信用すべき特別の情況がなければならないとされている。ここで，特信情況とは，先の検面調書（供述）とその後の法廷供述とを対比し，相対的判断で検面調書の供述の方がより信用できる情況下でなされたとみられる場合であることをいう。両者の供述の情況を比較して判断することから，3号のそれが絶対的特信性であるのに対し，「相対的特信性」といわれている。

　そして，この特信情況は，相対的・比較的なものである以上，検面調書は通常の情況で作成されていても，法廷供述の方がいかにも信用できない情況でなされたものであるときは，相対的に検面調書の方が特信性があると判断されてよいこととなる（相対的特信性）。例えば，供述者が，検面調書（供述）の後に被告人と特別の利害関係を生じた場合や，検面調書で供述したときは記憶が鮮明であったが，法廷供述時には記憶が薄れている場合などが挙げられる（加藤・マスター刑訴324頁）。

　また，供述の外部的付随事情から検面調書に特信情況が認められる場合としては，法廷供述が，暴力団関係者などの前でなされた場合の例がある（そのほか，兄貴分・上司・恩人・肉親その他利害関係人などの面前等の例がある。**昭和27年6月26日最高裁決定（刑集6巻6号824頁）等多数**）。

　なお，**昭和30年3月10日最高裁決定（裁判集刑103号347頁）** は，供述の内容自体から検面調書（供述）の特信情況が推知される場合として，検面調書（供述）は詳細で理路整然としているのに対し，法廷供述は矛盾があり支離

滅裂であるときは特信性が認められるとしている。

4　次に，相反供述と特信性の要件（2号後段）により検面調書に証拠能力が付与された場合には，検面調書（供述）とその対比される法廷供述とがあり，そのいずれも証拠となる。そして，最終的に裁判所がそのどちらを信用するかは，その自由心証によって決せられることとなる。

5　実務では，特に贈収賄事件や選挙違反事件のように，証拠が関係者の供述によって決せられることが多い事件の場合は，公判段階で検察官面前供述と相反する供述がなされることが相当あるため，検面調書を2号書面として裁判所に証拠請求する事例も多い。

問7　その中で，警察官面前調書に証拠能力が認められるのはどのような場合なのか。

【解　答】

1　目撃者の供述調書等に関して第3編第2章「捜査の端緒となる被害届や目撃者の供述調書等」で述べたことに加えて次のような事項が参考になろう。なお，若干の追加事項として以下に述べる。

2　321条1項に規定する被告人以外の者の供述書・供述録取書のうち，1号及び2号に掲げる書面以外の書面については，3号の要件を充足するか否かによって証拠能力の有無が決せられる。
　　この3号書面の供述録取書としては警察官面前調書である司法警察職員調書のほかに，検察事務官調書，特別司法警察職員調書，収税官吏・消防吏員の質問てん末書等や，弁護人あるいは一般私人が作成した聴取書面等がある。要するに，裁面調書・検面調書以外のすべての供述調書類である。
　　また，供述書としては，供述者が作成する書面である被害届，告訴状，告発状，上申書，電話聴取書，任意提出書等色々な書面がある。それには捜査官が作成の捜査報告書等も含み，要するに，供述者作成の全ての書面である。

3　3号書面の第1の要件は、供述不能であり（3号本文前段）。これは、1号・2号書面における供述不能の要件と全く同一である。

次に、第2の要件は、犯罪証明不可欠性である（3号本文後段）。

これは、3号書面の内容が当該犯罪の証明に不可欠のものである場合でなければならないということである。しかし、この犯罪証明不可欠性の要件は、裁判例では真相解明の要請との兼ね合いから比較的弾力的に解され、捜査段階で取調べを要した重要な事件関係者の被害者・目撃者、あるいは共犯者も含め、これらの者の供述の場合は、この要件の充足性は認められやすくなっている（加藤・マスター刑訴327頁）。

例えば、**昭和 29 年 7 月 24 日東京高裁判決（高刑集 7 巻 7 号 1105 頁）**は、3号書面の要件のうちの「その供述が犯罪の存否の証明に欠くことができないものであるとき」とは、その供述内容にしていやしくも犯罪事実の存否に関連ある事実に属する限り、その供述が、その事実の証明に実質的に必要と認められる場合であればよいとしている。

さらに、第3の要件は、特信情況である（3号但書）。ここでの「特信情況」は、2号後段書面の相対的特信情況とは異なり、供述不能を含む全要件を求める3号書面においては、書面供述と対比すべき法廷供述が存在しないことから、その供述自体に特信情況がなければならないという意味で「絶対的特信性」になる。

このように、3号書面では、供述不能・犯罪証明不可欠性・特信情況の3要件のすべてを充足して初めて証拠能力が付与される。

4　検察官は、このように2号書面と3号書面とでは、証拠能力の要件に格別の違いがあることから、特に贈収賄事件、選挙違反事件、談合・経済犯関係事件、暴力団関係事件、過激派内ゲバ・公安労働関係事件その他組織犯罪事件等のように、参考人・共犯者等に法廷における真相供述を十分に期待し難い事件においては、警察官面前調書以外に2号書面としての要件を充足する検面調書の作成に配慮する必要があることになる。

問8　想定事例についてはどのように考えるべきか。

【解　答】

　Aが話したことも，Bが話したことも，それぞれが自ら体験した事実として述べられていることであるから，Aが「やべえ。」，「急げ。」という声を聞いたという事実は，伝聞証拠でもなんでもなく，Aが体験した事実そのものであるから，Aの供述からそのまま認定できることになる（ただ供述調書自体が伝聞証拠であることから，Aが法廷でその旨の証言をすればという話である。）。

　同様に，Bが，「乙野が何か盗んでいったぞ。」と誰かが叫ぶ声を聞いたという事実についても，伝聞証拠でもなんでもなくBが体験した事実そのものであるから，Bの供述からそのまま認定できることになる。

　しかしながら認定できるのは，AやBがそのような発言を聞いたという事実までであって，その発言内容が真実であるかどうかまでには及ばない。その点については伝聞証拠となる。

　したがって，誰かが真実，「やべえ。」思っていたかどうかとか，急いでいたかどうかとかいう事実を認定することはできないし，同様に，乙野が何かを盗んだという事実も認定することはできない。それらの事実を認定するためには，その発言者を特定し，その者から，自己の体験として，乙野が何かを盗んだのを目撃したという供述などを得て，その証言を求め，その際に，弁護側の反対尋問を経ることによって，初めて伝聞法則の適用を排除できることになるのである。

第29章　公判手続(4)——証拠開示——

> **例題**　警察官が捜査段階で収集した証拠物や，作成した捜査報告書や供述調書などの捜査書類やメモ類などは，後に被告人側に開示されることになるのか。開示されるとして，どの程度，どの範囲で開示されることになるのか。

問題の所在

　現行刑訴法は，公判の在り方について当事者主義を採用しているといわれている。したがって，検察官と被告人は対等の立場で相互に攻撃防御を行い，その審理過程において法廷に顕出された証拠につき，その証明力を裁判官が自由心証主義に基づいて判断し判決をするというシステムとなっている。したがって，提出する証拠の取捨選択等はそれぞれの当事者の自由な判断によると考えられており，そのため，かつては証拠開示についても，いわゆる証拠漁りのような開示請求は認められていなかった。

　すなわち，**昭和 44 年 4 月 25 日最高裁決定（刑集 23 巻 4 号 248 頁）**では，弁護側から検察官に対する証拠開示の申立に対し，「裁判所は，その訴訟上の地位にかんがみ，法規の明文ないし訴訟の基本構造に違背しないかぎり，適切な裁量により公正な訴訟指揮を行ない，訴訟の合目的的進行をはかるべき権限と職責を有するものであるから，本件のように証拠調の段階に入った後，弁護人から，具体的必要性を示して，一定の証拠を弁護人に閲覧させるよう検察官に命ぜられたい旨の申出がなされた場合，事案の性質，審理の状況，閲覧を求める証拠の種類および内容，閲覧の時期，程度および方法，その他諸般の事情を勘案し，その閲覧が被告人の防禦のため特に重要であり，かつこれにより罪証隠滅，証人威迫等の弊害を招来するおそれがなく，相当と認めるときは，その訴訟指揮権に基づき，検察官に対し，その所持する証拠を弁護人に閲覧させるよう命ずることができるものと解すべきである。」として，その必要性や相当性等について，慎重に吟味して初めて証拠開示を

命ずるというスタンスで臨んでいたものであり，長くこのような考え方に従って公判の運営がなされてきた。

　しかしながら，裁判員裁判の導入と合わせて，公判の充実・迅速化の観点から，十分な争点整理を行い，明確な審理計画を立てられるようにするためには，証拠開示の拡充が必要であるとの考えから，刑訴法の改正が行われ，証拠開示の時期・範囲等に関するルールを法令上明確化し，裁判所が必要に応じて開示の要否を裁定することができる仕組みが規定され，平成17年11月から施行され現在に至っている。

　そこで，それらの規定の内容はどのようなものであり，これまでどのような証拠について開示が命ぜられるなどしてきたのか，さらに，今後，捜査上，どのようなことに配慮すべきであるのかなどを検討することとしたい。

事　例

【想定事例】

1　所轄警察署刑事課の甲野巡査部長は，窃盗犯人である被疑者乙野の取調べを担当し，その際，乙野の言動などを自費で買った大学ノートに記載していた。ある時，調書の作成が終了し，乙野が取調べ室を出て行く時，「刑事さんには本当に感謝しています。」といって涙を流したのを見たことから，そのこともこのノートに記載しておいた。ただ，このノートは，公式行事のみならず私的な飲み会の予定なども記載していたもので，しばしば家に持ち帰ったりもしていた。

　　乙野が起訴されて，証拠開示の請求が出される中，この大学ノートも開示を求められた。

　　甲野巡査部長は，その開示に応じなければならないのか。

2　上記の乙野の言葉や涙を流したことを上記ノートではなく，甲野巡査部長が毎日つけている日記に書いておいた場合はどうか。

3　被疑者丙野は，民事訴訟の法廷で不規則発言をしたため，裁判長から退廷を命じられた。そこで法廷警備員が丙野を退廷させようとした時，丙野は法廷警備員の右手にかみついて傷害を負わせた。

そのため，丙野は現行犯逮捕され，その後，この法廷警備員に対する公務執行妨害・傷害の罪により起訴された。丙野の弁護人は，この裁判のために，検察官から実況見分調書等の証拠開示を受け，その謄写をした上，その写しを丙野に渡した。
　丙野は，上記実況見分調書に添付された写真のうち，法廷警備員８名が横一列に並んで写っている写真（マスキング等がされておらず，各人の容貌が分かるもの）については，当該写真部分の下に，「集団暴行（特別公務員暴行陵虐罪）した法廷警備員」との文言及び８名全員の氏名を記載して，これを動画投稿サイトにアップした。また，その際，本件動画には，「『集団暴行』した法廷警備員」として，上記法廷警備員８名の氏名，生年月日及び住所を記載したほか，うち７名については自宅や携帯電話の電話番号も記載して同サイトにアップした。
　被疑者丙野の刑責如何。

設問と解答

問１ 証拠開示の手続はどのような流れで行われるのか。

【解　答】

　その方法については，刑訴法の公判の章の中の「争点及び証拠の整理」の項目において，316条の13以下に規定されている。

1　まず，刑訴法316条の13第１項は，
　　　検察官は，事件が公判前整理手続に付されたときは，その証明予定事実（公判期日において証拠により証明しようとする事実をいう。以下同じ。）を記載した書面を　裁判所に提出し，及び被告人又は弁護人に送付しなければならない。（後略）
とされているように，公判前整理手続に付されたとき，つまり，第１回公判前にその争点等を明らかにして公判での審理計画を策定するための手続に付された場合においては，検察官は，証拠により証明しようとする事実を記載した書面を作成して提出しなければならず，また，その際に，同条２項において，

>　検察官は，前項の証明予定事実を証明するために用いる証拠の取調べを請求しなければならない。

とされているように，必要な証拠の取調べ請求をしなければならない。

　そして，同法316条の14第1項において，

>　検察官は，前条第2項の規定により取調べを請求した証拠（以下「検察官請求証拠」という。）については，速やかに，被告人又は弁護人に対し，次の各号に掲げる証拠の区分に応じ，当該各号に定める方法による開示をしなければならない。
>
>　1　証拠書類又は証拠物　当該証拠書類又は証拠物を閲覧する機会（弁護人に対しては，閲覧し，かつ，謄写する機会）を与えること。
>
>　2　証人，鑑定人，通訳人又は翻訳人　その氏名及び住居を知る機会を与え，かつ，その者の供述録取書等のうち，その者が公判期日において供述すると思料する内容が明らかになるもの（中略）を閲覧する機会（中略）を与えること。

とされているように，必要な証書類や証拠物を速やかに開示し，また，たとえ証人の方法で証明しようとしても，従来とは異なり，予めその者の供述調書等を閲覧させることとなった。

2　そして，その後，弁護側からの請求により証拠開示がなされることとなった。これ以降の手続が従来には認められていなかった証拠開示制度である。

　まず，上記の手続で開示された検察官請求証拠の証明力を判断するために重要であると認められる一定類型の証拠についての開示の手続が定められた。すなわち，同法316条の15第1項は，

>　検察官は，前条第1項の規定による開示をした証拠以外の証拠であって，次の各号に掲げる証拠の類型のいずれかに該当し，かつ，特定の検察官請求証拠の証明力を判断するために重要であると認められるものについて，被告人又は弁護人から開示の請求があった場合において，その重要性の程度その他の被告人の防御の準備のために当該開示をすることの必要性の程度並びに当該開示によって生じるおそれのある弊害の内容及び程度を考慮し，相当と認めるときは，速やかに，同項第1号に定める方法による開示をしなければならない。（中略）

1　証拠物（中略）
　　　5　次に掲げる者の供述録取書等
　　　　イ　検察官が証人として尋問を請求した者
　　　　ロ　検察官が取調べを請求した供述録取書等の供述者であって，当該供述録取書等が第326条の同意がされない場合には，検察官が証人として尋問を請求することを予定しているもの
　　　6　前号に掲げるもののほか，被告人以外の者の供述録取書等であって，検察官が特定の検察官請求証拠により直接証明しようとする事実の有無に関する供述を内容とするもの
　　　7　被告人の供述録取書等（後略）

とされて，一定範囲の供述調書等については，検察官が証人として請求しようとする場合や，「検察官請求証拠により直接証明しようとする事実の有無に関する供述を内容とする」供述調書等については，弁護側からの請求があった場合には，必要性や弊害の有無，程度等を考慮して，速やかに開示しなければならないとされた。

3　そして，上記の証明予定事実の書面の送付を受け，証拠の開示なども受けた場合において，弁護側は，同法316条の17第1項により，公判において争点となる事実上及び法律上の主張があるときは，裁判所及び検察官に対し，これを明らかにしなければならないとされている。

　その上で，そのような争点についての主張に関連する検察官の手持ち証拠についての開示の請求も認められることとなった。すなわち，同法316条の20第1項では，

　　　検察官は，第316条の14第1項並びに第316条の15第1項及び第2項の規定による開示をした証拠以外の証拠であって，第316条の17第1項の主張に関連すると認められるものについて，被告人又は弁護人から開示の請求があった場合において，その関連性の程度その他の被告人の防御の準備のために当該開示をすることの必要性の程度並びに当該開示によって生じるおそれのある弊害の内容及び程度を考慮し，相当と認めるときは，速やかに，第316条の14第1項第1号に定める方法による開示をしなければならない。
　　　（後略）

として，主張や争点に関連する証拠については，弁護側からの請求により開示し

なければならないこととされた。

4　そして，そのような証拠開示の要否について当事者間で争いが生じた場合には，裁判所が裁定することとなった。当事者が開示すべき証拠を開示していないと裁判所が認めた場合には，同法316条の26第1項において，

　　　裁判所は，検察官が第316条の14第1項若しくは第316条の15第1項若しくは第2項（中略）若しくは第316条の20第1項（中略）の規定による開示をすべき証拠を開示していないと認めるとき（中略）は，相手方の請求により，決定で，当該証拠の開示を命じなければならない。（後略）

としており，証拠開示の命令が出されることとなった。

問2　これまで証拠開示が問題となった証拠としてはどのようなものがあるのか。捜査報告書などが問題となったことはあるのか。

【解　答】

　捜査報告書ももちろん証拠開示の対象となり，これまでいくつもの裁判例が存在する。刑訴法316条の15第1項よる開示の対象となる証拠（以下「類型証拠」という。）とされたものもあれば，同法316条の20第1項の開示の対象となる証拠（以下「主張関連証拠」という。）とされたものもあり，そのいずれについても，開示が命ぜられたものもあれば，これが否定されたものもある。

　その開示が認められたものとして，**平成20年4月9日大阪地裁決定（公刊物未登載）**では，共犯者の取調べ状況等報告書について，「取調べ状況等報告書は，取調べ年月日，取調べ担当者，取調べ時間，被疑者供述調書作成の有無及びその数，被疑者がその存在及び内容の開示を希望しない旨の意思を表明した被疑者供述調書作成の有無及びその数等の客観的事実を記載するべきものであって，取調べ事項や被疑者の供述内容については記載されないことが明らかである。そうすると，これを開示したとしても，共犯者Aの供述内容やプライバシーが不当につまびらかにされるとは想定し難く，開示することによる弊害はほとんど存在しないというべきである。したがって，本件取調べ状況等報告書のうち，平成19年4月27日までの取調べに関するものについては，開示を命ずるべきである。」などとした。

また逆に，開示請求の対象となる捜査報告書等が類型証拠に該当しないとして請求が棄却されたものについては，**平成20年5月15日鳥取地裁米子支部決定（公刊物未登載）**など枚挙にいとまがない。

|問3| では，取調官がその職務上所持している取調べメモや備忘録等についてはどうか。

【解　答】

1　犯罪捜査規範13条

　ここでまず考えておかなければいけないのは，犯罪捜査規範13条において，
　　警察官は，捜査を行うに当り，当該事件の公判の審理に証人として出頭する場合を考慮し，および将来の捜査に資するため，その経過その他参考となるべき事項を明細に記録しておかなければならない。
とされていることである。このような規定が存在する以上，備忘録や取調べメモが残されていることが前提となるといわざるを得ないであろう。

2　平成19年12月25日最高裁決定（刑集61巻9号895頁）

　そして，この点については，平成19年12月25日最高裁第三小法廷決定が判断を示している。

(1)　この事案では，警察官の取調べの任意性を争う弁護側が警察官の取調べメモ等の開示を求めたところ，原々審である東京地裁は，「請求に係るメモ等は本件一件捜査記録中に存在しないものと認められ，仮に捜査官がこのようなメモ等を私的に作成し，所持していたとしても，それらは，その作成者が取調べの際に必要に応じて供述の要点を備忘のために書き留め，供述調書作成の準備として用いられるなどした個人的な手控えの類であると考えられるから，その性質上そもそも開示の対象となる証拠に該当しない」として弁護側の請求を棄却した。

(2)　しかしながら，その抗告審である原審の東京高裁は，「刑訴法316条の20

により検察官が開示義務を負う証拠の範囲は，原則として検察官の手持ち証拠に限られるというべきであるが，検察官が容易に入手することができ，かつ，弁護人が入手することが困難な証拠であって，弁護人の主張との関連性の程度及び証明力が高く，被告人の防御の準備のために開示の必要性が認められ，これを開示することによって具体的な弊害が生じるおそれがない証拠が具体的に存在すると認められる場合には，これは，いわば『検察官が保管すべき証拠』というべきであるから，検察官の手持ち証拠に準じ，これについても証拠開示の対象となると解すべきである。」。そして「取調べメモ（手控え），備忘録等は，犯罪捜査規範により警察官に作成及び保存が義務付けられている以上，当裁判所としては，取調べメモ（手控え），備忘録等の存否を明らかにしようとしないという事情によってその存否が不明な場合には，これが存在することを前提とせざるを得ない」とし「本件において，被告人の取調べに係る丙山警部補が作成した取調べメモ（手控え），備忘録等が，検察官が容易に入手することができ，かつ，弁護人が入手することが困難な証拠であって，弁護人の主張との関連性の程度及び証明力が高く，被告人の防御の準備のために開示の必要性が認められる証拠に該当することは明らかというべきであり，また，このような取調べメモ（手控え），備忘録等を開示することにより一般的に弊害があるとは考えにくいところ，本件における具体的な弊害についても検察官から何ら主張が行われていないのであるから，これがあると認めることもできない」として，原々決定を変更し，検察官に対し，被告人の取調官である警察官の取調べメモや備忘録等の開示を命じた。

(3)　これに対し，検察官が特別抗告をしたところ，本件最高裁決定による判断が示されたのであるが，同決定では，「公判前整理手続及び期日間整理手続における証拠開示制度は，争点整理と証拠調べを有効かつ効率的に行うためのものであり，このような証拠開示制度の趣旨にかんがみれば，刑訴法316条の26第1項の証拠開示命令の対象となる証拠は，必ずしも検察官が現に保管している証拠に限られず，当該事件の捜査の過程で作成され，又は入手した書面等であって，公務員が職務上現に保管し，かつ，検察官において入手が容易なものを含むと解するのが相当である。

公務員がその職務の過程で作成するメモについては，専ら自己が使用するた

めに作成したもので，他に見せたり提出することを全く想定していないものがあることは所論のとおりであり，これを証拠開示命令の対象とするのが相当でないことも所論のとおりである。しかしながら，犯罪捜査規範13条は，『警察官は，捜査を行うに当り，当該事件の公判の審理に証人として出頭する場合を考慮し，および将来の捜査に資するため，その経過その他参考となるべき事項を明細に記録しておかなければならない。』と規定しており，警察官が被疑者の取調べを行った場合には，同条により備忘録を作成し，これを保管しておくべきものとしているのであるから，取調警察官が，同条に基づき作成した備忘録であって，取調べの経過その他参考となるべき事項が記録され，捜査機関において保管されている書面は，個人的メモの域を超え，捜査関係の公文書ということができる。これに該当する備忘録については，当該事件の公判審理において，当該取調べ状況に関する証拠調べが行われる場合には，証拠開示の対象となり得るものと解するのが相当である。」と判示した。

このような判断が最高裁により示されたことから，基本的には，取調べの際に作成したメモや備忘録については証拠開示の対象になるものと考えておく必要がある。

もっとも，その後の下級審の判断では，取調べメモについて，弁護側の主張との関連性，開示の必要性や相当性を欠くことなどから開示を命ずるのは相当でないと判断した例も多数存在していた（平成20年4月8日広島高裁決定・公刊物未登載，同年5月2日名古屋地裁決定・公刊物未登載，同月13日大阪地裁決定・公刊物未登載，同年6月9日名古屋地裁一宮支部決定・公刊物未登載）。

3　平成20年6月25日最高裁決定（刑集62巻6号1886頁）

しかしながら，平成20年6月25日最高裁決定では，「犯罪捜査に当たった警察官が犯罪捜査規範13条に基づき作成した備忘録であって，捜査の経過その他参考となるべき事項が記録され，捜査機関において保管されている書面は，当該事件の公判審理において，当該捜査状況に関する証拠調べが行われる場合，証拠開示の対象となり得るものと解するのが相当である（前記第三小法廷決定参照）。そして，警察官が捜査の過程で作成し保管するメモが証拠開示命令の対象となるものであるか否かの判断は，裁判所が行うべきものであるから，裁判所は，その判断をするために必要があると認めるときは，検察官に対し，同メモの提示を命

ずることができるというべきである。これを本件について見るに，本件メモは，本件捜査等の過程で作成されたもので警察官によって保管されているというのであるから，証拠開示命令の対象となる備忘録に該当する可能性があることは否定することができないのであり，原々審が検察官に対し本件メモの提示を命じたことは相当である。」として，開示の対象となることを重ねて示したものである。

4　平成20年7月24日名古屋地裁決定（公刊物未登載）

　　ただ，その後においても，備忘録等の開示の必要性や相当性に欠けるとして開示を相当と認めなかったものとして，平成20年7月24日名古屋地裁決定は，「弁護人が（中略）主張し，防御するについては，被告人質問によって，被告人が真意，心情の詳細等を十分に供述した上で，本件犯行に至る経緯及び犯行状況等に関する被告人及び共犯者らの具体的な言動等に照らして，その信用性等を評価検討して主張することが重要となると解される。これに対し，取調状況がどのようなものであったかという点は，弁護人の主張，防御等との関係において，重要なものとは言い難く，取調官の証人尋問等を行うべき必要性までは認められないのであって，実際にも，当事者のいずれからも取調官の証人尋問請求はなされておらず，その予定もない。以上によれば，本件における弁護人の予定主張との関係において，本件備忘録等の証拠は，関連性及び証明力がいずれも高くなく，被告人の防御の準備のために本件備忘録等を開示する必要性は乏しいのであって，開示を相当と認めることはできない。」と判断された例も存在するところである（同旨，平成20年7月31日名古屋高裁決定・公刊物未登載）。

問4　では，警察官が私費で購入し，捜査上必要な事項をメモしていたようなノートについても，上記と同様に考えるべきであるのか。

【解　答】

　この点については，平成20年9月30日最高裁決定（刑集62巻8号2753頁）の事案が参考になる。

1　この事案は，強盗致傷等の罪で起訴された事案であるが，被告人は，その犯行

を否認していた。

　そして，この事件の公判前整理手続で，検察官は，被告人の知人であるＡ（以下「Ａ」という。）の証人尋問を請求し，これが採用されたことから，準備のためＡに事実の確認を行った。すると，Ａは，それまで警察官等にも全く話していなかった事実として，検察官に対し，被告人がＡに対し本件犯行への関与を自認する言動をした旨の供述をした。

　このＡについては，捜査段階でＢ警察官（以下「Ｂ警察官」という。）が取調べを行い，供述調書を作成していたが，上記の供述は，この警察官調書にも記載のないもの（以下，Ａの上記の供述を「新規供述」という。）であった。

　そこで，検察官は，この新規供述について検察官調書を作成し，その証拠調べを請求し，新規供述に沿う内容を証明予定事実として主張した。もちろん，Ｂ警察官のＡの取調べに関する供述調書は既に開示していた。

2　一方，弁護人は，この新規供述を争うとしたものの，そのためにＢ警察官の証人尋問等を請求するというはことなく，その主張に関連する証拠として，「Ｂ警察官が，Ａの取調べについて，その供述内容等を記録し，捜査機関において保管中の大学ノートのうち，Ａの取調べに関する記載部分」（以下「本件メモ」という。）の証拠開示命令を請求した。

　ちなみに，本件大学ノートは，Ｂ警察官が私費で購入して仕事に利用していたもので，Ｂ警察官は，自己が担当ないし関与した事件に関する取調べの経過その他の参考事項をその都度メモとしてこれに記載しており，勤務していたＳ警察署の当番編成表をもこれに貼付するなどしていた。

　本件メモは，Ｂ警察官がＡの取調べを行う前ないしは取調べの際に作成したものであり，Ｂ警察官は，記憶喚起のために本件メモを使用して，Ａの警察官調書を作成した。

　なお，Ｂ警察官は，本件大学ノートをＳ警察署の自己の机の引出し内に保管し，Ｎ警察署に転勤した後は自宅に持ち帰っていたが，本件事件に関連して検察官から問い合わせがあったことから，これをＮ警察署に持って行き，自己の机の引出しの中に入れて保管していた。

3　このような事案において，東京地裁は，平成20年8月6日，本件メモの証拠

開示を命ずる決定を出し（公刊物未登載），それに対する検察官の即時抗告に対しても，同月19日，東京高裁は，棄却決定をした（公刊物未登載）。そこで，検察官が最高裁に特別抗告をしたというものであった。

そして，本件最高裁決定は，「以上の経過からすると，本件メモは，B警察官が，警察官としての職務を執行するに際して，その職務の執行のために作成したものであり，その意味で公的な性質を有するものであって，職務上保管しているものというべきである。したがって，本件メモは，本件犯行の捜査の過程で作成され，公務員が職務上現に保管し，かつ，検察官において入手が容易なものに該当する。また，Aの供述の信用性判断については，当然，同人が従前の取調べで新規供述に係る事項についてどのように述べていたかが問題にされることになるから，Aの新規供述に関する検察官調書あるいは予定証言の信用性を争う旨の弁護人の主張と本件メモの記載の間には，一定の関連性を認めることができ，弁護人が，その主張に関連する証拠として，本件メモの証拠開示を求める必要性もこれを肯認することができないではない。さらに，本件メモの上記のような性質やその記載内容等からすると，これを開示することによって特段の弊害が生ずるおそれがあるものとも認められない。」などとして，上記東京地裁の決定を是認した。

4　たしかに，私費で購入したとしても，職務の執行のために必要な記載事項を記入していたものであれば，取調べに関する記載部分は，犯罪捜査規範13条にいう書面に該当すると考えられよう。

しかしながら，本件における根本的な問題は，本件メモが関連性を有し，また，その開示の必要性があるかどうかという点である。

上述したように，本件では，AについてのB警察官の取調べに関する供述調書は既に開示されており，どのような取調べがなされたかは弁護側の知るところとなっている。例えば，その取調べにおいて，何らかの不当な取調べがなされたことによって，Aが虚偽の供述をしたというのであれば，その取調べの内容を明らかにするために本件メモの開示を求める必要性は出てくることになろう。

ところが，新規供述が出たのは検察官の取調べによるものである。そして，弁護側は，B警察官の取調べ状況やその際の供述内容の信用性について一切問題としておらず，B警察官の証人尋問すら請求していないのである。そのような状況で，どうしてB警察官の取調べの内容を明らかにするための本件メモの開示が必

要になるのであろうか。

　例えば、新規供述を得た検察官の取調べの信用性を争うということで、検察官の取調べメモの開示を求めるというのであれば、まだ関連性はあると思われるものの、それ以前の新規供述が出ていない段階での取調べの内容を明らかにすることに関連性があるものとは思われない。

　もっとも、本件最高裁決定における宮川裁判官の補足意見として、「主張と開示の請求に係る証拠との関連性については、本件弁護人は、新規供述に沿う事実を否定し、新規供述に関する検察官調書あるいはAの予定証言の信用性を争う旨の主張をした上で、それを判断するためには、本件メモにより、B警察官によるAの取調べの際のやり取り等を明らかにし、供述の変遷状況等を明確にすることが必要であると述べている。被告人の取調べ状況を争点とする場合とは異なって、B警察官によるAの取調べ状況とその際のAの供述内容を裏付ける根拠は、Aの協力が得られない以上、具体的に明らかにしようがない本件では、関連性についての主張は上記の程度でもやむを得ないと考える。」としているが、供述の変遷状況等を明確にするのであれば、本件メモの開示によるのではなく、B警察官の証人尋問によるのが筋というものであろう。そして、その証人尋問における証言内容に疑問が生じ、取調べ状況の真実の姿が問題とされるに至るのであれば、その段階で初めて本件メモの開示についての関連性や必要性が判断されることになるのではないかと思われる。

5　この点について、本件最高裁決定における甲斐中裁判官の反対意見においても、「取調べメモを証拠開示請求する場合には、取調べ状況やその際に作成された調書の信用性を争点とするべきところ、本件においては、弁護人は、新規供述に沿う事実を否定し、新規供述に関する検察官調書あるいはAの予定証言を争う旨の主張をしたものの、B警察官のAに対する取調べ状況やその際の供述内容の信用性については争点とせず、一切主張していない。したがって、本件メモの開示請求の前提となる事実上の主張を具体的にしておらず、少なくとも本件メモとの関連性を明らかにしていないものといわざるを得ない。

　さらに、開示の必要性についても、原決定は、『A証人が従前の取調べでどのように述べていたかは重要な争点となるから、…その（本件メモ）記載が新たな角度から意味をもってくる可能性は否定できず…』として本件メモの開示の必要

性があるものと判断している。

　しかし，本件では，検察官はAのB警察官に対する供述調書を開示済みであり，弁護人も，同調書に新規供述に関する事項についての記載がないことは争っていないのである。したがって，Aが従前の取調べでどのように述べていたかが重要な争点とはなり得ない。あえていえば，A証人が新規供述に関する事項について，警察官と調書外で何らかのやり取りがあり，それが本件メモに記載されていることが仮定的な可能性としては考えられないでもなく，原決定の『新たな角度から意味をもってくる可能性』とは，そのことをいうものとも解される。しかし，原決定は，本件メモを検討の上，自ら『本件メモ自体は，その内容からして証拠価値に乏しいものともいえる』としているのであるから，上記のような可能性はおよそ考え難いところである。

　さらに，一般に取調べメモの開示請求をする場合は，当該取調べ担当官の証人請求がなされた上で行うものであるが，本件ではB警察官の証人申請がなされておらず，警察官調書作成の際の取調べメモのみが開示請求されているのであり，その請求の方法からしても必要性は乏しいものといわざるを得ない。

　私は，主張関連証拠の関連性，必要性等の判断については，法律審たる当審は原則として事実審の判断を尊重すべきものと考えるが，双方の主張の明示義務は争点整理のために重要であり，関連性，必要性等の判断は具体的に検討されるべきことが法律上予定されているので，そのような観点から，本件については，多数意見に反対するものである。」としているが，正鵠を射る反対意見であるといえよう。

問5　被害者特定事項を秘匿するためにマスキングをした証拠書類の開示をしたことに対し，マスキングされていない原本の開示を求められた場合には，どのように考えたらよいのか。

【解　答】

　代表的なものとして，次の2つの事案が挙げられる。

1　まず，平成21年5月28日東京高裁決定（判タ1347号253頁）の事案では，

検察官が，被害者の供述調書の住居，職業，本籍，電話番号等をマスキングして抄本として証拠請求したことに対し，弁護側がそれらを全て開示するように求めたものである。

そもそも証拠開示の手続の段階でマスキングをした部分については，証拠請求の対象としない旨の意思が検察官から弁護人に対し示されたものと見ることができ，検察官は，当初からマスキングされた事項を除くその余の部分を証拠請求したものと認められる。

そこで，弁護側は，マスキングされた事項は，供述者の供述内容の信用性や証明力を判断するための前提事項であるので，本件各事項を除外し，これを秘匿して証拠請求することはそもそも認められないとし，抄本化された証拠も含め，原証拠に記載されている本件各事項を開示すべきであると主張した。

これに対し，本件東京高裁決定は，「供述録取書について，刑訴法上，署名押印が供述録取書の要件とされているという意味において供述者の氏名の点は必要的な記載事項といえるが，住居，職業等は，取調べを始めるに当たり，確認することが相当な人定事項にとどまり，取調官は，『司法警察職員捜査書類基本書式例』あるいは『事件事務規程（法務省訓令）』に基づく一定の様式の書式に従ってこれら事項を記入することとされているものの，刑訴法上，上記事項を記載すべきものとまではされていない。取調官は，合理的な理由があれば，その一部又は全部を記載しない取扱いをすることも可能であり，その記載がなくとも，刑訴法上は，供述録取書としての性質が失われるものではない。このような本件各事項の性質からすると，検察官が，事案の性質，内容，被告人と供述者との関係，供述者の状況等を踏まえ，証拠請求に当たり，証拠書類の人定事項欄から本件各事項を除外してその余の部分を証拠請求し，あるいは抄本化することも許されるというべきである。

また，本件各事項が，供述証拠中に記載されている場合においても，上記と同様の観点から，公訴事実について立証責任を負う検察官が，その裁量により，本件各事項を除外して証拠請求することもできるというべきである。これは，供述録取書以外の証拠書類において，供述者の特定に係る事項として本件各事項が記載されている場合や，供述内容の一部として上記事項が記載されている場合においても異なるところはないと考えられる。

所論は，証人尋問を請求するについては，あらかじめ，相手方に対し，その氏

名のほかに，住居を知る機会を与えなければならない（刑訴法299条1項）と規定されていることを挙げ，証拠書類を請求する場合にも，上記規定の趣旨は及ぶ旨を主張する。

　しかし，証人尋問請求に当たり，証人の住居を知る機会を与える旨の上記規定の趣旨と，人定のため住居を供述録取書等に記載する趣旨とは異なると考えられ，証人尋問についての上記規定の趣旨を供述録取書等に及ぼし，住居を必要的な記載事項とした上，証拠開示においてもこれを必要的に開示すべきであるとする所論の解釈は採り得ないというべきである（なお，刑訴法299条の2，3では，証拠書類等の開示により，住居，勤務先等が明らかになる場合を想定し，検察官あるいは弁護人に一定の配慮を求める旨を規定しているが，これらの規定は本件各事項を除外して証拠書類の一部請求をすることを許さないとする趣旨のものでないことも明らかである。）。」とした。

　この決定では，証人尋問の際には，証人の住居等を知る機会を与えなければならないとする規定との整合性についても論及しており，極めて正当なものであるといえよう。

2　次に，平成21年8月19日東京高裁決定（東高時報60巻1～12号131頁）の事案も，強姦致傷等事件における被害者の供述調書の一部において現住居などをマスキングして開示したものである。

　この事案においても，同決定は，当該不開示部分についての開示の必要性，重要性及び相当性や開示による弊害のおそれ等の判断において，刑訴法316条の15第1項5号は，「検察官請求証拠である『証人や証人請求予定者の供述録取書等』の供述の証明力を判断するためには，証人等の従前の供述内容や供述過程を検討し，そこに変遷や自己矛盾があるか否か，あるとすれば，その内容等を確認することが，弁護人の防御活動として有用であり，ひいては，弁護側の主張立証の確定に資するため，当該証人等の供述録取書等の開示を認めた趣旨であるところ，本案の被害状況及びその前後の状況等は本件開示部分に全て含まれており，被害者の従前の供述内容や供述経過等を検討することは十分に可能である。それに加え，本件不開示部分にある被害者の現住所，携帯電話番号等の開示を受ける必要性は，被害者の現住所等が被害者供述の証明力の判断に直結するなどの特段の事情がない限り，被害状況等に関する供述に比して，相対的に低いというべき

である。」として，その開示の必要性や重要性は低いと判断した。

また，「被害者は，事件後転居・転職し，不眠に悩まされ，家族にも被害事実を打ち明けられない精神状態にあるところ，原審検察官から現住居等を原審弁護人に知らせてもよいかとの連絡を受け，原審弁護人との接触を嫌い，強くこれを拒絶し，示談交渉や被害者の現住居等を被告人に知らせないように配慮した上，原審弁護人のみに告知する方法についても，明確に拒否していることが認められる。このような被害者の精神状態や意向に照らすと，本件不開示部分を原審弁護人に開示することにより，被害者の精神状態を更に不安定な状況にさせるなど弊害が生じるおそれがあるというべきである。」として，弊害が生じるおそれが高いという判断を示した。

そこで，結局のところ，「本件開示対象証拠のうち，本件開示部分については重ねて開示する必要性がなく，本件不開示部分については，開示の必要性の程度は低い反面，開示に伴い弊害が生じるおそれが認められるから，結局開示は相当ではないというべきである。」として，弁護側の請求を排除したものであった。

問6 被害者の前科の内容を示す判決書謄本や共犯者の判決書謄本などは開示の対象となるのか。

【解 答】

これについては，次の2つの事案が参考になろう。

1 平成22年1月5日東京高裁決定（判タ1334号262頁）の事案は，被告人が被害者である実父に対し，殺意をもってその頸部を圧迫して殺害したというものであったところ，弁護側から被害者の前科調書や前科の判決書謄本について，刑訴法316条の20第1項の主張関連証拠として開示を求められたものであった。

この点につき，本件東京高裁決定は，まず，一般論として，「一般に，刑訴法316条の20第1項の規定による証拠開示の判断に当たっては，当該事案における諸般の事情に照らし，予定主張との関連性の程度その他の開示の必要性の程度並びに開示による弊害の内容及び程度を具体的に衡量して，開示の相当性を判断すべきものである。そして，被害者の前科・前歴の有無及びその内容とその粗暴

性とは，一般的には関連がないとはいえないが，前科・前歴の有無等は被害者の名誉や信用等に直接かかわる事項であるから，その開示の判断に当たっては関連性の程度，開示による弊害等については慎重な考慮を要するものであるところ，本件において検察官は，被害者の粗暴犯の前科・前歴は相当前のもの（即時抗告申立書においては被告人が生まれる前のものであると主張している。）であり，本件当時の被害者の粗暴性とは全く関連性が認められない，と主張しているのであり，本件開示の当否については，本件各証拠の内容を把握した上で判断するのが相当と考えられる。」とした。

　その上で，まず，開示の関連性及び必要性については，「本件各証拠は，被害者に最近の前科・前歴があることを示すものではなく，粗暴犯に関するものは本件より30年以上前のものであって，本件当時の被害者の粗暴性を判断する際の資料としては価値が乏しく，上記のような裁判所の判断に影響を与える見込みは低い。そうすると，この点に関する弁護人の主張と本件各証拠の関連性は，全く認められないものではないとしても，相当低いといわざるを得ない。また，被害者の前科・前歴の有無及びその内容が，防衛の意思や重要な情状事実について判断する際に問題となる場合がないとはいえないにしても，それが上記のように相当以前のものであることなどからすると，これらの点に関する弁護人の主張と本件各証拠の関連性も，認められないか，あるいは非常に低いというべきである。」として，本件における被害者の前科の関連性は低く，その必要性も乏しいと判断されたものである。

　そして，次に，開示による弊害についても，「一般的に，ある人物の前科・前歴の有無及びその内容に関する情報は，プライバシー情報の中でも特に重要なものとして保護されるべきであり，その保護に関しては本人ばかりでなくその親族も利害関係を有する場合が多いこと，刑法230条2項で死者の名誉を毀損する行為も処罰され得るものとされていることの法制度上の趣旨などを考え併せると，情報の対象である人物が既に死亡しているからといって，直ちに関係する証拠の開示による弊害の程度が低下すると結論付けるべきではなく，その弊害の内容及び程度の判断は，当該事案における諸般の事情を具体的に考慮して，慎重に行うべきものであることに変わりはない。本件においては，被害者自身は既に死亡しているが，被告人以外の遺族の存在もうかがわれるのであり，被害者が被告人の父親であることから直ちに本件各証拠の開示による弊害の程度が大幅に低下

するとはいえない。また，被告人が被害者の前科・前歴についてある程度の情報を既に得ているからといって，詳細にわたる情報について保護されるべき必要性が失われるわけではない。これらの事情等からすると，本件各証拠の開示により相応の内容・程度の弊害が生じるおそれがあることは否定できない。」として，開示による弊害が生じるおそれがあることを認め，結局，開示を命じた原決定を取り消して，開示を認めないこととしたものである。

2　次に，**平成22年12月1日東京高裁決定（判タ1370号254頁）**の事案が参考になるが，これは，共犯者に対する判決書謄本について，検察官がその一部をマスキングして判決書抄本として証拠請求をしたところ，弁護側は，当該判決書謄本を刑訴法316条の15第1項の類型証拠であるとしてマスキングされていない判決書謄本証拠開示を求めたものであった。

　その理由として，弁護側は，判決書謄本は，刑訴法316条の15第1項1号の「証拠物」か，あるいは，6号の「被告人以外の者の供述録取書等であって，検察官が特定の検察官請求証拠により直接証明しようとする事実の有無に関する供述を内容とするもの」の類型証拠に当たると主張した。

　この点について，上記東京高裁の原審である**平成22年11月12日さいたま地裁決定（公刊物未登載）**では，まず，判決書謄本が「証拠物」であるかどうかにつき，「法316条の15第1項1号該当性についてみると，同号所定の『証拠物』とは，その存在又は状態が証拠資料となるものであるところ，本件における当該判決書謄本は，もっぱらその記載内容が証拠資料となるものであって，その存在又は状態が証拠資料となるものではないから，『証拠物』に該当しない。」として，その主張を排斥した。本件東京高裁決定も同様の理由により弁護側の主張を排斥している。

　次に，同項6号の該当性についてであるが，本件東京高裁決定は，「同法316条の15第1項6号の類型証拠開示の対象となる証拠は，『被告人以外の者の供述録取書等』であって，『検察官が特定の検察官請求証拠により直接証明しようとする事実の有無に関する供述を内容とするもの』と定められているところ，検察官は，本件各判決書の記載内容のうち，抄本とした部分に限って証明しようとするものであり，マスキングされた部分については，検察官が直接証明しようとする事実，すなわち，抄本とした部分の判決があったという事実の有無に関する

供述を内容とするものではないから，本件各判決書謄本は同6号の証拠にも当たらない。」，「判決書は，上記のとおり，判決があったこととその内容を記載した書面であり，これをそのような判決をしたという訴訟上の事実に関する裁判官の供述書といいうるとしても，検察官が判決書の一部について証拠請求をしてその部分に限って証明しようとした場合に，請求されなかった判決書の部分は，検察官が請求して直接証明しようとした部分の判決があったという事実の有無とは関係しないものであるから，同法316条の15第1項6号の類型証拠には当たらないのである。」として，同項6号の類型証拠にも当たらないとした。

|問7| 検察官の作成した不起訴裁定書は，証拠開示の対象となるのか。

【解　答】

　以前は，その対象とならないと判断した裁判例が多かったが（平成20年8月22日神戸地裁決定（公刊物未登載），平成20年9月2日大阪高裁決定（公刊物未登載），平成21年10月9日東京高裁決定（公刊物未登載）など），平成26年1月29日東京地裁決定（判タ1401号381頁）は，証拠開示請求を認容して，検察官に不起訴裁定書の開示を命じた。
　この事案は，麻薬特例法違反等の事件において，関係する被疑者の不起訴裁定書の開示が問題となったものである。
　そして，そもそも不起訴裁定書が供述書や供述録取書等に該当するのかどうか問題となるところ，本件東京地裁決定は，「検察官は，不起訴裁定書は検察官の意見や評価を記載した文書であるから証拠に当たらず，決裁過程で修正されることもあるため主任検察官の供述書ではなく供述録取書等にも当たらない旨主張する。確かに，本件各不起訴裁定書は，当該被疑事件を担当した検察官であるCが，当該被疑事件の証拠や情状の検討結果である検察官の思考過程や判断をまとめて記載し押印した書面であり，公訴事実自体との関係では，事実認定に用いる証拠ではなく，評価的な書面というべきである。しかしながら，前記争点との関係では，当該各被疑事実についての証拠状況に関する不起訴処分当時のCの認識及びそれに関するCの法的評価，判断が立証の対象事実となり，Cは正にこれらについて証言を求められることになる。本件各不起訴裁定書は，Cが不起訴裁定時にこれらについて記

載した書面であるから，C証人による立証事項との関係では，Cの供述書としての性格を有し，刑訴法316条の15第1項5号の『供述録取書等』に該当する。」と判断した。

その上で，本件における被告人の防御の準備のために本件不起訴裁定書を開示する必要性の程度は高く，また，これを開示することによる弊害の程度についても，「検察官は，本件各不起訴裁定書の理由中には，関係者のプライバシー等に関する事項が記載されている上，事実認定に関する検察官の思考過程や捜査手法等の捜査上の秘密も記載されていることなどから，開示の弊害が認められると主張する。しかしながら，同条の27第1項に基づき，検察官に対し，本件各不起訴裁定書の提示を求めた上，これを精査したところ，本件各不起訴裁定書の記載内容のうち，主文において除いた部分については関係者のプライバシーとの関係で開示の対象から外すことが相当であるが，それ以外は，検察官の指摘する点を考慮しても，開示による弊害が大きいとは認められない。」とした。

この判断は大いに疑問であるが，結局のところ，今後も，不起訴裁定書が開示の対象になると判断する裁判例が出るものと考えざるを得ないであろう。

問8 自動車登録番号自動読取システム（以下「Nシステム」という。）の記録やその解析報告書等は開示の対象となるのか。

【解　答】

これまでの裁判例で開示を命じられたものはないと思われる。Nシステムの記録等の開示を求められた事案として，平成20年5月20日東京高裁決定（公刊物未登載），同年7月11日東京地裁決定（公刊物未登載），同年8月28日東京地裁決定（公刊物未登載），同年9月10日東京高裁決定（公刊物未登載），同21年8月24日東京高裁決定（公刊物未登載）などがあるが，いずれも弁護側の請求は棄却されている。

例えば，「Nシステムの記録自体は，本件の捜査とは無関係に記録された，警察の内部資料にすぎないものであるから，本件の捜査の過程で作成され，又は入手した書面等であるとはいえず，そもそも開示の対象とならない。」（上記平成20年8月28日東京地裁決定）などとされ，解析報告書等については，開示の対象とされるも，

824　第3編　盗犯捜査手続法

その開示の必要性は認められないとか（同上決定），「弁護人が開示を求めるＮシステム関連証拠のその余の部分は，予定主張との関連性は認められるが，その開示の必要性は低いというべきである。」（上記平成20年5月20日東京高裁決定）とか，「弁護人の主張する重要性は認められず，開示の必要性も認められない。」（上記平成20年7月11日東京地裁決定）などとして，開示の請求は棄却されている。

問9 想定事例1及び2についてはどのように考えるべきか。

【解　答】

　まず，想定事例1については，**問3**及び**問4**で述べたように，犯罪捜査規範13条に該当する書面であると判断される余地があるので，開示の対象になる可能性があると考えておくべきであろう。

　現在の裁判所の証拠開示に対するスタンスを考えると，今後もその範囲が広がる可能性があり，捜査官としては，捜査の段階で作成された書類等は，原則として後に開示されるおそれがあるものと考えておくべきであろう。したがって，取調べメモや備忘録等も後に弁護側が見るものと思って作成しておくべきこととなる。

　また，想定事例2については，捜査の過程で作成されたものではなく，また，公務として記載したものでもない全く純粋に私的なものであることから，開示の対象となるものではない。

　ただ，甲野巡査部長が任意性の証人として出廷した際，自己の証言を補強するものとして，当該日記の関係のない部分をマスキングした上，乙野が涙を流して感謝の意を表した部分を証拠として用いることは可能である。捜査段階で作成された取調べメモが「作成段階において，後に公判等で証拠として用いることが想定されていなかった」ものであり，「その取調べメモに記載されているところは，作成方法からして作為が入り込む余地に乏しい」ことなどから信用性を認め，「このような取調べメモの記載は，警察官の上記証言を裏付けているといえる。」として取調べメモが警察官の証言の信用性を判断する際の資料として用いられ，適法な取調べの立証に役立ったということもある（平成21年3月2日東京高裁判決・高検速報（平21）94頁）ことに照らしても，日記に記載された被疑者の自白に関連する言動は，その任意性，信用性を高める優れた証拠となるものといえよう。

問10 想定事例3についてはどのように考えるべきか。

【解　答】

　これは**平成26年3月12日東京地裁判決（公刊物未登載）**の事案を参考にしたものである。
　この事案で問題となる罰条は，刑訴法281条の5第1項で，そこでは，

被告人又は被告人であった者が，検察官において被告事件の審理の準備のために閲覧又は謄写の機会を与えた証拠に係る複製等を，前条第1項各号に掲げる手続又はその準備に使用する目的以外の目的で，人に交付し，又は提示し，若しくは電気通信回線を通じて提供したときは，1年以下の懲役又は50万円以下の罰金に処する。

としている。ちなみに，そこで規定されている前条第1項各号とは，
　　1　当該被告事件の審理その他の当該被告事件に係る裁判のための審理
　　2　当該被告事件に関する次に掲げる手続
　　　イ　第1編第16章の規定による費用の補償の手続（後略）
とされていることから，当該被告事件の審理等での手続やその準備以外の目的で電気通信回線を通じて提供，すなわち，動画などとしてネットにアップすることは，この規定に違反することとなる。
　そして，この規定の趣旨等について，同判決は，「刑事訴訟法281条の4第1項及び281条の5は，証拠開示制度の適正な運用を確保するため，刑事被告人や弁護人又はこれらであった者に対し，検察官において被告事件の審理の準備のために閲覧又は謄写の機会を与えた証拠について，その目的外使用を一般的に禁止するとともに，一定のものには刑事罰を科すとした規定である。
　検察官による証拠開示の制度は，刑事被告人又は弁護人に対し，①検察官が証拠調べ請求する証拠等の内容をあらかじめ知ることにより，検察官請求証拠の証拠能力，証明力及び信用性等を検討し，防御の準備を十分に整える機会を与えるとともに，②検察官の手持ち証拠の中から，刑事被告人に利益な証拠を探知するなどして，利用・反証の機会を与え，もって当事者追行主義の実質化を図り，③公判前整理手続等に付される事件においては，証拠開示によって，争点及び証拠を十分に整理し，充実した公判審理を継続的，計画的かつ迅速に行うこと，以上の趣旨を実現するた

めに設けられ，刑事訴訟法は，この趣旨に沿って，検察官請求証拠やその証明力を判断するための証拠，刑事被告人又は弁護人の主張に関連する証拠について，検察官が一定の条件の下で証拠開示を行うように規定している（同法299条，316条の14，316条の15及び316条の20参照）。

　刑事被告人及び弁護人には，上記の限度で開示請求権が認められており，このような選別，手続を経て開示された証拠については，上記①ないし③の範囲で使用することが前提になっていると解される。

　刑事訴訟法が規定するこのような証拠開示の構造に鑑みると，公判前整理手続等の中で検察官から開示された証拠については，本条における『当該被告事件の審理』の『準備に使用する目的』とは，①検察官請求証拠の証拠能力，証明力及び信用性等を検討し，防御の準備を整える活動，②検察官の手持ち証拠の中から，刑事被告人に利益な証拠を探知するなどして，反証の準備を整える活動，③争点及び証拠を整理し，充実した公判審理を行うための活動に使用する目的をいうと解するのが相当である。このことは，刑事訴訟法281条の4第2項が，広い意味では防御権の範囲に属する行為であっても，同条1項に違反することがありうることを当然の前提としていることによっても裏付けられている。」と判示した。

　その上で，「本件動画の内容等から推認し得る事情及び被告人の公判供述によれば，本件掲載行為は，上記法廷警備員らに対し，報復ないし嫌がらせ等の不当な圧力を加える意図をもって行われたものと認められるから，被告人に『当該被告事件の審理』の『準備に使用する目的以外の目的』があったことは明らかである。」として，執行猶予の付いた有罪判決を言い渡している。

　したがって，本事例において，被疑者丙野の行為は，刑訴法281条の5第1項違反となるものと認められる。

第30章　公判手続(5)——証人出廷——

> **例題**　現行犯人逮捕をしたり，被疑者を取り調べたり，実況見分調書の作成に当たった際，後に公判廷に出廷を求められることがあるが，その際に留意すべきことは何か。

問題の所在

　警察官が被害を目撃し，犯人を現行犯逮捕したような場合，その犯人の特定など警察官の目撃状況が犯人性の決め手となる場合がある。また，その際の逮捕手続が適正に行われたかなども争点とされることがある。
　そのような場合において，弁護側が犯人性を争うとなると，自ずと当該警察官の証人尋問が実施されることとなる。
　また，警察官が被疑者の取調べをし，その自白を得たような場合において，被告人が法廷でそれまでの供述を翻し，任意にした自白ではない旨の主張がなされることがある。このような場合にも，取調べを担当した警察官の証人尋問が実施されることとなる。
　さらに，犯行現場において実況見分調書を作成するなどした場合，当該実況見分調書が正確に作成されているかなどが争われた場合なども，同様に同調書を作成した警察官の証人尋問が実施されることになる。
　それらの場合において，出廷する警察官としてどのようなことに配慮しなければならないのか，また，どのような準備が事前に必要であるのかよく理解しておく必要がある。

828　第3編　盗犯捜査手続法

事　例

【想定事例】

1　甲野巡査部長は，ひったくり多発地帯の警戒に当たっていたところ，たまたま被疑者乙野が通行女性のハンドバッグをひったくって逃げるのを目撃したことから，直ちに追跡して現行犯逮捕した。ただ，乙野は一切供述を拒否して黙秘を貫いたことから，起訴後，甲野巡査が現行犯逮捕の状況を証言するために出廷し証言することになった。

　そして，その証人尋問の際に，弁護人は，甲野巡査部長に「けしからん嘘をつくな。お前は乙野さんを日頃から恨んでいて罪もない乙野さんを捕まえたんだ。乙野さんに謝れ。権力の犬。人間のくず。」などと怒号した。

　甲野巡査部長としてはどのように対応すべきか。

2　丙野巡査部長は，被疑者丁野による窃盗事件の犯行現場の実況見分を担当した。その際，2度にわたって実況見分を行い，それぞれの機会に写真撮影もし，立会人も異なっていたが，実況見分調書を2通作るのが面倒であったので，最初の時に行った実況見分として1通の実況見分調書を作成した。

　そして，丁野が犯行を否認して，上記実況見分調書も不同意となったことから，丙野巡査部長は出廷し証言をしたが，その際，2回の実況見分を行ったが，その内容をまとめて上記1通の実況見分調書を作成したと証言した。

　この実況見分調書に証拠能力は認められるか。

設問と解答

問1　証人出廷に当たり事前にどのような準備をしておかなければならないのか。

【解　答】

　そもそも刑訴規則191条の3は，

　　証人の尋問を請求した検察官又は弁護人は，証人その他の関係者に事実を確かめる等の方法によって，適切な尋問をすることができるように準備しなけれ

ばならない。

と規定しており，検察官が証人尋問を請求した場合，その証人と事前の打ち合わせをすることが義務付けられている。これは，「証人テスト」と呼ばれるものであるが，警察官が証人として尋問を受ける場合においても，検察官との事前の打ち合わせ等の準備は必ず行わなければならない。

公判担当検察官は，当該被告事件について，争点を把握し，証人に対する尋問事項を整理し，尋問の順序，重点の置き方などについて検討しているので，当該検察官から，事件の争点及び自分が証言する事実関係のポイントや尋問の順序などを聞いておき，自分に対する尋問の流れを想定しておかなければならない。

その上で，捜査資料などで記憶を喚起し，当時の正確な事実関係を証言できるように用意しておく必要がある。

問2 証人尋問について，法律上，どのようなルールが定められているのか。

【解　答】

証人として尋問を受けるに当たっては，刑訴法304条の規定に基づいて裁判長や検察官等から尋問がなされるところ，法律上は，同条1項において，

　　証人（中略）は，裁判長又は陪席の裁判官が，まず，これを尋問する。

と規定されており，さらに，同条2項において，

　　検察官，被告人又は弁護人は，前項の尋問が終った後，裁判長に告げて，その証人（中略）を尋問することができる。この場合において，その証人（中略）の取調が，検察官，被告人又は弁護人の請求にかかるものであるときは，請求をした者が，先に尋問する。

と規定されているが，実際には，同条3項における，

　　裁判所は，適当と認めるときは，検察官及び被告人又は弁護人の意見を聴き，前2項の尋問の順序を変更することができる。

との規定に基づいて，通常は，検察官から尋問がなされる。

そして，その請求をした者が先に尋問するが，これが主尋問である。その後，相手方が当該証人の証言に対し尋問することを反対尋問といい，更に，当初の尋問者がもう一度尋問することを再主尋問という（刑訴規則199条の2）。

その主尋問をする際には，原則として誘導尋問をしてはならないとされている（刑訴規則199条の3第3項）。誘導尋問とは，尋問者が希望・期待している答えを暗示するような尋問を指す。これは誘導尋問が証言する者の証言内容を歪めるおそれがあることから原則的に禁じられているものである。ただ，反対尋問では，必要があるときは誘導尋問をすることができる（刑訴規則199条の4第3項）。反対尋問の場合には，主尋問に対する証言内容を弾劾する必要から一定の誘導尋問は許されているものである。ただ，そのような誘導尋問が許される場合であっても，証人の供述に不当な影響を及ぼすおそれのある方法を避けるようにしなければならないし（刑訴規則199条の3第4項），誘導尋問が不当であると裁判長が認めるときは，これを制限することができるとされている（刑訴規則199条の3第5項，199条の4第4項）。

また，証人を尋問するに当たっては，できる限り個別的かつ具体的で簡潔な尋問によらなければならない（刑訴規則199条の13第1項）とされている上，①威嚇的又は侮辱的な尋問，②すでにした尋問と重複する尋問，③意見を求め又は議論にわたる尋問，④証人が直接経験しなかった事実についての尋問をしてはならないとされている（刑訴規則199条の13第2項・但し，②ないし④の尋問については，正当な理由がある場合は，この限りでないとされる。）。

問3 上記のルールに従って尋問を受ける際，留意しておくべきことは何か。

【解　答】

警察官が証人として出廷する場合，基本的には，上述したように，検察官からの主尋問がなされ，その後，弁護側の反対尋問，更に，検察官からの再主尋問がなされ，最後に，裁判長や陪席の裁判官からの尋問がなされることになる。

その証言の際，どうしても尋問をする相手に向かって返答しようとして，つい尋問者に向かって証言をすることになりがちである。しかしながら，証言内容を聞いてその信用性などを含めた証明力の評価をするのは裁判所であり，したがって，裁判長らのいる正面に向かって証言しなければならないことを忘れないことである。

主尋問の際には，事前に公判担当検察官と打ち合わせているはずであるから，どのような尋問がなされるかは分かっているはずであるので，後は喚起した記憶どおりに正確かつ明確に証言することである。ここで留意すべきは，証言は一度言って

しまったことはやり直しが利かないということである。主尋問をする検察官の質問をよく聞いて，その趣旨に沿った証言を記憶どおりにすることが肝要である。

そして，弁護人からの反対尋問などの際には，弁護側は被告人に有利な証言をさせようとして誘導尋問をすることもあるが，誤った誘導などに乗らないように自己の記憶どおりの証言をする必要がある。時には，かなり強引な誘導尋問をする弁護人もいるが，違うものは違うと落ち着いて否定し，主尋問で述べたとおりであることなどを証言すればよい。

また，時には，弁護人が，威嚇的又は侮辱的な尋問や，重複尋問等前述した禁止されている尋問をすることがあるが，そのような場合には，刑訴法309条1項において，

　　検察官（中略）は，証拠調に関し異議を申し立てることができる。

とされている規定に基づき，検察官が異議を申し立てるはずであるので，その異議申立てを待ち，さらに，同条3項において，

　　裁判所は，前2項の申立について決定をしなければならない。

とされていることから，裁判長が陪席と協議し，検察官の異議の申立てに対する判断を述べるので，それを待ち，裁判長の指示に従って，証言を続けるなり，新たな尋問を待つなりすべきである。

問4　現行犯逮捕をした場合における目撃状況や逮捕手続等が争われたことにより証人出廷する場合や，任意同行の後，所轄警察署で通常逮捕した場合の逮捕手続等が争われたことにより証人出廷する場合など，前述した留意事項以外で何か留意すべきことはあるのか。

【解　答】

現行犯逮捕した場合においては，その目撃状況の正確さについて尋問されるはずであることから，次のような事項について記憶を喚起しておく必要があろう。

犯行を現認した日時，場所，当時の周囲の状況，現認するに至るきっかけ，犯人であると認定した理由，逮捕の日時，場所，周囲の状況，その際の犯人の言動等が目撃状況の正確さに関わるものなどが挙げられる。

また，その後の逮捕手続が適正に行われていなかったとの尋問もされることがあ

ろうが，法令に従って必要な強制力を用いていることなどを率直に証言すればよいものと思われる。

さらに，任意同行の際の手続の適法性については，第3編第18章問7・679頁でも述べたよう争われることは多いが，そこで述べたように任意捜査の範囲内であることが伝わるように，事実関係を正確に証言することが肝要であると思われる。

問5 自白の任意性が争われたことにより証人出廷をする場合，前述した留意事項以外で何か留意すべきことはあるのか。

【解　答】

この場合でも取調べが適正に行われたことを記憶に従って証言をすれば足りることである。供述調書に録取していなかったことでも，被疑者が取調べ中に話したことがあるはずであるので，そのような供述内容は，被疑者が無理なく自白に至ったものであることの証言を補強するものとなろう。第3編第29章問3・810頁の証拠開示の部分でも述べたように，取調べメモが存在すれば，そこでの記載内容が被疑者の自白の任意性を担保するものになることもあると思われる。

さらに，取調べを録音録画していた場合には，そもそもこのような主張はなされないと思われるが，それでも任意性に問題があると主張されたのであれば，録音録画の記録媒体が任意性を証明することになるので，やはり証人出廷が求められることはないと思われる。

問6 実況見分調書の作成に当たった警察官が証人として出廷した場合における留意事項は何か。

【解　答】

捜査機関が任意捜査として行った実況見分の結果を記した書面，すなわち実況見分調書は，訴訟当事者の一方的な体験や供述などを内容とするもので，弁護側からの反対尋問にさらされていないことから伝聞証拠となり，被告人の同意がない限り，原則として証拠能力を持たない。

ただ，第3編第3章「犯行現場の観察等及び実況見分」469頁で述べたように，実況見分調書についても，「その供述者が公判期日において証人として尋問を受け，その真正に作成されたものであることを供述したとき」は証拠能力が認められ，実況見分調書が証拠として採用されることになる。

したがって，実況見分調書作成の警察官が証人として出廷した場合には，その作成の真正を証言すれば足りるが，具体的には，当該証人自らが，何時，どこで，誰を補助者として，また，誰を立会人として，どのような方法で実況見分をしたか証言をし，その実況見分の結果に従って正確に実況見分調書を作成したこと，その書面の署名等が自らのものに間違いないことなどを証言すれば足りると考えられよう。

問7 想定事例1については，どのように考えたらよいのか。

【解　答】

問2で述べたように，弁護人の尋問は，刑訴規則199条の13第2項1号の威嚇的又は侮辱的な尋問に該当することは明らかであるから，直ちに検察官から異議の申立てがなされ，裁判長から質問を撤回するように指示されるはずである。したがって，どのような侮蔑的なことを言われても相手にせず，落ち着いて証言を続けることが何よりも肝心なことである。弁護人によっては，わざと証人を怒らせたりして感情的にさせて証言させ，後で，そのような感情的な証言は信用できないと主張することもあるので，決して動揺したり感情的になることなく，冷静に対応することが何よりも大切である。

ただ，本事例のような弁護人の発言は，刑法231条の
　　　事実を摘示しなくても，公然と人を侮辱した者は，拘留又は科料に処する。
との侮辱罪に該当することは明らかであり，同罪での立件を検討する余地があるほか，弁護士会に対する懲戒請求の対象となることも覚えておく必要がある。

すなわち，弁護士法56条1項は，
　　　弁護士及び弁護士法人は，この法律又は所属弁護士会若しくは日本弁護士連
　　　合会の会則に違反し，所属弁護士会の秩序又は信用を害し，その他職務の内外
　　　を問わずその品位を失うべき非行があったときは，懲戒を受ける。

として、「品位を失うべき非行」があったときは、懲戒を受けることになっており、本事例の尋問内容であれば、「品位を失うべき非行」に該当する可能性は十分にあるものと考えられる。

そうであれば、同法58条1項において、

> 何人も、弁護士又は弁護士法人について懲戒の事由があると思料するときは、その事由の説明を添えて、その弁護士又は弁護士法人の所属弁護士会にこれを懲戒することを求めることができる。

とされている規定に基づき、当該弁護士が所属する弁護士会に対して懲戒の申立てをするのがよいと思われる。

問8 想定事例2については、どのように考えたらよいのか。

【解答】

これは昭和63年9月29日大阪高裁判決（判タ694号183頁）の事案を元にしたものである。

1 すなわち、この判決の事案において、問題となる実況見分調書は、大阪府〇〇警察署所属の司法警察員巡査部長Cが、昭和62年10月10日（被告人の逮捕当日）の午後3時30分ごろから午後4時30分ごろにかけて、被害者Dと被告人の両名を立ち会わせた上実施した実況見分の結果を記載したものとされていた。

しかしながら、被告人やその他関係者及びCの公判廷における各証言を総合すると、C巡査部長は、同月10日、被告人及びA方隣人を立ち会わせて第1回目の実況見分を、次いでその4、5日後に、Dを立ち会わせて第2回目の実況見分をそれぞれ実施し、その結果を1通の実況見分調書にまとめて記載したものであることが認められた。

したがって、本件実況見分調書には、実況見分を実施した日時及び立会人の氏名の記載において真実に反するもののあることが明白であるばかりでなく、その被害者方現場の状況に関しても、未だ現場保存のなされている第1回目の実況見分時の状況としながら、実際は、その後、現場が清掃・復旧等された第2回目の実況見分の際の状況や、後日、被害状況を再現したにすぎない状態等が明確に区

第30章 公判手続(5)——証人出廷—— 835

別されることなく混然記載ないし写真撮影されているような状況であった。

2　具体的には，同判決において，「たとえば，同調書では，『侵入か所の仏間の床の間には祭壇が祭られ，畳の上には硝子の破片さらに木製サイドボードの棚及び抜き出しが開けられ，物色した痕跡が認められた』として実況見分調書別添写真5，6，7を参照とし，かつ，『この時立会人被害者Dは，この部屋も荒らされておりますが，何も盗まれておりませんと指示説明した』となっているが，このときDが立ち会って指示説明していないことは前示のとおりであるし，添付の写真5，6，7には硝子の破片らしきものの存在は全く認められないうえ，前示B証言によれば，この仏間に落ちていたはずの硬貨の存在の記載ないし写真の撮影もなく，また，D証言による同仏間祭壇白木の台の下に置かれていた鞄が引っ張り出され，ファスナーが開けられていた状況についての記載も全くなく，かえって同鞄は白木の台の下に納められている状況（中略）となっているのである。また，被害現場である書斎の状況に関しても，立会人のDが，『この小物入れの抜き出しの中に入れていた硬貨が盗まれ無くなっている』旨指示説明したと記載され，写真撮影もなされているが，同女の証言では右の立会は第2回目のときで，しかも同女は本件硬貨の入っていた正確な保管場所を知らず，単にC巡査部長に言われてそのように指示する形をとったにすぎないものであるほか，書斎における同硬貨の散乱状況，とくにその状況写真は，第2回目の実況見分時に犯行直後の状態を適宜再現させて写真撮影を行ったもので，同調書記載のごとく犯行直後の状態をありのままに撮影したものではない疑いの濃いものである。」などと指摘される有様であった。

　その上で，同判決では，「到底実況見分の結果が正確に記載されているものとは認めがたい。そうすると，そのように数回に分けて実況見分が行われた場合に，必要に応じてその実況見分の結果を，各見分の経過及び結果等を正確に判別できる方法を用いて1通の実況見分調書にまとめて記載することが許されないものではないとはいえ，そのように重要な部分において現実に行われた実況見分の状況に合致しない虚偽の記載や，2回の実況見分の結果が判然と区別されず，ただ1回の実況見分の状況であるかのごとく混然一体として表示されている同実況見分調書にあっては，もとよりそれが刑訴法321条3項にいう真正に作成されたものというに由なく，これを証拠とすることはできないものというべきである。」

と判示し，本件実況見分調書に証拠能力を認めることはできないと判断した。

　ただ，この事件では，この実況見分調書を証拠から除外しても被告人の犯罪事実を認めることができたことから，原判決が破棄されるようなことはなかったものである。

3　このような判示からして，2回の実況見分を1通の実況見分調書にしていけないということではないが，虚偽の記載が含まれていたり，どちらの時の実況見分の結果か判然としないような実況見分調書であっては，刑訴法321条3項に該当するものと認めることはできないことになろう。

　したがって，本事例でも，作成された実況見分調書が上記判決で指摘されるような問題がなければ証拠能力が認められることになるが，基本的には，1回の実況見分ごとに実況見分調書を作成しなければならないと考えておくべきであろう。

第31章 公判手続(6)――公判停止――

> **例 題** 起訴された時点では精神状態に問題はなかった者が，その後，精神病に罹患するなどして，その公判遂行に支障が生じるようになった場合には，どのような手続がとられるのか。

問題の所在

　第3編第26章問2・772頁で述べたように，被告人には，訴訟能力が必要である。しかしながら，訴訟の係属中に被告人がその訴訟能力を喪失したと認められる事態に至った場合には，公判が遂行できなくなり，公判停止に至ることとなる（刑訴法314条1項）。そして，被告人の回復を待つこととなるが，その回復の見込みがない場合，裁判所は，検察官から公訴取消しの請求がないにもかかわらず，その手続を打ち切ることができるのであろうか。

事　例

【想定事例】

　被疑者甲野は，侵入盗を繰り返し，何度も服役をしていたが，ある時，住居に侵入して被害金品を物色中，被害者が帰宅したことから，被害者に暴行を加えて金品の在処を聞こうとしたものの，当たり所が悪くて被害者はその場で即死してしまった。
　甲野は事後強盗致死罪等で起訴されたが，公判が開始された頃，精神的な異常が見られるようになったことから診断を受けたところ，統合失調症と診断され，次第に，意思の疎通も不可能な状態に陥ってしまった。
　そこで，裁判所は，検察官及び弁護人の意見を聞いて，公判停止を決定した。その後，20年を経過したものの，甲野に回復の見込みがなかったことから，

> 裁判所としては，この公判を打ち切りたいと考えるようになった。
> その当否如何。

設問と解答

問1 そもそも訴訟能力とは何か。

【解　答】

　この訴訟能力とは，一般に，意思能力を指すといわれているが（大コメ刑訴第1巻288頁），具体的には，「被告人としての重要な利害を弁別し，それに従って相当な防御をすることのできる能力」である（**平成7年2月28日最高裁決定・判時1533号122頁**）。

問2 この訴訟能力は，犯罪の成立要件である責任能力とはどのような違いがあるのか。

【解　答】

　ここでいう訴訟能力は，刑事訴訟という手続法上の能力であるから，刑法上の責任能力とは異なるものである。一方の責任能力とは，有責に行為し得る能力のことで，非難可能性が認められる前提として，行為者が，刑法の維持しようとする規範を理解し，それに応じて，意味にかなった行為をなし得る能力のことである（大塚・刑法（総論）283頁）。

　そこで，この責任能力が失われた状態が心神喪失であるところ，この責任能力と訴訟能力との両者の違いについて，**昭和29年7月30日最高裁決定（刑集8巻7号1231頁）** は，「刑法上心神喪失者であるというのはその犯行の当時において行為の違法性を意識することができず又はこれに従って行為をすることができなかったような無能力者を指し，訴訟能力というのは，一定の訴訟行為をなすに当り，その行為の意義を理解し，自己の権利を守る能力を指すのであるから両者必ずしも一致するものではない。」と判示している。

　ちなみに，この事案では，汽車転覆未遂被告事件の第一審において，精神分裂病

（統合失調症）と診断され心神耗弱であると認定された者が，控訴取下げをした場合であっても，その控訴取下げは，必ずしも訴訟能力のない者の無効な行為となるものではないと判断されたものである。

問3 例えば，被告人が，「重度の聴覚障害及び言語を習得しなかったことによる2次的精神遅滞により，抽象的，構造的，仮定的な事柄について理解したり意思疎通を図ることが極めて困難であるなど，精神的能力及び意思疎通能力に重い障害を負ってはいるが，手話通訳を介することにより，刑事手続において自己の置かれている立場をある程度正確に理解して，自己の利益を防御するために相当に的確な状況判断をすることができるし，それに必要な限りにおいて，各訴訟行為の内容についても概ね正確に伝達を受けることができる。また，個々の訴訟手続においても，手続の趣旨に従い，手話通訳を介して，自ら決めた防御方針に沿った供述ないし対応をすることができるのであり，黙秘権についても，被告人に理解可能な手話を用いることにより，その趣旨が相当程度伝わっていて，黙秘権の実質的な侵害もない」という場合，被告人には，訴訟能力があると認められるのか。

【解　答】

　これは，**平成10年3月12日最高裁判決（刑集52巻2号17頁）**の事案であるが，この事案において，同判決は，上記のような被告人の精神状態等に加えて，「本件は，事実及び主たる争点ともに比較的単純な事案であって，被告人がその内容を理解していることは明らかである。」という前提の上で，「そうすると，被告人は，重度の聴覚障害及びこれに伴う二次的精神遅滞により，訴訟能力，すなわち，被告人としての重要な利害を弁別し，それに従って相当な防御をする能力が著しく制限されてはいるが，これを欠いているものではなく，弁護人及び通訳人からの適切な援助を受け，かつ，裁判所が後見的役割を果たすことにより，これらの能力をなお保持していると認められる。」と判示した。被告人が上記のような状態であっても，訴訟能力を欠く場合には当たらないとしたものである。

問4 例えば，問3の事案とは異なり，被告人が，耳も聞こえず，言葉も話せず，手話も会得しておらず，文字もほとんど分からないため，通訳人の通訳を介しても，被告人に対して黙秘権を告知することは不可能であり，また，法廷で行われている各訴訟行為の内容を正確に伝達することも困難で，被告人自身，現在置かれている立場を理解しているかどうかも疑問であるというような状況が見られた場合，この被告人に訴訟能力があるといえるのか。
　仮に訴訟能力がないと認められるのなら，公判手続は，どのようになされるべきなのか。

【解　答】

1　これは，上記平成7年2月28日最高裁決定の事案である。この事案において，被告人は，事務所荒らしによる窃盗2件と車庫内や路上などに駐車中の自動車内からの窃盗8件で起訴された上，その公判審理中に犯した事務所荒らしによる窃盗1件でも起訴され，それらについて併合して審理を受けてきたものである。

2　この事件において，第一審の**昭和62年11月12日岡山地裁判決（判時1255号39頁）**は，「被告人は，耳が聞こえず，言葉も話せない聴覚及び言語の障害者であり，しかも文字を読むことができず，手話も会得していないので，被告人との意思の疎通を図ることは困難であって，通訳人を介しても黙秘権の告知が不可能であるのはもちろん，裁判手続そのものに対する理解を欠いている。このような極限的状態においては，同時に刑訴法が公訴の適法要件として本来当然に要求する訴追の正当な利益が失われている。したがって，本件各公訴については，刑訴法338条4号を使って，公訴棄却するのが相当である」旨の判断を示して，公訴棄却の判決を言い渡した。

3　ここで挙げられている刑訴法338条は，その柱書において，
　　左の場合には，判決で公訴を棄却しなければならない。
とし，同条において，一定の訴訟条件が欠如している場合に，公訴棄却の裁判で訴訟手続を打ち切るべきことを定めている。そして，同条4号においては，
　　公訴提起の手続がその規定に違反したため無効であるとき

と規定している。この４号で規定する公訴提起の手続違反とは，公訴提起手続の瑕疵が重大で，補正・追完のできない場合についての包括的規定であると解されており（大コメ刑訴第８巻290頁），代表的なものとして，親告罪における告訴の欠如や，交通反則者に対する通告手続の欠如などが挙げられている。

　ただ，本事案における訴訟能力の欠如は，公訴提起の手続規定に違反したものといえるかどうか問題であり，公判廷において判明した訴訟能力の欠如であれば，公訴手続自体に適正であり，この規定に該当するものといえるかどうかは問題となる。そこで，本事案における控訴審ではその点について争われ，次のような判断が示された。

４　このような第一審判決に対し，検察官が控訴したところ，**平成３年９月13日広島高裁岡山支部判決（判時1402号127頁）**は，まず，被告人の責任能力と訴訟能力に関して，次のとおり判示した。

　すなわち，「被告人は，これまで社会内で独り暮らしをして生活してきた。すなわち，拾得した鉄屑を売却したり，鉄工所などに雑役夫として雇われ，ペンキ塗り，機械の掃除などの作業をして収入を得て自炊したり，身振り，手振りなど意思伝達の可能な範囲内で所持品を入質したり，飲食物を買ったり，食堂で飲食物を注文したり，ホテルに宿泊し，映画館で映画を見たりしていた。例えば，カメラを入質する際には，質屋で身体障害者手帳を示して，身元を証明した上，カメラを示して，身振り，手振りで入質の希望を伝え，相手の身振り，手振りと貸付金額を示す数字を書いた紙を見て身振り，手振りで承諾の返事をして金と質札を受け取る方法で目的を達成していた。また，被告人は，本件以前に窃盗で検挙されたことが４回あり，うち２回は起訴され，有罪判決をうけ，そのうち１回は実刑判決であって服役しており，他人の物を盗めば処罰されることは分かっていたと考えられる。」との事実関係の認定した上で，「以上のような事実関係に照らして考えると，被告人は，社会内で他人の介護を受けなくても生活することができ，善悪の事理弁識能力はあると認められるから，責任能力はあると考えられる。しかし，裁判手続の中で，訴訟行為をなすに当たり，その行為の意義を理解し，自己の権利を守る能力すなわち訴訟能力があると認めるには，極めて疑問が大きいと認められる。」として，責任能力については問題はないものの，訴訟能力があるとするに疑問があるとしたものである。

その上で，同高裁岡山支部判決は，刑訴法338条4号により公訴を棄却した第一審判決に対し，同号の規定が適用されるのは，「『公訴提起の手続がその規定に違反したため無効であるとき』なのであって，起訴状の瑕疵，親告罪における告訴の不存在など公訴提起の手続に瑕疵がある場合に限定されると解されるから，本件のように公訴提起の手続に何らの瑕疵がない場合にまで適用すべきものではない。このことは，現行法制の下では検察官は公訴権を独占していて，公訴の提起及び維持について広範な裁量権が認められていることからも裏付けられる。」として，刑訴法338条4号の解釈適用に誤りがあるとした。
　そして，「このように，原判決の認定するような事由で訴訟能力を欠く被告人については，手続の公正を確保するため，刑事訴訟法314条1項を準用して公判手続を停止すべきであると考えられる。」として，第一審判決を破棄して差し戻したものであった。

5　ここでいう刑訴法314条1項は，
　　　被告人が心神喪失の状態に在るときは，検察官及び弁護人の意見を聴き，決定で，その状態の続いている間公判手続を停止しなければならない。但し，無罪，免訴，刑の免除又は公訴棄却の裁判をすべきことが明らかな場合には，被告人の出頭を待たないで，直ちにその裁判をすることができる。
としているところ，訴訟能力の欠如が心神喪失の状態によるものであれば，この規定により，公判手続を停止することになるものである。
　つまり，上記広島高裁岡山支部判決は，まず，この公判停止を検討すべきであると判断したものであった。

6　そして，この高裁支部判決に対して被告人から上告されたことにより，冒頭の平成7年2月28日最高裁決定で判断が示されたのであるが，その判断の内容は，これまでに述べたような被告人の精神状態等に関する事実関係を前提として，「右事実関係によれば，被告人に訴訟能力があることには疑いがあるといわなければならない。そして，このような場合には，裁判所としては，同条（筆者注：刑訴法314条）4項により医師の意見を聴き，必要に応じ，更にろう（聾）教育の専門家の意見を聴くなどして，被告人の訴訟能力の有無について審理を尽くし，訴訟能力がないと認めるときは，原則として同条1項本文により，公判手続を停止

すべきものと解するのが相当であり，これと同旨の原判断は，結局において，正当である。」として，公判停止を検討することとした上記高裁支部判決を是認したものである[1]。

7　ただ，この最高裁決定では，刑訴法338条4号の解釈に関して，欠如した訴訟能力に回復の見込みがない場合が含まれるかどうかについては判断を示してはない[2]。

　しかしながら，ここで注目すべきは，訴訟能力がないと認めるときに「原則として」314条1項本文で公判手続の停止と述べていることから，例外として，手続の打ち切りの余地があるのではないかと解されていること（前出大コメ刑訴第1巻313頁）や，同最高裁決定の千種秀夫裁判官の補足意見として，「仮に被告人に訴訟能力がないと認めて公判手続を停止した場合におけるその後の措置について付言すると，裁判所は，訴訟の主宰者として，被告人の訴訟能力の回復状況について，定期的に検察官に報告を求めるなどして，これを把握しておくべきである。そして，その後も訴訟能力が回復されないとき，裁判所としては，検察官の公訴取消しがない限りは公判手続を停止した状態を続けなければならないものではなく，被告人の状態等によっては，手続を最終的に打ち切ることができるものと考えられる。ただ，訴訟能力の回復可能性の判断は，時間をかけた経過観察が必要であるから，手続の最終的打切りについては，事柄の性質上も特に慎重を期すべきである。」と述べられていることから，最高裁としても，訴訟能力の回復が見込めない場合には，裁判所において，訴訟手続の打ち切りができると考えているのではないかと思われることである（ただ，その根拠として刑訴法338条4号に該当するとするのかどうかは明らかではない。）。

　また，同判決に対する最高裁調査官の解説においても，「被告人に訴訟能力の回復の見込みがなく，したがって，手続再開の見込みがない場合にもなお裁判所は自らの手で手続に終止符を打つことができないとすることは裁判制度として自己矛盾であり，人権保障の観点からも不当であるから，補足意見の趣旨は理解できる。」（川口政明・判例解説（刑）平成7年度137頁）と述べられていることも参考になろう。

問5 上記の事案は，公判停止にされる以前の段階でのものであったが，実際に公判停止にされ，その後，長期間経過したものの，訴訟能力の回復が見込めない場合には，どのように考えるべきか。

【解　答】

　このような場合には，通常は，刑訴法339条柱書きにより，
　　左の場合には，決定で公訴を棄却しなければならない。
とされているところ，同条3号により，
　　公訴が取り消されたとき。
とされていることから，検察官の公訴取消請求により，これに応じて，公訴棄却決定がなされるというのが一般的である。
　しかしながら，検察官としては，当該事案が公訴取消しをすべきものではなく，たとえ被告人の訴訟能力に問題あるにしても，その回復の見込みがあるとされる場合などには，公訴を取り消すことはないと思われる。

問6 では，そのような場合に，裁判所としては，検察官の公訴取消請求を待つことなく，当該裁判の打切りをすることができるのか。

【解　答】

　この点が問題となった事案として，**平成27年11月16日名古屋高裁判決（判時2303号131頁）**が挙げられる。
　この事案は，被告人が，平成7年5月，愛知県豊田市内において，通行中の老人とその孫の2人を文化包丁で刺し殺したという通り魔事件であった。
　この事件において，被告人は，同年9月に公判請求されたものの，その後，同9年3月に，精神分裂病（統合失調症）により訴訟能力が欠如しているとして公判停止決定がなされ，以降，これが継続していたものの，**平成26年3月20日名古屋地裁岡崎支部判決（判時2222号130頁）**は被告人についてもはや訴訟能力の回復は見込めないとして，刑訴法314条1項但書と同法338条4号を適用し，公訴棄却判決により手続の打切りがされた。そのため，この判決に対し検察官が控訴していた。

第31章　公判手続(6)──公判停止──　845

そして，上記名古屋高裁判決は次のように判示して，上記第一審判決を破棄して差し戻した。すなわち，刑訴法上，被告人が訴訟能力を欠く状態にある場合の規定が整えられている一方で，公判手続を停止した後，訴訟能力の回復の見込みがないのに検察官が公訴を取り消さない場合，裁判所がいかなる措置を講ずべきかについては刑訴法に規定が存しない。以上によれば，その場合，訴追の権限を独占的に有している検察官が公訴を取り消さないのに，裁判所が公判手続を一方的に断ち切ることは基本的には認められておらず，検察官による公訴取り消しの合理的な運用が期待されている，というのが刑訴法の規定の自然な理解であり，当事者追行主義とも整合するというべきである。

もっとも，いわゆる高田事件に関する**最高裁昭和47年12月20日大法廷判決（刑集26巻10号631頁）**は，刑事事件が裁判所に係属している間に迅速な裁判の保障条項に反する異常な事態が生じた場合，憲法37条1項はその審理を打ち切るという非常救済手段がとられるべきことを認めている趣旨の規定であり，その場合においては免訴判決を言い渡すのが相当である旨説示している。最高裁平成7年決定も，公判手続を停止した後，訴訟能力の回復の見込みがないのに検察官が公訴を取り消さないことが明らかに不合理であると認められるような極限的な場合に，検察官が公訴を取り消さなくても，裁判所が訴訟手続を打ち切ることができることを否定したものとは解されない（検察官も上記のような場合に裁判所が訴訟手続を打ち切ることができることを認めている。）。

原判決は，裁判所が訴訟手続の主宰者として被告人の訴訟能力の回復状況を長期にわたって把握し，その後も訴訟能力が回復されないことが認められる場合に，検察官が公訴を取り消さない限りは公判手続を停止した状態を続けなければならないものではなく，被告人の状況等によっては，手続を最終的に打ち切ることができるものと考えられる，と説示するのであるが，これは前記のような極限的な場合の限度において是認することができる。

以上を踏まえ検討すると，すでに説示したとおり，本件において被告人は，平成9年3月に公判手続が停止された後，平成10年5月に勾留の執行が停止され，精神科病院への措置入院が開始され，その後，現在に至るまで，同病院における入院治療が継続しているところ，同病院への入院後は，平成11年から平成12年にかけて被告人の精神状態に改善がみられ，その後平成20年頃から平成24年頃にかけて，被告人の精神状態の悪化が進行していったなどという経過が認められる（中

略)。また，原審において，当初は4か月ごと，その後は6か月ごとに勾留執行停止期間の延長の申立ての当否についての審査が行われ，同申立書には，原審弁護人からの主治医に対する照会への回答書が疎明資料として添付され，原審裁判所はそれを通じて被告人の精神状況や治療状況を定期的に把握し，平成22年2月以降には，今後の進行等に関する打ち合わせが繰り返し行われ，被告人の訴訟能力の回復可能性に関する審理が行われてきたのであり，本件は，長期間にわたって審理が放置されてきたような事案と同視することはできない。さらに，本件は，白昼，見ず知らずの男性とその孫を殺害したとして公訴提起された凶悪重大事案であり，遺族の被害感情も峻烈であること等を考慮して公訴を取り消さない判断をしたとうかがわれる検察官の裁量を合理的でないと断定することもできない。以上を併せ考慮すると，本件について，検察官が公訴を取り消さないことが明らかに不合理であると認められる極限的な場合に当たるとは言えないとして，上記平成7年の最高裁決定の趣旨を踏まえて，「検察官が公訴を取り消さないことが明らかに不合理であると認められる極限的な場合」には，裁判所において訴訟手続を打ち切ることができるものの，本件の事案では，そのような場合に当たらないものとして，控訴棄却判決をした第一審判決を破棄したものであった。

　上記平成7年の最高裁決定における千種裁判官の補足意見においても，「手続の最終的打切りについては，事柄の性質上も特に慎重を期すべきである。」と述べられているように，その当否は十分に検討されるべきであり，「検察官が公訴を取り消さないことが明らかに不合理であると認められる極限的な場合」に限って訴訟手続の打ち切りが認められるという考え方は，公訴提起やその維持が検察官の専権であることに照らしても妥当な見解であると思われる。

　したがって，その手続打切りの判断は十分慎重になされるべきであり，訴訟能力の回復の可能性が全く見込めないものであるのかどうか，訴訟手続における瑕疵は一切ないかどうか，公判停止を継続することによる被告人の不利益の有無，審理対象である事案の軽重，被害者・遺族の処罰感情等の諸事情を総合考慮して判断することが求められるべきである。本件名古屋高裁判決もそのような観点から，検察官が公訴取り消しをしないことについて慎重に検討した上で，本件はそのような場合に当たらないとしたものであって，極めて適切な判断であったものといえよう。

1) なお，この事案では，差戻後の第一審において，精神鑑定を経て公判停止になった後，被告人が平成11年8月に末期がんとなり，その後，同年9月に公訴が取り消されたことで公訴棄却決定がなされ，同年12月に被告人は死亡している。

2) 松尾・刑訴（上）151頁，（下）163，166頁は，被告人が起訴の時点で既に継続的に心神喪失の状態にあって回復の見込みがない場合及び起訴後に継続的な心神喪失の状態に陥って回復の見込みがない場合には，いずれも公判手続の構造的基礎が失われるから，刑訴法338条4号により判決で公訴を棄却すべきであるとする。

また，高田昭正「訴訟能力を欠く被告人と刑事手続」ジュリ902号39頁も，訴訟能力回復不能のため公判手続の無期停止が見込まれるときは，公訴の提起は後発的に無効になり，刑訴法338条4号を準用して公訴棄却の判決を言い渡すべきであるとし，なお，刑訴法314条1項但し書の「公訴棄却の裁判をすべきことが明らかな場合」には，訴訟能力回復不能による公訴棄却が含まれるとする（前出川口139～140頁参照）。

事項索引

【あ行】

空き巣の認知件数・・・・・・・・・・・・・・・・・・・・・・・・・・・10
足跡・・・・・・・・・・・・・・・・・・・・・・・・・・・・・・・・・・・・・523
　──鑑定・・・・・・・・・・・・・・・・・・・・・・・・・・・・・・522
あたり行為・・・・・・・・・・・・・・・・・・・・・・・・・・・・・・203
アメロゲニン座位・・・・・・・・・・・・・・・・・・・・・・・・514
アリバイ・・・・・・・・・・・・・・・・・・・・・・・・・・・・・・・・763
　──捜査・・・・・・・・・・・・・・・・・・・・・・・・・・・・・・763
委託物の占有・・・・・・・・・・・・・・・・・・・・・・・・・・・・85
一罪一逮捕一勾留の原則・・・・・・・・・・・・・・・・・・380
居直り強盗・・・・・・・・・・・・・・・・・・・・・・・・・・・・・・439
違法収集証拠・・・・・・・・・・・・・・・・・・・・・・・・・・・・683
違法排除説・・・・・・・・・・・・・・・・・・・・・・・・・・・・・・730
遺留指紋・・・・・・・・・・・・・・・・・・・・・・・・・・・・・・・・494
遺留品・・・・・・・・・・・・・・・・・・・・・・・・・・・・・・・・・・479
遺留物・・・・・・・・・・・・・・・・・・・・・・・・・・・・・・・・・・479
営業秘密・・・・・・・・・・・・・・・・・・・・・・・・・・・・・・・・195
泳動チャート（エレクトロフェログラム）・・・516
液体法・・・・・・・・・・・・・・・・・・・・・・・・・・・・・・・・・・498
STR型検査法・・・・・・・・・・・・・・・・・・・・・・・・・・・513
エックス線検査・・・・・・・・・・・・・・・・・・・・・・・・・・706
NCSE・・・・・・・・・・・・・・・・・・・・・・・・・・・・・・・・・・238
Nシステム・・・・・・・・・・・・・・・・・・・・・・・・・・・・・・824
エマルゲンブラック法・・・・・・・・・・・・・・・・・・・・507
MCT118型検査法・・・・・・・・・・・・・・・・・・・・・・・520
塩基配列・・・・・・・・・・・・・・・・・・・・・・・・・・・・・・・・511
置引き・・・・・・・・・・・・・・・・・・・・・・・・・・・・・・・・・・234
おとり捜査・・・・・・・・・・・・・・・・・・・・・・・・・・・・・・599

【か行】

海浜の砂利・・・・・・・・・・・・・・・・・・・・・・・・・・・・・・・75
渦状紋・・・・・・・・・・・・・・・・・・・・・・・・・・・・・・・・・・495
河川敷にある砂利・・・・・・・・・・・・・・・・・・・・・・・・・73
鑑・・・・・・・・・・・・・・・・・・・・・・・・・・・・・・・・・・・・・・472
簡易生命保険証書の財物性・・・・・・・・・・・・・・・・171
間接正犯・・・・・・・・・・・・・・・・・・・・・・・・・・・・・・・・127
還付・・・・・・・・・・・・・・・・・・・・・・・・・・・・・・・・・・・・481
顔貌鑑定・・・・・・・・・・・・・・・・・・・・・・・・・・・・・・・・535
管理可能性説・・・・・・・・・・・・・・・・・・・・・・・・・・・・167

機会提供型・・・・・・・・・・・・・・・・・・・・・・・・・・・・・・601
毀棄罪・・・・・・・・・・・・・・・・・・・・・・・・・・・・・・・・・・・40
既判力・・・・・・・・・・・・・・・・・・・・・・・・・・・・・・371, 435
機密資料・・・・・・・・・・・・・・・・・・・・・・・・・・・・・・・・189
逆指紋・・・・・・・・・・・・・・・・・・・・・・・・・・・・・・・・・・496
キャッシュカードに対する窃盗・・・・・・・・・・・・・90
弓状紋・・・・・・・・・・・・・・・・・・・・・・・・・・・・・・・・・・495
糾問的捜査観・・・・・・・・・・・・・・・・・・・・・・・・・・・・710
恐喝罪・・・・・・・・・・・・・・・・・・・・・・・・・・・・・・・・・・423
兇器を携帯して犯したるとき・・・・・・・・・・・・・・345
教唆犯・・・・・・・・・・・・・・・・・・・・・・・・・・・・・・・・・・280
供述調書・・・・・・・・・・・・・・・・・・・・・・・・・・・・・・・・721
供述不能・・・・・・・・・・・・・・・・・・・・・・・・・・・・・・・・799
強制，拷問又は脅迫による自白・・・・・・・・・・・・743
強制捜査・・・・・・・・・・・・・・・・・・・・・・・・・・・・・・・・695
共同実行の意思・・・・・・・・・・・・・・・・・・・・・・・・・・265
共同実行の事実・・・・・・・・・・・・・・・・・・・・・・・・・・267
共同正犯・・・・・・・・・・・・・・・・・・・・・・・・・・・・264, 265
共同占有・・・・・・・・・・・・・・・・・・・・・・・・・・・・・・・・・85
共犯・・・・・・・・・・・・・・・・・・・・・・・・・・・・・・・・・・・・263
共犯関係からの離脱・・・・・・・・・・・・・・・・・・・・・・274
共犯者の取調べ・・・・・・・・・・・・・・・・・・・・・・・・・・707
共犯者の判決書謄本・・・・・・・・・・・・・・・・・・・・・・820
共謀共同正犯・・・・・・・・・・・・・・・・・・・・・・・・・・・・270
虚偽排除説・・・・・・・・・・・・・・・・・・・・・・・・・・・・・・729
切り違い尋問・・・・・・・・・・・・・・・・・・・・・・・・・・・・743
緊急逮捕・・・・・・・・・・・・・・・・・・・・・・・・・・・・・・・・700
禁制品の財物性・・・・・・・・・・・・・・・・・・・・・・・・・・176
近接所持の法理・・・・・・・・・・・・・・・・・・・・・・・・・・638
クレプトマニア（病的窃盗）・・・・・・・・・・・・・・235
警察官面前調書の証拠能力・・・・・・・・・・・・・・・・801
刑事未成年者を利用して犯罪を実行した場合
　・・・・・・・・・・・・・・・・・・・・・・・・・・・・・・・・・・・・・・127
計測法・・・・・・・・・・・・・・・・・・・・・・・・・・・・・・・・・・524
形態学的検査・・・・・・・・・・・・・・・・・・・・・・・・・・・・545
刑の免除・・・・・・・・・・・・・・・・・・・・・・・・・・・・・・・・293
刑法上の占有・・・・・・・・・・・・・・・・・・・・・・・・・43, 46
刑法犯の認知件数・・・・・・・・・・・・・・・・・・・・・・・・・3
結審・・・・・・・・・・・・・・・・・・・・・・・・・・・・・・・・・・・・772
現行犯逮捕・・・・・・・・・・・・・・・・・・・・・・・・・・・・・・696

849

顕在指紋	496
検察官請求証拠	807
検視	449
建造物侵入罪	319
建造物侵入窃盗における既遂時期	218
現場観察	469
現場指紋対照結果通知書（現場指紋等取扱書）の証拠能力	500
検面調書（検察官面前調書）の証拠能力	799
交互尋問	772
強盗罪	417
公判前整理手続	806
公判停止	838
神戸児童連続殺傷事件	171, 188
勾留	702
告訴	449
告訴状	461
告発	449
誤想防衛の免責	389
ゴト行為	140
痕跡	480
コンタミネーション（汚染）	471

【さ行】

再主尋問	830
在宅の被疑者の取調べ	740
裁判員制度	773
裁面調書（裁判官面前調書）	799
財物	165
——罪	40
——の経済的価値	169
詐欺罪	420
参考人供述調書	467
参考人の取調べ	711
GPS捜査	588
直面割り	612
敷鑑	472
自救行為	323
資源ごみ	407
死者の占有	99
自首	450, 713
実況見分	469
実況見分調書	473, 737, 833
——の証拠能力	474

実行の着手	199
指定侵入工具	395
——隠匿携帯罪	396, 400
指摘法	524
自転車盗	6, 10
——の検挙件数	10
——の検挙率	10
——の認知件数	10
自動車登録番号自動読取システム	824
自動販売機ねらい	6, 11
——の検挙件数	11
——の検挙率	11
——の認知件数	11
支配の意思	57
支配の事実	57
自白	729
——調書の信用性	756
——の強要	729
——の信用性	753
——の任意性	739
——の必要性	730
——の補強証拠	736
司法取引	718
指紋	495
——鑑定	496
車上ねらい	6, 11
——の検挙件数	11
——の検挙率	11
——の実行の着手	202
——の認知件数	11
写真撮影	565
写真面割り	612
住居侵入窃盗における既遂時期	218
住居侵入窃盗における実行の着手	200
重合法	524
15座位	514
自由心証主義	753
集団万引	349
重度精神発達遅滞	241
12点法則	499
従犯（幇助犯）	280
住民基本台帳カードの財物性	172
主観的構成要件	148
主尋問	830

主張関連証拠	809	——における実行の着手	199
上下主従間の占有	84	——の既遂時期	217
証拠開示	804	——の構成要件	41
証拠調べ	771	——の罪数	425
常習傷害罪	380	——の保護法益	42
常習性	364	窃盗の常習性	362
常習特殊強盗罪	352	窃盗の認知件数	3
常習として	346	潜在指紋	496
常習累犯窃盗罪	361	占有移転	126
使用窃盗	148	占有説	42
証人出廷	828	占有離脱物横領	424
証人尋問	830	相異供述	800
証人付添人	791	捜査報告書	809
少年の保護事件記録の財物性	171	相対的特信性	800
情報窃盗	181	相反供述	799
証明予定事実	806	訴訟能力	839
職務質問	652	その他任意にされたものでない疑いのある自白	743
職務質問の際の留め置き	657		
所持品検査	667	**【た行】**	
人権擁護説	730	体感機	131
心神耗弱	236	高輪グリーンマンション殺人事件	745
心神喪失	236	奪取罪	41
親族相盗例	288	弾劾証拠	726
人定質問	771	弾劾的捜査観	709
侵入具携帯罪	432	千葉大チフス菌事件	759
侵入窃盗	10	直系血族	290
——の検挙件数	10	通常逮捕	699
——検挙率	10	DNA型鑑定	510
——認知件数	10	蹄状紋	495
新薬スパイ事件	184	ティッシュペーパーの財物性	175
森林窃盗	324	手口捜査	622
森林法	324	デジタル・フォレンジック	550
人類学的計測法による検査	545	てんかん	237
スーパーインポーズ法による検査	545	電気窃盗	167
すりにおける実行の着手	203	伝聞証拠	794
精神分裂病（統合失調症）	245	伝聞法則	796
正当防衛	323, 382	同居の親族	290
正当防衛の特則	382	当事者主義	804
声紋鑑定	529	当事者能力	772
責任能力	235, 839	盗取罪	41
世田谷区清掃・リサイクル条例	407	盗犯捜査の捜査手順	447
接見交通権の侵害	749	盗犯等ノ防止及処分ニ関スル法律	337
窃取	124	特殊開錠用具	393
窃盗罪	39, 40, 41		

──の所持の禁止等に関する法律‥‥‥‥393
「毒樹の果実」の理論‥‥‥‥‥‥‥‥‥691
特信情況‥‥‥‥‥‥‥‥‥‥‥‥‥‥799
土地鑑‥‥‥‥‥‥‥‥‥‥‥‥‥‥‥472
取調べ‥‥‥‥‥‥‥‥‥‥‥‥650, 708
　　──受忍義務‥‥‥‥‥‥‥‥‥‥711
　　──状況等報告書‥‥‥‥‥‥‥‥809
　　──の録音録画‥‥‥‥‥‥‥‥‥735
　　──メモ‥‥‥‥‥‥‥‥‥‥‥‥810

【な行】

似顔絵‥‥‥‥‥‥‥‥‥‥‥‥‥‥‥621
二重起訴‥‥‥‥‥‥‥‥‥‥‥‥‥‥374
二重逮捕・勾留‥‥‥‥‥‥‥‥‥‥‥702
任意性のない自白‥‥‥‥‥‥‥‥‥‥729
任意捜査‥‥‥‥‥‥‥‥‥‥‥‥‥‥650
　　──と強制捜査‥‥‥‥‥‥‥‥‥651
任意的共犯‥‥‥‥‥‥‥‥‥‥‥‥‥264
任意同行‥‥‥‥‥‥‥‥‥‥‥‥‥‥679
練馬事件‥‥‥‥‥‥‥‥‥‥‥‥‥‥271

【は行】

廃棄物処理法‥‥‥‥‥‥‥‥‥‥‥‥409
はずれ馬券の財物性‥‥‥‥‥‥‥‥‥174
パソコン等の押収‥‥‥‥‥‥‥‥‥‥552
パチンコ玉の窃取‥‥‥‥‥‥‥‥‥‥132
八何の原則‥‥‥‥‥‥‥‥‥‥‥‥‥724
ハッシュ関数‥‥‥‥‥‥‥‥‥‥‥‥558
ハッシュ値‥‥‥‥‥‥‥‥‥‥‥‥‥558
犯意誘発型‥‥‥‥‥‥‥‥‥‥‥‥‥601
犯罪証明不可欠性‥‥‥‥‥‥‥‥‥‥802
反対尋問‥‥‥‥‥‥‥‥‥‥‥‥‥‥830
被害金額の算定‥‥‥‥‥‥‥‥‥‥‥465
被害者供述調書‥‥‥‥‥‥‥‥‥‥‥461
被害者特定事項‥‥‥‥‥‥‥‥‥‥‥786
被害者の承諾‥‥‥‥‥‥‥‥‥‥‥‥163
被害者の前科の内容を示す判決書謄本‥‥820
被害届‥‥‥‥‥‥‥‥‥‥‥‥451, 460
被害の申告‥‥‥‥‥‥‥‥‥‥‥‥‥451
被疑者の供述調書‥‥‥‥‥‥‥‥‥‥721
被疑者の取調べ‥‥‥‥‥‥‥‥707, 733
尾行‥‥‥‥‥‥‥‥‥‥‥‥‥‥‥‥582
被告人質問‥‥‥‥‥‥‥‥‥‥‥‥‥772
被告人の取調べ‥‥‥‥‥‥‥‥‥‥‥714

ピッキング防止法‥‥‥‥‥‥‥‥‥‥353
ひったくり‥‥‥‥‥‥‥‥‥‥‥‥‥12
　　──の検挙件数‥‥‥‥‥‥‥‥‥12
　　──の検挙率‥‥‥‥‥‥‥‥‥‥12
　　──の認知件数‥‥‥‥‥‥‥‥‥12
必要的共犯‥‥‥‥‥‥‥‥‥‥‥‥‥264
ビデオ撮影‥‥‥‥‥‥‥‥‥‥‥‥‥565
ビデオリンク方式‥‥‥‥‥‥‥‥‥‥792
備忘録‥‥‥‥‥‥‥‥‥‥‥‥‥‥‥810
秘密の暴露‥‥‥‥‥‥‥‥‥‥‥‥‥761
平塚ウェイトレス殺人事件‥‥‥‥‥‥747
不可罰的事後行為‥‥‥‥‥‥‥‥92, 441
不起訴裁定書‥‥‥‥‥‥‥‥‥‥‥‥823
不正アクセス行為‥‥‥‥‥‥‥‥‥‥191
不正競争防止法‥‥‥‥‥‥‥‥‥‥‥195
２人以上現場に於て共同して犯した‥‥‥348
不動産侵奪‥‥‥‥‥‥‥‥‥‥‥‥‥299
不当に長く抑留又は拘禁された後の自白‥‥743
不能犯‥‥‥‥‥‥‥‥‥‥‥‥‥‥‥233
不法領得の意思‥‥‥‥‥‥‥‥‥‥‥145
プライバシー権‥‥‥‥‥‥‥‥‥‥‥539
粉末法‥‥‥‥‥‥‥‥‥‥‥‥‥‥‥497
併合罪‥‥‥‥‥‥‥‥‥‥‥‥‥‥‥438
米国のテクニカル・オーダー（技術指示書）の
　　財物性‥‥‥‥‥‥‥‥‥‥‥‥170
別件逮捕・勾留‥‥‥‥‥‥‥‥704, 712
ヘテロ接合体‥‥‥‥‥‥‥‥‥‥‥‥516
弁護人選任権の不告知‥‥‥‥‥‥‥‥749
変体紋‥‥‥‥‥‥‥‥‥‥‥‥‥‥‥495
保安林‥‥‥‥‥‥‥‥‥‥‥‥‥‥‥331
包括一罪‥‥‥‥‥‥‥‥‥‥‥‥‥‥438
放送電波の財物性‥‥‥‥‥‥‥‥‥‥169
冒頭陳述‥‥‥‥‥‥‥‥‥‥‥‥‥‥771
冒頭手続‥‥‥‥‥‥‥‥‥‥‥‥‥‥771
防犯カメラ‥‥‥‥‥‥‥‥‥‥‥‥‥535
暴力行為等処罰ニ関スル法律‥‥‥‥‥348
補強証拠‥‥‥‥‥‥‥‥‥‥‥‥‥‥736
ホモ接合体‥‥‥‥‥‥‥‥‥‥‥‥‥516
本権説‥‥‥‥‥‥‥‥‥‥‥‥‥‥‥42

【ま行】

埋葬品の財物性‥‥‥‥‥‥‥‥‥‥‥178
マスキング‥‥‥‥‥‥‥‥‥‥‥‥‥817
万引き‥‥‥‥‥‥‥‥‥‥‥‥‥‥6, 13

——事犯者の高齢化問題……………15
——の既遂時期………………227
——の検挙件数………………13
——の検挙率…………………16
——の認知件数………………13
密着尾行……………………………584
ミトコンドリアDNA型検査法………519
見張り………………………………281
迷惑防止条例………………………375
面割り捜査…………………………611
目撃者の取調べ……………………466
黙秘権の不告知……………………748

【や行】

有形力の行使………………………655
有体物説……………………………166
誘導尋問……………………………831
よう撃捜査…………………………606
預金通帳の財物性…………………171

余罪の取調べ………………………710
吉展ちゃん事件……………………531

【ら行】

来日外国人による盗犯事件………20
利得罪………………………………40
リモート差押え……………………563
略式命令……………………………374
領得罪………………………………40
類型証拠……………………………807
令状主義……………………………695
ロストボール………………………81
六何の原則…………………………724
論告求刑……………………………772

【わ行】

Y-STR型検査法……………………518
和歌山カレー毒物混入事件………626

事項索引 853

判例索引

【大審院・最高裁判所】

大正 2 年10月21日大審院判決（刑録19輯982頁）‥‥‥‥‥‥‥‥‥‥‥‥‥‥‥‥102
大正 3 年10月21日大審院判決（大審院刑事判決抄録59巻7531頁）‥‥‥‥‥‥‥‥70
大正 5 年 5 月 1 日大審院判決（刑録22輯672頁）‥‥‥‥‥‥‥‥‥‥‥‥‥‥‥‥81
大正 9 年10月19日大審院判決（刑録26輯723頁）‥‥‥‥‥‥‥‥‥‥‥‥‥‥‥328
大正15年11月 2 日大審院判決（刑集 5 巻491頁）‥‥‥‥‥‥‥‥‥‥‥‥‥‥‥‥82
大正15年12月24日大審院判決（法律新聞2658号12頁）‥‥‥‥‥‥‥‥‥‥‥‥‥126
昭和 9 年 4 月 2 日大審院判決（刑集13巻370頁）‥‥‥‥‥‥‥‥‥‥‥‥‥‥‥384
昭和 9 年10月19日大審院判決（刑集13巻1473頁）‥‥‥‥‥‥‥‥‥‥‥‥‥‥‥200
昭和23年 4 月17日最高裁判決（刑集 2 巻 4 号399頁）‥‥‥‥‥‥‥‥‥‥‥‥‥200
昭和23年 7 月19日最高裁判決（刑集 2 巻 8 号944頁）‥‥‥‥‥‥‥‥‥‥‥‥‥743
昭和23年 7 月20日最高裁判決（刑集 2 巻 8 号979頁）‥‥‥‥‥‥‥‥‥‥‥‥‥282
昭和23年10月23日最高裁判決（刑集 2 巻11号1396頁）‥‥‥‥‥‥‥‥‥‥‥‥‥218
昭和23年11月17日最高裁判決（刑集 2 巻12号1558頁）‥‥‥‥‥‥‥‥‥‥‥‥‥744
昭和24年 7 月23日最高裁判決（刑集 3 巻 8 号1373頁）‥‥‥‥‥‥‥‥‥‥‥‥436
昭和24年12月17日最高裁判決（刑集 3 巻12号2028頁）‥‥‥‥‥‥‥‥‥‥‥‥276
昭和25年 2 月21日最高裁判決（裁判集刑16号561頁）‥‥‥‥‥‥‥‥‥‥‥‥‥332
昭和25年 4 月13日最高裁判決（刑集 4 巻 4 号544頁）‥‥‥‥‥‥‥‥‥‥‥‥‥303
昭和25年 6 月 6 日最高裁判決（刑集 4 巻 6 号928頁）‥‥‥‥‥‥‥‥‥‥‥‥‥‥85
昭和25年 7 月11日最高裁判決（刑集 4 巻 7 号1261頁）‥‥‥‥‥‥‥‥‥‥‥‥‥285
昭和25年 7 月12日最高裁判決（刑集 4 巻 7 号1298号）‥‥‥‥‥‥‥‥‥‥‥‥‥737
昭和25年 8 月29日最高裁判決（刑集 4 巻 9 号1585頁）‥‥‥‥‥‥‥‥‥‥‥‥‥170
昭和25年11月21日最高裁判決（刑集 4 巻11号2359頁）‥‥‥‥‥‥‥‥‥‥‥‥‥748
昭和25年12月12日最高裁判決（刑集 4 巻12号2543頁）‥‥‥‥‥‥‥‥‥‥290, 296
昭和26年 7 月12日最高裁判決（刑集 5 巻 8 号1427頁）‥‥‥‥‥‥‥‥‥‥‥‥‥461
昭和26年 7 月13日最高裁判決（刑集 5 巻 8 号1437頁）‥‥‥‥‥‥‥‥‥‥‥‥‥149
昭和26年 8 月17日最高裁判決（刑集 5 巻 9 号1789頁）‥‥‥‥‥‥‥‥‥‥‥‥‥147
昭和27年 4 月 9 日最高裁判決（刑集 6 巻 4 号584頁）‥‥‥‥‥‥‥‥‥‥‥‥‥467
昭和27年 6 月26日最高裁決定（刑集 6 巻 6 号824頁）‥‥‥‥‥‥‥‥‥‥‥‥‥800
昭和27年 9 月19日最高裁判決（刑集 6 巻 8 号1083頁）‥‥‥‥‥‥‥‥‥‥‥‥‥122
昭和28年10月22日最高裁判決（刑集 7 巻10号1956頁）‥‥‥‥‥‥‥‥‥‥‥‥‥221
昭和28年12月18日最高裁決定（刑集 7 巻12号2571頁）‥‥‥‥‥‥‥‥‥‥‥‥‥342
昭和29年 5 月 6 日最高裁決定（刑集 8 巻 5 号634頁）‥‥‥‥‥‥‥‥‥‥‥‥‥204
昭和29年 6 月29日最高裁判決（裁判集刑96号587頁）‥‥‥‥‥‥‥‥‥‥‥‥‥232
昭和29年 7 月15日最高裁決定（刑集 8 巻 7 号1137頁）‥‥‥‥‥‥‥‥‥‥‥‥‥654
昭和29年 7 月30日最高裁決定（刑集 8 巻 7 号1231頁）‥‥‥‥‥‥‥‥‥‥‥‥‥839
昭和29年10月12日最高裁判決（刑集 8 巻10号1591頁）‥‥‥‥‥‥‥‥‥‥‥‥‥132

昭和30年3月10日最高裁決定	（裁判集刑103号347頁）	800
昭和30年3月23日最高裁決定	（裁判集刑103号717頁）	180
昭和31年1月19日最高裁決定	（刑集10巻1号67頁）	83
昭和31年2月14日最高裁判決	（刑集10巻2号187頁）	330
昭和31年7月3日最高裁決定	（刑集10巻7号955頁）	127
昭和31年8月22日最高裁決定	（刑集10巻8号1260頁）	133
昭和32年7月16日最高裁判決	（刑集11巻7号1892頁）	80
昭和32年7月18日最高裁判決	（刑集11巻7号1861頁）	432
昭和32年7月19日最高裁判決	（刑集11巻7号1882頁）	743
昭和32年8月1日最高裁判決	（刑集11巻8号2065頁）	122
昭和32年9月13日最高裁判決	（刑集11巻9号2263頁）	117
昭和32年10月15日最高裁判決	（刑集11巻10号2597頁）	74
昭和32年11月8日最高裁判決	（刑集11巻12号3061頁）	44, 47
昭和33年2月4日最高裁判決	（刑集12巻2号109頁）	333
昭和33年5月28日最高裁判決	（刑集12巻8号1718頁）	270, 716, 737
昭和33年6月4日最高裁決定	（刑集12巻9号1971頁）	696
昭和33年7月11日最高裁判決	（刑集12巻11号2518頁）	334
昭和34年8月28日最高裁判決	（刑集13巻10号2906頁）	179
昭和35年9月8日最高裁判決	（刑集14巻11号1437頁）	474
昭和35年11月29日最高裁判決	（判時252号34頁）	745
昭和36年11月9日最高裁決定	（裁判集刑140号69頁）	173
昭和36年11月21日最高裁決定	（刑集15巻10号1764頁）	714
昭和37年3月16日最高裁判決	（裁判集刑141号511頁）	55
昭和38年9月13日最高裁判決	（刑集17巻8号1703頁）	743
昭和39年6月1日最高裁決定	（刑集18巻5号177頁）	750
昭和39年8月28日最高裁決定	（刑集18巻7号443頁）	331
昭和40年3月9日最高裁決定	（刑集19巻2号69頁）	201
昭和40年4月28日最高裁判決	（刑集19巻3号344頁）	335
昭和40年5月29日最高裁決定	（刑集19巻4号426頁）	330
昭和41年4月8日最高裁判決	（刑集20巻4号207頁）	103
昭和41年7月1日最高裁判決	（刑集20巻6号537頁）	744
昭和42年5月26日最高裁決定	（刑集21巻4号710頁）	389
昭和42年11月2日最高裁決定	（刑集21巻9号1179頁）	310
昭和42年12月21日最高裁判決	（刑集21巻10号1476頁）	738
昭和43年3月21日最高裁決定	（刑集22巻3号95頁）	271
昭和43年3月29日最高裁判決	（刑集22巻3号153頁）	379
昭和44年4月25日最高裁決定	（刑集23巻4号248頁）	804
昭和44年7月8日最高裁決定	（刑集23巻8号1045頁）	357
昭和44年12月24日最高裁判決	（刑集23巻12号1625号）	566
昭和45年11月25日最高裁判決	（刑集24巻12号1670頁）	744
昭和46年11月26日最高裁判決	（刑集25巻8号1022頁）	348
昭和47年12月20日大法廷判決	（刑集26巻10号631頁）	846
昭和50年3月20日最高裁決定	（刑集29巻3号53頁）	329
昭和50年4月3日最高裁判決	（刑集29巻4号132頁）	697

昭和50年6月12日最高裁決定	（判時779号124頁）	701
昭和51年3月16日最高裁決定	（刑集30巻2号187頁）	583, 605, 655, 651
昭和52年3月25日最高裁決定	（刑集31巻2号96頁）	332
昭和52年8月9日最高裁決定	（刑集31巻5号821頁）	704, 712
昭和53年6月20日最高裁判決	（刑集32巻4号670頁）	667
昭和53年9月7日最高裁判決	（刑集32巻6号1672頁）	670
昭和53年9月22日最高裁決定	（刑集32巻6号1774頁）	656
昭和54年4月13日最高裁決定	（刑集33巻3号179頁）	285
昭和55年10月30日最高裁決定	（刑集34巻5号357頁）	158
昭和55年12月23日最高裁判決	（刑集34巻7号767頁）	345, 347, 434
昭和57年1月28日最高裁判決	（刑集36巻1号67頁）	759
昭和57年3月2日最高裁決定	（裁判集刑225号689頁）	715
昭和57年5月25日最高裁決定	（判時1046号15頁）	759
昭和57年7月16日最高裁決定	（刑集36巻6号695頁）	272
昭和58年9月21日最高裁決定	（刑集37巻7号1070頁）	128
昭和59年2月29日最高裁決定	（刑集38巻3号479頁）	745
昭和59年12月21日最高裁決定	（刑集38巻12号3071頁）	580
昭和61年2月14日最高裁判決	（刑集40巻1号48頁）	575
昭和61年4月25日最高裁判決	（刑集40巻3号215頁）	679
昭和61年6月9日最高裁決定	（刑集40巻4号269頁）	424
昭和62年2月23日最高裁決定	（刑集41巻1号1頁）	354
昭和62年4月10日最高裁決定	（刑集41巻3号221頁）	81
昭和62年9月30日最高裁判決	（刑集41巻6号297頁）	316
昭和63年9月16日最高裁決定	（刑集42巻7号1051頁）	680
平成元年1月23日最高裁決定	（判時1301号155頁）	749
平成元年6月26日最高裁決定	（刑集43巻6号567頁）	277
平成元年7月4日最高裁決定	（刑集43巻7号581頁）	747
平成元年7月7日最高裁決定	（刑集43巻7号607頁）	42
平成2年4月20日最高裁決定	（刑集44巻3号283頁）	482
平成6年6月30日最高裁決定	（刑集48巻4号21頁）	385
平成6年7月19日最高裁決定	（刑集48巻5号190頁）	292
平成6年9月16日最高裁決定	（刑集48巻6号420頁）	658
平成7年2月28日最高裁決定	（判時1533号122頁）	839
平成7年5月30日最高裁決定	（刑集49巻5号703頁）	673
平成8年1月29日最高裁決定	（刑集50巻1号1頁）	697
平成10年3月12日最高裁判決	（刑集52巻2号17頁）	840
平成10年5月1日最高裁決定	（刑集52巻4号275頁）	554
平成11年12月9日最高裁決定	（刑集53巻9号1117頁）	305, 316
平成12年2月7日最高裁判決	（民集54巻2号255頁）	759
平成12年3月27日最高裁決定	（刑集54巻3号402頁）	171
平成12年12月15日最高裁判決	（刑集54巻9号923頁）	304, 307
平成12年12月15日最高裁決定	（刑集54巻9号1049頁）	310
平成14年10月21日最高裁決定	（刑集56巻8号670頁）	171
平成15年2月14日最高裁判決	（刑集57巻2号121頁）	688

平成15年6月2日最高裁判決（裁判集刑284号353頁）‥‥‥‥‥‥‥‥‥‥‥‥‥391
平成15年10月7日最高裁判決（刑集57巻9号1002頁）‥‥‥‥‥‥‥‥‥‥‥‥‥377
平成16年7月12日最高裁決定（刑集58巻5号333頁）‥‥‥‥‥‥‥‥‥‥‥‥‥602
平成16年8月25日最高裁決定（刑集58巻6号515頁）‥‥‥‥‥‥‥‥‥‥‥‥‥48
平成18年8月30日最高裁決定（刑集60巻6号479頁）‥‥‥‥‥‥‥‥‥‥‥‥‥290
平成18年11月7日最高裁判決（刑集60巻9号561頁）‥‥‥‥‥‥‥‥‥‥‥‥‥727
平成19年4月13日最高裁決定（刑集61巻3号340頁）‥‥‥‥‥‥‥‥‥‥‥‥‥138
平成19年12月25日最高裁決定（刑集61巻9号895頁）‥‥‥‥‥‥‥‥‥‥‥‥‥810
平成20年2月18日最高裁決定（刑集62巻2号37頁）‥‥‥‥‥‥‥‥‥‥‥‥‥‥296
平成20年4月15日最高裁決定（刑集62巻5号1398頁）‥‥‥‥‥‥‥‥‥490, 571
平成20年6月25日最高裁決定（刑集62巻6号1886頁）‥‥‥‥‥‥‥‥‥‥‥‥‥812
平成20年7月17日最高裁決定（判タ1302号114頁）‥‥‥‥‥‥‥‥‥‥‥‥‥‥413
平成20年9月30日最高裁決定（刑集62巻8号2753頁）‥‥‥‥‥‥‥‥‥‥‥‥‥813
平成21年3月26日最高裁判決（刑集63巻3号265頁）‥‥‥‥‥‥‥‥‥‥‥‥‥403
平成21年6月29日最高裁決定（刑集63巻5号461頁）‥‥‥‥‥‥‥‥‥‥‥‥‥139
平成21年6月30日最高裁決定（刑集63巻5号475頁）‥‥‥‥‥‥‥‥‥‥‥‥‥278
平成21年9月28日最高裁決定（刑集63巻7号868頁）‥‥‥‥‥‥‥‥‥‥‥‥‥706
平成22年4月27日最高裁判決（刑集64巻3号233頁）‥‥‥‥‥‥‥‥‥‥‥‥‥766
平成23年11月16日最高裁判決（判時2136号3頁）‥‥‥‥‥‥‥‥‥‥‥‥‥‥‥775
平成24年2月22日最高裁決定（判時2155号119頁）‥‥‥‥‥‥‥‥‥‥‥‥‥‥757
平成24年9月7日最高裁判決（刑集66巻9号907頁）‥‥‥‥‥‥‥‥‥‥‥‥‥628
平成24年10月9日最高裁決定（刑集66巻10号981頁）‥‥‥‥‥‥‥‥‥‥‥‥‥297
平成25年2月20日最高裁決定（刑集67巻2号1頁）‥‥‥‥‥‥‥‥‥‥‥‥‥‥634
平成26年7月24日最高裁判決（刑集68巻6号925頁）‥‥‥‥‥‥‥‥‥‥‥‥‥780

【高等裁判所】

昭和24年9月17日福岡高裁判決（判決特報1号127頁）‥‥‥‥‥‥‥‥‥‥‥‥‥275
昭和24年10月22日東京高裁判決（判決特報1号147頁）‥‥‥‥‥‥‥‥‥‥‥‥222
昭和24年11月12日名古屋高裁判決（判決特報3号93頁）‥‥‥‥‥‥‥‥‥‥‥‥222
昭和25年4月14日福岡高裁判決（判決特報7号142頁）‥‥‥‥‥‥‥‥‥‥‥‥‥227
昭和25年9月14日東京高裁判決（高刑集3巻3号407頁）‥‥‥‥‥‥‥‥‥‥‥‥275
昭和25年11月14日名古屋高裁判決（高刑集3巻4号748頁）‥‥‥‥‥‥‥‥‥‥201
昭和26年2月24日大阪高裁判決（判決特報23号34頁）‥‥‥‥‥‥‥‥‥‥‥‥‥467
昭和26年10月3日東京高裁判決（高刑集4巻12号1590頁）‥‥‥‥‥‥‥‥‥‥‥291
昭和26年12月25日東京高裁判決（判決特報25号119頁）‥‥‥‥‥‥‥‥‥‥‥‥147
昭和27年1月29日東京高裁判決（高刑集5巻2号130頁）‥‥‥‥‥‥‥‥‥‥‥‥437
昭和27年2月11日東京高裁判決（判決特報29号31頁）‥‥‥‥‥‥‥‥‥‥‥‥‥84
昭和27年6月28日仙台高裁判決（判決特報22号138頁）‥‥‥‥‥‥‥‥‥‥‥‥749
昭和27年12月11日東京高裁判決（判タ27号60頁）‥‥‥‥‥‥‥‥‥‥‥‥‥‥219
昭和28年2月12日広島高裁岡山支部判決（判決特報31号65頁）‥‥‥‥‥‥‥‥228
昭和28年2月25日高松高裁判決（高刑集6巻4号417頁）‥‥‥‥‥‥‥‥‥‥‥‥202

昭和28年2月28日名古屋高裁金沢支部判決（判決特報33号107頁）・・・・・・・・・・・・・・・・・・・223
昭和28年4月20日東京高裁判決（東高時報3巻4号170頁）・・・・・・・・・・・・・・・・・・・・・・・266, 281
昭和28年7月20日名古屋高裁判決（判決特報33号39頁）・・・・・・・・・・・・・・・・・・・・・・・・・・437
昭和28年7月27日高松高裁判決（高刑集6巻11号1442頁）・・・・・・・・・・・・・・・・・・・・・・・439
昭和28年8月24日札幌高裁判決（判時14号25頁）・・・・・・・・・・・・・・・・・・・・・・・・・・・・292, 294
昭和28年10月23日東京高裁判決（東高時報4巻5号140頁）・・・・・・・・・・・・・・・・・・・・・・・440
昭和28年11月18日大阪高裁判決（高刑集6巻11号1603号）・・・・・・・・・・・・・・・・・・・・・・295
昭和28年12月7日名古屋高裁判決（判時18号24頁）・・・・・・・・・・・・・・・・・・・・・・・・・・・・654
昭和29年2月17日東京高裁判決（東高時報5巻1号37頁）・・・・・・・・・・・・・・・・・・・・・・・・221
昭和29年4月13日大阪高裁判決（高刑集7巻3号382頁）・・・・・・・・・・・・・・・・・・・・・・・・438
昭和29年5月11日東京高裁判決（東高時報5巻4号158頁）・・・・・・・・・・・・・・・・・・・・・・228
昭和29年5月14日福岡高裁判決（判決特報26号85頁）・・・・・・・・・・・・・・・・・・・・・・・・・・233
昭和29年5月24日東京高裁判決（判タ40号30頁）・・・・・・・・・・・・・・・・・・・・・・・・・・・・・・・177
昭和29年7月14日広島高裁判決（裁判特報1巻1号21頁）・・・・・・・・・・・・・・・・・・・・・・・220
昭和29年7月24日東京高裁判決（高刑集7巻7号1105項）・・・・・・・・・・・・・・・・・・・・・・802
昭和29年9月30日広島高裁判決（判時38号27頁）・・・・・・・・・・・・・・・・・・・・・・・・・・・・・・75
昭和29年10月11日東京高裁判決（判タ44号24頁）・・・・・・・・・・・・・・・・・・・・・・・・・・・・330
昭和30年2月1日広島高裁岡山支部判決（裁判特報2巻1〜3号32頁）・・・・・・・・・367
昭和30年2月7日大阪高裁判決（判決特報2巻4号64頁）・・・・・・・・・・・・・・・・・・・・・・・・54
昭和30年3月31日東京高裁判決（判決特報2巻7号242頁）・・・・・・・・・・・・・・・・・・・・・・53
昭和30年4月2日東京高裁判決（判タ48号48頁）・・・・・・・・・・・・・・・・・・・・・・・・・・・・・・420
昭和30年4月25日福岡高裁判決（高刑集8巻3号418頁）・・・・・・・・・・・・・・・・・・・・・・・・・61
昭和30年12月28日東京高裁判決（東高時報6巻12号459頁）・・・・・・・・・・・・・・・・・・・146
昭和31年3月5日名古屋高裁判決（裁判特報3巻6号252頁）・・・・・・・・・・・・・・・・・44, 67
昭和31年3月15日東京高裁判決（東高時報7巻3号109頁）・・・・・・・・・・・・・・・・・・・・・229
昭和31年3月29日名古屋高裁金沢支部判決（裁判特報3巻6号286頁）・・・・・・・・・・・224
昭和31年4月17日高松高裁判決（裁判特報3巻19号901頁）・・・・・・・・・・・・・・・・・・・・429
昭和31年10月24日東京高裁判決（東高時報7巻10号391頁）・・・・・・・・・・・・・・・・・・・204
昭和31年12月11日大阪高裁判決（判タ69号90頁）・・・・・・・・・・・・・・・・・・・・・・・・・・・323
昭和32年3月30日名古屋高裁金沢支部判決（裁判特報4巻8号194頁）・・・・・・・・・・・358
昭和32年5月27日広島高裁松江支部判決（裁判特報4巻10号263頁）・・・・・・・・・・・440
昭和32年7月20日東京高裁判決（判タ73号71頁）・・・・・・・・・・・・・・・・・・・・・・・・・・・・429
昭和33年9月29日東京高裁判決（判タ86号55頁）・・・・・・・・・・・・・・・・・・・・・・・・・・・・282
昭和34年3月7日東京高裁判決（判タ90号34頁）・・・・・・・・・・・・・・・・・・・・・・・・・・・・・291
昭和34年4月14日札幌高裁判決（高刑集12巻3号249頁）・・・・・・・・・・・・・・・・・・・・・・・70
昭和34年11月5日東京高裁判決（判タ99号27頁）・・・・・・・・・・・・・・・・・・・・・・・・266, 284
昭和35年5月26日大阪高裁判決（判時228号34頁）・・・・・・・・・・・・・・・・・・・・・・・・・・・749
昭和35年7月15日東京高裁判決（下刑集2巻7・8号989頁）・・・・・・・・・・・・・・・・・・・・56
昭和36年2月28日東京高裁判決（下刑集3巻1・2号59頁）・・・・・・・・・・・・・・・・・・・144
昭和36年3月16日仙台高裁判決（下刑集3巻3・4号204頁）・・・・・・・・・・・・・・・・・・349
昭和36年6月21日東京高裁判決（高検速報（昭36）930頁）・・・・・・・・・・・・・・・・・・・・63
昭和36年8月8日東京高裁判決（判時281号31頁）・・・・・・・・・・・・・・・・・・・・・・・・・・・・55
昭和37年8月22日福岡高裁判決（判タ136号52頁）・・・・・・・・・・・・・・・・・・・・・・・・・・320
昭和37年10月27日高松高裁判決（高検速報（昭37）227頁）・・・・・・・・・・・・・・・・・・・66

昭和38年3月4日東京高裁判決（東高時報14巻3号29頁）	348
昭和39年6月8日東京高裁判決（高刑集17巻5号446頁）	104
昭和40年6月28日福岡高裁判決（判タ180号120頁）	329
昭和40年12月17日大阪高裁判決（判時442号56頁）	317
昭和41年8月9日大阪高裁判決（判タ200号147頁）	314
昭和42年3月24日福岡高裁決定（判時483号79頁）	380
昭和42年5月12日大阪高裁判決（刑集21巻9号1192頁）	310
昭和43年3月4日大阪高裁判決（判時514号85頁）	173
昭和43年6月14日福岡高裁判決（判時535号89頁）	105
昭和43年7月12日広島高裁判決（高検速報（昭43）145頁）	173
昭和44年6月26日広島高裁判決（判時575号94頁）	308
昭和45年4月6日東京高裁判決（判タ255号235頁）	175
昭和45年9月8日東京高裁判決（判タ259号306頁）	203
昭和46年2月2日仙台高裁判決（刑裁月報3巻2号71頁）	350
昭和46年9月9日東京高裁判決（判タ272号301頁）	302
昭和46年10月26日東京高裁判決（判タ274号231頁）	325
昭和47年9月25日東京高裁判決（判タ289号386号）	391
昭和48年5月21日東京高裁判決（判時716号110頁）	744
昭和49年6月27日東京高裁判決（判タ320号305頁）	297
昭和50年8月7日東京高裁判決（高刑集28巻3号282頁）	315
昭和50年10月13日東京高裁判決（東高時報26巻10号172頁）	364
昭和50年10月17日大阪高裁判決（判タ335号347頁）	160
昭和51年4月1日広島高裁判決（判タ345号314頁）	655
昭和51年8月30日大阪高裁判決（判時855号115頁）	585
昭和51年10月12日札幌高裁判決（判時861号129頁）	158
昭和52年10月31日東京高裁判決（判時900号115頁）	656
昭和52年12月26日東京高裁判決（東高時報28巻12号158頁）	713
昭和53年3月29日東京高裁判決（判タ369号428頁）	313
昭和53年3月29日東京高裁判決（判時892号29頁）	713, 743
昭和54年4月12日東京高裁判決（判時938号133頁）	55
昭和54年4月27日札幌高裁判決（判時935号134頁）	291
昭和55年2月1日東京高裁判決（判時960号8頁）	534
昭和55年3月3日東京高裁判決（刑裁月報12巻3号67頁）	91
昭和56年1月19日東京高裁判決（刑裁月報13巻1・2号1頁）	357
昭和56年10月27日東京高裁判決（高検速報（昭56）272頁）	268
昭和57年5月25日広島高裁判決（判タ476号232頁）	609
昭和58年2月28日福岡高裁判決（判時1083号156頁）	65
昭和58年9月21日東京高裁判決（東高時報34巻9〜12号59頁）	358
昭和58年12月1日広島高裁判決（高検速報（昭58）319頁）	159
昭和59年1月24日高松高裁判決（判時1136号158頁）	377
昭和59年4月16日東京高裁判決（判時1140号152頁）	525
昭和60年4月12日大阪高裁判決（判タ560号283頁）	229
昭和61年7月9日高松高裁判決（高検速報（昭61）293頁）	159
昭和61年9月5日大阪高裁判決（判時1213号138頁）	432

昭和62年2月3日仙台高裁判決（高検速報（昭63）173頁）…………………………156
昭和62年2月19日名古屋高裁判決（金融・商事判例784号21頁）…………………315
昭和62年12月8日福岡高裁判決（判時1265号157頁）……………………………317, 319
昭和63年4月1日東京高裁判決（判時1278号152頁）…………………………………572
昭和63年4月21日東京高裁判決（判時1280号161頁）…………………………………224
昭和63年9月29日大阪高裁判決（判夕694号183頁）…………………………………835
昭和63年12月20日東京高裁判決（判時1302号86頁）…………………………………170
平成元年2月27日東京高裁判決（判夕691号158頁）…………………………………115
平成元年3月7日大阪高裁判決（公刊物未登載）………………………………………503
平成元年7月10日東京高裁判決（判夕714号256頁）…………………………………245
平成2年6月18日東京高裁判決（高検速報（平2）100頁）…………………………160
平成2年12月18日広島高裁判決（判時1394号161頁）…………………………………294
平成2年12月21日札幌高裁判決（公刊物未登載）………………………………………501
平成3年4月1日東京高裁判決（判時1400号128頁）……………………………………51
平成3年4月23日東京高裁判決（判時1393号19頁）…………………………………743
平成3年9月13日広島高裁岡山支部判決（判時1402号127頁）………………………842
平成3年11月19日大阪高裁判決（判時1436号143頁）…………………………………34
平成4年5月28日札幌高裁判決（高検速報（平4）119頁）……………………………29
平成4年7月16日福岡高裁判決（判夕799号254頁）…………………………………642
平成4年10月28日東京高裁判決（判夕823号252頁）…………………………………230
平成5年1月26日東京高裁判決（判夕808号237頁）…………………………………387
平成5年2月25日東京高裁判決（判夕823号254頁）…………………………………225
平成5年3月18日福岡高裁判決（判時1489号159頁）…………………………………744
平成5年4月28日東京高裁判決（高刑集46巻2号44頁）………………………………699
平成5年10月21日東京高裁判決（高刑集46巻3号271頁）……………………………799
平成5年11月30日東京高裁判決（判時1495号141頁）…………………………………367
平成7年11月9日大阪高裁判決（判時1569号145頁）…………………………………128
平成8年11月13日名古屋高裁判決（判時1593号143頁）………………………………356
平成9年9月1日東京高裁判決（東高時報48巻1～12号54頁）………………………316
平成10年3月19日広島高裁判決（判時1645号157頁）……………………………365, 369
平成10年5月12日札幌高裁判決（判時1652号145頁）…………………………………500
平成10年10月12日東京高裁判決（判時1678号153頁）……………………343, 361, 369
平成12年2月18日東京高裁判決（判時1704号174頁）…………………………………306
平成12年5月15日東京高裁判決（判時1741号157頁）…………………………………152
平成12年9月21日福岡高裁判決（判時1731号131頁）…………………………………133
平成13年6月16日東京高裁判決（高検速報（平13）109頁）…………………………307
平成13年9月17日名古屋高裁判決（高検速報（平13）179頁）………………………205
平成14年9月4日東京高裁判決（判時1808号144頁）…………………………………741
平成14年9月11日福岡高裁判決（高検速報（平14）170頁）…………………………418
平成15年7月8日東京高裁判決（判時1843号157頁）…………………………………135
平成16年3月11日大阪高裁判決（刑集58巻6号519頁）………………………………50
平成17年6月16日東京高裁判決（高検速報（平17）123頁）…………………………401
平成17年6月28日大阪高裁判決（判夕1192号186頁）…………………………………626
平成17年12月15日東京高裁判決（高検速報（平17）235頁）…………………………94

平成18年1月24日名古屋高裁判決（高検速報（平18）267頁）	207
平成18年3月10日福岡高裁判決（高検速報（平18）209頁）	397
平成18年4月3日東京高裁判決（高検速報（平18）84頁）	151
平成18年10月5日東京高裁判決（高検速報（平18）204頁）	398
平成18年10月10日東京高裁判決（東高時報57巻1〜12号53頁）	95
平成19年8月7日東京高裁判決（高検速報（平19）280頁）	546
平成19年8月30日東京高裁判決（判タ1281号344頁）	351
平成19年9月18日東京高裁判決（判タ1273号338頁）	661
平成19年12月10日東京高裁判決（判タ1258号82頁）	410
平成20年4月8日広島高裁決定（公刊物未登載）	812
平成20年5月20日東京高裁決定（公刊物未登載）	824
平成20年7月14日高松高裁判決（高検速報（平20）339頁）	269
平成20年7月31日名古屋高裁決定（公刊物未登載）	813
平成20年9月2日大阪高裁決定（公刊物未登載）	823
平成20年9月10日東京高裁決定（公刊物未登載）	824
平成21年3月2日東京高裁判決（高検速報（平21）94頁）	825
平成21年5月28日東京高裁決定（判タ1347号253頁）	817
平成21年8月19日東京高裁決定（東高時報60巻1〜12号131頁）	819
平成21年8月24日東京高裁決定（公刊物未登載）	824
平成21年10月9日東京高裁決定（公刊物未登載）	823
平成21年12月22日東京高裁判決（判タ1333号282頁）	231
平成22年1月5日東京高裁決定（判タ1334号262頁）	820
平成22年3月15日東京高裁判決（公刊物未登載）	641
平成22年4月20日東京高裁判決（判タ1371号251頁）	209
平成22年10月22日大阪高裁判決（高検速報（平22）115頁）	33
平成22年11月8日東京高裁判決（判タ1374号248頁）	662
平成22年11月22日東京高裁判決（判タ1364号253頁）	738
平成22年12月1日東京高裁決定（判タ1370号254頁）	822
平成22年12月8日東京高裁判決（東高時報61巻1〜12号314頁）	284
平成23年3月29日東京高裁判決（刑集66巻9号947頁）	630
平成23年4月12日東京高裁判決（判タ1399号375頁）	485
平成23年4月26日東京高裁判決（高検速報（平23）93頁）	98
平成23年6月16日札幌高裁判決（公刊物未登載）	240
平成23年7月5日名古屋高裁判決（研修760号73頁，高検速報（平23）216頁）	638
平成23年7月12日仙台高裁判決（公刊物未登載）	150
平成23年9月14日広島高裁岡山支部（刑集67巻2号113頁）	635
平成23年11月29日東京高裁判決（公刊物未登載）	556
平成24年1月30日東京高裁判決（判タ1404号360頁）	665
平成24年4月20日福岡高裁判決（高検速報（平24）233頁）	172
平成24年7月5日名古屋高裁判決（高検速報（平24）207頁）	97
平成24年10月17日東京高裁判決（高検速報（平24）143頁）	68
平成24年12月3日東京高裁判決（判時2191号144頁）	368
平成25年1月23日東京高裁判決（刑ジャ39号128頁）	665
平成25年6月6日東京高裁判決（高検速報（平25）69頁）	103

平成25年6月26日福岡高裁判決（公刊物未登載）·················255
平成25年7月17日東京高裁判決（高検速報（平25）94頁）·················246, 257
平成25年12月18日東京高裁判決（判タ1407号234頁）·················458
平成26年1月24日東京高裁判決（公刊物未登載）·················526
平成26年3月18日大阪高裁判決（公刊物未登載）·················260
平成26年5月21日東京高裁判決（警公2015年3月号87頁）·················675
平成26年7月8日大阪高裁判決（裁判所ウェブサイト）·················249
平成26年8月12日大阪高裁判決（公刊物未登載）·················241
平成26年10月21日大阪高裁判決（裁判所ウェブサイト）·················252
平成27年3月4日東京高裁判決（警公2015年12月号84頁）·················694
平成27年11月16日名古屋高裁判決（判時2303号131頁）·················845

【地方裁判所等】

昭和34年12月26日福岡地裁判決（下刑集1巻12号2709頁）·················367
昭和36年5月23日名古屋地裁新城支部判決（判時265号34頁）·················328
昭和37年12月3日東京地裁判決（判時323号33頁）·················105
昭和38年4月19日東京地裁判決（判タ146号79頁）·················144
昭和40年4月22日静岡地裁判決（下刑集7巻4号623頁）·················625
昭和41年4月19日静岡地裁判決（下刑集8巻4号653頁）·················604
昭和41年6月4日東京地裁判決（判タ194号173頁）·················284
昭和42年1月13日釧路地裁網走支部判決（判タ204号188頁）·················326
昭和42年5月13日旭川地裁決定（下刑集9巻5号747頁）·················457
昭和43年11月15日大阪地裁判決（判タ235号280頁）·················303
昭和44年4月8日大阪地裁判決（判タ234号194頁）·················320
昭和44年4月16日盛岡地裁判決（刑裁月報1巻4号434頁）·················105
昭和44年6月10日福岡地裁決定（刑裁月報1巻6号714頁）·················703
昭和44年12月25日京都地裁判決（刑裁月報1巻12号1189頁）·················105
昭和46年8月17日高松地裁判決（刑裁月報3巻8号1115頁）·················304
昭和50年1月22日高知地裁判決（刑裁月報7巻1号58頁）·················76
昭和50年2月25日大阪地裁判決（判時781号55頁）·················585
昭和51年12月6日札幌簡裁判決（判時848号128頁）·················174
昭和51年12月17日京都地裁判決（判時847号112頁）·················162
昭和54年2月20日徳島地裁判決（公刊物未登載）·················505
昭和55年2月14日東京地裁判決（判時957号118頁）·················183
昭和55年10月30日東京地裁判決（判時1006号132頁）·················439
昭和58年3月24日東京地裁判決（判時1098号3頁）·················760
昭和59年6月15日東京地裁判決（判時1126号3頁）·················184
昭和59年8月22日郡山簡裁判決（公刊物未登載）·················502
昭和60年2月13日東京地裁判決（判時1146号23頁）·················186
昭和60年7月2日新潟地裁判決（判時1160号167頁）·················105
昭和61年7月3日大阪地裁判決（判タ623号227頁）·················373

昭和62年2月18日仙台地裁石巻支部判決（判時1249号145頁）･･････････････････163
昭和62年9月30日東京地裁判決（判時1250号144頁）････････････････････････187
昭和62年11月12日岡山地裁判決（判時1255号39頁）･････････････････････････841
昭和63年5月25日横浜地裁川崎支部判決（判タ691号160頁）･･････････････････116
昭和63年10月7日東京地裁判決（判時1303号150頁）････････････････････････360
昭和63年12月14日横浜地裁川崎支部判決（判タ691号160頁）･････････････････116
平成元年2月16日千葉地裁松戸支部判決（公刊物未登載）････････････････････606
平成元年3月15日東京地裁判決（判時1310号158頁）････････････････････････569
平成元年3月22日浦和地裁判決（判時1315号6頁）･･････････････････････････749
平成2年3月27日東京地裁判決（刑資263号826頁）･････････････････････････572
平成2年3月28日浦和地裁判決（判タ731号247頁）･･････････････････････････638
平成2年6月29日函館地裁判決（公刊物未登載）････････････････････････････508
平成2年7月3日長崎地裁佐世保支部判決（研修508号53頁）･･････････････････357
平成2年9月3日神戸地裁尼崎支部判決（判タ766号280頁）････････････････････240
平成2年10月1日山口簡裁判決（判時1373号144頁）･････････････････････････203
平成2年10月3日京都地裁の証拠採用決定（判時1375号143頁）････････････････570
平成2年11月15日東京地裁判決（判時1373号145頁）･････････････････････････203
平成3年8月28日東京地裁八王子支部判決（判タ768号249頁）･･････････････････421
平成3年9月17日東京地裁判決（判タ784号264頁）･･･････････････････････････133
平成3年11月25日札幌地裁判決（判タ787号285頁）･･･････････････････････････32
平成4年2月27日水戸地裁下妻支部判決（判時1413号35頁）･･･････････････････626
平成4年9月9日大阪地裁判決（判タ833号278頁）･･･････････････････････････761
平成5年6月28日札幌地裁判決（判タ838号268頁）･･････････････････････････155
平成6年4月27日大阪地裁判決（判時1515号116頁）･･････････････････････････536
平成9年4月24日東京地裁八王子支部判決（判時1615号147頁）･････････････････545
平成9年12月5日東京地裁判決（判時1634号155頁）･････････････････････････190
平成10年5月8日東京地裁判決（公刊物未登載）････････････････････････････361
平成10年6月5日東京地裁判決（判タ1008号277頁）･････････････････････････105
平成10年7月7日東京地裁判決（判時1683号160頁）･････････････････････････188
平成11年3月30日東京地裁判決（判タ1023号278頁）･････････････････････････306
平成12年2月24日京都地裁判決（判タ1049号332頁）･････････････････････････376
平成15年5月13日神戸地裁判決（公刊物未登載）･･･････････････････････････282
平成15年10月9日神戸地裁判決（公刊物未登載）･･･････････････････････････154
平成16年1月9日京都地裁判決（公刊物未登載）････････････････････････････136
平成16年3月17日神戸地裁姫路支部判決（公刊物未登載）････････････････････526
平成16年5月25日東京地裁判決（判タ1176号314頁）･････････････････････････400
平成17年2月7日大阪地裁判決（公刊物未登載）････････････････････････････443
平成17年2月9日東京地裁判決（判タ1185号159頁）･････････････････････････443
平成17年6月2日東京地裁判決（判時1930号174頁）･････････････････････････576
平成17年8月1日東京地裁判決（公刊物未登載）･････････････････････････････93
平成18年1月27日神戸地裁判決（裁判所ウェブサイト）･･････････････････････761
平成18年5月12日京都地裁判決（刑集62巻5号1422頁）･･･････････206, 491, 547, 573
平成18年8月2日広島地裁福山支部判決（判タ1235号345頁）･････････････････627
平成19年3月26日東京簡裁判決（判タ1258号89頁）･････････････････････････410

平成20年4月9日大阪地裁決定（公刊物未登載）…………………………………………809
平成20年5月2日名古屋地裁決定（公刊物未登載）……………………………………812
平成20年5月13日大阪地裁決定（公刊物未登載）………………………………………812
平成20年5月22日東京地裁判決（判時2027号160頁）………………………………343, 382
平成20年6月9日名古屋地裁一宮支部決定（公刊物未登載）…………………………812
平成20年7月11日東京地裁決定（公刊物未登載）………………………………………824
平成20年7月24日名古屋地裁決定（公刊物未登載）……………………………………813
平成20年8月22日神戸地裁決定（公刊物未登載）………………………………………823
平成20年8月28日東京地裁決定（公刊物未登載）………………………………………824
平成21年1月14日東京地裁判決（公刊物未登載）……………………………………171, 188
平成21年2月24日横浜地裁判決（公刊物未登載）………………………………………526
平成22年7月8日東京地裁判決（刑集66巻9号938頁）…………………………………629
平成22年8月30日東京地裁判決（判タ1354号112頁）……………………………………556
平成22年11月12日さいたま地裁決定（公刊物未登載）…………………………………822
平成22年12月7日岡山地裁判決（刑集67巻2号14頁）…………………………………634
平成22年12月10日鹿児島地裁判決（裁判所ウェブサイト）……………………………503
平成23年3月15日東京地裁判決（判時2197号143頁）……………………………………526
平成23年12月27日さいたま地裁判決（公刊物未登載）…………………………………248
平成24年2月28日鹿児島地裁判決（公刊物未登載）……………………………………440
平成24年8月7日東京地裁判決（公刊物未登載）………………………………………369
平成24年11月2日名古屋地裁判決（公刊物未登載）……………………………………508
平成24年12月12日大阪地裁判決（公刊物未登載）………………………………………526
平成25年5月7日前橋地裁太田支部判決（公刊物未登載）……………………………792
平成25年6月6日東京地裁判決（公刊物未登載）………………………………………793
平成25年6月18日横浜地裁判決（公刊物未登載）………………………………………443
平成25年7月12日東京地裁判決（公刊物未登載）………………………………………793
平成25年8月30日京都地裁判決（判時2204号142頁）……………………………………241
平成25年9月19日京都地裁判決（公刊物未登載）………………………………………260
平成25年9月20日東京地裁判決（公刊物未登載）………………………………………793
平成25年10月4日東京簡裁判決（公刊物未登載）………………………………………676
平成25年11月12日東京地裁判決（公刊物未登載）………………………………………793
平成25年11月15日福岡地裁小倉支部判決（公刊物未登載）……………………………492
平成25年11月28日横浜地裁判決（公刊物未登載）………………………………………793
平成25年12月3日東京地裁判決（公刊物未登載）………………………………………793
平成25年12月5日神戸地裁判決（公刊物未登載）………………………………………526
平成25年12月26日東京地裁判決（公刊物未登載）………………………………………793
平成26年1月15日東京地裁判決（公刊物未登載）………………………………………793
平成26年1月29日東京地裁決定（判タ1401号381頁）……………………………………823
平成26年2月21日横浜地裁判決（公刊物未登載）………………………………………793
平成26年3月5日福岡地裁判決（公刊物未登載）………………………………………592
平成26年3月12日東京地裁判決（公刊物未登載）………………………………………826
平成26年3月18日大阪地裁判決（公刊物未登載）………………………………………548
平成26年3月20日名古屋地裁岡崎支部判決（判時2222号130頁）………………………845
平成26年6月16日水戸地裁土浦支部判決（公刊物未登載）……………………………793

平成26年7月2日横浜地裁判決（公刊物未登載）……………………………………792
平成26年7月16日横浜地裁判決（公刊物未登載）…………………………………792
平成26年8月7日前橋地裁判決（公刊物未登載）……………………………………792
平成26年8月26日福岡地裁小倉支部判決（公刊物未登載）………………………418
平成26年9月30日水戸地裁下妻支部判決（公刊物未登載）…………………792,793
平成26年10月9日静岡地裁判決（公刊物未登載）…………………………………260
平成27年1月27日大阪地裁第9刑事部の証拠決定（判時2288号134頁）………592
平成27年3月5日大阪地裁判決（警公2015年7月号89頁）………………………677
平成27年3月27日横浜地裁横須賀支部判決（公刊物未登載）……………………526
平成27年4月14日東京地裁立川支部判決（判時2283号142頁）…………………237
平成27年6月5日大阪地裁第7刑事部の証拠決定（判時2288号138頁）…………595

<著者紹介>

城　祐一郎（たち　ゆういちろう）

昭和55年10月	司法試験合格
昭和58年４月	東京地方検察庁検事任官
平成16年４月	大阪地方検察庁特別捜査部副部長
平成18年１月	大阪地方検察庁交通部長
平成19年６月	大阪地方検察庁公安部長
平成20年１月	法務省法務総合研究所研究部長
平成21年４月	大阪高等検察庁公安部長
平成21年７月	大阪地方検察庁堺支部長
平成23年４月	最高検察庁刑事部検事
平成24年11月	最高検察庁公安部検事
平成26年１月	最高検察庁刑事部検事
平成28年４月	明治大学法科大学院特任教授・検事
平成29年４月	最高検刑事部検事
平成30年３月	最高検検事退官
平成30年４月	昭和大学医学部法医学講座教授（薬学博士）
令和３年４月	ロシア連邦サンクトペテルブルク大学客員教授

【主要著書】　『殺傷犯捜査全書—理論と実務の詳解—』
　　　　　　　『Q&A　実例　交通事件捜査における現場の疑問〔第２版〕』
　　　　　　　『Q&A　実例　取調べの実際』（共著）
　　　　　　　『実務用語・略語・隠語辞典』
　　　　　　　『海事犯罪—理論と捜査—』（共著）
　　　　　　　『特別刑事法犯の理論と捜査［１］［２］』
　　　　　　　『「逃げ得」を許さない交通事件捜査〔第２版〕』
　　　　　　　『警察官のためのわかりやすい刑事訴訟法〔第２版〕』（共著）
　　　　　　　『取調べハンドブック』
　　　　　　　『性犯罪捜査全書—理論と実務の詳解—』
　　　　　　　　　　　　　　　　　　　　　　　　　　以上，弊社刊
　　　　　　　『ケーススタディ危険運転致死傷罪〔第２版〕』(東京法令出版)
　　　　　　　『現代国際刑事法』（成文堂）

★本書に関するお問い合わせは，下記URLをご参照ください。
https://ssl.tachibanashobo.co.jp/contact/index.php

盗犯捜査全書──理論と実務の詳解──

平成28年3月1日　第1刷発行
令和4年3月1日　第6刷発行

著　者　　城　　祐　一　郎
発行者　　橘　　　茂　雄
発行所　　立 花 書 房
東京都千代田区神田小川町3-28-2
電話　　03－3291－1561（代表）
FAX　　03－3233－2871
https://tachibanashobo.co.jp

©2016　Yuichiro Tachi　　　　　印刷・製本／文唱堂印刷
乱丁・落丁の際は弊社でお取り替えいたします。

交通事件捜査における知見の集大成！！

立花書房 好評書

Q&A 実例
交通事件捜査における
現場の疑問 第2版

元最高検察庁刑事部検事
城 祐一郎 著

全国の交通警察官から寄せられた様々な疑問に答える一冊！

現役の最高検刑事部検事が、**全国から集まった交通事故・事件捜査に係る現場の疑問を**、判例・資料等を**総当たり**し、検討してQ&A形式で解説。若手からベテランまで広く使える、**交通捜査官必携の一冊！**

ページ倍増！

「自動車運転死傷処罰法」や新判例等を踏まえて**バージョンアップ！**

「自動車運転死傷処罰法」や新判例等を踏まえて検討・加筆。さらに**「『逃げ得』を許さない交通事件捜査〔第2版〕」**に掲載した疑問をも取り込んでアップデート！

交通事件捜査に「この人あり」と謳われた、**城祐一郎検事の最新刊**であり、現時点での**「交通分野における知見の集大成」**とも呼べる珠玉の一冊。

全61問

A5判・並製・640頁（送料：300円）
定価（本体2700円＋税）

大好評「捜査全書」シリーズ第2弾！

立花書房 好評書

殺傷犯捜査全書
――理論と実務の詳解――

元最高検察庁刑事部検事　城 祐一郎 著

A5判・並製・1152頁（送料：300円）
定価（本体4200円＋税）

『盗犯捜査全書』
姉妹書！

A5判・並製・896頁（送料：300円）
定価（本体3300円＋税）

殺傷犯捜査に携わる捜査官に役立つ、実践的・実務的な一冊！

殺人、傷害致死、傷害、暴行、暴力行為等処罰に関する法律違反はもちろん、強盗殺人、爆発物取締罰則違反、凶器準備集合や、公務執行妨害といった関連分野の内容・相違点等までしっかりフォロー。

手続面についても詳細に解説！

多忙な捜査官が幅広い問題に対して、ワンストップで問題解決ができる圧倒的なボリューム。殺傷犯にまつわる問題は、全て本書で解決！

判例の詳細な紹介により、丸暗記ではない理解ができる！

判例は、新しいものを中心に選定＆具体的な事実関係や犯罪事実なども詳しく解説。判例集を調べる手間が省けるすぐれもの。

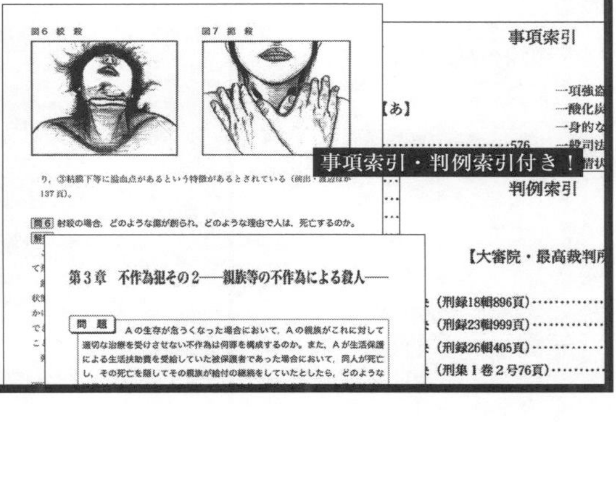

事項索引・判例索引付き！

罪名や態様等に応じた取調べ要領がわかる！

立花書房 好評書

多様な犯罪を取り上げ、
罪名に応じた**構成要件**、**判例**、**取調べの留意事項**等を
Q&A方式で解説しているから、「違い」がわかる！

【本書で取り上げる罪】

殺人　暴行・傷害　強制性交等　窃盗　占有離脱物横領　強盗　恐喝
詐欺・特殊詐欺・電子計算機使用詐欺　横領・業務上横領　背任　見せ金　器物損壊
公務執行妨害　偽計　マネロン　薬物　銃器　軽犯罪　選挙　過失犯　等

取調べハンドブック

元最高検察庁検事　**城 祐一郎** 著

実体験に基づいた取調べのイロハ！

地検特捜部や地検特刑部で取調べに従事していた元最高
検検事の城祐一郎先生が、取調べの技術・手法、任意性・
信用性の確保のポイントを伝授！

「真相を聴き出す」ための、重要ポイントを詳説！

捜査・取調べの重要ポイントを、事例や関連法・判例等を
基に詳しく解説。現役の捜査官も、これから捜査官を目
指す人も、わかりやすく学べる必携の書！

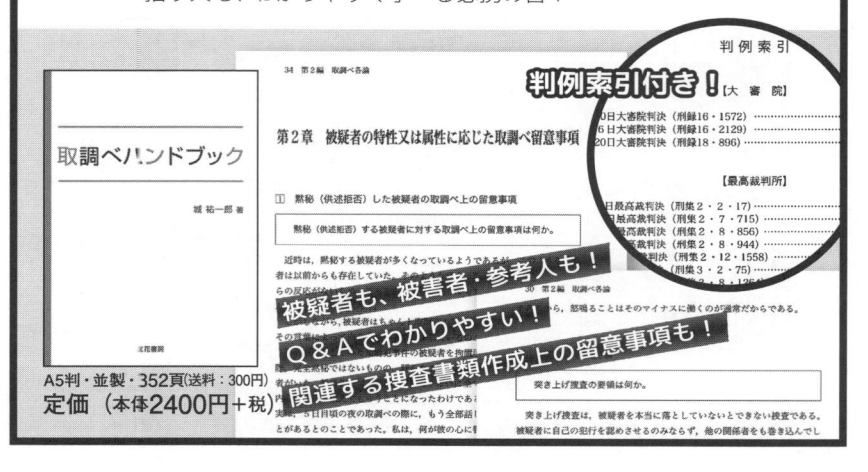

判例索引付き！

被疑者も、被害者・参考人も！
Q&Aでわかりやすい！
関連する捜査書類作成上の留意事項も！

A5判・並製・352頁（送料：300円）
定価（本体2400円+税）

関係法令の近時改正に対応し、特殊詐欺にも言及した、刑事・組対警察官のバイブル

立花書房 好評書

マネー・ローンダリング罪
捜査のすべて 第2版

元最高検察庁検事
城 祐一郎 著

マネー・ローンダリングの**捜査実務**・**運用上の問題点**のすべてを解明！

マネー・ローンダリング罪の理論的裏付けと多角的捜査手法を明示するとともに、多数の判例・犯罪事実記載例を掲載した、組織犯罪捜査官必携の一冊。

第2版は、**組織的犯罪処罰法**や**犯罪収益移転防止法等**の近時の法改正に対応！

組織的犯罪処罰法や犯罪収益移転防止法等の近時の法改正に対応するとともに、最新のマネー・ローンダリング事案、国際捜査への対応、仮想通貨についても触れるなど、さらに内容充実。

特殊詐欺対策にも有益！

マネー・ローンダリングは、預貯金口座を介して行われることが多いことから、預貯金口座に関わる詐欺として、振り込め詐欺などの特殊詐欺についても、新たに独立した章を設けて多角的に検討。

A5判・並製・456頁（送料:300円）
定価（本体3000円＋税）

用語索引、判例索引も見直し！
より便利に使いやすくなりました！

元検事の執筆による、刑事訴訟法の今と実務がわかる教科書！

立花書房 好評書

警察官のためのわかりやすい
刑事訴訟法 第2版

元最高検察庁検事、弁護士　**加藤康榮** 編著

元最高検察庁検事
昭和大学医学部教授（薬学博士）　**城祐一郎** 著

元法務省法務総合研究所研修第一部長
元東京高等検察庁検事、弁護士　**阪井光平** 著

警察官が「よりわかりやすく、コンパクトに」刑事手続を学べるよう、最近の法改正・判例、捜査をめぐる実務の動きを取り入れ、元検事が実務の観点からわかりやすく解説。

警察官にとって特に重要な「捜査」を徹底解説！

「実務ではどうなっているか」に着目しながら「捜査」に重点を置いて解説しているから、現場で活かせる！　「公判」においても、捜査に関連する重要事項や判例は特に詳しく記述。

平成28年法改正に対応＆「証人尋問の心構え」を書き下ろし！

平成28年の刑事訴訟法改正に対応したほか、「証人出廷を求められた際の心構え」について新たに書き下ろし、証人尋問のための準備等について解説。

好評につき第2版刊行！

事項索引・判例索引付き！

A5判・並製・288頁（送料：300円）
定価（本体2100円＋税）